全国古籍整理出版规划领导小组资助出版

全唐文诏敕考辨

韩理洲 主编

韩理洲 党秋妮 罗妮 宋颖芳 著

陕西新华出版传媒集团
三秦出版社

图书在版编目（CIP）数据

《全唐文》诏敕考辨 / 韩理洲主编. —西安：三秦出版社，2017.3

ISBN 978-7-5518-1480-5

Ⅰ. ①全… Ⅱ. ①韩… Ⅲ. ①《全唐文》-诏令-研究 Ⅳ. ①K242.065

中国版本图书馆 CIP 数据核字（2017）第 060076 号

《全唐文》诏敕考辨

韩理洲 主编

出版发行	陕西新华出版传媒集团 三秦出版社
社　　址	西安市北大街 147 号
电　　话	（029）87205121
邮政编码	710003
印　　刷	虎彩印艺股份有限公司
开　　本	787mm×1092mm 1/16
印　　张	36.25
字　　数	840 千字
版　　次	2017 年 3 月第 1 版 2018 年 3 月第 2 次印刷
标准书号	ISBN 978-7-5518-1480-5
定　　价	380.00 元

网　　址 http://www.sqcbs.cn

前　言

唐代是中国封建社会的强盛时代，其时经济文化之盛、综合国力之强，前所未有。司马光《稽古录》卷十五载：“三代以还，中国之盛，未之有也。”然而，唐代最为辉煌，也是其泽被后世，让这个帝国在历史上光彩四溢的是它的文化。正如苏东坡在《书吴道子画后》中所言：“君子之于学，百工之于技，自三代历汉至唐备矣!”唐代文化，是中国文化史上一个里程碑式的时代文化，且其流光所及，足以为后世企羡。在物质文明和精神文明长足发展的今天，继承弘扬优秀的文化传统，深入研究唐代文化具有十分重要的现实意义。要全面、深入地研究唐代文化，《全唐文》就是一部不可或缺的文献。这部书是清代嘉庆年间百余名翰林学士用七年时间编成的一部唐代散文总集。全书共收录唐代作家三千零三十五人，文章两万零二十五篇，囊括了唐代政治、经济、法律、外交、教育、文学、史学、科技、艺术、宗教、金石、风俗等诸多方面的第一手材料。《全唐文》中的诏敕共有两千余篇，是有唐二十一位皇帝的政令的汇集。在“朕即天下”的封建集权时代，诏敕是皇帝发布的施政纲领、政策、命令，是其统治天下的文字记载。《旧唐书》卷四十三《官职二》云：“凡都官掌举诸司之纲纪与官僚之程式，以正邦礼，以宣邦教。凡上之所以逭下，其制有六，曰制、敕、册、令、教、符。”这些文字，虽未必出于皇帝之手，或多为骚客文人代笔，却是皇帝的意旨。是他处在最高位置，把握全局的决策。众所周知，要从宏观上把握一个历史时期的文化，或者要对某一文化领域进行系统、深入的研究，仅限于个别作家、个别作品的研读是远远不够的，必须深入到当时的宏阔的历史背景中去。诏敕内容涵盖当时国家政治、经济、法律、吏治、文教、军事、民族、宗教、外交等诸多方面的大政方针，是当时国家状况的直接反映。所以，研读各个时代的诏敕，是了解唐代社会现实状况的便捷途径，也是了解作品产生背景、触摸各位皇帝思想发展变化的现实依据。如唐玄宗时的“开元盛世”的“盛世”景象及其在位时为保持政权稳定和富国强民所做的一切努力，都可以在诏文获得相关信息。譬如他任用贤相，在先天二年重用武则天旧臣姚崇就是一例。(《全唐文》卷二十第二百三十六页《授姚元之兵部尚书同三品制》)。他整顿吏治，如在《全唐文》卷二十七中记载《整饬吏治诏》，要求每年十月，对官员进行考察“较量”，并将评价结果分为五等，努力提高官僚机构的办事效率。他限制宗教势力，如开元二年二月的《禁创造寺观诏》一文就是对寺观建筑规模进行限制，命令“自今以后，更不得创造”。在《全唐文》卷三十五第三百八十二页中有《示节俭敕》也可以看到唐玄宗在提倡节俭方面的努力。唐玄宗还相当重视对宗室人员及其弟子进行管理约束，《全唐文》卷二十六的《诫励宗室诏》中说“皇室子弟未能称职”，要求其“谨身奉法”敦促他们“宜各勉励”。当然，当其年老不再勤历政事，诏文中就显示了其政令失当的一面。这些诏敕都是针对当时特定历史现实而颁发的，也反映了特定的社会现实。

《全唐文》卷帙浩繁，内容宏富，又成于众手，其体例欠完善，错讹脱夺在所难免。如录文不注明出处，作者张冠李戴，正文残缺讹误，重出误收，甚至误收其他朝代的文章。这些讹误，若不加辨析厘正，必会导致谬种流传。后世学者若盲目征引，更会贻误后人。清代考据家劳格深谙唐事，撰有《读全唐文札记》《札记续补》共一百三十条，近代唐史名家岑仲勉先生继撰《读全唐文札记》三百一十条。另外，二十世纪八十年代，日本学者池田温编写有《唐代诏敕目录》。这些著述，都为深入研究《全唐文》做出了卓越贡献。但错漏之处，还所在多有，需要再加以考辨厘正。为此，本书以清编《全唐文》为底本，参照相关文献典籍，对其诏敕部分逐篇编年、考辨，究其错讹，补其缺漏，旨在对唐代的政治、经济、法律、历史、文教、宗教等方面的学术研究有所助益。

本书对《全唐文》中诏敕的考辨做了以下工作：

一、考证了可编年的诏敕作时

《全唐文》中所收文章均未编年，这给研究者的检索和使用带来诸多不便。本书在广泛吸收先贤和今人研究成果的同时，大量披检有关文献，考得了绝大多数作品的作年。这些系年，力求证据确凿翔实，力戒主观臆断。凡有异说者，则择其要者客观介绍，凡有取舍，则说明依据。如《全唐文》卷一第二十二页唐高祖《置社仓诏》，据《旧唐书》卷四十九《食货志下》第二千一百二十二页、《册府元龟》卷五百二、《唐会要》卷八十八第一千六百一十一页可知，该文作于武德元年九月甲子（二十二日），但是，《唐大诏令集》卷一百十一第五百七十九页录本文，题为《置常平监官诏》，篇末署作时则为“武德九年九月”。著者对此未敢妄作取舍，又检《旧唐书·食货志》、《唐会要》卷八十八得知，唐高祖曾于武德五年十二月下令废常平仓监官，因此，九年已无此官，《唐大诏令》载《置常平监官诏》作于九年，显然是“元年”的形似之讹。

二、吸收补充学界研究成果，查明参校本，为读者提供校勘依据

掌握版本源流是整理古籍、用好古籍的首要条件。《全唐文》是以清代嘉庆年间内府旧藏的《唐文》为底本，又广泛搜集唐宋以来的有关文献编纂而成，而今《唐文》已佚、清代学者又未注明诸篇文章的出处，这给后世学者的研读和使用造成了诸多不便。唐代诏敕共两千余篇，本书作者团队大量翻检文献，为其中的绝大多数提供了校勘依据，并且补充了一些研究资料的不足。如日本东洋文库于一九八七年刊行的《诏敕目录》，以辑录诏敕之全、征引文献之众、编排之简明向为学界推重，也为本书的编写提供了重要线索。但由于唐代诏敕数量众多，检索文献种类多，头绪繁杂，其中一些诏敕的出处《诏敕目录》没有翻检到，本书对此作了不少补充。如《全唐文》卷七十一第七百五十四页唐文宗的《敕礼部侍郎高锴试宗正寺解送人诏》一文，《目录》中只列出《全唐文》卷七十一。著者检阅大量资料之后，发现此文又见载于《云溪友议》卷上、《太平广记》卷一百八十一、《唐诗纪事》卷五十二。又如《全唐文》卷七十四第七百八十页所录文宗皇帝的《答刘禹锡同州刺史谢表批》一文，《目录》中注明出处只有《全唐文》卷七十四。本文指出其参校出处还有《刘宾客文集》卷十六。诸如此类的问题，在《诏敕目录》中颇不少，如果仅以其书所列的“昭宗中”的诏敕为例，《全唐文》共录昭宗诏敕六十一条，就有十条可以在《诏敕目录》中所列的参校本之外找到其他参校本。

三、纠正了张冠李戴的错误

《全唐文》的张冠李戴现象所在多有，其中诏敕中的误收有两种情况。一是把撰者之文归于帝王名下，二是唐代帝王之间的录文误甲为乙。本书对此做了考辨。仅玄宗文就有如下讹误。

把有撰者之文归于帝王名下的有：

1.《全唐文》卷二十第二百三十五页录唐玄宗文《受禅制》，《文苑英华》中亦著录此文，但指出文章作者为苏颋。

2.《全唐文》卷二十第二百三十六页所录唐玄宗文《封张暐制》，《唐大诏令集》卷六十三第三百四十八页亦录此文，指出作者为苏颋。

3.《全唐文》卷二十第二百三十九页录唐玄宗文《加刘幽求实封制》，《唐大诏令集》中卷六十三第三百四十九页亦录此文，并指出作者为苏颋。

4.《全唐文》卷二十第二百三十五页录唐玄宗文《命张说等与两省侍臣讲读制》，《唐大诏令集》卷一百五中亦载此文，然指出作者为苏颋。

5.《全唐文》卷二十七第三百零七页录《求言诏》一文，在《唐大诏令集》卷一百五中亦有录文，作者为苏颋，以上五篇，按照《全唐文》编排体例此文应划归苏颋名下。

6.《全唐文》卷三十四第三百八十页所录《宴朔方军节度及将士敕》一文，《唐大诏令集》卷八十亦有此录文，但作者为张九龄。按照《全唐文》编排体例，此文应归于张九龄名下。

唐代帝王之间的录文误甲为乙者甚多，如：

《全唐文》卷八唐太宗《宣慰剑南将士诏》实为唐玄宗开元二十六年诏文。卷十六中宗名下的《褒天竺国使臣诏》，实为唐玄宗开元五年五月间的诏文。卷十七《赐突厥书》，实为唐玄宗开元五年七月所作，应归为玄宗名下，而非中宗。卷十七《宴集日本国使臣敕》一文，实为唐玄宗开元五年十月的诏敕。卷十六《劳契丹李失活诏》，实为唐玄宗开元五年十一月诏，被误收为唐中宗名下。卷十六《赠党项拓跋思泰特进制》一文，并非唐中宗所作，而是唐玄宗开元九年的制诏。等等，恕不枚举。

四、考查了诏敕中的残篇阙文

《全唐文》所录皇帝诏敕讹夺衍倒时有所见，有好多甚至是残篇阙文。如，该书卷五第六十五页唐太宗《水潦大赦诏》、卷十三第一百五十八页《营造孔子庙堂及学馆诏》，卷六十九第七百三十三页唐文宗《恤刑制》，卷七十第七四四页的《更定荐代例诏》、卷七十一第七百四十九页的《追录故中书令褚遂良等裔孙诏》，卷七十六第八百零三页武宗皇帝《厘革请留中不出状诏》，卷八十一第八百四十七页宣宗的《停税茶敕》等。诸如此类本书都根据有关文献做了指正。

五、厘正了重出互见的诏敕

《全唐文》收录的同一篇诏敕，在全书中重复出现的情况，时有所见。如该书收录的唐太宗《答房玄龄请解仆射诏》既载于卷六，又见载于卷九。该书卷五十二收录德宗《宣慰河南河北诏》，卷五十四易题为《水灾赈恤敕》，今将两篇诏文相核对，前者实为后者之节录。此类问题，本书均予考辨厘正，以便读者。

本书的编纂，由西北大学文学院二级教授、博士生导师韩理洲全面负责课题设计、全书的体例编排及文稿审定，并完成初唐诏敕的考辨。由他指导的博士研究生、青岛农业大学讲师宋颖芳完成了盛唐诏敕的考辨，由他指导的硕士研究生、西安培华学院讲师罗妮完成了中唐诏敕的考辨，由他指导的硕士研究生、三秦出版社副编审党秋妮完成了晚唐诏敕的考辨。

本书编写时，参考了日本东洋文库出版的东京大学教授池田温编撰的《唐代诏敕目录》，本书的出版，得到了全国古籍整理出版规划领导小组的资助、三秦出版社的大力支持，在此致以诚挚的谢意。

韩理洲

二〇一六年十二月于西北大学桃园校区

凡　例

一、本书对唐代二十一位皇帝的两千八百五十余篇诏敕逐一进行了考辩。考辩的内容有五项，即《全唐文》诏敕录文的参校出处及作时；录文的残阙讹误，作者的张冠李戴，重出互见。

二、本书只收录《全唐文》中政令性的诏敕，不收皇帝所做赋颂、序跋、记赞、碑铭、杂文等。对于《唐文拾遗》《唐文续拾》《全唐文补编》《唐大诏令集补编》及《文物与考古》类书刊新辑之诏敕，亦不录考。

三、本书的编排，依照《全唐文》以人系文的体例，将《全唐文》收录的诏敕，依次归于各位皇帝名下。

四、为节约篇幅，凡《全唐文》（中华书局影印本）收录的作品，本书均按照该书顺序出示篇名，且于标题后加括号，用阿拉伯数字注明页码，不过录原文。

五、本书多次征引的《大唐新语》《通典》《旧唐书》《新唐书》《册府元龟》《文苑英华》《资治通鉴》《文献通考》，均属中华书局排印本，《唐会要》《唐大诏令》，则属商务印书馆排印本。方志系台湾成文书局影印本，佛藏为《大正藏》。在此说明，不予行文中加注。

六、本书频繁征引的《旧唐书》《新唐书》《唐文粹》《文苑英华》《册府元龟》《唐会要》《资治通鉴》《唐大诏令集》《大唐创业起居注》依次简称为《旧书》《新书》《文粹》《英华》《册府》《会要》《通鉴》《大诏令》《起居注》。

七、对于每篇作品的系年，本书多方面征引有关文献资料考证，力求翔实准确。同一篇作品的作时，若文献记载分歧，则加以辨析抉择，但均持之有故。若各种文献所载年、月相同，仅日期不同，则不作辨析。因此，凡可编年的作品，只考订其作于某年某月，有的作品，一时难以考得作时，均注明待考。

八、本书注明年终干支时，不作西历和夏历的时差转换。对诏敕中所涉及的人与事的称谓、评价，本书亦不作辨析。

目录

第一篇 《全唐文》初唐诏敕考辨

第二篇 《全唐文》盛唐诏敕考辨

第三篇 《全唐文》中唐诏敕考辨

第四篇　《全唐文》晚唐诏敕考辨

第一篇

全唐文初唐诏敕考辨

一　唐高祖李渊诏敕考

李渊（566—635），字叔德。祖籍陇西成纪，生于长安。祖父虎，后魏时任左仆射，封陇西郡公。因佐周代魏有功，为柱国，追封唐国公。父昞，北周时任安州总管、柱国大将军，袭封唐国公。渊七岁袭封此职。入隋，累官山西河东抚慰大使、右骁卫将军、太原留守。大业十三年（617）五月，举兵太原。十一月入长安，为大丞相，进封唐王。次年五月，即帝位，改国号为唐。武德九年（626）八月，传位于次子世民，在位九年。贞观九年（635）五月病故，享年七十（《新书》作“七十一”，今从《旧书》和《册府》《会要》）。谥曰“大武皇帝”，庙号“高祖”。十月，葬于献陵（在今陕西三原）。《旧书》卷一、《新书》卷一有《纪》。

清编《全唐文》卷一
（*P17—26*）

授老人等官教（P17上）

“教”，即王侯发布的号令，刘勰《文心雕龙·诏策》：“教者，效也，出言而民效也。”“王侯称教。”《文选》卷三十六李善注引蔡邕《独断》：“诸侯言教。”本文名“教”，明为李渊称帝前发布之文告。

温大雅《大唐创业起居注》（以下简称《起居注》）卷二载，大业十三年七月“丙辰，至于西河，引见民庶等，礼敬耆老。……仍自注授老人七十以上，通议、朝请、朝散三大夫等官。《教》曰：‘……’”所引即本文。《通鉴》卷一百八十四，大业十三年七月“丙辰，渊至西河，慰劳吏民，赈赡穷乏。民年七十以上，皆除散官。其余豪俊，随才授任”，亦与本文旨意相投合。其时正当渊称帝之前。

本文作于大业十三年（617）七月。

徒隶等准从本色授官教（P17上）

《起居注》卷二载，大业十三年八月辛巳，唐军斩宋老生，攻取霍邑。“攻战人等有勋者，并依格赏，受事不逾日。唯有徒隶一色，勋司疑请。《教》曰：‘……’”所引即本文。

《通鉴》卷一百八十四亦载，大业十三年八月辛巳，“渊赏霍邑之功，军吏疑奴应募者不得与良人同。渊曰：‘矢石之间，不辨贵贱；论勋之际，何有等差？宜并从本勋授。’”其中，李渊云云，与本文旨意合。

本文作于大业十三年（617）八月。

授逸民道士等官教（P17下）

《起居注》卷二载，大业十三年八月壬午，李渊礼葬霍邑郡守宋老生，并召见安抚其部下，引起强烈反响：“自是以后，未归附者，无问乡村堡坞、贤愚贵贱，咸遣书诏慰之，无有不至。其来诣军者，帝并节级授朝散大夫以上官。至于逸民道士，亦请效力。《教》曰：‘……’”引文即本文。

本文作于大业十三年（617）八月。

献嘉禾教（P17下）

《起居注》卷二载，大业十三年八月辛丑，“太原获青石龟形，文有丹书四字曰‘李治万世’。……是日，又有获嘉禾而献者。《教》曰：‘……’”所引即本文。

本文作于大业十三年（617）八月。

授三秦豪杰等官教（P17下）

《起居注》卷二载，大业十三年九月“庚申，率诸军以次而渡。甲子，舍于朝邑长春宫。三秦士庶、衣冠子弟、郡县长吏、豪族弟兄、老幼相携，来者如市。帝（指李渊，引者注）皆引见，亲劳问，仍节级授官。《教》曰：‘……’”所引即本文。《旧书·高祖本纪》载，大业十三年九月“庚申，高祖率军济河，舍于长春宫。三秦士庶至者，日以千数。高祖礼之，咸过所望，人皆喜悦”。《通鉴》卷一百八十四亦载，其年九月“甲子，至朝邑，舍于长春宫，关中士民归之者如市”。所述皆与本文“义旗济河，关中响应。辕门辐凑，赴者如归”云云相合。

本文作于大业十三年（617）九月。

罢放栎阳离宫女教（P17下）

两《唐书·高祖本纪》及《通鉴》卷一百八十四均载，大业十三年九月“高祖自下邽以西，经隋行宫、苑御，悉罢之，出宫女还其家”。《起居注》卷二亦载，其年九月“丙子，大军西引，历下邽，过栎阳，路左所有炀帝行宫园苑及宫人等，并罢之。《教》曰：‘……’”所引即本文。

本文作于大业十三年（617）九月。

遣师趋巩洛令（P18上）

《起居注》卷三载，义宁二年春正月，“承诏封丞相长史裴寂为魏国公，司马刘文静为鲁国公。……其日，《令》曰：‘……’”于是，以世子为左元帅，秦王为右元帅，左右二府诸军十余万众，引于浐水之北。其中所引《令》文，与本文合。两《唐书·高祖本纪》及《通鉴》卷一百八十五均载，义宁二年春正月戊辰日，以世子建成为左元帅，秦国公世民为右元帅，率军徇地东都。所述与本文旨意相投。

本文作于义宁二年（618）正月。

讨薛举令（P18 上）

《起居注》卷三、两《唐书·高祖本纪》及《通鉴》卷一百八十四均载，义宁元年冬十一月甲子日，隋恭帝以李渊为大丞相，进封唐王，所发文告，“改《教》为《令》”。义宁二年五月甲子，李渊为帝后，所行文告则称《诏》《诰》《制》《敕》《册》。本文既名为《令》，必为义宁元年十一月甲子到二年五月甲子日所作。

复检《册府》卷一百二十二：“唐高祖，初为唐王。隋义宁二年四月，金城贼帅薛举，僭称尊号。乃下《令》曰：‘……’”引文与本文同。所署作年，恰在上述推断时限之中。

本文作于义宁二年（618）四月。

定户口令（P18 上）

《册府》卷四百八十六：“唐高祖，初为唐王，下《令》曰：‘……’”引文即本文。两《唐书·高祖本纪》均载，李渊任唐王，时在义宁元年十一月甲子之后，二年五月甲子之前。本《令》既属其“为唐王”时所下，必作于此时段之内。再检《起居注》卷三，义宁元年冬十月乙丑，李渊曾“遣书发使，慰喻巴蜀”。“义宁二年春正月，蜀汉及氐羌所在诸郡雄豪并守长等奉帝书，感悦。竞遣子弟献款，络绎日至。所司报答，日有百余。梁、益之间宴如也。”《通鉴》卷一百八十五亦载其事于义宁二年正月。两书所述，与本文“今岷嶓款服，蜀汉沃饶”云云相符。文中又载：“秋收丰实，更听进止。”明为秋日之前，所行权宜之策，欲以“外内户口见在京者，宜依本土置令以下，下官部领，就食剑南诸郡”，以缓解京城长安的财政负担。

本文作于义宁二年（618）正月，巴蜀诸郡守长并雄豪款服之后，五月甲子李渊称帝之前。

秦王太尉陕东行台制（P18 下）

《旧书·高祖本纪》，武德元年“十二月壬申，加秦王太尉、陕东道大行台”。《新书·高祖本纪》：是年“十二月壬申，世民为太尉”。《通鉴》卷一百八十六亦载，其年十二月壬申，“诏以秦王世民为太尉、使持节、陕东道大行台，其蒲州、河北诸府兵马并受节度”。所述李世民官职，与本文合。又，《大诏令》卷三十五录此全文，末注：“武德元年十二月。”

本文作于武德元年（618）十二月。

秦王兼凉州总管制（P18 下）

《旧书·太宗本纪上》载，武德元年十一月，李世民俘获薛杲后，“拜太尉、陕东道行台尚书令、镇长春宫、关东兵马并受节度。寻加左武候大将军、凉州总管”。《新书·太宗本纪》载，武德“二年正月，镇长春宫，进拜左武候大将军、凉州总管”。按：二书均于“镇长春宫”后，用“寻加”“进拜”记其任“凉州总管”，而未写明时期。复检《通鉴》卷一百八十七载，武德二年正月“癸卯，命秦王世民出镇长春宫”，五月“壬午，以秦王世民为左武候大将军，使持节凉甘等九州诸军事、凉州总管。其太尉、尚书令、雍州牧、陕东道行台并如故”。所列官职，与本文同。又，《大诏令》卷三十五录此全文，末署亦为：“武德二年五月。”

本文作于武德二年（619）五月。

秦王益州道行台制（P19 上）

《旧书·高祖本纪》、《通鉴》卷一百八十八均载，武德三年四月“甲寅，加秦王益州道行台尚书令”。《新书·太宗本纪》载，是年四月，李世民率军击刘武周，“高祖遣萧瑀即军中拜太宗益州道行台尚书令”。《大诏令》卷三十五全录本文，末署亦为：“武德三年四月。”

本文作于武德三年（620）四月。

秦王天策上将制（P19 上）

两《唐书·高祖本纪》均载，武德四年“十月己丑”，秦王世民为天策上将。《旧书·太宗本纪》则在其年“十月，加号天策上将、陕东道大行台，位在王公上”云云之前，写道：“高祖以自古旧官不称殊功，乃别表徽号，用旌勋德。”《通鉴》卷一百八十九亦在“冬十月，以世民为天策上将”之前的“九月”条写道：“上（指李渊，引者注）以秦王功大，前代官皆不足以称之，特置天策上将，位在王公上。”据此，置天策上将在前，实授在“十月”。审本文，意在阐明“特超恒数，建官命职”。又《大诏令》卷三十五录本文，末署：“武德四年九月。”

本文作于武德四年（621）九月。

封汪华越国公制（P19 下）

《旧书》卷五十六《杜伏威传》：“武德四年，遣其将军王雄诞讨李子通于杭州，擒之以献，又破汪华于歙州。”《册府》卷一百四十六：“九月甲子，伪吴王汪华以黟歙五州之地来降。……至是，拜歙州总管，封越国公。”《通鉴》卷一百八十九亦载，此年九月甲子，汪华“遣使来降，拜歙州总管”。以上所记，与本文谓汪华“远送款诚”“可使持节总管歙、宣、杭、睦、婺、饶等六州诸军事，歙州刺史、上柱国，封越国公”相合。另，成文书局影印《歙县志》亦录此文。

本文作于武德四年（621）九月。

秦王领左右十二卫大将军制（P19 下）

《旧书·太宗本纪上》、《通鉴》卷一百九十均载，武德五年十月，加秦王世民左右十二卫大将军。《大诏令》卷三十五录本文，末署亦为：“武德五年十月。”

本文作于武德五年（622）十月。

皇子元霸智云追封王制（P20 上）

《大诏令》卷三十九载全文，题为《皇第三子玄霸追封卫王等制》，末署：“武德七年七月。”由此可知，“元霸”应作“玄霸”，系清人避讳所改。但是，检《旧书·高祖本纪》，武德元年秋七月：“追封皇子玄霸为卫王。”该书卷六十四《高祖二十二子传》：“卫王玄霸，高祖第三子也。早薨，无子。武德元年，追赠卫王，谥曰怀。”“楚王智云，高祖第五子也。……武德元年，追封楚王，谥曰哀。”《新书·唐祖诸子传》、《册府》卷二百八十四及卷二百九十六均载追封事在武德元年。显然，《大诏令》误讹“元年”为“七年”。

本文作于武德元年（618）七月。

秦王等兼中书令侍中制（P20 上）

《大诏令》卷三十五载录本文，题为《秦王等兼中书令制》，末署：“武德八年十一月。”两《唐书·高祖本纪》、《通鉴》卷一百九十一亦载其事在此时。

本文作于武德八年（625）十一月。

改元大赦诏（P20 上）

本文：“改隋义宁二年为武德元年，自五月二十日昧爽以前，罪无轻重，已发露、未发露，皆赦除之。”已署明作时。《大诏令》卷二载录此文，题为《神尧即位赦》。《册府》卷八十三：“唐高祖武德元年五月甲子，即皇帝位于太极殿。诏曰：‘……’”所录即本文。两《唐书·高祖本纪》、《通鉴》卷一百八十五均载此时即位大赦。

本文作于武德元年（618）五月。

封隋帝为酅公诏（P20 下）

《通典》卷七十四《礼》三十四载：“武德元年五月诏曰：‘……’”其诏即本文。《新书·高祖本纪》、《册府》卷十七、《会要》卷二十四分别载录本文，订作时为是岁五月二十三日、二十二日。但是，《旧书·高祖本纪》载，是岁六月“癸未（十日），封隋帝为酅公，薛举寇泾州，命秦王为西讨元帅征之”。检《新书·本纪》及《通鉴》卷一百八十五，均云是年六月“癸未，薛举寇泾州，秦王世民为西讨元帅”。由此可知，《旧书》之“癸未”云云，实为指下文而言，非封隋帝之时。当从《会要》《册府》所载。

本文作于武德元年（618）五月。

选用前隋蔡王智积等子孙诏（P21 上）

《隋书》卷四十四《蔡王智积传》载，智积乃隋文帝杨坚弟杨整之子。开皇初，袭父爵为蔡王。大业十二年，从幸至江都，恐惧不自安，病卒。《唐鉴》卷一录本文，作“武德元年六月诏”，但《新书·高祖本纪》、《通鉴》卷一百八十五均录本文，文字稍异。二书俱作其年六月乙酉诏。今姑从后二书订作时。

本文作于武德元年（618）六月。

颁示孙伏伽谏书诏（P21 上）

《旧书·孙伏伽传》：“武德元年，初以三事上谏。”“高祖览之大悦，下诏：‘……’”引文即本文。《通鉴》卷一百八十五载，武德元年六月丙申，孙伏伽上表，“上省表大悦，下诏褒称，擢为治书侍御史，赐帛三百匹，仍颁示远近”，与本文旨意合。《新书》卷一百三载孙氏于“高祖武德初，上言三事”，并节录本诏。《册府》卷一百一和卷五百四十二均载，孙氏谏三事，受褒奖在武德元年。

本文作于武德元年（618）六月。

令陈直言诏（P21 上）

《大诏令》卷一百十载此诏，题为《诫表疏不实诏》，末署：“武德元年五月。”《册府》卷六十三，“唐高祖武德元年六月，诏曰：‘……’”所引即本文。《新书·高祖本纪》载，其年六月“癸巳，禁言符瑞者”，与本文批评四方州镇长官的表疏“假乱符瑞，极笔阿谀”云云相符。故从《册府》《新书》。

本文作于武德元年（618）六月。

加恩隋公卿民庶诏（P21 下）

《大诏令》卷一百十四载本诏全文，题为《隋代公卿不预义军者田宅并勿追收诏》，末署：“武德元年七月。”《册府》卷一百四十七，是年“七月己酉，诏曰：‘……’”亦引全文。

本文作于武德元年（618）七月。

赠高颎等谥爵诏（P21 下）

《旧书·高祖本纪》载，武德元年八月“丁亥，诏曰：‘……’”所引即本文。《新书·高祖本纪》及《册府》卷一百三十八均载，追赠隋朝高颎等官爵在其年八月。

本文作于武德元年（618）八月。

赠李金才李敏官爵诏（P22 上）

《旧书·高祖本纪》在载录了上文《赠高颎等谥爵诏》之后，写道：“又诏曰：‘……’”《新书·高祖本纪》、《册府》卷一百三十八亦载，追赠隋朝二李官爵于武德元年八月。

本文作于武德元年（618）七月。

褒勋臣诏（P22上）

《大诏令》卷六十四载录此文，题为《裴寂等恕死诏》，末署："武德元年八月。"《会要》卷四十五、《太平御览》卷六百四十一、《册府》卷一百三十三均录此文，订为是时所作。

本文作于武德元年（618）八月。

阅武诏（P22上）

《大诏令》卷一百七载录此文，末署："武德九年十月。"《册府》卷一百二十四亦录本文，则订为"武德元年十月"作。《会要》卷二十六录"杀气方严，宜顺天时"至文末，订作时为"武德元年十月四日"。《玉海》卷一百四十四亦录本文，订于此时作。按："文中：比以丧乱日久""盗寇尚繁"，明指唐朝刚建立之时局。《大诏令》误"元"为"九"，属形似之讹。

本文作于武德元年（618）十月。

减用牲牢诏（P22下）

《大诏令》卷七十四载此诏，题为《天地宗庙外祭用少牢诏》，末署："武德元年十月。"《册府》卷五十六亦引录本文，订为是年"十月庚辰"诏。但《会要》卷二十三节录"祭祀之本"至文末，订为其年"十一月九日"诏。按：《旧书》卷二十一《礼仪一》载，高宗乾封年间，奉常博士陆遵楷等奏称："武德以来，礼令即用十月，为是阴用事，故于时祭之。"据此可知，《会要》于"月"前增"一"，误。

本文作于武德元年（618）十月。

许李袭誉合谱宗正诏（P22下）

《大诏令》卷六十四载此诏全文，题为《安康郡公袭誉听合谱宗正诏》，末署："武德元年十月。"《会要》卷六十五节录本文，订为是年"十月二十四日"诏。《通鉴》卷一百八十六载，其年十月"乙未，附袭誉籍于宗正"。两《唐书·李袭誉传》均载，武德初，与兄袭志附籍于宗正。《册府》卷一百三十三载文本，亦系于李唐建国初。又，该书卷六百二十一节录本文，明署："武德元年十月廿四日。"

本文作于武德元年（618）十月。

置社仓诏（P22下）

《旧书》卷四十九《食货志下》："武德元年九月四日，置社仓。其月二十二日，诏曰：'……'"引文节录本诏"特建农圃"以下至文末。《会要》卷八十八所载，与《旧书》全同。《册府》卷五百二，载录本诏全文，亦订为其年“九月二十二日”诏。《大诏令》卷一百十载本诏，题为《置常平监官诏》，末署：“武德九年九月。”与上述诸书相校，“九年”显属“元年”之讹。又，《旧书·食货下》及《会要》卷八十八均明载，武德“五年十二月，废常平监官”，亦可证“九年”属误。

本文作于武德元年（618）九月。

遣淮安王神通安抚山东诏（P23 上）

《大诏令》卷一百十五载本文，题为《淮安王神通山东道安抚大使诏》，末署：“武德元年十月。”《通鉴》卷一百八十六载，是年，十月“庚辰，诏右翊卫大将军淮安王神通为山东道安抚大使，山东诸军并受节度”。两《唐书·李神通传》均载，武德初，神通任此职。《册府》卷一百六十一录本诏，却订为武德七年十月诏。按：武德七年，山东无战事，而本文“尚迫寇戎，受拘凶暴”。“七年”显属“元年”之讹。

本文作于武德元年（618）十月。

罢贡异物诏（P23 上）

《大诏令》卷八十录此诏，题为《停贡献诏》，末署：“武德元年十月。”《册府》卷一百六十八亦录此诏，却订为是年“十一月”诏。《新书·高祖本纪》载，是年十一月“戊申，禁献侏儒短节、小马庳牛、异兽奇珍者”，与本诏要旨合。今从后二书所记。

本文作于武德元年（618）十一月。

每州置宗师诏（P23 下）

《旧书·高祖本纪》，武德二年“二月丙戌（十六日），诏天下诸宗人无职任者，不在徭役之限，每州置宗师一人，以相统摄”，与本诏要旨合。《新书·高祖本纪》亦载，是年“二月丙戌，州置宗师一人”。《通鉴》卷一百八十节录“诸宗姓居官者……别为团伍”一段，订作时与两《唐书》同。《会要》卷六十五节录“宗绪之情”到“以相统摄”，本诏于“二年二月十六日”。《大诏令》卷四十载录本文，题为《宗姓官在同列之上诏》，末署：“武德二年正月。”又，《册府》卷六百二十一录本文，明署武德“二年二月诏”。各书相校，今从“二月”。

本文作于武德二年（619）二月。

禁行刑屠杀诏（P23 下）

《大诏令》卷一百十三录此文，题为《禁正月五月九月屠宰诏》，末署：“武德二年正月。”《册府》卷四十二亦录此文，订为是年二月诏。《会要》卷四十一：“武德二年正月二十四日，诏曰：‘……’”所引即本诏“自今以后”至文末。《新书·高祖本纪》载，武德二年正月“诏自今正月、五月、九月不行死刑，屠杀”。校以诸书，姑从“正月”。

本文作于武德二年（619）正月。

大赦并浩等州诏（P23下）

此文明署时限："自武德二年二十四日以前，犯辟罪以下，已发觉系囚见徒，悉从原故。"《册府》卷八十三：武德"二年二月甲午，诏曰：'……'"所引即本文。《新书·本纪》载，是年二月"甲午，赦并、浩、介、石四川、贾胡堡以北系囚"，与本文要旨合。

本文作于武德二年（619）二月。

禁屠酤诏（P24上）

《大诏令》卷一百八收录此文，题为《关内诸州断屠酤诏》，末署："武德二年二月。"《册府》卷一百四十四引本文，订为"闰二月乙卯诏"。该书卷五百四又收录本文，订为"闰二月诏"。《新书·本纪》载，是年"闰二月乙卯，以谷贵，禁关内屠酤"。今从"闰二月"。

本文作于武德二年（619）闰二月。

遣太子建成等巡畿甸诏（P24上）

《大诏令》卷一百十五录此诏，题为《皇太子等巡京城诸县诏》，末署："武德二年闰二月。"《册府》卷一百六十一亦录此诏，系于是时。《新书·高祖本纪》载，武德二年闰二月"壬寅，皇太子及皇王世民、裴寂巡于畿县"。

本文作于武德二年（619）闰二月。

命行人镇抚外藩诏（P24上）

《大诏令》卷一百二十八录本诏，题为《镇抚夷狄诏》，末署："武德二年二月。"《册府》卷一百七十："唐高祖武德二年闰二月，诏曰：'……'"引文即本文。今姑从《册府》。

本文作于武德二年（619）闰二月。

曲赦凉甘等九州诏（P24下）

文中明署时限："武德二年五月十六日以前。"《大诏令》卷八十三录本文。《册府》卷八十三：武德二年"五月癸未，诏曰：'……'"引文即本文。《新书·高祖本纪》亦载，是年五月，"癸未，曲赦凉、甘、瓜、鄯、肃、会、兰、河、廓九州"。

本文作于武德二年（619）五月。

旌表孝友诏（P24下）

《册府》卷一百三十八：武德"二年五月，诏曰：'……'"引文即本文。《旧书》卷一百八十八《孝友传》："又有宋兴贵者，雍州万年人，累世同居……高祖闻而嘉之。"武德二年，诏曰："……"其引文节录本诏。

本文作于武德二年（619）五月。

令国子学立周公孔子庙诏（P25 上）

两《唐书·高祖本纪》均载，武德二年六月戊戌，令国子学立周公、孔子庙。《旧书·儒学传上》载，武德二年，诏曰："……"所录即本诏。《册府》卷五十亦引本文，订为此年作。《会要》卷三十五录本文，订为是年"六月一日诏"。

本文作于武德二年（619）六月。

修武备诏（P25 下）

《太平御览》卷二百九十八录本文，题作《武德二年诏》。《大诏令》卷一百七录本文，则题为《置十二军诏》，末署："武德二年七月。"《册府》卷一百二十四引本文，订为是年"七月壬申"诏。但是，《会要》卷七十二节录本文自"周置六军"到"取象天官，作其名号"，订为"武德三年七月十一日"诏。按：《旧书·高祖本纪》载，武德二年"秋七月壬申，置十二军，以关内诸府分隶焉"。《通鉴》卷一百八十七亦载，是年"秋七月，初置十二军，分关内诸府以隶焉，皆取天星为名"。显然，《会要》误"二年"为"三年"。

本文作于武德二年（619）七月。

讨王世充诏（P25 下）

《大诏令》卷一百二十三录此诏，题为《募擒王世充爵赏诏》，末署："武德三年七月。"两《唐书·本纪》及《通鉴》卷一百八十八均载，武德三年七月，诏秦王世民督军讨王世充。但是，《册府》卷六十三收此文，却订为武德"二年七月诏"。今按：武德二年无讨王世充事，"二年"当系"三年"之误。

本文作于武德三年（620）七月。

太常乐人蠲除一同民例诏（P26 上）

《大诏令》卷八十一录本文，末署："武德二年八月。"《会要》卷三十四录本文，则订为武德"四年九月廿九日诏"。《通鉴》卷一百八十九载此事，亦系于"四年九月癸未（廿九日）"。今从《会要》《通鉴》。

本文作于武德四年（621）九月。

燕公罗艺封燕郡王赐姓上籍宗正诏（P26 上）

《大诏令》卷六十四录此文，题为《燕公艺赐姓上籍宗正诏》，末署："武德二年九月。"《会要》卷六十五载，是年"十二月四日，幽州总管燕郡王罗艺赐姓李氏，属籍宗正寺"。两《唐书·本纪》以及《通鉴》卷一百八十七均载，其年"冬十月己亥"，封幽州总管罗艺为燕郡王，赐姓李氏。《新书·罗艺传》亦记其事在武德二年。《旧书·罗艺传》系于"三年"，误。今从两《唐书·本纪》及《通鉴》。

本文作于武德二年（619）十月。

赦逃亡募人诏（P26 下）

文中明署时限："自武德二年十月二十日以前。"《大诏令》卷八十三录本诏，题为《武德二年十月赦》。《册府》卷八十三：是年"十月，高祖幸华阴，送出师也。下诏曰：'……'"引文即本文。

本文作于武德二年（619）十月。

清编《全唐文》卷二
（*P27—35*）

令裴寂等升殿奏事侍立诏（P27 上）

《大诏令》卷六十一录本文，题作《魏公裴寂已下奏事侍立并升殿诏》，末署："武德二年二月。"《会要》卷四十五亦载本文，却订为武德"三年二月十日诏"。按：诏文所列宠渥大臣有裴寂、郑善果等十人。检《旧书》卷六十二《郑善果传》，宇文化及杀隋炀帝，任郑氏为民部尚书。后被李神通从聊城俘获，解送长安，得李渊礼遇，"拜太子左庶子，检校内史侍郎，封荥阳郡公"，"未几，检校大理卿，兼民部尚书，正身奉法，甚有善绩，《制》与裴寂等十人，每奏事及侍立，并令升殿"。显然，善果得此宠渥优诏在他降唐且有善绩之后。复检《通鉴》卷一百八十七，武德二年三月，李神通将郑氏由相州"送之长安。庚午，善果至"。若本文作于二年二月，其时善果尚未降唐入长安，李渊优诏其"升殿奏事侍立"，则无从谈起。诏文亦不当称"户部尚书、荥阳郡公善果"。《大诏令》属误，当从《会要》。

本文作于武德三年（620）二月。

遣使安抚益州诏（P27 上）

《大诏令》卷一百十五录此文，题为《酂国公轨等益州道安抚大使诏》，末注："武德二年二月。"《册府》卷一百六十一亦录此文，却订为"武德三年二月诏"。按：《旧书》卷六十一《窦轨传》载，秦州总管、酂国公窦轨于武德"三年，迁益州道行台左仆射"。可见，《大诏令》作"二年"误矣。又，本文曰："御史大夫、滑国公无逸为益州道安抚大使。"检《旧书》卷六十二《皇甫无逸传》，武德二年"王世充作难"，废越王侗，自称皇帝，无逸"弃老母妻子"，投奔李渊。"高祖以隋代旧臣，甚尊礼之，拜刑部尚书，封滑国公，历陕东道行台民部尚书。明年，迁御史大夫。时益部新开，刑政未洽。长吏横恣，赃污狼藉，令无逸持节巡抚之，承制除授。"正与本文合。

本文作于武德三年（620）二月。

断屠诏（P27 下）

《新书·本纪》载，武德三年四月，"癸卯，禁关内诸州屠"，与本文要旨合。《册府》

卷四十二录本文，订为是时诏。《大诏令》卷一百八亦录此文，题为《关内诸州断屠杀诏》，末署年月亦在是时。

本文作于武德三年（620）四月。

楚王杜伏威进封吴王赐姓附属籍诏（P27 下）

《旧书·本纪》、《册府》卷一百六十四、《唐会要》卷一、《通鉴》卷一百八十八均载，武德三年六月壬辰，徙楚王杜伏威为吴王，赐姓李氏，属籍宗正，加授东南道行台尚书令，与本文要旨合。《大诏令》卷六十四录此文，题为《楚王伏威赐姓附属籍诏》，末署作年同前。

本文作于武德三年（620）六月。

收藏道殣诏（P28 上）

《新书·本纪》载，武德三年六月“乙卯，瘗州县暴骨”，与本文“宜令州县官司所在巡行，掩骼埋殣”。《大诏令》卷一百十四录此文，题为《收瘗隋末丧乱骸骨诏》，末署作时亦在是年六月。《册府》卷四十二载本诏，所订作时同前。

本文作于武德三年（620）六月。

赦晋潞等洲诏（P28 上）

本文虽然明署：“其晋州、潞州、隰州、并州等四总管内，自武德三年四月二十二日以前，被刘武周、宋金刚等诖误者，罪无轻重，皆赦除之。”但是，此处所云“四月二十二日”，非本诏写作的时日，实系秦王世民击败刘武周收复并州之时，非大赦之日。《大诏令》卷一百二十一录本文，题为《原刘武周宋金刚等诖误诏》，未另署作年，是错误的。《新书·本纪》载，武德三年，“六月丙申，赦晋、隰、潞、并四州”。《册府》卷八十三录本文，亦订为“三年六月庚申诏”。年月与《新书》无异，唯时日不同，盖误“丙申”为“庚申”也。

本文作于武德三年（620）六月。

命秦王征王世充诏（P28 下）

两《唐书·本纪》及《通鉴》卷一百八十八均载，武德三年秋七月壬戌，诏秦王世民率军讨王世充。《册府》卷一百二十二录本文，亦订为是时。《大诏令》卷一百十九录此文，末署作年同前。

本文作于武德三年（620）七月。

褒高开道来降诏（P28 下）

《大诏令》卷六十四录本文，题为《高开道赐姓李氏属籍宗正诏》，末署：“武德三年九月。”《册府》卷一百六十四录本文，订为其年“九月戊申诏”。《会要》卷六十五载：

“三年九月十九日，蔚州总管高开道，赐姓李氏，属籍宗正。”但《旧书·本纪》则载，其年“十月庚子，怀州贼帅高开道遣使降，授蔚州总管，封北平郡王，赐姓李氏”。《新书·本纪》载，是年“十月戊申，高开道降”。《通鉴》卷一百八十八亦载，此年十月“戊申，以开道为蔚州总管，赐姓李氏，封北平郡王”。按：《旧书》所谓“庚子”，当系高开道归降之时。又，“十月戊申”，即“十九日”。《会要》及《册府》记月疑误，今姑从《新书》及《通鉴》。

本文作于武德三年（620）十月。

褒胡大恩来降诏（P29上）

《大诏令》卷六十四录本文，题为《胡大恩赐姓属籍宗正诏》，末署：“武德四年正月。”《册府》卷一百六十四录本文，亦订为此年此月诏。《会要》卷六十五、《旧书·本纪》、《通鉴》卷一百八十八均载，其年正月，窦建德行台尚书令胡大恩，以大安镇来降，赐姓李氏，属籍宗正。后三书所记日期稍异，但月份相同。

本文作于武德四年（621）正月。

赦代州总管府内诏（P29上）

本文明署写作时限：“武德四年二月二十九日。”《大诏令》卷一百二十二收录本文。再检《册府》卷八十三、《英华》卷四百四十四均引录本文，题为《宥刘武周余党诏》，订为“四年二月丁巳诏”。《新书·本纪》亦载，其年二月“丁巳，赦代州总管府石岭之北”。可证原文记时无误。

本文作于武德四年（621）二月。

检校益州夔州狱讼诏（P29下）

《大诏令》卷八十三录本文，题为《益州夔州管内疏理囚徒制》，末署：“武德四年四月。”《册府》卷一百五十一录本文，亦订为此时诏。

本文作于武德四年（621）四月。

赐秦王获窦建德手诏（P29下）

《旧书·高祖本纪》载，武德四年“五月己未，秦王大破窦建德之众于武牢，擒建德，河北悉平”。该书《太宗本纪》载，俘获建德后，“高祖闻而大悦，手诏曰：‘隋氏分崩，崤函隔绝。两雄合势，一朝清荡’，‘兵既克捷，更无死伤。无愧为臣，不忧其父，并汝功也’。”此数语，系本诏之节录。《册府》卷十九录本文，亦订为是年“五月手诏”。

本文作于武德四年（621）五月。

平窦建德大赦诏（P30上）

本文明署写作时限：“武德五年四月八日。”《文馆词林》卷六百六十九、《大诏令》

卷一百二十三收录本文，题为《平窦建德赦》。《册府》卷八十三录本文，订为是年“五月乙丑诏”。《新书·本纪》亦云，此年五月“乙丑，以太子左庶子郑善果为山东抚慰大使”相合。以上数条资料可证本文记时无误。

本文作于武德四年（621）五月。

令太子建成统军诏（P30 下）

《旧书》卷六十四《隐太子建成传》载，武德“四年，稽胡酋帅刘屳成拥部落数万人为边害，又诏建成率师讨之”。与本文所云，“稽胡部类，居近北边”，“寇抄居民，侵扰亭堠，可令太子建成总统诸军，以时致讨”相合。但是，诸书记建成讨稽胡事的月份差别较大。两《唐书·本纪》、《通鉴》卷一百八十八均载，此事在是年“正月辛巳”。《大诏令》卷一百三十录本文，题为《命皇太子讨稽胡诏》，末署：“武德四年九月。”《册府》卷二百五十九录此文，订为“四年五月诏”。按：“九”可能是“元”字形似之讹，“五”疑“正”字形似之讹。姑从两《唐书》及《通鉴》。

本文作于武德四年（621）正月。

赦河南诸州诏（P30 下）

本文明署作时：“武德四年六月四日。”《大诏令》卷一百二十一收录本文，题为《赦河南诸州为王世充诖误诏》。《新书·本纪》载武德四年“六月庚寅（即四月），赦河南为王世充所诖误者”。《册府》卷八十三录本文，亦订为此年“六月庚寅诏”。可见，本文记时无误。

本文作于武德四年（621）六月。

平王世充大赦诏（P31 上）

本文明署作时：“武德四年七月十二日（即丁卯日）。”《大诏令》卷一百二十三、《文馆词林》卷六百六十九均收录。两《唐书·本纪》载七月“丁卯，大赦天下”。《通鉴》卷一百八十九载，其年七月“丁卯，以天下略定，大赦百姓，给复一年。陕、鼎、函、虢、虞、芮六州，转输劳费；幽州管内，久隔寇戎，并给复二年”，与本文要旨合。《册府》卷八十三录本文，亦定为该年“七月丁卯诏”。可见，本文记时无误。

本文作于武德四年（621）七月。

授张镇周陈智略淮南岭南行军总管诏（P31 下）

《大诏令》卷一百十五录本文，题作《张镇周淮南道安抚等诏》，末署“武德四年八月”。《册府》卷一百六十四录本文，亦订为是时之诏。《通鉴》卷一百八十九载，其年八月“上以南方寇盗尚多，丙午，以左武候将军张镇周为淮南道行军总管、大将军陈智略为岭南道行军总管，镇抚之”。

本文作于武德四年（621）八月。

褒授岐平定等诏（P31 下）

岐平定，隋末唐初楼观道士，本名晖。《混元圣纪》卷八载："唐高祖皇帝初起义于晋阳，帝女平阳公主，柴绍妻也，亦起兵应帝，屯于宜寿宫。晖逆知真主将出，尽以观中资粮给其军。及帝至蒲津关，晖喜曰：'此真君来也，必定乎四方矣。乃改名为平定，以应之，仍发道士八十人向关应接。帝嘉之。'乃下诏曰：'……'"所引即本文。该书接着又记述岐平定的谢辞曰："草莽之臣，应接圣君，心崇道本。黄冠不贵金紫，玄教岂向银青？虽奉殊私，理恐非惬。帝曰：'师且受，俟得京城，别有进止。'"据此可知，本文当作于李渊起兵太原，进军"至蒲津关"之时。检温大雅《大唐创业起居注》卷二，大业十三年九月"己巳，帝之蒲津"。

本文作于大业十三年（617）九月。

令京官五品以上及诸州总管刺史各举一人诏（P32 上）

《大诏令》卷一百二录本文，题为《京官及总管刺史举人诏》，末署："武德五年三月。"《册府》卷六十七录本文，订为"唐高祖武德五年诏"。《会要》卷二十六节录本文"令京官五品以上"到"授以不次"，订作时与《大诏令》同。

本文作于武德五年（622）三月。

赐方亮诏（P32 上）

明代嘉靖四十年刊刻的《浙江通志》第四册第二十四卷载："方亮，雉山人。初，汪华据歙称王，睦州已为歙有。及武德四年，杜伏威命王雄诞平歙而复睦州，用亮为刺史。武德五年八月，使亮持节领庐、申二州诸军事，赐诏曰：'……'"所引即本文。

本文作于武德五年（622）八月。

命太子建成讨刘黑闼诏（P32 上）

《册府》卷二百五十九录本文，订为武德"五年十一月甲申诏"。两《唐书·本纪》及《通鉴》卷一百九十亦载，命皇太子建成讨刘黑闼于此时。

本文作于武德五年（622）十一月。

修魏周隋梁齐陈史诏（P32 下）

《旧书》卷七十三《令狐德棻传》载，德棻于武德"五年，迁秘书丞"后，曾建议高祖整修齐、梁、陈、周、隋史书。"高祖然其奏，下诏曰：'……'"所引即本文。《大诏令》卷八十一录本文，题作《命萧瑀等修六代史诏》，末署："武德五年十二月。"《会要》卷六十三亦录本文，订为"五年十二月二十六日诏"。《册府》卷五百五十四、卷五百五十六录本文，均系于此时。

本文作于武德五年（622）十二月。

罢差科徭役诏（P33 上）

《大诏令》卷一百十一录本文，题作《简徭役诏》，末署："武德六年三月。"《册府》卷一百四十七亦录本文，并订于此时。

本文作于武德六年（623）三月。

申禁差科诏（P33 下）

《大诏令》卷一百十一录本文，题作《禁止迎送营造差科诏》，末署："武德六年四月。"《册府》卷一百四十七亦载本文，并订此时。

本文作于武德六年（623）四月。

授裴寂萧瑀左右仆射诏（P33 下）

两《唐书·本纪》及《通鉴》卷一百九十均载，武德六年四月癸酉，任裴寂、萧瑀为左右仆射。《册府》卷七十二录本文，订为是年"四月诏"。《大诏令》卷四十四亦录本文，题作《裴寂萧瑀左右仆射诏》，末署作时与《册府》同。

本文作于武德六年（623）四月。

幸故宅大赦诏（P33 下）

两《唐书·本纪》均载，武德六年四月己未，改旧宅为通义宫，赦京城。与本文"时维孟夏，方申长育。宜顺天心，宣兹惠泽，可曲赦京城内系囚见徒及被推问应集之人"相合。《大诏令》卷七十九录此文，题为《幸故宅改为通义宫曲赦京城系囚制》，末署："武德六年四月。"《册府》卷八十三亦录本文，订为此时之诏。《会要》卷三十节录本文，订为是年四月廿四日诏。

本文作于武德六年（623）四月。

劝农诏（P34 上）

《大诏令》卷一百十一录本文，题目相同，末署："武德六年六月。"《册府》卷七十亦载本文，订为是年"六月乙未日诏"。

本文作于武德六年（623）六月。

讨辅公祏诏（P34 下）

《大诏令》卷一百十九所载，题目及文字均与本文同，末署："武德六年九月。"《册府》卷一百二十二载，六年"九月，辅公祏遣其党徐绍宗侵海州，陈政通侵寿阳，诏赵郡王孝恭水路趋九江，岭南道大使李靖引交、广、泉、桂之众趋宣城，怀州总管黄君汉出谯、亳，齐州总管李世勣出淮、泗，以讨公祏，诏曰：'……'"所引即本文。但《册府》在诏文前所记未提及本文任"秦王世民为江州道行军元帅"之事。《新书·本纪》记此事甚为详确：其年"八月壬子，淮南道行台左仆射辅公祏反。乙丑，赵郡王孝恭讨之。九月壬辰，秦王世民为江州道行军元帅”。《通鉴》卷一百九十亦载，是年九月“壬辰，诏以秦王世民为江州道行军元帅”。胡三省注云：“欲之讨辅公祏也。”与本文要旨合。

清编《全唐文》卷三
（*P35—45*）

令诸州举送明经诏（P35 下）

《大诏令》卷一百五录本文，题为《置学官备释奠礼诏》，末署：“武德七年二月。”《册府》卷五十亦录本文，订为此时诏。《旧书》卷二十四、《通鉴》卷一百九十节录本文均订为武德“七年二月己酉诏”。

本文作于武德七年（624）二月。

赐学官胄子诏（P36 上）

《册府》卷五十载，武德七年“二月丁巳，帝幸国子学，亲临释奠，引道士沙门有举业者，与博士相杂驳难，久之乃罢。因下诏曰：‘……’”所引即本文。《大诏令》卷一百五录本文，题为《兴学敕》，末署：“武德七年二月。”

本文作于武德七年（624）二月。

平辅公祏大赦诏（P36 上）

本文明署作时为：“武德七年四月一日。”《大诏令》卷一百二十三引录本文，题为《平辅公祏诏》。检两《唐书·本纪》及《通鉴》卷一百九十均载，其年三月戊戌擒获辅公祏，四月庚子，大赦天下。《册府》卷八十三录本文，订为是年“四月甲子（二十五日）”。按：是年四月庚子朔，“甲子”与本文“四月一日”相符，应属“庚子”之误。上引资料可证，本文记时无误。

本文作于武德七年（624）四月。

颁定科律诏（P36 下）

《旧书》卷五十《刑法志》载，尚书左仆射裴寂、右仆射萧瑀及大理卿崔善为等，奉旨更撰新律令，“至武德七年五月奏上，乃下诏曰：‘……’”所引即本文。《册府》卷六百一十二亦录本文，订为“七年五月诏”。但是，《会要》卷三十九载，裴、萧、崔等奉旨更撰新律令，“至七年三月二十九日成”。且两《唐书·本纪》及《通鉴》均载，其年“四月庚子”，颁行新律令。岂能四月颁行，五月才去奏上？再检《大诏令》卷八十二，亦录此文，题为《颁新律令诏》，末署亦为：“武德七年四月。”由此可知，“五月奏上”，当属“三月奏上”之讹。

本文作于武德七年（624）四月。

擢史孝谦诏（P37 上）

《册府》卷九十七录本文，订为武德“七年七月诏”。

本文作于武德七年（624）七月。

立社诏（P37 下）

《大诏令》卷七十三录本文，题为《亲祀太社诏》，末署：“武德元年正月。”《册府》卷三十三亦录本文，则订为武德“九年正月丙子诏”。《会要》卷十引录本文，订作时与《册府》同，《会要》卷二十二节录“吉日维戊”到“明为典制”，复订为是年“正月诏”。《通鉴》卷一百九十载，武德九年二月“丙子，初令州县祀社稷，又令士民里闬相从立社，各申祈报，用洽乡党之欢”，与本文要旨合。今按：史载，义宁二年（618）五月甲子，李渊始登基称帝，改元武德。据此，武德元年正月之时，李渊尚未称帝。而本文明曰，“朕握图受历，菲食卑宫”，“布告天下，即宜尊用”等，显然是称帝之后所发之文告。《大诏令》作“元年”，系“九年”形似之讹。又，本文曰“今既南亩俶载，东作方兴”，当为正月农耕正始之时。今按：武德九年正月无“丙子日”，二月有“丙子日”，即十七日。因此，《册府》《会要》《大诏令》作“正月”属误，当以《通鉴》为是。

本文作于武德九年（626）二月。

授裴寂司空诏（P37 下）

两《唐书·本纪》及《通鉴》卷一百九十一均载，武德九年正月，以裴寂为司空。《大诏令》卷四十四录本文，题为《裴寂司空诏》，末署：“武德九年正月。”《册府》卷七十二亦录本文，订作时与上述诸书同。

本文作于武德九年（626）正月。

加齐王元吉司徒诏（P38 上）

两《唐书·本纪》及《通鉴》卷一百九十一均载，武德九年二月庚申，以齐王元吉为司徒。《大诏令》卷三十五录本文，题为《齐王元吉司徒制》，末署：“武德九年二月。”《册府》卷二百七十七录本文，订为“九年诏”。

本文作于武德九年（626）二月。

沙汰佛道诏（P38 上）

《旧书·本纪》卷一载，武德九年“夏五月辛巳，以京师寺、观不甚清净，诏曰：‘……’”所引即本文。但《新书·本纪》则载，其年“四月辛巳，废浮屠、老子法”。《通鉴》卷一百九十一详述其事始末，载其年四月“辛巳，下诏命有司沙汰天下僧、尼、道士、女冠，其精勤练行者，迁居大寺、观，给其衣食，毋令缺乏。庸猥粗秽者，悉令罢遣，勒还乡里。京师留寺三所，观二所，诸州各留一所，余皆罢之”，所记与本文要旨合。《广弘明集》卷二十五、《续高僧传·法琳别传》，亦载其事于此时。今从《新书》《通鉴》

《广弘明集》。

本文作于武德九年（626）四月。

诛建成元吉大赦诏（P38 下）

本文明署作时为："武德九年六月四日。"《大诏令》卷一百二十三录本文，题为《皇太子建成齐王元吉伏诛大赦》。两《唐书·本纪》及《通鉴》卷一百九十一均载，武德九年六月庚申，秦王世民诛皇太子建成、元吉于玄武门，大赦天下。《册府》卷八十三录本文，亦订为其年"六月庚申诏"。其月"庚申"，即"四月"。可见，原文记时无误。

本文作于武德九年（626）六月。

立秦王为太子诏（P39 上）

《大诏令》卷二十七所载，题目与文字皆与本文同，末署："武德九年六月。"《册府》卷二百五十七录本文，订为"武德九年六月癸亥诏"。《英华》卷四百四十三录本文，注作时为"武德九年"。两《唐书·本纪》及《通鉴》卷一百九十一均载，是年"六月癸亥"，立秦王世民为皇太子。

本文作于武德九年（626）六月。

令皇太子断决机务诏（P39 上）

《大诏令》卷三十录本文，题为《神尧命皇太子决断庶政诏》，末署："武德九年六月。"《册府》卷二百五十九节录本文，订为是年"六月癸亥诏"。两《唐书·本纪》均载，其年六月癸亥，立秦王世民为皇太子，同时令其听政。《通鉴》卷一百九十一载，其年六月"癸亥，立世民为皇太子。又诏：'自今军国庶事，无大小悉委太子处决，然后闻奏'"，与本文要旨合。

本文作于武德九年（626）六月。

禅位皇太子诏（P39 下）

《大诏令》卷三十录本文，题为《神尧传位于皇太子诏》，末署："武德九年八月。"《册府》卷十录本文，订为是年"八月癸亥诏"。《旧书·高祖本纪》及《太宗本纪》、《通鉴》卷一百九十一载，李渊下诏传位于皇太子的时间，均为其年八月癸亥。

本文作于武德九年（626）八月。

封王兰英为永寿郡君诏（P40 上）

据《旧书》卷一百九十三《独孤师仁乳母王氏传》载："独孤武都，谋叛王世充归国，事觉诛死。武都子师仁，年始三岁。"其乳母王兰英"备尽筋力"抚育，"时丧乱年饥，人多饿死"。王氏携带师仁，沿路乞讨，逃归长安。"高祖嘉其义，下诏曰：'……'"所引即本文。《册府》卷一百三十八所载，与《旧书》同。按：此诏书既称王兰英携带独孤师仁从洛阳逃到长安，是“背逆归朝”，必作于王世充称帝之后，被秦王俘虏之前。两《唐书·本纪》及《通鉴》卷一百八十七卷、一百八十九均载，王世充于武德二年夏四月乙巳日称帝，国号郑，于四年五月兵败降唐。

本文作于武德二年（619）四月之后，四年（621）五月之前。

赐萧瑀手敕（P40 下）

《旧书》卷六十三《萧瑀传》载，武德元年，萧瑀任内史令，“尝奏便宜数十条，多见纳闻。手敕曰：‘……’”所引即本文。《新书》卷一百一《萧瑀传》亦载，“武德元年，迁内史令。……上便宜。每见纳用。手诏曰：‘得公言，社稷所赖。朕即宝之。故赐黄金一函，公其勿辞’”。“手诏”以下数语，与本文要旨合。《册府》卷三百一十九引本文，亦为“武德初”。

本文作于武德元年（618）。

徙居大安宫诰（P40 下）

《旧书·太宗本纪》载，贞观三年“夏四月辛巳，太上皇徙居大安宫”。《新书·太宗本纪》及《通鉴》卷一百九十三均载，是年“四月乙亥，太上皇徙居大安宫”。《会要》卷三十不记具体日期，只云“贞观三年四月，徙居，改为大安宫”。《册府》卷十录本文，订为其年四月作，亦不云具体日期。《大诏令》卷三十录本诏，题为《神尧命皇帝正位诏》，末署却为：“武德九年八月。”按：本诏明曰“敬授帝图”，“露往霜来，四载于兹矣”。两《唐书·本纪》及《通鉴》卷一百九十一均载，李渊于武德九年（626）八月癸亥传位于秦王世民。由此连推四载，恰为贞观三年（629）。《大诏令》系年，与本文不符。

本文作于贞观三年（629）四月。

答太宗陈让表手诰（P41 下）

《册府》卷十载：“贞观三年四月”，高祖下《徙居大安宫》诏书之后，“太宗奉表陈让”云云，“高祖手诏曰：‘……’太宗不敢忤意，乃止。乙亥，太上皇居于大安宫。”所引即本诏。显然，本篇与《徙居大安宫》为同月所作。

本文作于贞观三年（629）四月。

遗诰（P41 下）

《旧书·本纪》载，贞观“九年五月庚子，高祖大渐。下诏：‘既殡之后，皇帝宜于别所视军国大事’‘其服轻重，悉从汉制，以日易月’‘园陵制度，务从俭约’”，所引文字，即本诏之节录。《新书·本纪》及《通鉴》卷一百九十四亦载，高祖崩于是年五月。《大诏令》卷十一录本文，题为《神尧遗诏》，末署：“贞观九年五月六日。”

本文作于贞观九年（635）五月。

举义旗誓众文（P42上）

《起居注》卷二载：大业十三年“秋七月壬子，以四郎元吉为太原郡守，留守晋阳宫。文武后事，并委焉。义师欲西入关，移营于武德南。癸丑，将引帝立军门，仗白旗而大号誓众。文曰：‘……’”引文即本篇。《通鉴》卷一百八十四亦载，其年七月“癸丑，渊帅甲士三万发晋阳，立军门誓众”。《新书·本纪》载：其年“七月壬子，高祖杖白旗，誓众于野，有兵三万”。“壬子”，误。

本文作于大业十三年（617）七月。

即位告天册文（P43下）

《起居注》卷三：“以武德元年，岁在戊寅，五月甲子，皇帝即位于太极殿，设坛于长安城南，柴燎告天。册文曰：‘……’”所引即此篇。又，本文明署作时：“改义宁二年为武德元年，《唐文粹》卷三十一录本文，篇末亦有此语。”两《唐书·本纪》及《通鉴》卷一百八十五均载，武德元年五月甲子，李渊即皇帝位，改国号为唐，大赫天下，改元为武德。

本文作于武德元年（618）五月。

册秦王天策上将文（P44上）

本文明署作时：“维武德四年，岁次辛巳，十一月甲申朔，二日乙酉。”两《唐书·本纪》及《通鉴》卷一百八十九均载，是年十月，以秦王世民为天策上将。本书卷一第十九页《秦王天策上将制》，即其时所行文告。此篇册文，作于其后。《大诏令》卷三十七录本文，题与本文同。

本文作于武德四年（621）十一月。

命皇太子即皇帝位册文（P44下）

《大诏令》卷一录本文，题为《太宗即位册文》，全文前多“维武德九年，岁次丙戌，八月丙辰朔，九日甲子云云”数句，已署明作时。《册府》卷十亦录本文，订为是年八月。两《唐书·本纪》及《通鉴》卷一百九十一均载，是时，皇太子世民即皇帝位。

本文作于武德九年（626）八月。

赐高丽王建武书（P45上）

《旧书》卷一百九十九《高丽传》载：“其王高建武，即前王高元异母弟也。武德二年，遣使来朝。四年，又遣使朝贡。高祖感隋末战士多陷其地。五年，赐建武书曰：‘……’”所引即本篇。《册府》卷一百七十录本文，亦订为是年赐书。《通鉴》卷一百九十亦载，其年，“上以隋末战士多没于高丽，是岁，赐高丽王建武书，使悉遣还，亦使州县索高丽人在中土者，遣归其国。”与本文要旨合。

本文作于武德五年（622）。

谕李袭志书（P45 上）

《安康县志》录此书，篇目作《赐李袭志书》（成文书局影印本）。《旧书》卷五十九《李袭志传》载："武德初，高祖遣其子玄嗣斋书召之。袭志乃密说岭南首领隋永平郡守李光度与之归国，高祖又令间使斋书谕袭志曰：'……'"所引即本篇。《册府》卷一百六十四所录，与《旧书》同。《新书》卷九十一《李袭志传》亦载："武德初，高祖赐书，命其子玄嗣召之。袭志约岭南酋永平郡守李光度潜图归国。"帝复以书谕曰："公朕之宗，不可与异姓比，宜及子弟并豫宗正。"与本文要旨合。按《旧书》同卷《李袭誉传》载，袭誉归唐，任太府少卿，封安康郡公。"仍令与兄袭志附籍宗正。"与本文云，令李氏子弟"著于宗正"合。据此可知，袭志、袭誉是同时被列入李唐宗室的。《大诏令》卷六十四、《会要》卷六十五、《通鉴》卷一百八十六均载，令袭誉"著于宗正"，在武德元年十月。（详见本书卷一《许李袭誉合谱宗正诏》的考证）那么，高祖令其兄袭志与皇族合谱亦在此时。

本文作于武德元年（618）十月。

赐许绍敕书（P45 下）

《旧书》卷五十九《许诏传》载，许绍与李渊系同窗好友。王世充篡立后，遣使降唐。"高祖敕书曰：'……'"所引即本文。《新书》卷九十《许绍传》亦载：王世充在洛阳称帝后，许绍降唐，受封峡州刺史。"高祖赐书，道平生旧，以加慰纳。"与本文要旨合。《册府》卷一百七十二录本文，所述写作背景与两《唐书》同。据上述资料，本文必作于王世充称帝自立之后不久。考两《唐书·本纪》，武德二年四月乙巳，王世充称帝，改国号为郑。又，《通鉴》卷一百八十七载，武德二年九月，"萧铣遣其将杨道生攻峡州，刺史许绍击破之"。本文只字未提及许绍降唐后首建的此项战功，必作于此役之前。

本文作于武德二年（619）四月至九月之间。

劳涪（应为浩）州刺史刘瞻书（P45 下）

《册府》卷四百载，"刘瞻为浩州刺史时，刘武周连年为寇，邻城多陷。贼数攻之，辄为瞻所败。高祖下书劳之曰：（原文即本篇，从略。）及裴寂之败也，晋州以北，连城悉陷，惟瞻独守。李仲文以兵保之，二人并力拒战，贼来攻之，辄挫其锐。及太宗复并州，高祖遣使劳苦之。"该书卷一百三十三亦录高祖赐书慰劳的原文。由上述资料可知，李渊慰劳刘瞻的书信，写于刘武周攻陷唐并州一带数城之后，裴寂败北之前。《旧书·本纪》载，武德二年闰二月，"刘武周侵我并州。"《通鉴》卷一百八十七载，该年四月、五月、六月，刘武周先后袭破榆次、围并州、陷介州，致使李渊"以刘武周入寇为忧"，于六月"癸亥，以裴寂为晋州道行军总管，讨武周"。九月丁丑，裴寂与刘武周部将宋金刚战于介休，全军"失亡略尽"。本文既作于裴寂败军之前，必不超越是年九月。

又，本文曰"涪州敕史刘瞻""涪州"两字误。《通鉴》同卷载，裴寂败后，接言"先是，刘武周屡遣兵攻西河，浩州刺史刘瞻拒之。"《文馆词林》卷四百五十九，李百药

《荆州都督刘瞻碑铭》曰："武德元年，以西河为浩州，授公刺史""孤城绝援，绵历三年"。《册府》卷三百八十四、卷四百均称刘为"浩州刺史"。《全唐文》卷一亦有《大赦并浩等州诏》。《元和郡县志》卷十三"河东道二·汾州"条，载其地之沿革曰："隋大业三年废汾州，还于隰城县置西河郡。皇朝初，改为浩州。武德三年，又改为汾州。"皆可为佐。

本文作于武德二年（619）闰二月至九月间。

二　唐太宗李世民诏敕考

李世民（598—649），高祖李渊次子，隋文帝开皇十八年（598）十二月戊午日，生于武功（今陕西武功）。大业十三年（617）五月，协助其父起兵晋阳；六月，攻克西河郡，拜右领军大都督，封敦煌公；十一月，率军入长安，封京兆尹、秦国公；十二月，败薛举于扶风。义宁二年（618）正月，为右元帅；三月，徙封赵国公。武德元年（618）五月，唐朝建立；六月，拜尚书令、右武候大将军，改封秦王，加雍州牧；十二月，因平陇右之功，拜太尉、陕东道大行台尚书令，并节度蒲州、河北诸府兵马。二年正月，任左武候大将军、凉州总管。三年四月，因击败刘武周，再平河东之功，加益州道行台尚书令。四年五月，擒获窦建德、王世充两支劲敌，平定中原；十月，加号天策上将，领司徒、陕东道大行台尚书令，位在王公之上。五年三月，击溃河北刘黑闼；十月，加左右十二卫大将军。八年十一月，进位中书令。九年六月四日，率兵入玄武门，杀太子建成及齐王元吉，立为皇太子；八月，即帝位。在位二十三年。贞观二十三年（649）五月驾崩，年五十二。谥曰文皇帝，庙号太宗，葬昭陵（在今陕西礼泉九嵕山）。有文集四十卷，今传有明活字本《唐太宗皇帝集》。《旧书》卷二、卷三，《新书》卷二有《纪》。

清编《全唐文》卷四
（*P46—57*）

答薛收上谏猎书令（P49 上）

《旧书》卷七十三《薛收传》载，“武德六年，以本官兼文学馆学士，与房玄龄、杜如晦特蒙殊礼，受心腹之寄。又尝上书谏猎，太宗手诏曰”，即本文。《册府》卷四百六十一所载与《旧书》同，并录全文，订为是岁手诏。另《太平御览》卷五十四亦录本文。今按：太宗此时为秦王，尚未称帝，不当曰“手诏”，《全唐文》“令”，属是。

本文作于武德六年（623）。

二名不偏讳令（P49 上）

《旧书》卷二《本纪》载，武德九年六月甲子，李世民被立为皇太子“己巳令曰”，节录本文。《册府》卷三载，“武德九年，令曰”，即此文。《会要》卷二十三亦录此文，订为“武德九年六月，太宗居春宫，总万机”所下令。

本文作于武德九年（626）六月。

置文馆学士教（P49 下）

《册府》卷九十七载，“唐太宗初为秦王，征求草莽，置驿招聘，皆自远而至。于时，海内初平，帝乃锐意经籍，怡神于艺文，因开学馆，以待四方之士，又降旨曰”，即此文。《旧书》卷二《本纪》、《会要》卷六十四、《通鉴》卷一百八十九均载，武德四年十月，秦王既平天下，乃锐意经籍，开馆于宫城之西，延四方文学之士，出《教》以杜如晦、房玄龄、虞世南、薛收、孔颖达、陆德明、褚亮、姚思廉等十八人以本官兼文学馆学士，恰与本文要旨及十八学士姓氏合。

本文作于武德四年（621）十月。

建置二王后国官庙宇制（P49 下）

《通典》卷七十四、《册府》卷一百七十三、《会要》卷二十四均录此文，并订为“贞观二年八月制”。《新书·本纪》载，其年八月“辛丑，立二王后庙，置国官”，与本文要旨合。

本文作于贞观二年（628）八月。

册封突利可汗制（P50 上）

《通典》卷一百九十七载，突利可汗率众归降，“太宗礼之甚厚，频赐以御膳。（贞观）四年，授右卫大将军，封北平郡王，实封七百户”。《旧书》卷一百九十四《突厥上》所载与此同。《册府》卷九百六十四载，“贞观四年三月诏”云云，即此文。《通鉴》卷一百九十三载，其年三月“丙子，以突利可汗为右卫大将军、北平郡王”。

本文作于贞观四年（630）三月。

加李靖特进制（P50 上）

《大诏令》卷五十五录此文，题中无“加”字，末注：“贞观八年十一月。”《旧书》卷六十七《李靖传》载，贞观八年，靖“以足疾上表乞骸骨，言甚恳至”。太宗“乃下优诏，加授特进，听在第摄养，赐物千段、尚乘马两匹，禄赐、国官府佐并依旧给，患若小瘳，每三两日至门下、中书平章政事”。《册府》卷三百一十九所载与此同。《旧书·本纪》、《通鉴》卷一百九十四、《会要》卷五十一均载，是岁十一月辛未，加授李靖特进。

本文作于贞观八年（634）十一月。

令所司与礼官议宗庙制度制（P50 下）

《大诏令》卷七十五录此文，题中无“制度”二字，末注：“贞观九年九月。”《旧书》

卷二十五《礼仪五》、《新书》卷十三《礼乐三》、《会要》卷十二均载，贞观九年，高祖崩，将行迁祔之礼，太宗命有司详议庙制，但未载具体日月。《通鉴》卷一百九十四则载，其年七月“辛亥，诏：‘国初草创，宗庙之制未备，今将迁祔，宜令礼官详议’”，与本文要旨合。今从《通鉴》。

本文作于贞观九年（635）七月。

授郐王元裕等官制（P50 下）

《大诏令》卷三十五录此文，题为《邓王元裕等除官制》，末注：“贞观十年正月。”今按：两《唐书·本纪》、《旧书·高祖诸子传》、《会要》卷四十六、《通鉴》卷一百九十四均载，贞观十一年正月，诏封郐王元裕、谯王元名分别为邓王、舒王。校以诸书，《大诏令》于“十”和“年”之间脱“一”字。

本文作于贞观十一年（637）十一月。

授高士廉左仆射制（P50 下）

《大诏令》卷四十四录此文，题中无“授”字，末注：“贞观十一年七月。”《册府》卷七十二载，贞观“十二年七月，诏曰”，即此文。今检两《唐书·本纪》、《通鉴》卷一百九十五均载，贞观十二年七月癸酉，以申国公、吏部尚书高士廉为右仆射。《旧书》卷六十五《高士廉传》亦载，贞观“十二年，与长孙无忌等以佐命功，并代袭刺史，授申国公。其年，拜尚书右仆射”。校以诸书，可知《大诏令》误“十二年”为“十一年”。又，高士廉一生未任“左仆射”，“左”当为“右”之误。

本文作于贞观十二年（638）七月。

授颜师古秘书监制（P51 上）

《初学记》卷十二、《太平御览》卷二百三十三亦录此文。《旧书》卷七十三《颜师古传》载：贞观十五年，太宗下诏，将封禅于泰山。诸儒讨论仪注，师古以往昔所撰著述奏上。“于是，诏公卿定其可否，多从师古之说，然而事竟不行。师古俄迁秘书监、弘文馆学士。十九年，从驾东巡，道病卒，年六十五。”由此可知，太宗令师古任秘书监在贞观十五年。

本文作于贞观十五年（641）。

授长孙无忌太子太师房元龄太子太傅萧瑀太子太保制（P51 上）

《册府》卷七百八载：“长孙无忌为司徒，定策立晋王为太子。太宗以无忌为太子太师，房玄龄、萧瑀为傅、保。制曰：‘……’”其中“制曰”，即本文。《旧书·本纪》、《通鉴》卷一百九十七均载，贞观十七年四月己丑，加长孙无忌为太子太师、房玄龄为太子太傅。《旧书》卷六十三《萧瑀传》、卷六十五《长孙无忌传》均载二人任太保、太师在贞观十七年。

本文作于贞观十七年（643）四月。

授邓王元裕等刺史制（P51 上）

《大诏令》卷三十五录此文，题中无“授”字，未注明作时。今按：本文既云，“寿州刺史元名可许州刺史”，必作于其人由寿刺许之时。《旧书》卷六十四《高祖二十二子传》载：“舒王元名，高祖第十八子也。……（贞观）十一年，徙封舒王，赐实封八百户，拜寿州刺史，后历滑、许、郑三州刺史。二十三年，加实封满千户，转石州刺史。”但是，《册府》卷二百八十一载，舒王元名于“贞观十一年拜寿州刺史，后历许、滑、宋三州，转石州刺史”。参以本文，可知《册府》记述元名仕宦经历正确，《旧书》云“拜寿州刺史，后历滑、许”，其中“滑、许”二字互乙，应以“许、滑”为是。另，《册府》卷二百六十八载：“（贞观）十六年十一月癸丑朔……寿州刺史、舒王元名来朝。”又云：“二十年十月，许州刺史奖（蒋）王恽来朝。”据此可知，十六年，元名尚刺寿，其改封许州必在此后。二十年蒋王恽刺许，元名刺许必在此前。

本文作于贞观十六年（642）十一月至二十年（646）十月。

授安州刺史吴王恪等官制（P51 下）

《大诏令》卷三十五录此文，题为《安州都督吴王恪等除官制》，未注作年。按：《旧书》卷七十六《太宗诸子传》载：“（贞观）十二年，累授安州都督。”但是，《通鉴》卷一百九十四载，贞观十一年春正月“辛卯，以吴王恪为安州都督”。该书卷一百九十五又载，是年，“安州都督吴王恪数出畋猎，颇损居人，侍御史柳范奏弹之”。十月“丁丑，恪坐免官”。是此，《旧书》记吴王恪任安州都督在“十二年”，属误。又，本文称赞吴王恪“识量明允，体业贞固，礼高彝器，望重维城，学艺之誉日新，忠孝之风早茂”。此明为免官之前所行之文。

本文作于贞观十一年（637）正月至十月之间。

授魏王泰雍州牧制（P51 下）

《大诏令》卷三十五录此文，题中无“授”字，“魏王”前有“相州都督”四字。《旧书》卷七十六《太宗诸子传》载，李泰“贞观二年，改封越王，授扬州都督。五年，兼领左武候、大都督，并不之官。八年，除雍州牧、左武候大将军。七（九?）年，转鄜州大都督。十年，徙封魏王，遥领相州都督，余官如故”。由此可知，李泰为魏王、相州都督在“除雍州牧”之后。本文既云“扬州都督”李泰，“可雍州牧”，必作贞观“八年，除雍州牧”之时。题中的“魏王”或“相州都督”，均误，实应为“越王”。《旧书·本纪》载，贞观八年十二月“壬子，越王泰为雍州牧”。

本文作于贞观八年（634）十二月。

即位大赦诏（P51 下）

《册府》卷八十四载，“唐太宗武德九年八月甲子即位，诏曰”，即此文。《大诏令》卷二录此文，题为《太宗即位赦》。两《唐书·本纪》、《通鉴》卷一百九十一均载，武德九年八月甲子，李世民即位，大赦天下。本文亦明署时限为：“自武德九年八月九日昧爽以前，罪无轻重，已发觉、未发觉系囚见徒，悉从原免。”

本文作于武德九年（626）八月。

加淮安王神通燕郡王艺开府仪同三司诏（P52 下）

《册府》卷二百七十七载，“武德九年八月甲戌诏”云云，即此文。《大诏令》卷三十八亦录此文，题为《淮安王神通等开府仪同三司制》，末注：“武德九年八月。”但是，《旧书·李神通传》载：“贞观元年，拜开府仪同三司。”该书《罗艺传》则载：“太宗即位，拜开府仪同三司。”按：太宗即位于武德九年八月，非贞观元年。又，两《唐书·本纪》及《通鉴》卷一百九十二均载，贞观元年正月辛丑，燕郡王据泾州反，寻为左右所杀。罗艺与李神通任开府仪同三司，系同一诏文所封。罗艺既反于贞观元年正月，当不会于此时与李神通同时受诏封。可见，《旧书·李神通传》所记误。

本文作于武德九年（626）八月。

放宫女诏（P52 下）

《通典》卷三十四载，“武德九年，诏曰”，节录本文。《册府》卷四十二亦载：太宗武德九年八月甲子即位，“癸酉诏”云云，即此文。《会要》卷三载，“武德九年八月十八日诏”，节录“王者内职”以下至文末。两《唐书·本纪》均载，此年八月“癸酉，放掖庭宫女三千人”。《通鉴》卷一百九十一载，是年八月“诏以宫女众多，幽闭可愍，宜简出之，各归亲戚，任其适人”，与本文要旨合。

本文作于武德九年（626）八月。

备北寇诏（P52 下）

《册府》卷九百九十一载，“武德九年九月壬辰诏”云云，即此文。《大诏令》卷一百七录此文，题为《修缘边障塞诏》，末注：“武德九年九月。”

本文作于武德九年（626）九月。

封吏部尚书长孙无忌等诏（P53 上）

《册府》卷一百二十八载，“武德九年九月己酉诏”云云，即本文。《会要》卷四十五、《玉海》卷一百三十五俱录本文，订作时为是岁“九月二十四”。《旧书·本纪》载，是年九月“长孙无忌封齐国公、房玄龄邢国公、尉迟敬德吴国公、杜如晦蔡国公、侯君集潞国公”，与本文所载封爵同。《通鉴》卷一百九十二亦载，其年九月“己酉，上面定勋臣长孙无忌等爵邑”。

本文作于武德九年（626）九月。

论崇笃实诏（P53下）

《册府》卷一百九十九载，“武德九年十月庚子诏”云云，即此文。《大诏令》卷一百十亦录本文，题为《令外官相存问诏》，末注：“武德九年十一月。”今姑从后者。

本文作于武德九年（626）十一月。

立中山王承乾为皇太子诏（P53下）

《册府》卷二百五十七载，武德九年“十月癸亥诏”云云，即此文。但是，《大诏令》卷二十七录此文，题中无“承乾”二字，末注：“武德九年七月。”今按：两《唐书·本纪》及《通鉴》卷一百九十一均载，武德九年十月癸亥，立中山王承乾为皇太子。又，太宗于其年八月甲子即位，岂能于“七月”立皇太子？《大诏令》误矣！

本文作于武德九年（626）十月。

封孔德伦为褒圣侯诏（P54上）

《金石萃编》卷五十五《赠泰师孔宣公碑》之碑阴于“武德、乾封诏敕”，“大唐武德九年十二月二十九日”下载，“太宗文武圣皇帝诏”云云，即本文。又，太宗宠臣虞世南《孔子庙堂碑》（见《金石萃编》卷四十一、《八琼室金石补正》卷二十九、《关中金石文字存逸考》卷一、《全唐文》卷一百三十八）载：“武德九年十二月二十九日，有诏立隋故绍圣侯孔嗣哲子德伦为褒圣侯。”与本文要旨合。

本文作于武德九年（626）十二月。

改元贞观诏（P54上）

《册府》卷十五载，“贞观元年正月乙酉诏”云云，即本文。《大诏令》卷三亦录此文。两《唐书·本纪》及《通鉴》卷一百九十二均载，贞观元年正月乙酉，改元。

本文作于贞观元年（627）正月。

令有司劝勉民间嫁娶诏（P54上）

《通典》卷五十九节录本文“其庶人男女无室家者”至“无劳抑以嫁娶”，并订为“贞观元年二月诏”。《大诏令》卷一百十录此文，题为《令有司劝勉庶人婚聘及时诏》，末注：“贞观元年正月。”复检：《会要》卷八十三节录此文，订为“贞观元年二月四日诏”。《册府》卷一百四十七载，“贞观元年二月诏”，节录“昔周公治定制礼”至“抑以嫁娶”；该书卷六百三十五又载，“贞观元年二月诏”，节录“刺史县令已下”至“准户口减少，以附殿失”。《新书·本纪》载，贞观元年“二月丁巳（四月），诏民男二十、女十五以上无夫家者，州县以礼聘娶；贫不能自行者，乡里富人及亲戚资送之；鳏夫六十、寡妇五十，妇人有子若守节者勿强”，与本文要旨合。校以诸书，可知《大诏令》作“正月”误。

本文作于贞观元年（627）二月。

禁官人违律诏（P55上）

《册府》卷一百五十一载，“贞观元年七月戊申诏”云云，即此文。《大诏令》卷八十二录本文，题为《纠劾违律行事诏》，末注：“贞观元年八月。”今从《册府》。

本文作于贞观元年（627）七月。

授长孙无忌尚书右仆射诏（P55上）

《册府》卷七十二载，“贞观元年七月诏”云云，即此文。《大诏令》卷四十四录此文，题为《长孙无忌右仆射制》，末注：“贞观元年七月。”两《唐书·本纪》及《通鉴》卷一百九十二均载，贞观元年七月壬子，吏部尚书长孙无忌为尚书右仆射。《旧书·长孙无忌传》亦载：“其年，拜尚书右仆射。”

本文作于贞观元年（627）七月。

缓力役诏（P55上）

《册府》卷一百四十七载，贞观元年“七月诏”云云，即此文。《大诏令》卷一百七录此文，题为《宽缮治器械功程诏》，末注：“贞观元年七月。”

本文作于贞观元年（627）七月。

赈关东等州诏（P55下）

《册府》卷一百四十四载，贞观元年“九月诏”云云，即此文。《大诏令》卷十一录此文，题为《温彦博等检行诸州苗稼诏》，末注：“贞观元年九月。”《旧书·本纪》载，贞观元年夏，山东诸州大旱。八月，关东及河南、陇右沿边诸州霜害秋稼。“九月辛酉，命中书侍郎温彦博、尚书右丞魏徵等分往诸州赈恤。”《新书·本纪》亦载，是岁九月“辛酉，遣使诸州行损田，赈问下户”，与本文要旨合。

本文作于贞观元年（627）九月。

褒奖崔季舒等诏（P56上）

《旧书·本纪》载，贞观元年三月“丙午诏”云云，即此文。《新书·本纪》节录本文，亦订为是时诏。

本文作于贞观元年（627）三月。

允长孙无忌逊位诏（P56上）

《册府》卷三百五、卷三百三十一均录此文，订为“贞观二年诏”。《大诏令》卷五十四亦录此文，题目为《长孙无忌开府仪同三司》，末注：“贞观二年正月。”《旧书》卷六十五《长孙无忌传》载："贞观二年，或有密表称无忌权宠过盛。……无忌深以盈满为戒，恳辞机密，文德皇后又为之陈情，太宗不获已，乃拜开府仪同三司，解尚书右仆射。"两《唐书·本纪》及《通鉴》卷一百九十二均载，贞观二年春正月，长孙无忌罢右仆射，为开府仪同三司。

本文作于贞观二年（628）正月。

旱蝗大赦诏（P56 上）

《册府》卷八十四载，"贞观二年三月庚午，诏曰"，即此文。《通鉴》卷一百九十二载，贞观二年三月"庚午，诏以去岁霖雨，今兹旱、蝗，赦天下。诏书略曰：'若使年谷丰稔，天下乂安，移灾朕身，以存万国，是所愿也，甘心无吝'"。所引诏文，即本文之节录。《新书·本纪》载，其年三月"庚午，以旱蝗责躬，大赦"。

本文作于贞观二年（628）三月。

收埋骸骨诏（P56 下）

《册府》卷四十二载，"贞观二年四月，诏曰"，即此文。《大诏令》卷一百十四录此文，题为《掩暴露骸骨诏》，末注："贞观二年四月。"两《唐书·本纪》均载，贞观二年四月己卯，诏令收埋暴露于野的骸骨。《通鉴》卷一百九十二亦载，是年"夏四月己卯，诏以隋末乱离，因之饥馑，暴骸满野，伤人心目，宜令所在官司收瘗"，与本文要旨合。

本文作于贞观二年（628）四月。

贬裴虔通诏（P57 上）

《旧书·本纪》载，贞观二年六月"辛卯，上谓侍臣曰：'君虽不君，臣不可以不臣。裴虔通，炀帝左右也，而亲为乱首。朕方崇奖敬义，岂可犹使宰民训俗。'诏曰"，即此文。《册府》卷一百五十二载，贞观二年"六月诏"，即本文。《新书·本纪》及《通鉴》卷一百九十二均载，其年六月辛卯，辰州刺史裴虔通因弑隋炀帝而贬流驩州。

本文作于贞观二年（628）六月。

致仕朝参在见任本品之上诏（P57 上）

《旧书·本纪》载，贞观二年"九月丙午诏"云云，即此文。《大诏令》卷一百录此文，题为《致仕官在见任官上诏》，末注："贞观二年九月。"《会要》卷六十七载，"贞观二年九月一日诏：'内外文武群官，年老致仕，抗表去职者，朝参之班，宜在本品见任之上'"。《通鉴》卷一百九十三亦载，贞观二年九月"丙午，初令致仕官，在本品之上"。

本文作于贞观二年（628）九月。

禁奏祥瑞诏（P57 下）

《册府》卷六十三载，"太宗贞观二年九月诏"云云，即此文。《大诏令》卷一百十四录此文，题为《诸符瑞申所司诏》，末注："贞观二年九月。"《会要》卷二十八载："贞观二年九月三日诏：'朕每见诸方表奏符瑞，惭惧增深……更不得苟陈虚词。'"所引文字，为本文之节录（某些字句稍异）。《通鉴》卷一百九十三载，贞观二年九月"丁未，诏：'自今大瑞听表闻，自外诸瑞，申所司而已'"，与本文要旨合。

本文作于贞观二年（628）九月。

为战亡人设斋行道诏（P57 下）

《广弘明集》卷三十五录此文，但无订作时。今按：《佛祖统纪》卷三十九（《大正藏》第四十九函）载："（贞观）二年三月诏曰：'朕自创义以来，手所诛剪，将及千人。可皆建斋行道，竭诚礼忏。冀三途之难，因斯得脱。'"《释氏稽古略》卷三（《大正藏》第四十九函）载："戊子二年三月，帝追念初平天下诛戮多人，乃以御服施诸寺僧，忏礼荐度。诏曰：'……'"其诏节录本文"自隋末创义，心存拯溺"至"万劫之苦，借此弘济"，文字稍有出入。今以上引二书与本文所谓"今宜为自征讨以来，手所诛剪，前后之数，将近一千，皆为建斋行道，竭诚礼忏。朕之所服衣物，并充檀舍，冀三途之难，因斯解脱；万劫之苦，借此宏济。灭怨障之心，趣菩提之道"旨意相合。范文澜《唐代佛教》订此文为贞观三年作，误。

本文作于贞观二年（628）三月。

清编《全唐文》卷五
（*P58—70*）

耕耤诏（P58 下）

《册府》卷一百一十五载，"唐太宗贞观三年正月十八日诏"云云，即此文。《大诏令》卷七十四录本文，缺"二十一日亲祭先农，藉于千亩之甸"。题为《贞观三年藉田诏》，末注："贞观三年正月十八日。"审大意，"二十一日"云云，系记述文字，疑非原诏令所有。两《唐书·本纪》载，其年三月"癸亥（二十一日），耕藉田"，乃此诏颁行后之行动，可为佐证。

本文作于贞观三年（629）正月。

授房元龄杜如晦左右仆射诏（P58 下）

《册府》卷七十二载，贞观"三年二月诏"云云，即此文。《大诏令》卷四十四录此文，题中无"授"字，末注："贞观三年二月诏。"两《唐书·本纪》及《通鉴》卷一百九十三均载，贞观三年二月戊寅，以房玄龄为左仆射、杜如晦为右仆射。

本文作于贞观三年（629）二月。

赐孝义高年粟帛诏（P58 下）

《册府》卷六十三载，贞观“三年四月诏”云云，即此文。该书卷一百五节录“逃户初迁”至“州县长官量加赈恤”，卷一百五十一节录“泣辜慎罚”至文末，均订为“贞观三年四月诏”。《英华》卷四百四十录本文，末注：“贞观三年四月。”《大诏令》卷八十录此文，末注与《英华》同。《新书·本纪》载，贞观三年“四月戊戌，赐孝义之家粟五斛，八十以上二斛，九十以上三斛，百岁加绢二匹，妇人正月以来生产者粟一斛”，与本文要旨合。

本文作于贞观三年（629）四月。

祈雨求直言诏（P59 下）

《册府》卷一百四十四载，贞观“三年四月丙午，以旱甚，避正殿。六月诏”云云，即此文。《册府》卷一百二又载，贞观“三年五月，徐州蝗且旱，六月诏”云云，节录本文“岂赏罚不中”至文末。《旧书·本纪》载，其年“六月戊寅，以旱，亲录囚徒。遣长孙无忌、房玄龄等祈雨于名山大川，中书舍人杜正伦等往关内诸州慰抚。又令文武官各上封事，极言得失”。《新书·本纪》载，是岁“六月，以旱虑囚。……壬午，诏文武百官言事”。《通鉴》卷一百九十三亦载，贞观三年“六月，壬午，以旱，诏文武官极言得失”。

本文作于贞观三年（629）六月。

为阵战处立寺诏（P59 下）

《初学记》卷二十三节录本文自“有隋失道”至文末。《大正藏》第五十二函《广弘明集》卷二十八录此文，题为《唐太宗于行阵所立七寺诏》。《册府》卷五十一载，“唐太宗贞观三年十二月癸丑诏”云云，节录“至人虚己”至“为义士凶徒殒身戎阵者，立寺刹焉”。末注：“贞观三年闰十一月。”《旧书·本纪》载，贞观三年十二月“癸丑，诏建义以来交兵之处，为义士勇夫殒身戎阵者各立一寺”。《新书·本纪》则载，其年闰十二月癸丑，为死兵者立浮屠祠。今按：贞观三年无“闰十一月”，《大诏令》误。今从《新书》。

本文作于贞观三年（629）闰十二月。

大赦诏（P60 上）

《文馆词林》卷六百六十九录本文，未注作时。《册府》卷八十四录此文，订为贞观“四年二月甲寅诏”。《大诏令》卷八十三亦录此文，题为《贞观四年二月大赦诏》。《旧书·本纪》亦载，其年“二月甲寅，大赦，赐酺五日”。诸书所载与本文“自贞观四年二月十八日（即甲寅）昧爽以前”云云，相符。

本文作于贞观四年（630）二月。

令皇太子承乾听讼诏（P60 下）

《册府》卷二百五十九载，“唐太宗贞观四年五月诏”云云，即此文。《通鉴》卷一百九十三载，贞观四年五月“辛巳，诏：‘自今讼者，有经尚书省判不服，听于东宫上启，委太子裁决。若仍不伏，然后闻奏’”，与本文要旨合。

本文作于贞观四年（630）五月。

定服色诏（P60 下）

《册府》卷六十载，贞观“四年八月丙午诏”云云，即此文。《大诏令》卷一百亦录此文，订为“贞观四年八月”诏。《册府》卷六十一又载，“贞观四年八月十四日（即丙午）诏”，节录“冠冕制度已备”“至于寻常服饰未为差等”诸句。《会要》卷三十一的节录与此同。

本文作于贞观四年（630）八月。

授李靖尚书左仆射诏（P61 上）

《册府》卷七十二载，贞观“四年八月诏”云云，即此文。《大诏令》卷四十四录此文，题为《李靖右仆射制》，末注：“贞观四年八月。”今按：两《唐书·本纪》、《通鉴》卷一百九十三均载，贞观四年八月甲寅，以李靖为尚书右仆射。《旧书》卷六十七《李靖传》亦载，李靖任右仆射。由诸书可证“左仆射”，误。

本文作于贞观四年（630）八月。

致祭古圣贤陵墓诏（P61 上）

《册府》卷一百七十四载，“太宗贞观四年九月诏”云云，即此文。两《唐书·本纪》均载，其年九月壬午，禁止于古明君、贤臣、烈士墓刍牧，春秋致祭，与本文要旨合。

本文作于贞观四年（630）九月。

收埋突厥暴骸诏（P61 下）

《册府》卷四十二载，贞观“四年九月诏”云云，即此文。《大诏令》卷一百十四录此文，题为《瘗突厥骸骨诏》，末注：“贞观四年九月。”两《唐书·本纪》均载，其年“九月庚午”，令收瘗长城之南骸骨。

本文作于贞观四年（630）九月。

赦岐陇二州诏（P61 下）

本文明署时限：“贞观四年十月一日。”《册府》卷八十四载，贞观“四年十月壬辰（即一日）诏”云云，即此文。《大诏令》卷七十九录此文，则题为《巡幸岐陇二州曲赦》，末注：“贞观四年十月。”两《唐书·本纪》均载，此年“十月壬辰”，赦岐、陇二州，免一年租赋，与本文要旨合。另，《陇州续志（二）》卷五百四十六亦录本文，可资参校。

本文作于贞观四年（630）十月。

曲赦武功诏（P62上）

《册府》卷八十四载，贞观四年十月“乙卯，又诏”云云，即此文。《新书·本纪》亦载，其年十月“乙卯，免武功今岁租赋”。

本文作于贞观四年（630）十月。

答赵郡王孝恭等请封禅手诏（P62上）

《册府》卷三十五载，“唐太宗贞观五年正月，朝集使赵郡王孝恭等佥议，以为天下一统，四夷来同，诣阙上表请封禅。帝手诏”云云，即此文。《会要》卷七所载与此同。《大诏令》卷六十六录此文，题为《答请封禅诏》，末注：“贞观五年正月。”《旧书·本纪》载，朝集使请封禅之事，在贞观五年正月癸未。

本文作于贞观五年（631）正月。

令诸州剗削京观诏（P62上）

《册府》卷四十二载，贞观“五年二月诏”云云，即此文。《大诏令》卷一百四十四录此文，题中无“令诸州”三字。《通鉴》卷一百九十三亦载，贞观“五年二月甲辰诏：‘诸州有京观处，无问新旧，宜悉刬削，加土为坟，掩蔽枯朽，勿令暴露’”，与本文要旨合。

本文作于贞观五年（631）二月。

封长孙无忌等子郡县公诏（P62下）

《册府》卷一百三十载，“太宗贞观五年九月癸亥诏”云云，即此文。《大诏令》卷六十五录此文，题为《长孙无忌等九人各封一子郡公诏》，末注：“贞观五年九月。”《旧书》卷六十五《长孙无忌传》载，贞观五年，无忌与房玄龄、杜如晦、尉迟敬德四人，各封一子为郡公，与本文要旨合。

本文作于贞观五年（631）九月。

令宗室勋贤作镇藩牧诏（P63上）

《册府》六十三载，贞观“五年十二月诏”云云，即此文。《大诏令》卷六十五录此文，题为《封建功臣诏》，末注：“贞观五年十一月。”《通鉴》卷一百九十三亦载，是岁“十一月，诏：‘皇家宗室及勋贤之臣，宜令作镇藩部，贻厥子孙，非有大故，毋或黜免，所司明为条例，定等级以闻’”，与本文要旨合。

本文作于贞观五年（631）十一月。

答虞世南上圣德论手诏（P63下）

《册府》卷三十七、卷四十八均载，“贞观六年闰八月，秘书少监虞世南上《圣德论》，帝手诏曰”，即此文。《通鉴》卷一百九十四亦载，其年闰八月“戊辰，秘书少监虞世南上

《圣德论》，上赐手诏，称：‘卿论太高，朕何敢拟上古……空徒使后世笑卿也’”，与本文要旨合。

本文作于贞观六年（632）闰八月。

令州县行乡饮酒礼诏（P63 下）

《通典》卷七十三载，“大唐贞观六年诏”云云，即此文。《会要》卷二十六亦载，“贞观六年诏曰”，即此文。《册府》卷五十九载，“贞观六年，诏天下牧宰每年亲率长幼行乡饮酒之礼”，与本文要旨合。另，《通志》卷四十四亦录此文。

本文作于贞观六年（632）。

加杨恭仁特进诏（P63 下）

《新书・本传》节录本文。《册府》卷八百九十九载，“杨恭仁为雒州都督，太宗贞观七年正月戊申诏”云云，即此文。

本文作于贞观七年（633）正月。

禁锢乱臣子孙诏（P63 下）

《册府》卷一百五十二载，贞观“七年春正月戊子诏”云云，即此文。《大诏令》卷一百十四录本文，题为《禁锢隋朝弑逆子孙诏》，末注：“贞观七年正月。”《旧书・本纪》载，“七月春正月戊子诏曰”，节录本文开始至“勿令齿叙”。《新书・本纪》载：“七年正月戊子，斥宇文化及党人之子孙勿齿。”与本文要旨合。

本文作于贞观七年（633）正月。

授长孙无忌司空诏（P64 上）

《册府》卷七十二载，贞观“七年十一月壬辰诏”云云，即此文。《大诏令》卷四十四亦录此文，题中无“授”字，末注：“贞观七年十一月。”《旧书》卷六十五《长孙无忌传》载，无忌贞观七年十月拜司空。两《唐书・本纪》及《通鉴》卷一百九十四均载，七年十一月壬辰，无忌为司空，可见《旧书》卷六十五作“十月”误。

本文作于贞观七年（633）十一月。

报长孙无忌让司空诏（P64 上）

《旧书》卷六十五《长孙无忌传》载，贞观“七年十月，册拜司空，无忌固辞，不许”。又因高士廉奏曰：“臣幸居外戚，恐招圣主私亲之诮，敢以死请。”太宗仍不许，无忌又上表切让，“诏报之曰”，即此文。

本文作于贞观七年（633）十一月。

遣使巡省天下诏（P64 下）

《册府》卷一百六十一载，贞观“八年正月诏”云云，即此文。《大诏令》卷一百三录此文，末注：“贞观八年正月。”《会要》卷七十七载，“贞观八年正月二十九日诏曰”，即本文。两《唐书·本纪》均载，是年正月壬寅（二十九日），遣李靖、杨恭仁等巡使天下。

本文作于贞观八年（634）正月。

讨吐谷浑诏（P65 上）

《大诏令》卷一百三十录本文，未注作时。今按：《册府》卷九百八十五载，“贞观八年十一月，吐谷浑执行人赵德楷。诏曰”，即此文。《旧书·本纪》载，其年十一月“乙丑，吐谷浑执我行人赵德楷。十二月辛丑，命特进李靖、兵部尚书侯君集、刑部尚书任城王道宗、凉州都督李大亮等为大总管以讨吐谷浑”。《新书·本纪》亦载，是岁十一月“乙丑，吐谷浑寇凉州，执行人鸿胪丞赵德楷”。《通鉴》卷一百九十四载，其月“乙丑，下诏大举讨吐谷浑”。

本文作于贞观八年（634）十一月。

水潦大赦诏（P65 上）

《册府》卷八十四载，“贞观九年三月壬午诏”云云，即此文。《大诏令》卷八十三亦录此文，题为《贞观九年三月大赦》。《文馆词林》卷六百六十七亦载此文。两《唐书·本纪》、《通鉴》卷一百九十四均载，贞观九年三月壬午大赦。上述诸书所载，均与本文明署“贞观九年三月十六日（即壬午）”相投。

本文作于贞观九年（635）三月。

太上皇康复诏（P65 下）

《英华》卷四百四十录此文，题为《养老德音诏》，末注：“贞观四年七月。”《大诏令》卷十亦录此文，末注：“贞观四年七月。”《册府》卷二十七则载，“（贞观）四年六月，高祖不豫，帝废朝，视药膳于大安宫，如家人之礼。辛卯，有瘳，百僚称庆，诏曰”，即此文。但该书卷八十又载，四年“七月辛卯，太上皇不豫，有瘳，诏曰”，节录“尚齿崇孝”至文末。《新书·本纪》亦载，其年七月辛卯，太上皇疾愈，赐都督刺史、文武官及民八十以上、孝子表门闾有差。校以诸书，可知《册府》卷二十七作“六月辛卯”误。

本文作于贞观四年（630）七月。

复建吐谷浑诏（P65 下）

《旧书》卷一百九十八载，“贞观九年，诏特进李靖为西海道行军大总管……会李靖等诸军所向克捷，（伏允之子顺）自以失位，欲因此立功，由是遂降。乃诏曰”，节录本文“吐谷浑擅相君长”至“仍授趉胡吕乌甘豆可汗”。《册府》卷九百六十四载，贞观“九年闰四月，李靖平吐谷浑。帝复建其国，下诏曰"，即此文。《大诏令》卷一百二十九录此文，题为《原吐谷浑制》，末注："武德九年五月。"今按：《通典》卷一百九十载，李靖、侯君集克吐谷浑，封大宁王顺为西平郡王，重建其国，在"贞观中"。两《唐书·本纪》及《通鉴》卷一百九十四均载，诏重建吐谷浑在贞观九年五月，今从之。

本文作于贞观九年（635）五月。

命皇太子权知军国事诏（P66上）

《大诏令》卷三十录本文，题为《太上皇崩命皇太子承乾知军国事诏》，末注："贞观九年五月。"两《唐书·本纪》均载，太上皇崩于贞观九年五月庚子。《通鉴》卷一百九十四载，其年五月庚子，太上皇崩后，"甲辰，群臣请上准遗诰视军国大事，上不许。乙巳，诏太子承乾于东宫平决庶政"。

本文作于贞观九年（635）五月。

度僧于天下诏（P66下）

《释氏稽古略》卷三、《佛祖历代通载》卷十一均录此文（文字稍异），并订为贞观九年"十一月诏"。《佛祖统纪》卷三十九亦载，贞观九年"十一月诏"，节录"比因丧乱，僧徒减少"至"宜令所司，依准内律，明为条制"（文字稍异）。《大正藏》第五十二函《广弘明集》卷八录本文，题为《唐太宗度僧于天下诏》。

本文作于贞观九年（635）十一月。

录先朝姻旧臣僚诏（P67上）

《英华》卷四百四十录此文，题为《优奖太原勋旧德音》，末注："贞观九年十一月。"《大诏令》卷七十七亦录此文，题为《高祖山陵毕赐元从功臣及营奉百姓恩泽诏》，末注："贞观九年十一月。"《册府》卷六十三载，贞观"九年十一月诏"云云，即此文。

本文作于贞观九年（635）十一月。

议于太原立高祖寝庙诏（P67下）

《册府》卷三十载，贞观九年"十二月庚戌诏"云云，即此文。《大诏令》卷七十五亦录此文，题为《令公卿议太原建寝庙诏》，末注："贞观九年十二月。"《会要》卷十五载，"贞观九年十一月十八日（即庚戌）诏"，节录"太原之地"至文末。《通鉴》卷一百九十四亦载，其年"十一月，庚戌，诏议于太原立高祖庙"。由此可证，《册府》《大诏令》作"十二月"属误。又，《旧书》卷二十六《礼仪志六》载，太常博士顾德章奏疏中征引的"贞观九年诏曰"，节录本文"太原之地"至"须议立庙"。

本文作于贞观九年（635）十一月。

令侯君集等经略吐谷浑诏（P67下）

《册府》卷一百六十四载，贞观“九年十二月，吐谷浑王慕容顺为其下所杀，国中大乱，乃下诏曰”，即此文。《大诏令》卷一百三十录此文，题为《讨吐谷浑诏》，未注作时。《旧书·本纪》载，贞观九年“十二月甲戌，吐谷浑西平郡王慕容顺光为其下所弑，遣兵部尚书侯君集率师安抚之”。《通鉴》卷一百九十四亦载其事于此时。

本文作于贞观九年（635）十二月。

节省山陵制度诏（P68上）

《会要》卷二十载，“贞观九年，高祖崩，诏定山陵制度”，虞世南等大臣详议之。“太宗下诏”云云，即本文。按：高祖崩于是年五月庚子，葬于十月，此文必作高祖崩后，灵柩入葬之前。《通典》卷七十九亦载此诏，订为“贞观九年”作。《通鉴》卷一百九十四概括本文要旨，订为是年七月丁巳诏。

本文作于贞观九年（635）七月。

荐举贤能诏（P68上）

《册府》卷六百四十三载，“唐太宗贞观十八年三月己丑，有鄜州所举孝廉赐坐于御前。……令引就中书省射策，所答乘旨。于是，下诏曰”，即本文。《大诏令》卷一百二亦录此文，末注：“贞观十八年二月。”今从《册府》。

本文作于贞观十八年（644）三月。

九嵕山卜陵诏（P68下）

《旧书》卷三《本纪》载，贞观十一年“二月丁巳，诏曰”，即此文。《册府》卷六十节录此文，订为贞观“十一年二月丁巳诏”。《大诏令》卷七十六录此文，末注：“贞观十一年二月。”《会要》卷二十则载，贞观“十八年，太宗谓侍臣曰：‘昔汉家皆先造山陵，既达始终……朕实有终焉之理，乃诏曰’”，节录本文“《礼记》云”至“使窀穸之时，丧事无缺”。又，《通鉴》卷一百九十四亦载，贞观十一年“上以汉世豫作山陵，免子孙苍猝劳费，又志在俭葬，恐子孙从俗奢靡。二月丁巳，自为终制，因山为陵，容棺而已”，与本文要旨合。校以诸书，可知《会要》作“十八年”误。

本文作于贞观十一年（637）二月。

封慕容诺曷钵河源郡王诏（P69下）

《册府》卷九百六十四载，贞观“十年三月诏”云云，即此文。《大诏令》卷一百二十九录此文，题为《宥吐谷浑制》，末注：“贞观十年三月。”《通鉴》卷一百九十四载，贞观十年三月“丁未，以诺曷钵为河源郡王、乌地也拔勤豆可汗”。

本文作于贞观十年（636）三月。

授温彦博尚书右仆射诏（P69 下）

《册府》卷七十二载，贞观“十六年六月诏”云云，即此文。《大诏令》卷四十四亦录此文，题中无“授”字。末注：“贞观十年三月。”两《唐书·本纪》、《通鉴》卷一百九十四均载，贞观十年六月壬申，以温彦博为尚书右仆射。据史载可知，《册府》作“十六年”属误，《大诏令》作“三月”亦误。

本文作于贞观十年（636）六月。

许魏徵逊位手诏（P70 上）

《册府》卷三百三十一载，“魏徵为侍中，贞观十年逊位。乞解所职，请为散官，陪奉左右，拾遗补阙。太宗曰……六月，徵又面请逊位，言发至诚。太宗虽违之，遂下手诏曰”，即本文。《大诏令》卷五十五亦录此文，题为《魏徵特进制》，末注：“贞观十六年。”今按：两《唐书·本纪》、《通鉴》卷一百九十四均载，魏徵罢为特进，仍知门下事，与本文要旨合。由此可证《大诏令》作“十六年”误。

本文作于贞观十年（636）六月。

悼元琬律师诏（P70 上）

《大正藏》第五十函《续高僧传》卷二十二载，贞观十年“腊月七日，（玄琬）卒于延兴寺房，春秋七十有五。道俗失依，皇储哀恸，天子下诏曰”，即此文。

本文作于贞观十年（636）十二月。

清编《全唐文》卷六
（*P70—81*）

颁示礼乐诏（P70 下）

《大诏令》卷八十一录此文，题为《颁行唐礼及郊庙新乐诏》，末注：“贞观十一年三月。”《册府》卷五百六十四亦载，贞观“十一年三月诏”云云，即此文。《通鉴》卷一百九十四载，其年三月“房玄龄、魏徵上所定《新礼》一百三十八篇。丙午，诏行之”。《旧书·本纪》载房、魏上所修《五礼》，诏令颁行之事在其年正月甲寅。今从《大诏令》《册府》《通鉴》。

本文作于贞观十一年（637）三月。

令河北淮南诸州举人诏（P71 上）

《册府》卷六十七载，贞观“十一年四月诏”云云，即此文。该书卷六百四十五节录本文“其有孝悌淳笃”至“举送洛阳宫”，亦订为此时诏。《大诏令》卷一百二录本文，题为《采访孝悌儒术等诏》，末注亦为“贞观十一年四月”。《旧书·本纪》载，是岁四月

“丙寅，诏河北、淮南举孝悌淳笃，兼闲时务；儒术该通，可为师范；文辞秀美，才堪著述；明识政体，可委字人；并志行修立，为乡闾所推者，给传诣洛阳宫”，与本文要旨合。

本文作于贞观十一年（637）四月。

功臣世袭刺史诏（P71 上）

《旧书》卷六十五《长孙无忌传》载，贞观“十一年，令与诸功臣袭刺史，诏曰”，即此文。《册府》卷一百二十九亦载此文，订为此时诏。《大诏令》卷六十五载此文，题为《长孙无忌等十四人并为刺史封国公子孙承袭诏》，末注：“贞观十一年六月。”《会要》卷四十七载，“贞观十一年六月十五日”，改封司空长孙无忌等十四人为刺史、封国公。所列诸人及封爵，与本文全同。两《唐书·本纪》及《通鉴》卷一百九十五均载，是岁六月戊辰（即十五日），以功臣长孙无忌等十四人为刺史，并令世袭，与本文要旨合。另，《玉海》卷一百三十五亦载此文。

本文作于贞观十一年（637）六月。

答魏徵手诏（P72 上）

《贞观政要》卷五节录本文，作“贞观十一年诏”。《册府》卷一百一载，其年“七月，魏徵上疏，言为国之基，必资德礼；君之所保，唯在诚信。……帝手诏答曰”，即此文。《通鉴》卷一百九十五亦载，贞观十一年七月，“魏徵上疏……上赐手诏褒美曰”云云，节录“昔晋武帝平吴之后”至“当置之几案以比弦、韦”，与本文要旨合。

本文作于贞观十一年（637）七月。

量修洛阳宫诏（P72 下）

《册府》卷一百四十七载，贞观“十一年二月，幸洛阳宫。……七月诏”云云，即此文。《通鉴》一百九十五载，其年七月“乙未，车驾还洛阳，诏：‘洛阳宫为水所毁者，少加修缮。自外众材，给城中坏庐舍者。令百官各上封事，极言朕过’”，与本文要旨合。但“令百官”二句之意，本文未有。另，成文书局影印《洛阳县志》亦载本文，可资参校。

本文作于贞观十一年（637）七月。

赐功臣密戚墓地东园秘器诏（P73 上）

《通典》卷八十六载，“贞观十一年十月诏”云云，节录“诸侯列葬，周文创陈其礼”至“并给东园秘器”。《大诏令》卷六十三录此文，题为《赐功臣陪葬地诏》，末注：“贞观十一年十月。”《册府》卷六十载，贞观十一年“十月癸丑诏”云云，即此文。《会要》卷二十一节录的部分与《通典》同，并订为“贞观十一年十月二日（癸丑）诏”。《新书·本纪》、《通鉴》卷一百九十五载，贞观十一年冬十月癸丑，诏勋戚亡者皆陪葬山陵，均与本文要旨合。

本文作于贞观十一年（637）十月。

令道士在僧前诏（P73 上）

《通典》卷六十八载："大唐贞观十一年正月，诏道士、女冠，宜在僧尼之前。"《大正藏》第五十二函《广弘明集》卷二十五，"贞观十一年驾巡洛邑，黄巾先有僧论者，闻之于上，乃下诏"云云，即此文。《大诏令》卷一百十三录此文，题为《道士女冠在僧尼之上诏》，末注："贞观十一年二月。"但是，《会要》卷四十九详载诏道士冠在僧尼之前的时日为"贞观十一年正月十五日"。今从之。

本文作于贞观十一年（637）正月。

荆王元景等子孙代袭刺史诏（P73 下）

《通典》卷三十一、两《唐书·本纪》、《通鉴》卷一百九十五均载，贞观十一年六月，诏荆王等诸王为刺史。《大诏令》卷三十五录此文，题中的"代"作"世"，末注："贞观十一年六月。"《会要》卷四十六节录"设官司以制海内"至"咸令子孙世世承袭"，亦订为"贞观十一年六月六日诏"。

本文作于贞观十一年（637）六月。

大水求直言诏（P74 上）

《旧书》卷三十七《五行志》载，贞观十一年七月"十三日，诏曰"，即此文。《会要》卷四十三所载与《旧书》同。两《唐书·本纪》、《册府》卷一百二、《通鉴》卷一百九十五均载，其年七月，以水灾诏命百官上封事，直言过失。

本文作于贞观十一年（637）七月。

册封薛延陀二子为小可汗诏（P74 下）

《册府》卷九百六十四载，贞观"十二年九月诏"云云，即此文。《大诏令》卷一百二十八录此文，题为《薛延陀真珠毗伽可汗诏》，末注："贞观十二年九月。"《会要》卷九十四、《通鉴》卷一百九十五均载，拜薛延陀二子为可汗在贞观十二年九月癸亥。

本文作于贞观十二年（638）九月。

赠尧君素蒲州刺史诏（P74 下）

《贞观政要》卷五载，"贞观十二年，太宗幸蒲州，因诏曰"，即此文。《旧书·本纪》载，其年二月"戊寅，以隋鹰扬郎将尧君素忠于本朝，赠蒲州刺史，仍录其子孙"。《通鉴》卷一百九十五亦载，其年二月"戊寅，诏曰"，节录本文"隋故鹰击郎将尧君素""虽桀犬吠尧，有乖倒戈之志；而疾风劲草，实表岁寒之心。可赠蒲州刺史，仍访其子孙以闻"。

本文作于贞观十二年（638）二月。

封怀化郡王李思摩为可汗诏（P75 上）

《册府》卷九百六十四载，贞观“十三年七月诏”云云，即此文。《大诏令》卷一百二十八录此文，题为《突厥李思摩为可汗制》，末注：“贞观十三年七月。”《通鉴》卷一百九十五载，其年“秋七月，庚戌，诏右武候大将军、化州都督、怀化郡王李思摩为乙弥泥孰俟利苾可汗，赐之鼓纛”。

本文作于贞观十三年（639）七月。

讨高昌诏（P75 下）

《册府》卷九百八十五载，贞观“十三年十二月诏”云云，即此文。《大诏令》卷一百三十亦录本文，题为《讨高昌麹文泰诏》，末注：“贞观十三年十二月。”两《唐书·本纪》、《通鉴》卷一百九十五均载，其年十二月以侯君集、薛万均等将兵击高昌王，但《旧纪》作该月“丁丑”日，《新纪》《通鉴》作“壬申”日。

本文作于贞观十三年（639）十二月。

答房元龄请解仆射诏（P76 下）

《旧书》卷六十六《房玄龄传》载，贞观“十三年，加太子少师，玄龄频表请解仆射，诏报曰”，即此文。《册府》卷七百八录此文，并载房玄龄任太子少师，上表固让，太宗乃下此诏。《通鉴》卷一百九十五亦载，其年正月“戊午，加左仆射房玄龄太子少师。玄龄自以居端揆十五年……深畏满盈，上表请解机务；上不许。玄龄固请不已，诏断表，乃就职”。但是《全唐文》卷九又录本文，形成重出，当删其一。

本文作于贞观十三年（639）正月。

答长孙无忌等上河清表诏（P77 上）

《册府》卷二十四、卷三十七均载，“（贞观）十四年二月，陕州言河水变清。司空长孙无忌等诣阙上表。诏答曰”，即此文。

本文作于贞观十四年（640）二月。

答荆王元景等请封禅诏（P77 上）

《册府》卷三十五载，“（贞观）十四年十月甲戌，赵王元景等表请封禅，帝冲让不许，至于再三。壬辰……诏”云云，即此文。《会要》卷七亦录此文，并订为此时诏。《通鉴》卷一百九十五亦载此事于其年十月。另，《全唐文》卷九十九有元景《请封禅》，可参考。

本文作于贞观十四年（640）十月。

官皇侃等子孙诏（P77 上）

《旧书·本纪》载，贞观十四年二月“乙未，诏以梁皇偘、褚仲都……前代名儒，学徒多行其义，命求其后”，与本文要旨合。该书卷一百八十九《儒学上》载，“十四年，诏曰"，即此文。《贞观政要》卷七载本文，亦订为是年之诏。

本文作于贞观十四年（640）二月。

诘沙门法琳诏（P77 上）

《大正藏》第五十函《史传部·续高僧传》卷二十四《法琳传》载，贞观"十三冬，有黄巾秦世英者，挟方术以邀荣，遂程器于储贰，素疾释种。阴陈琳论（即法琳所著《破邪论》），谤讪皇宗，罪当罔上。帝勃然下敕，沙汰僧尼。见有众侣，乃依遗教，仍访琳身，据法推勘。琳扼腕奋发，不待追征，独诣公庭，轻生徇理，乃絷以缧绁。下诏问曰"，即此文。《佛祖历代通载》卷十一亦载，贞观"十三年，方士秦世英谮法师惠琳著论讪毁皇宗，有旨捕琳"。

本文作于贞观十三年（639）冬。

详定封禅仪诏（P77 下）

《册府》卷三十五载，"（贞观）十五年三月庚辰，肃州言所部川原遍生芝草。先是，百僚及雍州父老诣朝堂上表请封禅。四月辛卯朔，下诏曰"，即此文。《会要》卷七所载，与此同。两《唐书·本纪》及《通鉴》卷一百九十六均载，贞观十五年四月辛卯，诏以来年二月将有事于泰山，与本文要旨合。《旧书》卷二十三亦载"贞观十五年，下诏将有事于泰山"。

本文作于贞观十五年（641）四月。

赠百济王扶余璋光禄大夫仍令嫡子义慈袭封诏（P78 上）

《册府》卷九百六十四载，"（贞观）十五年五月诏"云云，即此文。《旧书·本纪》、《通鉴》卷一百九十六均载，其年五月丙子，百济告其王扶余璋之丧，遣使册命其子义慈。《旧书》卷一百九十九《百济传》载，贞观"十五年，璋卒，其子义慈遣使奉表告哀。太宗素服哭之，赠光禄大夫，赐物二百段，遣使册命义慈为柱国，封带方郡王、百济王"，与本文要旨合。

本文作于贞观十五年（641）五月。

求访贤良限来年二月集泰山诏（P78 上）

《册府》卷六十七载，"（贞观）十五年六月诏"云云，即此文。《册府》卷六百四十五节录本文"今天下士庶人内"至"并宜荐举，具以名闻"，并订为"十五年六月诏"。《大诏令》卷一百二亦录此文，末注："贞观十五年某月。"《旧书》卷三《本纪》亦载，其年"六月戊申，诏天下诸州，举学综古今及孝悌淳笃、文章秀异者，并以来年二月总集泰山"，与本文要旨合。

本文作于贞观十五年（641）六月。

停封禅诏（P78下）

《册府》卷三十五载，贞观十五年“六月己酉，有星孛于太微宫犯即位。辛亥，朝散大夫行起居郎褚遂良进曰……丙辰诏曰”云云，即此文。《会要》卷七所载与引文同。《大诏令》卷六十六录此文，题为《停封泰山诏》，末注：“贞观十五年六月。”两《唐书·本纪》、《通鉴》卷一百九十六载，其年六月丙辰，因星孛于太微，诏罢封禅。

本文作于贞观十五年（641）六月。

赐窦靖诏（P79下）

窦靖，两《唐书》均作“窦静”。《旧书》卷六十一《窦静传》载，其人于贞观初，任夏州都州。“及擒颉利，处其部众于河南，以为不便，上封曰……于时务在怀辑，虽未从之，太宗深嘉其志。制曰”，即本文。《新书》卷九十五《窦静传》、《册府》卷七十八、卷四百七均录此文，所记本诏令之写作背景亦与《旧书》同。今检《旧书·本纪》可知，贞观四年“三月庚辰，大同道行军副总管张宝相生擒颉利可汗，献于京师。……夏四月丁酉，御顺天门，军吏执颉利以献捷”。据此，可断本诏令当作于贞观四年四月之后。又，《通鉴》卷一百九十三载，其年“夏四月”之后，“五月辛未”之前，“夏州都督窦静以为：‘戎狄之性有如禽兽……’”所引窦静语，即上封事内容。既然本诏令为此而发，必作于四、五月间。

本文作于贞观四年（630）四、五月间。

矜宥周隋名臣子孙罪犯诏（P79下）

《贞观政要》卷五录此文，作“贞观十五年诏”。《册府》卷六十三载，“（贞观）十二年七月诏”云云，即此文。《大诏令》卷六十五亦录此文，题为《宥周隋名臣子孙诏》，末注：“贞观十五年七月。”《新书·本纪》载，贞观十五“七月丙寅，宥周、隋名臣及忠烈子孙贞观以后流配者”。今从《诏令》及《新书》。

本文作于贞观十五年（641）七月。

皇太子用库物勿限制诏（P79下）

《册府》卷二百六十一载，“唐废太子承乾，太宗长子。贞观十六年诏”云云，即此文。《会要》卷四载，“（贞观）十六年二月，谏议大夫褚遂良谏曰……因诏曰”，即此文。《通鉴》卷一百九十六载，此年“六月甲辰诏：‘自今皇太子出用库物，所司勿为限制’”。其“自今”二句，即本文末二句。今从《通鉴》。

本文作于贞观十六年（642）六月。

答皇太子承乾诏（P79下）

审本文文意，当为上文诏令之后，太子承乾感激父皇不限用库物之恩，因而作是篇以答承乾之回谢。《册府》卷二百六十一载，“贞观十六年诏曰（即《皇太子用库物勿限制诏》）……皇太子承乾抗表谢，诏答曰”，即本文。

本文作于贞观十六年（642）六月。

刊正氏族诏（P79 下）

《贞观政要》卷七录此文，列于贞观十二年之后。《册府》卷一百五十九载，“贞观十六年六月己酉诏”云云，即此文。《会要》卷八十三亦录此文，并订为贞观“十六年六月诏”。但《会要》比《全唐文》末句多“其自今年六月禁卖婚”一句。《大诏令》卷一百十亦录此文，未注作年。

本文作于贞观十六年（642）六月。

追封巢王元吉诏（P80 上）

《册府》卷二百九十五载，“唐巢王元吉，高祖第四子。武德元年，封为齐王。九年，与太子建成谋逆伏诛。贞观元年，追封海陵郡王，谥曰剌。十六年七月，又诏”云云，即此文。《大诏令》卷三十九录本文，题为《故海陵剌王元吉追封巢王制》，末注：“贞观十六年六月。”《旧书》卷六十四《高祖二十二子》传：“贞观十六年，又追封巢王。”《旧书·本纪》、《通鉴》卷一百九十六均载，其年六月追封元吉为巢王。校以诸书，可知《册府》作“七月”误。

本文作于贞观十六年（642）六月。

授长孙无忌司徒诏（P80 上）

《册府》卷七十二载，贞观十六年“七月诏”云云，即此文。《大诏令》卷四十四录此文，题中无“授”字，末注：“贞观十六年七月。”两《唐书·本纪》、《通鉴》卷一百九十六俱载，其年七月戊午，长孙无忌为司徒。

本文作于贞观十六年（642）七月。

授房元龄司空诏（P80 下）

《册府》卷七十二载，贞观十六年“七月诏曰（即《授长孙无忌司徒诏》），又诏曰”云去，即本文。《大诏令》卷四十四录本文，题中无“授”字，末注：“贞观十六年七月。”两《唐书·本纪》及《通鉴》卷一百九十六均载，其年“七月戊午”，房玄龄为司空。

本文作于贞观十六年（642）七月。

禁讳盗诏（P80 下）

《册府》卷六十三、卷一百五十九均录此文，并订为贞观十六年十月诏。《会要》卷四十一载，“（贞观）十六年十月二十六日诏”云云，即本文，但少末一句“所司明采察，随事绳纠”。《文献通考》卷一百六十六亦录此文，订作时为此年。

本文作于贞观十六年（642）十月。

宥党仁弘答房元龄等手诏（P81 上）

《册府》卷一百五十载，“太宗贞观十六年十一月，广州都督党仁弘坐枉法取财及受所监临赃百余万，当死。……十二月壬午朔，召五品以上至太极殿前而谓之曰……房玄龄等曰……太宗不听，自左序门入，百僚于殿廷顿首三请，旦至日昳。太宗乃手诏曰”，即此文。《通鉴》卷一百九十六载，贞观十六年十二月壬申，太宗依房玄龄等人奏请，黜党仁弘为庶人，流钦州。

本文作于贞观十六年（642）十二月。

追复息隐王皇太子礼诏（P81 上）

《册府》卷二百六十一载，“唐隐太子建成，高祖长子。武德九年，以谋害太宗伏诛。贞观元年，追封息王，谥曰隐。十六年诏”云云，即此文。《大诏令》卷三十一录此文，题为《息隐王追复皇太子诏》，末注：“贞观十六年六月。”《旧书·本纪》及《通鉴》卷一百九十六均载，其年六月，追复建成为隐太子。但是，《旧书》卷六十四《高祖二十二子传》载：“十六年五月，又追赠皇太子。”校以诸书，可知“五月”误。

本文作于贞观十六年（642）六月。

清编《全唐文》卷七
（*P81—93*）

图功臣像于凌烟阁诏（P81 下）

《历代名画记》卷九录本文，作“贞观十七年诏”。《旧书》卷六十五《长孙无忌传》载，“（贞观）十七年，令图画无忌等二十四人于凌烟阁，诏曰”云云，即本文。该书同卷《高士廉传》载：“十七年二月，诏图形凌烟阁。”《册府》卷一百三十三亦载，“十七年二月戊申诏曰”，即此文。《会要》卷四十五亦录此文，订为此时诏。《大诏令》卷六十五亦录本文，末注却为“贞观十二年二月”。今按：《新书·本纪》、《通鉴》卷一百九十六、《新书》卷八十九《秦琼传》均载，贞观十七年，图功臣长孙无忌等二十四人形貌于凌烟阁。据此，可知《大诏令》作“十二年”误。又，《旧书·本纪》记此事于十七年“正月戊申”，亦与诸书所载“二月戊申”相悖。又《玉海》卷一百六十三录本文，并订作时为“贞观十七年二月二十八日”。

本文作于贞观十七年（643）二月。

赐魏王泰诏（P82 上）

《册府》卷二百七十载：魏王泰好士爱文，“贞观十二年，奏请撰《括地志》。……成五百五十卷，奏上。太宗闻而嘉之，乃下诏”云云，即本文。《大诏令》卷四十亦录此文，题为《魏王泰上括地志赐物诏》，末注：“贞观十六年正月。”但是，《会要》卷三十六却载，贞观“十五年正月三日，魏王泰上《括地志》五十（百）卷，上嘉之，赐物一万段，其书宜付秘阁”。《通鉴》卷一百九十六又载，十六年“春正月乙丑（九日），魏王泰上《括地志》”。按：各书记载作时稍异，今暂从《通鉴》及《大诏令》。

本文作于贞观十六年（642）正月。

责齐王祐诏（P82 下）

《旧书》卷七十六《太宗诸子传》载，齐王荒淫放纵，权万纪屡谏不听。贞观“十七年，诏刑部尚书刘德威往按之”。齐王祐惧，杀权万纪，起兵谋反。“太宗手诏祐曰”，即此文。《大诏令》卷四十录此文，末注：“贞观十七年三月。”两《唐书·本纪》均载，其年三月，齐王祐谋反，伏诛。《通鉴》卷一百九十六亦载，是岁，齐王祐杀权万纪谋反，“三月丙辰，诏兵部尚书李世勣等发怀、洛、汴、宗、潞、滑、郓、海九州兵讨之。上赐祐手敕曰：‘吾尝戒汝勿近小人，正为此耳’”。其“吾尝”两句，即本文首二句。

本文作于贞观十七年（643）三月。

久旱简刑诏（P82 下）

《册府》卷一百四十四载，“（贞观）十七年三月甲子，以久旱诏曰”，即此文。《新书·本纪》亦载，其日“以旱遣使覆囚决狱”，与本文要旨合。

本文作于贞观十七年（643）三月。

薄葬诏（P82 下）

《贞观政要》卷五录此文。《册府》卷一百五十九亦载，“（贞观）十七年三月壬子诏曰”，即本文。《大诏令》卷八十亦录此文，题为《戒厚葬诏》，末注：“贞观十七年三月。”

本文作于贞观十七年（643）三月。

废皇太子承乾为庶人诏（P83 下）

《册府》卷二百五十七载：“（贞观）十七年四月乙酉，废太子承乾为庶人。”承乾废于骄奢谋反。《大诏令》卷三十一亦录此文，末注：“贞观十七年四月。”《旧书》卷七十六《太宗诸子传》、《新书》卷八十《太宗诸子传》均载，贞观十七年，承乾废为庶人。两《唐书·本纪》、《通鉴》卷一百九十七亦载此事于其年“四月乙酉”。

本文作于贞观十七年（643）四月。

立晋王为皇太子诏（P84 上）

《英华》卷四百四十三录本文，末注：“贞观十七年四月。”《册府》卷二百五十七亦载，“（贞观）十七年四月乙酉，废太子承乾为庶人，丙戌诏曰”，即此文。《大诏令》卷二十七录此文，末注："贞观十七年四月。"两《唐书·本纪》、《通鉴》卷一百九十七均载，其年四月丙戌，诏立晋王为皇太子。

本文作于贞观十七年（643）四月。

黜魏王泰诏（P84上）

《旧书》卷七十六《太宗诸子传》载，魏王泰与承乾相互攻讦，贞观"十七年，承乾败"。太宗下令"幽泰于将作监，下诏曰"，即此文。《册府》卷二百九十七载，"贞观十七年四月，太子承乾败。……乃下诏曰"，即此文。《大诏令》卷三十九亦录此文，题为《降魏王泰东莱郡王诏》，未注作时。两《唐书·本纪》、《通鉴》卷一百九十七均载，贞观十七年四月癸巳，诏解魏王泰雍州牧、相州都督、左武候大将军，降爵为东莱郡王，与本文要旨合。

本文作于贞观十七年（643）四月。

令州县举孝廉茂才诏（P84下）

《册府》卷六十七载，"（贞观）十七年五月乙丑诏"云云，即此文。《旧书·本纪》载，其年"五月乙丑，手诏举孝廉茂才异能之士"。

本文作于贞观十七年（643）五月。

以旱减膳诏（P84下）

《新书·本纪》载，贞观十七年六月"甲午，以旱避正殿，减膳，诏京官五品以上言事"。《册府》卷一百四十四载，贞观十七年"六月癸巳，以旱不视朝。乙巳，谓侍臣曰……又诏曰"，即此文。

本文作于贞观十七年（643）六月。

命皇太子知左右屯营兵马事诏（P85上）

《册府》卷二百五十九载，"太宗贞观十七年闰六月丁巳诏"云云，即此文。《会要》卷四节录"皇太子地惟储副"至文末，亦订为"贞观十七年闰六月诏"。《新书·本纪》、《通鉴》卷一百九十七均载，其年闰六月丁巳，诏皇太子知左右屯营兵马事，与本文要旨合。

本文作于贞观十七年（643）闰六月。

封高丽王嗣子藏诏（P85上）

《册府》卷九百六十四载，"（贞观）十七年闰六月诏"，即此文。《册府》卷九百九十一及《通鉴》卷一百九十七亦载，其年"闰六月戊辰，诏以藏为上柱国、辽东郡王、高丽王"，与本文要旨合。

本文作于贞观十七年（643）闰六月。

有事南郊诏（P85 上）

《册府》卷三十三载，“（贞观）十七年十月甲寅诏”云云，即此文。《会要》卷九录此文，亦订为此时诏。《大诏令》卷六十七载此文，题为《贞观十七年有事于南郊诏》，末注：“十月。”两《唐书·本纪》、《通鉴》卷一百九十七均载，其年十一月己卯，有事于南郊，与本文云“今年冬至有事南郊”相合。盖诏令行于十月，付诸实施在十一月。

本文作于贞观十七年（643）十月。

赐酺三日诏（P85 下）

按：本文与《拾遗》卷一《获石瑞曲赦凉州诏》为同一诏令，此文为残文，后者为全文。陆心源未作详核，误为辑佚。《册府》卷八十四载，“（贞观十七年）十一月壬午诏”云云，即此文。《大诏令》卷六十八亦录此文，题为《贞观十七年南郊德音》。《会要》卷九《杂郊议上》载：“十七年十一月己卯，有事南郊，太宗升坛，皇太子从奠，于是累月阴雪，是旦犹云雾晦冥。及太宗升坛，烟氛四散，风景清朗，文物昭映。”与本文所述当时景况相符。《永乐大典》卷一千二百四十三亦录此文，可资参校。

本文作于贞观十七年（643）十一月。

赐皇太子手诏（P85 下）

《册府》卷四十二载，“（贞观十八年）四月辛亥幸九成宫；己未，行次显仁宫，太宗手诏皇太子”云云，即此文。《通鉴》卷一百九十七亦载，其年四月己未，太宗幸显仁宫。

本文作于贞观十八年（644）四月。

命张俭等征高丽诏（P85 下）

《册府》卷九百八十五载，太宗贞观十八年七月，大唐以高丽莫离支自杀其主，发兵击新罗……欲击之。于是，敕将作大匠阎立德、括州刺史赵元楷等至辽东城，“甲午，遂下诏曰”，即本文。《册府》卷九百九十一又载本文，却订为十八年“六月诏”。今按：《新书·本纪》、《通鉴》卷一百九十七均载，其年七月甲午，下诏遣张俭等击高丽。由此可知，《册府》卷九百九十一作“六月诏”，属误。

本文作于贞观十八年（644）七月。

亲征高丽手诏（P86 上）

《文馆词林》卷六百六十六录本诏，与《全唐文》所录相校，增溢数句，《全唐文》所收实为残文。《册府》卷一百一十七载，贞观十八年十一月，太宗至洛阳，调兵遣将，“乃手诏”云云，即此文。《大诏令》卷一百三十亦录本文，题为《讨高丽诏》，末注：“贞观十八年十月。”《通鉴》卷一百九十七载，其年十一月庚子，诸军大集于幽州。太宗亲加损益，取其便易，“又手诏谕天下”，节录本文数句。两《唐书·本纪》均载，其年十一月，命李勣、张亮等率军击高丽。校以诸书，可知《大诏令》作“十月”误。

本文作于贞观十八年（644）十一月。

命将征高丽诏（P86下）

《册府》卷一百一十七载，贞观十八年“十二月甲寅诏”云云，即此文。《大诏令》卷一百三十亦录此文，题为《亲征高丽诏》，末注：“贞观十八年十二月。”《通鉴》卷一百九十七载，其年十二月“甲寅，诏诸军及新罗、百济、奚、契丹分道击高丽”。

本文作于贞观十八年（644）十二月。

建三师诏（P87下）

《贞观政要》卷四载，“贞观六年，诏曰”，即本文，且于结句多出“意将未可何以然”七字。《大诏令》卷一百仅节录本文首二句及“况朕接百王之末”以下五句，且文字有不少相异之处，题中的“建”字又作“置”字，末注：“贞观六年二月。”《旧书·本纪》载，贞观六年“二月丙戌，置三师官员”。《通鉴》卷一百九十四载：“以上新令无三师官，二月丙戌，诏特置之。”

本文作于贞观六年（632）二月。

答刘洎诏（P88上）

《贞观政要》卷六录此文，作“贞观十六年诏”。《旧书》卷七十四《刘洎传》载，贞观“十七年，加授银青光禄大夫，寻除散骑常侍……寻摄黄门侍郎，加上护军。……太宗善持论，每与公卿言及古道，必诘难往复。……手诏答曰”，即此文。《册府》卷一百一录本文，作“十八年”诏。《会要》卷五十四载，“贞观十七年，散骑常侍刘洎谏诘难公卿表曰……手诏答曰”，即此文。《通鉴》卷一百九十七录此文作“十七年诏”。今姑从十七年之说。

本文作于贞观十七年（643）。

答元奘还至于阗国进表诏（P88上）

《大正藏》第五十函《大唐大慈恩寺三藏法师传》卷六载，玄奘到达于阗后，有上唐太宗表一篇。其中写道：“常思访学，无顾身命，遂以贞观三年四月，冒越宪章，私往天竺，践流沙之漫漫。……历览周游一十七载，今已从钵罗耶伽国，经迦毕试境，越葱岭，渡波继罗川，归还达于于阗。”据此可知，其时在贞观十九年。该书载玄奘此表之后，接载，“蒙恩敕降，使迎劳曰”，即此文。但是，《佛祖历代通载》卷十一、《佛祖统记》卷三十九均载，玄奘于贞观十九年正月返归京城长安。是此，本文当作于十八年。今从后二书。

本文作于贞观十八年（644）。

追赠殷太师比干谥诏（P88 上）

《金石萃编》卷四录本文，作贞观十九年二月丁巳诏。《册府》卷一百三十八载，贞观“十九年二月庚戌，舆驾发洛阳，丁巳诏曰”，即此文。该书卷四十亦载，是岁将征辽，“二月，次河阳，诏殷少师比干，赠太师，自为文祭之”。两《唐书·本纪》、《通鉴》卷一百九十七均载，其年二月丁巳，赠比干太师。

本文作于贞观十九年（645）二月。

命皇太子监国诏（P88 下）

《大诏令》卷三十录本文，题为《太宗征辽命皇太子监国诏》，末注：“贞观十九年正月”。《册府》卷二百五十九节录本文“省方之务，劳于躬亲”至文末，订为其年“二月诏”。两《唐书·本纪》、《通鉴》卷一百九十七均载，此年二月乙卯，诏皇太子于定州监国，今从后四书所载。

本文作于贞观十九年（645）二月。

答有司请忌日仍理军务诏（P89 上）

《册府》卷五百八十五载，“太宗征辽，渡辽泽，诘朝，高祖忌日，有司请曰……手诏答曰”，即此文。《会要》卷二十三亦载，“贞观十九年，太宗亲征高丽，以五月五日行。太宗既至辽阳，属高祖忌日，八座奏言：‘臣等谨按《礼》云’……（太宗）手诏答曰”，节录本文“今既戎旅事大，不可失在机速”，“所以仰顺古风，俯从今请”。《拾遗》卷一《允八座忌日仍理军务诏》节录本文四句，实为重出，陆心源未作详检，误为辑佚，当删。

本文作于贞观十九年（645）二月。

克高丽辽东城诏（P89 上）

《册府》卷一百一十七载，贞观十九年五月“丙戌诏曰”，即此文。《大诏令》卷一百三十亦录此文，题为《破高丽诏》，末注：“贞观十九年四月。”今按：《旧书·本纪》载，十九年“五月，车驾渡辽。甲申，上亲率铁骑与李勣会围辽东城。因烈风发火弩，斯须城上屋及楼皆尽，麾战士令登，乃拔之”，与本文所写攻克高丽辽东城景况相合。《通鉴》卷一百九十八亦载攻克辽东城在其年五月。是此，本诏令当作于“五月”，《大诏令》作“四月”误。

本文作于贞观十九年（645）五月。

收瘗征辽士卒诏（P89 下）

《旧书》卷一百九十九载，贞观十九年“五月，张亮副将程名振攻沙卑城，拔之，虏其男女八千口。是日，李勣进军于辽东城，帝次辽泽，诏曰”，即此文。《册府》卷四十二载，“十九年五月征辽、次辽泽，下诏曰”，即此文。《大诏令》卷一百十四亦录此文，题为《收葬隋朝征辽军士骸骨诏》，末注："贞观十九年四月。"另，《太平御览》卷二百八十一亦录此文，可资参校。今按：《新书·本纪》载，其年五月"庚午，次辽泽，瘗隋人战亡者"。《通鉴》卷一百九十七亦载，其年五月"庚午，车贺至辽泽"。据此可知《大诏令》作"四月"误。

本文作于贞观十九年（645）五月。

克高丽白岩城诏（P90下）

《册府》卷一百一十七载，贞观十九年"六月丁酉，李勣攻白岩城西南，太宗临其西北，城主孙伐音请降，以城为岩州。……庚子诏曰"，即此文。《大诏令》卷一百三十亦录此文，题为《降高丽颁示天下诏》，末注："贞观十九年三月。"今按：《新书·本纪》、《通鉴》卷一百九十八均载，其年"六月丁酉"克白岩城。据此可知《大诏令》作"三月"误。

本文作于贞观十九年（645）六月。

破高丽赐酺诏（P90下）

《大诏令》卷一百三十录此文，末注："贞观十九年六月。"《旧书·本纪》载，其年"六月丁巳"，在安市城大破高丽军。高丽别将高延寿率众来降。因之刻石纪功，赐天下大酺二日。《新书·本纪》亦载，其年六月，大败高丽于安市城东南，"辛酉，赐酺三日"。

本文作于贞观十九年（645）六月。

禁辽东重刑诏（P91上）

《册府》卷一百五十九载，"（贞观）十九年六月丁未，车驾发自辽东。丙辰，次于安市城列营进兵以攻之，诏曰"，即此文。又，《通鉴》卷一百九十八载，是年六月丁未，车驾发辽东。丙辰，至安市城，进兵攻之。可为佐证。

本文作于贞观十九年（645）六月。

授高延寿高惠真官爵诏（P91下）

《册府》卷一百七十载，"（贞观）十九年七月诏曰"，即此文。《通典》卷一百八十六载，贞观十九年"六月，攻拔白岩城……遂引军次安市城。……明日，及战，大破之"，"延寿、惠真率三万六千八百人来降"。《旧书》卷一百九十九《东夷传》亦载，贞观十九年六月，唐军大战安市城，"延寿、惠真率十五万六千五百人请降，太宗引入辕门。延寿等膝行而前，拜手请命。……授高延寿鸿胪卿、高惠真司农卿"。此段记述，与本文要旨合。

本文作于贞观十九年（645）七月。

赏渡辽战功诏（P91 下）

《册府》卷六十三载，“（贞观）十九年九月，以旧制勋官十二等有战功者，随高下以授之。帝欲隆渡辽之赏，因下诏曰”，即本文。

本文作于贞观十九年（645）九月。

班师诏（P91 下）

《册府》卷一百一十七载，贞观十九年十月“丙午，次营州，癸丑诏”云云，即本文。《大诏令》卷一百三十亦录此文，题为《高丽班师诏》，末注：“贞观十九年十月。”

本文作于贞观十九年（645）十月。

赐定州宴会诏（P92 上）

《册府》卷二百六十一载，“（贞观）十九年，太宗征辽班师。十一月丙戌，幸定州。庚寅诏曰”，即本文。《大诏令》卷八十亦录此文，题为《定州赐宗姓老人宴会敕》，末注：“贞观十九年十一月。”《通鉴》卷一百九十八载，是岁十一月丙戌，太宗幸定州，可为佐证。

本文作于贞观十九年（645）十一月。

赐刘洎自尽诏（P92 下）

《大诏令》卷一百二十六载此文，题为《刘洎赐自尽诏》，末注：“贞观十九年十二月。”《旧书·本纪》载，其年“十二月戊申，幸并州。侍中、清苑男刘洎以罪赐死”。该书卷七十四《刘洎传》亦载：“十九年，太宗辽东还，发定州，在道不康。”褚遂良诬洎有异图，“乃赐洎自尽”。《新书·本纪》载，其年十二月“庚申，杀刘洎”。《通鉴》卷一百九十八节录“洎与人窃议，窥窬万一”“谋执朝衡，自处伊、霍”“猜忌大臣，皆欲夷戮”“宜赐自尽，免其妻孥”诸句，并订为其年十二月庚申诏。

本文作于贞观十九年（645）十二月。

定皇太子与臣工书疏式诏（P93 上）

《会要》卷四载，贞观“十九年，高士廉、刘洎等表称皇太子与百官书疏，先无礼式，请详定其仪，诏曰”，即此文。该书卷二十六又载，“贞观十九年正月，上征辽，发定州……其年五月十日，高士廉、刘洎等表称：‘皇太子与百官书疏，先无体式，请定其仪。’诏”云云，节录“凡是处分论事之书”至文末。

本文作于贞观十九年（645）五月。

谕高履行手诏（P93 上）

高履行，高士廉之长子，尚太宗女东阳公主。《旧书》卷六十五《高履行传》载，“丁母忧，哀悴逾礼。太宗遣使谕之曰”，即此文。《新书·高履行传》载：“履行居母丧毁甚，太宗谕使强食。”与本文要旨合。但其母亡年不明。《太平御览》卷一百五十四据《唐书》引本文，且云其为履行丁父艰，太宗行此诏。史载其父亡于贞观二十一年正月壬辰。今姑从《太平御览》丁父艰之说，订本文作时。

本文作于贞观二十一年（647）。

清编《全唐文》卷八
（*P93—105*）

征辽还宴赐父老诏（P93 下）

《册府》卷八十四载，“（贞观）二十年正月，征辽还，幸并州。庚辰，引从官及太原父老宴，赐物有差，因下诏曰”，即此文。该书卷一百七十二亦录此文，订为贞观“二十年”诏。《大诏令》卷七十九又载此文，题为《巡幸并州曲赦》，末注：“贞观二十年正月。”两《唐书·本纪》均载，是岁正月庚辰，曲赦并州。

本文作于贞观二十年（646）正月。

令皇太子断决机务诏（P93 下）

《册府》卷二百五十九载，“（贞观）二十年三月庚午诏”云云，即本文。《大诏令》卷三十亦录此文，题为《太宗破高丽回怡摄命皇太子断决机务诏》，末注：“贞观二十年三月。”《新书·本纪》载，其年三月，太宗征高丽归，“庚午，不豫，皇太子听政”。《通鉴》卷一百九十八亦载，是岁三月“庚午，诏军国机务并委皇太子处决”。

本文作于贞观二十年（646）三月。

修晋书诏（P94 上）

《册府》卷五百五十六载，“（贞观）二十年闰三月诏”云云，即此文。《大诏令》卷八十一亦录此文，末注作时则为“贞观二十年闰二月”。《玉海》卷四十六节录本文，订为“贞观二十年闰三月诏”。今按：《会要》卷六十三载：“二十年闰三月四日诏，令修史所更撰《晋书》，铨次归闻，裁成义类，其所须可依修五代史故事，若少学士，亦量事追裁。”其“令修史所更撰《晋书》”云云，即本文末段之节录。又，贞观二十年二月不闰，《大诏令》所记显属误矣。

本文作于贞观二十年（646）闰三月。

平薛延陀幸灵州诏（P94 下）

《册府》卷一百三十六载，“（贞观二十年）六月，平薛延陀，诏曰”，即此文。《旧书》卷一百九十九《北狄传》载，“二十年，太宗遣使江夏王道宗”等，统所部兵分道并进，“太宗亲幸灵州，为诸军声援。既而道宗渡碛，遇延陀余众数万来拒战，道宗击破之，斩首千余级”。又，本文云：“虽复去岁东征，士马劳倦。甫旋京邑，曾未逾年。今秋复行，理多疲顿……”按：太宗东征在贞观十九年，此文既称其为“去岁”，必作于贞观二十年。再检两《唐书·本纪》及《通鉴》卷一百九十八均载，其年八月己巳，太宗幸灵州。本文曰，“欲暂往灵州，亲自招抚，安边静乱，下固氓基”，必在“八月己巳”幸灵州之前。据此可证，《册府》记此诏作于“六月”可信。

本文作于贞观二十年（646）六月。

令天下诸州举人手诏（P95 上）

《英华》卷四百六十二录此文，题为《举贤诏》，作者为许敬宗，末注：“贞观二年正月六日。”《全唐文》卷一百五十一于许敬宗名下又录此文，题为《举贤良诏》。显然二文为重出互见，按清编《全唐文》之体例，当从太宗名下删去此文。《册府》卷六十七载，“（贞观）二十年六月，手诏曰”，即此文。《大诏令》卷一百二亦录此文，未署作者姓名，末注：“贞观二十一年六月。”今按：《旧书》卷八十二《许敬宗传》载，许敬宗始于“贞观八年，累除著作郎，兼修国史，迁中书舍人”，因此不可能在“贞观二年”代太宗起草诏令，今暂从《册府》系年。

本文作于贞观二十年（646）六月。

答玄奘法师进西域记书诏（P95 下）

《大正藏》第五十函《大唐故三藏玄奘法师行状》载，“及修《西域记》，至二十年秋七月十三日，进新翻经，并请仰制经序。及进《西域记》，蒙神笔报书，极褒扬之美。敕书”云云，与本文相校，仅缺首句，其余文字全同。又，《大正藏》第四十九函《佛祖历代通载》卷十一载，贞观“二十年七月辛卯，法师玄奘表上《新译菩萨藏经》《六门陀罗尼经》《显扬圣教论》《大乘杂集论》，凡五部，五十八卷。请帝为《圣教序》，降手敕曰”，即本文。但缺末二句“新撰《西域记》者，当自披览”。《大正藏》第五十二函《广弘明集》卷二十二，录全文，题为《敕答玄奘法师前表》。

本文作于贞观二十年（646）七月。

赐功臣葬地诏（P96 上）

《册府》卷一百三十三载，“（贞观）二十年八月丁亥，诏曰”，即此文。《大诏令》卷六十三亦录此文，题《功臣陪陵诏》，末注：“贞观二十年八月。”《会要》卷二十一载，“（贞观）二十三年八月二十八日诏”云云，即此文。今按：两《唐书·本纪》、《通鉴》卷一百九十九均载，太宗崩于贞观二十三年五月，其年八月不可能有诏令。又，《新书·本纪》载，二十年八月“丁亥，许陪陵者子孙从葬”。此亦可佐《会要》之误。

本文作于贞观二十年（646）八月。

平契苾幸灵州诏（P96 上）

《旧书》卷一百九十九《北狄传下》载，贞观二十年，“太宗至灵州，其铁勒诸部相继至数千人，仍请列为州县，北荒悉平。诏曰”，节录本文“惟天为大，合其德者弗违”至“颁示普天”。《册府》卷十二亦载，其年“八月，帝幸灵州，又幸汉故甘泉宫，诏曰”，即此文。《大诏令》卷七十九亦录此文，题为《破契苾幸灵州诏》，末注：“贞观二十年八月。”《通鉴》卷一百九十八载，其年八月“壬申，上幸汉故甘泉宫，诏以‘戎狄与天地俱生，上皇并列，流殃构祸，乃于运初……宜备礼告庙，仍颁示普天’”，节录本文，文字稍异。

本文作于贞观二十年（646）八月。

贬萧瑀手诏（P96 下）

《旧书》卷六十三《萧瑀传》载，“会瑀请出家……遂手诏曰”，即此文。《册府》卷三百三十三载本文，所记罢免萧氏之背景，与《旧书》同。《通鉴》卷一百九十八载，特进同中书门下三品宋公萧瑀，性狷介，与同僚多不合。尝请求出家，既而改悔，太宗因其对群臣发言反复无常，于贞观二十年“冬十月，手诏数其罪曰：‘朕于佛教，非意所遵。……可商州刺史，仍除其封’”，节录本文，文字稍异。两《唐书·本纪》载，其年十月，贬萧瑀为商州刺史。

本文作于贞观二十年（646）十月。

绝高丽朝贡诏（P97 上）

《册府》卷九百九十六载，“贞观二十年十月壬申诏曰”，即此文。《通鉴》卷一百九十八载，其年十月“壬申，诏勿受其（即高丽国）朝贡，更议讨之”，与本文要旨合。

本文作于贞观二十年（646）十月。

令皇太子处分庶务诏（P97 下）

《册府》卷二百五十九载，贞观二十年“十一月乙丑，诏曰”，即此文。《新书·本纪》、《通鉴》卷一百九十八亦载，其年十一月乙丑，诏祭祀、表疏、胡客、兵马、宿卫、行鱼契给驿、授五品以上官及除解、决死罪，皆以闻，余并取皇太子处分，所述与本文要旨合。

本文作于贞观二十年（646）十一月。

答长孙无忌等请封禅诏（P97 下）

《册府》卷三十五载，贞观“二十年十一月，司徒长孙无忌与百官及方岳等上表请封禅，不许。司徒长孙无忌与百僚又请封禅诏曰”，即此文。《会要》卷三十五亦录本文，所载作时及背景，均与《册府》同。

本文作于贞观二十年（646）十一月。

允行封禅诏（P97 下）

《册府》卷三十五载，贞观二十年“十二月己丑，司徒长孙无忌等又诣顺天门，抗表请封禅曰……诏曰”，即此文。《会要》卷七亦录此文，所记背景及作时，与《册府》同。《大诏令》卷六十六亦载本文，题为《允群臣请封禅诏》，末注：“贞观二十年十二月。”《通鉴》卷一百九十八载，其年“十二月己丑，群臣累请封禅，从之”。

本文作于贞观二十年（646）十二月。

求直言手诏（P98 上）

《册府》卷一百二载，“（贞观）二十年十二月，帝手诏曰”，即此文。《大诏令》卷一百五亦录本文，题为《令群臣直言诏》，末注：“贞观二十年十二月。”

本文作于贞观二十年（646）十二月。

封禅诏（P98 下）

《册府》卷三十五载，“（贞观）二十一年正月丁酉诏曰”，即此文。《会要》卷七亦录此文，所订作时与《册府》同。《大诏令》卷六十六录此文，末注：“贞观二十一年正月。”两《唐书·本纪》、《通鉴》卷一百九十八均载，其年正月丁酉，诏以来年二月有事于泰山。

本文作于贞观二十一年（647）正月。

左丘明等二十一人配享孔子庙诏（P99 下）

《旧书》卷一百八十九《儒学上》载，“（贞观）二十一年，又诏曰”，即本文。该书卷三《本纪》及卷二十四《仪礼四》亦载此文（文字稍异），并订为其年“二月壬申诏”。《册府》卷五十录本文，亦订为“二十一年二月诏”。《通典》卷五十三载：“贞观二十一年制，左丘明以下二十一人同享。”《文献通考》卷四十三亦录此文，订为“贞观二十一年诏”。

本文作于贞观二十一年（647）二月。

赎取陷没蕃内人口诏（P99 下）

《册府》卷四十二载，“（贞观）二十一年六月诏”云云，即此文。《新书·本纪》亦载，其年“六月丁丑，遣使铁勒诸部购中国人陷没者”。《通鉴》卷一百九十八载，是岁六月“丁丑，诏以隋末丧乱，边民多为戎、狄所掠……亦令赎还”，与本文内容基本一致。

本文作于贞观二十一年（647）六月。

建玉华宫手诏（P100 上）

《册府》卷十四载，贞观二十一年“七月，建玉华宫于坊州宜君县之凤凰谷，帝手诏”云云，即此文。《大诏令》卷一百八亦录本文，题为《建玉华宫于宜君县凤凰谷诏》，末注："贞观二十一年七月。"《旧书·本纪》、《通鉴》卷一百九十八均载，是岁七月庚子，诏建玉华宫于宜君之凤凰谷。但是，《新书·本纪》则载，七月"丙申，作玉华宫"。今从《旧书》及《通鉴》。

本文作于贞观二十一年（647）七月。

停封禅诏（P100 下）

《册府》卷三十五载，贞观二十一年"八月壬戌诏曰"，即此文。《会要》卷七亦录本文，所订作时与《册府》同。《大诏令》卷六十六录此文，末注作时为"贞观二十一年八月"。两《唐书·本纪》、《通鉴》卷一百九十八均载，是岁八月壬戌，因河北水灾，诏停封禅。

本文作于贞观二十一年（647）八月。

伐龟兹诏（P101 下）

《册府》卷九百八十五载，贞观二十一年"十二月诏"云云，即此文。又于本诏末载："初龟兹国既臣于西突厥，安西都护郭孝恪之伐焉耆也，龟兹遣军援助。自是蕃礼渐缺，帝大怒，故有是诏。"两《唐书·本纪》、《通鉴》卷一百九十八均载，贞观二十一年十二月戊寅，太宗诏令左骁卫大将军阿史那社尔，副大总管、右骁卫大将军契苾何力，安西都护郭孝恪等将兵击之。

本文作于贞观二十一年（647）十二月。

赐高士廉陪葬诏（P102 下）

《册府》卷三百一十九载，"高士廉初为侍中、尚书左仆射。前后赏赐，不可胜纪。……及驾幸灵州，固请从行，遂舆疾而从。……还京渐笃。及薨，诏曰"，即此文。两《唐书·本纪》、两《唐书·高士廉传》、《通鉴》卷一百九十八均载：贞观二十一年正月壬辰，高士廉薨，太宗为之举哀，赠司徒、并州都督，陪葬昭陵，与本文要旨合。

本文作于贞观二十一年（647）正月。

玉华宫成曲赦宜君县诏（P102 下）

《册府》卷八十四载，"（贞观）二十二年三月丁亥，诏曰"，即此文。《大诏令》卷一百八录此文，题中的"诏"作"制"，末注："贞观二十二年二月。"今按：《旧书·本纪》载，其年二月"乙亥，幸玉华宫。……三月丁亥，赦宜君，给复县人自玉华宫苑中迁者三年"。《通鉴》卷一百九十八载，二月"乙亥，上幸玉华宫"。本文曰："可曲赦宜君县官及百姓并督作官人丁匠等大辟以下……先在宫苑内住移出外者，给复三年。"与《新书·本纪》所载合，而《旧书·本纪》所云"赐所经高年笃疾粟帛有差"，在本文中则未提及。今从《册府》及《新书》订本文作时。

本文作于贞观二十二年（648）三月。

赐萧瑀陪葬诏（P103 下）

《册府》卷三百一十九载，萧瑀“贞观二十二年六月薨，诏曰”，即此文。《旧书·本纪》、《通鉴》卷一百九十九载，其年六月癸酉，特进、宋国公萧瑀薨。再检《旧书》卷六十三《萧瑀传》，其云：“从幸玉华宫，遘疾薨于宫所。”按：两《唐书·本纪》、《通鉴》卷一百九十八均载，太宗幸玉华宫，属贞观二十二年之事。

本文作于贞观二十二年（648）六月。

赐房玄龄陪葬诏（P103 下）

《册府》卷三百一十九载，玄龄于贞观二十二年七月薨，“太宗废朝三日，诏曰”，即此文。两《唐书·本纪》、《通鉴》卷一百九十九均载，贞观二十二年七月癸卯，房玄龄薨。

本文作于贞观二十二年（648）七月。

诸州寺度僧诏（P104 上）

《大正藏》第四十九函《佛祖历代通载》卷十一载，贞观二十二年“九月乙卯，诏曰”，即本文，缺末句“宏福寺宜度五十人”。该函《释氏稽古略》卷三亦录此文，缺末句，所订作时仍为贞观二十二年九月乙卯。《大正藏》第五十函《大慈恩寺三藏法师传》录此文，亦订作时为其年九月。

本文作于贞观二十二年（648）九月。

答长孙无忌请诛段志冲手诏（P104 上）

《册府》卷一百五十载，“（贞观）二十二年九月，齐州人段志冲上封事，请帝致政于皇太子。太子闻之，忧见于色，发言流涕。长孙无忌等请诛志冲。帝手诏答曰”，即此文。又，《通鉴》卷一百九十八亦载，贞观二十一年八月乙丑，长孙无忌等请诛段志冲，“上手诏曰”，节录本文“五岳凌霄，四海亘地”至“寸云遮日，何损于明”。两书记此诏作时相异，《册府》成书早，姑从其说。

本文作于贞观二十二年（648）九月。

降雍州见禁囚徒诏（P104 上）

《册府》卷八十四载，贞观二十二年“十二月辛酉诏曰”，即此文。《新书·本纪》亦载，是岁“十二月辛未，降长安、万年徒罪以下”。

本文作于贞观二十二年（648）十二月。

甘雨降大赦诏（P104 下）

《册府》卷八十四载，“（贞观）二十三年三月丙辰，甘露降。时太宗虽积疢日久，喜见于色。……遣宣诏曰”，即此文。该书卷八十又载，贞观“二十三年五月，以甘露降，大赦天下”，与本文要旨合。今按：两《唐书·本纪》、《通鉴》卷一百九十九均载，去冬旱，至贞观二十三年三月己未始雨。辛酉，大赦天下。由此可知，《册府》卷八十作“五月”，实属“三月”之误。

本文作于贞观二十三年（649）三月。

赐李靖陪葬诏（P104 下）

《册府》卷三百一十九载，李靖于贞观“二十三年五月薨，诏曰”，即此文。《旧书》卷六十七《李靖传》：“二十三年薨于家，年七十九。册赠司徒、并州都督，给班剑四十人，羽葆鼓吹，陪葬昭陵。”与本文要旨合。《旧书·本纪》、《通鉴》卷一百九十九均载，是岁五月辛酉，李靖薨；己巳，太宗崩。据此，本文当作于五月辛酉后、己巳前。

本文作于贞观二十三年（649）五月。

宣慰剑南将士诏（P105 上）

本文应为玄宗文，清编《全唐文》作太宗文，误。《册府》卷一百三十六载，“（开元）二十六年十月壬申，命侍御史陈繇使于剑南安戎城，宣慰将士，敕曰”，即此文。《旧书》卷一百九十六《吐蕃上》载，开元二十六年“九月，吐蕃悉锐以救安戎城，官军大败，两城并为贼所陷，（王）昱脱身走免，将士已下数万人及军粮资仗等并没于贼。昱坐左迁括州刺史”。本文云：“顷闻在彼，小有丧败。卿等非不尽力，自是主将无谋。古之用兵，在于责帅。王昱缘此，亦已贬官。”恰与史传所载相吻。两《唐书·玄宗本纪》、《通鉴》卷二百一十四均载，是岁九月，吐蕃大发兵，围安戎城，益州长史王昱所部大败，死者数千人，贬昱括州刺史，再贬高要尉而死。由此可知，本诏当作于王昱被贬后，《册府》记在十月，可信。应从太宗名下删去，归入玄宗文。

本文作于开元二十六年（738）十月。

清编《全唐文》卷九
(*P105—114*)

劳邓州刺史陈君宾诏（P105 下）

《旧书》卷一百八十五《陈君宾传》载，君宾乃陈文帝第三子伯山之子，贞观元年任邓州刺史，“二年，天下诸州并遭霜涝，君宾一境独免。当年多有储积，蒲、虞等州户口，尽入其境逐食。太宗下诏劳之曰”，即此文。《册府》卷六百七十三亦载本文，所记背景与作时，均同《旧书》。

本文作于贞观二年（628）。

谨死刑诏（P105 下）

《贞观政要》卷八载，“贞观五年，诏曰……又手诏曰”，即此文。今按：《贞观政要》载此诏前，有“在京诸司，比来奏决死囚……天下诸州三覆奏”一段文字。《旧书》卷五十《刑法志》将此段文字与本诏合而为一，作为太宗对侍臣所语之辞。《新书·本纪》、《通鉴》卷一百九十三节引太宗语辞中的“决死刑，京师五覆奏、诸州三覆奏，其日尚食毋进酒肉”及本诏中“有据法当死而情可矜者，录状以闻”等语，并订为贞观五年十二月丁亥诏。《册府》卷一百五十一之节录，与《新书》《通鉴》略同，亦订为贞观五年十二月制。《太平御览》卷六百三十六录本文，亦订作时为是年十二月。

本文作于贞观五年（631）十二月。

册苏亶女为皇太子妃诏（P106 上）

《初学记》卷十录此文，但未注作时。《大诏令》卷三十一亦录此文，题为《纳苏亶女为皇太子妃诏》，末注：“贞观某年。”今按：《册府》卷一百九载：“（贞观）九年正月甲申，皇太子纳妃苏氏，宴群臣，赐帛各有差。”与本文要旨合。

本文作于贞观九年（635）正月。

册荆州都督荆王元景诏（P106 上）

《初学记》卷十录本文，题中无“诏”字。《大诏令》卷三十四亦录此文，未注作年。今按：《旧书》卷六十四《高祖二十二子传》载，元景乃高祖第六子，贞观十年，徙封荆王，授荆州都督。《册府》卷二百六十五及卷二百九十五俱载：“贞观十年，徙封赵王为荆王。”《通鉴》卷一百九十四载，是岁二月乙丑，授荆王为都督。

本文作于贞观十年（636）二月。

为故礼部尚书虞世南斋僧诏（P106 上）

《旧书》卷七十二《虞世南传》载，“（贞观）十二年，又表请致仕，优制许之……寻卒，年八十一。……后数岁，太宗夜梦见之，有若平生。翌日，下制曰”，即本文。《大正藏》第四十九函《佛祖历代通载》卷十一亦载，“十二年，尚书虞世南卒。帝手敕魏王泰曰……明年，梦世南进谠言有如平生，因下诏曰”，即此文。该书此函《佛祖统纪》卷三十九载，“十二年，尚书虞世南既卒，上梦见之。因诏曰”，录本文，文字稍异。今按：《旧书》云世南卒后数年而有此诏，难订作年；《佛祖统纪》称虞氏卒后而因梦作是诏，亦难确指其年。今从《佛祖历代通载》，暂订作时。

本文作于贞观十三年（639）。

奖魏徵编注戴氏礼诏（P106 下）

《魏郑公谏录》卷五录此文，未注作时。今按：《会要》卷三十六载，贞观“十四年五月二十一日，诏以特进魏徵所撰《类礼》，赐皇太子及诸王，并藏于秘府。初，徵以《礼经》遭秦灭学，戴圣编之，条流不次，乃删其所说，以类相从，为五十篇，合二十卷。上善之，赐物一千段”，与本文要旨合。《旧书》卷七十一《魏徵传》亦载此事，可为佐证。

本文作于贞观十四年（640）五月。

答魏徵谢赐殿材起堂诏（P106 下）

《魏郑公谏录》卷五录此文，未注作时。今按：《旧书》卷七十一《魏徵传》载：“其年（即贞观十六年），称绵惙，中使相望。徵宅先无正寝，太宗欲为小殿，辍其材为徵营构，五日而成，遣中使赍素褥布被而赐之，遂其所尚也。”《通鉴》卷一百九十六亦载，贞观十六年七月，因“徵宅无堂，上命辍小殿之材以构之，五日而成，仍赐以素屏风、素褥、几、杖等，以遂其所尚。徵一表谢，上手诏称：‘处卿至此，盖为黎元与国家，岂为一人，何事过谢’”！其中“处卿至此”以下数句，即本文之节录，但文字稍异。

本文作于贞观十六年（642）七月。

问魏徵病手诏（P106 下）

《魏郑公谏录》卷五录此文，未注作时。《通鉴》卷一百九十六载，贞观十六年七月，“特进魏徵有疾，上手诏问之，且言：‘不见数日，朕过多矣。今欲自往，恐益为劳。若有闻见，可封状进来’”，与本文要旨合。

本文作于贞观十六年（642）七月。

答魏徵上群书理要手诏（P106 下）

《大唐新语》卷九载，“太宗欲见前代帝王事得失，以为鉴戒。魏徵乃以虞世南、褚遂良、萧德言等采经史百家之内嘉言善语，明王暗君之迹，为五十卷，号《群书理要》，上之。太宗手诏曰”，即此文。《会要》卷三十六载：“贞观五年九月二十七日，秘书监魏徵撰《群书政要》上之。”

本文作于贞观五年（631）九月。

重问魏徵病手诏（P107 上）

《魏郑公谏录》卷五“手诏问疾”条录此文，但未注作时。今按：《通鉴》卷一百九十六载，贞观十六年七月，“特进魏徵有疾，上手诏问之”。

本文作于贞观十六年（642）七月。

答魏徵辞太子太师诏（P107 上）

《魏郑公谏录》卷五“辞太子太傅”条录此文为太宗语录。《贞观政要》卷二作太宗贞观十七年语。《大唐新语》卷十一载，“太子承乾失德，魏王泰有夺嫡之渐。太宗闻而恶之，谓侍臣曰：‘当今朝臣，忠謇无逾魏徵。我遣辅太子，用绝天下之望。’乃以为太子太师，徵以疾辞。诏答曰”，即此文。今按：《旧书·本纪》、《通鉴》卷一百九十六均载，贞观十六年九月丁巳，以魏徵为太子太师。又，《旧书》卷七十一《魏徵传》载，“十六年，拜太子太师，知门下省如故。徵自陈有疾，诏答曰”，即本文。《册府》卷七百八亦录本文，订为“贞观中”作。《会要》卷二十六录本文，作十七年诏。《通鉴》卷一百九十六载，贞观十六年“九月丁巳，以魏徵为太子太师。徵疾少愈，诣朝堂表辞。上手诏谕：‘以周幽、晋献废嫡立庶，危国亡家。汉高祖几废太子，赖四皓然后安。我今赖公，即其义也。知公疾病，可卧护之’”。其中“周幽、晋献”以下云云，与本文大略相同，且衍出数句，可资参校。今姑从《旧书》《通鉴》订本文作时。

本文作于贞观十六年（642）九月。

答房玄龄请解仆射诏（P107 上）

此文与《全唐文》卷六所载同题，正文亦重出，当删。唯其个别字句与前稍异，可以参校。

又答房玄龄诏（P107 上）

《册府》卷七百八于载录上文《答房玄龄请解仆射诏》之后，接载“玄龄固不奉诏，又诏曰”，即此文。《通鉴》卷一百九十五于载房玄龄“深畏满盈，请解职，上不许”之后，接载“固请不已，诏断表”，与本文要旨合。显然，本文与上文作时相近。

本文作于贞观十三年（639）正月。

舍旧宅造兴圣寺诏（P107 上）

《大正藏》第五十二函《广弘明集》卷二十八录此文，题中无“舍旧宅”三字，题下注：“贞观三年。”

本文作于贞观三年（629）。

赐窦诞还第诏（P107 下）

《旧书》卷六十一《窦诞传》载，“贞观初，诏拜右领军大将军，转大理卿……复为殿中监，以疾解官，复拜宗正卿。太宗尝与之言，昏忘不能对，乃手诏曰”，即此文。

本文作于贞观初。

幸辽东赐褚亮诏（P107 下）

《旧书》卷七十二《褚亮传》载，“太宗幸辽东，亮子遂良为黄门侍郎，诏遂良谓亮曰”，即此文。《册府》卷一百七十二载，“褚亮为通直散骑常侍，致仕归于家。帝行幸洛阳……及驾幸辽东，亮子遂良为黄门侍郎，诏遂良谓亮曰”，即本文。今按：《旧书·本纪》、《通鉴》卷一百九十七载，贞观十八年九月，以谏议大夫褚遂良为黄门侍郎，参与朝政。十一月，车驾至洛阳。十九年春二月，上亲统六军发洛阳，讨高丽。本文既云“今将遂良东行，想公于朕，不惜一儿于膝下耳，故遣陈离意”，必作于从洛阳出发前夕。

本文作于贞观十九年（645）二月。

令诸州寺观转经行道诏（P107 下）

《大正藏》第四十九函《释氏稽古略》卷三载，贞观二年“九月，帝诏曰”，节录本文“今百谷资茂，万宝将成”至文末。又，《大正藏》第五十二函《辨正论》卷四载，“贞观二年，下诏曰”，即本文。

本文作于贞观二年（628）九月。

赐凉州都督李大亮诏（P108 上）

《贞观政要》卷二录本文作“贞观三年诏”。《旧书》卷六十二《李大亮传》载，“贞观元年，转交州都督，封武阳县男。……寻召拜太府卿，出为凉州都督，以惠政闻。尝有台使到州，见有名鹰，讽大亮献之。大亮密表曰……太宗下之书曰”，即此文。《通鉴》卷一百九十三载，贞观三年十一月“上遣使至凉州，都督李大亮有佳鹰，使者讽大亮使献之，大亮密表白……癸卯，上谓侍臣曰：‘李大亮可谓忠直。’手诏褒美，赐以胡瓶及荀悦《汉纪》”，与本文要旨合。《新书》卷九十九《李大亮传》载，“贞观初，徙交州……复出凉州都督。尝有台使见名鹰，讽大亮献之。大亮密表白……太宗报书”云云，节录本文“有臣如此，朕何忧”“古人以一言之重订千金”“今赐胡瓶一，虽无千镒，乃朕所自御”。今从《政要》及《通鉴》订作时。

本文作于贞观三年（629）十一月。

赐李大亮荀悦《汉纪》诏（P108 上）

《贞观政要》卷二载，“贞观三年，李大亮为凉州都督。……太宗下书”云云，即本文。《旧书》卷六十二载上文《赐凉州都督李大亮诏》之后，接载“又赐荀悦《汉纪》一部，下书曰”，即此文。《新书》卷九十九节录上文之后，又接载：“又赐荀悦《汉纪》，曰：‘悦论议深博，极为政之体，公宜绎味之。’”其“悦论议”诸句，实本文之节录。《册府》卷八百一十一录此文，并订为大亮任凉州都督时，太宗赐书。《通鉴》卷一百九十三亦载赐李大亮《汉纪》在贞观三年十一月。

本文作于贞观三年（629）十一月。

答有司请讨林邑诏（P108 上）

《贞观政要》卷九载，“贞观四年，有司上言：‘林邑蛮国，表疏不顺，请发兵击之。’太宗曰”，即本文。《新书》卷二百二十二载，贞观时，林邑贡火珠，“其言不恭，群臣请问罪。太宗曰：‘昔苻坚欲吞晋，众百万，一战而亡。隋取高丽，岁调发，人与为怨，乃死匹夫手。朕敢妄议发兵邪？’”其“太宗曰”诸句，不仅要旨与本文合，且字句多雷同。《文献通考》卷三百三十一“林邑”条亦载，贞观时，林邑献大火珠等物，“其言不恭，群臣请问罪，帝赦不问”。《通鉴》卷一百九十三载，贞观四年五月，“林邑献火珠，有司以其表辞不顺，请讨之。上曰：‘好战者亡，隋炀帝、颉利可汗，皆耳目所亲见也。小国胜之不武，况未可必乎！语言之间，何足介意！’”其“上曰”诸句，亦与本文要旨合，末二句与本文全同。《会要》卷九十八亦载，林邑于“贞观四年”，贡火珠。

本文作于贞观四年（630）五月。

遗诏（P108 下）

《大诏令》卷十一录此文，题前增“太宗”二字，末注：“贞观二十三年五月。”两《唐书·本纪》、《通鉴》卷一百九十九均载，是岁五月己巳，太宗驾崩。但据《通鉴》载，“仍令（褚）遂良草遗诏”，可知此文乃褚氏代笔。

本文作于贞观二十三年（649）五月。

令虞世南制杜如晦碑手敕（P109 上）

《旧书》卷六十六《杜如晦传》载，“（贞观）四年，疾笃。……寻薨，年四十六。太宗哭之甚恸，废朝三日，赠司空，徙封莱国公，谥曰成。太宗手诏著作郎虞世南曰”，即此文。《册府》卷一百四十一亦载，“贞观四年，尚书右仆射杜如晦薨，帝手诏著作郎虞世南曰”，即本文。《新书》卷九十六《杜如晦》亦云，杜如晦卒，太宗曾“手诏虞世南勒文于碑，使言君臣痛悼意”。

本文作于贞观四年（630）。

定乐敕（P109 下）

《通典》卷一百四十七载，“大唐贞观十四年六月，诏曰”，即此文。《旧书》卷二十八《音乐志一》载，“（贞观）十四年敕曰”，即此文。《会要》卷三十二载，“贞观十四年六月一日诏”云云，即本文。《册府》卷五百六十九录本文，订为是岁“六月诏”。

本文作于贞观十四年（640）六月。

命魏王泰祭尚书虞世南手敕（P109 下）

《贞观政要》卷二录此文，订作时在虞氏卒后。《旧书》卷七十二《虞世南传》载，贞观十二年，虞世南卒，年八十一。“太宗举哀于别次，哭之甚恸。赐东园秘器，陪葬昭陵，赠礼部尚书，谥曰文懿。手敕魏王泰曰”，即本文。《册府》卷一百四十一载，“十二年，弘文馆学士虞世南卒，帝手敕魏王泰曰”，即本文。《佛祖历代通载》卷十一载，“十二年，尚书虞世南卒，帝手敕魏王泰曰”，即本文。

本文作于贞观十二年（638）。

佛遗教经施行敕（P109 下）

《大正藏》第四十九函《释氏稽古略》卷三载，“贞观十八年，帝敕曰”，即本文。该函《佛祖统纪》卷三十九节录“遗经教者，是佛涅槃时所说”至文末，并订为贞观十三年诏。按：上引二书皆云录自《文馆词林》卷六百一十三，但此书明载“贞观十三年诏”。“十八年”，当系转录之误。

本文作于贞观十三年（639）。

答玄奘谢御制三藏序敕（P109 下）

《大正藏》第五十函《大唐故三藏法师行状》载，贞观二十二年八月四日，太宗作《大唐三藏圣教序》，玄奘上表陈谢，“蒙敕报云”，即本文。该书第四十九函《佛祖历代通载》卷十二则载，是岁六月，太宗撰《三藏圣教序》，玄奘表谢，太宗“手敕答曰”，即本文。该书第五十二函《寺沙门玄奘上表记》，亦录此文，可资参校。

本文作于贞观二十二年（648）八月。

断卖佛像敕（P110 上）

《大正藏》第五十二函《广弘明集》卷二十八录本文，题为《唐太宗断卖佛像敕》，但未署作时。审读文意，为太宗称帝后之语气。

本文作于贞观年间。

答群臣封禅表敕（P110 上）

《通鉴》卷一百九十四载，贞观六年正月，“文武官复请封禅，上曰”，即本文。《旧书》卷二十三《礼仪志三》载，“贞观六年，平突厥，年谷丰登，群臣上言请封泰山。太宗曰”，与本文旨意相投，但文字差异较多，可为备录参阅。

本文作于贞观六年（632）正月。

手敕（P110 上）

《通鉴》卷一百九十八载，“（贞观十九年）十二月辛丑，上病痈，御步辇而行。戊申，至并州”。本文云：“晚来肿势渐歇，肉色如故，体中亦自胜常。昨日”云云明为病痈稍愈之辞，与《通鉴》所载合。

本文作于贞观十九年（645）十二月。

册杨恭道女为婕妤文（P110 上）

《大诏令》卷二十五录本文，但未注作时。

本文作时待考。

册崔弘道女为才人文（P110 下）

册萧铄女为美人文（P110 下）

册萧铿女为才人文（P110 下）

以上三文，《大诏令》卷二十五均有录文，且未注作时。审读文意，为太宗称帝后之语气。

三文作于贞观年间。具体作年待考。

册晋王为皇太子文（P110 下）

《大诏令》卷二十八录此文，未注作年。《英华》卷四百四十三亦录此文，末注："贞观十七年四月某朔日。"两《唐书·太宗本纪》、《通鉴》卷一百九十七俱载，其年四月丙戌，立晋王为皇太子。

本文作于贞观十七年（643）四月。

册徐州都督徐王元礼文（P111 上）

《大诏令》卷三十四录此文，未注作时。今按：两《唐书·本纪》、《通鉴》卷一百九十四均载，贞观十年正月癸丑，徙封"郑王元礼为徐王"。《通鉴》该卷又云，其年二月乙丑，以"元礼为徐州都督"。

本文作于贞观十年（636）二月。

册越王泰改封魏王文（P111 下）

《英华》卷四百四十四、《大诏令》卷三十四均录此文，未注作年。《英华》于题中"册"字下增"雍州牧左武候大将军"九字。今按：《旧书·太宗诸子传》载，李泰为太宗第四子，贞观"十年，徙封魏王，遥领相州都督"。本文云，"命尔为使持节都督、相、卫、黎、魏、洺、邢、贝七州诸军事，相州刺史，改封魏王"，与史载合。又，两《唐书·本纪》、《通鉴》卷一百九十四均载，贞观十年正月癸丑，徙封"越王泰为魏王"。按：此文又载《全唐文》卷一百五十，作者为岑文本。此为重出，当删归岑文本名下。

本文作于贞观十年（636）正月。

册苏亶女为皇太子妃文（P111 下）

《初学记》卷十录此文，题为《唐太宗册太子妃文》。《大诏令》卷三十一亦录此文，题为《册皇太子苏妃文》，皆未注作时。今按《册府》卷一百九载，贞观九年正月甲申，皇太子承乾纳妃苏氏。

本文作于贞观九年（635）正月。

册韦挺长女为齐王妃文（P111 下）

《大诏令》卷四十录本文，题为《册齐王韦妃文》，但未注作时。

本文作时待考。

册刘德威次女为虢王妃文（P112 上）

《大诏令》卷四十录此文，题为《册虢王刘妃文》，但未注作时。按：1973 年陕西富平新出土石刻，录本文，明署作时为“维贞观十四年三月戊戌朔十七日甲寅”。石刻可补本文之阙。

本文作于贞观十四年（640）三月。

册齐国公无忌为司空文（P112 上）

《大诏令》卷六十一录此文，但未注作年。今按：两《唐书·本纪》、《通鉴》卷一百九十四均载，贞观七年十一月壬辰，以长孙无忌为司空。

本文作于贞观七年（633）十一月。

册高士廉改封申国公文（P112 上）

《大诏令》卷六十二录此文，题为《册高士廉改封申国公文》，未注作年。《册府》卷一百二十九、《会要》卷四百七十七载，贞观十一年六月戊辰（十五日），改封吏部尚书高士廉为申州刺史、申国公。《旧书》卷六十五《高士廉传》则载，十二年“代袭刺史，授申国公”。今按：两《唐书·本纪》、《通鉴》卷一百九十五均载，十一年六月戊辰，以长孙无忌等十四名功臣为刺史，再参之《会要》《册府》，可知《旧书·高士廉传》误。

本文作于贞观十一年（637）六月。

册李勣改封英国公文（P112 下）

《大诏令》卷六十二录此文，未注作年。今按：《册府》卷一百二十九、《会要》卷四十七、《旧书》卷六十七《李勣传》均载，贞观十一年六月戊辰（十五日），改封李勣为英国公，代袭蕲州刺史。

本文作于贞观十一年（637）六月。

册程知节改封卢国公文（P113 上）

《大诏令》卷六十二录此文，未注作年。《旧书》卷六十八《程知节传》载，贞观中，程氏“与长孙无忌等代袭刺史，改封卢国公，授普州刺史”。今按：两《唐书·本纪》、《通鉴》卷一百九十四载，贞观十一年六月戊辰，封长孙无忌等十四名功臣为刺史。《册府》卷一百二十九、《会要》卷四十七均载，贞观十一年六月戊辰（十五日），以左领军大将军程知节为普州刺史，改封卢国公。

本文作于贞观十一年（637）六月。

册侯君集改封陈国公文（P113 上）

《大诏令》卷六十二录此文，但未注作时。今按：《旧书》卷六十九《侯君集传》载，贞观“十一年，与长孙无忌等俱受世封，授君集陈州刺史，改封陈国公”。《册府》卷一百

二十九、《会要》卷四十七均载，是岁六月戊辰（十五日），以兵部尚书侯君集为陈州刺史，改封陈国公。

本文作于贞观十一年（637）。

册段志玄改封褒国公文（P113 下）

《大诏令》卷六十二录此文，但未注作年。《旧书》卷六《段志玄传》载，贞观"十一年，定世封之制，授金州刺史，改封褒国公"。《册府》卷一百二十九、《会要》卷四十七载，贞观十一年六月戊辰（十五日），以段志玄为金州刺史，改封褒国公。

本文作于贞观十一年（637）。

册突厥李思摩为可汗文（P113 下）

《大诏令》卷一百二十九录此文，末注："贞观十三年七月。"《旧书·本纪》载，其年秋八月"庚辰，立右武候大将军、化州都督、怀化郡王李思摩为突厥可汗，率所部建牙于河北"。《通鉴》卷一百九十五载，是岁"秋七月庚戌，诏右武候大将军、化州都督、怀化郡王李思摩为乙弥泥孰俟利苾可汗，赐之鼓纛"。今从《通鉴》订此文之作时。

本文作于贞观十三年（639）七月。

陈让禅位表（P114 上）

《册府》卷十载，"贞观三年四月，高祖以弘义宫有山林胜地，乃徙居焉，改名大安宫。诏曰……太宗奉表陈让曰"，其表即此文。

本文作于贞观三年（629）四月。

清编《全唐文》卷十
（*P115—131*）

告柏谷坞少林寺上座书（P115 上）

《金石萃编》卷四十一录此文，题为《秦王告少林寺主教》，末注"四月三十日"，但无年份。另，顾炎武《金石文字记》卷二、林侗《来斋金石刻考略》卷中等均有著录。今按：两《唐书·本纪》、《通鉴》卷一百八十八均载，武德三年七月，秦王世民率诸军攻王世充于洛阳；四年六月凯旋。因此，本文结尾所书"四月三十日"，当为武德四年之四月三十日。顾氏《金石文字记》及王昶《金石萃编》亦订本文作于是岁四月。

本文作于武德四年（621）四月。

报窦建德书（P115 上）

《英华》卷六百八十三录此文，未注作时。今按：本文曰："今乃过相陵侮，方深起难，所以故到成皋，伫承来旨。”由此可知，写本文时，唐军已与窦建德在成皋一带列阵对峙。《通鉴》卷一百八十九载，武德四年三月，窦建德的十余万大军“军于成皋之东原，筑宫板渚，遣使与王世充相闻。先是，建德遗秦王世民书，请退军潼关，返郑侵地，复修前好。世民集将佐议之。……癸未，世民入武牢。甲寅，将骁骑五百，出武牢东二十余里，觇建德之营……斩首三百余级，获其骁将殷秋、石瓒以归。乃为书报建德，谕以”云云，节录本文数句。

本文作于武德四年（621）三月。

与薛元敬书（P116下）

《旧书》卷七十三《薛收传》载，武德七年薛收卒，“太宗亲自临哭，哀恸左右，与收从父兄子元敬书曰”，其书即本文。

本文作于武德七年（624）。

赐郑元璹书（P116下）

《旧书》卷六十二载，郑元璹隋末降唐，曾经出使突厥，被扣留，经数年返归，拜鸿胪卿。其后，突厥颉利寇并州，高祖令其充使招慰。元璹谓颉利曰：“……大唐初有天下，即与可汗结为兄弟，行人往来，音问不绝。今乃舍善取怨，违多就少，何也?”颉利因此而退军，“太宗致书慰之曰”，即本文。考：《旧书》卷一百九十四《突厥上》载，武德五年六月，“颉利攻围并州”。《通鉴》卷一百九十载，其年八月“丙子，突厥寇廉州；戊寅，陷大震关。上遣郑元璹诣颉利。……元璹见颉利，责以负约，与相辨诘，颉利颇惭。元璹因说颉利曰……颉利悦，引兵还”。本文云，“知公已共可汗结和，遂使边亭息警”，明为元璹说颉利而发，当作于此时。

本文作于武德五年（622）八月。

赐百济王璋玺书（P116下）

《旧书》卷一百九十九《百济传》载，武德七年，高祖册扶余璋为百济王，“贞观元年，太宗赐其王玺书曰”，其书即本文。《新书》卷二百二十《东夷·百济传》亦载，“太宗贞观初，诏使者平其怨。又与新罗世仇，数相侵，帝赐玺书曰”，其书节录本文数句。《册府》卷一百七十载，“太宗贞观元年，以百济为高丽闭其道路，又与新罗世为仇敌。数相侵伐，赐其王玺书曰”，其书即此文。《三国史记》卷五《百济本纪》载本文，亦为百济武王二十八年（即贞观元年），太宗赐书。

本文作于贞观元年（627）。

赐李袭誉进忠孝图书（P116下）

《册府》卷九十七载，“太宗贞观十三年十一月，扬州总管长史李袭举（误，应为誉）撰《忠孝图》二十卷，奏之。太宗览而称善，因下书曰：‘……’”其中“下书”云云，即本文。又，《会要》卷三十六《修撰》载："（贞观）十三年十一月三日，扬州长史李袭誉撰《忠孝图》二十卷，奏之。"此亦可为佐证。

本文作于贞观十三年（639）十一月。

赐姜行本玺书（P117 上）

《旧书》卷五十九《姜行本传》载，"及高昌之役，以行本为行军副总管，率众先出伊州，未至柳谷百余里，依山造攻具。……遂与侯君集进平高昌，玺书劳之曰"，即本文。今按：本文云，"万里逋寇，是用克平。方之前古，岂足相况"，明为平高昌之后所作。两《唐书·本纪》、《通鉴》卷一百九十五均载，贞观十四年八月，平高昌。

本文作于贞观十四年（640）八月。

存问并州父老玺书（P117 上）

《册府》卷一百七十二载："贞观十五年五月壬申，并州道士及僧父老等二百人诣阙上表，称太原王业隆兴之地，登封礼毕，伏愿临幸。"于是，太宗"乃降玺书存问之曰"，即此文。《大诏令》卷一百十五亦录本文，题中"玺书"二字作"诏"。末注："贞观十五年六月。"

本文作于贞观十五年（641）六月。

赐郭孝恪玺书（P117 下）

《旧书》卷八十三《郭孝恪传》载："贞观十六年，累授金紫光禄大夫、行安西都护、西州刺史。……初，王师之灭高昌也，制以高昌所掳焉耆生口七百尽还之。焉耆王寻叛归欲谷可汗，朝贡稀至。令孝恪伺其机便，因表请击之。……孝恪夜袭其城，掳其王龙突骑支。太宗大悦，玺书劳之曰：'……'"其"玺书"云云，即本文。又，《册府》卷一百三十六："贞观十六年，遣安西都护郭孝恪伐焉耆，掳其王龙突骑支。帝大悦，玺书劳之曰：'……'"所引亦即本文。另，《旧书》卷一百九十八《焉耆国传》载，郭孝恪擒焉耆王，"时驾幸洛阳宫，孝恪锁突骑支并其妻子送行在所，诏宥之"。由上引三书可证，本文当作于郭孝恪擒获焉耆王之后。因此，本文开首便曰："卿破焉耆，掳其伪王。"《新书》卷二《太宗本纪》《通鉴》卷一百九十七俱载，贞观十八年九月辛卯，郭孝恪击败焉耆，执其王突骑支。两书又载，是岁十月甲寅，太宗幸洛阳宫，与《旧书·焉耆传》所载"时驾幸洛阳宫"云云相吻合。

本文作于贞观十八年（644）九月。

赐高丽玺书（P117 下）

《旧书》卷一百九十九《东夷传》载，"（贞观）十七年，遣使上言……太宗遣相里玄奖赍书赐高丽曰"，即本文。《册府》卷九百九十一亦载，贞观十七年"九月庚辰，新罗遣使言高丽、百济侵凌。……于是遣司农丞相里玄奖赍玺书赐高丽曰"，即此文。《通鉴》卷一百九十七亦录本文，订为是岁“九月庚辰诏”。另，《三国史记·新罗本纪》卷五亦录本文，订为新罗善德王十三年，可资参考。

本文作于贞观十七年（643）九月。

克高丽报皇太子书（P117 下）

《册府》卷一百一十七载，贞观十九年六月，太宗亲率军攻克安市城，“皇太子表请曰……（太宗）闻此语，报曰”，其中引文即本文。两《唐书·本纪》、《通鉴》卷一百九十八均载，是岁六月，大破高丽安市城东南。

本文作于贞观十九年（645）六月。

赐王远知玺书（P117 下）

《旧书》卷一百九十二《王远知传》载，“贞观九年，敕润州于茅山置太受观，并度道士二十七人，降玺书曰”，即本文。《茅山志》卷二亦录此文，题为《太宗赐王法主诏》，并订作时为贞观九年。

本文作于贞观九年（635）。

赐薛延陀玺书（P118 上）

《旧书》卷一百九十四《突厥上》载，“及将徙于白道之北，思摩等咸惮薛延陀，不肯出塞，太宗遣司农卿郭嗣本赐延陀玺书曰”，即此文。《通鉴》卷一百九十五载，贞观十三年“秋七月，庚戌，诏右武候大将军、化州都督、怀化郡王李思摩为乙弥泥孰俟利苾可汗……突厥咸惮薛延陀，不肯出塞。上遣司农卿郭嗣本赐薛延陀玺书，言……”云云，节录本文“颉利既败，其部落咸来归化”至“我则发兵，各问其罪”。

本文作于贞观十三年（639）七月。

诫吴王恪书（P118 下）

《旧书》卷七十六载，吴王恪，太宗第三子。贞观“十二年，累授安州都督。及将赴职，太宗书戒之曰”，即此文。《会要》卷五亦录此文。《通鉴》卷一百九十四则载，贞观十一年正月“辛卯，以吴王恪为安州都督，晋王治为并州都督，纪王慎为秦州都督。将之官，上赐书戒敕曰”，节录本文“吾欲遗汝珍玩，恐益骄奢，不如得此一言耳”。（末句有异）今从《通鉴》。

本文作于贞观十一年（637）正月。

赐韦挺书（P118 下）

《贞观政要》卷二载，“太常卿韦挺尝上疏陈得失，太宗赐书曰”，其书即本文。今按：《旧书》卷七十七《韦挺传》载，韦氏任太常卿在魏王泰失宠，太子承乾被废后不久。《通鉴》卷一百九十七载，太子承乾被废于贞观十七年四月。又载，韦挺坐运送征高丽粮草迟缓除名于贞观十九年正月丁酉。因此，其任太常卿当在十七年四月至十九年正月。本文当作于此时区内。

本文作于贞观十七年（643）四月至十九年（645）正月。

遗萧德言书（P118下）

《旧书》卷一百八十九《萧德言传》载，“时高宗为晋王，诏德言授经讲业。及升春宫，仍兼侍读。寻以年老，请致仕。太宗不许，又遗之书曰”，即此文。今按：两《唐书·本纪》均载，贞观十七年四月，立晋王治为皇太子。萧德言致仕之请，不得太宗允许，当在此后不久。

本文作于贞观十七年（643）。

三　唐高宗李治诏敕考

李治（628—684），字为善，太宗第九子，母为长孙皇后。贞观五年（631），封晋王。七年，遥领并州都督。九岁时，长孙皇后病故，太宗特加宠怜，拜右武候大将军。贞观十七年，立为皇太子。二十三年五月二十六日，太宗驾崩。六月一日，即皇帝位。弘道元年（683）十二月，驾崩，在位三十四年，年五十六。文明元年八月庚寅（十一日），葬于乾陵（今陕西乾县梁山）。谥曰天皇大帝，庙号高宗。《旧书》卷四、五，《新书》卷三有《纪》。

清编《全唐文》卷十一
（*P131—144*）

监国求贤令（P134上）

《册府》卷二百六十载，贞观“十九年二月，太宗亲征高丽”，令皇太子治监国，“太子下令曰”云云，所引即本文。

本文作于贞观十九年（645）二月。

为摄太傅高俭设榻令（P134下）

高俭，字士廉，《旧书》卷六十五《本传》载，贞观“十九年，太宗伐高丽，皇太子定州监国，士廉摄太子太傅，仍典朝政。皇太子下令”云云，所引文字，与本文全同。《新书》卷九十五《高俭传》亦载：“帝伐高丽，皇太子监国驻定州，又摄太傅，同掌机务。太子令曰：‘寡人资公训道，而比听政，据案对公，情所未安。所司宜别设案奉太傅。’”所引诸句，实为本文之节录。《册府》卷二百五十九引录全文，且订为“贞观十九年，太宗伐高丽，皇太子定州监国”时所下令。按：《旧书·太宗本纪》载，十九年二月“乙卯，诏皇太子留定州监国”，至其年冬十月丙辰，太宗班师“入临渝关，皇太子自定州迎谒”。

本文作于贞观十九年（645）二至十月间。

为文德皇后荐福令（P134 下）

《大慈恩寺三藏法师传》卷七载，贞观“二十二年夏六月”，“皇太子以文德皇后早弃万方，思报昊天，追崇福业，使中大夫守右庶子臣高季辅宣令曰”云云，所引即本文。《佛祖历代通载》卷十二载：“太宗二十二年，上在春宫日，天阴掌疼，问及左右。对曰：‘应是太子洞玄下针处。’于是，思报昊天，追崇福业。命有司择地，为母文德顺圣皇后建慈恩寺。”《释氏稽古略》卷三亦载，贞观二十二年“皇太子居皇宫，适天时阴晦，体倦凄感，追念母仪，昊天罔极，慈恩无际，遂鸠材择地，创大慈恩寺，为文德皇后追崇冥福”。二书所载，均与本文要旨合。

本文作于贞观二十二年（648）六月。

建大慈恩寺令（P135 上）

《会要》卷四十八“慈恩寺”条：“贞观二十二年十二月二十四日，高宗在春宫，为文德皇后立为寺。”本文曰：“营慈恩寺，渐冀向功，轮奂将成。”据此可知，此令必作于其年十二月慈恩寺建成之前。《大慈恩寺三藏法师传》卷七载，贞观二十二年十月“戊申（一日），皇太子又宣令曰”云云，所引即本文。

本文作于贞观二十二年（648）十月一日。

谕普光寺僧众令（P135 上）

初唐僧人道宣著《续高僧传》卷三《唐京师纪国寺沙门释慧净传》载，贞观十三年，李治“又下令与普光寺众曰”云云，所引即本文。

本文作于贞观十三年（639）。

答沙门慧净辞知普光寺任令（P135 下）

《续高僧传》卷三《唐京师纪国寺沙六释慧净传》卷三载，贞观十三年，李治下令以慧净为普光寺主，慧净呈书辞谢。李治又下“令答曰”云云，所引即本文。

本文作于贞观十三年（639）。

答张行成因旱请致仕表手制（P136 上）

《旧书》卷七十八《张行成传》，“永徽四年，自三月不雨至五月，复抗表请致仕，高宗手制答曰”云云，所引即本文。《新书》卷一百四《张行成传》亦载：“永徽四年，自三月不雨至五月，行成惧，以老乞身。制答曰：‘古者策免，乖罪己之义。此在朕寡德，非宰相咎。’乃赐宫女、黄金器、敕勿复辞。”所引制文，系本文之节录，唯先后次序稍异。《册府》卷七十八载：“高宗时，张行成为尚书右仆射，加授太子少傅，因抗表请致仕。高宗手诏不许。”与本文要旨吻合。

本文作于永徽四年（653）五月。

加潞王周王上柱国别食实封制（P136 下）

《大诏令》卷三十八录此文。《旧书·本纪》卷四载，显庆元年“六月，潞王贤为雍州牧”，二年十二月“庚午，以周王显为洛州牧”。该卷又载，龙朔元年九月“壬子，徙封潞王贤为沛王，以洛州牧、周王显为并州都督”。本文既称李贤为“雍州牧、潞王”，称李显为“潞州牧（按应为“洛州牧”，中宗李显称帝前无任“潞王”事）、周王”，必作于二人受封前职之后，后职之先。

本文作于显庆二年十二月庚午（657）至龙朔元年（661）九月壬子间。

定舞乐制（P136 下）

《大诏令》卷八十一载全文，题为《用庆善曲破阵乐诏》，末注：“麟德二年十月。”《通典》卷一百四十七亦录此文，订为此时诏。《旧书》卷二十八《音乐志》，“麟德二年十月，制曰”云云，所引即本文。《册府》卷五百六十九亦录本文，系于是时。《通鉴》卷二百一节录此文“自今郊庙享宴，文舞用《功成庆善之乐》，武舞用《神功破阵之乐》”，并系于其年十月壬戌（二十四日）。《会要》卷三十二录此全文，订为“麟德二年七月二十四日诏”。证之诸书，可知其“七月”乃“十月”形似之讹。

本文作于麟德二年（665）十月。

改封禅器物制（P136 下）

《旧书》卷二十三《礼仪志三》载，麟德二年十二月丙辰，“制曰”云云，即本文。《会要》卷七引文及作时，与《旧书》同。《大诏令》卷六十六录本文，题为《封禅器用从文诏》，末署：“麟德二年十月。”《册府》卷五百八十六录此全文，系作时与《大诏令》同。《通鉴》卷二百一节录本文“封禅坛所设上帝、后土位”至文末，并系作时为其年十月壬戌。今按：《旧书》卷四载，高宗于麟德二年十二月“乙卯，命有司祭泰山。丙辰，发灵岩顿”。是此，规定封禅所用器物的诏文，必作于御驾临近泰山的“十二月丙辰”之前，当以《大诏令》《册府》《通鉴》为是。另，《新书》卷十四《礼乐志》、《会要》卷七节录本文，订作时为乾封元年，亦将封禅之时与其前之论议混而为一，亦误。

本文作于麟德二年（665）十月。

申理冤屈制（P137 上）

《大诏令》卷八十二、《英华》卷四百六十四均录全文，末注作时为“仪凤二年十一月十三日”。

本文作于仪凤二年（677）十一月。

颁行新令制（P137 下）

《大诏令》卷八十二录本文仅少末一句“主者施行”，后注作时为“仪凤元年二月五日”。《英华》卷四百六十四载本文，题为《删定刑书制》，末注：“仪凤元年十二月五日。”今从《英华》。

本文作于仪凤元年（676）十二月。

免岐王珍为庶人制（P138 下）

此文为误收，实属肃宗文。《大诏令》卷三十九录本文，题为《嗣岐王珍免为庶人制》，末注作时为“上元二年四月”。《旧书》卷十《肃宗本纪》载，上元二年“夏四月乙亥朔（按：应为乙卯朔）嗣岐王珍得罪，废为庶人，于溱州安置。连坐窦如玢、崔昌处斩，驸马都尉杨洄、薛履谦赐自尽，左散骑常侍张镐贬辰州司户长任”。其中言及岐王珍、窦如玢、崔昌、薛履谦的处分，皆与本文一致。《通鉴》卷二百二十二亦载，是年“夏四月，乙卯朔，废珍为庶人，溱州安置，其党皆伏诛”。显然，此文实为肃宗所下诏令。误为高宗文的原由，当是以肃宗的“上元”年号错为高宗的“上元”年号所致。

本文作于上元二年（761）四月。

置乾封明堂县制（P139 上）

《英华》卷四百六十四、《大诏令》卷九十九，均录此文，并于文末注作时为“总章元年十一月二十二日”。《旧书》卷五载，其年十一月“己卯，分长安、万年，置乾封、明堂二县”。该书卷二十二又载：“改元总章，分万年置明堂县。”《会要》卷七十：“长安县，总章元年十一月二十二日析置乾封县，以王德真为县令，分理京城内。”

本文作于总章元年（668）十一月。

封周王显制（P139 下）

《英华》卷四百四十四、《大诏令》卷三十三均录本文，末注作时为“显庆二年二月”。两《唐书·本纪》、《通鉴》卷二百，皆载其年二月庚午，封李显为周王。《会要》卷一载其事为其年二月庚申。证之诸书，知“庚申”属“庚午”之误。

本文作于显庆二年（657）二月。

赐谥皇太子弘孝敬皇帝制（P139 下）

《大诏令》卷二十六录本文，题为《皇太子谥孝敬皇帝制》，文末系作时为“上元二年四月”。《册府》卷二百六十一，“太子弘，高宗第五子，上元二年薨于合璧宫绮云殿，诏曰”云云，所引即本文。《旧书》卷八十六，“上元二年，太子从幸合璧宫，寻薨，年二十四。制曰”云云，即节录本文“皇太子弘，生知诞质”到“谥为孝敬皇帝”一段。《新书》卷八十一亦节录本文数语，系于上元二年，但字句稍异。《新书》卷三、《通鉴》卷二百二、《会要》卷二均载，李弘薨于其年四月己亥（二十二日），追谥“孝敬皇帝”于五月戊申（五日）。以诸书证之，可知《大诏令》作“四月”误。

本文作于上元二年（675）五月。

即位大赦诏（P140 上）

《旧书》卷四《本纪》，贞观二十三年“六月甲戌朔，皇太子即皇帝位，时年二十二。诏曰”云云，所引即本文。《新书》卷三《本纪》载，其年六月甲戌，李治“即皇帝位于柩前。大赦，赐文武官勋一转，民八十以上粟帛，给复雍州及比岁供军所一年”，与本文要旨合。《册府》卷三十亦录本文，系与是时。

本文作于贞观二十三年（649）六月一日。

令京司长官上都督府诸州举人诏（P140 上）

《册府》卷六十七，“高祖（按：应为宗）以贞观二十三年即位，九月诏曰”云云，所引即本文。该书卷六百四十五又载，“高宗以贞观二十三年六月即位，九月诏曰”云云，引文为本文“其有明经行修，谈讲精熟”至“中下州刺史各举一人”。

本文作于贞观二十三年（649）九月。

改元永徽诏（P140 下）

本文明署作年曰：“可改贞观二十四年为永徽元年。”《册府》卷十五引录本文，可资参校。两《唐书·本纪》、《通鉴》卷一百九十九均载，永徽元年正月辛丑朔，改元。

本文作于永徽元年（650）正月。

卫士等听终制三年诏（P140 下）

《大诏令》卷八十录全文，题为《听卫士改制三年敕》，末注：“永徽元年五月。”《册府》卷五十九载：永徽元年五月辛亥诏云云，所引亦为本文。唯《会要》卷七十二载：“永徽元年四月敕：‘卫士掌闲，募士遭丧，合期年上者，宜听终制三年。’”系本文末尾数句之节录，今姑从《大诏令》及《册府》所系之月日。

本文作于永徽元年（650）五月。

补授儒官诏（P141 上）

《册府》卷五十载，“高宗永徽元年六月诏曰”云云，所引即本文。

本文作于永徽元年（650）六月。

流萧龄之岭南诏（P141 上）

《册府》卷六百一十六记此事，录本文，系于“永徽初”。《会要》卷三十九记此事，未录文，系于其年“七月二十五日”。

本文作于永徽二年（651）七月。

赈雍同二州诏（P141 下）

《册府》卷一百五，“永徽二年正月诏曰”云云，所引即本文。《旧书》卷四《本纪》

载，永徽“二年春正月戊戌，诏曰”，所引即本文“去岁关辅之地，颇弊蝗螟”至文末。《新书》卷三《本纪》载，“二年正月戊戌，开义仓，以赈民”，与本文要旨吻。

本文作于永徽二年（651）正月。

详定刑名诏（P141 下）

《英华》卷四百六十四录全文，文末作时为“永徽二年闰九月十四日”。《大诏令》卷八十二录本文“象服画冠，化隆上叶”以下至文末，题为《颁行新律诏》，末注：“永徽二年九月。”考：《旧书》卷四《本纪》、《会要》卷三十九、《通鉴》卷一百九十九，均载其年“闰九月”，长孙无忌等上所删定律令格式、诏颁示天下。显然《大诏令》系时夺一“闰”字。

本文作于永徽二年（651）闰九月。

禁献鹰犬诏（P142 下）

《册府》卷一百六十八载，“永徽二年十一月诏曰”云云，所引即本文。《新书》卷三《本纪》、《通鉴》卷一百九十九均载，其年十一月癸酉，禁进犬马鹰鹘。

本文作于永徽二年（651）十一月。

恩宥囚徒诏（P142 下）

《册府》卷八十四，“永徽三年正月甲子诏”云云，所引即本文。《旧书》卷四《本纪》：“永徽三年正月癸亥，以去秋至于是月不雨，上避正殿，降天下死罪及流罪，递减一等。”《新书·本纪》亦载其事于是年正月，但署日期为“甲子”。今从《册府》《新书》。

本文作于永徽三年（652）正月。

流刘大器峰州诏（P143 上）

《册府》卷一百五十、卷六百一十七均载，“高宗永徽四年十二月”，代州都督刘大器坐妄说图谶，本当处死，大理卿段宝玄建议“免死流配峰州”，高宗从之，“手诏示百僚曰”云云，即本文。

本文作于永徽四年（653）十二月。

幸万年宫诏（P143 上）

《大诏令》卷七十九录本文，题为《赦行幸诸县及岐州诏》，末注：“永徽五年二月。”《册府》卷八十四，“永徽五年二月辛未。帝在万年宫诏曰”云云，即本文。但是，两《唐书·本纪》均载，其年春三月戊午，幸万年宫；辛未，曲赦所经州县及岐州囚徒。按：该年二月丁丑朔，无辛未，辛未为三月二十五日。又，本文明曰，“顺阳和之序”，行幸万年宫当在三月。《大诏令》《册府》作“二月”误。

本文作于永徽五年（654）三月。

旌表杨绍宗妻王氏诏（P143 上）

《旧书》卷一百九十三《列女传》载，“永徽中，诏曰”云云，即本文。《册府》卷一百三十八引录本文，亦作“永徽中诏”。

本文作于永徽中（650—655）。

曲赦醴泉县诏（P143 下）

《大诏令》卷七十七录本文，题为《亲谒陵曲赦醴泉县德音》，末注：“永徽六年正月。”《册府》卷八十载，是月壬申谒昭陵，还行宫。卷八十四录本文，则作是月壬辰谒昭陵，还行宫。两《唐书·本纪》均记其事于该月“壬申”。证之诸书，《册府》卷八十四作“壬辰”误。另《西安府志》（六）卷三百一十三、《续醴泉县志》卷三百一十四，俱录此文，可资参校。

本文作于永徽六年（655）正月。

立武昭仪为皇后诏（P143 下）

《通鉴》卷二百载，永徽六年“冬十月乙卯，百官表请立皇后，乃下诏曰”云云，所引即本文。两《唐书·本纪》的《高宗本纪》、《册府》卷五十五、卷八十均载，是年十月乙卯立武昭仪为皇后。

本文作于永徽六年（655）十月。

停进珠玉诏（P144 上）

《册府》卷五十六，“高宗永徽六年十一月戊子诏曰”云云，所引即本文。《会要》卷六十六节录本文自“少府监非军国”至文末，订为其年“十一月诏”。《新书》卷三《本纪》亦载，永徽六年十一月“戊子，停诸州贡珠”。

本文作于永徽六年（655）十一月。

禁酷刑及匿名书诏（P144 上）

《大诏令》卷八十二录本文，题为《法司及别敕推事并依律文诏》，末注作时：“永徽六年十一月。”《册府》卷一百五十一，“永徽六年十一月癸巳，诏曰”云云，即本文。《会要》卷四十一节录“投匿名书，国有常禁”到“亦宜准律处分”，并订为永徽“六年十一月二十七日（即癸巳）诏”。《新书》卷三《本纪》载，其年十一月“癸巳，诏禁吏酷法及为隐名书者”，与本文要旨合。

本文作于永徽六年（655）十一月。

赐萧钧手诏（P144 上）

《旧书》卷六十三《萧瑀传》载，“太常乐工宋四通等，为宫人传递信物，高宗特令处死，乃遣附律，钧上疏言……手诏曰”云云，即本文。《册府》卷六百一十七亦载其事及高宗手诏全文，未署明具体作时。《会要》卷五十五则载：永徽“五年八月十七日，太常乐工宋四通入监内教，因为宫人通传消息，上令处斩，仍遣附律。萧钧奏曰……上曰：‘今喜得萧钧之言，特免死，配流远处’”。

本文作于永徽五年（654）八月。

清编《全唐文》卷十二
（*P145—153*）

禁幻戏诏（P145 上）

《册府》卷一百五十九，“显庆元年正月丙辰，御安福门楼，观大酺，胡人欲持刀自刺，以为幻戏，帝不许之，乃下诏曰”云云，即本文。《会要》卷三十四：“显庆元年正月，御安福门，观大酺，有伎人持刀自刺，以为幻戏，诏禁之。”《新书·本纪》载，显庆元年正月“丙戌，禁胡人为幻戏者”。

本文作于显庆元年（656）正月。

放宫人诏（P145 上）

《册府》卷四十二，“高宗显庆元年正月诏曰”，所引即本文。《新书·本纪》载，显庆元年正月“甲午，放宫人”。

本文作于显庆元年（656）正月。

降太子忠为梁王诏（P145 下）

《大诏令》卷三十一录本文，末注：“显庆元年正月。”《旧书》卷八十六：“显庆元年，废忠为梁王，授梁州都督，赐实封二千户，赐物二万段，甲第一区。”与本文要旨吻合。两《唐书·本纪》、《通鉴》卷二百、《会要》卷四、《册府》卷二百八十一均载，显庆元年正月辛未（六日），废皇太子忠为梁王。

本文作于显庆元年（656）正月。

立代王弘为皇太子诏（P145 下）

《英华》卷四百四十三、《大诏令》卷二十七均载此文，并注：“永徽七年正月。”《旧书·本纪》、《册府》卷八十、《通鉴》卷二百均载，是年正月辛未，立代王弘为皇太子。另《册府》卷五十五、卷八十四亦载此时立李弘为太子。

本文作于永徽七年（656）正月。

减膳诏（P146 上）

《册府》卷一百四十四载，“显庆元年二月，上封人奏称，去岁粟麦不登，百姓有食糟糠者。帝命取所食物，视之唯叹。手诏曰”云云，即本文。

本文作于显庆元年（656）二月。

令州县举人诏（P146 上）

《大诏令》卷一百二录本文，题为《河南河北江淮访才杰诏》，末注：“显庆元年十月。”《册府》卷六十七亦载此全文，并系作年于是时。

本文作于显庆元年（656）十月。

令百官各举所知诏（P146 上）

《大诏令》卷一百二录本文，题为《采访武勇诏》，末注：“显庆二年六月。”但是，《册府》卷六十七录此全文，卷六百四十五节录“宜令京官五品以上”至文末，皆订为“显庆二年二月诏”。今暂从《册府》。

本文作于显庆二年（657）二月。

公主王妃见舅姑父母勿答拜诏（P146 下）

《通典》卷五十九节录本文“比闻公主出适”至文末，订为“显庆三年诏”。《大诏令》卷四十二录本文，题为《公主王妃不许舅姑答拜诏》，末注：“显庆二年三月。”《册府》卷五十九节录“如闻公主出适”至文末，亦订为其年三月诏。《会要》卷二十六亦录本文（个别字句稍异），却作为“显庆三年正月二十一日诏”。按：《新书·本纪》载，显庆二年“三月戊申，禁舅姑拜公主，父母拜王妃”。与《大诏令》《册府》合，姑且从之。

本文作于显庆二年（657）三月。

停诸节进献诏（P146 下）

《大诏令》卷八十录本文，末注：“显庆二年四月。”《册府》卷一百五十九亦录此文，订为“显庆二年夏四月丙子（十九日）诏”。《会要》卷二十九“节日”订为“显庆二年四月十九日诏”，节录本文“比至五月五日及寒食等诸节日”至“营造衣物，雕镂鸡子”、“贞观中”至“并宜停断”两段。

本文作于显庆二年（657）四月。

僧尼不得受父母及尊者礼拜诏（P147 上）

《大诏令》卷一百十三录本文，题中无“及尊者礼”四字，末注：“显庆二年二月。”但是《会要》卷四十七亦录全文，只系为“显庆二年”，未署月份。《通鉴》卷二百亦只载，“是岁，诏：‘自今僧尼不得受父母及尊者拜’”，未确指月份。然，《通典》卷六十八录本文则订为“显庆二年八月诏”。《通典》系唐人杜佑编著，较宋人编著之《大诏令》《会要》《通鉴》，可信度高，今从之。

本文作于显庆二年（657）八月。

分立弥射为兴昔亡可汗步真为继往绝可汗诏（P147 上）

《旧书》卷一百九十四，“显庆二年，册立弥射可汗，因下诏曰”云云，即本文。《会要》卷九十四：“显庆二年正月，遣苏定方等复击沙钵罗。……沙钵罗脱走，趣石国，诸部各归所居，乃命萧嗣业追获之，遂分其地置昆陵、蒙池二都护府，以弥射为兴昔亡可汗，押五咄陆部落；步真为继往绝可汗，押五弩失毕部落。”所记与本文要旨合。但是，应指出，此段文字中之“正月”，系指“遣苏定方等复击沙钵罗”的时间，非颁行本诏之月。《通鉴》卷二百，确载诏封时月为，显庆二年十二月“乙丑，分西突厥地置蒙池、昆陵二都护府。以阿史那弥射为左卫大将军，昆陵都护、兴昔亡可汗，押五咄陆部落；阿史那步真为右卫大将军、蒙池都护、继往绝可汗，押五弩失毕部落”。《册府》卷九百六十四亦载，册封阿史那弥射为昔亡可汗、阿史那步真为继往绝可汗在其年十二月。

本文作于显庆二年（657）十二月。

建东都诏（P147 下）

《旧书》卷四载，显庆二年十二月“丁卯（十三日），手诏改洛阳为东都”。《新书》卷三《本纪》亦载，其年十二月“丁卯，以洛阳宫为东都”。《会要》卷六十八：“显庆二年十二月十三日敕：‘宜改洛阳宫为东都，州县官阶品，并准雍州。’”《通鉴》卷二百，是岁十二月“丁卯，以洛阳宫为东都，洛州官吏员品，并如雍州”。《初学记》卷二十四录全文，可资参校。

本文作于显庆二年（657）十二月。

禁县主称出降诏（P147 下）

《通典》卷五十九录本文，订为“显庆三年诏”。《大诏令》卷四十三录本文，题为《县主出嫁称适制》，末注：“显庆二年九月。”《会要》卷八十三录本文（字名稍异），订为“显庆二年七月制”。该书卷六录此全文，却订为“显庆三年九月十九日诏”。今暂依《通典》及《会要》卷六。

本文作于显庆三年（658）九月。

禁让官诏（P147 下）

《册府》卷六十三，“显庆四年十一月诏”云云，即本文。《会要》卷二十六：“显庆四年十一月诏，百官群僚公卿尹，除命多存饰让，自兹以后，宜各举所知以自代，仍具才行，送转中书省叙用。”系本文之节录。

本文作于显庆四年（659）十一月。

临文不讳诏（P148 上）

《大诏令》卷一百八录本文，题为《写书御名不缺点画诏》，末注：“显庆五年正月。”《会要》卷二十三，“显庆五年正月一日诏”云云，即本文。《册府》卷三亦录此文，且订为“显庆五年正月壬寅（一日）诏”。

本文作于显庆五年（660）正月。

禁止临丧嫁娶及上墓欢乐诏（P148 上）

《大诏令》卷八十录此文，题中“禁止”二字作“不许”，末注：“龙朔二年三月。”《会要》卷二十三，“龙朔二年四月十五日诏”云云，缺本文末二句“仍令州县捉搦，勿使更然”。《册府》卷一百五十二、卷一百五十九均录此文，且订为“龙朔二年四月甲戌（十五日）诏”。

本文作于龙朔二年（662）四月。

令僧道致拜父母诏（P148 上）

初唐僧人彦悰《集沙门不应拜俗等事》卷六录本文，题作《令上停沙门拜君诏》，末署：“龙朔二年六月八日，西台侍郎弘文馆学士轻车都尉臣上官仪宣。”《旧书》卷四《本纪》、《通鉴》卷二百、《册府》卷六十均载，龙朔二年六月乙丑（七日），初令僧、尼、道士、女冠致敬父母。按：《旧书》等所载，当指作诏之日，彦悰所录，当指宣诏之日，故相差一天。

本文作于龙朔二年（662）六月。

停庆贺糜费诏（P148 下）

《册府》卷五十六，“龙朔二年六月癸亥，诏曰”云云，即本文。《新书》卷三《本纪》，龙朔二年“六月癸亥，禁宗戚献纂组雕镂”。

本文作于龙朔二年（662）六月。

禁留狱诏（P148 下）

《大诏令》卷八十二录此文，题为《恤刑诏》，末注：“龙朔二年八月。”《册府》卷一百五十一载，“龙朔二年八月，诏曰”云云，亦即本文。

本文作于龙朔二年（662）八月。

停封禅及幸东都诏（P149 上）

《册府》卷一百四十七，“龙朔二年十二月，诏曰”云云，即本文。该书卷三十六亦录本文，却订为“十二年戊申诏”。按：《册府》此处行文有误，审其上文，当指龙朔十二年，但龙朔只有三年。再检《通鉴》卷二百，明书：“龙朔二年十二月，戊申，诏以方讨高丽、百济，河北之民，劳于征役，其封泰山、幸东都并停。”与本文要旨相吻。由此可知，《册府》卷三十六之“十二年戊申”，应为“十二月戊申”，连同其上文所云龙朔二年，与《通鉴》所记一致。

本文作于龙朔二年（662）十二月。

恤刑诏（P149 上）

《旧书》卷四《本纪》，龙朔三年二月“庚戌，诏曰”云云，即本文。《新书》卷三《本纪》载，是年三月“庚戌，虑囚”，与本文要旨合。《册府》卷五十八、卷二百五十九均载：“龙朔三年二月庚戌，敕京城见在禁囚，每日将二十人过，帝自虑之。”

本文作于龙朔三年（663）二月。

李义府罢相诏（P149 上）

《册府》卷三百三十三，“龙朔三年夏四月戊子，诏曰”云云，即本文。该书卷三百三十四又载，“李义府，高宗龙朔三年四月，除长流嶲州”，并引录本诏。两《唐书·本纪》、《通鉴》卷二百一均载，是年四月戊子，李义府除名，配流嶲州。

本文作于龙朔三年（663）四月。

罢诸州造船安抚百姓诏（P149 下）

《大诏令》卷一百十一录此文，题为《罢三十六州造船安抚百姓诏》，末注：“龙朔三年八月。”《册府》卷一百二、卷六十七节录本文并订为是年八月诏。该书卷一百四十二又载，“高宗龙朔三年八月御殿内，谓侍臣曰……即日下诏”，并引录本文。《旧书》卷四《本纪》载，其年八月“戊申，诏百僚极言正谏，命司元太常伯窦德玄、司刑太常伯刘祥道等九人为持节大使，分行天下。仍令内外官五品以上各举所知”。《新书》卷三《本纪》，八月“戊申，诏百僚言事，遣按察大使于十道”。《通鉴》卷二百一：“秋八月戊申，上以海东累岁用兵，百姓困于征调，士卒战溺死者甚众，诏罢三十六州所造船，遣司元太常伯窦德玄等，分诣十道，问人疾苦，黜陟官吏。”上述三书所记，皆与本文要旨吻合。

本文作于龙朔三年（663）八月。

举行封禅所司集岳下诏（P150 上）

《会要》卷七，“麟德元年七月丁未朔，诏”云云，即本文。《册府》卷三十六录此文，亦订为“麟德元年七月丁未朔诏”。《新书·本纪》、《通鉴》卷二百一均载，是年七月丁未朔，诏以三年有事于泰山，与本文要旨吻合。

本文作于麟德元年（664）七月。

加宇文思纯朝散大夫诏（P150 上）

《旧书·本纪》，麟德元年“九月乙卯，诏曰”，所引即本文。《册府》卷一百三十八，“麟德元年十月己卯诏”云云，即本文。今按：此年九月无“己卯”日，当以《册府》为是。

本文作于麟德元年（664）十月。

遣使虑囚诏（P150上）

《册府》卷一百五十一，“麟德二年三月戊午诏”云云，即本文。《新书·本纪》载，是岁三月“戊午，遣使虑京都诸司及雍、洛二州囚”，与本文要旨合。

本文作于麟德二年（665）三月。

颁行麟德历诏（P150上）

《大诏令》卷八十二录此文，末注：“麟德二年九月辛卯。”《旧书》卷四《本纪》、《通鉴》卷二百一均载，此年五月辛卯，以秘阁郎中李淳风造历成，名《麟德》，颁之。但是，《会要》卷四十二节录“朕仰观七曜，旁综五家”至“来年正月行用之”，并订为麟德“正月二十日”。今按：此年九月辛卯，非二十日，正月二十日的干支是癸亥，非辛卯，五月辛卯，即五月二十日。因此，当以《旧书》及《通鉴》为是，《大诏令》误为“九月”，《会要》误为“正月”。

本文作于麟德二年（665）五月。

安置舞曲诏（P150下）

《通典》卷一百四十七录本文，订为仪凤二年十一月，韦万石奏疏所引诏令。《旧书》卷二十八《音乐志一》、《会要》卷二十二亦录本文，所述写作背景与《通典》同。《册府》卷五百六十九录本文，则作为是年八月韦万石奏疏中之引文。今从《通典》《旧书》《会要》订本文作时。

本文作于仪凤二年（677）十一月。

赠孔子为太师诏（P151上）

《金石萃编》卷五十五录全文，明署作时曰：“皇帝以乾封元年正月二十四日下诏。”两《唐书·本纪》、《通鉴》卷二百一均载，乾封元年正月封泰山，辛卯（二十四日），次曲阜，祠孔子庙，追赠太师。《册府》卷五十引录本文“其庙宇制度卑陋，宜更加修造，仍令以少牢致祭”诸句，亦系为“乾封元年正月”事。《会要》卷三十五载：“乾封元年正月三十日，追赠孔子为太师。”“三十日”，属丁酉，非辛卯，今从两《唐书·本纪》及《通鉴》、《金石萃编》。

本文作于乾封元年（666）正月。

上老君玄元皇帝尊号诏（P151上）

《道藏》第五十六函卷八录全文。《光绪鹿邑县志》卷四百六十九及《颍州府志》卷七百一十二均节录本文从“大道混成……以彰玄圣之功。”《大诏令》卷七十八录本文，题为《追尊玄元皇帝制》，末注：“乾封元年二月二十二日。”《旧书·本纪》载，乾封元年“二月己未（二十二日），次亳州。幸老君庙，追号曰太上玄元皇帝，创造祠堂；其庙置令、丞各一员。改谷阳县为真源县，县内宗姓特给复一年”，与本文要旨合。《会要》卷五十“尊崇道教”条载：“乾封元年三月二十日，追尊老君为太上元元皇帝。”证之《大诏令》《旧书》，《会要》误“二月二十二日”为“三月二十日”。

本文作于乾封元年（666）二月。

宗庙荐享别奠诏（P152 上）

《大诏令》卷七十五录本文，题中“别奠”下增“樽爵”二字，末注：“乾封元年六月。”《通典》卷四十七节录本文“每惟宗庙至敬”至结句，并订为“乾封元年诏”。《册府》卷三十录此文，并订为“乾封元年六月戊午（二十三日）诏”。《会要》卷二十三明署其为“乾封元年六月二十三日诏”，并节录本文“朕每惟宗庙至敬”到“用崇严配”及“自今以后”到文末两段文字。

本文作于乾封元年（666）六月。

仍用开元通宝钱诏（P152 上）

《旧书》卷四十八《食货志》，“乾封二年正月，下诏曰”，所引即本文。《大诏令》卷一百十二录此文，题为《用旧钱诏》，末注：“乾封二年五月。”《会要》卷八十九节录本文“比以伪滥斯起”至文末，并订为“乾封二年正月二十九日诏”。《新书》卷五十四《食货志四》：“乾封元年，改铸‘乾封泉宝’钱，径寸，重二铢六分，以一当旧钱之十。逾年而旧钱多废。明年，以商贾不通，米帛踊贵，复行开元通宝钱。”

本文作于乾封二年（667）正月。

宗祀高祖太宗配帝诏（P152 上）

《旧书》卷二十一《礼仪志一》，“乾封二年十二月，诏曰”，所引即此文。《册府》卷三十三录本文，订为“乾封二年十二月甲午（八日）诏”。《大诏令》卷六十七录此文，题为《祭圆丘明堂并以高祖太宗配诏》，末注：“乾封二年十二月。”《会要》卷九节录本文“昔周京道丧”至“仍总祭昊天上帝及五帝于明堂”，亦订为是时诏。《通典》卷四十三节录本文“昔周京道丧”至“太宗文武皇帝崇配”，所订作时同上。《新书》卷十三《礼乐志三》：“乾封二年，诏圆丘、五方、明堂、感帝、神州，皆以高祖、太宗并配。”《通鉴》卷二百一载，乾封二年“冬，十二月甲午诏：‘自今祀昊天上帝、五帝、皇地祇、神州地祇，并以高祖、太宗配，仍合祀昊天上帝、五帝于明堂’”，皆与本文要旨合。

本文作于乾封二年（667）十二月。

赠颜曾诏（P152 下）

《册府》卷五十，“总章元年三月诏曰”，所引即本文。但是，该书卷五又载，乾封三年二月“癸未（二十九日），皇太子弘释奠于国学，赠颜回太子少师、曾参太子少保”。《会要》卷三十五亦云：“总章元年二月二十九日，皇太子弘释奠国学。”《旧书·本纪》载此事于总章元年二月癸未。《新书·本纪》则云，总章元年“四月乙卯，赠颜回太子少师、曾参太子少保”。诸书所记，月份有异，有待详考。今暂依《册府》卷五、《会要》《旧书》。

本文作于总章元年（668）二月。

改元总章大赦诏（P153 上）

《旧书》卷二十二《礼仪志二》，“至乾封二年二月，详宜略定，乃下诏曰”，所引即本文。《大诏令》卷三录本文，题中无“大赦”二字，文后未注作年，盖因本文已署明“改元总章”。《册府》卷八十四，“总章元年三月庚寅，诏曰”，所引即本文。《会要》卷十一节录本文“郊社严配，未安太室”至“斟酌前载，制造明堂”及“宜命有司”至“称朕意焉”两段，订为“乾封二年二月十二日”。《旧书·本纪》又载：“乾封三年二月丙寅（十二日），改元总章，大赦天下。”显然，《会要》依《旧纪》，却误“三年”为“二年”。按以乾封纪年者三，作二年改元总章者误。检《新书·本纪》、《通鉴》卷二百一均云，乾封三年“三月庚寅（六日），大赦，改元”。今从之。

本文作于总章元年（668）三月。

清编《全唐文》卷十三

（*P153—163*）

授武士彟等子孙诏（P153 下）

《册府》卷一百三十，“总章元年三月诏曰”，即本文。该书卷三百三又载：“总章元年又诏赠司徒、荆州都督、忠孝公士彟并诸功臣。”与本文要旨合。《会要》卷四十五节录此文“太原元从，西府旧僚”至文末，且订作时：“总章元年三月六日诏。”

本文作于总章元年（668）三月。

敕建明堂诏（P154 上）

《大诏令》卷七十三录本文，题为《颁明堂制度诏》，未注作年。《册府》卷五百六十四录此文，订为“总章二年三月丁亥（九日）诏”。

本文作于总章二年（669）三月。

定明堂规制诏（P155 上）

《旧书》卷二十二《仪礼志》，“总章二年三月诏”，所引即本文。《会要》卷十一载：“总章二年三月九日诏，上考经籍，制为明堂。每面三百六十步，中置堂，处二仪之中，定三才之本。检兹一宇，临此万方。”《通鉴》卷二百一又载，总章二年三月“丁亥，诏定明堂制度，其基八觚，其宇上圆，覆以清阳玉叶，其门墙阶级，窗棂楣柱、枊楶枅栱，皆法天地阴阳律历之数”，皆与此文要旨合。

本文作于总章二年（669）三月。

简择史官诏（P158 下）

《大诏令》卷八十一录本文，末注：“总章三年十月。”《会要》卷六十三节录此文“修撰国史，义在典实”及“自今以后”至文末，并订为“咸亨元年十一月二十一日诏”。今姑从《大诏令》。

本文作于咸亨元年（670）十月。

命皇太子领诸司启事诏（P158 下）

《大诏令》卷三十录本文，题中“命”字上增“大帝”二字，未注作时。两《唐书·本纪》、《通鉴》卷二百二、《册府》卷一百五十九均载，咸亨四年八月辛丑，帝以疾命皇太子受诸司启事。

本文作于咸亨四年（673）八月。

营造孔子庙堂及学馆诏（P158 下）

《旧书·本纪》载，咸亨元年“五月丙戌，诏曰”，所引即本文。《册府》卷五十亦录此文，订为其年五月诏。今按：《全唐文》卷一百八十三、卷一百九十二，分别载王勃《益州夫子庙碑》、杨炯《大唐益州大都督府新都县学先圣庙堂碑文并序》，俱录此诏，但溢出六句三十一字。王、杨为高宗时人，引录诏令又完全一致。显然，《全唐文》所据，实为残文。当据王、杨所引补之。

本文作于咸亨元年（670）五月，但属残文。

令州县举明习礼乐诏（P159 上）

《大诏令》卷八十一录本文，题为《访习礼乐诏》，末注：“咸亨二年十月。”《册府》卷六十七亦录本文，订为是时诏。两《唐书·本纪》均载，此年十月丙子，搜求明达礼乐之士，与此文要旨合。

本文作于咸亨二年（671）十月。

禁僭服色立私社诏（P159 上）

《大诏令》卷一百八录本文，题为《官食服不得逾令式诏》，末注：“咸亨五年四月。”《册府》卷六十三亦录本文，却订为“咸亨五年五月诏”。《会要》卷二十二节录此文“春秋二社，本以祈农”至结尾，订为“咸亨五年三月十日诏”。但是，该书卷十节录此段文字，卷三十一节录“如闻在外官人百姓，有不依令式”至“不得僭上”和末一句，均订为其年“五月十日（己未）敕”。显然，该书卷二十二误“五月”为“三日”。再检《旧书·本纪》，咸亨五年“五月己未诏：‘春秋二社，本以祈农，如闻此外别为邑会。此后除二社外，不得聚集，有司严加禁止’”，与本文要旨合，亦可证《会要》卷二十二、

《大诏令》卷一百八所记有误。

本文作于咸亨五年（674）五月。

改尚书省制敕用黄纸诏（P159下）

《册府》卷六十载，“上元三年闰三月诏曰”，所引即本文。《通典》卷二十二：“上元三年闰五月，制尚书省颁下诸州府，并宜用黄纸。”《旧书》卷五《本纪》载，上元三年闰三月“戊午，敕制比用白纸，多为虫蠹，今后尚书省下诸司、州、县，宜用黄纸。其承制敕之司，量为卷轴，以备披检”。与本文相对，仅少首二句“制敕施行，既为永式”。《会要》卷五十七“尚书省”条载：“上元三年闰三月二十制，尚书省颁下诸州府县并宜用黄纸。”与此文要旨合。

本文作于上元三年（676）闰三月。

更定选补桂广交黔等州选士例诏（P159下）

《册府》卷六百二十九录此文，订为“上元三年八月诏”。《旧书》卷五《本纪》载，其年八月“壬寅（七日），置南选使，简补广、交、黔等州官吏”，与本文要旨合。《会要》卷七十五录本文（字句稍异），亦订为“上元三年八月七日敕”。《通鉴》卷二百二节录此文，亦订于此时。

本文作于上元三年（676）八月。

令山东江左采访人物诏（P159下）

《大诏令》卷一百二录本文，题为《访孝悌德行诏》，末注：“仪凤元年十二月。”《册府》卷六十七亦录此文，订为是时诏。该书卷六百四十五节录“或孝悌通神，遐迩唯敬”至文末，所订作时同卷六十七。

本文作于仪凤元年（676）十二月。

幸东都诏（P160上）

《大诏令》卷七十九录本文，末注：“仪凤二年十月。”但是，《册府》卷一百一十三录本文，却订为“仪凤三年十月诏”。该书卷一百六十八又载：“仪凤三年十月，诏以来年正月幸东都，剑南、陇右诸州每年贡进物一二年停。”与本文要旨合。今按，《新书·本纪》明载，仪凤三年“十月丙申，停剑南、陇右岁贡”。由《册府》卷一百六十八可知，此举乃为幸东都而发，仪凤三年十月尚在做筹备。因此，此文中“即以来年正月幸东都”，当指仪凤四年，《大诏令》订其作于“仪凤二年十月”误。

本文作于仪凤三年（678）十月。

京官文武三品以上每年各举所知诏（P160上）

《册府》卷六十七录本文，订为“仪凤三年十二月诏”。但是，该书卷六百四十五节录

"或才蕴廊庙，器均琏瑚"至"具录进封"，却订为"仪凤二年十月诏"。再检《旧书·本纪》，仪凤二年"十二月乙卯，敕关内、河东诸州召募勇敢，以讨吐蕃。诏京文武职事官三品以上，每年各举文武才能堪任将帅牧者一人"。《新书·本纪》亦载，是岁"十二月乙卯，募关内、河东猛士，以伐吐蕃"，与本文要旨合。证之诸书，《册府》卷六十七误"二年"为"三年"。

本文作于仪凤二年（677）十二月。

令雒州举人诏（P160上）

《册府》卷六十七，"调露元年七月诏"，所引即本文。该书卷六百四十七节录"或孝悌纯至，感于神明"至文末，所订作时同上。

本文作于调露元年（679）七月。

赠王远知太中大夫诏（P160下）

《旧书》卷五《本纪》，调露二年二月"丁巳，至少室山。戊午，亲谒少姨庙。赐故玉清观道士王远知，谥曰升真先生，赠太中大夫"。该书卷一百九十二《隐逸传》："调露二年，追赠远知太中大夫，谥曰升真先生。"皆与此文所云"可赠太中大夫，谥曰升真先生"吻合。又，《茅山志》卷二录此文，题为《高宗赠王法主诏》，末注："调露二年二月七日。"

本文作于调露二年（680）二月。

赐李延寿家物诏（P160下）

《旧书》卷五《高宗本纪》载，调露二年"二月丙午诏曰"，即本文（个别字句稍异）。该书卷七十三《李延寿传》："调露中，高宗尝观其所撰《政典》，叹美久之，令藏于秘阁，赐其家帛五十段。"《会要》卷三十六："调露中，诏故符玺郎李延寿撰《政典》一部，写两本，一本付秘书省、一本赐皇太子。"皆与此文要旨合。《册府》卷五百五十四，"李延寿为符玺郎，撰《南北史》一百八十卷，卒。高宗诏曰"，所引即本文。但未署诏文作时，今从《旧书》《会要》确定之。

本文作于调露二年（680）二月。

减贡献并蠲贷诸州诏（P160下）

《册府》卷一百四十四载，"永隆二年正月己亥诏曰"，所引即本文。《旧书·本纪》载，永隆二年正月"己亥，诏雍、岐、华、同民宜免两年地税，河内、河北遭水处一年"。《新书·本纪》又载，是岁正月"己亥，减殿中、太仆马，省诸方贡献，免雍、岐、华、同四州二岁税，河南、河北一年调"。两书所记，均与本文要旨吻合。

本文作于永隆二年（681）正月。

令雍州长史李义元禁僭侈诏（P161 上）

《旧书·本纪》载，永隆二年春正月“己亥，上诏雍州长史李义玄曰”，所引即本文。《册府》卷一百五十九，“永隆二年正月丁亥，帝以频年饥馑，百姓匮乏，召雍州长史李义琛及万年等四县令，谓曰”，所引即此文。

本文作于永隆二年（681）正月。

严考试明经进士诏（P161 上）

《通典》卷十五录本文，订为“永隆二年诏”。《大诏令》卷一百六录本文，题为《条流明经进士诏》，末注：“永隆二年八月。”《册府》卷六百三十九录本文，亦订为“永隆二年八月诏”。《会要》卷七十五节录“如闻明经射策”至“唯育文策”，“铨综艺能，遂无优劣”“自今以后”至“然后令试策”，“其明法并书箕”至文末，并订为“永隆二年八月敕”。

本文作于永隆二年（681）八月。

停封中岳诏（161 下）

《大诏令》引录本文，末注：“永淳二年十一月诏。”《会要》卷七、《册府》卷三十六均录此文，并订为“永淳二年十一月丙戌（三日）诏”。《通鉴》卷二百三载，是岁“十一月丙戌，诏罢来年封嵩山，上疾甚故也”。

本文作于永淳二年（683）十一月。

赦妄言灾异诏（P162 下）

此文出处不明，有待详考。

暂不编年。

除刘纳言名诏（P163 上）

《旧书》卷一百八十九《儒学传上》，“纳言，乾封中历都水监主簿，以《汉书》授沛王贤。及贤为皇太子，累迁太子洗马，兼充侍读。尝撰《俳谐集》十五卷以进太子。及东宫废，高宗见而怒之，诏曰”，所引即此文。《新书》卷一百九十八《儒学传上》、《通鉴》卷二百二均载，刘纳言因向太子贤进《俳谐集》见怒于高宗，除为名。其事在太子贤废后不久。按：两《唐书·本纪》均载，永隆元年八月“甲子，废皇太子贤为庶人”。是此，本文当作于此后不久。

本文作于永隆元年（680）八月。

遗诏（P163 上）

《大诏令》卷十一录此文，题为《大帝遗诏》，末注：“弘道元年十二月四日。”《旧书·本纪》节录此文“七日而殡”“皇太子即位于柩前”“园陵制度，务从节俭。军国大事，有不决者，兼取天后处分”诸句，订为弘道元年十二月己酉遗诏。“己酉”误，《新书》卷三、《通鉴》卷二百三均作“丁巳（四日）”。

本文作于弘道元年（683）十二月。

清编《全唐文》卷十四
（*P164—175*）

建明堂敕（P164上）

《旧书》卷二十二、《会要》卷十一均录此文，并订为“永徽二年七月二日敕”。《大诏令》卷七十三节录“联闻合宫灵府，创鸿规于上代”至文末，未注作时。《册府》卷五百六十四亦节录此段文字，则订为“永徽二年七月二日诏”。《通鉴》卷一百九十九载，是岁二月“癸巳（二日），诏诸礼官学士议明堂制度”，与本文要旨合。

本文作于永徽二年（651）七月。

奖颜扬庭进父师古匡谬正俗敕（P164上）

《旧书》卷七十三《颜师古传》：“永徽三年，师古子扬庭为符玺郎，又表上师古所撰《匡谬正俗》八卷。高宗下诏付秘书阁，仍赐扬庭帛五十匹。”《册府》卷六百八载此事，亦系于是时。《会要》卷三十六载，颜扬庭上其父所撰《匡谬正俗》，高宗令付秘阁事在“永徽三年三月三日”。

本文作于永徽三年（652）三月。

停敕僧道犯罪同俗法推勘敕（P164上）

《大慈恩寺三藏法师传》卷九载，显庆元年五月，玄奘染疾，向高宗上书停废永徽六年颁行的道士、僧等犯法同俗推勘的命令，“至二十三日，降敕曰”，所引即本文。

本文作于显庆元年（656）五月。

检阅新译经论敕（P164下）

《大唐三藏法师行状》载，“显庆年中，恩敕”云云，所引即此文。《大慈恩寺三藏法师传》卷八载，显庆元年春正月“壬辰（二十七日），光禄大夫、中书令兼检校太子詹事、监修国史、柱国、固安县开国公崔殷礼宣敕”，所引即本文。《续高僧传》卷四《京大慈恩寺释玄奘传》详载本文写作背景：“显庆元年正月，为皇太子于慈恩设大斋。”玄奘向朝官薛元超、李义府陈述了须官人助译新经的意见。未几，高宗敕书：“慈恩翻译，文义须精。宜令左仆射于志宁、中书令来济、礼部许敬宗、黄门郎李义府等，有不安稳，随事润色。若须学士，任遣三两人。”敕书以下诸语，系本文之删节。

本文作于显庆元年（656）正月。

赐薛仁贵手敕（P164下）

《旧书》卷八十三《薛仁贵传》载，乾封初，“高宗手敕劳之”云云，所引即此文。《册府》卷三百八十四：“乾封，高丽内附，仁贵击其贼众，大败。高祖（按：应为高宗）手敕劳之。”《通鉴》卷二百一载本文言及的“金山大阵”于乾封二年九月：“（高）侃进至金山，与高丽战，不利，高丽乘胜逐北，仁贵引兵横击，大破之，斩首五万余级，拔南苏、木底、苍岩三城，与泉男生军合。”

本文作于乾封二年（667）九月。

命有司议沙门等致拜君亲敕（P164下）

《集沙门不应拜俗等事》卷三录本文，末署：“龙朔二年四月十五日，光禄大夫、右相、太子宾客、上柱国、高阳郡开国功臣许敬宗宣。”

本文作于龙朔二年（662）四月。

与刘仁轨刘仁愿敕（P165上）

《旧书》卷八十四《刘仁轨传》载，僧道琛解刘仁愿之围，退保任存城，不久被百济旧将福信所杀，仁轨与仁愿合军休息。“时苏定方奉诏伐高丽，进围平壤，不克而还。高宗敕书与仁轨曰”，所引即此文。《新书》卷一百八《刘仁轨传》亦载：“时定方伐高丽，围平壤不克。高宗诏仁轨拔军就新罗与金法敏议去留计。”与此文要旨合。按：《通鉴》卷二百载，龙朔二年二月，“苏定方围平壤久不下，会大雪，解围而还”。本文当作于此后不久。再检《通鉴》同卷，又于七月下追记，“初，仁愿、仁轨等屯熊津城，上与之敕书”云云，即本文。

本文作于龙朔二年（662）二月至七月间。

赐京城父老敕（P165上）

《册府》卷一百一十载，“咸亨元年十一月壬戌，帝亲于殿前宴京城父老，有不能行者，仍许子弟扶至殿庭，宣敕谓之曰”，所引即本文。

本文作于咸亨元年（670）十一月。

禁帷帽敕（P165上）

《旧书》卷四十五《舆服志》，“咸亨二年，又下敕曰”，所引即此文。《册府》卷一百五十九录此文，订为“咸亨二年九月丁酉（九日）诏”。《会要》卷三十三载录此文，无“又命朝妇”以下五句，却订为“咸亨二年八月二十二日（丙戌）诏”。今姑从《册府》确定月份。

本文作于咸亨二年（671）九月。

诛秦怀恪敕（P165 下）

《册府》卷一百五十二载，“咸亨二年婺州司马秦怀恪坐赃，特令朝堂斩之。仍集百僚及朝集使，宣敕谓之曰”，即本文。

本文作于咸亨二年（671）。

褒皇太子上所注后汉书手敕（P165 下）

《旧书》卷八十六《高宗中宗诸子传》载，上元二年六月，李贤被立为太子“大赦天下，寻令监国。贤处事明审，为时论所称。仪凤元年，手敕褒之曰”，即本文。《新书》卷八十一《三宗诸子传》、《册府》卷二百五十九均载，上元二年六月，李贤被立为太子。后又令监国，处事明审，为时所称，高宗手敕褒赐。今按：此文题云《褒皇太子所注后汉书》，误甚。《旧书》引此全文之后，紧接着写道：“贤又招集当时学者太子左庶子张大安，洗马刘纳言，洛州司户格希元，学士许叔牙、成玄一、史藏诸、周宝宁等，注范晔《后汉书》，表上之，赐物三万段，仍以其书付秘书阁。”《新书》亦于“帝手敕褒赐”后，接载：“贤又招集诸儒，左庶子张大安、洗马刘纳言等人，共注范晔《后汉书》。书奏，帝优赐段物数万。”显然，褒敕李贤注《后汉书》在此文手敕下达之后。又，本言末尾明云“可赐物五百段”，而褒李贤注《后汉书》则“赐物三万段”，再则，本文只言“监国”之功，只字未提及注《后汉书》。总而言之，本文的题与文不符，就文而言为失题，就题而言为缺文。今依《旧书》系年。

本文作于仪凤元年（676）。

令举猛士诏（P166 上）

《大诏令》录此言语，题为《求猛士诏》，末注：“仪凤二年十二月。”《册府》卷九百九十一亦录此文，订为是时敕。两《唐书·本纪》、《会要》卷七十八、《通鉴》卷二百二均载，是岁“十二月乙卯（二十七日），募关内、河东猛士，以伐吐蕃”。

本文作于仪凤二年（677）十二月。

父在为母丧宜依古礼敕（P166 上）

按：此文属误收，应列玄宗名下。

《旧书》卷二十七《礼仪志七》载，“开元五年，右补阙卢履冰上言曰……刑部郎中田再思建议曰……于是纷议不定，履冰又上疏曰……左散骑常侍元行冲奏议曰……自是百僚议竟不决。至七年八月，下敕曰”，所引即本文。《会要》卷三十七所载与上同。《旧书》卷八《玄宗本纪上》，开元七年“八月癸丑，敕：‘周公制礼，历代不刊；子夏为传，孔门所受。逮及诸家，或变例。与其改作，不如好古。诸服纪宜一依旧文’”敕云诸句，所引即本文之节录。《通鉴》卷二百一十二载，开元七年“八月，辛卯，敕自今五服并依《丧服传》文”，与本文尾句之意合。总之，据上引诸书所载，此敕实为玄宗所下。致误的原因，卢履冰上言中有“上元中，则天皇后上表”云云，《全唐文》的编纂者未加详审，误以为此敕系高宗上元年间所行。

本文作于开元七年（719）八月。

册代王弘为皇太子文（P166 下）

《大诏令》卷二十八、《英华》卷四百四十三均录此文，题中无“弘”字。《册府》卷五十五、卷八十、卷八十四均载，“显庆元年正月辛未（六日）”，立代王弘为皇太子。两《唐书·本纪》及《通鉴》卷二百载立代王为皇太子亦在此时，与本文所云“维永徽七年，岁次景辰，正月景寅朔，六日辛未”相吻。《大诏令》卷二十七录本文末注作时为“永徽七年正月”。按：辛未日立皇太子，次日即改元显庆。永徽七年与“显庆元年”实为同年。

本文作于显庆元年（656）正月。

册张允恭鄯州都督文（P166 下）

《大诏令》卷六十二录此文。《旧书》卷四《本纪》载，显庆元年十二月“罢兰州都督，鄯州置都督”。与此文所署“维显庆元年，岁次景辰，十二月辛卯朔，八月戊戌”及使“兰州都督”张允恭“都督鄯、兰、河、儒、廓、淳等州诸军事，鄯州刺史”吻合。

本文作于显庆元年（656）十二月。

册许王孝秦州都督文（P167 上）

《大诏令》卷三十七录本文。《旧书》卷八十六《高宗中宗诸子传》：“原王孝，高宗第二子也。永徽元年，封许王。三年，拜并州都督。显庆三年，累除遂州刺史。”未言及封秦王事，本文可补史阙。又，文中明署时限：“维显庆元年，岁次景辰，十二月辛卯朔，二十九日己未。”

本文作于显庆元年（656）十二月。

册赵王福青州刺史文（P167 上）

《大诏令》卷三十七录本文。《旧书》卷七十六《太宗诸子传》：“赵王福，太宗第十三子也。贞观十三年受封，出后隐太子建成。十八年，授秦州都督。……咸亨元年薨。”本文称其原官为“右卫大将军、使持节鄜州诸军事、鄜州刺史”，新命其为“青州刺史”。凡此皆为史传未载。本文明署时限：“维显庆二年，岁次丁巳，正月庚申朔，二十一日庚辰。”

本文作于显庆二年（657）正月。

册唐临吏部尚书文（P167 下）

《大诏令》卷六十二录此文。《旧书》卷八十五《唐临传》载，唐临永徽元年为御史大夫，“寻迁刑部尚书，加金紫光禄大夫，复历兵部、度支、吏部三尚书。显庆四年，坐事贬为潮州刺史”。本文为他由度支尚书转官吏部尚书而发。文中明署时限：“维显庆二年，岁次丁巳，十月丁亥朔，十九日乙巳。”

本文作于显庆二年（657）十月。

册邓王元裕襄州刺史文（P167下）

《大诏令》卷三十七录本文。《旧文》卷六十四《高祖二十二子传》：“邓王元裕，高祖第十七子也。……高宗时，又历寿、襄二州刺史。”此文正是为他由寿州转任襄州而发。文中明署时限：“维显庆三年，岁次戊午，正月甲申朔，二十八日辛亥。”

本文作于显庆三年（658）正月。

册虢王凤宋州刺史文（P168上）

《大诏令》卷三十七录本文。《旧书》卷六十四《高祖二十二子传》：“虢王凤，高祖第十五子也。武德六年，封彬王。……（贞观）十年徙封虢王，历虢、豫二州刺史。二十三年，加实封满千户。麟德初，累授青州刺史。上元元年薨。”本文为虢王凤由豫州刺史转任宋州刺史而发，可补史阙。文中明署时限：“显庆三年，岁次戊午，正月甲申朔，二十九日壬子。”

本文作于显庆三年（658）正月。

册纪王慎泽州刺史文（P168上）

《大诏令》卷三十七录此文。《旧书》卷七十六《太宗诸子传》：“纪王慎，太宗第十子也。贞观五年，封申王。七年，授秦州都督。十年，改封纪王。……永徽元年，拜左卫大将军。二年，授荆州都督，累除邢州刺史。”本文为他由徐州刺史转任泽州刺史而发，可补史阙。文中明署时限：“显庆三年，岁次戊午，正月甲申朔，三十日癸丑。”

本文作于显庆三年（658）正月。

册段宝玄越州都督文（P168下）

《大诏令》卷六十二录本文。段宝玄，两《唐书》无传，从《旧书》卷五十、卷八十二可知，永徽初，曾为右丞，显庆元年任大理卿。本文为他由洛州长史转任越州刺史而发，可补史阙。文中明署：“显庆三年，岁次戊午，七月辛巳朔，十九日己亥。”

本文作于显庆三年（658）七月。

册乔师望凉州刺史文（P168下）

《大诏令》卷六十二录本文。《旧书》卷一百九十《文苑传》中载：“乔知之，同州冯翊人也。父师望，尚高祖女庐陵公主，拜驸马都尉，官至同州刺史。”本文为他由“正议大夫守凉州都督、驸马都尉”转官“持节八州诸军事、凉州刺史”而发。文中明署时限：“显庆三年，岁次戊午，十月庚辰朔，十一日庚寅。”

本文作于显庆三年（658）十月。

册阎立本工部尚书文（P169 上）

《大诏令》卷六十二录此文。阎立本，两《唐书》有传。据此文可知，他在调任工部尚书之前，曾任将作大匠、上护军。文中明署时限："显庆四年，岁次己未，三月戊寅朔，十七日甲午。"

本文作于显庆四年（659）三月。

册李宽太子詹事文（P169 下）

《大诏令》卷六十二录此文。检两《唐书》，唐代以"李宽"名者有七人。本文的李宽，在调任太子詹事前，曾任金紫光禄大夫、怀州刺史、上原县开国侯。与两《唐书》所载七人任历均不相同，可补史阙。本文明署时限："显庆四年，岁次己未，三月戊寅朔，二十五日壬寅。"

本文作于显庆四年（659）三月。

册杞王上金鄜州刺史文（169 下）

《大诏令》卷三十七录本文。《旧书》卷八十六《高宗中宗诸子传》载："泽王上金，高宗第三子也。永徽元年，封杞王。三年，遥授益州大都督。"此文为他由益州都督转任鄜州刺史而发，可补史阙。文中明署时限："显庆四年，岁次己未，七月景（丙）子朔，四日己卯。"

本文作于显庆四年（659）七月。

册曹王明梁州都督文（P170 上）

《大诏令》卷三十七录本文。《旧书》卷七十六："曹王明，太宗第十四子。……显庆中授梁州都督。"此文明署时限："显庆四年，岁次己未，九月乙亥朔，二十九日癸卯。"

本文作于显庆四年（659）九月。

册郇王素节申州刺史文（P170 上）

《大诏令》卷三十录此文。《旧书》卷八十六《高宗中宗诸子传》："许王素节，高宗第四子也。年六岁，永徽二年，封雍王，寻授雍州牧。……又转岐州刺史。年十二，改封郇王。"据此，由永徽二年下推六年，应为显庆三年。此文为素节任郇王后，再授"使持节申州诸军事、申州刺史"而发。文中明署时限："显庆四年，岁次己未，九月乙亥朔，二十九日癸卯。"

本文作于显庆四年（659）九月。

册潞王贤为扬州都督仍徙封沛王文（P170 下）

《大诏令》卷三十四录此文。《旧书》卷四、《新书》卷三、《会要》卷四、《册府》卷八十二、《通鉴》卷二百均载，龙朔元年九月壬子，徙封潞王贤为沛王。本文为他由雍州牧、幽州都督、上柱国、潞王徙封沛王、扬州刺史而发，但文中明署时限："龙朔元年，岁次辛酉，十月癸亥朔，十七日己卯。"可匡诸书记载之误。

本文作于龙朔元年（661）十月。

册赠渤海王文（P170 下）

《大诏令》卷三十九录此文，作上官仪文。《旧书》卷八十六《宗宣传》："奉慈，武德初，封渤海王。显庆中，累迁原州都督。"此文为他亡后追赠荆州刺史、右卫大将军而发，可补史阙。文中明署时限："龙朔二年，岁次壬戌，五月十五日。"

本文作于龙朔二年（662）五月。

册刘伯英左监门卫大将军文（P171 上）

刘伯英其人，史书无传。今据两《唐书·本纪》多处零散记载，略作钩沉。永徽二年十一月，刘伯英曾以桂州都督率军击败窦州、义州蛮（《新书》卷三），显庆四年十一月任禺夷道总管（《旧书》卷四），五年十二月为左骁卫将军、平壤道行军大总管，以伐高丽（《新书》卷三）。龙朔三年五月，以冀州都督长史率军讨岭南柳州叛蛮（《同上》）。长子刘行实，任雅州刺史；次子行瑜，任渠州刺史；季子行感，任尚衣奉御。武则天天授年间遭来子珣诬陷，均被诛，监门大将军刘伯英棺柩也被毁于盱眙。本文为他由冠军大将军、左骁卫将军、山阳郡开国公转任左监门卫大将军而发。《大诏令》卷六十二录此文，末注："龙朔二年二月八日。"由此可知，刘伯英任左监门卫大将军在任冀州都督长史之前。

本文作于龙朔二年（662）二月。

册许敬宗太子太师文（P171 下）

《大诏令》卷六十二录此文，末注："龙朔二年十二月二十五日下。"但是，两《唐书·本纪》、《通鉴》卷二百一均载，是岁八月壬寅，许敬宗为太子少师，同东西台三品。《旧书》卷八十二《许敬宗传》又载："龙朔二年，从新令改为右相，加光禄大夫。三年，册拜太子少师、同东台三品，并依旧监修国史。"今姑从两《唐书·本纪》及《通鉴》。

本文作于龙朔二年（662）八月。

册陇西王博乂特进司宗卿文（P171 下）

《大诏令》卷三十八录此文。《旧书》卷六十《宗室传》载："陇西王博乂，高祖兄子也。高祖长兄曰澄，次曰湛……博乂即湛第二子也。高祖时，历宗正卿、礼部尚书，加特进。……咸亨二年薨。"此文为他由光禄大夫、司礼太常伯、陇西郡王转任特进宗正卿而发，可补史阙。文中曰："龙朔三年，岁次癸亥，十二月庚辰朔，二十四日癸卯。"

本文作于龙朔三年（663）十二月。

册曹王明虢州刺史文（P172 上）

《大诏令》卷三十七录此文。《旧书》卷七十六《太宗诸子传》："曹王明，太宗第十四子，贞观二十一年受封。……显庆中，授梁州都督，后历虢、蔡、苏三州刺史。"本文为他由凉州都督调任虢州刺史而发。文中明署时限："麟德元年，岁次甲子，正月己酉朔，二十二日庚午。"

本文作于麟德元年（664）正月。

册冀王轮文（P172 下）

《大诏令》卷三十四录本文，明署："总章二年，岁次己巳，十二月景午（丙午）朔，二十二日丁卯。"但是，清编《全唐文》录此文，以"十二月"作"十一月"。两《唐书·本纪》及《通鉴》卷二百一、《会要》卷一均载，徙封豫王旭轮为冀，仍令单名轮，事在其年十一月丁亥（十二日）。校以诸书，知《大诏令》误"十一月"为"十二月"。

本文作于总章二年（669）十一月。

册纪王慎邢州刺史文（P173）

《大诏令》卷三十七录此文。《旧书》卷七十六《太宗诸子传》载："纪王慎，太宗第十子也。……永徽元年，拜左卫大将军。二年，授荆州都督，累除邢州刺史。"此文为他由泽州刺史转邢州刺史而发。文中明署时限："总章二年，岁次己巳，阙月庚寅朔，十二日辛丑。"

本文作于总章二年（669）。

册曹王明豫州刺史文（P173 下）

《大诏令》卷三十七录此文。《旧书·太宗诸子传》载："曹王明，太宗第十四子。……显庆中，授梁州都督，后历虢、蔡、苏三州刺史。"此文为他由虢州刺史转豫州刺史而发。文中明署时限："总章二年，岁次己巳，三月己卯朔，十三日辛卯。"

本文作于总章二年（669）三月。

册赵王福梁州都督文（P173 下）

《大诏令》卷三十七录此文。《旧书》卷七十六《太宗诸子传》载："赵王福，太宗第十三子也。……累授梁州都督。"本文为他由虢州刺史转梁州刺史而发，可补史阙。文中明署时限："总章三年，岁次庚午，二月甲辰朔，九日壬子。"

本文作于总章三年（670）二月。

册谥孝敬皇帝文（P174 上）

《大诏令》卷二十六录此文。两《唐书·本纪》、《通鉴》卷二百二均载，太子弘于上元二年五月薨，追谥孝敬皇帝。本文明署册谥时限："上元二年八月五日。"

本文作于上元二年（675）八月。

册周王显左卫大将军文（P175 上）

《大诏令》卷三十七录此文。《旧书》卷七《中宗本纪》载，李显于显庆二年封周王。仪凤二年，徙封英王。据《会要》卷一又知，封英王事在其年十月三日。本文明署加封左卫大将军的时间是："仪凤二年，岁次丁丑，二月甲午朔，十二日乙巳。"是此，封英王前当补入封左卫大将军。另，其月"乙巳"应为"十三日"。《大诏令》《全唐文》作"十二日"当属形似之误。

本文作于仪凤二年（677）二月。

册张延师镇军大将军文（P175 下）

《大诏令》卷六十二录此文，题为《册张延师左卫大将军文》，末注"龙朔二年二月三日"，并署为上官仪文。《旧书》卷八十三《张俭传》载："俭弟延师，永徽初，累授左卫大将军、范阳郡公。延师廉谨周慎，典羽林屯兵前后三十余年，未尝有过，朝廷以此称之。龙朔三年，卒官，赠荆州都督。"本文为他由左卫大将军、检校羽林军、上柱国加授镇军大将军行左卫大将军而发，必作于永徽初所任左卫大将军之后。题作《册张延师镇军大将军》，妥。另，《大诏令》以此文为上官仪作，必有所据，今从之。当从高宗名下删去，归属于上官仪。

本文作于龙朔二年（662）二月。

四　武则天诏敕考

武则天（623—705），名曌，生于唐高祖武德六年（623），并州文水（今山西省文水县）人。十四岁，为太宗宫中才人。二十七岁时，太宗崩，削发为尼，居长安感业寺。高宗即位，纳入宫，为昭仪，继而进号宸妃。永徽六年（655），立为皇后。显庆元年（656）以后，因高宗患风疾，参决朝政，天下并称“二圣”。弘道元年（683），高宗崩。文明元年（684），废中宗，立睿宗，令居于别殿，临朝称制。天授元年（690），登基称帝，改国号为周。神龙元年（705）正月，传位于中宗。十一月驾崩。一生执政五十年，其间称帝十五年。享年八十三。谥曰则天皇后。二年，祔葬乾陵。《旧书》卷六、《新书》卷四有《纪》。

清编《全唐文》卷九十五
（*P981—988*）

劳韦安石手制（P981上）

《旧书》卷九十二《韦安石传》载，“永昌元年，三迁雍州司兵。良嗣时为文昌左相，谓安石曰：‘大材须大用，何为徒劳于州县也。’特荐于则天，擢拜膳部员外郎、永昌令、并州司马。则天手制劳之曰”云云，即此文。《新书》卷一百二十二《韦安石传》亦载，永昌元年，苏良嗣特荐于武后，“擢膳部员外郎，迁并州司马，有善政，后手制劳问”。由此可知，此文必作于苏良嗣任文昌左相期间。检《旧书》卷六《则天皇后本纪》，苏良嗣于垂拱三年（687）六月任文昌左相，于载初元年（690）春一月为特进。《旧书》卷七十五《苏良嗣传》亦载：“载初元年春，罢文昌左相，加位特进。”

本文作于永昌元年（689）。

褒广州都督王方庆制（P981上）

《旧书》卷八十九《王方庆传》载：“则天临朝，拜广州都督。”因政绩显著，“当时议者以为有唐以来治广州者无出方庆之右。有制褒之曰”云云，即本文。《新书》卷一百一十六《王綝传》亦载，方庆于“后时，累迁广州都督”，为官廉洁，境内清肃，“下诏赐瑞锦、杂彩，以著善政”，与本文要旨合。《册府》卷六百七十三载，“王方义为广州都督，南海珍物，秋毫不犯，境内清肃。则天手制褒之曰”云云，即本文。《太平御览》卷八百一十五亦录本文，可资参校。今按：《册府》作“王方义”，误。《旧书·王方庆传》又载：“证圣元年，召拜洛州长史。”是此，本文必作于武则天临朝称制之后，到证圣元年王方庆任广州都督期间。

本文作于文明元年（684）到证圣元年（695）之间。

释教在道法上制（P981上）

《通典》卷六十八：“武太后天授二年四月敕：‘释教宜在道教之上，僧尼处道士之前。’”《旧书·本纪》、《会要》卷四十九、《通鉴》卷二百四、《佛祖统纪》卷三十九所载此事年月，均与《通典》同。《大诏令》卷一百十三录本文，末注：“天授二年三月。”证之以上诸书，《大诏令》误。

本文作于天授二年（691）四月。

置鸿宜鼎稷等州制（P981下）

《英华》卷四百六十四、《大诏令》卷九十九均录此文，末注：“天授二年七月九日。”《旧书》卷六《本纪》载，是岁“秋七月，徙关内雍、同等七州户数十万以实洛阳。分京兆置鼎、稷、鸿、宜四州”。《会要》卷八十六：“天授二年七月九日敕，其雍州以西，安置潼关，即宜废省。洛州南北面，各置关。”与本文要旨吻合。

本文作于天授二年（691）七月。

以郑汴等州为王畿制（P982上）

《英华》卷四百六十四录此文，题为《废潼关雍洛州置开郑汴许衙等州府制》，末注：“天授二年四月二十九日。”

本文作于天授二年（691）四月。

禁丧葬逾礼制（P983上）

《大诏令》卷八十录此文，末注：“证圣元年三月。”

本文作于证圣元年（695）三月。

暴来俊臣罪状制（P983上）

两《唐书·本纪》载，神功元年六月丁卯，来俊臣以罪伏诛。《通鉴》卷二百六亦载，其年是月“丁卯，昭德、俊臣同弃市，时人无不痛昭德而快俊臣。……太后知天下恶之，乃下制数其罪恶。且曰：‘宜加赤族之诛，以雪苍生之愤，可准法籍没其家。’”其“宜加”二句即此文末二句，“可准”一句可补此文缺漏。《册府》卷九百四十二载全文，亦有“可准”一句。

本文作于神功元年（697）六月。

改定闰月制（P983下）

《旧书》卷三十三《历法志二》，“武太后称制，诏曰”云云，无本文自“但恐寒暑未”至“式陈敬授之典”四句，其余文字同。《会要》卷四十二载，“神功二年闰十月二十六日，制改正月为闰十月，腊月二日为正月一日。腊月诏曰”，即《旧书》卷三十三所载文字。《大诏令》卷八十二录本文，题为《更改闰月制》，末注：“神功元年七月。”《通鉴》卷二百六载，神功元年十月“先是历官以是月为正月，以腊月为闰。太后俗正月甲子朔冬至，乃下制以为，去晦仍见月，有爽天经。可以今月为闰月，来月为正月”，与本文要旨合。今按：万岁通天二年（697）九月，改元神功。神功元年十月，改元圣历。神功无二年。《会要》作“神功二年”，误。又，本文明曰，“可以本月为闰十月”（据《旧书》《会要》所载文字），《大诏令》作“七月”亦误。

本文作于神功元年（697）闰十月。

定伎术官进转制（P983下）

《通典》卷十五，“神功元年敕”云云，节录本文“自今本色出身”至文末。该书卷十九又载，“神功元年制”云云，节录本文“自今本色出身”至“不得过司膳寺诸令”。接着复载，“又制”云云，节录本文“其有从勋官、品子、流外”至文末。《大诏令》卷一百录本文文首至“不得过司膳寺诸令”，题为《厘革伎术官制》，末注：“神功元年闰十月。”《会要》卷六十七载，“神功元年十月三日敕”云云，节录本文“自今本色出身”至文末。按：据《通典》卷十九、《大诏令》卷一百所载，余疑此文当析为两篇，其理由有二：从文意看，由文首至“不得过司膳寺诸令”之前，言伎术官进转之事；由“有从勋官、品子、流外”至文末，所言非伎术官进转之事，此其一也。《旧书》卷四十二《职官志一》载：“神功元年制：勋官、品子、流外国官出身，不得任清资要官，应入三品，不得进阶。”此实与本文“有从勋官、品子、流外国官”至文末吻合，而未及伎术官进转之事。至于本文编年，姑从《会要》。

本文作于神功元年（697）十月。

禁僧道毁谤制（P983下）

《大诏令》卷一百十三《条流佛道二教制》，所录即此全文，末注：“圣历元年正月。”

本文作于圣历元年（698）正月。

却置潼关制（P984上）

《英华》卷四百六十四、《大诏令》卷九十九录本文，均末注：“圣历元年五月十九日。”

本文作于圣历元年（698）五月。

诛唐波若制（P984 上）

《旧书》卷一百八十七《高叡传》载，“圣历初，突厥默啜来寇，叡婴城固守，长史唐波若见城围甚急，遂潜谋应贼。……及贼退，唐波若伏诛，家口籍没。因下制曰”云云，即此文。《旧书》卷六《则天皇后本纪》载，其年九月“默啜攻陷赵州，刺史高叡遇害”。《新书·本纪》及《通鉴》卷二百六均载，突厥寇赵州，高不屈遇害，贼退后，唐波若伏诛于其年是月戊辰日。又，《新书》卷一百九十一《高叡传》亦载，圣历初，武则天“诏诛波若，籍其家。下制暴叡忠节、波若臣贼，使天下知之”，与此文要旨合。

本文作于圣历元年（698）九月。

答王方庆谏孟春讲武手制（P984 上）

《旧书》卷八十九《王方庆传》，“圣历二年一月，则天欲季冬讲武，有司稽缓，延入孟春。方庆上疏曰（从略）手制答曰”云云，即本文。《新书》卷一百一十六《王綝传》亦载：“后欲季冬讲武，有司不办，遂用明年（按：圣历二年）孟春，方庆曰（从略），手制褒允。”《册府》卷五百三十二录此文，亦订为是时手制。《会要》卷二十六节录此文“循览所陈”至文末，订为“圣历二年十月”手制。按：本文明曰“今者用整兵威，故令教习。卿以春行冬令”云云，《会要》订“十月”，误。

本文作于圣历二年（699）一月。

授狄仁杰内史制（P984 下）

两《唐书·本纪》、《通鉴》卷二百六均载，圣历三年腊月丁酉，以狄仁杰为内史。《大诏令》卷四十四录本文，末注：“圣历三年十二月十八日。”按：武则天天授元年称帝后，改用周历，以十一月为正月，十二月为腊月，夏正月为一月。两《唐书·本纪》、《通鉴》上述“腊月”，实为夏历之十二月。“圣历三年”，是周历。因此，按夏历计算，应为圣历二年十二月。按西历算，应为公元七〇〇年二月。《大诏令》卷四十四作“圣历三年十二月”，误。《通鉴》、两《唐书·本纪》均载，圣历三年“九月，内史狄仁杰卒”。岂有该年九月卒、十二月任内史之理！

本文作于圣历三年（700）二月。

禁葬舍利骨制（P984 下）

《大诏令》卷一百十三录本文，末注：“圣历三年五月。”今按：《通鉴》卷二百六载，是岁五月“癸丑（五日），赦天下，改元久视”。

本文作于久视元年（700）五月。

停杨素子孙京官侍卫制（P985 上）

《旧书·本纪》载，久视元年“秋七月，壬寅，制曰”云云，即此文。《旧书》卷七十七《杨纂传》载，“元禧颇有医术，为则天所任。尝忤张易之之意，易之密奏元禧是杨素兄弟之后，素父子在隋有逆节，子孙不合供奉。则天乃下制曰”云云，即本文。《大诏令》卷一百十四亦录此文，题为《杨素子孙不得任京官敕》，末注：“圣历三年五月。”《新书》卷一百六亦载，杨元禧因系隋朝杨素族孙，武则天下诏贬遂曰“素及兄弟有子若孙，不得任京官及侍卫”。《通鉴》卷二百七载，久视元年闰七月“壬寅，制：‘杨素及其兄弟子孙皆不得任京官’”，均与本文要旨合。今按：以《大诏令》所记“五月”与《旧书·本纪》《通鉴》所记的“七月”相校，当以后者为是。又，久视元年七月无“壬寅”日，故《通鉴》作“闰七月壬寅”为是。

本文作于久视元年（700）闰七月。

令韦叔夏等刊定司礼仪注制（P985 上）

《旧书》卷一百八十九《韦叔夏传》载，“久视元年，特下制曰”云云，即此文（个别字句稍异）。《册府》卷五百六十四亦录此文，订于是年作。另，《太平御览》卷二百三十六亦录本文，可资参校。

本文作于久视元年（700）。

授唐休璟左庶子同三品制（P985 上）

《英华》卷四百四十八录本文，题为《除唐休璟左庶子同凤阁鸾台三品制》，未注明作年。今检《旧书·本纪》，长安三年七月“庚戌，检校凉州都督唐休璟为夏官尚书、同凤阁鸾台平章事”。该书卷九十三《唐休璟传》又载，“长安中……则天谓休璟曰：‘恨用卿晚’，因迁夏官尚书，同凤阁鸾台三品，寻转太子右庶子，依旧知政事”。《通鉴》卷二百七亦云，其年七月“庚戌，以夏官尚书、检校凉州都督唐休璟同凤阁鸾台三品”。

本文作于长安三年（703）七月。

授相王并州牧制（P985 下）

《大诏令》卷三十五录此文，题为《相王并州牧》，末注：“长安二年五月。”《旧书》卷九十二《魏元忠传》载：“长安中，相王为并州元帅，元忠为副。”《通鉴》卷二百七亦载，长安二年五月“乙未，以相王为并州牧，充安北道行军元帅，以魏元忠为之副”。

本文作于长安二年（702）五月。

授相王雍州牧制（P985 下）

《大诏令》卷三十五录本文，题为《相王雍州牧》，末注：“长安三年七月。”《旧书》卷六《则天皇后本纪》载，其年秋九月“戊申，相王旦为雍州牧”。但是，《通鉴》卷二百六载封相王为雍州牧在是岁七月戊申。三书相校，当从《大诏令》及《通鉴》。

本文作于长安三年（703）七月。

授韦嗣立凤阁侍郎平章事制（P986 上）

此文又载于《全唐文》卷三百五，作者为徐安贞，题为《除韦嗣立凤阁侍郎平章事制》。按：《新书》卷二百《儒学传下》载，徐安贞“开元时为中书舍人，集贤院学士，帝属文多令视草”。由此可知，徐安贞未在武则天朝起草诏制。又，《旧书》卷四十二载，光宅元年（684）九月，改“中书省为凤阁”，“神龙元年（705）二月，台阁官名，并依永淳（682）已前故事”。是此，若本文为开元时之徐安贞作，当不用“凤阁”之称。显然，《全唐文》卷三百五作徐氏文，误，当删。今检《英华》卷四百四十八、《大诏令》卷四十四均录此文，分别题为《除韦嗣立凤阁侍郎平章事》《韦嗣立平章事制》，末注亦均作“长安四年正月”。两《唐书·本纪》、《通鉴》卷二百七均载，韦嗣立为凤阁侍郎，同平章事在是时。

本文作于长安四年（704）正月。

许姚元之解职制（P986 上）

《大诏令》卷五十五录此文，题为《姚元之相王府长史制》，末注：“长安四年六月。”《册府》卷三百一十九载，“姚元之，长安中为凤阁侍郎。以母老表请解职归侍，言甚哀切。则天难违之，下制曰”，所引即此文。两《唐书·姚崇传》、《册府》卷七百五十六、《通鉴》卷二百七均载，凤阁侍郎姚元之以母老请求解职，则天下诏，令其行相王府长史在长安四年。

本文作于长安四年（704）六月。

求贤制（P986 上）

《英华》卷四百六十二录此文，题为《举贤制》，未注明作时。今按：本文既称“鸾台”，必为光宅元年九月之后，神龙元年二月之前所作。理由见《授韦嗣立凤阁侍郎平章事》条所述。

本文作于光宅元年（684）九月至神龙元年（705）二月之间。

诸王男等加封邑制（P986 下）

《大诏令》卷三十八录此文，未注明作时，但明署作者为李峤，按照清编《全唐文》之体例，此文当删归李峤。今按：审此文文意，“三雍肇建，万品惟新；褒德叙劳，式遵行庆之典，疏蕃树屏，允叶推恩之分”，明为武则天称帝后封武氏宗族某王所行之文。两《唐书·本纪》、《通鉴》卷二百四均载，天授元年九月九日，武则天改唐为周，大封诸武为王。

本文作于天授元年（690）九月至神龙元年（705）正月，武则天传位中宗前。

加嗣陈王延晖实封制（P986 下）

《大诏令》卷三十八录此文，题为《加嗣陈王实封制》，未注明作时。今按：“延晖”，即武延晖，系武则天兄长武承业之子，天授元年封为“嗣陈王”。（见《旧书》卷一百八十三《外戚传》）又，本文行文称“鸾台”，必作于此机关名称废除之前的神龙元年二月前。

本文作于天授元年（690）九月至神龙元年（705）前。

新都郡主出降制（P987 上）

《大诏令》卷四十三录此文，题为《新都郡主适杨洮制》，未注明作时。新都郡主，系中宗长女。《新书》卷八十三《诸帝公主传》所载，与本文所云“皇太子长女新都郡主”合。但是，本文称其下嫁杨洮，《新书》称其下嫁武延晖。按本文云，公主嫁于“通事舍人杨洮”时“始逾待年之期”，余疑其先嫁杨洮，后嫁武延晖。又，本文称“鸾台”，当作于光宅元年九月至神龙元年二月之间。再检《旧书·中宗本纪》，嗣圣元年（684）二月，中宗被武则天废为庐陵王。圣历元年，召还东都，九月立为皇太子。（参见《通鉴》卷二百六）神龙元年正月即皇帝位。本文既称中宗为“皇太子”，必作于中宗圣历元年返还东都后到第二次登基前。

本文作于圣历元年（698）九月至神龙元年（705）正月前。

乐安郡主出降制（P987 上）

《大诏令》卷四十三录此文，题为《安乐郡主适杨守文制》。今按：《新书》卷八十三《诸帝公主》作“安乐公主”。《会要》卷六亦作“安乐公主”，本文作“乐安”，误。又，《新书》《会要》均载，安乐公主先嫁武崇训，后嫁武延秀，本文则云安乐公主“可出适符节郎弘农杨承烈男守文”，可补史阙。本文既有“鸾台”之称，又以“皇太子”称中宗。故当作于中宗由房陵还东都后，称帝前。理由详见《新都郡主出降制》所述。

本文作于圣历元年（698）九月至神龙元年（705）正月前。

新都郡主等出降制（P987 上）

《大诏令》卷四十三录此文，题为《新都郡主适卢咸等制》。本文称“皇太子第二女新都郡主”，与《全唐文》卷九十五《新都郡主出降制》一文所云“皇太子长女新都郡主”不合。《大诏令》录本文则云“皇太子第三女新都郡主”。今检《新书》卷八十三《诸帝公主传》，中宗之长女为“新都公主”。为何本文称其为中宗第二女，《大诏令》又称为“第三女”，有待详考。另，本文所云“相王长女寿昌县主，第二女安兴县主”，均与《新书》卷八十三、《会要》卷六同。但本文云“寿昌县主可出适太子右奉御杨尚一、安兴县主可出适梁王府参军薛絣”，《新书》及《会要》则未提及。本文称“鸾台”云云，必作于武则天朝。《旧书》卷七《睿宗本纪》载：“圣历元年，中宗自房陵还。帝数称疾不朝，请让位于中宗。则天遂立中宗为皇太子，封帝为相王，又改名旦，授太子右卫率。”《通鉴》卷二百六详载此事于圣历二年正月壬戌。本文称李旦为“相王”，必作于李旦被封为相王后，武则天传位于中宗前。

本文作于圣历二年（699）正月至神龙元年（705）正月前。

义安郡主出降制（P987 下）

《大诏令》卷四十三录此文，题为《义安郡主适裴巽制》，未注明作时。今按：义安郡主，即宜城分主始封之号。《新书》卷八十三《诸帝公主传》、《会要》卷六，均列其为中宗第二女，下嫁裴巽，与本文称“皇太子第二女义安郡主”，可出适裴巽吻合。本文有“鸾台”云云，必作武则天朝，又称中宗为“皇太子”，当作于圣历元年九月，中宗被封为“皇太子”后至武则天传位之前。

本文作于圣历元年（698）九月至神龙元年（705）正月前。

寿昌仙源县主出降制（P987 下）

《大诏令》卷四十三录此文，题为《寿昌县主适崔珍制》，未注明作时。《新书》卷八十三《诸帝王公主》、《会要》卷六均载，睿宗第六女“凉国公主字华庄，始封仙源，下嫁薛伯阳”。本文则云，相王“第五女仙源县主”，“可出适（薛）伯阳”。两书所记稍有出入。检《大诏令》卷四十三《封仙源县主制》一文，其云“相王第五女”，“可封仙源县主”。由此可见，本文所记属实，《新书》《会要》所记误。本文云“相王长女寿昌县主”，“可出适（崔）珍”，与《新书》卷八十三、《会要》所记吻合。文中既云“鸾台”，又称睿宗为“相王”，当与《新都郡主等出降制》作于同一时间区限内，理由亦见该文编年所述。

本文作于圣历二年（699）正月至神龙元年（705）正月前。

命皇太子监国制（P987 下）

《大诏令》卷三十录此文，题为《则天皇后命皇太子监国制》，末注：“神龙元年正月。”《英华》卷四百三十一录此文，但题为《诛张易之等赦文》。《旧书》卷六、《本纪》、《通鉴》卷二百七均载，神龙元年正月甲辰，制太子监国，赦天下，与本文要旨合。

本文作于神龙元年（705）正月。

清编《全唐文》卷九十六
（*P988—1011*）

令礼官详定享明堂礼仪诏（P988 下）

《旧书》卷二十二《礼仪志二》载，“垂拱三年春，毁东都之乾元殿，就其地创之。四年正月五日，明堂成。……因改河南县为合宫县，诏曰”云云，即此文。但是，该书卷六《本纪》则云，垂拱“四年春二月，毁乾元殿，就地造明堂”，“十二月己酉，明堂成”。《大诏令》卷七十三录本文，题为《亲享明堂制》，末注：“垂拱四年十二月。”《册府》卷五百六十四载，“则天垂拱四年十二月，以东都明堂成，制曰”云云，即此文。《通典》卷四十四，“至（垂拱）四年二月，毁东都之乾殿，就其地造明堂。因下诏曰”，引文节录本文“时既沿革，莫或相遵”至结尾。《通鉴》卷一百四亦载，垂拱四年“二月庚午，毁乾元殿，于其地作明堂”，其年十二月“辛亥，明堂成”。据上引诸书可证，《旧书》卷二十二记时误。

本文作于垂拱四年（688）十二月。

明堂灾手诏（P989 上）

《旧书·本纪》载，证圣元年春一月“丙申夜，明堂灾，至明而并从煨烬。庚子以明堂灾告庙，手诏责躬，令内外文武九品以上各上封事，极言正谏”。该书卷二十二《礼仪志二》亦载，其年正月丙申夜，明堂遭火灾，“则天欲责躬避正殿”，“下诏令文武九品以上各上封事，极言无有所隐”，均与本文要旨合。《通鉴》卷二百五载，证圣元年正月“庚子，以明堂火告庙，下制求直言”。《会要》卷十一亦云，其年正月二十二日“以灾告庙，下制遣内外文武九品以上，各上封事，极言正谏，无有所讳”。《册府》卷五百四十三载：“证圣元年正月制：‘九品以上各上封事。’”《大诏令》卷七十三录此文，题为《明堂灾告庙制》，下署：“嗣圣元年（684）正月。”今按：嗣圣元年，明堂尚未建立，何有武氏因明堂火灾告庙自责之事。显属“证圣元年”之讹。

本文作于证圣元年（695）正月。

封古元应妻为徇忠县君诏（P989 下）

《旧书》卷一百九十三《邹保英妻奚氏传》载，“万岁通天元年，契丹贼李尽忠来寇平州，保英时任刺史，领兵讨击。……时有古玄应妻高氏，亦能固守飞狐城，卒免为突厥所陷。下诏曰”云云，即此文。《通鉴》卷二百六载，圣历元年八月“癸丑，突厥寇飞狐”，与本文“顷属默啜寇城”相吻。

本文作于圣历元年（698）八月。

授王元感太子司议郎诏（P989 下）

《旧书》卷一百八十九载，“长安三年，表上其所撰《尚书纠缪》十卷……寻下诏曰”云云，即本文。《册府》卷六百一亦载，“王元感，濮州鄄城人。则天长安三年上表，进其所撰《尚书纠缪》十卷、《春秋振滞》二十卷、《礼记绳愆》三十卷，并所注《孝经》《史记》稿草，请官给纸笔，写上秘阁，诏曰”云云，即此文。《会要》卷七十七载：“长安三年三月，四门博士王元感表上《尚书纠缪》十卷……制令宏文、崇文两馆学士及成均博士，详其可否。……由是擢拜太子司议郎。”

本文作于长安三年（703）三月。

搜访贤良诏（P989 下）

《英华》卷四百六十二录此文，未注明作年。《旧书》卷二十四《礼仪志四》：“则天长安三年，令天下诸州教人武艺，每年准明经进士例申奏。”但是，《新书》卷四十四《选举志上》云："长安二年，始置武举。"《通鉴》卷二百七亦云，长安二年春"正月，乙酉，初设武举"。《会要》卷五十九："长安二年正月十七日（乙酉）敕：'天下诸州，宜教武艺，每年准明经进士贡举例送。'"《册府》卷六百三十九亦载："长安二年正月，初令天下诸州有练习武艺者，每年准明经进士例举送。"校之诸书，《旧书》卷二十四误"长安二年"为"三年"。

本文作于长安二年（702）正月。

求访贤良诏（P990上）

《英华》卷四百六十二录此文，未注明作年。《旧书·本纪》载，永昌元年"六月，令文武官五品以上各举所知"，与本文合。

本文作于永昌元年（689）六月。

五帝皆称帝敕（P990下）

《通典》卷四十三载，"永昌元年九月敕"云云，即此文。《会要》卷九亦录此文，订为此时诏敕。该书卷十又据《通典》引此文。《大诏令》卷六十七录此文，题为《郊礼唯昊天称天五帝只称帝制》，末注："永昌元年九月。"

本文作于永昌元年（689）九月。

僧道并重敕（P990下）

《新书》卷五十九《艺文志三》载《议化胡经状》一卷，下注："万岁通天元年，僧惠澄上言乞毁《老子化胡经》，敕秋官侍郎刘如璿等议状。"本文曰："老君化胡，典诰攸著，岂容僧辈，妄请削除。"此正是针对惠澄上言乞毁《老子化胡经》而发。又，《佛祖统记》卷三十九载，万岁通天元年"福先寺沙门惠澄，乞依前朝毁《老子化胡经》，敕秋官侍郎刘如璿八学士议之，皆言汉、隋诸书所载，不当除削"。《混元圣纪》卷八，详录刘如璿、张思道、张元简、崔元悟等八人反驳惠澄请求之后，接载，"万岁通天元年六月十五日敕"云云，节录本文文首至"明知化胡是真非谬"。

本文作于万岁通天元年（696）六月。

停试糊名考判敕（P991上）

《册府》卷六百二十九载，"则天天册万岁元年十月二十二日敕"云云，即此文。《会要》卷七十五亦载本文，订为是时敕。

本文作于天册万岁元年（695）十月。

减大理丞废秋官狱敕（P991上）

《大诏令》卷八十二录此文，末注："万岁登封元年十月十一日。"《英华》卷四百六十四亦载此文，题为《省狱官制》，末注："万岁登封元年十月十三日。"

本文作于万岁登封元年（696）十月。

令武三思等修史敕（P992上）

《册府》卷五百五十六载，“武三思为特进、梁王，则天长安三年正月敕”云云，即此文。《会要》卷六十三，“长安三年正月一日敕”云云，亦即本文。本文称李峤为“纳言”，《旧书》卷九十四《李峤传》：“长安三年，峤复以本官平章事，寻知纳言事。”本文称朱敬则为“正谏大夫”，《旧书》卷九十《朱敬则传》：“长安三年，累迁正谏大夫。”本文称刘知几为“左史”，《旧书》卷一百二《刘知几传》云：“知几，长安中，累迁左史，兼修国史。”诸项内证亦与《册府》《会要》所记作时合。

本文作于长安三年（703）正月。

褒监察御史解琬敕（P992上）

《旧书》卷一百《解琬传》载，琬“以奏事称旨，超迁监察御史，丁忧离职。则天以琬识练边事，起复旧官，令往西域安抚夷虏，抗疏固辞。则天嘉之，下敕曰”云云，即此文。该书载录本文后，紧接着记述道：“圣历初，迁侍御史，充使安抚乌质勒及十姓部落，咸得其便宜。”由此可知，本文必作于“圣历初”之前。《通鉴》卷二百六载，圣历二年“八月，遣侍御史元城解琬安抚乌质勒及十姓部落”。据此则可具体地肯定本文作于圣历二年八月前。

本文作于文明元年（684）至圣历二年（699）八月前。

高宗天皇大帝哀册文（P992上）

《英华》卷八百三十五录此文，题于“高宗”上增“唐”字。本文明署时限：“维弘道元年，岁次癸未，十二月甲寅朔，四日丁巳，大行天皇崩于洛阳宫之贞观殿，殡于乾元殿之西阶。粤以文明元年五月壬午朔，十五日丙申发自瀍洛，旋于镐京。以其年八月庚申朔，十一日庚寅，将迁座于乾陵，礼也。”《旧书·高宗本纪》亦载：“文明元年八月庚寅，葬于乾陵。”《会要》卷一云《旧书·高宗本纪》亦载：“文明元年八月庚寅，葬乾陵，谥曰天皇大帝，庙号高宗，哀册文，天后武氏撰。”

本文作于文明元年（684）八月。

改元光宅赦文（P993下）

《英华》卷四百六十三录此文，题为《减大理丞废刑部狱制》。《大诏令》卷三亦录此文。《旧书·本纪》载，文明元年“九月，大赦天下，改元光宅”。《新书·本纪》、《通鉴》卷二百三均载，是年“九月，甲寅（六日）”改元光宅。《旧书》卷四十五，“文明元年七月甲寅诏”，节录“旗帜皆从金色”到“亦准此”。《会要》卷二十六载，“文明元年九月五日敕文：‘文武京官五品以上清官，每日于章善、明福门，各一人待制’”；卷三十一载，“文明元年七月五日诏：‘八品以下，旧服青者，并改为碧’”，皆本文之节录。本文亦明署时限曰“改文明元年为光宅元年，自九月五日昧爽以前”赦除罪犯。显然，《旧书》卷四十五和《会要》卷三十一误“九月五日”为“七月五日”。

本文作于文明元年（684）九月。

改元载初赦文（P996上）

《英华》卷四百六十三录此文，题为《改正朔制》。《大诏令》卷四亦载此文。两《唐书·本纪》、《通鉴》卷二百四均载，永昌元年十一月庚辰（一日），改元载初，依周制建子月为正月。永昌元年十一月为载初元年正月，十二月为腊月，改旧正月为一月。这些记载，与本文“以永昌元年十有一月为载初元年正月，十有二月改腊月，来年正月改为一月”相投。《会要》卷二十四载，“永淳元年十一月一日制：‘以周汉之后为二王，仍封舜禹成汤之裔为三恪’”，节录本文，但误“永昌元年”为“永淳元年”。

本文作于永昌元年（689）十一月。

请亲祭地祇表（P999下）

《旧书》卷二十三《礼仪志三》：“至其年（即麟德二年）十二月，车驾至山下。及有司进奏议《仪注》，封祀以高祖、太宗同配。禅社首以太穆皇后、文德皇后同配，皆以公卿充亚献、终献之礼。于是，皇后抗表”云云，即本文。《会要》卷七亦载上引《旧书》卷二三的文字，并录本篇本文。《通鉴》卷二百一载：麟德二年“冬，十月，癸丑，皇后表称：封禅归仪，祭皇地祀，太后昭配，而令公卿行事，礼有未安。至日，妾请帅内外命妇奠献”，与本文要旨合。按本文云：“今属崇禋，岂敢安于帷帟？是故驰情夕寝，睠嬴里而翘魂。迭虑宵兴，仰梁郊而耸念”，似非“车驾于山下”时所作。细审《旧书》卷二十三的文字，其所云“其年十二月”，是接上写高宗封禅行止，此段武后抗表，系插叙文字。故当以《通鉴》记时为是。

本文作于麟德二年（665）十月。

请父在为母终三年服表（P1000上）

《通典》卷八十九、《旧书》卷二十七《仪礼志七》、《册府》卷五百六十四俱节录本文自“父在为母服止一期”至篇终，并订为大唐前上元元年，天后上表。《会要》卷三十七载录本篇全文，作为“上元元年十二月二十七日，天后上表曰”云云，《旧书·高宗本纪》、《通鉴》卷二百二均载，上元元年十二月壬寅（二十七日），父在为母服三年丧。

本文作于上元元年（674）十二月。

劳姚璹玺书（P1000上）

《旧书》卷八十九《姚璹传》：“神功初，左授益州大都督府长史。蜀官吏多贪暴，璹屡有发擿，奸无所容。则天嘉之，降玺书劳之曰”云云，即此文。《新书》卷一百二《姚璹传》亦载：“契丹李尽忠盗塞，副梁王武三思为榆关道安抚使。坐累，下迁益州长史。

始，蜀吏贪暴，璹挺发之，无所容贷。后闻，降玺诏慰劳。”今按：《通鉴》卷二百五载，契丹李尽忠举兵反于万岁通天元年（696）五月。其年七月，以梁王武三思为榆关道安抚大使，姚璹副之。姚璹“下迁益州长史”，既在出任榆关道安抚副使之后，当为《旧书》所云“神功初”。《册府》卷六百七十三亦载，“姚璹，神功初为益州都督府长史。……则天嘉之，降玺书劳之曰”云云，即此文。按：武则天于万岁通天二年九月壬辰，改元神功，于次年正月甲子朔，改元圣历。因此，以“神功”纪年者，实际只有数月。

本文作于神功元年（697）九至闰十月。

喻刘仁轨玺书（P1000 下）

《旧书》卷八十四《刘仁轨传》载，“则天临朝，加授特进，夏拜尚书左仆射、同中书门下三品，专知留守事。仁轨复上疏辞以衰老，请罢居守之任，因陈吕后祸败之事，以申规谏。则天使武承嗣赍玺书往京慰喻之曰”云云，即本文。《通鉴》卷二百三载，光宅元年二月“庚申，废皇太孙重照为庶人，命刘仁轨专知西京留守事。……仁轨上疏，辞以衰老不堪居守。因陈吕后祸败事以申规戒。太后使秘书监武承嗣赍书慰谕之曰”云云，亦即此文。

本文作于光宅元年（684）八月。

劳娄师德书（P1000 下）

《旧书》卷九十三《娄师德传》载，“天授初，累授左金吾将军，兼检校丰州都督，仍依旧知营田事。则天降书劳曰”云云，即此文。《册府》卷五百三录本文，所载与《旧书》同。《新书》卷一百八《娄师德传》亦载：“天授初，为左金吾将军，检校丰州都督。衣皮裤，率士屯田，积谷数百万，兵以饶给，天转粮和籴之费。武后降书劳之。”

本文作于天授初（690 或 691 年）。

赐少林寺僧书（P1000 下）

《金石萃编》卷六十《大唐天后御制书一首》，即此文，落款署明：“永淳二年九月二十五日，司门郎中太孙谘议王知敬书。”按：本文云：“暑候将阑，炎序弥溽”，似在七八月间致书，王知敬于九月二十五日书于碑。

本文作于永淳二年（683）七八月。

赐胡洞真天师书（P1001 上）

《道藏》第十三函《修真十书玉隆集》卷三十六《胡天师传》载：“天师名惠超，字拔俗。……唐高宗上元间，来自庐山，栖于豫章西山之洪井。永淳中，幅巾布褐，负杖徒行，至游帷观”，“天后以蒲轮诏之”“引见武成殿”“委以炼丹之事，天师辞请还山修炼。敕遣使赍金璧送归，行次单父，赐书曰”云云，即本文。该书引录武则天此文后，又载：“天师乃于洪岩先生古坛际炼丹，首尾三年。”得武则天厚赏，长安三年二月二十六日卒，谥曰洞真。正与本文合。又，《朝野佥载》卷五云：“周圣历中，洪州有胡超僧，出家学道，隐白鹤山，微有法术，自云数百岁。则天使合长生药，所费巨万，三年乃成。自进药于三阳宫，则天服之，以为神妙，望与彭祖同寿，改元为久视元年，放超还山。”《通鉴》卷二〇六亦载：久视元年，“太后使洪州（即豫章）僧胡超合长生药，三年而成，所费巨万。”细审此二书所记，与《道藏》所述胡惠超之事相合。余疑《通鉴》之“僧胡超”三字误。众所周知，佛门奢谈长生之术，僧人胡超怎会“合长生药”。《朝野佥载》称其“出家学道”，属是。而据《道藏》，为武则天炼“长生药”者，仅胡惠超一人。因此，“胡超”可能是“胡惠超”之夺，或“胡惠超”为“胡超”之衍。若余判析属是，以久视元年，“合长生药成”，再上推三年，恰为圣历元年，与《朝野佥载》所云“周圣历年中”相吻。

本文似作于圣历元年（698）。

五　唐中宗李显诏敕考

李显（656—710），显庆元年（656）十一月五日生，高宗第七子，武则天第三子。二年二月，封周王，授洛州牧。仪凤二年十月，徙封英王，改名哲，授雍州牧。永隆元年八月二十三日，立为皇太子，时年二十五。弘道元年十二月六日，于高宗柩前即帝位，皇太后武则天临朝称制。在位两月，被武氏于嗣圣元年（684）二月六日废为庐陵王，幽居别所。其年五月，又迁于均州（今湖北均县）。不久，迁房州（今湖北房县）。圣历元年（698）九月十五日，复为皇太子，仍名显。神龙元年（705）正月，再次即帝位。二月，复国号为唐。景龙四年（710）六月二十二日，被其女安乐公主及韦皇后毒死，前后在位六年，享年五十五。谥曰孝和皇帝，庙号中宗。葬于定陵（在今陕西富平龙泉山）。《旧书》卷七、《新书》卷四有《纪》。

清编《全唐文》卷十六
(*P190—201*)

答邢文伟令（P190 下）

今按：此文实为高宗第五子李弘为太子时所作，《全唐文》作为中宗李显文，显属误收。

《旧书》卷一百八十九《儒学下·邢文伟传》载，“咸亨中，累迁太子典膳丞，上书曰（略）。太子答书”云云，即此文。《新书》卷一百六《邢文伟传》节录“幼嗜坟典”到“渠能进此药石”，亦作为孝敬皇帝在东宫时的答书。《册府》卷七百一十四亦录此文。检《旧书》卷八十六、《会要》卷二可知，上元二年四月二十五日，皇太子李弘薨，五月五日，追谥为“孝敬皇帝”。复检两《唐书·中宗本纪》可知，“咸亨中”，中宗李显尚为周王，未被立为皇太子。又，中宗之谥号为“孝和皇帝”，非“孝敬皇帝”。《全唐文》的编纂者混淆了这两个谥号。因而将该文误收为李显文，当删。

本文作于咸亨中（672 年左右）。

令官民投匦雪冤制（P190 下）

《英华》卷四百六十四录此文，题为《申冤制》。《大诏令》卷八十二亦录此文，题为《申冤制》，二书均订为“神龙元年二月二十七日”文。

本文作于神龙元年（705）二月。

大赦雒州制（P191 上）

《大诏令》卷七十三录此文，题为《亲祀明堂赦》，末注：“神龙元年九月。”《册府》卷八十四载，“中宗神龙元年九月壬午，亲祀昊天上帝土皇地祇于明堂，礼毕。制曰”，即此文。《册府》卷八十，亦订为此时制文，节录“京文武三品以上，赐爵一级”到文末。《会要》卷四十五节录“自弘道以前”到“亦宜准此”，并订为其年九月敕。《旧书》卷二十二亦云：“中宗即位，神龙元年九月，亲享明堂，合祭天地，以高宗配。礼毕，曲赦京师。”与本文要旨合。另，《唐文拾遗》卷二节录与《会要》卷四十五同，题为《优恤功臣子孙敕》，显属陆心源之误。以节录文字另作一篇，当删。

本文作于神龙元年（705）。

加相王实封制（P192 上）

《大诏令》卷三十八录此文，未注明作年。《册府》卷八十四载：“神龙元年十一月壬午，亲谒太庙，告谢受尊号之意，礼毕，大赦天下。……安国相王讳、太平公主并加实封，通前万户。”《会要》卷九十亦载：“安国相王、太平公主，各一万户。——神龙元年十一月六日敕。”《通鉴》卷二百八亦载相王实封万户在此时。

本文作于神龙元年（705）十一月。

加太平公主实封制（P192 上）

《大诏令》卷四十二录此文，未注明作年。《旧书·本纪》载，神龙元年正月丙午，以诛张易之兄弟功，“公主加号镇国太平公主，仍赐实封，通前满五千户”。该书《外戚传·太平公主传》载，“神龙元年，预诛张易之谋有功，进号镇国太平公主”，皆与本文要旨合。

本文作于神龙元年（705）正月。

封寿昌县主制（P192 下）

《大诏令》卷四十三录此文，未注作年。今按：本文称相王旦的长女、第三女、第四女可分别封为寿昌县主、淮阳县主、寿光县主。今检《新书》卷八十三《诸帝公主传》、《会要》卷六均载，睿宗十一女，长为寿昌公主，四女为淮阳公主。盖二书以早亡之安兴公主为第二女，故列三女为四女。如是，则本文所称第四女当为第五女代国公主，寿光是其曾用封号。本文既称门下省为“鸾台”，当作于神龙元年正月。据两《唐书·则天皇后本纪》可知，光宅元年（684）九月，武则天大易官名，改门下省为“鸾台”。此时，李旦尚在帝位。若本文写于此年，不当称其为“相王”。另外，李显此时已被废为庶人，无权分封相王之女。因此，本文必为李显第二次称帝后的神龙元年所作。据两《唐书·中宗本纪》及《通鉴》卷二百八可知，其年正月尚沿用武则天朝官号，二月甲寅，则改国号、旗帜、官名，同高宗永淳年间以前。是此，可断本文作于其年正月。

本文作于神龙元年（705）正月。

封永年县主制（P192 下）

《大诏令》卷四十三录此文，未注明作年。本文称“某王某几女”，不知为宗室何人之女。但文中称“鸾台”，亦当为神龙元年正月时作。其理由同前文所述。

本文作于神龙元年（705）正月。

封仙源县主制（P192 下）

《大诏令》卷四十三录此文，未注明作年。本文称仙源公主为相王第五女，今检《新书》卷八十三《诸帝公主传》、《会要》卷六知：凉国公主，字华庄，始封仙源公主，乃相王第六女。排次之异，亦盖因《新书》《会要》列早亡之安兴公主为第二女，本文则未将早亡者的排行计算在内。本文作年同《封寿昌县主制》，理由亦见该条所陈。

本文作于神龙元年（705）正月。

赠徐有功越州都督制（P193 上）

《旧书》卷八十五《徐有功传》载，“中宗即位，制曰”，即此文。《通典》卷一百六十九、《旧书·本纪》、《册府》卷一百三十九、《会要》卷四十一均载，神龙元年三月二日制，故司仆少卿徐有功，以执法平恕，追赠越州都督，授一子官。与本文要旨合。

本文作于神龙元年（705）三月。

封五王制（P193 上）

《大诏令》卷六十一录此文，末注：“神龙元年五月十日。”《旧书·本纪》载，神龙元年五月癸巳“侍中敬晖封为平阳郡王、侍中桓彦范扶阳郡王，赐姓韦氏；中书令张柬之汉阳郡王、中书令袁恕己南阳郡王、特进崔玄晖海陵郡王，并加授特进，罢知政事”。《册府》卷一百二十九、卷三百三十三，《通鉴》卷二百八均载，其年五月甲午，封敬晖、桓彦范、张柬之、袁恕己、崔玄玮五人为王。两《唐书·敬晖传》亦载此事于是岁五月。

本文作于神龙元年（705）五月。

遣十使巡察风俗制（P193 下）

《大诏令》卷一百三录此文，末注：“神龙二年二月。”《册府》卷一百六十二亦载，“唐中宗神龙二年二月，遣十使巡察风俗。下制曰”，即此文。《通典》卷三十二、《旧书·本纪》、《会要》卷七十七、《通鉴》卷二百八、《通志》卷五十六、《职官六》均载，是岁二月，敕选左右台五品以上官二十人，分为十道巡察。

本文作于神龙二年（706）二月。

拣择郡守制（P194 上）

《册府》卷六十九载，“中宗神龙元年十一月制曰”，即此文。

本文作于神龙元年（705）十一月。

拜南郊制（P194 上）

《英华》卷四百二十五录此文，题下注：“景龙三年十一月二十三日。”《大诏令》卷六十八亦录此文，题为《景龙三年南郊赦》，末注同《英华》。今按：两《唐书·本纪》，《册府》卷八十、卷八十四、卷一百八十，《会要》卷九均载，景龙三年十一月乙丑（十三日），中宗亲祀南郊，大赦天下，赐文武官阶、爵位，免关内岁赋，大酺三日。证之诸书，《英华》《大诏令》作“二十三日”误。

本文作于景龙三年（709）十一月。

金城公主出降吐蕃制（P194 下）

《旧书》卷一百九十六《吐蕃传》载，神龙元年，吐蕃赞普之祖母遣使为其孙求婚，“中宗以所养雍王守礼女为金城公主许嫁之。自是频岁贡献。景龙三年十一月，又遣大臣尚赞吐来迎女。……四年正月，制曰”，即此文。《大诏令》卷四十二亦录此文，末注：“景龙四年正月。”《册府》卷九百七十九引本文，订为是岁“正月庚午制”。《通典》卷一百九十：“景龙四年正月，幸始平县，送金城公主。”本文云“以今月二十七日进发，朕亲自送于郊外”，是送行之日，与《旧书·本纪》所载正月己卯“幸始平，送金城公主归吐蕃”相投。本文所作当在“庚午（十八日）”。

本文作于景龙四年（710）正月。

答张说让起复黄门侍郎制（P195 上）

《旧书》卷九十七《张说传》载：“景龙中，丁母忧去职，起复授黄门侍郎，累表固辞，言甚切至，优诏方许之。”《新书》卷一百二十五《张说传》亦载：“中宗立，召为兵部员外郎，累迁工部、兵部二侍郎，以母丧免。既期，诏起为黄门侍郎，固请终制，祈陈哀到。”《会要》卷三十八载：“景龙三年，以前工部侍郎张说，起复为黄门侍郎。说乞终丧制，上表，许之。”《册府》卷八百六十二载，“张说为工部侍郎，说丁母忧。起复授黄门侍郎。说上表曰（略）。手制答曰”，即此文。

本文作于景龙三年（709）。

赠拓跋思泰特进制（P195 下）

《册府》卷九百七十四《外臣部·褒异一》载，“九年六月丁酉制曰”，即此文。今按：《册府》于“景龙元年”后，失题开元，故《全唐文》编纂者将本文误收为中宗文。此实为玄宗文。

本文作于开元九年（721）六月。

封长宁公主等制（P195下）

长宁公主，中宗第四女。《新书》卷八十三《诸帝公主传》载，神龙元年，长宁与宜城、新宁、义安、安乐、新平五郡主皆进封。《大诏令》卷四十一录此文，未注明作年。今按：本文曰，“皇基再造，景命维新，凡在懿亲，咸申礼命”，明为中宗再次登基称帝不久所作。又，文中不用“鸾台”而称“门下”，显属神龙元年二月甲寅改国号、服色、官名之后所作。

本文作于神龙元年（705）二月。

长宁公主下嫁杨慎交制（P195下）

《新书》卷八十三《诸帝公主传》载：“长宁公主，韦庶人所生，下嫁杨慎交。”杨慎交，乃杨思训之孙，因参与诛张易之兄弟之功，实封五百户，神龙年间曾任秘书监。（见《新书》卷一百《杨仁恭传》）据《旧书》卷一百九十六可知，景龙三年十一月，当吐蕃大臣尚赞吐来长安迎娶金城公主时，中宗曾“命驸马都尉杨慎交与吐蕃使打球”。显在，此时杨氏已为驸马。另外，本文亦称“驸马都尉杨慎交”，只字未提及长宁公主下嫁之事，文与题不符。审其文意，全为杨慎交颂美，似为杨氏授官之文。今检《初学记》卷十，载此文，题为《赐驸马封制》可证。

本文作于神龙元年（705）至景龙四年（710）之间。

相王及太平公主不得拜诸王公主制（P196上）

《通典》卷六十七，“大唐神龙元年，制曰”，节录此文“近代以来”至文末。《旧书·本纪》载，神龙元年三月“己丑，中书侍郎兼检校相王府长史、南阳郡公袁恕己为中书令，兼检校安国相王府长史。诏曰”，即此文。《大诏令》卷四亦录此文，题为《令宗属姑叔不得拜子侄制》，末注：“神龙元年三月。”《会要》节录“朕临兹宝极”到文末，却订为“神龙元年二月十五日（乙丑）制”。《册府》卷三十九载此文，则订其为神龙六年“三月制”。今按：“神龙”纪年仅三年，“六年”当为“元年”之讹。校之诸书，《会要》作“二月”“乙丑”，当属“三月”“己丑”之讹。

本文作于神龙元年（705）三月。

加长宁安乐公主实封制（P196上）

《大诏令》卷四十二录此文，未注明作年。今按：《会要》卷九十载：“安乐公主四千户，长宁公主三千五百户，神龙元年十二月二日敕。”既然如此，那么本文所说给长宁、安乐公主“可更加食封一千户，通前满二千户”，必在神龙元年十二月之前。又，本文称武则天朝的“鸾台”为“门下”，据两《唐书·本纪》可知，神龙元年二月，国号、官名复旧，“鸾台”仍称“门下”。因此，本文当作于官名复旧之后，安乐、长宁公主分别实封四千户、三千五百户之前。

本文作于神龙元年（705）二月至十二月之间。

赠李昭德左御史大夫制（P196上）

李德昭因遭来俊臣诬陷，被武则天处死。中宗即位后，昭雪。《旧书》卷八十七《李昭德传》载，“神龙中，降制曰”，即此文。《新书》卷一百一十七《李昭德传》载：“神龙二年，赠左御史大夫。”

本文作于神龙二年（706）。

禁进献奇巧制（P196下）

本文云：“顷为皇符肇建，宝庙初登。眷彼王公，多为进奉。莫不龙歌令节，蛟食芳辰。椒花献颂之时，菊蕊浮觞之日，或雕金镂玉，采六合之珍珠；或翦翠裁红，饰三春之草树。上行延纳，下务征求。鄽闬纷纭，公私逼迫。升开欲济，蠹害非轻。”由此可知，中宗登基不久，王公们竞相进献争宠。巧取豪夺民脂民膏，已酿成公害。因此，中宗下了此道禁令。文中言及的“椒花献颂之时”，用《晋书·列女传》刘臻妻献《椒花颂》的典故指庆贺新年；文中言及的“菊蕊浮觞之日”，指重阳佳节的欢宴。两《唐书·本纪》载，中宗于神龙元年正月丙午（二十五日），复位登基。其时已守新，因此，本文所谓的“椒花献颂之时”，当指庆贺神龙二年的春节；“菊蕊浮觞之日”当指神龙元年的重阳欢宴。这些时节，与本文所称的“顷为皇符肇建，宝庙初登”，恰相吻合。

本文作于神龙二年（706）春季。

授李承嘉户部尚书制（P196下）

《初学记》卷十一（中华书局排印本）录本文。李承嘉，两《唐书》无传，但言及其人者多处。《旧书》卷九十一《桓彦范传》载，神龙二年，因武三思诬陷，桓彦范、张柬之等人贬官州司马。“是岁秋”，李承嘉又秉承武三思旨意诬告桓彦范阴谋废皇后，危社稷。中宗“纳其议”，“擢授承嘉金紫光禄大夫”。《新书》卷一百二十《桓彦范传》亦载，李承嘉因迫害桓彦范由御史大夫擢升为金紫光禄大夫。本文云“金紫光禄大夫李承嘉”，“宜加曳履之班，式奖从桥之对”，必作于神龙二年秋季。又，《新书》卷一百二十三《萧至忠传》载，“中宗神龙初”，“至忠为御史，而李承嘉为大夫”。李承嘉曾要求各位御史弹劾官员，必先报告请示他这位御史大夫，萧至忠提出反对意见，“承嘉渐，至是，承嘉为户部尚书。至忠劾祝钦明、窦希玠与承嘉等罪”。检《旧书》卷七《本纪》可知，神龙二年秋七月，“庚午，礼部尚书祝钦明为中丞萧至忠所劾”，其年九月，祝贬官“青州刺史”。《新书》既载李承嘉与祝钦明同被弹劾，其罢户部尚书亦当在此时。又，《通鉴》卷二百八载，神龙二年七月，中宗曾“命御史大夫李承嘉”严究天津桥榜示韦皇后秽行案，李承嘉嫁祸于敬晖、桓彦范、张柬之等。因此，中宗“擢承嘉为金紫光禄大夫，进爵襄武郡公”。既然，李承嘉其年七月始由御史大夫升迁为金紫光禄大夫，九月又由户部尚书被弹劾罢免，其任户部尚书当在七月或八月。

本文作于神龙二年（706）七至八月间。

授杨再思检校左台大夫制（P197上）

本文又载《初学记》卷一百二十文云，“侍中杨再思”，“宜分务于鸾扃，得效能于乌署”。据此可知，本诏制为杨再思任侍中再加御史大夫而发。《旧书》卷七《中宗本纪》载，神龙元年二月，“改左右肃政台为左右御史台”。又载，其年十月“辛未，杨再思为侍中”。据此又可知，杨氏加任左御史台大夫必在此后。其书又载，景龙元年九月“庚辰，侍中兼左御史台大夫杨再思为中书令”。据此复知，杨氏加任左御史台大夫必在此前。

本文作于神龙元年（705）十月至景龙元年（707）九月。

授韦嗣立黄门侍郎制（P197上）

《初学记》卷十二录本文。文云，“坐折连校”“空余一乌”“宜袭宠于黄枢”。此明为兄弟亡后，令韦嗣立继其位担任黄门侍郎之词。《旧书》卷八十八《韦嗣立传》载，“神龙二年，为相州刺史。及承庆卒，代为黄门侍郎”，与本文恰合。

本文作于神龙二年（706）。

授张锡工部尚书制（P197上）

《旧书》卷八十五《张锡传》载：“中宗时，累迁工部尚书，兼修国史。寻令于东都留守。”《新书》卷一百一十三《张锡传》亦载：“神龙中，累迁工部尚书，兼修国史，东都留守。”今按：据上引二书可知，张锡任工部尚书与任东都留守为时甚近。《通鉴》卷二百八载，神龙二年七月“上将还西京，辛未，左散骑常侍李怀远同中书门下三品，充东都留守”。其年“九月，戊午”，李怀远亡故。“冬十月己卯，车驾发东都，以前检校并州长史张仁愿检校左屯卫大将军兼洛州长史。”据此，张锡任东京留守当在李怀元亡故后。

本文作于神龙二年（706）十月。

虑囚制（P197下）

《初学记》卷二十录本文。文曰，“既属阳和之辰，宜敦耕稼之业，三农启候，方陈敬爱之规”，明为某年春季所下诏制。今检《新书·本纪》载，中宗“虑囚”共三次，在春季者仅有“神龙三年正月丙辰”一次。《旧书·本纪》亦载此时“以旱，亲录囚徒”。

本文作于神龙三年（707）正月。

授苏珦左台大夫制（P197下）

《初学记》卷十二亦录本文。由此文可知，此乃苏珦由“岐州刺史”任左御史大夫时所发诏制。《旧书》卷一百《苏珦传》载：“神龙初，武三思擅权，韦月将告三思将有逆谋，反为三思所构，中宗令斩之。珦奏非时不可行刑，由是忤三思旨，转为右御史大夫。寻出为岐州刺史，复为右台大夫。”《新书·苏珦传》所载，与此同。由此可知，苏珦贬岐州刺史，复为右台大夫，时距韦月将案不久。《通鉴》卷二百八在神龙二年四月，可为本文作年之参照。

本文作于神龙二年（706）四月之后不久。

封张仁愿韩国公制（P197 下）

《初学记》卷二十亦录该文，题目为《赏张仁愿制》。《旧书》卷九十三《张仁愿传》载：“景龙二年，拜左卫大将军、同中书门下三品，累封韩国公。”《新书》卷一百一十一《张仁愿传》所载相同。两《唐书·本纪》及《通鉴》卷二百九均载，景龙二年三月，朔方道大总管张仁愿筑三“受降城”于河上，与本文所云“持节朔方道大总管、右屯卫大将军张仁愿”，“躬先士卒，负土筑城”相合。《旧书·本纪》又载，其年七月“癸巳，左屯卫大将军、摄右御史台大夫、朔方道行营大总管、韩国公张仁愿同中书门下三品”。由此可知，七月癸巳日前张仁愿已封爵为国公，并在其年三月筑城之后，由本文所云“右屯卫大将军”升迁为“左屯卫大将军、摄右御史台大夫”，其封国公当在三月到七月间。

本文作于景龙二年（708）三月至七月间。

邵王赠皇太子制（P198 上）

《大诏令》卷三十二录此文，末注：“神龙元年二月九日。”本文所云邵王，即懿德太子重润，生于开耀二年。圣历初，中宗为皇太子时，封为邵王。大足元年（701），年十九。因窃议武则天宠幸张易之兄弟，与其妹永泰公主被杖杀。《旧书》卷八十六云：“中宗即位，追赠皇太子，谥曰懿德，陪葬乾陵。”《新书》卷八十一载：“神龙初，追赠皇太子及谥，陪葬乾陵。”《会要》卷四：“中宗即位，追赠皇太子，谥曰懿德。”《册府》卷二百六十一《储宫部·追谥》：“神龙元年，追赠皇太子，谥曰懿德。”均与本文云“朕丕膺宝命”在时间上吻合。

本文作于神龙元年（705）二月。

集学生制（P198 上）

《大诏令》卷一百五录此文，末注：“景龙四年四月二十八日。”

本文作于景龙四年（710）四月。

起复上官氏为婕妤制（P198 下）

本文又载《大诏令》卷二十五。该书于文末注：“景龙三年十一月二十九日。”今从之。

本文作于景龙三年（709）十一月。

赠王远知金紫光禄大夫诏（P198 下）

本文云，王远知“可赠金紫光禄大夫、升元先生”。《旧书》卷一百九十二《隐逸传》载：“则天临朝，追赠金紫光禄大夫。天授二年，改谥曰升玄先生。”《道藏》第十六函《茅山志》卷二录本文，题为《武后加赠王法主诰》，文下小字注：“嗣圣元年正月二十八日。”

本文作于天授二年（691）。

征武攸绪诏（P199 上）

武攸绪，乃武则天之堂侄。《旧书》卷一百八十三《外戚传》载，他于“圣历中，弃官隐于嵩山，以琴书药饵为务。中宗即位，以安车备礼征之，降书曰”，即此文。《册府》卷九十八亦载，“中宗神龙元年，以安车备礼征嵩山武攸绪，又降节曰”，即此文。《通鉴》卷二百八载，神龙元年三月己丑，“以安车征安平王武攸绪于嵩山”。

本文作于神龙元年（705）三月。

崇奖王友贞诏（P199 上）

《旧书》卷一百九十二《隐逸传》载，王友贞“长安年，历任长水令，后罢归田里。中宗在春宫，召为司议郎，不就。神龙初，又拜太子中舍，仍令所司以礼征赴，及至，固以疾辞。诏曰”，即此文。《册府》卷七十六、卷一百三十九均录此文，亦订为中宗神龙初制。

本文作于神龙初（约705）。

东光县主事迹编入国史诏（P199 下）

《新书》卷八十《太宗诸子传》载，太宗子纪王慎有女封东光县主。纪王慎于垂拱元年因扬州谋反案牵连，死于贬流途中。“神龙初，诏州县普加求访，祭以牲牢，复官爵，诸王皆陪葬昭、献二陵。（东光县）主闻，感恸，卒。……中宗为举哀章善门，下诏褒扬。”《大诏令》卷四十三录此文，末注：“神龙元年三月。”

本文作于神龙元年（705）三月。

追赠杨初成官诏（P199 下）

《新书》卷四《本纪》载，垂拱三年“九月己卯，虢州人杨初成自称郎将，募州人迎庐陵王于房州，不果，见杀”。由于杨氏是为中宗复登帝王而死的，所以中宗即位后下了此道诏令。《册府》卷一百三十九载，“唐中宗神龙元年，诏曰”，即此文。该书卷七百六十二亦录此文，订为“中宗即位”所下制文。

本文作于神龙元年（705）。

令张柬之毋辞封爵诏（P200 上）

《册府》卷一百三十三载，“中宗神龙元年十一月，襄州刺史、汉阳郡王张柬之抗表请辞王位，帝不许，因下书曰”，即此文。

本文作于神龙元年（705）十一月。

贬敬晖等诏（P200 上）

《旧书》卷九十一《敬晖传》载，神龙元年，敬晖因诛张易之兄弟之功，“加金紫光禄大夫、擢拜侍中，赐爵平阳郡公”，又进封齐国公。武则天崩后，上章奏武氏诸王降爵，因而得罪于武三思。“三思既深愤惋，以许州司功参军郑愔素被晖等废黜，因令上表陈其罪状。中宗诏曰”，即本文。两《唐书·本纪》、《通鉴》卷二百八均载，神龙二年六月贬敬晖为崖州司马、桓彦范为泷州司马、张柬之为新州司马、袁恕已为窦州司马、崔玄時为白州司马，均与本文要旨合。

本文作于神龙二年（706）六月。

赏郭山恽诏（P200 下）

《旧书》卷一百八十九《儒学传下》载，中宗“景龙中，累迁国子司业。时中宗数引近臣及修文学士，与之宴集，尝令各效伎艺，以为笑乐。……山恽独奏曰：‘臣无所解，请诵古诗两篇。’帝从之。于是，诵《鹿鸣》《蟋蟀》之诗。……翌日，帝嘉山恽之意，诏曰”，即此文。《新书》卷一百九《郭山恽传》亦载，景龙中，因于中宗宴欢时诵《鹿鸣》《蟋蟀》规讽，“帝嘉其直，下诏褒咨，赐服一称”。《册府》卷五百四十九录此文，订为“景龙三年春”所下诏令。《通鉴》卷二百九载此事于其年二月。

本文作于景龙三年（709）三月。

褒天竺国使臣诏（P200 下）

《册府》卷九百七十四载，五年“五月壬子，天竺国遣使来朝，诏曰”，即本文。今按：《册府》此卷于“景龙”后失题“开元”。审本卷上下文意，当为开元五年。《全唐文》编者未加详审，误收玄宗文为中宗文，当删。

本文作于开元五年（717）五月。

劳契丹李失活诏（P201 上）

《册府》卷九百七十四载，五年“十一月丙申，契丹李失活来朝，诏劳之曰”，即此文。本文亦属误收，此实为玄宗文。理由同上条所述。

本文作于开元五年（717）十一月。

追夺刘光业等官爵诏（P201 上）

《旧书》卷一百八十六《酷吏传》载，“中宗神龙元年三月八日，诏曰”，即此文。该书卷七载追夺酷吏刘光业等官爵事在神龙元年三月丁亥（即八日）。《册府》卷一百五十一节录“自今内外法官”到“以彰瘅恶”，订为是岁三月制。《会要》卷四十一节录此文，则订为是岁三月二日。《通鉴》卷二百八记此事仍在其月丁亥。今从《旧书》及《通鉴》。

本文作于神龙元年（705）三月。

追复李勣官爵诏（P201 下）

《旧书》卷六十七《李勣传》载，“中宗返正，诏曰”，即此文。该书卷七《本纪》载，神龙“三月辛巳，追复故司空、英国公李勣官爵，令所司为起坟改葬”。《新书》卷九十三《李勣传》亦载：“中宗反正，诏还勣官封属籍，葺完茔冢焉。”

本文作于神龙元年（705）三月。

清编《全唐文》卷十七
（*P202—212*）

送魏元忠归乡敕（P202 上）

《旧书》卷九十二《魏元忠传》载，神龙“四年秋，代唐璟为尚书右仆射，兼中书令，仍知兵部尚书事，监修国史。未几，元忠请归乡拜扫，特赐锦袍一领，银千两，并给千骑四人，充其左右”。中华本《旧书》校记云：“神龙无四年，据本卷上下文及本书卷七《中宗本纪》，魏元忠为尚书右仆射当在神龙二年秋。”今按：《新书》卷一百二十二《魏元忠传》云：“神龙二年，为尚书右仆射，知兵部尚书。当朝用事，群臣莫敢望。谒告上冢，诏宰相诸司长官祖道上东门，赐锦袍，给千骑四人侍，赐银千两。”由此可证，作“二年”属是。《册府》卷三百一十九载，“魏元忠为尚书右仆射，神龙二年八月，表请归乡拜墓，许之。赐锦袍一领，银千两。因降手敕曰”，即此文文首至“伫足还轡”四句。该卷接着写道，“仍令宰相及诸司长官送于上东门外，又给元忠千骑四人，充其左右，仍敕之曰”，即此文“但正直之士”至文末。显然，《全唐文》作一篇，《册府》作两篇。但二者属同时所作，无异议。

本文作于神龙二年（706）八月。

宴集日本国使臣敕（P202 上）

《册府》卷九百七十四载，五年“十月丁卯，日本国遣使朝贡，戊辰敕”，即此文。今按：《册府》此卷于“景龙”后失题“开元”。审本卷上下文意，当为开元五年。且“景龙”无五年，又可证其疏漏。因此，本文实为玄宗文。清编《全唐文》误为中宗文，当删归玄宗名下。

本文作于开元五年（717）十月。

停亲谒乾陵敕（P202 上）

《大诏令》卷七十七录此文，末注："景龙三年十月十日。"

本文作于景龙三年（709）十月。

赐王晙敕（P202 下）

《旧书》卷九十三《王晙传》载，"景龙末，累转为桂州都督。桂州旧有屯名，常运衡、永等州粮以馈之。始改筑罗郭，奏罢屯名及转运。又堰江水，开屯田数千顷，百姓赖之。寻上疏请归乡拜墓，州人诣阙请留晙，乃下敕曰"，即此文。《新书》卷一百一十一《王晙传》亦载，"景龙末"，王晙任桂州都督，筑城务农，屯田数千，深得百姓爱戴。"后求归上冢，州人诣阙留，有诏：'桂往罹寇暴，户口凋瘵，宜即留，以须政成。'"与本文要旨合。《册府》卷六百八十三载，"王晙，景龙末，为桂州都督。……中宗手诏报晙曰"，节录此文"卿处事强济"至文末。

本文作于景龙末（709—710）。

禁《化胡经》敕（P202 下）

《旧书》卷七《本纪》载，神龙元年"九月壬午，亲祀明堂，大赦天下。禁《化胡经》及婚娶之家父母亲亡停丧成礼"。《佛祖统纪》卷四十亦载，其年"九月，祀明堂大赦，诏曰"，节录"如闻道观皆画胡成佛之相"到文末。（文字稍异）《册府》卷五十一节录"如闻天下诸观"至"并宜削除"，亦订为其年"九月制"。《宋高僧传》卷十七录本文，亦订为其年"九月十四日敕"。

本文作于神龙元年（705）九月。

答张景源请改中兴寺敕（P203 上）

《大诏令》卷一百十四录此文，题为《不许言中兴敕》，末注："神龙三年二月。"《册府》卷四百八十载，"张景源，中宗时，为补阙。神龙中，武三思用事，景源希三思上疏曰……帝纳之，因降敕曰"，即此文。《旧书》卷七《本纪》、《通鉴》卷二百八均载，神龙三年二月庚寅，敕改中兴寺、观为龙兴，自今奏事不得言"中兴"。《新书》卷二百六《外戚传》载："补阙张景源建言：'母子承业，不可言中兴'，所下制书皆除之。于是天下名祠改'唐兴''龙兴'云。"

本文作于神龙三年（707）二月。

赐崔琬弹宗楚客密状敕（P203 上）

《旧书》卷九十二《宗楚客传》载，景龙中，监察御史弹劾宗楚客、纪处纳等潜通戎狄，受其厚金重贿，致生边患。楚客自作辩解，指斥崔琬诬构，"上竟不穷问，命琬与楚客结为兄弟以和解"。《新书》卷一百九载此事在"景龙二年"。《会要》卷六十一、《通鉴》卷二百九均载此事在景龙三年二月丙申（九日）。今从之。

本文作于景龙三年（709）二月。

赐成王千里衣物敕（P203 上）

《初学记》卷二十录本文。文称成王千里为“左金吾大将军”，据《旧书》卷七十六可知，成王本名仁，是太宗第三子吴王恪之长子，武则天永昌年间改名千里。中宗复位之“中兴初，进封成王，拜左金吾大将军，兼领益州大都督，又追赠其父为司空。三年，又领广州大都督，五府经略安抚大使”。是此，其任左金吾大将军必在神龙元、二年间。《新书》卷八十《太宗诸子传》亦载：“中宗反正，改王成纪。未几，进王成。”《新书·本纪》载，神龙元年五月“壬辰，进封兄成纪郡王千里为成王”。本文当作于此后，三年之前。

本文作于神龙元年（705）封成王之后，神龙三年（707）封广州都督之前。

答大恒道观主桓道彦等表敕（P203 下）

《佛祖统纪》卷四十载，神龙元年九月，“桓彦道表留《化胡经》，敕曰”，节录此文“朕志还淳，情存去伪”及“顷以万机之暇”到“义有乖违”。《宋高僧传》卷十七《唐江陵府法明传》详载其事始末。神龙元年九月十四日，中宗连下两道旨意禁《化胡经》。“其月，洛京大恒道观主桓道彦等上表固执，敕批曰”，即此文。

本文作于神龙元年（705）九月。

答敬晖请削武氏王爵表敕（P204 上）

《旧书》卷一百八十三《外戚传》载，“中宗即位，侍中敬晖等以唐室中兴，武氏诸王宜削其王爵，乃率群官上表曰……上答曰”，即此文。《新书》卷一百二十《敬晖传》载：“晖表请诸武王者宜悉降爵，由是为公，三思愤。”《旧书》卷九十一《敬晖传》载，神龙元年“晖等以唐室中兴，武氏诸王咸宜降爵，上章论奏，于是诸武降为公”。《通鉴》卷二百八十载敬晖上表事于神龙元年五月癸巳（十五日）。

本文作于神龙元年（705）五月。

令人学行束修礼敕（P204 下）

《会要》卷三十五载，“神龙二年九月敕”，即此文。《文献通考》卷四十一《学校二》亦录全文，订为“中宗神龙二年敕”。

本文作于神龙二年（706）九月。

褒卢正道敕（P204 下）

《金石萃编》卷六十八载《卢正道敕》，与本文同。其碑文下注：“景龙元年十月十七日。”该书同卷有僧识法师神龙三年五月八日所写《卢公清德文》，可参知卢氏生平政绩。

本文作于景龙元年（707）十月。

册张柬之汉阳郡王文（P204 下）

《大诏令》卷六十一录此文。本文明署作时："维神龙元年，岁次乙巳，五月己卯朔，十五日癸巳。"《旧书》卷七《本纪》亦载，神龙元年五月癸巳，"中书令张柬之汉阳郡王"。

本文作于神龙元年（705）五月。

册崔玄𬀩博陵郡王文（P205 上）

《大诏令》卷六十一录此文。本文明署作时："维神龙元年，岁次乙巳，六月己酉朔，六日甲寅。"

本文作于神龙元年（705）六月。

册崔玄𬀩妻为博陵郡王妃文（P205 下）

《大诏令》卷六十一录此文。本文明署作时："维神龙元年，岁次乙巳，六月己酉朔，六日甲寅。"《新书》卷一百二十《崔玄𬀩传》亦载，崔元𬀩为博陵郡王，同时又"册其妻为妃，赐实封五百户"。

本文作于神龙元年（705）六月。

册赠杨再思并州大都督文（P205 下）

《大诏令》卷六十三录此文。本文明署作时："维景龙三年，岁次己酉，九月甲寅朔，二十三日丙子。"《旧书》卷九十《杨再思传》亦载，是岁亡世，"赠特进、并州大都督"。

本文作于景龙三年（709）九月。

册赠豆卢钦望司空并州大都督文（P206 上）

《大诏令》卷六十三录此文。本文明署作时："维景龙四年，岁次庚戌，二月（阙二字）朔，二十二日。"今按：所阙两字当为"壬午"（即一日）。

本文作于景龙四年（710）二月。

即位赦文（P206 下）

《英华》卷四百六十三录本文，题为《兴复神龙开创制》。《大诏令》卷二亦录本文，题为《中宗即位赦》。二者均末注："神龙元年二月五日。"两《唐书·本纪》均载，其年正月丙午（二十五日），中宗复位，二月甲寅，复国号为唐，社稷、宗庙、陵寝、郊祀、行军旗帜、服色、天地、日月、寺宇、台阁、官名，并依永淳以前故事，恰与本文合。

本文作于神龙元年（705）二月。

高宗天皇大帝谥议（P208 下）

《大诏令》卷十三录此文，未注作文年月，《会要》卷二载："文明元年八月庚寅，葬乾陵，谥曰天皇大帝，庙号高宗。”《通鉴》卷二百三亦载，其年“八月庚寅，葬天皇大帝于乾陵，庙号高宗”，均与本文相吻。

本文作于文明元年（684）八月。

赐突厥书（P210上）

《册府》卷九百七十四载：五年“七月己亥，突厥遣使献马。授其使郎将，放还蕃，降书喻之曰”，即此文。今按：景龙无五年。审该书此卷上下文，景龙后失题开元，故《全唐文》作者误将其编为中宗文，当删。

本文作于开元五年（717）七月。

召曹溪惠能入京御札（P210上）

《释氏稽古略》卷三载：“神龙元年四月，帝降御扎召曹溪六祖入京，其辞曰”，即此文。《佛祖统记》卷四十亦载：“神龙元年”，“敕遣使迎韶州慧能禅师入京。”《佛祖历代通载》卷十二载：神龙元年四月“中宗降御扎，召曹溪六祖惠能入京，其辞曰”，即本文。

本文作于神龙元年（705）四月。

六　唐睿宗李旦诏敕考

李旦（662—716），高宗第八子，中宗同母弟，龙朔二年（662）六月一日生于长安。其年十一月封殷王。乾封元年（666）七月，徙封豫王。总章二年（669）十一月，封冀王。初名“旭轮”，此时改名“轮”。上元三年（676）正月，徙封相王，拜右卫大将军。仪凤三年（678），迁洛州牧。永隆二年（681），又改封豫王，改名旦。嗣圣元年（684）二月，武则天废中宗李显，立旦为皇帝。天授元年（690）九月，武氏称帝，改国号为周，降旦为皇嗣，并改名为轮。圣历元年（698），为皇太子，轮又改名旦，封相王，授太子右卫率。长安年间（701—704），历任司徒，右羽林卫大将军，并州牧、安北大都护、诸道元帅。中宗复位，进号安国相王。景龙四年（710）六月，中宗崩。旦之第三子临淄王李隆基诛韦后及其党羽。其月二十四日，旦即帝位。延和元年（712）八月二十五日，传位平王隆基。开元四年（716）五月二十日驾崩。前后在位六年，享年五十五。谥曰大圣贞皇帝，庙号睿宗。葬于桥陵（在今陕西蒲城丰山）。《旧书》卷七、《新书》卷五有《纪》。

清编《全唐文》卷十八
（*P213—221*）

受禅制（P213上）

《大诏令》卷二录此文，题为《睿宗受禅制》。《英华》卷四百二十亦录此文，题作《睿宗即位赦》。二书均未注明作时。今按：本文云，“大行皇帝奄弃寓县”“今皇帝哀茕在疚，托于朕躬”，指中宗崩，少帝禅让。两《唐书·本纪》、《通鉴》卷二百九俱载，唐隆元年六月甲辰（二十四日），睿宗即位，大赦天下。

本文作于唐隆元年（710）六月。

诫谕天下制（P213上）

《大诏令》卷一百十载此文，题为《诫谕天下制》，末注：“唐隆元年九月。”今按：其年七月二十日改元“景云”，当书“景云元年”。

本文作于景云元年（710）九月。

成王千里还旧官制（P213 下）

《旧书》卷七十六《太宗诸子传》载，“睿宗即位，诏曰”，节录“故左金吾卫大将军”至“可还旧官”。（文字稍异）《册府》卷二百九十五载，“景云元年诏曰”，节录文字与《旧书》略同。《大诏令》卷三十九录此文，未注作时。《旧书·本纪》、《通鉴》卷二百九均载，景云元年七月，复敬晖、桓彦范、崔玄玮、张柬之、成王千里、李多祚等官爵。

本文作于景云元年（710）七月。

赠宁嘉勖永和县令制（P214 上）

《旧书》卷八十六《高宗中宗诸子传》、《册府》卷八百四均载，“睿宗践祚，下制曰”，即此文。

本文作于景云元年（710）。

定刑法制（P214 上）

《英华》卷四百六十四、《大诏令》卷八十二均录此文，题为《颁行律令制》，末注：“文明元年四月二十二日。”

本文作于文明元年（684）四月。

加镇国太平公主实封制（P214 下）

《大诏令》卷四十二录此文，未注作年。《旧书·本纪》载，唐隆元年六月“己酉，镇国太平公主加实封五百户，通前一万户”，但本文云，在太平公主协助下“氛祲已廓”“可加实封一千户”。《旧书·外戚传》载，“唐隆元年六月”“公主频著大勋，益尊重，加实封五千户，通前满一万户”。据此可知“五百户”“一千户”皆误。

本文作于唐隆元年（710）六月。

赠太子重俊谥节愍制（P214 下）

此文又载于清编《全唐文》卷二百五十三，实为苏颋文。按该书体例，属重出之文，当从睿宗名下删去。

《旧书》卷八十六《高宗中宗诸子传》载，“睿宗即位，下制曰”，即此文少末两句。《大诏令》卷三十一录此文，题为《赠重俊皇太子制》，末注：“唐隆元年六月二十五日。”

本文作于唐隆元年（710）六月。

赠裴炎益州大都督制（P214 下）

《旧书》卷八十七《裴炎传》载，“睿宗践祚，下制曰”，即此文。《册府》卷一百三十九亦录此文，订为唐隆元年六月制。

本文作于唐隆元年（710）六月。

以崔日用参知机务制（P215 上）

此文又载于清编《全唐文》卷二百五十，收入苏颋名下。按该书体例，当从睿宗名下删之。

《英华》卷三百八十录此文，题为《授崔日用黄门侍郎制》，未注作时。《大诏令》卷四十四录此文，题中夺“以”字，末注：“唐隆元年七月四日。”《旧书》卷七《本纪》、《通鉴》卷二百九均载，其年“七月癸丑（即四日）”，兵部侍郎崔日用为黄门侍郎，参知机务。

本文作于唐隆元年（710）七月。

授苏瓌左仆射制（P215 上）

《旧书》卷八十八《苏瓌传》载，“相王即帝位，下诏曰”，即此文。《册府》卷一百三十三亦载，“睿宗初即位，下诏曰”，即此文。该书卷三百一十五又录本文，订为唐隆元年七月制。两《唐书·本纪》均载，其年七月，苏瓌为尚书左仆射。

本文作于唐隆元年（710）七月。

礼葬韦后安乐公主制（P215 下）

《册府》卷三十九载，“睿宗唐隆元年七月制曰”，即此文。今按：《旧书》均载，唐隆元年六月庚子，临淄王李隆基发动宫廷政变，诛韦后、安乐公主，“翌日，敕收后尸，葬以一品之礼，追贬为庶人；安乐公主以三品之礼，追贬为悖逆庶人”。《新书》卷七十六《后妃传》亦云：“枭后及安乐首东市。翌日，追贬为庶人，葬以一品礼。”该书卷八十三《安乐公主传》载：“睿宗即位，诏以二品礼葬之。”两《唐书·本纪》、《通鉴》卷二百九均载，追废韦皇后为庶人，安乐公主为悖逆庶人。详审上述诸条资料《后妃传》所谓“翌日”，当指收尸。礼葬与追贬，当在睿宗即位后之七月。《后妃传》以“翌日”领起，贯及后事，实为史书书写之惯例。

本文作于景云元年（710）七月。

赠薛季昶左御史大夫制（P215 下）

《旧书》卷一百八十五《薛季昶传》，“睿宗即位，下制曰”，即此文。《新书》卷一百二十亦载，“睿宗立，诏赠左御史大夫，同彦范等赐一子官”，与本文要旨合。

本文作于景云元年（710）。

追赠燕钦融谏议大夫制（P215 下）

《旧书》卷一百八十七《燕钦融传》载，“睿宗即位，下制曰”，即此文。《册府》卷一百三十九载，“睿宗唐隆元年六月，下诏曰”，即此文。《通鉴》卷二百九载，其年六月“追赠郎岌、燕钦融谏议大夫”。

本文作于唐隆元年（710）六月。

追赠苏安恒谏议大夫制（P215 下）

《旧书》卷一百八十七《苏安恒传》载，“安恒，神龙初为集艺馆内教。节愍太子之杀武三思也，或言安恒预其谋，遂下狱死。睿宗即位，知其冤，下制曰”，即此文。《新书》卷一百一十二《苏安恒传》亦载：“睿宗即位，知其枉，诏赠谏议大夫。”《通鉴》卷二百一十载，其年八月“赠苏安恒谏议大夫”。

本文作于景云元年（710）八月。

追赠张柬之中书令制（P215 下）

《旧书》卷九十一《张柬之传》载，“景云元年，制曰”，即此文。《新书》卷一百二十《张柬之传》亦载：“景云元年，赠中书令，谥曰文贞，授一子官。”《旧书·本纪》、《通鉴》卷二百九均载，其年七月，复敬晖、桓彦范、崔玄玮、张柬之、袁恕己等爵。

本文作于景云元年（710）七月。

褒长安令李朝隐制（P216 上）

《旧书》卷一百《李朝隐传》载，“三迁长安令，有宦官闾兴贵诣县请托，朝隐命拽出之，睿宗闻而嘉叹，廷召朝隐，劳曰：‘卿为京县令能如此，朕复何忧？’乃下制”云云，即本文。《新书》卷一百二十九《李朝隐传》亦载，“迁长安令，宦官闾兴贵有所干请，曳去之。睿宗嘉叹，后御承天门，对百官及朝集使褒谕其能，使遍闻之。进太中大夫一阶，赐中上考，绢百匹，以旌刚烈”，与本文要旨合。《册府》卷七百一录本文，叙其写作背景与两《唐书·本纪》同。《通鉴》卷二百一十节录本文要点，并订其为景云元年十二月所下制文。

本文作于景云元年（710）十二月。

追复李多祚官制（P216 上）

《旧书》卷一百九《李多祚传》云，“睿宗即位，下制曰”，即此文。该书《本纪》载，唐隆元年七月丙辰，复敬晖、李多祚等官爵，与本文要旨合。《册府》卷一百三十九亦录此文，订为睿宗即位后所下制文。

本文作于唐隆元年（710）七月。

贬赵彦昭归州刺史制（P216 下）

《册府》卷一百五十二载，“景云元年九月制曰”，即此文。本书载彦昭任潞州刺史，又贬归州刺史。两《唐书·本纪》皆不载，可补史阙。

本文作于景云元年（710）九月。

勘责授官制（P216 下）

《册府》卷六十九载，“睿宗景云元年九月丙子，制曰”，即此文。

本文作于景云元年（710）九月。

令西城昌隆公主入道制（P216 下）

《新书》卷八十三《诸帝公主传》载，睿宗第八女“金仙公主，始封西城公主”；第九女“玉真公主，字持盈，始封崇昌县主”。但本文则云第九女“昌隆公主”，与史传稍异。《册府》卷五十三载，景云元年“十二月癸未，制曰”，即此文。《通鉴》卷二百一十载，其年“十二月癸未，上以二女西城、隆昌公主为女冠，以资天皇太后之福，仍欲于城西造观”，与本文要旨合。

本文作于景云元年（710）十二月。

令所司举人制（P217 上）

《大诏令》卷一百二录此文，题为《博采通经史书学兵法诏》，末注：“景云元年十二月。”《册府》卷六十八录本文，亦订为此时作。《会要》卷七十六节录“四方选集”至文末，亦订为其年“十二月制”。

本文作于景云元年（710）十二月。

命皇太子监国制（P217 上）

两《唐书·本纪》、《通鉴》卷二百一十、《会要》卷五十一均载，景云元年二月命皇太子监国。《旧书》卷八《玄宗本纪》载，景云“二年，又制”云云，即此文。《大诏令》卷三十录此文，题为《睿宗命皇太子监国制》，末注：“景云二年二月。”《册府》卷二百五十九载，“睿宗景云二年二月，有术者上言：‘五日内有急兵入宫。’睿宗顾问侍臣，莫有对者。张说进曰：‘此是谗人欲摇动东宫耳。陛下若使太子监国，则君臣分定，自然窥窬路绝，灾难不生。’睿宗大悦，乃下制”云云，即此文。

本文作于景云二年（711）二月。

令僧道并行制（P217 上）

《通典》卷六十八载，“景云二年四月诏”云云，节录此文“自今以后”到文末。（文字稍异）《旧书·本纪》载，其年四月“癸未，分瀛州置鄚州。诏以释典玄宗，理均迹异，拯人化俗，教别功齐。自今每缘法事集会，僧尼、道士、女冠等宜齐行道集”。此段文字，实属本文之节录。《大诏令》卷一百十三录此文，题为《僧道斋并行进制》，末注：“景云二年。”《册府》卷五十三录此文，亦订为其年“四月手制”。《会要》卷四十九亦云，“景云二年四月八日诏，自今以后，僧尼道士女冠并宜齐行并集”，与本文要旨合。

本文作于景云二年（711）四月。

韦安石等罢相制（P217 下）

《旧书·本纪》载，景云二年冬十月甲辰，“韦安石为尚书左仆射、东都留守，侍中李日知为户部尚书，兵部尚书郭元振为吏部尚书，侍中兼检校左台御史大夫窦怀贞为左台御史大夫，兵部侍郎兼左庶子张说为尚书左丞，罢知政事”，所述诸人降职均与本文合。《新书·本纪》亦载罢韦安石等人于此时。《册府》卷三百三十三载，其年十月，帝御承天楼，引韦安石、郭元振等人，“制责之曰”，即此文。该书卷三百三十四亦载此事，录全文。《通鉴》卷二百一十亦载，其年“冬十月甲辰，上御承天门，引韦安石、郭元振、窦怀贞、李日知、张说宣制，责以‘政教多阙，水旱为灾，府库益竭’”云云，与本文要旨合。

本文作于景云二年（711）十月。

郊禋大赦制（P217 下）

本文云，“自临万邦，斯为三载”，明为登基三年之词也；又曰，“今三元告辰，万物伊始”，事在年初也。《旧书·本纪》载，景云三年正月“辛巳，南郊；戊子，躬耕籍田；己丑，大赦天下，改元太极”，与本文“升彼圜丘，躬耕祈谷”“可大赦天下”合。

本文作于太极元年（712）正月。

禁请仗下奏事制（P218 上）

《大诏令》卷一百十录此文，题为《不设群臣干请诏》，末注：“景云二年十二月。”《册府》卷一百五十七亦录本文，订为此时制。

本文作于景云二年（711）十二月。

褒恤魏元忠制（P218 上）

《旧书》卷九十二载，“景云三年，又降制曰”，即此文。《新书》卷一百二十二亦载睿宗诏赐其子封户。

本文作于景云三年（712）。

访察官司请托制（P218 上）

《册府》卷六十三载，“睿宗太极元年三月制”，即此文。

本文作于太极元年（712）三月。

颁新格式制（P218 下）

《旧书》卷七《本纪》载，太极元年二月“己巳，颁新格式于天下。夏四月辛丑，制曰”，即此文。该书卷五十《刑法志》又载，景云初，睿宗令岑羲、陆象先、徐坚等“删定格式律令，太极元年二月奏上，名为《太极格》”。《册府》卷六百一十二载，“睿宗太极元年二月，颁新格式于天下。先是，景云初，敕户部尚书岑羲、中书侍郎陆象先”等十人，“删定格式律令，至是奏上之，名为《太极格》，诏颁于天下。四月制曰”，即此文。

本文作于太极元年（712）四月。

加邠王守礼实封制（P219 上）

邠王守礼，乃章怀太子贤之第二子。《大诏令》卷三十八录本文，末尾注“下阙”，可知此文为残文。今按：《旧书》卷八十六《高宗中宗诸子传》载：“神龙中，遗诏进封邠王，赐实封五百户。景云二年，带光禄卿，兼幽州刺史，转左金吾卫大将军，遥领单于大都护。”本文称邠王守礼为“左金吾卫大将军”，必作于景云二年任其职之后、延和元年八月庚子睿宗传位于皇太子之前。

本文作于景云二年（711）至延和元年（712）八月间。

加宣城公主实封制（P219 上）

《大诏令》卷四十二录本文，题为《宣城公主加实封制》，未注作年。宣城公主，高宗第二女，萧淑妃所生。中宗神龙初，实封千户，开府置官属。睿宗立，增千户。（详见《新书》卷八十三《高安公主传》）本文云，“国难初平，宜加井赋”，明为景云元年六月平韦后之乱后所作；又云，“可加实封五百户”，当在“增千户”之前。

本文作于景云元年（710）。

赠吉顼御史大夫诏（P219 上）

《旧书》卷一百八十六载，中宗未作皇太子时，吉顼曾向张易之兄弟建议立庐陵王及相王，但因武则天降罪吉顼，一直无人知此事。“睿宗即位，左右发明其事，乃下制曰”，即此文。《会要》卷五十一亦载追赠吉顼为御史大夫，在睿宗复即帝位后，并节录本文“王命中否”至“克副祈天之基”一段。（文字稍异）

本文作于景云元年（710）。

立平王为皇太子诏（P219 下）

《旧书》卷八《玄宗本纪》载，唐隆元年六月，平韦氏乱后，“睿宗即位，与侍臣议立皇太子。佥曰：‘除天下之祸者，享天下之福；拯天下之危者，受天下之安。平王有圣德，定天下，又闻成器已下咸有推让，宜膺主鬯，以副群心。’睿宗从之。丙午，制曰”，即此文。《英华》卷四百四十三载此文，末注：“唐隆元年六月。”按：此年六月无“庚午”，当为“丙午”之讹。《大诏令》卷二十七亦载此文，末注：“唐隆元年六月。”《册府》卷二百五十七录此文，订为是岁六月丁未诏，并追叙议立平王为皇太子的过程在此日前。《通鉴》卷二百九亦云：“丁未，立平王隆基为皇太子。”今按：其月“丙午”为二十六日，“丁未”为二十七日，今从《册府》《通鉴》。

本文作于唐隆元年（710）六月。

葬谯王重福诏（P219 下）

《旧书》卷八十六《高宗中宗诸子传》载，重福，乃中宗第二子。长安四年（704），进封谯王。韦后伏诛，睿宗即位，重福从均州至洛阳兴兵谋反，败亡投河而死，“诏曰”，即此文。《册府》卷三十九载，“谯王重福以反逆谋，睿宗诏曰”，即本文。《大诏令》卷三十九亦录此文，题为《谯王重福三品礼葬诏》，但未注作年。今按：《旧书·本纪》载，景云元年八月癸巳，讨平重福之乱。《新书·本纪》及《通鉴》卷二百一十均载其事于“八月庚寅”。今从后二书。

本文作于景云元年（710）八月。

拣择刺史诏（P220上）

《册府》卷一百二载，“睿宗景云元年十一月，诏曰”，即此文。《大诏令》录此文，末注作时与《册府》同。

本文作于景云元年（710）十一月。

命皇太子释奠太学诏（P220下）

两《唐书·本纪》均载，景云二年八月丁巳，皇太子释奠国学。《册府》卷二百六十载，“睿宗景云二年八月诏曰”，即此文。《大诏令》录本文，末注作时与《册府》同。

本文作于景云二年（711）八月。

停修金仙玉真两观诏（P220下）

《会要》卷五十载，“太极元年四月十七日制”云云，节“为金仙、玉真公主出家造观”，“报先慈也”及“外议不识朕心”到文末。但是，《大诏令》卷一百八录本文，末注：“景云三年正月。”今按：《旧书》卷一百《裴漼传》载：“太极元年，睿宗为金仙、玉真公主造观及寺等，时属春旱，兴役不止。漼上疏谏曰：‘……今自春至夏，时雨愆期。……两都仍有寺观之作，时旱之应，实此之由。’”由此可知，其年“自春至夏”，未停营建两观之事。因而，此诏不当行于正月，《会要》所记属是。

本文作于太极元年（712）四月。

付史馆纪皇太子等劝进诏（P220下）

本文云，“朕纂承洪业，于今三年”，明为太极元年所作。《册府》卷一百三十三载，“太极元年四月诏曰”，即此文。

本文作于太极元年（712）四月。

答皇太子让禅位表诏（P221下）

两《唐书·玄宗本纪》均载，延和元年七月壬辰，睿宗下制让位于皇太子隆基。太子惶惧入请，睿宗答其禅让原故。《通鉴》卷二百一十亦载，其月“壬辰，制传位于皇太子，太子上表固辞。太平公主劝上虽传位，犹宜自总大政。上乃谓太子”云云，即为本文“昔舜禅禹，犹亲巡狩。朕虽传位，岂忘国家！其军国大事，当兼省之”之节录。（文字稍异）《册府》卷十一载，延和元年七月“丙申，皇太子让表曰……睿宗答曰”，即此文。

本文作于延和元年（712）七月。

复刘幽求官爵诏（P221下）

《旧书》卷九十七《刘幽求传》载，太平公主与中书令崔湜等将谋作乱，刘幽求令张暐向玄宗密奏，暐又泄其谋。“玄宗大惧，遽列上其状，睿宗下幽求等诏狱，流于封州。岁余，太平公主等伏诛，其日，下诏曰”，即此文。《册府》卷一百三十四所载与《旧书》同，亦录本文。该书卷七十二载，玄宗先天二年“八月，以封州流人刘幽求忠而获罪，乃下制曰”，即此文。《旧书·本纪》载复刘官爵在“八月壬辰”。《新书·本纪》及《通鉴》卷二百一十则记其事在“八月癸巳”，相差一月。

今按：由上述可知，此诏乃玄宗所下，作睿宗误。又，《英华》卷三十五录此文，题为《授刘幽求左仆射制》，作者为苏颋。《大诏令》卷四十四亦录此文，题为《刘幽求知军国大事制》，末注“先天二年八月一日（即壬辰）”，作者亦为苏颋。《全唐文》卷二百五十《授刘幽求左仆射制》与此文相校，仅衍“门下，尚书佐理，四方取则”至“封州流人”及末句“主者施行”，其余全同，作者仍为苏颋。显然，按《全唐文》体例，此文当归苏颋名下，今误入睿宗名下，当删。

本文作于先天二年（713）八月。

清编《全唐文》卷十九
（*P222—233*）

诫励风俗敕（P222上）

《英华》卷四百六十五载《诫励风俗四首》，此文为第一首，末注：“文明元年四月十三日。”《大诏令》卷一百十亦录此文，题为《诫励风俗敕》，末注作时与《英华》同。

本文作于文明元年（684）四月。

申劝礼俗敕（P222上）

陆心源据《会要》卷二十六，补《行乡饮酒礼敕》，于《唐文拾遗》卷十二，作为“襄王重茂”文，实为本文“乡钦酒礼废，为日已久”及“宜令诸州，每年遵行乡饮之礼”之节录。陆氏未加详检，造成重出误收，当删。

《英华》卷四百六十五录此文，题为《诫励风俗四首》，此文为第二首，末注：“唐隆元年七月十九日。”《大诏令》卷一百十亦在《诫励风俗》首篇后加一“又”字，载录了此文，末注作时与《英华》同。《册府》卷六十八载，唐隆元年“七月制”云云，实为本文“天下有奇才异行”至“并令本州责状进封”之节录。该书卷五十载，“景云元年七月制曰”，即本文“朕克缵丕业”至“宜令州县劝导，令知礼让”之节录。（文字稍异）该书卷五十载，“睿宗唐隆元年七月制”云云，录文与《会要》卷二十六相同。《唐文拾遗》

作“襄王重茂文”，误，当删。

本文作于唐隆元年（710）七月。

简择内外文武官敕（P223上）

《册府》卷六十九载，景云“二年十月敕”云云，即此文。《大诏令》卷一百亦录本文，题为《令御史录奏内官职事诏》，末注：“景云二年十月。”本文云：“朕丕膺鸿绪，三年于兹。”今按：史载睿宗于唐隆元年（710）六月登基，至景云二年（711）十月，实为两年。本文之“三年”，疑为“二年”形似之讹。

本文作于景云二年（711）十月。

赐天师司马承祯三敕（P223下）

《天坛王屋山圣迹记》以《唐睿宗赐司马天师白云先生书诗并禁山敕碑》为题，录文四篇。前三篇，即《全唐文》本卷所录三敕。第四篇乃玄宗文，明署“开元神武皇帝敕”。前三篇结尾分别署有：“二日”“二十八日”“十九日”，但均未署明何年何月。《历世真仙体道通鉴》卷二十五载，“睿宗复命其兄承祎就之，诏曰”，节录第一敕“炼师德超河上”至“宁妨此顾”及“朝钦夕伫”至文末两段，但亦未署明作年。今按：《旧书》卷一百九十二《司马承祯传》载：“景云二年，睿宗令其兄承祎就天台山追之至京，引入宫中，问以阴阳术数之事。”《玄品录》卷四亦载：“景云二年，睿宗遣其兄承祎就天台山迎之京师。”本文第一则云，“欲遣使者专迎，或遇炼师惊惧，故令兄往，愿与同来”，与《旧书》及《玄品录》所载恰合。又，本文第一则云：“夏景渐热，妙履清和。思听真言，用祛蒙蔽。”由此可知，该文当作于夏季。本文第二则云，“鹤驭方来，凤京爰降”“顺风访道，谅在兹日”，明为司马承祯至京，睿宗约见之辞。天台山距京城长安四千余里（见《旧书·地理志三》）。司马承祎在夏季去迎，司马承祯来到京师亦当在夏季。本文第三则云，“闲居三月，方味广成之言”“今之别也，亦何恨哉”此明为司马承祯至京三月后，睿宗送别之辞。因司马承祯夏季至京，经“三月”后之分别，当在秋季。

第一、二敕作于景云二年（711）夏季，第三敕作于其年秋季。

诫诸王皇亲敕（P224上）

《册府》卷一百五十七载，“睿宗景云元年十二月，帝以诸王及皇亲任刺史别驾多有愆过，手敕戒之曰”，即此文。《大诏令》卷四十录此文，题为《诫诸王任刺史别驾敕》，末注作时与《册府》同。

本文作于景云元年（710）十二月。

复建桐柏观敕（P224下）

《天台山志》载：“景云二年敕，为司马承祯真人建观。禁封内四十里毋得樵采，以为禽兽草木生长之地。”此段与本文“于天台山中，辟封内四十里，为禽兽草木长生之福庭，禁断采捕者”要旨吻合。唐人崔尚《桐柏观碑》云：“我唐有司马炼师居焉。景云中，天子布命于下，新作桐柏观。”按，景云共三年，“景云中”，当指“景云二年”。又，宋大中祥符三年所作《重建道藏经记》亦云：“唐景云中，天子为司马承祯置观桐柏，界琼台三井之下。”又，《天台山方外志》卷十四《唐睿宗赐司马承祯置敕》，即此文。

本文作于景云二年（711）。

赐岱岳观敕（P224 下）

本文曰：“景云二年六月二十三日，皇帝敬凭太清观道士杨太希于名山斫烧香供养。”顾炎武《求古录》亦录此文，题作《唐景云二年敕》，可资参校。

本文作于景云二年（711）六月。

赐狄光嗣敕（P225 上）

《新书》卷一百一十五《狄仁杰传》载，光嗣，乃仁杰长子。“母丧，夺为太府少卿，固让，睿宗嘉其诚，许之。”本文云：“夺卿情礼，以展殊思。屡表固陈，词理恳至。循环省览，有足可矜。”与《新书》所载要旨合。中华书局排印本《大唐新语》卷十二亦录此文，可资参校。

本文作于睿宗朝。

赐武攸绪敕（P225 上）

《旧书》卷一百八十三《外戚传》载，武攸绪在武则天朝弃官隐于嵩山，中宗召至京都，授太子宾客，不久复归嵩山。“及三思、延秀等构逆，诸武多坐诛戮，唯攸绪以隐居不预其祸，时论美之。睿宗即位，又降敕曰”，即此文。《新书》卷一百九十六《隐逸传》亦云，“俄而，诸韦诛，武氏连祸，唯攸绪不及。睿宗恐其不自安，下诏慰谕”，与本文所云“罪无相及，为善有验，卿之谓欤！或虑惊疑，故令慰谢”，旨意相合。

本文作于景云元年（710）。

命皇帝谒享太庙诰（P225 上）

《册府》卷三十载：“玄宗先天元年八月即位，十月丁酉，太上皇诰曰”，即此文。《大诏令》卷七十五亦录此文，末注作时与《册府》同，两《唐书·本纪》、《通鉴》卷二百均载，其年十月，玄宗谒太庙。

本文作于先天元年（712）十月。

命皇帝巡边诰（P225 下）

《册府》卷一百一十三载，玄宗先天元年“十一月，睿宗命皇帝巡边诰曰”，即此文。但《大诏令》卷七十九录本文，题为《睿宗令皇帝巡边诏》，末注：“先天元年十月。”今按：《旧书·本纪》载：先天元年八月，睿宗传位皇太子，自称太上皇，“其处分事称诰、令”。《大诏令》作“诏”，误。又，《新书·本纪》及《通鉴》卷二百一十均载，其年十一月，上皇诰遣皇帝巡边。由此可知，《大诏令》误。

本文作于先天元年（712）十一月。

简补羽林飞骑诰（P226 上）

《通典》卷二十八载，“先天二年正月十日敕”云云，节录“往者卫士计户取充”至“咸欲避匿”及“今改取二十五以上”至篇末。《册府》卷一百二十四载：“玄宗先天二年正月，睿宗诰曰”，即本文。《会要》卷七十二载：“先天二年正月诏”，节录“计户充兵”至本篇结句。

本文作于先天二年（713）正月。

除宥禁囚诰（P266 上）

《册府》卷八十四载：“先天二年三月，太上皇诏曰”，即此文。本篇曰：“今阳和布气，膏泽顺时。凡厥黎萌，咸事东作”，正是春季所行之文。

本文作于先天二年（713）三月。

遣宣劳使诰（P226 上）

《册府》卷一百六十二载：“玄宗先天元年，太上皇诏曰”，即此文。按：两《唐书·本纪》载，是岁八月庚子，传位皇太子，改元先天元年。本文亦称：“式命元子，祗膺宝位”，明为八月改元之后作。

本文作于先天元年（712）八至十二月间。

封乳母蒋氏莫氏诰（P226 下）

《册府》卷三十八载：“玄宗先天二年五月，太上皇诰曰”，即此文。

本文作于先天二年（713）五月。

诛窦怀贞等大赦诰（P226 下）

《旧书·本纪》载，先天二年秋七月甲子，玄宗诛太平公主党羽，“上御承天门楼，大赦天下。自大辟罪以下，无轻重咸赦除之。”与本文要旨合。《新书·本纪》亦载：其年“七月甲子，大赦”。《通鉴》卷二百一十云：七月甲子“上皇乃下诰罪状怀贞等，因赦天下，惟逆人亲党不赦”。《册府》卷八十四录此文，亦订为是时诏。

本文作于先天二年（713）七月。

命皇帝处分军国政刑诰（P227 上）

《旧书·本纪》载，先天二年七月甲子，玄宗诛太平公主党羽，“翌日，太上皇诰曰：朕将高居无为，自今后军国刑政一事以上，并取皇帝处分。”《玄宗本纪》亦载此语。《新书·本纪》亦载，其年七月“乙丑，诰归政于皇帝”。《通鉴》卷二百一十又曰：“乙丑，上皇诰，自今军国政刑，一皆取皇帝处分。朕方无为养志，以遂素心。”均与本文要旨合。《册府》卷十一录此文，则订为其月“丙寅”日诰。《大诏令》卷三十录此文，题为《睿宗命明皇总军国刑政诏》，末注：“先天二年七月。”今按：当从两《唐书》、《通鉴》作“乙丑”日；“诏”亦当作“诰”为是。

本文作于先天二年（713）七月。

与皇帝诰（P227 下）

《册府》卷四十七载：“先天初，玄宗为大被、长枕，宋王成器等昆季，每与同寝，太平公主奏之。太上皇诰曰”，即此文。《旧书》卷九十五《睿宗诸子传》载：“玄宗尝制一大长枕，将与成器等共申友悌之好，睿宗知而大悦，累加尝叹。”其后，接载宋王成器“先天元年八月，进封司空。”《新书·三宗诸子传》亦载：“玄宗为太子，尝制大衾、长枕，将与诸王共枕，将与诸王共之。睿宗知之，甚喜。”考：两《唐书》只云睿宗甚喜，未书明本文作时，当以《册府》所记“先天初”为是。先天共二年，“先天初”当指元年。其年八月始改元，其年用“先天”仅四个月。

本文作于先天元年（712）八至十二月。

册皇帝妃王氏为皇后诰（P227 下）

《英华》卷四百四十六录此文，题为《册皇后文》，末注“延和元年七月”。《旧书·本纪》及《会要》卷一均载，先天元年八月二十（丁巳），立皇帝妃为皇后。两《唐书》之《后妃传》均云：“先天元年，为皇后。”《通鉴》卷二百一十载，先天元年八月“丙午，立妃王氏为皇后”。今按：先天元年八月庚子（三日），始传位皇太子。其年七月，玄宗尚为皇太子，不当有封皇后之事，《英华》误。其他诸书记封王皇后日期有异，俟考。

本文作于先天元年（712）八月。

册封皇帝良娣董氏等诰（P227 下）

《大诏令》卷二十五录此文，题于“等”下增“贵妃”二字。末注“延和元年十月”。按：此年八月已改元，当以“先天”称之。

本文作于先天元年（712）十月。

封郯王鄂王诰（P227 下）

《大诏令》卷三十三录此文，题中“鄂王”作“郢王”，末注：“先天元年八月。”《旧书》卷一百七《玄宗诸子传》载：玄宗长子，本名嗣直，“先天元年八月，进封郯王”。又载：玄宗第二子，本名嗣谦，“先天元年八月，进封郢王”。而封为鄂王的则是第五子瑶，系开元二年五月封。显然，与本文所云“嗣谦可封鄂王”不符，题中“鄂王”二字属误。

本文作于先天元年（712）八月。

封陕王诰（P228 上）

《旧书·肃宗本纪》载，李亨为玄宗第三子，初名嗣升，“景云二年乙亥生”，“二岁封陕王。”据此，当为先天元年。该书《睿宗本纪》载：先天元年九月“甲申，封皇帝子嗣升为陕王”，《新书·本纪》载其事于九月“甲午”，《通鉴》卷二百一十则作“辛卯”日。《册府》卷十一载，肃宗“先天元年，封陕王。”《大诏令》卷三三录此文，末注亦为“先天元年”。《会要》卷一载：“先天元年九月封陕王。”

本文作于先天元年（712）九月。

遗诏（P228 上）

《大诏令》十二录此文，题为《睿宗遗诏》，末注：“开元四年六月”，并署作者为苏颋。按《全唐文》体例，当从睿宗名下删去。

《旧书·睿宗本纪》《新书·玄宗本纪》载，开元四年六月甲子（二十日），太上皇崩。《旧书·玄宗本纪》及《通鉴》卷二百一十一则载“六月癸亥（十九日）”，睿宗崩。相差一日，俟考。

本文作于开元四年（716）六月，此当删，归入苏颋名下。

册平王为皇太子文（P228 下）

《英华》卷四百四十三、《大诏令》卷二十八均录此文。本文明署作时为：“维唐隆元年，岁次庚戌，七月庚戌朔，二十日己巳。”《旧书》卷七《本纪》亦载，是岁七月“己巳，册平王为皇太子”。

本文作于唐隆元年（710）七月。

节愍太子谥册文（P229 上）

《大诏令》卷三十二录此文，《英华》卷八百三十九载李乂《节愍太子哀册文》，与此文文字全然不同。本文明署作时为：“维景云元年，岁次庚戌，十月戊寅朔，二十九日景午。”两《唐书·本传》均载，睿宗即位，追谥节愍。《通鉴》卷二百一十亦载，景云元年十月“谥故太子重俊曰节愍”。

本文作于景云元年（710）十月。

册桂阳郡王杨妃文（P229 上）

《大诏令》卷四十录此文。本文明署作时为：“景云二年，岁次辛亥，十月庚寅。”

本文作于景云二年（711）十月。

北郊赦文（P229 下）

本文曰：“可大赦天下，改太极元年为延和元年。五月十三日昧爽以前，大辟罪以下，咸赦除之。”《册府》卷八十四载，“延和元年五月戊寅，有事于北郊。辛巳大赦天下。”云云，节录本文“改太极元年为延和元年”至篇末，但缺“桓彦范、敬晖、崔元時、袁恕己、张柬之等，特还其子实封二百户”一句，但该书卷一百三十则节录此句，并订为“太极元年五月，亲祀北郊诏”。《英华》卷四百二十五、《大诏令》卷七十三均录此文。

本文作于延和元年（712）五月。

让禅位表（P230上）

《旧书》卷七《本纪》载，唐隆元年六月“甲辰，少帝诏曰……相王上表，让曰”，即本文。《通鉴》卷二百九亦载：其年六月“癸卯，太平公主传少帝命，请让位于相王，相王固辞”。

本文作于唐隆元年（710）六月。

与刘仁轨书（P230上）

《通鉴》卷二百三载，嗣圣元年二月庚申，“太后与仁轨书曰”，即本篇首四句。据此可知，此实为武则天与刘仁轨书，应从睿宗名下删去。

本文作于嗣圣元年（684）二月。

劳毕构玺书（P230下）

《旧书》卷一百《毕构传》载：“景云初，召拜左御史大夫……顷之，复授益州大都督府长史，兼充剑南道按察使。所历州、府，咸著声绩，在蜀中尤革旧弊，政号清严。睿宗闻而善之，玺书曰”，即此文。

本文作于景云年间（710—712）。

赐刘幽求玺书（P231上）

《旧书》卷九十七《刘幽求传》载：“景云二年……擢拜侍中，降玺书曰”，即此文，《册府》卷十三亦载：“景云二年冬十月甲辰，以吏部尚书刘幽求为侍中，隆玺书曰”，即此文。

本文作于景云二年（711）十月。

劳解琬玺书（P231上）

《旧书》卷一百《解琬传》载：“景云二年，复为朔方大总管。……以年老乞骸骨，拜表讫，不待报而去。优诏加金紫光禄大夫，听致仕，其禄准品全给。寻降玺书劳之曰”，即此文。

本文作于景云二年（711）。

第二篇

全唐文盛唐诏敕考辨

一 唐玄宗李隆基诏敕考

李隆基（685—762），睿宗第三子，垂拱元年生于东都。垂拱三年（687）闰七月封楚王，天授三年十月出阁，开府置官属。历右卫郎将、尚辇奉御、卫尉少卿、卫尉少卿兼潞州别驾等职。唐隆元年（710）六月，与太平公主发动“唐隆政变”，诛杀韦后，封平王。睿宗即位，立为皇太子监国。先天元年（712）八月，即帝位。次年七月，平太平公主之乱。天宝十四载（755）安史之乱爆发，逃往成都。天宝十五载（756）太子李亨即位，尊其为太上皇。至德二载（757），返回长安。宝应元年（762）驾崩，在位四十五年。终年78岁，谥曰至道大圣大明孝皇帝，庙号玄宗。葬于泰陵（在今陕西蒲城金粟山）。《旧书》卷八、卷九，《新书》卷五有《纪》。

清编《全唐文》卷二十
（*P233—242*）

《答贾曾令》（P234下）

本文亦见载于《旧书》卷一百九十，玄宗为太子时，频遣使访召女乐，贾曾启谏。本文为玄宗对贾曾的答言。《册府》卷七百一十四亦载本文，“睿宗景云三年八月，太子（唐玄宗）屡遣访召女乐，宫臣就率更寺阅乐，多奏女妓，曾进启谏……太子令答曰”云云，即本文。

本文作于睿宗景云三年（712）八月。

将行释奠礼令（P234下）

本文亦见载于《册府》卷二百六十，“太极元年二月，皇太子将行释奠之礼，因下令曰”云云，即本文。

本文作于太极元年（712）二月。

受禅制（P235上）

本文亦见载于《英华》卷四百二十，题为《开元皇帝受禅制》，《大诏令》卷七十五题为《明皇即位谒太庙赦》，文末记时为“先天元年十月”。《旧书》卷七记载，“改元先天……冬十月庚子，皇帝亲谒太庙，礼毕，御延喜门，大赦天下”，即指此事。

本文作于先天元年（712）十月。

褒魏知古进诗手制（P235 上）

《会要》卷二十八记载“先天元年十月七日幸新丰，猎于骊山之下，至十一月三日，侍中魏知古上诗谏曰……手制曰”，即本文。《册府》卷三百一十九载“魏知古，玄宗时为侍中，先天元年十月猎于骊山之下，知古上诗谏之，手诏曰”云云，即本文。《册府》卷五百四十九载，“魏知古为侍中，先天元年十月上诗谏猎，元宗手诏曰，卿所进猎渭滨十韵，三复研精，良增叹美，今赐物五十段以申劝奖”，与本文要旨合。今从《会要》订时。

本文作于先天元年（712）十一月。

赐魏知古手制（P235 下）

本文亦见载于《旧书》卷九十八“先天二年，其年冬，令往东都知吏部尚书事，深以为称职，手制曰”云云，即本文。《册府》卷四百六十一载，“魏知古，玄宗先天中，罢相，往东都，知吏部尚书事，深以为称职。手制曰”云云，即本文。

本文作于先天二年（713）冬。

命张说等与两省侍臣讲读制（P235 下）

本文亦见载于《大诏令》卷一百五，订作时为“先天二年十一月八日”，然记作者为苏颋。按照《全唐文》录文体制，代笔清楚者应归入实际创作者名下，本文应从唐玄宗名下删去，归入《全唐文》中苏颋名下。

本文作于先天二年（713）十一月八日。

授姚元之兵部尚书同三品制（P236 上）

本文亦见载于《大诏令》卷四十四，题为《姚元之同三品制》，系时为先天二年。《册》卷七二亦载本文，玄宗先天二年“十月，猎于渭州，以同知刺史姚元之入为宰辅，制曰”云云，即为本文。《英华》卷四百四十八载本文，文字与本文略有出入，题为《姚元之拜相制》，作者为“太平内制”。《旧书》卷八载，先天二年冬十一月“甲辰，猎于渭州。同州刺史、梁国公姚元之为兵部尚书、同中书门下三品”。与本文旨意合。《旧书》卷九十六载，“先天二年，玄宗讲武在新丰驿，召元之代郭元振为兵部尚书、同中书门下三品，复迁紫微令。”《新书》卷五亦记载同州刺史姚元之为兵部尚书、同中书门下三品之事，时间为开元元年十月。《通鉴》卷二百一十载开元元年十月，玄宗于渭州打猎之时，任姚崇为相之事。

本文作于先天二年（713）十月。

封张晔制（P236上）

《大诏令》卷六十三亦载本文，题为《张晔食实封制》，订作时为先天二年七月十九日，记作者为苏颋。按《全唐文》行文体例，代笔者清楚者，文章应归作者所有，本文应从玄宗名下删去，归苏颋名下。

本文作于先天二年（713）七月。

授张说中书令制（P236下）

本文亦见载于《大诏令》卷四十四，题为《张说检校中书令制》，订作时为“先天二年七月”。《册府》卷七十二亦载“玄宗先天二年七月既诛太平公主，是月制曰”云云，即本文。《英华》卷四百四十八记载，且题为《张说拜中书令制》。

本文作于先天二年（713）七月。

大赦制（P236下）

《旧书》卷八载：先天二年七月三日，“（玄宗）上御承天门楼，下制曰”云云，即本文。《册府》卷八十五载，开元元年三月丁卯“御承天门楼，下制曰”云云，即本文。《通鉴》卷二百一十载，开元元年秋，七月“丁卯，上御承天门楼，赦天下”。与本文旨意合。

本文作于先天二年（713）七月。

赏定策功臣制（P237上）

《册府》卷一百二十八载，“玄宗先天二年七月诛窦怀贞等，赏定策功臣下制曰”云云，即本文。《英华》卷四百四十八亦载，且题为《封郭元振为代国公制》。《旧书》卷八《玄宗本纪》载，先天二年七月王琚、姜皎、李令问、王守一“并赏其定策功”，与本文旨意合。《通鉴》卷二百一十记载其事，先天二年“秋，七月……己巳，赏功臣郭元振等官爵、第舍、金帛有差。以高力士为右监门将军，知内侍省事”，与本文要旨合。

本文作于先天二年（713）七月。

遣使宣抚诸道制（P237下）

《大诏令》卷一百一十五亦载本文，题为：《遣毕构等慰抚诸道诏》，订作时为先天二年七月。《册府》卷一六亦载其事，订时为先天二年七月。

本文作于先天二年（713）七月。

加封魏知古陆象先制（P238上）

《册府》卷一百二十八亦载本文，玄宗先天二年七月“又制曰”云云，即本文。《旧书》卷八十八载，先天二年“（陆象先）出为蜀州大都督府长史，仍为剑南道按察使”，与本文旨意合。

本文作于先天二年（713）七月。

科屠割刑人骨肉者制（P238 上）

本文亦见载于《旧书》卷八，先天二年八月壬辰“制曰”云云，即本文。《册府》卷六百一十二亦载本文，玄宗先天二年“八月制曰”云云，即本文。

本文作于先天二年（713）八月。

封张说褚无量制（P238 上）

本文亦见载于《册府》卷一百二十八，玄宗先天二年八月己亥，“以中书令张说、郯王傅兼国子监祭酒褚无量辅导有功，制曰”云云，即本文。《旧书》卷一百二载此事“玄宗即位，（褚无量）迁郯王傅，兼国子祭酒。寻以师傅恩迁左散骑常侍，仍兼国子祭酒，封舒国公，实封二百户。”

本文作于先天二年（713）八月。

幸东都制（P238 下）

本文亦见载于《册府》卷一百一十三，玄宗“先天二年八月癸卯，制曰”云云，即本文。《大诏令》卷七十九亦载本文，题为：《幸东都制诏》，系时为先天二年七月。《会要》卷二十九亦载此文，订作时为：先天二年八月二十五日。《英华》卷四六五亦载本文，题为：《禁断大酺广费敕》，系作者为苏颋。按《全唐文》行文体例，代笔清楚者，应归入实际作者名下，本文应归苏颋名下，从玄宗名下删去。

本文作于先天二年（713）八月。

封突厥可汗夫人吕氏孙氏制（P239 上）

《大诏令》卷一百二十八亦载本文，题名为：《封突厥可汗夫人吕氏孙氏等制》。文末订作时为：“先天二年八月二日。”

本文作于先天二年（713）八月。

加宋王成器等三公制（P239 上）

本文亦见载于《大诏令》卷三十五，题为：《宋王成器太尉等制》，系时为先天二年八月九日。《旧书》卷八载，先天二年“九月，司空兼扬州大都督、宋王成器为太尉兼扬州大都督，益州大都督兼右金吾大将军、申王成义为司徒兼益州大都督，单于大都护兼左金吾大将军、邠王守礼为司空”，与本文旨意合。《新书》卷五载，开元元年“九月丙寅，宋王成器罢”，与本文皆意合。

本文作于先天二年（713）九月。

加刘幽求实封制（P239 上）

本文亦见载于《大诏令》卷六十三，题为：《加刘幽求实封制》，记作者为苏颋，系时为先天二年八月十五日。《会要》卷九十载先天二年八月十一日敕“（刘幽求）可加赐食实封二百户”，与本文旨意合。按《全唐文》行文体例，作者清楚者，文章归作者名下，此文应归苏颋名下，从玄宗名下删去。

本文作于先天二年（713）八月。

加宋王成器开府仪同三司制（P239 下）

本文亦见载于《册府》卷二百九十四，“唐宋王成器，睿宗子也。玄宗先天初进位太尉，成器固辞太尉之命，帝嘉其意，许之。制曰”云云，即本文。《旧书》卷八载，先天二年“九月丁卯，宋王成器为开府仪同三司”，与本义旨意同。

本文作于先天二年（713）九月。

授解琬朔方道后军大总管张知运副大总管制（P239 下）

本文亦见载于《大诏令》卷五十九，题为：《解琬朔方道后军大总管张知运副大总管制》，系时为先天二年九月十六日。

本文作于先天二年（713）九月。

举堪充将帅制（P240 上）

《册府》卷六十八记载，“玄宗先天元年十二月制曰”云云，即本文。《册府》卷六百四十五中记载其事，“玄宗先天元年十二月，制令京文武官及朝集使五品以上，各举堪充将帅者一人”。

本文作于先天元年（712）十二月。

答张说进上党旧宫述圣颂制（P240 上）

《张燕公集》卷十一亦载本文，该卷同时记载张说《上党旧宫述圣颂》一文。张说《上党旧宫述圣颂》载，“维开元十有一祀正月，皇帝展仪于河东，挟右太行，留宴上党，整兵耀武，入于太原，设都建颂，以崇王业。”本文为张说答文，作时应为“开元十一年正月”。

本文作于开元十一年（723）正月。

斥李峤制（P240 下）

本文亦见载于《旧书》卷九十四，“（玄宗）从其言，乃下制曰”云云，即本文。《册府》卷一百五十二亦载本文，先天二年九月壬戌“敕曰”云云，即本文。《册府》卷一百载，“玄宗先天二年，诏贬特进李峤为太子率更令，时峤子畅为处州刺史，峤随畅之任。先是，韦庶人临朝，峤密表请令相王诸子，皆出京师，帝于宫内获其表以传示侍臣，或请诛之，中书令张说曰：‘峤虽不辨顺逆，然亦为当时之谋，议非其主，请不追讨其罪。’帝从其言，因有是命。”与本文旨意合。《通鉴》卷二百一十亦载，先天二年“九月，壬戌，以峤子率更令畅为虔州刺史，令峤随畅之官”。与本文旨意合。

本文作于先天二年（713）九月。

授卢怀慎同平章事制（P240下）

本文亦见载于《大诏令》卷四十四，题为：《卢怀慎平章事制》，订作时为：开元元年十二月。《册府》卷七十二亦载本文，开元元年十二月“制曰”云云，即本文。《新书》卷五载，开元元年十二月“黄门侍郎卢怀慎同紫微黄门平章事”，与本文旨意合。《通鉴》卷二百一十亦载开元元年十二月，黄门侍郎卢怀慎同紫微黄门平章事。

本文作于开元元年（713）十二月。

授陆象先益州大都督府长史制（P240下）

本文亦见载于《大诏令》卷五十三，文末订作时为“开元元年十月”。《旧书》卷八《玄宗上》记载，先天二年七月“癸丑，中书侍郎陆象先为益州大都督府长史兼剑南道按察兵马史”。按：据《通鉴》记载，先天二年十二月改元为开元元年。七月，不应用开元，又《大诏令》记开元元年十月应为“七月”之误。

本文作于先天二年（713）七月。

封叶法善越国公制（P241上）

《旧书》卷一百九十一记载，“先天二年，拜鸿胪卿，封越国公，仍依旧为道士，止于京师之景龙观”，与本文旨意合。

本文作于先天二年（713）。

授崔璩张嶷朝散大夫制（P241上）

《御定渊鉴类函》卷一百十九亦载本文，“开元二年制曰”云云，即本文。

本文作于开元二年（714）。

黜陟内外官制（P241上）

《册府》卷六十九亦载本文，“玄宗（714）正月壬申，制曰”云云，即本文。

本文作于开元二年（714）正月。

授王晙朔方道行军总管制（P241下）

本文亦载于《大诏令》卷五十九，题名为《王晙朔方道行军总管制》，文末订作时为：开元二年二月初五。《册府》卷九百九十二亦载本文，“开元二年二月，以鸿胪少卿王晙为朔方军副大使总管，制曰”云云，即本文。

本文作于开元二年（714）二月。

封郭虔瓘郭知运制（P242 上）

《旧书》卷一百三亦载本文，开元二年春“又下制曰”云云，即本文。

本文作于开元二年（714）。

清编《全唐文》卷二十一
（*P242—253*）

答宋王成器等上表以兴庆旧里宅为宫制（P243 上）

本文亦见载于《册府》卷十四，“玄宗开元二年七月，宋王成器等累上表，请以兴庆旧里宅为宫，乃下制曰”云云，即本文。

本文作于开元二年（714）七月。

禁百官与僧道往还制（P243 上）

《册府》卷一百五十九亦载本文，开元二年“七月戊申制曰”云云，即本文。本文亦见载于《会要》卷四十九，开元二年“七月十三日敕”云云，即本文。

本文作于开元二年（714）七月。

薛讷除名为庶人制（P243 上）

《大诏令》卷六十亦载本文，文末订作时为：开元二年七月。

本文作于开元二年（714）七月。

授岐王范华州刺史薛王业同州刺史制（P243 下）

本文亦见载于《大诏令》卷三十五，题为《岐王范华州刺史等制》，文末订作时为：开元二年十月二十九日。

本文作于开元二年（714）十月。

命李延昌等屯兵秦州制（P243 下）

《册府》卷九百九十二亦载本文，开元二年“庚申制曰”云云，即本文。

本文作于开元二年（714）八月。

亲征吐蕃制（P244 上）

本文亦见载于《册府》卷一百十八，“唐玄宗开元二年十月，吐蕃复侵渭源。帝思亲征，乃下制曰”云云，即本文。

本文作于开元二年（714）十月。

立郢王嗣谦为皇太子制（P245 上）

本文亦见载于《大诏令》卷二十七，题为：《立郢王为皇太子诏》，文末订作时为：开元二年十二月十七日。《册府》卷二百五十七亦载本文，“玄宗开元二年十二月辛未，立郢王嗣谦为皇太子，制曰”云云，即本文。

本文作于开元二年（714）十二月。

赠窦希玠尚书左丞相制（P245 上）

本文亦见载于《册府》卷三百三，窦希玠“开元二年薨，帝悼之，下制曰”云云，即本文。

本文作于开元二年（714）。

量赏租庸如数制（P245 上）

《册府》卷六百三十五亦载本文，天宝“三年正月，制曰”云云，即本文。

本文作于天宝三载（744）正月。

封邠王守礼第二女华亭县主制（P245 下）

本文亦见载于《大诏令》卷四十三，题为：《封华亭县主制》，文末订作时为：开元二年九月七日。

本文作于开元二年（714）九月。

禁厚葬制（P245 下）

《旧书》卷八亦载本文，开元二年“九月戊申幸新丰之温泉，甲寅制曰”云云，即本文。

本文作于开元二年（714）九月。

赠王海宾左金吾卫大将军制（P245 下）

本文亦见载于《册府》卷一百三十九，开元二年十月“下制曰”云云，即本文。

本文作于开元二年（714）十月。

封宋王成器长女安吉县主制（P246 上）

本文亦见载于《大诏令》卷四十三，题为《封安吉县主制》，文末订作时为：开元二年十二月二十八日。题下小注载作者为：苏颋。按《全唐文》行文体例，文章作者清楚者当归入其作者名下，本文应从玄宗名下删去，归为苏颋。

本文作于开元二年（714）十二月。

授卢怀慎黄门监制（P246 上）

本文亦见载于《大诏令》卷四十四，题为：《卢怀慎检校黄门监制》，文末订作时为：开元三年正月十九日。《册府》卷七十二亦载本文，“开元二年正月，制曰”云云，即本文。今姑从《大诏令》。

本文作于开元三年（715）正月。

禁畜别宅妇人制（P246 下）

本文亦见载于《册府》卷一百五十九，开元“三年二月丙辰，制曰”云云，即本文。

本文作于开元三年（715）二月。

春令行赦制（P246 下）

本文亦见载于《大诏令》卷八十三，题为《开元三年正月德音》，即本文。《册府》卷八十五中亦载，开元三年“二月辛酉制”云云，即本文。《新书》载开元三年“二月辛酉，赦囚非恶逆造伪者”，与本文要旨合。

本文作于开元三年（715）二月辛酉。

赐高丽莫离支及吐谷浑等大首领爵赏制（P246 下）

本文又见于《册府》卷九百六十四，“开元三年八月高丽吐浑等诸蕃降附制”云云，文字与本文稍有出入。《册府》卷九百七十四载，开元三年“八月丙辰，高丽吐浑等诸蕃降附制曰”云云，即本文。

本文作于开元三年（715）八月丙辰。

授薛讷朔方道行军大总管吕延祚杜宾客副总管制（P247 下）

《册府》卷一百一十九载，开元三年“十月壬戌制曰”，即本文。《大诏令》卷五十九录此文，题为《薛讷朔方道大总管制》，订作时为“开元三年十月十四日”。《通鉴》卷二百一十一，开元三年条载，“壬戌，以凉州大总管薛讷为朔方道行军大总管，太仆卿吕延祚、灵州刺史杜宾客副之，以讨突厥”，与本文旨意合。

《大诏令》记载此文作者为苏颋。《全唐文》卷二百四亦载此文。按：据《全唐文》编年体例，诏敕代笔者清楚者应归入代笔者名下。据《大诏令》，此篇应从唐玄宗名下删去，归入苏颋名下。

本文作于开元三年（715）十月。

命征辟东宫官属制（P247 下）

本文亦见载于《大诏令》卷二十九，题为：《开元三年册皇太子赦》，文末订作时为：正月。《英华》卷四百四十三亦载本文，题为：《册皇太子制》，未订作时。

本文作于开元三年（715）正月。

选耆儒侍读制（P248 上）

《旧书》卷八《玄宗上》载，开元三年“冬十月甲寅制”云云，即本文。《通鉴》卷二百一十一上，玄宗开元三年九月戊寅条记载：“谓宰相曰：朕每读书有所疑滞，无从质问，可选儒学之士，日使入内侍读。卢怀慎荐太常卿马怀素。九月戊寅，以怀素为左散骑常侍使，与右散骑常侍褚无量更日侍读。”《会要》卷二十六载“开元三年七月敕：朕每读史籍中有阙疑，时须质问，宜选耆儒博硕一人，每日侍读。遂命光禄卿马怀素，右散骑常侍褚无量更日入”，与本文旨意同。

本文作于开元三年（715）十月。

放散围兵制（P248 上）

《册府》卷一百一十五载，“开元三年十月制曰”云云，即本文。观于《大诏令》卷八十，题为《放围兵敕》，注作时亦为开元三年十月。《会要》卷二十八《搜狩》有节录“开元三年十月二十四日，大搜于凤泉，下制曰”，从“今四方无事百谷有成”至“围兵并放散，各赐布二端，绵一纯”句。

本文作于开元三年（715）十月二十四日。

幸凤泉汤制（P248 下）

《册府》卷一百一十三载，开元“三年十月癸亥幸郿县之凤泉汤，甲戌制曰”云云，即本文。《大诏令》卷八十亦录此文，题为：《酬赏凤泉汤知顿官及百姓》，订作时为“开元三年十月二十六日（甲戌）”。《旧书》卷八载，“甲子，幸郿县之凤泉汤。十一月己卯，至自凤泉汤”。

本文作于开元三年（715）十月。

授薛谦光东都留守元行冲副留守制（P248 下）

《册府》卷六百七十一载，“开元三年诏曰”云云，即本文。

本文作于开元三年（715）。

幸凤泉降所过地方刑罪制（P249 上）

本文又见载于《册府》卷八十五，开元三年“十月癸亥……往幸凤泉，所过之县，流以上囚奏听进止者”，以下文字即本文。《新书》卷五载，开元三年十月“癸亥，如郿，赦所过徒罪以下，赐侍老九十以上及笃疾者物。甲子，如凤泉汤。戊辰，降大理系囚罪。十一月己卯，至自凤泉汤”。

本文作于开元三年（715）十月。

授邠王守礼襄州刺史制（P249 上）

本文又见于《大诏令》卷三十五，题为《邠王守礼等兼襄州刺史等制》，订作时为开元三年十二月九日。

本文作于开元三年（715）十二月。

授郯王嗣直等都护制（P249上）

本文亦见载于《大诏令》卷三十五，题为：《郯王嗣直安北大都护等制》，文末订作时为：开元四年正月二十一日。《会要》卷七十八载，开元四年正月二十九日“郯王嗣直除安西大都护，充安抚河东、关内、陇右、诸蕃部落大使，陕王嗣升为西都护，仍充河西道及四领诸蕃部落大使，安西大都护张知运为副都护。亲王遥领节度，自兹始也”。与本文旨意合。

本文作于开元四年（716）正月。

封契丹李失活奚李大酺制（P249下）

《册府》卷九百六十四载，开元“四年八月，契丹李失活、奚李大酺各以所部来降，制曰”云云，即本文。《通鉴》卷二百一十一记载，开元四年八月“辛未，契丹李失活、奚李大酺帅所部来降。制以失活为松漠郡王、行左金吾大将军兼松漠都督，因其八部落酋长，拜为刺史；又以将军薛泰督军镇抚之。大酺为饶乐郡王、行右金吾大将军兼饶乐都督”。

本文作于开元四年（716）八月。

授源乾曜黄门侍郎同平章事制（P250上）

本文亦载于《大诏令》卷四十四，订作时为开元四年十一月。《册府》卷七十二载，开元“四年十一月制曰”云云，即本文。观于《英华》卷四百四十八，题为《源乾曜拜相制》，亦订作时为“开元四年十一月”。《旧书》卷八记载，开元四年“十一月丁亥，徙中宗神主于西庙。甲午，尚书左丞源乾曜为黄门侍郎、同紫微黄门平章事”。按：甲午误，其月无“甲午”，应为“丙午”。

本文作于开元四年（716）十一月。

授宋璟吏部尚书苏颋同平章事制（P250上）

《册府》卷七十二载，开元四年“闰十二月制曰”，即本文。《英华》卷四百四十八题为《宋璟苏颋拜相制》，订作时为“开元四年闰十二月”。观于《大诏令》卷四十四，题为《宋璟兼黄门监苏颋平章事制》，所记作时与此同。《通鉴》卷二百一十一记载，开元四年“闰月，己亥，姚崇罢为开府仪同三司，源乾曜罢为京兆尹、西京留守，以刑部尚书宋璟守吏部尚书兼黄门监，紫微侍郎苏颋同平章事”，与本文主旨同。

本文作于开元四年（716）闰十二月己亥（二十七日）。

赠王友贞银青光禄大夫制（P250下）

《旧书》卷一百九十二《王友贞传》载，王友贞“年九十余，开元四年卒。特下制曰”云云，即本文。《册府》卷一百三十九载，开元“二十四年制曰”云云，即本文。今姑从《册府》。

本文作于开元二十四年（736）。

命故密王元晓再从孙彻嗣爵制（P250下）

《大诏令》卷三十八载本文，题为《册嗣密王制》，载作时为“开元五年五月”。《旧书》卷六十四《密王元晓传》载密王为高祖第二十子，太宗贞观五年受封，上元三年卒。

本文作于开元五年（717）五月。

并州置天兵军制（P251上）

《册府》卷九百九十二载，开元五年七月“辛酉并州置天兵军，制曰”云云，文字与本文略有出入。《通鉴》卷二百一十一载，开元五年七月“并州长史张嘉贞上言：‘突厥九姓新降者，散居太原以北，请宿重兵以镇之。’辛酉，置天兵军于并州，集兵八万，以嘉贞为天兵军大使”，与本文旨意同。

本文作于开元五年（717）七月辛酉。

移蔚州横野军于代郡制（P251上）

《册府》卷九百九十二载，开元“六年二月戊子制曰”云云，即此文。

本文作于开元六年（718）二月戊子。

征突厥制（P251下）

《册府》卷九百八十六载，开元“六年二月大举蕃汉兵北伐突厥下制曰”云云，即本文。《新书》卷五中记载，开元“六年……二月壬辰，朔方道行军大总管王晙伐突厥”，与本文旨意合。

本文作于开元六年（718）二月。

赐隐士卢鸿一还山制（P252下）

《旧书》卷一百九十二《卢鸿一传》载，开元六年三月，玄宗授卢鸿一谏议大夫，“鸿一固辞，又制曰”云云，即本文。《册府》卷九十八载，开元六年三月“丙辰，鸿以疾辞位，优诏放还曰”云云，个别字句与本文有出入。

本文作于开元六年（718）三月。

封突骑施苏禄顺国公制（P253上）

《册府》卷九百六十四载，开元“六年五月制曰”云云，即本文。

本文作于开元六年（718）五月。

清编《全唐文》卷二十二
（P253—265）

命宋璟苏颋修国史制（P253下）

本文亦见载于《大诏令》，题为《宋璟苏颋修国史敕》，然并无作订时。

本文作年待考。

亲谒太庙推恩制（P253下）

《大诏令》卷七十五载此文，署作时为“开元六年十二月”。《册府》卷三十载，开元“六年十一月辛卯至自东都，丙申亲谒太庙……乃下制”，节录本文“朕闻礼莫大于孝”至“蒸道存念兹惠乃锡类”。《旧书》卷八载，开元六年十一月“丙申，亲谒太庙，回御承天门，诏‘七庙元皇帝已上三祖枝孙有失官序者，各与一人五品京官。内外官三品已上有庙者，各赐物三十匹，以备修祭服及俎豆’。赐文武官有差”，与本文要旨合。另外，《册府》卷三十九、卷八十等处记其事，亦系于开元六年十一月丙申。今从《旧书》《册府》订本文作时。

本文作于开元六年（718）十一月。

封怀宁郡王嗣英制（P253下）

《册府》卷二百八十四载，“开元七年正月制”云云，即本文。《大诏令》卷三十八亦录此文，题为《封怀宁郡王制》，所记作时同。

本文作于开元七年（719）正月。

赠王仁皎太尉益州都督制（P254下）

《册府》卷三百三载，“王仁皎……开元七年卒。帝亲为举哀，辍朝三日，赠太尉益州都督。制曰”云云，即本文。

本文作于开元七年（719）。

改封宋王宪为宁王制（P255上）

《大诏令》卷三十三署本文作时为“开元七年九月”。《旧书》卷八亦载其事，开元七年“九月甲子（九日），改昭文馆依旧为弘文馆。宋王宪徙封宁王”。《通鉴》卷二百一十二载，开元七年“九月，甲寅，徙宋王宪为宁王”。

本文作于开元七年（719）九月。

皇太子加元服制（P255上）

本文又见载于《大诏令》卷二十九，文末注作时为“开元七年十二月”。《册府》卷二百五十七载，开元“七年十二月，皇太子将加元服，下制曰”云云，即本文。

本文作于开元七年（719）十二月。

令所司简阅丈尺立样制（P255上）

本文又见载于《通典》卷六，以此文为开元八年二月制，《旧书》卷四十八《食货志第二十八》作其年正月制，《会要》卷八十三作其年三月制。今姑从《通典》。

本文作于开元八年（720）。

赠叶法善越州都督制（P255下）

《旧书》卷一百九十一《叶法善列传》载，道士叶法善，括州括苍县人，自曾祖三代为道士，先天二年，拜鸿胪卿，封越国公，死于开元之庚子，凡一百七岁，“八年卒，诏曰”云云，即本文。《册府》卷五十三载，“玄宗开元八年六月，道士叶法善卒，制曰”云云，即本文。

本文作于开元八年（720）六月。

录京城囚制（P255下）

《大诏令》卷八十三题为《宥京城罪人敕》，于文末注，“开元八年九月”。《册府》卷八十五载玄宗开元“八年九月丙寅制”。《新书》卷五载玄宗八年九月“丙寅，降京城囚罪，杖以下原之”，与本文旨意合。

本文作于开元八年（720）九月。

改公卿子弟京官为外僚制（P256上）

《旧书》卷九十八载，“乾曜临事不慑，而能引过在己也……八年春，复为黄门侍郎同中书门下三品，寻加银青光禄大夫迁侍中。久之上疏曰：‘臣窃见形要之家，并求京职，俊乂之士，多任外官。王道平分，不合如此。臣三男俱是京任，望出二人，与外官以叶均平之道。’上从之，于是改其子河南府参军弼，为绛州司功，太祝絜为郑尉，因下制曰”云云，即本文。《册府》卷三百一十五所载写作背景与《旧书》同。《通鉴》卷二百一十二载，开元八年五月，源乾曜为侍中，“乾曜上言：‘形要之家多任京官，使俊乂之士沉废于外。臣三子皆在京，请出其二人。’上从之。因下制称乾曜之公，命文武官效之，于是出者百余人”，与本文要旨合。

本文作于开元八年（720）五月。

科禁诸州逃亡制（P256上）

《册府》卷六十三录本文，订时为玄宗九年“二月丁亥制”。《大诏令》卷一百十与

《英华》卷四百六十五均节录本文，然“逋亡积岁流蠹自滋”句后，“虽朕之薄德”句前，无“州县不以为衿，乡邻实受其咎”句。“吏不守法耳”句后，“今欲去其末而归其本”句前，无“若浸以久安而肆之，则国之堤防，于是逾紊”句。《通鉴》卷二百一十二载，开元九年二月“丁亥，制：‘州县逃亡户口听百日自首，或于所在附籍，或牒归故乡，各从所欲。过期不首，即加检括，谪徙边州；公私敢容庇者抵罪。’以宇文融充使，括逃移户口及籍外田，所获巧伪甚众”，与本文旨意合。按：开元九年正月，监察御史宇文融上言：“天下户口逃移，巧伪甚众，请加检括。”源乾曜亦持同见，于是，玄宗下诏禁止民户逃移。此条可与《禁逃亡诏》参看。

本文作于开元九年（721）二月十日（丁亥）。

授张说同中书门下三品制（P257 上）

本文又见载于《册府》卷七十二，订作时为“九年九月”。《英华》卷四百四十八载，题为《张说拜相制》。《大诏令》卷四十四载，题为《张说同三品制》。《英华》与《大诏令》文末小注均为“开元九年九月”。《旧书》卷九十七记载，张说于开元九年“拜兵部尚书、同中书门下三品，仍依旧修国史”。《新书》卷五亦载开元九年九月“癸亥，天兵军节度大使张说为兵部尚书、同中书门下三品”。《通鉴》卷二百一十二开元九年九月条下载，“癸亥，以张说为兵部尚书、同中书门下三品”。与本文张说“可守兵部尚书、同中书门下三品，勋封、修国史如故”文意同。

本文作于开元九年（721）九月十九日（癸亥）。

幸并州制（P257 上）

《册府》卷一百十三载，开元十年“八月壬子制”云云，与本文同。

本文当作于开元十年（722）八月十三日（壬子）。

流姜皎岭外制（P257 下）

《旧书》卷五十九《姜晦传》载，开元“十年，坐漏泄禁中语，为嗣濮王峤所奏，敕中书门下，究其状，峤即王守一之妹夫，中书令张嘉贞希守一意，构成其罪，仍奏请先决杖配流岭外，下制曰”云云，即本文。《旧书》卷八载其事，开元十年九月“甲戌，秘书监、楚国公姜皎坐事，诏杖之六十，配流钦州，死于路”。《通鉴》卷二百一十二载，“初，上之诛韦氏也，王皇后颇预密谋，及即位数年，色衰爱弛。武惠妃有宠，阴怀倾夺之志。后心不平，时对上有不逊语。上愈不悦，密与秘书监姜皎谋以后无子废之，皎泄其言。嗣滕王峤，后之妹夫也，奏之。上怒，张嘉贞希旨构成其罪，云：‘皎妄谈休咎。’甲戌，杖皎六十，流钦州，弟吏部侍郎晦贬春州司马；亲党坐流、死者数人，皎卒于道”，与本文旨意合。

本文作于开元十年（722）九月六日（甲戌）。

诫宗属制（P257下）

《旧书》卷八《玄宗上》载，开元十年九月“乙亥制曰”云云，即本文。《册府》卷一百五十八亦录本文，订作时为开元十年九月。

本文作于开元十年（722）九月。

赠司马承祯银青光禄大夫制（P257下）

本文亦见载于《旧书》卷一百九十二，开元十五年“是岁，卒于王屋山，时年八十九。其弟子表称：‘死之日，有双鹤绕坛，及白云从坛中涌出，上连于天，而师容色如生。’玄宗深叹之，乃下制曰”云云，即本文。

本文作于开元十五年（727）。

授钟绍京郴州别驾制（P258上）

《册府》卷一百三十四录本文，订时为开元“十年三月”。

本文作于开元十年（722）三月。

禁百官交结匪人制（P258上）

《册府》卷一百五十八载，开元十年“九月……又下制曰”云云，即本文。《旧书》卷八《玄宗上》记载，开元十年九月“又下制，约百官不得与卜祝之人交游来往”。

本文作于开元十年（722）九月。

皇子纳妃制（P258上）

本文亦见载于《大诏令》，题为《皇太子纳妃制》，文末订作时为：开元十九年十月。

本文作于开元十九年（731）十月。

封东光公主制（P258下）

《大诏令》卷四十二《公主·和蕃》录本文，然并无订作时。《会要》卷九十六载，开元“十年，诏鲁苏袭其兄官爵，又封成安公主之女韦氏为东光公主，以妻之”，与本文旨意合。

本文作于开元十年（722）。

封燕郡公主制（P258下）

《大诏令》卷四十二录本文，末注为“开元十年”。《通典》卷二百记载，开元“十年闰五月，敕余姚公主女慕容氏封为燕郡公主，出降松漠郡王李郁于”，与本文旨意合。《旧书》卷八亦载此事，然订时为开元十年六月辛丑癸卯。《旧书》卷一百九十九下只载“十年，郁于入朝请婚。上又封从妹夫率更令慕容嘉宾女为燕郡公主以妻之，仍封郁于为松漠郡王，授左金吾卫员外大将军兼静析军经略大使，赐物千段”。《册府》卷九百七十九载，开元“十年，契丹松漠郡王郁于入朝请婚，封从妹夫，帝更令慕容嘉宾女燕郡主以妻之”。《通鉴》卷二百一十二记载，开元十年闰五月“己丑，以余姚县主女慕容氏为燕郡公主，妻契丹王郁于”，与本文旨意合。《会要》卷九十六载其事，开元“十年郁于入朝请婚，又封余姚县主长女慕容氏为燕郡公主以妻之，封郁于为松漠郡王，授左金吾员外大将军兼静析军经略大使”，即本文意。今从《通鉴》《通典》。

本文当作于开元十年（722）闰五月。

并州置北都制（P258 下）

《册府》卷十四载，开元“十一年并州置北都诏”云云，即本文。《英华》卷四百六十四《诏敕六》题为《置北都制》，文末小注为“开元十一年正月”。《通鉴》卷二百一十二开元十一年条下记载，正月“辛卯至并州置北都，以并州为太原府、刺史为尹”，与本文所记同。

本文作于开元十一年（723）正月二十五日（辛卯）。

北都巡守制（P259 上）

本文又见载于《大诏令》卷七十九，题为《北巡狩制》，订作时为“开元十一年正月”。《册府》卷八十五亦录此文，载“是月（开元十一年正月）己巳，銮舆发东都，北巡狩。下制曰”云云，即本文。《旧书》卷八记载，开元十一年正月“己巳，北都巡狩，敕所至处存问高年、鳏寡孤独、征人之家，减流、死罪一等，徒以下放免”，与本文旨意合。

本文作于开元十一年（723）正月。

贬张嘉贞幽州刺史制（P259 上）

《册府》卷三百三十三载，开元“十二年二月己酉诏曰”云云，即本文，文中又记“张说遂代为中书令”。《册府》卷三百三十四亦载本文，“张嘉贞，玄宗开元十一年为中书令。嘉贞弟嘉祐以黩货闻，嘉贞素服待罪，不得入谒，帝诏曰”，与本文同。《大诏令》卷五十七且题为《张嘉贞幽州刺史制》。《旧书》卷八《玄宗上》载其事，开元十一年正月“戊申，次晋州。坛场使、中书令张嘉贞贬为幽州刺史”。《新书》卷五记载，开元十一年“二月己酉，贬张嘉贞为幽州刺史”。《通鉴》卷二百一十二开元十一年条下记载，“二月，戊申，还至晋州。张说与张嘉贞不平，会嘉贞弟金吾将军嘉祐赃发，说劝嘉贞素服待罪于外。己酉，左迁嘉贞幽州刺史。……癸亥，以张说兼中书令”。按：张说为中书令在张嘉贞迁幽州刺史之后，而张说为中书令的时间为开元十一年二月，因此，张嘉贞被贬当在开元十一年张说为中书令之前，《册府》卷三百三十三记载张嘉贞被贬在开元十二年二月，时间有误。

本文作于开元十一年（723）二月。

命张说兼中书令制（P259下）

本文又见载于《大诏令》卷四十四，且题为《张说兼中书令制》，文末注作时为“开元十一年二月”。《通鉴》卷二百一十二开元十一年条下记载，二月“癸亥以张说兼中书令”。

本文作于开元十一年（723）二月二十七日（癸亥）。

祀后土获符瑞行庆制（P259下）

本文又见载于《大诏令》卷六十六，且题为《祀后土赏赐行军官等制》，订作时为“开元十一年二月”。今按：《全唐文》中所记文章只到“官同升坛官例赐一阶”为止，并无《大诏令》“管坛一乡……”至“所司亦比条件闻奏”句。《册府》卷八十载，开元十一年“二月壬子，祠后土于汾阴之脽上。太史奏，荣光出河，休气四塞，徘徊绕坛，日扬其光。有司奏修坛掘地，获古铜鼎二，其大者容一斗，色皆青。又获古砖长九寸，上有篆书千秋万岁字及长乐未央字。又有赤兔见于坛侧。制曰”云云，即本文。《旧书》卷八载《玄宗上》，开元十一年正月“壬子，祠后土于汾阴之脽上，升坛行事官三品已上加一爵，四品已上加一阶，陪位官赐勋一转。改汾阴为宝鼎县”。《旧书》卷二十四载，开元“十一年二月，上亲祠于坛上，亦如方丘仪。礼毕，诏改汾阴为宝鼎。亚献邠王守礼、终献宁王宪已下，颁赐各有差”。今从《大诏令》《册府》。按：开元十一年正月无壬子日，《旧书》卷八记载时间有误。

本文作于开元十一年（723）二月。

授张说中书令王晙同三品制（P260上）

《大诏令》卷四十五录本文，且题为《张说中书令王晙同三品制》，订作时为“开元十一年四月”。《英华》卷四百四十八题为《张说拜中书令王晙拜相制》，《册府》卷七十二亦录本文，均订作时与其同。《旧书·玄宗本纪》记载，开元十一年夏四月“癸亥，张说正除中书令，吏部尚书、中山公王晙为兵部尚书、同中书门下三品”。《新书》卷八“四月甲子，张说为中书令。吏部尚书王晙为兵部尚书、同中书门下三品”。按：开元十一年四月无癸亥。

本文作于开元十一年（723）四月。

授王晙朔方节度使制（P260上）

《册府》卷三百二十二载，“王晙开元十一年为兵部尚书同中书门下三品出镇朔方制曰”云云，即本文。《新书》记载，开元十一年五月“己丑，王晙持节朔方军节度大使”。《通鉴》卷二百一十二载开元十一年，“五月己丑，以王晙兼朔方军节度大使，巡河西陇右河东河北诸军”，与本文“可持节兼朔方军节度大使，其河西、陇右、河东、河北诸军征马并委晙检察置之”旨意合。

本文作于开元十一年（723）五月。

躬享九庙制（P260下）

《旧书》卷二十五《志第五》载，开元“十一年春，玄宗还京师，下制曰”云云，即本文。《大诏令》卷七十五题为《亲享九庙制》，订作时为“开元十一年五月”。《册府》卷三十载，“十一年正月，行幸北都。帝亲制起义堂颂，刻石纪功于太原府之南街，五月乙丑，迁祔中宗神主于太庙”。

本文作于开元十一年（723）五月。

祀南郊制（P260下）

《大诏令》卷六十七录本文，且题为《开元十一年郊天制》，文末注作时为“九月”。《册府》卷三十三载，开元十一年“九月癸未制曰”云云，即本文。《会要》卷九上节录本文，“开元十一年九月癸未制：宜以迎日之至，允备郊天之礼，所司详择旧典以闻”。

本文作于开元十一年（723）九月。

令举献岁旧章制（P261上）

《会要》卷十记载，“玄宗开元十一年正月十日制”，即本文。《文献通考》卷七十八亦录本文，并订时为其年正月十日。

本文作于开元十一年（723）正月十日（丙子）。

授王邱等六人刺史制（P261上）

《册府》卷六百七十一载，“王丘，开元十二年以黄门侍郎为怀州刺史……王昱以京兆少尹为常州刺史制曰”云云，即本文。《旧书》卷一百《王丘列传》载，开元“十一年，拜黄门侍郎。其年，山东旱俭，朝议选朝臣为刺史以抚贫民，制曰：‘昔咎繇与禹言曰：‘在知人，在安人。’此皆念存邦本，光于帝载，乾乾夕惕，无忘一日。而长吏或不称，苍生或未宁，深思循良，以矫过弊，仍重诸侯之选，故自朝廷始之。’于是以丘为怀州刺史，又以中书侍郎崔沔等数人皆为山东诸州刺史”。所引制令，即本文节录，然订时为开元十一年。《通鉴》卷二百一十二载，开元十二年六月“上以山东旱，命选台阁名臣以补刺史；壬午，以黄门侍郎王丘，中书侍郎长安崔沔，礼部侍郎、知制诰韩休等五人出为刺史。丘，同皎之从父兄子；休，大敏之孙也”。今从《册府》《通鉴》订作时。

本文作于开元十二年（724）六月。

贬宇文融汝州刺史制（P261上）

《大诏令》卷五十七录本文，且题为《宇文融汝州刺史制》，然并无作时。《旧书》卷八《玄宗上》载，开元十七年“九月壬子，宇文融左迁汝州刺史，俄又贬昭州平乐尉。”《旧书》卷一百五《宇文融列传》载，开元十七年“时礼部尚书、信安王祎为朔方节度使，殿中侍御史李宙劾之，驿召将下狱。祎既申诉得理，融坐阿党李宙，出为汝州刺史，在相凡百日而罢”。与本文要旨合。

本文作于开元十七年（729）。

改封嗣江王祎等为郡王制（P261 下）

本文又见载于《大诏令》卷三十八，且题为《嗣江王祎封郡王制》，订作时为“开元十二年四月”。《会要》卷四十六载，开元“十二年四月，封皇再从兄，将作大匠祎为广川郡王，再从叔太子员外率更令、嗣密王彻为濮阳郡王，再从兄太子家令、嗣越王琚为中山郡王。敕曰，傍继国王，礼有停废。以朕绍承休绪，永念懿亲，列于藩辅，其祎等可并封郡王”，旨意与本文同。《通鉴》卷二百一十二载，开元十二年四月，“壬寅，敕宗室旁继为嗣王者，并令归宗”，与本文旨意同。

本文作于开元十二年（724）四月。

褒赐尸利佛誓国制（P261 下）

《册府》卷九百六十四载，开元“十二年八月制”云云，即本文。《册府》卷九百七十五亦载，开元十二年七月“丁丑，尸利佛誓国王遣使俱摩罗献侏儒二人，价耆妇女一人，杂乐人一部及五色鹦鹉，授摩罗折冲，赐帛一百匹，放还蕃。八月庚子，制曰”云云，即本文。

本文作于开元十二年（724）八月。

追赠申王撝为惠庄太子制（P262 上）

《册府》卷二百九十六“申王撝，睿宗子，开元十二年薨。制曰”云云，即本文。《大诏令》卷三十二题为《申王赠惠庄太子制》，文末注为“开元十二年十一月”。《通鉴》卷二百一十二，开元十二年条载，十一月“辛巳，司徒申王撝薨，赠谥惠庄太子”。《旧书》卷八记载，开元十二年冬十一月“庚辰，司徒、申王撝薨，追谥曰惠庄太子”。

本文作于开元十二年（724）十一月。

分遣蒋钦绪等往十道疏决囚徒宣慰百姓制（P262 上）

《册府》卷八十五载，开元“十三年正月戊子制曰”云云，即本文。《册府》卷一百六十二节录本文，从“天下见禁囚徒”至完，订作时为“开元十三年”。《旧书》卷八《玄宗上》载，开元十三年春正月“戊子，降死罪从流，流已下罪悉原之。分遣御史中丞蒋钦绪等往十道疏决囚徒”，与本文旨意同。

本文作于开元十三年（725）正月。

改封契丹松漠郡王李邵固为广化王奚饶乐郡王李鲁苏为奉诚王制（P262 下）

本文亦见载于《册府》卷九百六十四，开元“十四年，改封契丹松漠郡王李卲固为广化王，奚饶乐郡王李鲁苏为奉诚王，仍封宗室外甥女二人为公主，各以妻之。制曰”云云，即本文。《册府》卷九百七十九亦载本文，记作时为开元十四年正月。

本文作于开元十四年（726）正月。

禁断矫称敕使制（P262 下）

《册府》卷六十三载，开元“十四年四月，太原尹张嵩奏，有客李子峤诈称皇子入驿居止……帝闻之以为矫妄，敕嵩杖杀，因下制曰”云云，即本文。《册府》卷九百二十四亦载本文，订时为其年四月。

本文作于开元十四年（726）四月。

追赠岐王范为惠文太子制（P262 下）

《册府》卷二百九十六载，“岐王范，睿宗子。开元十四年薨，陪葬桥陵。制曰”云云，即本文。《大诏令》卷三十二题为《岐王赠惠文太子制》，文末注作时为“开元十四年四月”。《旧书》卷九十五载，“惠文太子范，睿宗第四子也。本名隆范，后避玄宗连名，改单称范”。开元十四年，病薨。“命工部尚书、摄太尉卢从愿册赠王为惠文太子，陪葬桥陵。”与本文旨意合。

本文作于开元十四年（726）四月。

封故泽王男义珣制（P263 上）

《册府》卷二百八十四载，“泽王上金，高宗子，载初元年，武承嗣使酷吏周兴诬告，上金自缢死，子义珐、义珍、义玫、义璋、义环、义瑾、义璲七人，并配流死。神龙初，追复爵土。开元十四年四月制”云云，即本文。《旧书》卷八《玄宗上》记载，开元十二年“夏四月，封故泽王上金男义珣为嗣泽王”。《通鉴》卷二百一十二开元十二年条下记载，“夏，四月，庚子，复立义珣为嗣泽王”。按：《通鉴》载，泽王上金乃高宗子，“神龙初，追复泽王上金官爵，求得庶子义珣于岭南，绍其故封。许王素节之子瓘，利其爵邑，与弟璆谋，使人告义珣非上金子，妄冒袭封，复流岭南，以璆继上金后为嗣泽王。至是，玉真公主表义珣，实上金子，为兄弟所摈。（开元十二年）夏，四月，庚子，复立义珣为嗣泽王，削璆爵，贬瓘鄂州别驾。壬寅，敕宗室旁继为嗣王者并令归宗”。此文应作于开元十二年玉真公主表称义珣实上金子之后，故《册府》以其为“开元十四年诏”有误。

本文作于开元十二年（724）四月。

令户口复业及均役制（P263 上）

本文亦见载于《册府》卷四百八十七，开元“十四载八月，制”云云，即本文。

本文作于开元十四年（726）八月。

崇祀元元皇帝制（P263 上）

《册府》卷五十三载，开元“十四年九月制”云云，即本文。

本文作于开元十四年（726）九月。

授萧嵩集贤院学士修国史制（P263 下）

本文亦见载于《大诏令》卷五十一，题为：《萧嵩集贤院学士修国史敕》，然并无作时。

本文作年待考。

赐王希夷致仕还山制（P263 下）

本文又见载于《旧书》卷一百九十二《王希夷列传》，订作时为：开元十四年。《册府》卷九十八载，徐州人王希夷，孤贫好道隐于徂徕山，玄宗以礼聘，及其至都，时年已九十六。后以“年老道高不可屈以职事乃下制”，即本文，订作时为：开元十三年。今从之。

本文作于开元十三年（725）。

授庆王潭等诸州都督制（P264 上）

《大诏令》卷三十六载，题为《庆王潭凉州都督制》，于文末注作时为“开元十五年三月”。

本文作于开元十五年（727）三月。

幸长安制（P264 上）

本文亦见载于《册府》卷一百一十三，开元“十五年六月乙巳，西京父老诣阙上表请幸。帝手诏许之。甲寅，制曰”云云，即本文。

本文作于开元十五年（727）六月。

改道幸长安制（P264 下）

《大诏令》卷七十九订本文作时为“开元十五年八月”。《册府》卷一百一十三载，开元十五年“八月己巳制曰”云云，即本文。

本文作于开元十五年（727）八月。

录囚制（P264 下）

本文又见载于《册府》卷八十五，订作时为：开元十五年八月己巳。《旧书》卷八《玄宗上》载，开元十五年七月“己亥，赦都城系囚，死罪降从流，徒已下罪悉免之”。《新书》卷五载，开元十五年七月“己亥，降都城囚罪，徒以下原之。八月，涧、谷溢，毁渑池县。己巳，降天下死罪、岭南边州流人，徒以下原之”。今从《册府》《旧书》。

本文作于开元十五年（727）八月。

优恤张守洁等制（P265 上）

《册府》卷一百三十九载，开元“十五年九月制曰”云云，即本文。

本文作于开元十五年（727）九月。

清编《全唐文》卷二十三
（P265—275）

命备吐蕃制（P265下）

《册府》卷九百九十二载，开元“十五年十二月制曰”云云，即本文。《通鉴》卷二百一十三载，开元十五年“十二月，戊寅，制以吐蕃为边患，令陇右道及诸军团兵五万六千人，河西道及诸军团兵四万人，又征关中兵万人集临洮，朔方兵二万人集会州防秋，至冬初，无寇而罢；伺虏入寇，互出兵腹背击之”，与本文旨意合。

本文作于开元十五年（727）十二月。

宣慰河北州县制（P266上）

《册府》卷一百六十二载，开元“十五年三月制曰”云云，即本文。《册府》卷一百三十五载，开元“十五年二月，命中官李善才宣慰于河南、河北州县。制曰”云云，即本文。

本文作于开元十五年（727）二月。

顺时宥罪制（P266上）

《册府》卷八十五载，开元“十六年三月辛丑制曰”云云，即本文。

本文作于开元十六年（728）三月。

令陇右河西备边制（P266下）

《册府》卷九百九十二载，开元“十六年三月丁未制曰”云云，与本文同。

本文作于开元十六年（728）三月。

讨吐蕃制（P266下）

《册府》卷九百八十六载本文，是征讨吐蕃时将会对立功者的酬赏，订作时为“开元十六年七月”。

本文作于开元十六年（728）七月。

封唐昌公主等制（P267上）

本文又见载于《大诏令》卷四十一，订作时为“开元十六年”。

本文作于开元十六年（728）。

罢杜暹李元纮平章事制（P267 上）

本文又见载于《册府》卷三百三十三，订作时为“十七年六月甲戌”。《册府》卷三百三十四载，“杜暹、李元纮同为相，开元十七年六月，制曰”云云，即本文。《大诏令》卷五十七亦载本文，且题为《杜暹荆州长史李元纮曹州刺史制》。《旧书》卷八《玄宗上》载，开元十七年“六月甲戌，尚书左丞相源乾曜停兼侍中，黄门侍郎杜暹为荆州大都督府长史，中书侍郎李元纮为曹州刺史”，与本文旨意合。《通鉴》卷二百一十三载，开元十七年“六月，甲戌，贬黄门侍郎、同平章事杜暹荆州长史，中书侍郎、同平章事李元纮曹州刺史”，与本文旨意合。

本文作于开元十七年（729）六月。

停源乾曜侍中制（P267 上）

本文见载于《大诏令》卷五十五，且题为《源乾曜停侍中制》，文末注作时为“开元十七年六月”。《册府》卷三百三十三载，开元十七年六月“又制”云云，即本文。

本文作于开元十七年（729）六月。

贬齐汗麻察等制（P267 下）

《册府》卷一百五十二载，开元“十七年，七月丁巳，吏部侍郎崔浣坐交游非道，制曰”云云，即本文。《通鉴》卷二百一十三载，开元十七年“开府王毛仲与龙武将军葛福顺为婚。毛仲为上所信任，言无不从，故北门诸将多附之，进退唯其指使。吏部侍郎齐浣乘间言于上曰：‘福顺典禁兵，不宜与毛仲为婚。毛仲小人，宠过则生奸；不早为之，恐成后患。’上悦曰：‘知卿忠诚，朕徐思其宜。’浣曰：‘君不密则失臣，愿陛下密之。’会大理丞麻察坐事左迁兴州别驾，浣素与察善，出城饯之，因道禁中谏语；察性轻险，遽奏之。上怒，召浣责之曰：‘卿疑朕不密，而以语麻察，讵为密邪？且察素无行，卿岂不知邪？’浣顿首谢。秋，七月，丁巳，下制：‘浣、察交构将相，离间君臣，浣可高州良德丞，察可浔州皇化尉’”，与本文旨意合。

本文作于开元十七年（729）七月。

授裴光庭宏文馆大学士制（P268 上）

本文又见载于《大诏令》卷五十一，然未订作时。按：《全唐文》中载裴光庭被授予“宏文馆大学士”是在其任“侍中兼吏部尚书”之后。《旧书》卷八《玄宗上》载，裴光庭任“侍中兼吏部尚书”在开元十八年四月乙丑以后。

本文作于开元十八年（730）四月之后。

加白履忠朝散大夫制（P268 上）

《旧书》卷一百九十二《隐逸》载，国子祭酒杨玚表荐白履忠，开元十七年乃征赴京师，“及至履忠辞以老病不任职事，诏曰”云云，即本文。

本文作于开元十七年（729）。

放还白履忠制（P268 上）

《旧书》卷一百九十二《隐逸》载，开元十七年白履忠被封朝散大夫后“寻表请还乡，手诏曰”云云，即本文。

本文作于开元十七年（729）。

申严铜禁制（P268 上）

《通典》卷九载，开元“六年……二月又敕……令行十一年制曰”云云，即本文。《册府》卷五百一订本文作时为开元“十七年八月”。《大诏令》卷一百十二载本文，且题为《禁铸造铜器诏》，订作时为“开元十七年九月”。《通鉴》卷二百一十三载，开元十七年八月“辛巳，敕以人间多盗铸钱，始禁私卖铜铅锡及以铜为器皿；其采铜铅锡者，官为市取”，与本文旨意同。今从《册府》《通鉴》。

本文作于开元十七年（729）八月。

迎气东郊推恩制（P268 下）

《册府》卷八十五载，开元“十八年，正月丁巳，亲迎气于东郊祀青帝，下制曰”云云，即本文。

本文作于开元十八年（730）正月。

立齐太公庙制（P269 上）

本文亦见载于《册府》卷三十三，开元“十九年四月壬辰，两京及天下诸州各置太公庙一所，制曰”云云，即本文。

本文作于开元十九年（731）四月。

幸东都制（P269 下）

《册府》卷一百一十三载，开元“十九年，六月丁卯，制曰”云云，即本文。

本文作于开元十九年（731）六月。

加常芬公主实封制（P270 上）

本文亦见载于《大诏令》卷四十二，题为：《常芬公主食实封制》，文末订作时为：开元十九年。

本文作于开元十九（731）年。

发诸州义仓制（P270 上）

《册府》卷一百五载，开元“二十年二月辛卯，制曰”云云，即本文。

本文作于开元二十年（732）二月。

宽宥天下囚徒制（P267 下）

本文见载于《大诏令》卷八十三，且题为《以春令减降天下囚徒敕》，订作时为“开元二十年二月”。《册府》卷八十五载，开元“二十年，二月壬午，制曰”云云，即本文。《新书》卷五载，开元二十年二月“壬午，降囚罪，徒以下原之”，与本文旨意合。

本文作于开元二十年（732）二月。

追封安金藏代国公制（P270 下）

《册府》卷一百三十九载，开元“二十年三月，以右骁卫将军同正员安金藏忠节见于先朝，特封为代国王，仍于东岳、西岳等镌碑，勒其名，制曰”云云，即本文。《通鉴》卷二百一十三载，开元二十年“上思右骁卫将军安金藏忠烈，三月，赐爵代国公，仍于东、西岳立碑，以铭其功”，与本文旨意合。

本文作于开元二十年（732）三月。

幸北都制（P271 上）

《册府》卷一百一十三载，开元“二十年七月甲辰，制曰”云云，即本文。

本文作于开元二十年（732）七月。

命贡举加老子策制（P271 上）

本文亦见载于《册府》卷五十三，开元“二十年正月制曰”云云，即本文。本文为《大诏令》卷八十六记载《岁初处分德音》一文之节选，文字稍有出入，订作时为：开元二十一年正月一日。本文亦为《英华》卷四百四十节选，题与《大诏令》相同，为《岁初处分德音》，然题下注作者为张九龄。按《全唐文》行文体例，文章作者清楚者当归入其作者名下，本文应从玄宗名下删去，归为张九龄。

本文作于开元二十年（732）正月。

命李暠使吐蕃制（P271 上）

《旧书》卷一百一十二载，“开元二十一年正月，制曰”云云，即本文。《册府》卷六百五十三载，“李暠为工部尚书东都留守。开元二十一年正月，制曰”云云，与本文同。《册府》卷九百八十载，开元“二十一年正月命工部尚书李暠使于吐蕃制曰”云云，即本文。《旧书》卷八《玄宗上》载，开元二十一年“正月己未，命工部尚书李嵩使于吐蕃”，与本文旨意合。

本文作于开元二十一年（733）正月。

遣使宣慰江南淮南等州制（P271 下）

《册府》卷一百六十二载，开元“二十一年二月，以检校尚书右丞相皇甫翼，充河南、淮南道宣慰使，检校尚书吏部侍郎刘彤，充江东、江西道宣慰使，尚书兵部侍郎李镇，充山南道宣慰使，制曰”云云，即本文。

本文作于开元二十一年（733）二月。

授韩休黄门侍郎同平章事制（P271 下）

本文见载于《大诏令》卷四十五，且题为《韩休平章事制》，订作时为“开元二十二年三月”。《册府》卷七十二载，开元“二十一年三月，制曰”云云，即本文。《英华》卷四百四十八亦载本文，订作时为“开元二十一年三月”。《册府》卷三百十七载，“韩休以开元二十一年拜黄门侍郎、同平章事”，与本文旨意合。《旧书》卷八载，开元二十一年三月“甲寅，尚书右丞韩休为黄门侍郎、同中书门下平章事”，与本文旨意合。《大诏令》《英华》均载本文作者为张九龄，按：按照《全唐文》录文体例，代笔清楚者，应归入其作者名下，本文应从唐玄宗名下删去，归入《全唐文》中张九龄文部分。

本文作于开元二十一年（733）二三月间。

允礼部尚书王邱致仕制（P271 下）

本文亦见载于《旧书》卷一百，开元二十一年“上闻而嘉叹。下制曰”云云，即本文。《册府》卷四百六十一亦载本文，然并无订作时。

本文作于开元二十一年（733）。

加张果封号制（P273 上）

《旧书》卷一百九十一《张果列传》载，“恳辞归山，因下制曰”云云，即本文，然未订作时。《册府》卷五十三载，开元二十年二月“（张）果乃随（徐）峤至东鲁肩舆入宫中，玄宗亲访以理道及神仙药饵之事，寻下制曰”云云，即本文。《旧书》卷八《玄宗上》载，开元二十二年二月“征恒州张果先生授银青光禄大夫，号曰通玄先生”，与本文旨意合。

本文作于开元二十二年（734）二月。

授裴耀卿侍中张九龄中书令李林甫礼部尚书制（P273 上）

《大诏令》卷四十五载，且题为《裴耀卿侍中张九龄中书李林甫同三品制》，订作时为“开元二十二年五月”。《旧书》卷八《玄宗上》载，开元二十二年“五月戊子，黄门侍郎裴耀卿为侍中，中书侍郎张九龄为中书令，黄门侍郎李林甫为礼部尚书、同中书门下平章事”，与本文旨意合。《新书》卷五载，开元二十二年“五月戊子，裴耀卿为侍中，张九龄为中书令，黄门侍郎李林甫为礼部尚书、同中书门下三品”，与本文旨意合。《通鉴》卷二百一十四开元二十二年条下载，“五月，戊子，以裴耀卿为侍中，张九龄为中书令，林甫为礼部尚书、同中书门下三品"，与本文旨意合。

本文作于开元二十二年（734）五月。

授信安郡王祎滑州刺史制（P272 下）

本文亦见载于《大诏令》卷三十八，题为:《信安郡王祎滑州刺史制》，无作订是。

本文作年待考。

封李过折北平郡王制（P272 下）

《册府》卷九百六十四载，开元"二十三年正月，契丹知兵马官李过折来献戎捷，制曰"云云，即本文。《旧书》卷一百九十九下载，开元"二十三年正月，传首东都。诏封过折为北平郡王，授特进，检校松漠州都督，赐锦衣一副、银器十事、绢彩三千匹。其年，过折为可突于余党泥礼所杀，并其诸子，唯一子刺乾走投安东得免，拜左骁卫将军"，与本文旨意合。《通鉴》卷二百一十四载，开元二十三年"春，正月，契丹知兵马中郎李过折来献捷；制以过折为北平王，检校松漠州都督"，与本文旨意合。《册府》卷九百六十七、卷九百八十六均载此事，时间在开元二十三年十二月。《会要》卷九十六载，开元二十二年"其年十一月，幽州节度使张守圭发兵讨契丹，斩其王屈列及其大臣可突于等，传首东都，余众及叛奚皆散走山谷。立其酋长李过折为契丹王，仍授特进，封北平郡王。其年，过折又为可突于党泥礼所杀，惟一子刺乾走投安东获免，拜左骁卫将军"。按：从幽州节度使张守圭发兵讨契丹，至封李过折为北平郡王或需一段时日。故以《旧书》所记作年为是。

本文作于开元二十三年（735）正月。

授李尚隐户部尚书益州长史剑南节度采访使制（P273 下）

本文见载于《英华》卷四百五十二，然并无定时。

本文作于开元二十四年（736）。

赠兖国公陆象先尚书左丞制（P273 上）

《册府》卷七百十一载，"陆象先为太子太保兖国公，开元二十四年七月薨，制曰"云云，即本文。《旧书》卷八《玄宗上》载，开元二十四年"秋七月庚子，太子太保陆象先卒"。

本文作于开元二十四年（736）七月。

千秋节宴群臣制（P273 上）

《册府》卷二载，开元"二十四年八月五日千秋节，帝御广达楼宴群臣，奏九部乐，内出舞人绳伎，颁赐有差，下制曰"云云，即本文。《册府》卷一百一十亦载本文，订作时为开元二十四年八月壬子。《通鉴》卷二百一十四载，开元二十四年"秋八月壬子千秋节，群臣皆献宝镜”，与本文旨意合。

本文作于开元二十四年（736）八月。

授庆王琮司徒制（P273 上）

本文见载于《大诏令》卷三十六，订作时为“开元二十四年”。《旧书》卷九载，开元二十四年“十二月戊申，太子太师、庆王琮为司徒”。《旧书》卷一百七载，庆王琮，玄宗长子，开元二十四年拜司徒。

本文作于开元二十四年（736）十二月。

答侍中裴耀卿论服制手制（P273 下）

《旧书》卷二十七《志第七·礼仪七》载，“侍中裴耀卿、中书令张九龄、礼部尚书李林甫等奏曰……玄宗又手制答曰”云云，即本文。《会要》卷三十七亦载本文，订作时为“开元二十三年正月十八日”。

本文作于开元二十三年（735）正月。

罢侍中裴耀卿中书令张九龄为尚书左右丞相制（P273 下）

本文亦见载于《大诏令》卷五十五，且题为《裴耀卿张九龄尚书左右丞相制》，订作时为“开元十四年十一月”。《旧书》卷九载，开元二十四年“十一月壬寅，侍中裴耀卿为尚书左丞相，中书令张九龄为尚书右丞相，并罢知政事”，与本文旨意合。《新书》卷五载，“十一月辛丑，东都地震。壬寅，裴耀卿、张九龄罢”，与本文旨意合。《通鉴》卷二百一十四载，开元二十四年十一月，张九龄为严挺之善言，“于是上积前事，以耀卿、九龄为阿党；壬寅，以耀卿为左丞相，九龄为右丞相，并罢政事”，与本文旨意合。

本文作于开元二十四年（736）十一月。

迁卫州长史卢见象等制（P274 上）

《册府》卷六十九载，开元“二十四年，帝以诸州别驾、长史、司马佐刺史之理，命有司考其勤劳及有政者，遂以卫州长史卢见象等二十二人递迁其职，制曰”云云，即本文。

本文作于开元二十四年（736）。

恤刑制（P274 上）

《册府》卷一百五十一载，开元“二十五年正月壬午制曰”云云，即本文。《旧书》卷九、《英华》卷四百四十皆将本文与《推恩臣庶制》列为一文，《旧书》中订本文作时为开元二十五年正月七日壬午，《英华》中记载本文作时为其年正月十七日。本条可与《推恩臣庶制》相校参看。《大诏令》卷八十二《政事·刑法》亦载本文，且题为《令宰臣与法官详死刑敕》。

本文作于开元二十五年（737）正月。

推恩臣庶制（P274 上）

《旧书》卷九载，“开元二十五年春正月壬午制，朕猥集休运多谢哲王……宣示中外知朕意焉”云云，即本文。《旧书》载《恤刑制》与《推恩臣庶制》为一文，从“朕猥集休运，多谢哲王”至“详所犯轻重，具状奏闻”为《全唐文》中《恤刑制》全文，从“崇德尚齿”至“宣示中外知朕意焉”为《全唐文》中《推恩臣庶制》内容。《英华》卷四百四十亦将本文与《恤刑制》同列为一文，且题为《优恤德音》，订作时为“开元二十五年正月十七日”。《册府》卷一百十节录本文，开元“二十五年正月壬午，制曰：‘百司每旬节休假并不须亲职事，任追胜为乐，宣示中外，知朕意焉’”。《通典》卷三十三载，开元“二十五年正月制，曾任五品以上清贫官以理去职者，所司具录名奏，老病不堪厘务者，与致仕官”，与本文旨意合。《唐六典》卷十六《卫尉宗正寺》载，“开元二十五年，敕以为‘道本玄元皇帝之教，不宜属鸿胪。自今已后，道士、女道士并宜属宗正，以光我本根’，故署亦随而隶焉。其僧、尼别隶尚书祠部也”，与本文所载“道士女冠宜隶宗正寺僧尼令祠部检校”意同。

本文作于开元二十五年（737）正月。

命宇文晏袭封介国公制（P274 下）

《册府》卷一百七十三载，开元“二十五年六月辛酉制曰”云云，即本文。

本文作于开元二十五年（737）六月。

废皇太子瑛为庶人制（P274 下）

本文又见载于《大诏令》卷三十一，订作时为“开元二十五年七月”。《旧书》卷九、卷一百七及《通鉴》卷二百一十四均载，开元二十五年，开元二十五年“杨洄又谮太子瑛、鄂王瑶、光王琚，云与太子妃兄驸马薛锈，潜构异谋”。玄宗于四月二十一日即乙丑日，将三人并废为庶人，流放薛锈于瀼州。

本文作于开元二十五年（737）四月。

加乐安郡王瑗等实封制（P275 上）

本文又见载于《大诏令》卷三十八，且题为《加乐安郡王实封制》，订作时为“开元二十五年七月”。《册府》卷三十九载，开元二十五年“七月帝追念故惠宣太子瑗，深悯之，乃下制曰：兄弟之子于近属，而特深恩礼之情，在诸孤而更切。故惠宣太子男乐安郡王瑗，能自砥砺，克修名检，续承先绩，休有令闻，宜受赐于千室，俾传芳于万叶，可食实封一千户”云云，与本文略有出入。《会要》卷九十载，“乐安王瑗一千户，开元二十四年七月十四日敕”，即为本文要旨。

本文作于开元二十五年（737）七月。

清编《全唐文》卷二十四
（P275—283）

迎春东郊制（P275 下）

本文又见载于《会要》卷十上，订作时为“开元二十五年十月一日”。《文献通考》卷七十八载，开元“二十五年十月一日制”云云，即本文。《旧书》卷九载，开元二十五年“冬十月，制自今年每年立春日迎春于东郊，其夏及秋冬如常”，与本文旨意合。《通鉴》卷二百一十四载，开元二十五年“冬，十月辛丑，制自今立春亲迎春于东郊”，即为本文旨意。

本文作于开元二十五年（737）十月。

赠武惠妃贞顺皇后制（P275 下）

《旧书》卷五十一《玄宗贞顺皇后武氏传》载，“惠妃以开元二十五年十二月薨，年四十余，下制曰”云云，即本文。《旧书》卷九《玄宗上》记载其事，开元二十五年“十二月丙午，惠妃武氏薨，追谥为贞顺皇后，葬于敬陵”。

本文作于开元二十五年（737）十二月。

封临晋公主制（P275 下）

本文又见载于《大诏令》卷四十一，订作时为“开元二十五年十二月”。

本文作于开元二十五年（737）十二月。

赠同安郡王珣太子少保制（P276 上）

《旧书》卷九十五载，惠庄太子㧑是睿宗第二子，无子，初养让帝（让帝即睿宗长子成宪）子珣，封同安郡王，先卒。“珣，封同安郡王。修身淳谨，不自矜贵，闺门之内，常默如也。”“开元二十五年（珣）薨，玄宗甚悼之，辍朝三日，制曰”云云，即本文。《册府》卷二百七十七载，“开元二十五年（珣）薨，玄宗甚悼之，辍朝三日，制曰”云云，与本文同。

本文作于开元二十五年（737）。

春郊礼成推恩制（P276 上）

《册府》卷八十五载，开元“二十六年正月丁丑，亲迎气于东郊祀青帝，下制曰”云云，即本文。《大诏令》卷七十三亦载，且题为《亲祀东郊德音》，订作时为“开元二十六年正月”。《旧书》卷九《玄宗下》载，玄宗开元二十六年正月“丁丑，亲迎气于东郊，祀青帝。制天下系囚，死罪流岭南，余并放免。镇兵部还。京兆府新开稻田，并散给贫人。百官赐勋绢。长安、万年两县各与本钱一千贯，收利供驲，仍付杂驲。天下州县，每乡一学，仍择师资，令其教授。诸乡贡每年令就国子监谒先师，明经加口试。内外八品已下及草泽有博学文辞之士，各委本司本州闻荐”，与本文旨意合。《旧书》卷二十四、《通鉴》卷二百一十四均载开元二十六年正月，玄宗亲往东郊迎气，祀青帝之事，与本文旨意合。

本文作于开元二十六年（738）正月。

封蒙归义云南王制（P277 上）

《册府》卷九百六十四载，开元“二十六年九月，封西南大酋帅蒙归义为云南王，制曰”云云，即本文。《旧书》卷一百九十七载，开元二十六年蒙归义“破洱河蛮，以功策授云南王”，与本文旨意合。《会要》卷九十九载，“南诏蛮，本乌蛮之别种也。姓蒙氏，蛮谓王为‘诏’，其先有六诏，各有君长。蒙舍龙世长蒙舍州。高宗时，细奴逻来朝。开元二十六年，封其子皮罗阁越国公，赐名归义。其后以破西洱蛮功，敕授云南王，归义渐强，五诏浸弱”。《通鉴》卷二百一十四载，开元二十六年九月“戊午，册南诏蒙归义为云南王”，与本文旨意合。

本文作于开元二十六年（738）九月。

贬萧嵩青州刺史制（P277 下）

《册府》卷六百六十九载，“唐牛仙童为内谒者监，玄宗开元二十七年，以坐赃杖杀，太子太师萧嵩坐累贬官，制曰”云云，即本文。《旧书》卷九《玄宗上》载，开元二十七年“六月甲戌，内常侍牛仙童坐赃，决杀之。幽州节度使兼御史大夫张守珪以贿贬为括州刺史。太子太师、徐国公萧嵩以尝赂仙童，左授青州刺史”。与本文旨意合。

本文作于开元二十七年（739）六月。

贬张守珪括州刺史制（P277 下）

《册府》卷六百六十九载，“唐牛仙童为内谒者监，玄宗开元二十七年，以坐赃杖杀，太子太师萧嵩坐累贬官……仙童又与幽州节度使张守珪财货交通，制曰”云云，即本文。《旧书》卷九《玄宗上》载，开元二十七年“六月甲戌，内常侍牛仙童坐赃，决杀之。幽州节度使兼御史大夫张守珪以贿贬为括州刺史。太子太师、徐国公萧嵩以尝赂仙童，左授青州刺史”，与本文旨意合。

本文作于开元二十七年（739）六月。

答李林甫贺收安戎城手制（P277 下）

《旧书》卷一百九十六亦载本文，订作时为“开元二十八年”。《册府》卷九百九十二载，开元“二十八年三月，益州司马章仇兼琼，密与安戎城中吐蕃翟都局及维州别驾董承晏等通谋，都局等遂翻成归款，因引官军入城，尽杀吐蕃将士，使监察御史许远率兵镇守，帝闻之甚悦，中书令李林甫上表……手制答曰”云云，即本文。

本文作于开元二十八年（740）三月。

授吐火仙可汗等官爵制（P278上）

《册府》卷九百六十四载，开元二十八年“是月（三月）碛西节度使盖嘉运俘吐火仙可汗来献，帝特舍之，授以官爵制曰”云云，即本文。《册府》卷四百三十四亦载其事。《旧书》卷一百九十四载，开元“二十七年二月，嘉运率将士诣阙献俘，玄宗御花萼楼以宴之，仍令将吐火仙献于太庙”，与本文旨意合。《通鉴》卷二百十四载，开元二十八年三月“甲寅，盖嘉运入献捷。上赦吐火仙罪，以为左金吾大将军”，与本文旨意合。今姑从《通鉴》。

本文作于开元二十八年（740）三月。

封皇叔俶等为郡王制（P278上）

《大诏令》卷三十八亦记载本文，且题为《封广平郡王等制》，订作时为，“开元二十八年九月”。《会要》卷四十六节录本文，无“分命本枝”至“式副绿车之宠”一段文字，订作时为“二十八年九月”。《旧书》卷九《玄宗上》载，开元二十八年“九月庚寅，封皇孙俶等十九人，为郡王”，与本文旨意合。

本文作于开元二十八年（740）九月。

赠郳元崇棣州刺史制（P278下）

《册府》卷五十三载，开元二十九年二月“制曰”云云，即本文。

本文作于开元二十九年（741）二月。

委刺史县令劝课制（P278下）

《册府》卷七十亦载本文，订作时为开元二十九年。

本文作于开元二十九年（741）。

封高阳公主制（P279上）

本文又见载于《大诏令》卷四十一，订作时为开元二十九年。

本文作于开元二十九年（741）。

定大唐乐制（P279上）

本文又见载于《大诏令》卷八十一，且题为《雅乐名大唐乐制》，文末注作时为“开元二十九年六月”。《册府》卷五百六十九亦载，订作时为开元二十九年六月。

本文作于开元二十九年（741）六月。

追谥宁王宪为让皇帝制（P279下）

《旧书》卷九十五载，开元二十九年“（宁王宪）十一月薨，时年六十三。上闻之，号叫失声，左右皆掩涕。翌日，下制曰”云云，即本文。《大诏令》卷二十六亦载本文，题为：《宁王谥让皇帝制》，订本文作时为：开元二十九年十一月。《册府》卷二百九十六亦载本文，“宁王宪，睿宗长子。天宝元年十一月，制曰”云云，文字与本文略有出入。今作时从《旧书》。

本文作于开元二十九年（741）十一月。

天宝改元制（P279下）

《大诏令》卷六十七载，且题为《天宝元年南郊制》，无订时。《册府》卷三十三载，天宝元年正月“是月甲寅，得灵符于尹喜台西，百官请崇徽号，壬申诏曰”云云，即为本文节录，从“神仙所缄造化同固”至“各令所在长官备礼陈祭，务申诚敬，副朕意焉”。《册府》卷五十四节录本文，从“神之降休礼无不答”至“以来月十五日祔玄元皇帝庙”，订作时为天宝元年壬申。

本文作于天宝元年（742）正月。

令道教及天地乾坤字须半阙制（P280上）

本文又见载于《册府》卷五十四，订作时为天宝元年六月。《会要》卷五十订本文作时为天宝元年六月。

本文作于天宝元年（742）六月。

追尊元元皇帝父母并加谥远祖制（P280下）

《册府》卷五十四载，天宝二年“三月亲祠玄元皇帝庙追尊远祖制曰”云云，即本文。《旧书》卷九《玄宗上》载，天宝二年“三月壬子，亲祀玄元庙以册尊号。制追尊圣祖玄元皇帝父周上御史大夫敬曰先天太上皇，母益寿氏号先天太后，仍于谯郡本乡置庙。尊咎繇为德明皇帝。改西京玄元庙为太清宫，东京为太微宫，天下诸郡为紫极宫”，与本文旨意合。

本文作于天宝二年（743）三月。

命金宪英袭封新罗王制（P281上）

《册府》卷九百六十五载，天宝“二年五月，新罗王金承庆卒，弟宪英袭位，制曰”云云，即本文。《册府》卷九百六十六载，“天宝二年，承庆卒，其子宪英袭”，与本文旨意合。《旧书》卷一百九十九载，“天宝二年，承庆卒，诏遣赞善大夫魏曜往吊祭之。册立其弟宪英为新罗王，并袭其兄官爵”，与本文旨意合。

本文作于天宝二年（743）五月。

九月荐衣陵寝制（P281 下）

《册府》卷三十记载本文，订作时为天宝二年八月。《大诏令》卷七十七亦载本文，且题为《九月一日荐衣陵寝制》，订作时为天宝二年八月。《通典》卷五十二节录本文，从“朕承丕业肃恭祀事”至文末，订作时为天宝二年七月。《旧书》卷二十五《志第五·礼仪五》载，“天宝二年八月制，自今已后，每至九月一日荐衣于陵寝”，即为本文节录。

本文作于天宝二年（743）八月。

命孔璲之袭封文宣公制（P281 下）

本文又见载于《册府》卷五十，《全唐文》中仅作“孔璲之”，而《册府》作“文宣王三十五代孙，通直郎前守邠王府，文学褒圣侯，孙璲之”。另，《册府》所录文末“可袭文宣公”之后并无“兖州长史迁都水使者，食邑一千户”一句。订作时为“天宝二年十月”。

本文作于天宝二年（743）十月。

改年为载推恩制（P282 上）

本文又见载于《大诏令》卷四，且题为《改天宝三年为载制》，文末注作时为“正月一日”。《册府》卷八十六载，天宝“三载正月丙申朔，御含元殿受朝贺，下制”云云，即本文。《册府》卷六百三十五节录本文，从“凡诸郡县仍令太守县令劝课农桑”至“所司录奏超资与处分”，订作时为天宝三载正月。《册府》卷一百三十五节录本文，从“凡在黎献实资存恤”至“委郡县长官与所繇计会便放营农”，订作时为天宝三载正月。

本文作于天宝三载（744）正月。

放免囚徒制（P282 下）

本文又见载于《册府》卷八十六，订作时为天宝三载三月壬申。《旧书》卷九《玄宗上》载，天宝三载三月“癸酉，制天下见禁囚徒死罪降流，流已下并原之”。

本文作于天宝三载（744）三月。

令详定九宫坛仪注制（P282 下）

本文亦见载于《大诏令》卷七十四，题为：《亲祭九宫坛敕》，文末订作时为：天宝三年十二月。《册府》卷三十三亦载本文，天宝三载“十二月癸巳，制曰”云云，即本文。

本文作于天宝三载（744）十二月。

封和义公主出降宁远国王制（P283 上）

本文又见载于《大诏令》卷四十二，且题为《封和义公主制》，无订作时。《册府》卷九百七十九载，“天宝三载十二月，封宗女为和义公主，降宁远国，制曰”云云，即本文。《通鉴》卷二百一十五载，天宝三载十二月“癸卯，以宗女为和义公主，嫁宁远奉化王阿悉烂达干”。

本文作于天宝三载（744）十二月。

封太华公主制（P283上）

《大诏令》卷四十一亦载本文，订作时为“天宝四载”。

本文作于天宝四载（745）。

封寿光公主乐成公主制（P283下）

本文又见载于《大诏令》卷四十一，且题为《封寿光公主制》，订作时为“天宝五载”。《全唐文》中“教始闺闱汤”句与“皇帝第二十二女”句之前无“沐之封荣分爵土”七字。

本文作于天宝五载（746）。

清编《全唐文》卷二十五
（*P284—295*）

安养百姓及诸改革制（P284上）

《英华》卷四百三十三亦载本文，然未订作时。

本文作年待考。

南郊推恩制（P285下）

《册府》卷八十六亦载，天宝“六载正月戊子，有事于南郊。礼毕，下制曰”云云，即本文。本文亦见载于《英华》卷四百二十五，题为：《天宝六载南郊赦》。

本文作于天宝六载（747）正月。

授陈希烈左相制（P287下）

本文又见载于《大诏令》卷四十五，订作时为“天宝六载三月”。《英华》卷四百四十八亦载本文，订作时为天宝六载三月，且《大诏令》《英华》题皆作《陈希烈拜相制》。《旧书》卷九载，天宝六载“夏四月戊午，门下侍郎陈希烈为左相，兼兵部尚书”。今从《旧书》。

本文作于天宝六载（747）四月。

定礼部试帖经制（P287 下）

《会要》卷七十五载，“天宝十一载七月，举人帖及口试，并宜对众考定，更唱通否。其载十二月敕”云云，即本文。《册府》卷六百四十亦载本文，订作时为“天宝十一载十二月”。

本文作于天宝十一载（752）十二月。

授荣王琬安北大都护制（P287 下）

本文亦见载于《大诏令》卷三十六，题为：《荣王琬安北大都护制》，文末订作时为：天宝八载二月。

本文作于天宝八载（749）二月。

上圣祖及诸庙帝后尊号推恩制（P288 上）

本文又见载于《大诏令》卷七十八，且题为《上圣祖大道玄元皇帝号并五圣加谥制》。《册府》卷三十节录本文，从“上高祖神尧皇帝尊谥曰”至“肃明顺圣皇后，以来月五日，于太清宫圣祖前恭申册礼，宜令所司，即详定仪注闻奏”。《旧书》卷九《玄宗上》载，天宝八载闰六月“丙寅，上亲谒太清宫，册圣祖玄元皇帝，尊号为圣祖大道玄元皇帝。高祖、太宗、高宗、中宗、睿宗五帝，皆加‘大圣皇帝’之字；太穆、文德、则天、和思、昭皇后，皆加‘顺圣皇后’之字”，与本文旨意合。《通鉴》卷二百一十六载，天宝八载“六月，戊申，上圣祖号曰大道玄元皇帝，上高祖谥曰神尧大圣皇帝，太宗谥曰文武大圣皇帝，高宗谥曰天皇大圣皇帝，中宗谥曰孝和大圣皇帝，睿宗谥曰玄真大圣皇帝，窦太后以下皆加谥曰顺圣皇后”，与本文旨意合。

本文作于天宝八载（749）闰六月。

封广宁公主制（P289 上）

本文亦见载于《大诏令》卷四十一，文末订作时为：天宝八载。

本文作于天宝八载（749）。

封安禄山东平郡王制（P289 上）

本文亦见载于《册府》卷一百二十九，“玄宗天宝九载十月，封安禄山为东平郡王，制曰”云云，即本文。

本文作于天宝九载（750）十月。

改宗庙称告享制（P289 下）

本文亦见载于《大诏令》卷七十五，题为：《太清宫改为朝献荐献制》，文末订作时为：天宝九载十一月。《册府》卷三十亦载，天宝“九载十一月己丑，制曰”云云，即本文。

本文作于天宝九载（750）十一月。

赠汝阳王琎太子太师制（P289 下）

本文亦见载于《册府》卷二百七十七，“汝阳王琎，宪子也。天宝九载薨，辍朝一日。制曰”云云，即本文。

本文作于天宝九载（750）。

改置黄帝坛制（P290 上）

本文亦见载于《册府》卷三十三，天宝十载“四月辛巳，制曰”云云，即本文。

本文作于天宝十载（751）。

赠庆王琮靖德太子制（P290 上）

本文亦见载于《大诏令》卷三十二，题为：《庆王赠靖德太子制》，文末订作时为：天宝十一载五月。

本文作于天宝十一载（752）五月。

授杨国忠右相制（P290 下）

本文亦见载于《大诏令》卷四十五，题为：《杨国忠右相制》，文末订作时为：天宝十一载十一月。《册府》卷七十二亦载本文，天宝“十一载十一月，制曰”云云，即本文。

本文作于天宝十一载（752）十一月。

赠杨珣郑国公制（P291 上）

本文亦见载于《册府》卷一百三十一，天宝“十二载三月，制曰”云云，即本文。

本文作于天宝十二载（753）三月。

加哥舒翰爵赏制（P291 上）

本文亦见载于《大诏令》卷六十，题为：《陇右河西节度使哥舒翰西平郡王制》，文末订作时为：天宝十二载七月。

本文作于天宝十二载（753）七月。

授韦见素同平章事制（P291 下）

本文亦见载于《大诏令》卷四十五，题为：《韦见素平章事制》，文末订作时为：天宝十三载八月。《英华》卷四百四十八亦载本文，题为《韦见素拜相制》，订作时为：天宝十三载八月。

本文作于天宝十三载（754）八月。

封葛逻禄叶护顿毗伽金山王制（P292 上）

本文亦见载于《大诏令》卷一百二十八，题为：《葛逻禄叶护开府仪同三司制》，文末订作时为：天宝十二载九月。《册府》卷九百六十五亦载本文，天宝十二载九月“是月，葛逻禄叶护顿毗伽生擒阿布思。制曰”云云，即本文。

本文作于天宝十二载（753）九月。

天长节推恩制（P292上）

本文亦见载于《册府》卷八十六，天宝“十四载八月辛卯，是月天长节，上御勤政楼，宴群臣。下制曰”云云，即本文。

本文作于天宝十四载（755）八月。

令钱货兼用制（P293上）

《通典》卷九载，开元“二十年九月制曰”云云，即本文。《会要》卷八十八亦载本文，订作时为开元“二十年九月二十九日”。《册府》卷五百一载本文，亦订作时为开元二十年九月。

本文作于开元二十年（732）九月二十九日。

置十道劝农判官制（P293上）

《旧书》卷一百五《宇文融列传》载，“然并玄宗命宇文融做检括田畴招携户口等工作，工作进行一定程度，又下制置十道劝农判官”云云，即本文，无订作时。《通鉴》卷二百一十二载，开元十三年“春，二月，庚申，以御史中丞宇文融兼户部侍郎。制以所得客户税钱均充所在常平仓本；又委使司与州县议作劝农社，使贫富相恤，耕耘以时”，与本文旨意合。

本文作于开元十三年（725）二月。

宣慰湖南制（P294上）

本文亦见载于《大诏令》卷一百十六，题为：《宣慰湖南百姓制》，然未订作时，题下小注载作者为：常衮。按《全唐文》行文体例，文章作者清楚者当归入其作者名下，本文应从玄宗名下删去，归为常衮。《英华》卷四百三十四亦载本文，并无作时。

本文作年待考。

赐汴王璥谥制（P294下）

汴王璥为玄宗第三十子。本文亦见载于《大诏令》卷三十九，题为：《谥汴哀王璥制》，未订作时。《新书》卷五载，开元二十四年“八月甲寅，突骑施请和。乙亥，汴王璥薨。”与本文旨意合。

本文作于开元二十四年（736）八月。

诛姜庆初等并削裴仿官爵制（P294 下）

本文亦见载于《大诏令》卷一百二十六，题为：《姜敬初自尽制》，未订作时。《旧书》卷十一载，大历二年八月“壬寅，太常卿、驸马都尉姜庆初得罪，赐自尽”，与本文旨意合。《新书》卷五亦载此事，大历“二年八月壬寅，杀驸马都尉姜庆初”。

本文当做于大历二年（767）八月。

封新平郡主制（P295 上）

本文亦见载于《大诏令》卷四十三，未订作时。题下注作者为：孙逖。按《全唐文》行文体例，文章作者清楚者当归入其作者名下，本文应从玄宗名下删去，归为孙逖。

本文作年待考。

封安定郡主制（P295 上）

本文亦见载于《大诏令》卷四十三，未订作时。题下注作者为：孙逖。按《全唐文》行文体例，文章作者清楚者当归入其作者名下，本文应从玄宗名下删去，归为孙逖。

本文作年待考。

授嗣泽王瑀国子司业制（P295 上）

本文亦见载于《大诏令》卷三十八，题为：《嗣泽王瑀国子司业制》，未订作时。

本文作年待考。

加贵妃豆卢氏等食实封制（P295 下）

本文亦见载于《大诏令》卷二十五，题为：《睿宗贵妃豆卢氏等食实封制》，未订作时。

本文作年待考。

清编 《全唐文》 卷二十六
（*P296—305*）

禁屠杀鸡犬诏（P296 上）

《册府》卷四十二载，“玄宗先天元年十二月诏曰” 云云，即本文。《会要》卷四十一载其要旨：“先天元年十二月敕，禁人屠杀鸡犬”。《旧书》卷八记载“（先天）十二月丁未，诰禁人屠杀犬鸡”，与本文旨意合。

本文作于为先天元年（712）十二月。

诫励宗室诏（P296上）

《册府》卷三十九载："玄宗先天二年二月诏曰"云云，即本文。《大诏令》卷四十亦载本文。

本文作于先天二年（713）二月。

禁州县严酷诏（P296下）

《册府》卷一百五十一载，"玄宗先天二年四月，诏曰"云云，即本文。

本文作于先天二年（713）四月。

缓修大明宫诏（P296下）

《册府》卷一百四十七亦载本文，订作时为："玄宗先天二年五月。"《大诏令》卷一百八亦载本文。《通鉴》卷二百一十载，开元元年"先是，修大明宫未毕。夏，五月，庚寅，敕以农务方勤，罢之以待闲月"，与本文要旨合。

本文作于先天二年（713）五月。

命诸州举贤才诏（P297上）

《册府》卷六十八载，先天二年六月"诏曰"云云，即本文。《册府》卷六百四十五载玄宗先天"二年六月，诏：'其诸州有抱器怀才、不求闻达者，访名闻奏'"，与本文旨意合。《大诏令》卷一百二亦载本文。

本文作于先天二年（713）六月。

复薛崇简官爵诏（P297上）

《册府》卷一百三十九亦载本文，订作时为："先天二年七月。"《通鉴》卷二百一十载，开元元年"（薛崇简）以数谏其母被挞，特免死，赐姓李，官爵如故"。

本文作于先天二年（713）七月。

赐乳母窦氏俸料准三品诏（P297上）

本文亦见载于《大诏令》卷一百八，系时为先天二年八月二十五日。《册府》卷三十八亦载，"玄宗先天二年九月，诏曰"云云，即本文。

本文作于先天二年（713）九月。

宣示亳州瑞木诏（P297上）

本文作年待考。

答崔日用手诏（P297下）

《旧书》卷九十九《崔日用传》亦载本文。《册府》卷九十七载，"玄宗开元初，吏部尚书崔日用尝采《毛诗·大雅、小雅》二十篇及司马相如封禅书，因帝生日表上之，以申规讽，并述善成之事，手诏答曰”云云，即本文。

本文作于开元初。

答张说进白乌赋诏（P297 下）

本文作年待考。

祈雨诏（P297 下）

《册府》卷一百四十四亦载，“开元二年正月，关中饥。下诏曰”云云，即本文。

本文作于开元二年（714）正月。

禁滥借鱼袋诏（P298 上）

《册府》卷六十载，开元二年“三月癸卯，诏曰”云云，即本文。

本文作于开元二年（714）三月。

贬韦安石等诏（P298 下）

《旧书》卷九十二亦载，开元二年“下诏曰”云云，即本文。

本文作于开元二年（714）。

停诸陵供奉鹰狗诏（P298 下）

本文亦见载于《大诏令》卷七十七，文末订作时为：开元二年四月。

本文作于开元二年（714）四月。

停鹅鸭坊米粟诏（P299 上）

《册府》卷一百五十九载，开元二年“四月丁酉，诏曰”云云，即本文。

本文作于开元二年（714）四月。

令举实才诏（P299 上）

《大诏令》卷一百六载，题为：《令贡举人勉学诏》，文末注作时为：开元二年五月。《册府》卷五十亦载本文，“玄宗开元二年四月，诏曰”云云，即本文。今姑从《大诏令》。

本文作于开元二年（714）五月。

量减员外官诏（P299 下）

《册府》卷六百三十载，开元二年“五月，诏曰”云云，即本文。

本文作于开元二年（714）五月。

放还诸蕃宿卫子弟诏（P299下）

《册府》卷一百七十录本文，订作时为开元“十年闰五月戊寅”。《册府》卷九百九十六亦录本文，订作时为“是年（开元二年）闰五月戊寅诏”。《大诏令》卷一百二十八，亦录本文，无订作时，且题为《放诸蕃质子各还本国敕》。《旧书》卷八《玄宗上》载，开元十年“闰五月壬申，兵部尚书张说往朔方军巡边，戊寅敕诸番充质宿卫子弟，并放还国”，与本文旨意合。按：开元二年无闰五月，故《册府》卷九百九十六时间记载有误。

本文作于开元十年（722）闰五月。

饬尚书诸司诏（P300上）

本文亦见载于《大诏令》卷一百，题为：《诫励尚书省官敕》，文末订作时为：开元二年六月。《册府》卷一百五十五亦载，“开元二年六月，诏曰”云云，即本文。

本文作于开元二年（714）六月。

叙录薛讷等征吐蕃功诏（P300上）

《册府》卷一百三十五载，“玄宗开元二年六月，诏曰”云云，即本文。

本文作于开元二年（714）六月。

禁坊市铸佛写经诏（P300上）

《册府》卷一百五十九载，开元二年七月“壬子，诏曰”云云，即本文。

本文作于开元二年（714）七月。

禁用珠玉锦绣诏（P300下）

本文亦见载于《大诏令》卷一百八，题为：《禁奢侈服用敕》，文末订作时为：开元二年七月。《册府》卷六十亦载，开元二年“七月戊戌，诏曰”云云，即本文。

本文作于开元二年（714）七月。

褒楚国公姜皎诏（P300下）

《旧书》卷五十九载，“玄宗以皎在藩之旧，皎又有先见之明，欲宣布其事，乃下敕曰”云云，即本文。《册府》卷一百七十二亦载，“开元二年八月，诏曰”云云，即本文。

本文作于开元二年（714）八月。

出宫人诏（P301下）

《会要》卷三载，“开元二年八月十日，诏曰”云云，即本文。

本文作于开元二年（714）八月。

宴劳勇士诏（P301 下）

《册府》卷一百二十四载，“开元二年八月辛巳，上以河陇之故，命有司大募壮勇士从军。既募，引见，置酒于朝堂享之。诏曰”云云，即本文。

本文作于开元二年（714）八月。

免崔涤从坐诏（P302 上）

《册府》卷一百七十二载，开元二年“九月诏曰”云云，即本文。

本文作于开元二年（714）九月。

赐高年几杖诏（P302 上）

《大诏令》卷八十载，题为：《老人赐几杖鸠杖敕》。《册府》卷五十五亦载，“玄宗开元二年九月，引京师侍老宴于含元殿庭，诏曰”云云，即本文。

本文作于开元二年（714）九月。

收瘗吐蕃战没人诏（P302 下）

《册府》卷四十二载，“开元二年十月，诏曰”云云，即本文。

本文作于开元二年（714）十月。

追赐苏瑰实封诏（P302 下）

《旧书》卷八十八载，“开元二年，下诏曰”云云，即本文。《册府》卷一百三十三亦载，开元二年“又诏曰”云云，即本文。

本文作于开元二年（714）。

练兵诏（P302 下）

《册府》卷一百二十四载，开元二年十月“帝遂停亲征，诏曰”云云，即本文。

本文作于开元二年（714）十月。

幸凤泉汤诏（P303 上）

《册府》卷一百一十三载，开元三年“十一月乙卯至凤泉汤，是月诏曰”云云，即本文。《旧书》卷八载，开元三年“十一月己卯，至自凤泉汤”，与本文旨意合。《通鉴》卷二百一十一载，开元三年“甲子，上幸凤泉汤。十一月，己卯，还京师”，与本文旨意合。

本文作于开元三年（715）十一月。

宣慰突厥降户诏（P303 上）

《册府》卷一百七十载，开元二年“十一月丙申，诏曰”云云，即本文。

本文作于开元二年（714）十一月。

赈河南河北诏（P303 下）

《册府》卷一百五载，开元三年“十一月乙丑诏曰”云云，即本文。

本文作于开元三年（715）十一月。

再赈河南河北诏（P303 下）

《册府》卷一百五载，“五年五月诏曰”云云，即本文。

本文作于开元五年（717）五月。

禁私役兵士诏（P303 下）

《册府》卷六百十二载，开元“三年二月诏曰”云云，即本文。

本文作于开元三年（715）二月。

清厘滞狱诏（P304 上）

《册府》卷一百五十一载，“开元三年二月庚午诏曰”云云，即本文。

本文作于开元三年（715）二月。

赐北庭都护郭虔瓘手诏（P304 上）

《册府》卷一百三十三载，开元“三年二月，郭虔瓘为北庭都护，累破吐蕃及突厥默啜，斩获不可胜计，以其俘来献。玄宗置酒劳之，及将士等，并赐帛手诏，谓曰”云云，即本文。

本文作于开元三年（715）二月。

禁创造寺观诏（P304 上）

本文亦见载于《册府》卷六十三，“玄宗开元二年二月，诏曰”云云，即本文。

本文作于开元二年（714）二月。

命薛讷等讨吐蕃诏（P304 下）

《册府》卷一百一十九载，开元“三年夏四月庚申，帝以葛逻禄等部落新归，恐边境有虞，思建将帅，乃下诏曰”云云，即本文。《新书》卷五《玄宗本纪》载，开元三年“四月庚申，突厥部三姓葛逻禄来附，右羽林军大将军薛讷为凉州镇军大总管，凉州都督杨执一副之，右卫大将军郭虔瓘为朔州镇军大总管，并州长史王晙副之，以备突厥”，与本文旨意合。《通鉴》卷二百一十一载，唐玄宗开元三年“夏四月庚申，以右羽林大将军薛讷为凉州镇大总管赤水等军，并受节度居凉州。左卫大将军郭虔瓘为朔州镇大总管和戎等军，并受节度居并州勒兵以备”，与本文旨意合。

本文作于开元三年（715）四月。

清编《全唐文》卷二十七
（P305—314）

减膳省刑诏（P305下）

《册府》卷一百四十四载，开元“三年五月戊申以旱故下诏曰”云云，即本文。《新书》卷五《玄宗本纪》载，开元三年“五月丁未，以旱录京师囚，戊申避正殿减膳”，与本文旨意合。

本文作于开元三年（715）五月。

命宰臣省察囚徒诏（P305下）

《册府》卷八十五载，开元“五月丁未，命宰臣亲行京城诸狱，省察囚徒，下诏曰”云云，即本文。《大诏令》卷八十三亦载本文，且题为《原减囚徒敕》，订作时为开元三年五月十六日，注作者为苏颋。检《全唐文》卷二百四亦载此文。按照《全唐文》编年体例，代笔者清楚应归入代笔者名下。此篇应从唐玄宗名下删去，归入苏颋文。《新书》卷五《玄宗本纪》载开元“五月丁未，以旱录京师囚”，与本文旨意合。

本文作于开元三年（715）五月。

整饬吏治诏（P306上）

《册府》卷六百三十亦载本文，订作时为开元三年六月八日。《册府》卷六百三十五载，玄宗开元三年“六月制”云云，即本文。《会要》卷七十五载此事，订作时为开元三年六月八日。

本文作于开元三年（715）六月。

缓征诏（P306下）

《册府》卷一百四十七载，“开元三年七月，诏曰”云云，即本文。

本文作于开元三年（715）七月。

求言诏（P306下）

《册府》卷一百二载，开元三年“十月诏曰”云云，即本文。《大诏令》卷一百五亦载本文，且题为《听百僚进状及廷争敕》，文末注作时为“开元三年十月七日”，作者为苏颋，《全唐文》卷二百四亦载此文。按照《全唐文》编年体例，代笔者清楚应归入代笔者名下，此篇应从唐玄宗名下删去，归入苏颋名下。

本文作于开元三年（715）十月。

降大理系囚罪诏（P307 上）

《册府》卷八十五载，开元三年“十月癸亥诏，巡游所过之县，见禁囚徒以下，减放免流以上罪，具犯状奏，听进止。戊辰，大理具囚名奏，帝览之，以所犯重者降一等，轻者并释放，下诏曰”云云，即本文。《新书》卷五《玄宗本纪》载，开元三年十月“戊辰，降大理系囚罪”。

本文作于开元三年（715）十月。

征越巂诏（P307 上）

《册府》卷九百八十六载，开元“三年十月诏曰”云云，即本文。《新书》卷五《玄宗本纪》载，开元三年“十月辛酉，巂州蛮寇边，右骁卫将军李玄道伐之”，与本文旨意合。

本文作于开元三年（715）十月。

命李全确往淮南授捕虎法诏（P307 上）

《册府》卷一百四十七载，“四年正月诏曰”云云，即本文。

本文作于开元四年（716）正月。

诛长孙昕等诏（P307 下）

《旧书》卷一百《李杰列传》载，李杰“奏调发汴郑丁夫”疏通了梁公堰，使得江淮漕运得以通。“寻代宋璟为御史大夫，时皇后妹婿尚衣奉御长孙昕，与其妹婿杨仙玉因于里巷遇杰，遂驱击之。上大怒，令斩昕等。散骑常侍马怀素以为，阳和之月不可行刑，累表陈请，乃下敕”云云，与本文记载个别字略有出入，未订作时。《册府》卷一百五十二载，开元“四年正月癸未，皇后妹婿尚衣奉御长孙昕与其妹婿杨仙玉，于里巷间殴击御史大夫李杰。初，昕以细故与杰不协，自负懿戚，遂肆其豪纵辱之。即日，杰上表自诉曰：发肤见毁，虽则痛身，冠冕被凌，诚为辱国。帝大怒，令于朝堂斩昕等。左散骑常侍马怀素以阳和之月不可行刑累表陈谏，乃下诏曰”云云，即本文。《旧书》卷八《玄宗上》载，开元“四年春正月癸未，尚衣奉御长孙昕恃以皇后妹婿，与其妹夫杨仙玉殴击御史大夫李杰，上令朝堂斩昕，以谢百官。以阳和之月不可行刑，累表陈请，乃命杖杀之”，与本文旨意合。

本文作于开元四年（716）正月。

禁僭用服色诏（P307 下）

《册府》卷六十三载，开元“四年二月诏曰”云云，即本文。《会要》卷三十一载，开元“四年二月二十三日诏”云云，与本文字句略有出入。

本文作于开元四年（716）二月。

更定满考日例诏（P308 上）

《册府》卷六百三十载，开元“四年四月诏曰”云云，与本文所录文字略有出入。《册府》卷六百三十五载，“四年四月七日制”云云，即本文。《会要》卷八十一载，开元“四年四月七日敕”云云，即本文。

本文作于开元四年（716）四月。

答倪若水诏（P308 上）

《旧书》卷一百八十五下载，开元“四年，玄宗令宦官往江南采鸡鹊等诸鸟，路由汴州。若水知之，上表谏……手诏答曰：‘朕先使人取少杂鸟，其使不识朕意，采鸟稍多。卿具奏其事，辞诚忠恳，深称朕意。卿达识周材，义方敬直，故辍纲辖之重，委以方面之权。果能闲邪存诚，守节弥固，骨鲠忠烈，遇事无隐。言念忠谠，深用嘉慰。使人朕已量事决罚，禽鸟并令放讫。今赐卿物四十段，用答至言’”，即本文。《通鉴》卷二百一十一载，开元四年“上尝遣宦官诣江南取鸡鶄、鸂鶒等，欲置苑中，使者所至烦扰。道过汴州，倪若水上言……上手敕谢若水，赐帛四十段，纵散其鸟”，与本文旨意合。《唐语林》卷五与《唐新语》卷二中亦载本文，无订作时。

本文作于开元四年（716）二月。

捕蝗诏（P308 上）

《册府》卷一百四十四载，开元“四年五月甲辰诏曰”云云，即本文。《通鉴》卷二百一十一载，开元四年“山东蝗复大起，姚崇又命捕之。……夏，五月，甲辰，敕委使者详察州县捕蝗勤惰者，各以名闻。由是连岁蝗灾，不至大饥”，与本文旨意合。

本文作于开元四年（716）五月。

令御史检察差科诏（P308 下）

《册府》卷七十载，“玄宗开元四年九月壬寅诏曰”云云，即本文。

本文作于开元四年（716）九月。

劝奖县令诏（P308 下）

《会要》卷六十九载，“开元四年十一月敕”云云，即本文。《册府》卷六百三十五亦载，开元“十一月制曰”云云，即本文。

本文作于开元四年（716）十一月。

赐卢怀慎家帛粟诏（P308 下）

《册府》卷一百三十九载，开元“四年十一月，黄门卢怀慎卒，明年，帝于城南望见怀慎别业方设大祥斋，帝悯其贫困，叹息久之，下诏曰”云云，即本文。《大诏令》卷六十五亦载，与本文文字略有出入，订作时为“开元四年十一月”，且题为《赐卢怀慎家粟帛敕》。《旧书》卷九十八载，开元四年十一月“怀慎清俭，不营产业，器用服饰，无金玉绮文之丽。所得禄俸，皆随时分散，而家无余蓄，妻子匮乏。及车驾将幸东都，四门博士张星上言：‘怀慎忠清直道，终始不亏，不加宠赠，无以劝善。’乃下制赐其家物一佰段、米粟贰佰石。明年，上还京师，因校猎于城南，经怀慎别业，见家人方设祥斋，悯其贫匮，赐绢百匹。仍遣中书侍郎苏颋为其碑文，上自书焉”，与本文旨意合。

本文作于开元四年（716）十一月。

更定两畿县令考满诏（P309上）

《册府》卷六百三十载，开元四年“十二月诏曰”云云，即本文。

本文作于开元四年（716）十二月。

简察驿路妄索供给诏（P309上）

《册府》卷六十三载，开元四年“闰十二月诏曰”云云，即本文。

本文作于开元四年（716）闰十二月。

命柳城复置营州诏（P309上）

《册府》卷九百九十二载，开元“五年三月庚戌，复置营州于柳城，诏曰”云云，即本文。《大诏令》卷九十九节录本文，“朕闻舞干戚者”至“其营州都督宜依旧于柳城安置”，题为《置营州都督府制》，且无订作时。《英华》卷四百六十四亦节录本文，题为《置营州都督府制》，“朕闻舞干戚者”至“其营州都督宜依旧于柳城置”，无订作时。《旧书》卷一百八十五载于柳城依旧置营州都督府之事，订时为开元五年。《旧书》卷一百九十九下载，开元“五年，大酺与契丹首领松漠郡王李失活，咸请于柳城依旧置营州都督府，上从之。敕太子詹事姜师度充使督工作，役八千余人”，与本文旨意合。《通鉴》卷二百一十一、《会要》卷七十三均载此事，订时为开元五年三月。

本文作于开元五年（717）三月。

遣使巡察河南北诏（P309下）

《册府》卷一百六十二载，“五年二月诏曰”云云，即本文。《大诏令》卷一百四与《英华》卷四百六十一均载此事，个别字与本文略有出入，皆订作时为“开元五年二月”。且《大诏令》题为《遣使河北河南道观察利害诏》，《英华》题为《出使优恤制》，作者处为“内制”。

本文作于开元五年（717）二月。

征隐士卢鸿一诏（P309下）

《旧书》卷一百九十二载，“卢鸿一，字浩然，本范阳人。徙家洛阳，少有学业，颇善籀篆楷隶，隐于嵩山。开元初，遣币礼再征不至。五年，下诏曰”云云，即本文。

本文作于开元五年（717）。

戒谕吏部员外郎褚璆等诏（P310上）

《册府》卷一百五十五载，开元“五年四月，帝以尚书省天下政本，乃令有司各司职事，吏部员外郎褚璆等十人案牍稽迟。诏曰”云云，即本文。

本文作于开元五年（717）四月。

量减镇兵年限诏（P310上）

《册府》卷一百三十五载，开元“五年五月诏曰”云云，即本文。《大诏令》卷一百七亦载，与本文文字略有出入，订作时为“开元五年正月”，且题为“镇兵以四年为限诏”。

本文作于开元五年（717）。

封永乐县主出降松漠郡王诏（P310下）

《册府》卷九百七十九载，开元五年“八月诏曰”云云，即本文。

本文作于开元五年（717）八月。

改明堂为乾元殿诏（P310下）

《旧书》卷八载，开元五年七月“甲子，诏曰”云云，即本文。《大诏令》卷一百八亦载本文，文末订作时为：开元五年八月。《册府》卷十四亦载，开元“五年七月，改明堂为乾元殿，诏曰”云云，即本文。《册府》卷五百六十四亦载本文，“刑部尚书王志愔等奏议，请改易，依旧造乾元殿。乃下诏曰”云云，即本文。

本文作于开元五年（717）七月。

安置降蕃诏（P311上）

《册府》卷一百五十七载，开元五年“八月诏曰”云云，即本文。《大诏令》卷一百七载本文，个别字句与本文略有出入，订作时为“开元五年八月”，且题为《诫励诸军州牧将诏》。

本文作于开元五年（717）八月。

令奏事仍进先状诏（P311上）

《册府》卷六十载，开元“五年九月戊申，诏曰”云云，即本文。《通鉴》卷二百一十一载，开元五年九月“及宋璟为相，欲复贞观之政，戊申，制：‘自今事非的须秘密者，皆令对仗奏闻，史官自依故事’”，与本文旨意合。

本文作于开元五年（717）九月。

优礼诸州乡贡明经进士诏（P311 下）

《册府》卷五十载，玄宗开元五年“九月，诏曰”云云，即本文。《唐摭言》卷一载，“开元五年九月，诏曰”云云，即本文。《会要》卷七十六节录本文，从“诸州乡贡明经、进士见讫，宜令引就国子监谒先师”，至“官五品已上，及朝集使，并往观礼，即为例程”。订作时为“开元五年九月”。

本文作于开元五年（717）九月。

命越王贞从孙琳嗣爵诏（P311 下）

《旧书》卷七十六载，开元“五年下诏曰”云云，个别字句与本文略有出入。《会要》载，开元“五年又下诏，封贞侄孙琳为嗣越王，以奉其祀，仍为立碑”，与本文旨意合。

本文作于开元五年（717）。

令礼官条奏应行事诏（P312 上）

本文亦见载于《大诏令》卷八十六，且题为《令史官条奏每月应所行事诏》，订作时为开元五年十月。《会要》卷六十四载，“开元五年十月十八日诏曰”云云，即本文。《册府》卷六十三载，开元五年“十月甲申，诏曰”云云，个别字句与本文略有出入。

本文作于开元五年（717）十月。

定致仕官俸诏（P312 上）

《册府》卷五百六载，“唐玄宗开元五年十月诏曰”云云，即本文。

本文作于开元五年（717）十月。

整饬民风诏（P312 上）

本文亦见载于《大诏令》卷一百九，且题为《禁断止街坊轻浮言语诏》，订作时为“开元五年十一月”。

本文作于开元五年（717）十一月。

禁屠杀马牛驴诏（P312 下）

本文又见载于《大诏令》卷一百九，且题为《禁杀害马牛驴肉敕》，文末注作时为“开元十一年十一月”。《册府》卷四十二录本文，订作时为开元五年“十一月丙辰”。今从《大诏令》。

本文作于开元十一年（723）十一月。

令详定宗庙社稷岳渎祭典诏（P312 下）

《册府》卷三十三载，开元五年“十二月戊寅诏曰”云云，即本文。

本文作于开元五年（717）十二月。

放遣括获妇女诏（P312 下）

《大诏令》卷一百九亦载本文，且题为《禁别宅妇人诏》，订作时为“开元五年七月”。

本文作于开元五年（717）七月。

赐京官等俘获吐蕃牛马诏（P313 上）

《册府》卷八十载，开元“六年正月甲子，陇右节度郭知运，获吐蕃献俘，特诏曰”云云，即本文。

本文作于开元六年（718）一月。

顺时决狱诏（P313 上）

《册府》卷一百五十一载，开元“六年二月己卯诏”云云，即本文。

本文作于开元六年（718）二月。

禁策判不切事宜诏（P313 上）

《册府》卷六百三十九载，“玄宗开元六年二月，制曰”云云，即本文。《册府》卷六百三十载，开元“六年二月，诏曰”云云，即本文。

本文作于开元六年（718）二月。

久任二千石诏（P313 上）

本文亦见载于《大诏令》卷一百，且题为《刺史令久在任诏》，订作时为开元六年二月。《册府》卷六百三十五载，开元“六年二月，制曰”云云，即本文。《会要》卷六十八载，“开元六年二月十二日敕”云云，节录本文，从“旧例别驾皆是诸亲”至“宜并量材受用”。

本文作于开元六年（718）二月。

授潘好礼郯王府长史诏（P313 下）

《册府》卷七百八载，“潘好礼，开元初为郯王府长史。六年二月，诏曰”云云，即本文。

本文作于开元六年（718）二月。

授卢鸿一谏议大夫诏（P313 下）

《旧书》卷一百九十二《隐逸》载，开元六年“别召升内殿，赐之酒食，诏曰”云云，个别字句与本文有出入。《册府》卷九十八载，开元“六年三月，征嵩山逸人卢鸿至，诏曰”云云，即本文。《通鉴》卷二百一十二载，开元六年“三月，乙巳，征嵩山处士卢鸿入见，拜谏议大夫，鸿固辞”，与本文旨意合。

本文作于开元六年（718）三月。

赈恤河南北诏（P313 下）

《册府》卷一百五载，开元“六年三月诏曰”云云，即本文。《册府》卷五百二中亦载本文，订作时为开元六年三月。

本文作于开元六年（718）三月。

申禁滞狱诏（P314 上）

本文又见载于《册府》卷六十三，订作时为开元“十年闰五月”。《大诏令》卷八十二载，且题为《诉事人先经州县敕》，订作时为“开元十年闰三月”。今从《大诏令》。

本文作于开元十年（722）闰三月。

以苏瑰刘幽求配享睿宗庙庭诏（P314 上）

《大诏令》卷六十三亦载本文，且题为《苏瑰刘幽求配享睿宗庙庭诏》，未订作时。《册府》卷一百三十三载，开元“六年六月丁亥（二十四日），诏曰”云云，即本文。《旧书》卷八《玄宗上》载，开元六年六月乙酉（二十二日）“故司空苏瑰、故左丞相太子少保郴州刺史刘幽求配飨睿宗庙庭”，与本文旨意合。《会要》卷十八载，“睿宗庙二人：赠司空、许文贞公苏瑰，尚书左丞相、徐文献公刘幽求，并开元六年六月二十三日（丙戌）敕”，与本文旨意合。

本文作于开元六年（718）六月。

以桓彦范等配享中宗庙庭诏（P314 下）

《旧书》卷九十一载，“开元六年，诏曰”云云，即本文。《册府》卷一百三十三载，开元六年六月“又诏曰”云云，与本文略有出入。《大诏令》卷六十三亦载，且题为《桓彦范等配享中宗庙庭诏》，个别字与本文略有出入，无订作时。《旧书》卷八载，开元六年六月“乙酉，制以故侍中桓彦范敬晖、故中书令兼吏部尚书张柬之、故特进崔玄暐、故中书令袁恕己配飨中宗庙庭”，与本文旨意合。《会要》卷十八载，“中宗庙八人：侍中、谯国公桓彦范，侍中、平阳愍王敬晖，中书令、汉南郡王张柬之，赠太尉博陆文献王崔元暐，中书令、南郡王袁恕己，并开元六年六月二十二日敕”，与本文旨意合。

本文作于开元六年（718）六月。

虑囚诏（P314 下）

《册府》卷一百四十四载，开元“六年七月，帝以亢旱不御正殿，于小殿视事诏”云云，即本文。《新书》卷五《玄宗本纪》载，开元六年“八月庚辰，以旱虑囚”，与本文旨意合。

本文作于开元六年（718）七月。

清编《全唐文》卷二十八
(*P315—325*)

禁刺史进奉诏(P315上)

《册府》卷一百一十三载，开元六年七月“甲寅，复诏曰”云云，即本文。《册府》卷一百五十载，“六年七月丙寅，诏曰”云云，即本文。

本文作于开元六年(718)七月。

禁有司仗下独奏诏(P315上)

《册府》卷六十载，开元“六年七月庚申诏”云云，即本文。《会要》卷二十五亦载本文，订作时为开元六年七月二十八日(庚申)。

本文作于开元六年(718)七月。

赐褚无量马怀素诏(P315上)

《唐新语》卷十一载，“开元初，左常侍褚无量与光禄卿马怀素，隔日侍读，诏曰”云云，即本文。《旧书》卷八载，开元六年“秋七月己未，秘书监马怀素卒”。按：据文意及《旧书》卷八载，此诏文当作于开元年间马怀素卒之前，即开元六年秋七月己未之前。

本文作于开元六年(718)七月己未之前。

命选官僚诏(P315下)

《册府》卷七百八载，“开元六年，皇太子及郯王嗣直等五人，年近十岁，尚未就学，左散骑常侍褚无量内缮写《论语》、《孝经》各五本以献。玄宗览之曰，吾知无量意矣，乃下诏曰”云云，即本文。

本文作于开元六年(718)。

遣使赈恤河南道诏(P315下)

《册府》卷一百六十二载，开元六年“八月辛巳(十九日)诏”云云，即本文。《旧书》卷八《玄宗上》载，开元六年“六月甲申，水暴涨，坏人庐舍，溺杀千余人。……九月乙未，遣工部尚书刘知柔持节往河南道存问”，与本文旨意合。今姑从《册府》。

本文作于开元六年(718)八月。

劝选人勤学业诏(P324上)

《册府》卷六百三十载，开元六年“八月诏”云云，即本文。

本文作于开元六年（718）八月。

递还张希峤诏（P315 下）

《册府》卷四十一载，“玄宗开元六年十月癸亥，贝州人张希峤上表不经，诏曰”云云，即本文。

本文作于开元六年（718）十月。

再减牧草税诏（P316 上）

《册府》卷六百二十一载，开元“七年三月诏曰”云云，即本文。

本文作于开元七年（719）三月。

令孝经参用诸儒解易经兼帖子夏易传诏（P316 上）

《册府》卷五十载，开元“七年三月……又诏”云云，个别字与本文有所出入。《册府》卷六百四载，“今年三月十日敕”云云，即本文。《册府》卷六百三十九载，开元“七年三月制曰”云云，即本文。《会要》卷七十七载，开元七年三月“其月六日诏”云云，即本文。

本文作于开元七年（719）三月。

令诸儒质定孝经尚书古文诏（P316 上）

《册府》卷五十载，开元“七年三月诏”云云，即本文。《会要》卷七十七亦载本文，订作时为开元七年三月一日。《大诏令》卷八十一载，订作时为“开元七年三月”，且题为《令诸儒质定古文孝经尚书诏》。

本文作于开元七年（719）三月。

令孝经并行孔郑帖易停子夏传诏（P316 上）

本文亦载于《大诏令》卷八十一，且题为《行何郑所注书敕》，订作时为“开元七年五月”。《册府》卷六百三十九载，开元七年“五月，太子左庶子刘子玄奏：‘《孝经》注，请废郑依孔。《老子》注，请停河上公，行王辅嗣。《易传》非子夏所造。’礼部奏议：请准令式，《孝经》郑注与孔传，依旧俱行，《子夏易传》无益后学，不可将帖正经。诏曰”云云，即本文。《会要》卷七十七节录本文，从“间者诸儒所传颇乖通议”至“以广儒术之心乎”，从“其河、郑二家”至“令帖易者停”，订作时为开元七年五月五日。

本文作于开元七年（719）五月。

答宋璟论修德缓刑诏（P316 下）

《册府》卷三百十三载，开元五年五月“帝报曰”云云，即本文。

本文作于开元五年（717）五月。

亲虑囚诏（P316 下）

《册府》卷一百四十四载，开元七年七月“甲申，亲虑囚于宣政殿，事非切害，悉原之，诏曰”云云，即本文。《新书》卷五《玄宗本纪》记载，开元七年“闰七月辛巳，以旱避正殿，彻乐，减膳。甲申，虑囚”，与本文旨意合。今姑亦从《新书》。

本文作于开元七年（719）闰七月。

命诸州虑囚诏（P317 上）

《册府》卷一百四十四载，开元七年七月丙戌诏，即本文。《新书》卷五《玄宗本纪》载，开元七年“八月丙戌，虑囚”，与本文旨意合。

本文作于开元七年（719）八月。

遣官祈雨诏（P317 上）

《册府》卷一百四十四载，开元七年“七月诏曰”云云，即本文。

本文作于开元七年（719）七月。

集书目诏（P317 上）

《会要》卷三十五载，开元“七年九月敕”云云，个别字句与本文略有出入。

本文作于开元七年（719）九月。

罢请驾诏（P317 上）

《册府》卷一百四十七载，开元“七年九月诏”云云，即本文。

本文作于开元七年（719）九月。

皇太子入学庆赐诏（P317 下）

《册府》卷八十载，开元“七年十一月乙亥，皇太子入国学，行齿胄礼，丙子诏”云云，即本文。《大诏令》卷二十九亦载本文，订作时为“开元七年十二月”。今从《册府》。

本文作于开元七年（719）十一月。

皇太子加元服庆赐诏（P317 下）

《册府》卷八十《帝王部·庆赐第二》载，开元“八年正月甲子朔，皇太子加元服。丙寅，宴百官于太极殿，诏曰”云云，即本文。《大诏令》卷二十九亦载本文，题为《皇太子加元服宴百官诏》，并订作时为开元八年正月。《旧书》卷八《玄宗上》、《会要》卷二十六均载此事，订作时为“开元八年正月甲子朔”。

本文作于开元八年（720）正月。

给复被灾州县诏（P317 下）

本文又见载于《册府》卷四百九十，订作时为开元八年二月。

本文作于开元八年（720）二月。

命两京及诸州简兵诏（P318 上）

本文又见载于《册府》卷一百二十四，订作时为玄宗开元八年八月。《会要》卷二十六亦载本文，订作时为其年八月。

本文作于开元八年（720）八月。

褒姜师度诏（P318 上）

本文又见载于《册府》卷四百九十七，订作时为开元“八年九月”。《册府》卷六百七十三、《册府》卷六百七十八均载本文，《册府》卷六百七十八订作时为“八年十月”。《旧书》卷一百八十五下《姜师度列传》中记载，姜师度勤于为政又有巧思，颇知沟洫之利，于朝邑、河西二县界就古通灵陂择地引洛水及堰黄河灌之，以种稻田凡二千余顷，内置屯十余所，收获万计，特加金紫光禄大夫。与文中“畎浍连属，繇来榛棘之所，遍为杭稻之川，仓庾有京坻之饶……师度以功特加金紫光禄大夫，赐帛三百匹”，与本文旨意合。今姑从《册府》卷四百九十七。

本文作于开元八年（720）九月。

命张说修国史诏（P318 下）

《册府》卷五百五十四载，“张说为并州大都督府长史，开元八年，诏曰”云云，即本文。

本文作于开元八年（720）。

答蔡孚请宣示御制春雪春台望诗手诏（P318 下）

《册府》卷四十载，“玄宗开元八年，亲制春雪诗《春台望》，一章二十八句，起居舍人蔡孚奏曰：‘伏见所制，气雄词美，德音相属，鄙炎汉之奢侈，徇有唐之俭陋，知作劳而居逸，念中人之家产。用心如此，天下斯安。臣职在司，言请宣示百僚，及编国史。’手诏答曰”云云，即本文。

本文作于开元八年（720）。

按理枉滥诏（P319 上）

《册府》卷一百五十一载本文，订作时为玄宗开元八年。

本文作于开元八年（720）。

贬萧执珪卢季恂崔慄等诏（P319上）

《册府》卷七百载，“萧执珪为岚州刺史，卢季珣为复州刺史，崔慄为银州刺史，开元八年并坐贬。诏曰”云云，即本文。

本文作于开元八年（720）。

令州县举智勇诏（P319下）

本文又见载于《册府》卷六十八，订作时为玄宗开元“九年正月”。《册府》卷六百四十五节录本文，从“诸州官人百姓”至“各听自举务通其实”，亦订作时为开元九年“正月”。《大诏令》卷一百二亦载本文，且题为《求访武士诏》，文末注作时为“开元九年九月”。《册府》卷六十八及《大诏令》卷一百二中“所司遣立限期，随表赴集”句后均有“朕当亲试，不次用之。其有身充见在诸军统押者，但录所能奏闻，未须赴集”句，《全唐文》无“朕当亲试，不次用之。其有身充见在诸军统押者，但录所能奏闻，未须赴集”句。

本文作于开元九年（721）正月。

禁差民马诏（P319下）

《册府》卷六百二十一亦载本文，订作时为开元“九年正月”。

本文作于开元九年（721）正月。

加恩征行及当番卫士诏（P320上）

本文又见载于《册府》卷一百三十五，订作时为开元“九年二月”。

本文作于开元九年（721）二月。

禁逃亡诏（P320上）

《册府》卷六十三载，开元九年“二月乙酉，诏曰”云云，即本文。

本文作于开元九年（721）二月。

禁士女施钱佛寺诏（P320上）

本文又见载于《册府》卷一百五十九，订作时为玄宗九年“四月壬寅”。

本文作于开元九年（721）四月。

条制番夷事宜诏（P320下）

本文又见载于《册府》卷九百九十二，订作时为开元“九年四月甲辰”。

本文作于开元九年（721）四月。

释放流徒等罪诏（P321上）

本文又见载于《册府》卷八十五，订作时为开元“九年五月庚午”。《新书》卷五《玄宗本纪》载，开元九年“五月庚午，原见囚死、流罪随军効力、徒以下未发者”，与本文旨意合。

本文作于开元九年（721）五月。

诛康待宾免从坐诏（P321下）

《册府》卷九百八十六载，开元“九年四月，兰池州叛胡头首伪称叶护康待宾、安慕容、为多览杀大将军何黑奴、伪将军石神奴、康铁头等，据长泉县，攻陷六胡州。命兵部尚书王晙发陇右诸军及河东九姓掩讨之，杀三万五千骑，擒康待宾，送至京师，腰斩之。五月，既诛康待宾，下诏曰”云云，即本文。《通鉴》卷二百一十二载，开元九年“兰池州胡康待宾诱诸降户同反，夏，四月，攻陷六胡州，有众七万，进逼夏州。命朔方总管王晙、陇右节度使郭知运共讨之。戊戌……以太仆卿王毛仲为朔方道防御讨击大使，使与王晙及天兵军节度大使张说相知讨康待宾”，与本文旨意合。诏文称“元恶既尽，余党无多”，是讨伐胜利之后对“同叛逃在山谷沙薮间疑惧不出者”等余党的处理政策。文章当作于四月戊戌之后，《册府》所记为是。

本文作于开元九年（721）五月。

分散化度寺无尽藏财物诏（P322上）

本文又见载于《册府》卷一百五十九，订作时为开元九年“六月丁亥”。

本文作于开元九年（721）六月。

安置北州诸蕃诏（P322上）

本文又见载于《册府》卷九百九十二，开元九年“六月己亥胡贼康待宾反，北州不安诏”云云，即本文。

本文作于开元九年（721）六月。

遣使宣慰百姓诏（P322下）

本文又见载于《册府》卷一百六十二，订作时为开元“九年八月”。

本文作于开元九年（721）八月。

慰问盐夏两州百姓诏（P322下）

本文又见载于《册府》卷一百三十六，订作时为开元“九年九月”。由于开元九年，兰池州胡康待宾反叛攻打六州胡及夏州，玄宗命王晙、张知运及张说等先后对康待宾及其余党进行讨伐，对当地的人民生活造成影响，玄宗遣御史韩朝宗、皇甫翼分别前往慰问。

本文作于开元九年（721）九月。

幸东都诏（P322 下）

本文亦见载于《大诏令》卷七十九，文末订作时为：开元九年九月九日。《册府》卷一百一十三亦载本文，开元九年“九月甲戌，诏曰”云云，即本文。

本文作于开元九年（721）九月。

朝官子弟先与闲散官诏（P323 上）

《册府》卷六百三十载，开元“九年十月敕：如闻朝官子弟，未曾经历，即坐要司及京畿并州县理人官……有此色并少年未谙时事，可移与闲慢官”。

本文作于开元九年（721）十月。

令州军牒本贯放归兵募丁防诏（P323 上）

本文又见载于《册府》卷六十三，订作时为开元九年“十月”。

本文作于开元九年（721）十月。

禁僧道掩匿诏（P323 下）

《册府》卷一百五十九载，开元“十年二月庚寅，诏曰”云云，即本文。

本文作于开元十年（722）二月。

诛王钧诏（P323 下）

本文又见载于《册府》卷一百五十五，订作时为开元“十年三月”。《大诏令》卷一百十亦载，且题为《诫励内外郡官诏》，订作时为“开元十年二月”。《旧书》卷八《玄宗上》载，开元十年“三月戊申，诏自今内外，官有犯赃至解免已上，纵逢赦免，并终身勿齿”，与本文旨意合。《册府》卷七百七载，“唐王钧为雒阳县主簿，玄宗开元十年三月坐赃杖杀”，与本文旨意合。

本文作于开元十年（722）二月。

命张说兼领朔方节度诏（P324 上）

《册府》卷三百二十九载，“张说为兵部尚书，同中书门下三品，玄宗开元十年四月己亥敕”云云，即本文。《诏令》卷五十二载，且题为《张说兼知朔方军节度使制》，并无记时。《通鉴》卷二百一十二载，开元十年“夏，四月，己亥，以张说兼知朔方军节度使”，与本文旨意合。《旧书》卷九十七中《张说列传》载，“明年（开元十年），又敕说为朔方军节度大使，往巡五城，处置兵马”，与本文旨意合。

本文作于开元十年（722）四月。

流裴景仙岭南诏（P324 上）

本文亦见载于《旧书》卷一百，开元十年裴景仙犯罪，玄宗命当众廷杖致死，然李朝隐力争，以为罪不致死，且裴景仙为功臣之余绪，玄宗从其奏，下诏流裴景仙。此条可与《诛裴景仙敕》相参看。

本文作于开元十年（722）。

赈怀州诏（P324 下）

《册府》卷一百五载，开元“十年正月，命有司收内外官职田，以给逃还贫下户，其职田以正仓粟亩二斗给之，四月诏曰”云云，即本文。

本文作于开元十年（722）四月。

增置太庙九室诏（P324 下）

本文又见载于《旧书》卷二十五，订作时为开元“十年正月”。《册府》卷三十载，开元“十年六月己巳，增置京师太庙为九室，移孝和皇帝神主以就正庙，下诏曰”云云，即本文。《大诏令》卷七十五亦载本文，文末注作时为“开元十年六月”。《会要》卷十二节录本文，从“朕闻王者乘时以设教”至“所以虔于宗庙”，从“尝览古典”至“固严敬之无二”，从“况恩以隆杀而疏”至“情所未足”，从“其祧室宜列为正室”至“肃雍之美兹在。太庙宜置九室，令所司择日启告移造”为结，订作时为开元十一年“七月二日”。《旧书》卷八《玄宗上》载，开元十年六月“己巳，增置京师太庙为九室，移孝和皇帝神主以就正庙”，与本文旨意合。《通典》卷四十七载，开元“十年，制移中宗神主就正庙，仍创立九室”，与本文旨意合。《通鉴》卷二百一十二载，开元十年六月“己巳，制增太庙为九室，迁中宗主还太庙”。今从《册府》《大诏令》《通鉴》。

本文作于开元十年（722）六月。

禁殡葬违法诏（P325 上）

《册府》卷一百五十九载，开元十年“八月庚戌诏”云云，即本文。

本文作于开元十年（722）八月。

清编《全唐文》卷二十九
（*P325—334*）

北巡祠后土诏（P325 下）

《旧书》卷二十四载，“汾阴后土之祀，自汉武帝后废而不行。玄宗开元十年，将自东都北巡，幸太原，便还京，乃下制曰”云云，即本文。《大诏令》卷六十六亦载，且题为《幸汾阴祠后土敕》，订作时为“开元十一年二月”。《册府》卷三十三亦载，订作时为开元“十年十二月壬寅”。《通鉴》卷二百一十二载，开元十年十二月“上将幸晋阳，因还长安。张说言于上曰：‘汾阴睢上有汉家后土祠，其礼久废；陛下宜因巡幸修之，为农祈谷。’上从之”，与本文旨意合，当是玄宗在张说上言后下此诏。按：《通鉴》卷二百一十二载，开元十一年“春，正月，己巳，车驾自东都北巡……壬子，祭后土于汾阴”，与本文“宜以来年正月北巡狩，行幸至汾阴，以二月祀后土，所司准式”意同。据此，本文当作于开元十年，《大诏令》中订时有误。

本文作于开元十年（722）十二月。

车驾次潞州庆赐诏（P325 下）

《册府》卷八十载，开元“十一年正月……庚辰，幸潞州，诏曰”云云，即本文。《册府》卷一百七十二载，开元“十一年正月，幸潞州，以历试旧宅为飞龙宫，诏”云云，即本文。《旧书》卷八《玄宗上》载，开元十一年正月“庚辰，幸并州、潞州，宴父老，曲赦大辟罪已下，给复五年”，与本文旨意合。《册府》卷八十五载，开元十一年正月“庚辰幸潞州，曲赦大辟已下，给复五年”，与本文旨意合。

本文作于开元十一年（723）正月。

遣御使分巡诸道诏（P325 下）

《册府》卷一百六十二载，开元“十一年五月，命左拾遗徐楚璧，大理丞王琇，大理评事宋词、班景倩，河南府法曹参军元将茂，太原府司录参军张珣，太原府兵曹参军宋希玉，长安县主簿韦利涉，长安县尉王冰，洛阳主簿刘日正，长安县尉裴宽，万年县尉崔希逸，三原县尉乔梦松，告成县尉徐锷，汜水县尉薛侃，同州司法参军边冲寂，汾州录事参军韦洽，榆次县尉郭庭等，摄监察御史，分巡诸道，诏”云云，即本文。《新书》卷五《玄宗本纪》载，开元十一年五月“辛卯，遣使分巡天下”，与本文旨意合。今从《新书》。

本文作于开元十一年（723）五月。

令诸州置医学博士敕（P326 上）

《册府》卷一百四十七载，开元“十一年七月丁亥，敕”云云，即本文。《大诏令》卷一百十四亦载，且题为《诸州置医学博士敕》，文末注作时为“开元十一年七月”。《会要》卷八十二载，“开元十一年七月五日诏”云云，节录本文，从“远路僻州医学全无”至“与经史同贮”。《旧书》卷八载，开元十一年“九月己巳，颁上撰《广济方》于天下，仍令诸州各置医博士一人”。

本文作于开元十一年（723）七月。

令太史修漏刻诏（P326 上）

《册府》卷六十三载，开元“十二年正月诏”云云，即本文。

本文作于开元十二年（724）正月。

幸河东推恩诏（P326上）

《册府》卷六十三载，开元“十一年二月诏”云云，即本文。

本文作于开元十一年（723）二月。

禁大酺会人填溢诏（P327上）

《册府》卷八十载，开元“十二年二月戊申大酺，辛亥诏曰”云云，即本文。

本文作于开元十二年（724）二月。

饬御史刺史县令诏（P327上）

《册府》卷一百五十五载，开元“十二年二月诏”云云，即本文。

本文作于开元十二年（724）二月。

赐奚契丹等绢绵诏（P327上）

《册府》卷九百七十五载，开元十二年“三月癸酉，遣使赍绢绵八万段，分赐奚及契丹，敕”云云，即本文。《册府》卷九百七十九载，开元“十二年三月，遣使赍绢锦八万段，分赐奚及契丹，诏”云云，即本文。

本文作于开元十二年（724）三月。

令御使分巡河南北诏（P327下）

《册府》卷一百四十七载，开元“十二年三月诏”云云，即本文。

本文作于开元十二年（724）三月。

置判南曹官诏（P327下）

《册府》卷六百三十载，开元“十二年三月诏”云云，即本文。

本文作于开元十二年（724）三月。

禁僧道不守戒律诏（P327下）

《册府》卷六十三亦载本文，禁止僧、道不守戒律“公讼私竞或饮酒食肉”，订作时为开元十二年“五月”。

本文作于开元十二年（724）五月。

置劝农使诏（P328上）

《册府》卷七十载，开元“十二年六月壬辰诏曰”云云，即本文。《大诏令》卷一百十一亦载，且题为《置劝农使安抚户口诏》，文末注作时为“开元十二年五月”。《通鉴》卷二百一十二载，开元十二年“六月，壬辰，制听逃户自首，辟所在闲田，随宜收税，毋得差科征役，租庸一皆蠲免。仍以兵部员外郎兼侍御史宇文融为劝农使，巡行州县，与吏民议定赋役”。

本文作于开元十二年（724）六月。

令河西陇右等处防边诏（P328下）

《册府》卷九百九十二载，开元“十二年七月诏曰”云云，即本文。

本文作于开元十二年（724）七月。

赐突厥袍带诏（P328下）

《册府》卷九百七十九载，开元十二年“七月，突厥默啜遣使哥解颉利发献方物求婚，帝降书谓突厥可汗曰”云云，即为本文。《册府》卷九百七十五载，“七月壬戌，突厥默啜遣使哥解颉利发献方物求婚，宴于朝堂，赐帛五十匹。”与本文旨意合。

本文作于开元十二年（724）七月。

令蒲同两州平粜诏（P329上）

《册府》卷一百五载，开元“十二年八月诏”云云：因春旱，恐来年不丰，令太原仓、永丰仓出米付蒲同两州，低价卖与当地百姓，即本文。

本文作于开元十二年（724）八月。

恤缘边兵士诏（P329上）

《册府》卷一百三十五载，开元“十二年九月诏”云云，“令使人各亲劳苦，其有年齿衰暮，或抱疾羸弱，即与军司选择，给粮放还”，即本文。《大诏令》卷一百七亦载，且题为《遣使选择边兵敕》，文末注作时为“开元十二年九月”。

本文作于开元十二年（724）九月。

答源乾曜等请封禅手诏（P329下）

《册府》卷三十六载，开元十二年闰十二月“甲子，侍中臣乾曜、中书令臣说等奏”请玄宗封禅，“帝手诏报曰”云云，“夫登封之礼、告禅之仪，盖圣人之能事、明王之盛业也”，即本文。《会要》卷八亦载，开元十二年十二月“甲子，侍中臣乾曜、中书令臣说等奏……帝手诏报曰”云云，即本文。

本文作于开元十二年（724）闰十二月。

答源乾曜等重请封禅手诏（P329下）

本文亦见载于《会要》卷八，开元十二年十二月“帝又诏报曰”云云，即本文。《册府》卷三十六亦载本文，系作时为：玄宗开元十二年闰十二月。

本文作于开元十二年（724）十二月。

报裴漼等请封禅手诏（P329下）

《会要》卷八载，“开元十二年十二月辛酉，文武百官吏部尚书裴漼等，上请封东岳……帝手诏，报曰”云云，即本文。《册府》卷三十六载，“玄宗开元十二年，闰十二月辛酉，文武百官吏部尚书裴漼等，上请封东岳……帝手诏报曰”云云，即本文。

本文作于开元十二年（724）闰十二月。

允行封禅诏（P330上）

《册府》卷三十六载，开元十二年闰十二月“丁卯下诏曰”云云，即本文。《会要》卷八载，开元十二年十二月“帝不得已而从之，丁卯，下诏曰”云云，即本文。《大诏令》卷六十六亦载，且题为《封泰山诏》，订作时为“开元十二年十二月”。《旧书》卷二十三节录本文，从“自古受命而王者”至“勿广劳人务存节约以称朕意”完，订作时为“开元十二年”。《通鉴》卷二百一十二载，开元十二年十一月“群臣屡上表请封禅，闰月，丁卯，制以明年十一月十日有事于泰山”。今从《册府》。

本文作于开元十二年（724）闰十二月。

将封泰山断屠诏（P330下）

《大诏令》卷六十六亦载本文，且题为《断屠及渔猎采捕敕》，然并无订时。《册府》卷四十二载，开元十二年“十月将封泰山诏曰”云云，即本文。《册府》卷三十六载，订作时为开元十三年“十月己未”。

本文作于开元十三年（725）十月。

禁滥借鱼袋诏（P330下）

《册府》卷六十载，开元“十二年诏曰”云云，即本文。

本文作于开元十二年（724）。

定犯盗人刑法诏（P330下）

《册府》卷六百一十二载，开元“十二年诏曰”云云，要求减少决杖数目，以恤罪人，并规定几个地方案件管辖地，即本文。《会要》卷四十载，“开元十二年四月敕”云云，节录本文，从“比来犯盗先决一百”至“其碛西姚巂安南人各依例程”。《大诏令》卷八十二亦载本文，且题为《减抵罪人决杖法诏》，只文末少“布告遐迩，使知朕意”两句，文末注作时为“开元十二年四月”。

本文作于开元十二年（724）四月。

赐兵士葬祭诏（P331上）

《册府》卷一百三十五亦载本文，订作时为开元“十三年正月”。

本文作于开元十三年（725）正月。

量助长征家口营种诏（P331 上）

《册府》卷一百三十五载《赐兵士葬祭诏》后，又载，“又诏曰”云云，即本文。订作时为开元十三年正月。

本文作于开元十三年（725）正月。

放免十二年以前积欠诏（P331 上）

《册府》卷四百九十载，“自开元十二年闰十二月，以前所有未纳悬欠地税，宜放免”，即本文。订作时为开元十三年正月。

本文作于开元十三年（725）正月。

戒州县祗候御史诏（P331 下）

《册府》卷一百五十八亦载本文，订作时为开元“十三年三月”。《会要》卷六十二亦载，只文末缺“违者州县科罪，御史贬降”两句，订作时为其年三月十三日。

本文作于开元十三年（725）三月。

禁诉冤自刑诏（P331 下）

《会要》卷四十一载，开元“十三年八月四日敕，身体发肤，受之父母，不合毁伤，比来诉竞之人即自刑害耳目，自今以后，犯者先决四十，然后依法”，即本文。《册府》卷六百一十二亦载本文，订作时为开元十三年。

本文作于开元十三年（725）。

幸孔子宅遣使以太牢祭墓诏（P331 下）

《册府》卷五十载，开元“十三年十一月，封东岳礼毕，幸孔子宅，亲设奠祭。诏曰”云云，即本文。

本文作于开元十三年（725）十一月。

巡理滞狱诏（P331 下）

《册府》卷一百五十一载，开元十四年四月“庚戌，又诏曰：孟夏麦秋尚决小罪，况天时渐热，深愍系囚，宜令中书门下，巡城内囚徒，量事处置，畿甸徒囚，赤县县令疏理断决，勿滞禁人”，即本文。

本文作于开元十四年（726）四月。

禁左道诏（P331 下）

《册府》卷一百五十九亦载本文，订作时为开元“十四年四月壬戌”。禁占筮“假托灾祥兼托符咒”之类左道之行，并令所司严加访查。

本文作于开元十四年（726）四月。

顺时决狱诏（P332 上）

《册府》卷一百五十一载，“时属正阳，事殷蚕穑，愍彼囹圄，或多冤滥，宜弘慎恤之恩，俾助生育之德，其所有囚徒，除死囚已外，所司长官即疏决处分”，即本文。订作时为开元“十四年四月”。

本文作于开元十四年（726）四月。

给年满兵募程粮诏（P332 上）

《册府》卷一百三十五亦载本文，订作时为开元“十四年六月”。

本文作于开元十四年（726）六月。

遣官祭五岳四渎风伯雨师诏（P332 上）

《大诏令》卷七十四亦载本文，且题为《命卢从愿等祭岳渎敕》，订作时为“开元十四年正月”。《册府》卷一百四十四载，开元“十四年六月丁未，以久旱分命六卿祭山川，诏曰”云云，即本文。

本文作于开元十四年（726）六月。

遣使宣慰怀郑许滑卫等州诏（P332 下）

本文又见载于《册府》卷一百六十二，订作时为开元十四年七月。

本文作于开元十四年（726）七月。

遣使宣抚河南北道诏（P332 下）

《册府》卷一百六十二亦载本文，订作时为开元十四年“九月”。《册府》卷一百四十七载，开元十四年“九月，命御史中丞兼户部侍郎宇文融，往河南河北道遭水州宣抚，若屋宇摧坏，牛畜俱尽，及征人之家不能自存立者，量事助其修葺”，只记其要旨。《旧书》卷八《玄宗上》载，“十五州言旱及霜，五十州言水，河南、河北尤甚，苏、同、常、福四州漂坏庐舍，遣御史中丞宇文融，检覆赈给之”，与本文旨意合。

本文作于开元十四年（726）九月。

令都督刺史更访择举人诏（P333 上）

《册府》卷六十八载，开元十四年“十月诏曰”云云，即本文。

本文作于开元十四年（726）十月。

答宁王宪手诏（P333 上）

《册府》卷二百九十四载，“玄宗先天初进位太尉，成器固辞太尉之命，帝嘉其意……开元十四年，兼太常卿，成器又上言…… 奏表陈让以闻，帝览表，重违其意，手诏曰”云云，即本文。订作时为开元“十四年”。

本文作于开元十四年（726）。

安存流民诏（P333 下）

本文又见载于《册府》卷一百四十七，令检责河南宋、沛等州，流亡百姓的所去，及所到户数并奏闻。订作时为开元十四年“十一月”。

本文作于开元十四年（726）十一月。

贬陈州刺史李乐诏（P333 下）

《册府》卷一百五十载，陈州刺史李乐“诈盗受赃”法当斩，“特申宽典”免死贬官。订作时为开元“十四年”。

本文作于开元十四年（726）。

赈给同鄜等州诏（P333 下）

《册府》卷一百五载，开元“十五年二月，遣右监门将军黎敬仁往河北赈给贫乏，时河北牛畜大疫也。七月戊寅，冀州、幽州、莫州大水，河水泛溢，漂损居人室宇及稼穑，并以仓粮赈给之，丙辰，诏曰”云云，即本文。《册府》卷一百六十二载，令侍御史刘彦回，对同、鄜等州受灾百姓，进行宣慰赈恤，订作时为开元十五年七月。

本文作于开元十五年（727）七月。

缓逋赋诏（P333 下）

《册府》卷一百四十七载，开元“十五年四月，诏曰”云云，即本文。

本文作于开元十五年（727）四月。

遣使宣抚河北诏（P334 上）

《册府》卷一百五节录本文，从“河北州县水灾尤甚”句至“租米二十万石赈给”句。订作时为开元十五年八月。《册府》卷一百六十二亦载本文，订作时为开元十五年八月。

本文作于开元十五年（727）八月。

清编《全唐文》卷三十
（*P334—344*）

答张说进浑仪表诏（P334 下）

本文作年待考。

禁公私举放重利诏（P334 下）

《册府》卷一百五十九载，开元“十六年二月癸未诏曰”云云，即本文。《会要》卷八十八节录本文，“比来公私举放取利颇深，有损贫下，事须厘革。自今已后，天下举放只宜四分收利，官本五分取利”。订作时为开元“十六年二月十六日”。

本文作于开元十六年（728）二月。

申明存恤从征家口诏（P334 下）

《册府》卷一百三十五载，开元“十六年三月，诏曰”云云，即本文。

本文作于开元十六年（728）三月。

令诸州祭名山大川诏（P334 下）

《册府》卷三十三载，开元“十六年六月丁亥诏曰”云云，即本文。《大诏令》卷七十四亦载，题为《雨泽频降昭报山川敕》，订作时为“开元十四年六月”。今从《册府》。

本文作于开元十六年（728）六月。

答裴光庭等贺雨诏（P335 上）

《册府》卷二十六载，开元十九年四月己丑，侍中裴光庭、中书令萧嵩奏请春季夏初干旱祈雨应验之事宜付史馆，上从之，因诏云云，即本文。

本文作于开元十九年（731）四月。

答宋璟等贺雨手诏（P335 上）

《册府》卷二十六载，开元十九年“四月……开府仪同三司、尚书右丞相宋璟等奏曰……手诏曰”云云，即本文。

本文作于开元十九年（731）四月。

答裴光庭贺雨手诏（P335 上）

《册府》卷二十六载，开元十九年五月壬申，京师旱，帝亲祷兴庆池，是夜大雨。乙亥，侍中裴光庭等奏请将此事宣付史馆，式彰昭感之美。手诏答云云，即本文。

本文作于开元十九年（731）五月。

报祀宗社诏（P335 下）

《册府》卷三十三载，开元十六年六月“庚寅诏曰”云云，即本文。

本文作于开元十六年（728）六月。

饬州县承敕宣示百姓诏（P335 下）

《册府》卷六十三载，开元“十六年六月诏”，针对“州县承敕多不告示百姓”一事，文中要求凡宣布的制令“使百姓咸知”。《大诏令》卷一百十亦载本文，题为《令州县以制敕告示百姓敕》，订作时为“其年六月”。

本文作于开元十六年（728）六月。

戒州县牧守诏（P335 下）

《册府》卷一百五十八亦载本文，订作时为开元十六年七月。

本文作于开元十六年（728）七月。

久雨赦宥诏（P335 下）

《册府》卷八十五载，开元十六年“九月丙午，以久雨，思宥罪缓刑，乃下诏曰”云云，即本文。《册府》卷一百四十四亦载本文，订作时为开元十六年九月。《旧书》卷八《玄宗上》载，开元十六年“九月丙午，以久雨，降死罪从流，徒以下原之”，与本文旨意合。

本文作于开元十六年（728）九月。

遣使巡问河南诏（P336 上）

《册府》卷一百五载，开元“十六年十月诏曰：河南道宋、亳、许、仙、徐、郓、濮、兖州奏旱损田，宜令右监门卫大将军黎敬仁往彼巡问，如有不支，济户应须赈恤，与州县长官相知量事处置，讫回日具状奏闻”，即本文。《册府》卷一百六十二亦载本文，订作时为“十六年九月”。

本文作于开元十六年（728）。

弛陂泽入官诏（P336 上）

本文又见载于《册府》卷一百五，“前令检括入官者，除昆明池外，余并任百姓佃食”，订作时为开元十六年“十一月”。《新书》卷五《玄宗本纪》载，开元十六年十一月“甲辰，弛陂泽禁”，与本文旨意合。

本文作于开元十六年（728）十一月。

放诸军兵募更番洗沐诏（P336 上）

本文又见载于《册府》卷一百三十五，订作时为开元十六年十二月。《通鉴》卷二百一十三载，开元十六年“十二月，丙寅，敕：‘长征兵无有还期，人情难堪；宜分五番，岁遣一番还家洗沐，五年酬勋五转’”，即本文要旨。

本文作于开元十二年（724）十二月。

禁妨农诏（P336 下）

《册府》卷七十载，开元“十七年春，正月丁酉，诏曰”云云，即本文。

本文作于开元十七年（729）正月。

授白知节彭州刺史诏（P336 下）

本文作年待考。

择堪边任诏（P336 下）

《册府》卷六百三十载，开元“十七年三月制曰”云云，即本文。《会要》卷七十五亦载，订作时为开元“十七年二月”。今从《会要》。

本文作于开元十七年（729）二月。

答百僚请以八月五日为千秋节手诏（P336 下）

《册府》卷二载，“开元十七年八月癸亥，以降诞之日，大置酒张乐，宴百僚于花萼楼下。终宴，尚书左丞相源乾曜、右丞相张说率文武百官等上表，曰……帝手诏报曰”云云，即本文。《旧书》卷八《玄宗上》载，开元十七年“八月癸亥，上以降诞日，宴百僚于花萼楼下。百僚表请以每年八月五日为千秋节，王公已下献镜及承露囊，天下诸州咸令宴乐，休暇三日，仍编为令，从之”，与本文旨意合。《会要》卷二十九载，“开元十七年八月五日，左丞相源乾曜、右丞相张说等上表，请以是日为千秋节”，与本文旨意合。《通鉴》卷二百一十三开元十七年条下载，“八月，癸亥，上以生日，宴百官于花萼楼下。左丞相乾曜、右丞相说帅百官上表，请以每岁八月五日为千秋节，布于天下，咸令宴乐。寻又移社就千秋节”，与本文旨意合。

本文作于开元十七年（729）八月。

括检僧尼诏（P337 上）

《册府》卷六十载，开元“十七年八月戊辰，诏曰”云云，即本文。

本文作于开元十七年（729）八月。

春秋二祀及释奠并停牲牢诏（P337 上）

本文又见载于《册府》卷三十三，订作时为开元十八年“八月丁酉”。

本文作于开元十八年（730）八月。

命崔琳使吐蕃诏（P337 上）

《册府》卷九百七十九载，开元“十八年十月，吐蕃遣其大臣名悉猎来朝，请固和好之约，且献书”。玄宗派皇甫惟明至吐蕃宣和好之意，“赞普等欣然请和，政令名悉猎（名悉猎为吐蕃大臣）随惟明入朝，乃诏曰”云云，即本文。《旧书》卷一百九十六载，“金城公主又别进金鹅盘盏杂器物等。十八年十月，名悉猎等至京师，上御宣政殿，列羽林仗以见之。悉猎颇晓书记，先曾迎金城公主至长安，当时朝廷皆称其才辩。及是上引入内宴，与语，甚礼之。赐紫袍金带及鱼袋，并时服、缯彩、银盘、胡瓶，仍于别馆供拟甚厚。悉猎受袍带器物而却进鱼袋，辞曰：‘本国无此章服，不敢当殊异之赏。’上嘉而许之。诏御史大夫崔琳充使报聘。仍于赤岭各竖分界之碑，约以更不相侵”，与本文旨意合。《旧书》卷八《玄宗上》载，开元“十九年春正月……辛卯，遣鸿胪卿崔琳入吐蕃报聘……二月甲午，以崔琳为御史大夫。三月乙酉朔，崔琳使于吐蕃”，与本文旨意合。《通鉴》卷二百一十三开元十九年条下记载，鸿胪卿崔琳使于吐蕃，时间为其年正月辛未，与本文旨意合。

按：从开元十八年十月吐蕃遣使名悉猎至京，到玄宗命崔琳入吐蕃尚有一段时间。又据《旧书》卷八及《通鉴》卷二百一十三遣崔琳入吐蕃当在开元十九年正月。

又《会要》卷九十七载，开元“十七年，（吐蕃）复遣使来朝，诏忠王及皇甫惟明及内侍张元方使于吐蕃。惟明既见赞普及公主，皆欣然请和，尽出贞观以来敕书，以示惟明，及遣其重臣名悉猎随惟明入朝。赞普既献宝，公主又献盘杂盏器等物。悉猎颇晓书记，先是迎公主至长安，当时朝廷皆称有才辨。及引入赐宴，与语，甚礼之。诏御史大夫崔琳充使宣谕，于赤岭各树分界之碑，约不相侵”。开元十七年吐蕃遣使，到“诏御史大夫崔琳充使宣谕”，还有一段时间，又据《旧书》卷八《玄宗上》崔琳于开元十九年二月才被任为御使大夫之职，故本文所作时间当以《旧书》卷八、《通鉴》卷二百一十三为是。

本文作于开元十九年（731）。

答裴光庭诏（P337 下）

《册府》卷五十三载，开元“十八年十月，命集贤院学士陈希烈等，于三殿讲《道德经》，侍中裴光庭等奏曰……帝手诏报曰”云云，即本文。

本文作于开元十八年（730）十月。

赠张说太师诏（P337 下）

《旧书》卷九十七《张说列传》亦载本文，订作时为开元“十九年”。

本文作于开元十九年（731）。

贬王毛仲诏（P338 上）

《旧书》卷一百六《王毛仲列传》载，“毛仲索甲仗于太原军器监，时严挺之为少尹，奏之。玄宗恐其党震惧为乱。乃隐其实状，诏曰”云云，即本文。《旧书》卷八《玄宗上》载，开元“十九年春正月壬戌，开府仪同三司、霍国公王毛仲贬为瀼州别驾，中路赐死，党与贬黜者十数人”，与本文旨意合。《通鉴》卷二百一十三载，王毛仲深受玄宗宠信，与龙武将军葛福顺为婚，羽林军各将领多依附之。然其恃宠骄恣日甚，玄宗恐其党羽勾结生变。开元十九年“春，正月，壬戌，下制，但述毛仲不忠怨望，贬瀼州别驾，福顺、地文、守德、景耀、广济皆贬远州别驾，毛仲四子皆贬远州参军，连坐者数十人。毛仲行至永州，追赐死”。

本文作于开元十九年（731）正月。

放还罚镇配隶人诏（P338 上）

《册府》卷六十三载，开元“十九年二月乙酉，诏曰”云云，即本文。

本文作于开元十九年（731）二月。

中书门下等官赐钱造食诏（P338 下）

本文亦见载于《大诏令》卷八十，题为：《赐百官钱令逐胜宴集敕》，文末订作时为：开元十九年二月。《册府》卷一百十亦载，开元“十九年二月丁亥，诏曰”云云，即本文。

本文作于开元十九年（731）二月。

疏决囚徒诏（P338 下）

本文亦见载于《大诏令》卷八十三，题为：《孟夏疏决天下囚徒敕》，文末订作时为：开元十九年四月二十日。《册府》卷八十五亦载，开元“十九年四月壬午，诏曰”云云，即为本文。

本文作于开元十九年（731）四月。

禁僧徒敛财诏（P339 上）

本文亦见载于《大诏令》卷一百十三，题为：《诫励僧尼敕》，文末订作时为：开元十九年四月。《册府》卷八十五亦载，开元“十九年四月癸未，诏曰”云云，即本文。

本文作于开元十九年（731）四月。

澄清佛寺诏（P339 下）

《大诏令》卷一百十三亦载本文，且题为《不许私度僧尼及住兰若敕》，订作时为“开元十九年七月”。按：《大诏令》中《澄清佛寺诏》与《禁僧俗往还诏》同载于《不许私度僧尼及住兰若敕》题目下，两文衔接处有一“又”字相连。观其题目及文意，盖前一文旨为“不许私度僧尼”，后一文记“不许与俗往还”意。《册府》卷一百五十九载，开元十九年“六月己未诏曰”云云，即本文。按：开元十九年六月无己未。故本文当作于开元十九年七月。

本文作于开元十九年（731）七月。

禁僧俗往还诏（P339 下）

《大诏令》卷一百十三亦载本文，且题为《不许私度僧尼及住兰若敕》，订作时为“开元十九年七月”。按：《大诏令》以《澄清佛寺诏》与《禁僧俗往还诏》两诏为一敕。《册府》卷一百五十九载，开元十九年“六月己未……又曰”云云，即本文。按：开元十九年六月无己未。故本文应作于开元十九年七月。

本文作于开元十九年（731）七月。

修整街衢坊市诏（P339 下）

《册府》卷十四载，开元“十九年六月诏曰”云云，即本文。《会要》卷八十六所载与本文略有出入，“开元十九年六月敕，京洛两都，是惟帝宅，街衢坊市，固须修筑，城内不得穿掘为窑，烧造砖瓦，其有公私修造，不得于街巷穿坑取土”。

本文作于开元十九年（731）六月。

答裴光庭等表贺幽州执奚寿斤诏（P340 上）

《册府》卷三十七载，开元“十九年八月，幽州执叛奚寿斤来献”，本文是对裴光庭等奏文的答复，“帝曰”云云，即本文。

本文作于开元十九年（731）八月。

严禁三考干求诏（P340 上）

《册府》卷六百三十记载本文，订作时为开元十九年“十二月”。

本文作于开元十九年（731）十二月。

宣抚河南诏（P340 上）

《册府》卷一百五载，开元二十年“三月诏曰”云云，即本文。

本文作于开元二十年（732）三月。

答裴光庭请修续春秋手诏（P340 下）

《册府》卷五百五十六载，“裴光庭为侍中，开元二十年三月丁卯，奏曰……帝手诏报曰”云云，与本文同。《旧书》卷八十四载其事，“光庭又引寿安丞李融、拾遗张琪、著作左郎司马利宾等，令直弘文馆，撰《续春秋传》，上表请以经为御撰，而光庭等依左氏之体为之作传，上又手制褒赏之”。

本文作于开元二十年（732）三月。

答萧嵩等请宣示祥瑞手诏（P340 下）

《册府》卷二十四载，开元二十二年八月“代上手诏，报曰”云云，即本文。

本文作于开元二十二年（734）八月。

相州改造厅衙诏（P340 下）

《册府》卷六十三载，开元“二十年四月甲午，诏曰”云云，即本文。

本文作于开元二十年（732）四月。

许士庶寒食上墓诏（P341 上）

《通典》卷五十二载，“开元二十年四月，制曰”云云，即本文。《通志》卷四十三

《礼略第二》载与《通典》相同。《册府》卷一百五十九载，开元“二十年四月丙申，诏曰”云云，即本文。《会要》卷二十三载，“开元二十年四月二十四日敕”云云，即本文。

本文作于开元二十年（732）四月。

令优才异行不限常例诏（P341 上）

《册府》卷六百三十载，开元“二十一年六月二十八日，制曰”云云，即本文。《会要》卷七十四载，“开元十八年十一月，侍中兼吏部尚书裴光庭，奏用循资格，至二十一年光庭薨，中书令萧嵩与光庭不协，循资格取士不广，因奏事言之，六月二十八日诏”云云，即本文。《通鉴》卷二百一十三载，开元二十一年“夏，六月，癸亥，制：‘自今选人有才业操行，委吏部临时擢用，流外奏用不复引过门下’”，即本文要旨。

本文作于开元二十一年（733）六月。

令僧尼无拜父母诏（P341 下）

《册府》卷六十载，开元“二十一年七月诏曰”云云，即本文。《大诏令》卷一百十三亦载本文，且题为《僧尼拜父母敕》，订作时为“开元二十一年十月”。

本文作于开元二十一年（733）。

答李适之祭岳渎得雨贺表手诏（P341 下）

《册府》卷二十六载，开元“二十四年六月，以久旱，命河南尹李适之，祭岳渎祈雨，是日澍雨，适之奏贺曰……手诏报曰”云云，即本文。

本文作于开元二十四年（736）六月。

答裴耀卿等手诏（P341 下）

《册府》卷五十三载，开元二十年“十二月，侍讲学士陈希烈等讲书毕，黄门侍郎、同中书门下平章事裴耀卿等奏曰……帝手诏报曰”云云，即本文。

本文作于开元二十年（732）十二月。

答裴光庭诏（P341 下）

《册府》卷五十三载，开元二十年正月，诏令士庶家藏《老子道德经》一本，侍中裴光庭奏请将此事编入国史，以示将来。从之，诏云云，即本文。

本文作于开元二十年（732）正月。

答萧嵩手诏（P342 上）

《册府》卷五十三载，开元二十年“十二月……文武百官，尚书左丞相集贤院学士，萧嵩奏曰……帝手诏答曰”云云，即本文。

本文作于开元二十年（732）十二月。

遣萧嵩往秦州致祭山川诏（P342 下）

《册府》卷一百六十二记载，开元“二十三年二月壬寅诏曰”云云，即本文。《旧书》卷八《玄宗上》载，开元二十二年“二月壬寅，秦州地震，廨宇及居人庐舍崩坏殆尽，压死官吏以下四十余人，殷殷有声，仍连震不止。命尚书右丞相萧嵩往祭山川，并遣使存问赈恤之，压死之家给复一年，一家三人已上死者给复二年”，与本文旨意合。《新书》卷五《玄宗本纪》载，开元二十二年“二月壬寅，秦州地震，给复压死者家一年，三人者三年”。《通鉴》卷二百四载，开元二十二年“二月，壬寅，秦州地连震，坏公私屋殆尽，吏民压死者四千余人；命左丞相萧嵩赈恤”，与本文旨意合。《册府》卷一百五载，开元二十二年“二月秦州地震，廨宇及居人庐舍推坏略尽，遣使存问赈恤之”，与本文旨意合。《文献通考》卷三百一亦载此事，“开元二十二年二月壬寅，秦州地震，西北隐隐有声坼而复合，经时不止，坏庐舍殆尽，压死四千余人”。《会要》卷四十二载，“开元二十二年二月十八日，秦州地震，令仓部员外郎韦伯阳宣慰，又令左丞相萧嵩致祭山川，所损之家委随事处置闻奏”。今从《新书》《旧书》，订作时为“开元二十二年二月壬寅”。

本文作于开元二十二年（734）二月。

考试博学多才道术医药举人诏（P342 上）

本文又见载于《册府》卷六百三十九，订作时为开元“二十二年三月”。

本文作于开元二十二年（734）三月。

祭社复用牲牢诏（P342 下）

《会要》卷十上载，开元“二十二年三月二十五日敕”云云，即本文。《会要》卷二十二及《文献通考》卷八十二亦载本文，订作时为开元二十二年三月二十五日。《册府》卷三十三载，开元“二十二年四月，诏曰”云云，即本文。今从《会要》及《通考》。

本文作于开元二十二年（734）三月。

令两监生徒赴学诏（P342 下）

《册府》卷五十亦载本文，订作时为开元“二十二年四月”。

本文作于开元二十二年（734）四月。

报祀九庙岳渎天下名山大川诏（P342 下）

《册府》卷三十三亦载本文，订作时为开元二十二年“六月”。

本文作于开元二十二年（734）六月。

刺史不准当年入考诏（P342 下）

《册府》卷六百三十五载，开元“二十二年八月制曰”云云，即本文。《会要》卷六十八载本文要旨，开元“二十二年八月，敕刺史到任不得当年入考，县令阙不得差使”。

本文作于开元二十二年（734）八月。

举贤良诏（P343 上）

本文亦见载于《册府》卷六十八，开元“二十三年正月，籍田礼毕，诏曰”云云，即本文。本文为《大诏令》卷七十四，《藉田赦书》中的节选。《册府》卷八十五亦载本文，本文为开元二十三年正月诏文的节选。

本文作于开元二十三年（735）正月。

决断冤系诏（P343 上）

《册府》卷一百五十一载，开元“二十三年四月壬子，诏曰”云云，即本文。

本文作于开元二十三年（735）四月。

缓逋赋诏（P343 上）

《册府》卷一百四十七载，开元“二十三年五月，诏曰”云云，即本文。

本文作于开元二十三年（735）五月。

禁买卖口分永业田诏（P343 上）

《册府》卷四百九十五亦载，开元“二十三年九月诏曰”云云，即本文。

本文作于开元二十三年（735）九月。

答萧嵩等请封嵩华二岳手诏（P343 下）

《册府》卷三十六载，开元“二十三年九月丁卯，文武百官，尚书左丞相萧嵩等，累表请封嵩、华二岳。表曰……帝固让不从，手诏报曰”云云，即本文。《会要》卷八亦载本文，订作时为开元二十三年九月丁卯。

本文作于开元二十三年（735）九月。

答张九龄等贺御注金刚经手诏（P343 下）

《册府》卷五十一载，开元“二十三年九月，亲注《金刚经》及《修义诀》，中书令张九龄等上言……帝手诏报曰”云云，即本文。

本文作于开元二十三年（735）九月。

宗庙加笾诏（P343 下）

本文亦见载于《册府》卷五百八十九，开元二十三年五月“玄宗曰”云云，即本文。

本文作于开元二十三年（735）五月。

举孝弟力田诏（P343 下）

《册府》卷六百三十九载，开元“二十三年十月，制曰”云云，即本文。

本文作于开元二十三年（735）十月。

诛武温眘等诏（P343 下）

《册府》卷一百五十二载，开元“二十四年四月诏曰”云云，即本文。《通鉴》卷二百一十四载，开元二十四年四月“故连州司马武攸望之子温眘，坐交通权贵，杖死”。

本文作于开元二十四年（736）四月。

置寿星坛诏（P344 上）

《册府》卷三十三载，开元“二十四年七月庚子，有上封事者言月令云：‘八月’日月会于寿星，居列宿之长，五者，土之数，以生为大。臣窃以寿者，圣人之长也；土者，皇家之德也。陛下首出寿星之次，旅于土德之数，示五运开元之期，万寿无疆之应，伏请两京各改一殿，以万寿为名，至千秋节，会百僚于此殿，如受元之礼。每至八月社日，配寿星祠，至于太社坛享之，诏曰”云云，即本文。《大诏令》卷七十四亦载本文，订作时为“开元二十四年十月”。《通典》卷四十五载，“大唐开元二十四年七月，敕宜令所司特置寿星坛，恒以千秋节日，修其祠典。又敕寿星坛，宜祭老人星及角亢七宿，着之恒式。其仪具开元礼”，只载本文梗概。《会要》卷二十二载，“开元二十四年七月十二日，有上封事者，言月令云：‘八月，日会于寿星，祠于大社坛享之。’敕曰：‘宜令所司特置寿星坛，常以千秋节日修其祀典。’二十六日，敕寿星坛宜祭老人星及角亢七宿，着之例程”。《通典》及《会要》皆将此文分为两诏，“置寿星坛，常以千秋节日修其祀典”为一诏，“寿星坛宜祭老人星，及角亢七宿，着之例程”为一诏。《旧书》卷八记载其事，开元二十四年“七月……己巳，初置寿星坛，祭老人星及角、亢等七宿”，与本文旨意合。《旧书》卷二十四亦载，“开元二十四年七月乙巳，初置寿星坛，祭老人星及角、亢等七宿”，即本文旨意。

本文作于开元二十四年（736）七月。

清编《全唐文》卷三十一
（*P344—353*）

放诸镇兵募诏（P344 下）

《册府》卷一百三十五载，开元“二年四月，诏曰”云云，即本文。

本文作于开元二年（714）四月。

条制考试明经进士诏（P344 下）

《册府》卷六百三十九亦载本文，订作时为“二十五年正月”。《通典》卷十五节录本文，从“明经每经帖十”至“送中书、门下详覆”，订作时为开元“二十五年二月”。《旧书》卷二十四载，开元“二十五年三月，敕：‘明经自今已后，贴十通五已上；口问大义十条，取通六已上；仍答时务策三道，取粗有文理者及第。进士停帖小经，宜准明经例试大经，帖十通四，然后试杂文及策，讫，封所试杂文及策，送中书、门下详覆。’”即为本文要旨。《通鉴》卷二百一十四开元二十五年条下载，“二月，敕曰：‘进士以声韵为学，多昧古今；明经以贴诵为功，罕穷旨趣。自今明经问大义十条，对时务策三首；进士试大经十贴。’”即为本文要旨。《会要》卷七十五节录本文，从“今之明经、进士，则古之孝廉、秀才”至“有功者达，可不勉与”，订作时为开元“二十五年二月”。《唐六典》卷四载，“开元二十五年，依明经帖一大经，通四已上，余如旧”。今从《通典》。

本文作于开元二十五年（737）二月。

贬卢怡诏（P345 上）

《册府》卷一百五十八载，开元“二十五年正月，诏曰”云云，即本文。

本文作于开元二十五年（737）正月。

免鄂王瑶妃韦氏罪诏（P345 上）

《册府》卷一百五十载，“是年（开元二十五年）四月皇太子瑛、鄂王瑶、光王琚、驸马都尉薛锈，并得罪，特免瑶妃韦氏，诏曰”云云，即本文。《通鉴》卷二百一十四开元载，开元二十五年四月“丙寅，瑛舅家赵氏、妃家薛氏、瑶舅家皇甫氏，坐流贬者数十人，惟瑶妃家韦氏以妃贤得免”，与本文旨意合。

本文作于开元二十五年（737）四月。

命诸道节度使募取丁壮诏（P345 下）

《册府》卷一百二十四载，开元“二十五年五月癸未，诏曰”云云，即本文。《通鉴》卷二百一十四载，开元二十五年五月“癸未，敕以方隅底定，令中书门下与诸道节度使，量军镇闲剧利害，审计兵防定额，于诸色征人，及客户中，召募丁壮，长充边军，增给田宅，务加优恤”，即本文要旨。《唐六典》卷五载，“旧，健儿在军皆有年限，更来往，颇为劳弊。开元二十五年敕，以为天下无虞，宜与人休息，自今已后，诸军镇量闲剧、利害，置兵防健儿，于诸色征行人内及客户中召募，取丁壮情愿充健儿长住边军者，每年加常例给赐，兼给永年优复。其家口情愿同去者，听至军州，各给田地、屋宅。人赖其利，中外获安。是后，州郡之间永无征发之役矣”，与本文旨意合。

本文作于开元二十五年（737）五月。

饬诸军不得辄赏借绯紫诏（P346 上）

《册府》卷六十亦载本文，订作时为开元“二十五年五月丙子”。《通典》卷六十三亦载，与本文略有出入，订作时为开元“二十五年五月”。《会要》卷三十一亦载，订作时为“其年五月三日”。《会要》中有“不得辄赏绯紫，仍永为令式”句，《全唐文》中此句为“不得辄赏”，无“绯紫仍永为令式”七字。又《通典》中此句为“不得辄赏鱼袋”。

本文作于开元二十五年（737）五月。

简括诸军兵募诏（P346 上）

《册府》卷六十三载，开元“二十五年五月乙亥，诏曰”云云，与本文同。

本文作于开元二十五年（737）五月。

选宗子授台省京县等官诏（P346 上）

《册府》卷三十九载，开元“二十五年五月辛丑，命有司选宗子有才者。宗正荐四从叔前奉天令知正、四从叔前祁县令志远、五从弟雒阳尉遇、六从弟酸枣丞良、五从弟武进尉朏、五从侄郑县尉瞻、五从侄前宋州参军承嗣，皆授台省官及法官、京县官，诏曰”云云，即本文。《通鉴》卷二百一十四载，开元二十五年五月：“辛丑，上命有司选宗子有才者，授以台省及法官、京县官，敕曰：‘违道慢常，义无私于王法，修身效节，恩岂薄于它人！期于帅先，励我风俗。’”即本文节录。《大诏令》卷四亦载本文，且题为《选宗子授台省官及法官京县官诏》，订作时为“开元二年五月”。今从《册府》订时。

本文作于开元二十五年（737）五月。

答李林甫请宣示御制训诫手诏（P346 下）

《册府》卷四十载，开元“二十五年八月甲子，帝制训诫六篇，以示诸王，其盖明君臣父子之义，齐祭稼穑之事也。忠王屿等，上表请宣付史官，及示百僚，许之，宰臣李林甫等奏曰……手诏谕曰”云云，即本文。《册府》卷一百五十八亦载本文，订作时为开元二十五年八月。

本文作于开元二十五年（737）八月。

谕河南河北租米折留本州诏（P346 下）

《册府》卷四百八十七亦载本文，订作时为开元二十五年九月。

本文作于开元二十五年（737）九月。

停今年漕运诏（P346 下）

《册府》卷四百九十八亦载本文，订作时为开元“二十五年六月”。《会要》卷八十七亦记载，与本文略有出入，订作时为开元二十五年六月二十三日。

本文作于开元二十五年（737）六月。

禁取同华人充兵防诏（P346 下）

本文亦见载于《会要》卷七十八，开元“十一年二月二十九日敕”云云，即本文。《册府》卷二百二十四亦载本文，开元十一年“十一月，诏曰”云云，即本文。

本文作于开元十一年（723）十一月。

答李适之手诏（P347 上）

《册府》卷二百五十八载，“开元二十五年，玄宗命瑛题御史大夫李适之所撰《河堤记》碑额，又命永王璘书其碑阴。时皇太子与诸王新赋《球场诗序》，适之乃上言曰：‘臣不工文，且非硕学，更纡天人之翰，以光鄙野之人，又见陛下训以义方，教之亲睦。文王美棠棣之华，皇王之际，于斯为盛，事连中禁，恐良史阙书，请编诸典策，以光千古。’帝手诏报曰”云云，即本文。

本文作于开元二十五年（737）。

褒赐郑少微等诏（P347 上）

《册府》卷四百六十一载，“郑少微为刑部侍郎，开元二十五年，玄宗因听政，问京师囚徒，有司奏有五十人，怡然有喜，下诏曰”云云，与本文同。

本文作于开元二十五年（737）。

定屯官叙功诏（P347 上）

《新书》卷五十三《食货志》第四十三亦载本文，订作时为“开元二十五年”。

本文作于开元二十五年（737）。

答牛仙客等表贺吐蕃安戎城得泉手诏（P347 上）

《册府》卷二十六载，开元“二十八年，剑南节度使章仇兼琼奏曰：‘吐蕃以五月十八日安戎城断其水路，至二十一日城东涌出一泉，将夜城南面又涌出一泉，军士饮之不竭。’侍中牛仙客、中书令李林甫上表贺曰……帝手诏报曰”云云，即本文。

本文作于开元二十八年（740）五月。

答朝集使蒋钦绪等上尊号诏（P347 上）

《大诏令》卷六亦载本文，订作时为“开元二十六年”。

本文作于开元二十六年（738）。

禁卜筮惑人诏（P347 下）

《册府》卷一百五十九亦载本文，订作时为开元“二十七年夏四月癸酉诏”。《通鉴》卷二百一十四载，开元二十七年“夏，四月，癸酉，敕：‘诸阴阳术数，自非婚丧卜择，皆禁之’”，即本文。

本文作于开元二十七年（739）四月。

追谥孔子十哲并升曾子四科诏（P347 下）

《旧书》卷二十四载，开元“二十七年八月，又下制曰”云云，即本文。《旧书》载，“宜令三公，持节册命，应缘册及祭，所司速择日，并撰仪注进，其文宣陵并旧宅立庙，量加人洒扫”，而《全唐文》中无“应缘册及祭，所司速择日，并撰仪注进”句。《册府》卷五十亦载本文，订作时为“开元二十七年”。《文献通考》卷四十三亦载本文，订作时为开元二十七年。《新书》卷十五记述本文梗概，开元“二十七年，诏夫子既称先圣，可谥曰文宣王，遣三公持节册命，以其嗣为文宣公，任州长史代代勿绝”。《会要》卷三十五载本文梗概，订作时为“开元二十七年八月二十四日”。《旧书》卷九载，开元二十七年八月“甲申，制追赠孔宣父为文宣王，颜回为兖国公，余十哲皆为侯，夹坐。后嗣褒圣侯改封为文宣公”，与本文旨意合。《通鉴》卷二百一十四载，开元二十七年八月“甲申，追谥孔子为文宣王。先是，祀先圣先师，周公南向，孔子东向坐。制自今孔子南向坐，被王者之服，释奠用宫悬，追赠弟子皆为公侯伯”，与本文旨意合。

本文作于开元二十七年（739）八月。

追赠曾参等六十七人诏（P348 上）

《册府》卷五十亦载本文，订作时为“开元二十七年”。《旧书》卷二十四载，开元二十七年八月“又赠曾参颛孙师等六十七人皆为伯”，与本文旨意合。

本文作于开元二十七年（739）八月。

答牛仙客等请宣付元元皇帝灵应手诏（P348 下）

《册府》卷五十三载，开元二十七年十二月“帝手诏报曰”云云，即本文。

本文作于开元二十七年（739）十二月。

为元元皇帝设像诏（P348 下）

本文作年待考。

严禁左道诏（P349 上）

《册府》卷六十三亦载本文，订作时为开元“二十八年三月”。

本文作于开元二十八年（740）三月。

答牛仙客表贺紫宸殿乌巢手诏（P349 下）

《册府》卷二十四载，开元“二十八年，陕州、青州皆言庆云见。四月庚辰，有慈乌巢于紫宸殿之栱。侍中牛仙客、中书令李林甫上表贺……手诏报曰：‘所闻不如所见，故引卿等观之，颁示寰中，俯依来请’”，即本文。

本文作于开元二十八年（740）四月。

答牛仙客表贺宣政殿乌巢手诏（P349下）

《册府》卷二十四载，开元二十八年四月辛巳，又有慈乌巢于宣政殿之拱。牛仙客等又上表贺。手诏报云云，即本文。

本文作于开元二十八年（740）四月。

给复徐泗等州诏（P349下）

《册府》卷四百九十亦载本文，订作时为开元“二十八年十月戊辰”。

本文作于开元二十八年（740）十月。

释奠令摄三公行礼诏（P349下）

《册府》卷五十载，开元“二十八年，诏曰”云云，即本文。

本文作于开元二十八年（740）。

禁丧葬违礼及士人干利诏（P349下）

《册府》卷一百五十九亦载本文，订作时为开元“二十九年正月丁酉”。《会要》卷二十三载，开元“二十九年正月十五日敕：‘凡庶之中，情礼多阙，寒食上墓，便为燕乐者，见任官与不考前资，殿三年，白身人决一顿’”，即本文。

本文作于开元二十九年（741）正月。

令内外官荐亲伯叔及弟兄子侄堪任刺史县令诏（P350上）

《册府》卷六十八亦载本文，订作时为开元“二十九年正月诏”。《会要》卷六十八节录本文，开元“二十九年正月十五日，令百官于亲属之中举牧宰，乃下制曰：‘昔祁奚之举祁午，谢安之举谢玄，宁限嫌疑致有拘忌，其内外官有亲伯叔，及兄弟子侄中有材术异能、通娴政理、据资历可任刺史县令者，各以名闻’”。《旧书》卷九载，开元“二十九年春正月丁丑，……内外官有伯叔兄弟子侄堪任刺史、县令，所司亲自保荐”，与本文旨意合。

本文作于开元二十九年（741）正月。

答宰臣贺元元皇帝玉像手诏（P350上）

《册府》卷五十三亦载本文，订作时为“开元二十九年四月”。

本文作于开元二十九年（741）四月。

命两京诸路各置元元皇帝庙诏（P350下）

《旧书》卷二十四载，“开元二十九年正月己丑，诏两京及诸州各置玄元皇帝庙一所，并置崇玄学。其生徒令习《道德经》及《庄子》《列子》《文子》等，每年准明经例举送"，即本文。《册府》卷五十三载，开元"二十九年正月诏"云云，即本文。《旧书》卷九载，开元"二十九年春正月丁丑，制两京、诸州各置玄元皇帝庙并崇玄学，置生徒，令习《老子》《庄子》《列子》《文子》，每年准明经例考试"，与本文旨意合。按：开元二十九年正月无丁丑。

本文作于开元二十九年（741）正月。

令写元元皇帝真容分送诸道并推恩诏（P350 下）

本文亦见载于《大诏令》卷一百十三，题为：《玄元皇帝临降制》，文末订作时为：开元二十九年五月。

本文作于开元二十九年（741）五月。

遣使分巡天下诏（P351 下）

本文亦见载于《大诏令》卷一百四，题为：《遣使黜陟诸道敕》，文末订作时为：开元二十九年十月。

本文作于开元二十九年（741）十月。

长流卢晖富州诏（P352 上）

《册府》卷七百载，"卢晖为魏州刺史，开元二十九年，坐赃，诏云"云云，即本文。

本文作于开元二十九年（741）。

停水驿诏（P352 下）

《通典》卷二十三载，开元"二十八年六月敕：'有陆驿处，得置水驿'"，即本文。《册府》卷一百五十九亦载本文，订作时为开元二十九年"六月丙辰"。《会要》卷六十一亦载，订作时为开元"二十八年六月一日"。

本文作于开元二十八年（740）六月。

放还老病军士诏（P352 下）

《册府》卷一百三十五亦载本文，订作时为"开元二十九年"。

本文作于开元二十九年（741）。

合祭天地诏（P352 下）

《册府》卷三十三亦载本文，订作时为天宝元年"二月丙戌"。《会要》卷九下记载本文，订作时为其年二月丙戌。

本文作于天宝元年（742）二月。

令葬埋暴骨诏（P352 下）

《册府》卷一百五十九载，“天宝元年三月甲寅，诏曰”云云，即本文。《大诏令》卷一百十四亦载本文，且题为《埋瘞暴露骸骨敕》，订作时：“天宝元年三月。”

本文作于天宝元年（742）三月。

分道德为上下经诏（P353 上）

《册府》卷五十四亦载本文，订作时为“天宝元年四月戊寅”。《册府》卷六百四十亦记载本文，订作时为“天宝元年四月”。《会要》卷七十五载本文梗概：“天宝元年四月三日敕：‘自今已后，天下应举，除崇元学生外，自余所试《道德经》，宜并停。仍令所司更别择一小经代之。’”

本文作于天宝元年（742）四月。

命李彦允等入宗正籍诏（P353 上）

《册府》卷六百二十一载，“天宝元年七月诏”云云，即本文。《大诏令》卷六十四亦载本文，且题为《许凉武昭王孙绛郡姑臧等四房子孙隶入宗正属籍敕》，无订作时。《会要》卷六十五载，“天宝元年七月二十三日诏”云云，节录本文，从“殿中侍御史李彦允等”到“并宜隶入宗正寺，编入属籍”。

本文作于天宝元年（742）七月。

禁止生徒问难不经诏（P353 下）

《册府》卷五十亦载本文，订作时为“天宝元年七月”。

本文作于天宝元年（742）七月。

令天下诸观仍转本际经诏（P353 下）

《册府》卷五十四亦载本文，订作时为“天宝元年十月”。

本文作于天宝元年（742）十月。

清编《全唐文》卷三十二
（*P354—363*）

饬敬祀社稷诏（P354 上）

《册府》卷三十三亦载本文，订作时为“十月戊寅”。《会要》卷十上载本文梗概，“天宝元年十月戊寅诏：‘社为九土之尊，稷乃五谷之长，祭官宜精洁其社，坛侧禁樵牧’”。

本文作于天宝元年（742）十月。

答中书门下表贺河西大破吐蕃诏（P354上）

《册府》卷三十七载，天宝元年“十二月，西河大破吐蕃，中书门下表贺……诏曰”云云，即本文。《通鉴》卷二百一十五天宝元年条下载，十二月“庚子，河西节度使王倕，奏破吐蕃渔海及游弈等军”。

本文作于天宝元年（742）十二月。

颁重注孝经诏（P354上）

《册府》卷四十载，“天宝二年五月，以重注《孝经》，颁天下，诏”云云，即本文。

本文作于天宝二年（743）五月。

两京告享各择吉日诏（P354上）

《大诏令》卷七十五亦载本文，文末作时为“天宝三年四月”，且题为《令两京各日享庙诏》。《通典》卷四十七节录本文，从“顷四时有事于太庙”至“两京宜各别择吉日告享”，订作时为“天宝三载”。《旧书》卷二十六亦节录本文，从“顷四时有事于太庙”至“两京各宜别择”。《会要》卷十七亦载，订作时为“天宝三载四月五日”。

本文作于天宝三载（744）四月。

遣使分祀岳渎诏（P354下）

《册府》卷三十三载，天宝三载“四月丙辰，遣使分祀岳渎诏”。

本文作于天宝三载（744）四月。

诛柳升诏（P354下）

《册府》卷一百五十八载，天宝“三载五月，长安令柳升坐赃，于朝堂杖杀之。诏”云云，即本文。《旧书》卷九载，天宝三载“五月戊寅，长安令柳升坐赃，于朝堂决杀之”云云，即本文。

本文作于天宝三载（744）五月。

以今文缮写尚书诏（P355上）

《册府》卷五十亦载本文，订作时为天宝“三载七月”。《会要》卷三十五记载本文梗概，订作时亦为天宝三载七月。

本文作于天宝三载（744）七月。

恤彍骑诏（P355上）

《册府》卷一百四十七载，“天宝三载八月，诏”云云，即本文。《大诏令》卷一百十四亦载本文，且题为《三卫彍骑疾病给食料敕》，订作时为“天宝三载八月”。

本文作于天宝三载（744）八月。

贬韩朝宗吴兴郡别驾员外诏（P355下）

《册府》卷九百二十九载，天宝三载，长安县令柳冕坐赃于朝堂，杖杀之。昇为令也，朝宗为高平郡太守，坐举人不直。制云云，即本文。

本文作于天宝三载（744）

许上柱国外有余勋回授周亲诏（P355下）

《册府》卷六十亦载本文，订作时为天宝“三载九月”。《会要》卷八十一载，“天宝二年九月二十七日，诏”云云，即本文。《会要》载，“其准格上柱国外有余勋无周亲，析给赐物宜停，仍永为恒式”，然《全唐文》中至“其准格上柱国外有余勋无周亲”完，并无“析给赐物宜停，仍永为恒式”一句。

本文作于天宝三载（744）九月。

答皇太子等表贺内道场灵异手诏（P355下）

《册府》卷五十四载，天宝“四载正月甲子，帝于内道场为兆庶祈福，亲撰黄素文登坛，其文腾空自飞上天，空中有言曰：‘圣寿延长。’丁卯，皇太子、诸王上表贺，……手诏报曰”云云，即本文。

本文作于天宝四载（745）正月。

答中书门下贺元元皇帝灵应手诏（P356上）

《册府》卷五十四载，天宝四载“二月辛未，中书门下奏……帝手诏报曰”云云，即本文。

本文作于天宝四载（745）二月。

答陈希烈奏道士萧从一见元元皇帝手诏（P356上）

《册府》卷五十四载，天宝四载二月“甲午，崇玄馆学士、门下侍郎陈希烈奏……手诏报曰”云云，即本文。

本文作于天宝四载（745）二月。

定祀元元皇帝仪注诏（P356上）

《大诏令》卷七十五亦载本文，且题为《太清宫行礼官改用朝服并停祝版敕》，无订作时。《册府》卷五十四亦载本文，订作时为天宝四载“四月癸巳”。

本文作于天宝四载（745）四月。

引见诸州高蹈不仕举人诏（P356 下）

《册府》卷九十八亦载，“天宝四载五月，引诸州高蹈不仕举人见，诏曰”云云，即本文。《大诏令》卷一百六亦载本文，且题为《处分制举人敕》，个别字句与本文略有出处，无订作时。

本文作于天宝四载（745）五月。

尊道德南华经诏（P356 下）

《册府》卷五十四载，天宝四载“七月丁巳，蜀郡上言：‘道士邓紫虚投龙设醮于江潭，有大蛇长一丈，自潭游出，文采五色，有异常蛇，其上又有庆云纷郁，望编诸史册。’从之，乙卯诏曰”云云，即本文。

本文作于天宝四载（745）七月（乙卯）。

改波斯寺为大秦寺诏（P357 上）

《通典》卷四十亦载本文，订作时为“天宝四载七月”。《册府》卷五十一亦载本文，订作时为“天宝四载九月”。《会要》卷五十亦载本文，订作时为“天宝四载九月”。今从《通典》订作时。

本文作于天宝四载（745）九月。

定犯徒配军诏（P357 上）

《册府》卷六百一十二亦录此文，订作时为天宝四载。本文又见载于天宝《大诏令》卷八十二，题为《宽徒刑配诸军效力敕》，明署作时为天宝四载七月。

本文作于天宝四载（745）七月。

答请宣示瑞鹿诏（P357 下）

《册府》卷二十四载，天宝“四载八月戊子，有斑鹿产白鹿于苑中，献之，请宣付史馆，上曰”云云，即本文。

本文作于天宝四载（745）八月。

遣使巡按天下诏（P357 下）

《大诏令》卷一百四亦载本文，且题为《席建侯等巡行诸道敕》，订作时为“天宝五载正月”。《册府》卷一百六十二载，“天宝五载正月，命礼部尚书席豫，御史中丞王𫓧，萧隐之，谏议大夫韦见素、李麟，尚书左丞崔翘，鸿胪少卿源光誉，分道巡按天下风俗，及黜陟官吏。诏曰”云云，即本文。《旧书》卷九载，天宝五载正月“丙子，遣礼部尚书席豫、左丞崔翘、御史中丞王𫓧等七人分行天下，黜陟官吏”，与本文旨意合。

本文作于天宝五载（746）正月。

禁弋猎诏（P357 下）

《册府》卷四十二亦载本文，订作时为天宝“五载正月”。

本文作于天宝五载（746）正月。

停不急之务诏（P358 上）

《册府》卷七十亦载本文，订作时为“天宝五载正月”。

本文作于天宝五载（746）正月。

量减祭祀应用牛牲诏（P358 上）

《全唐文》卷二十五中将此文作为《南郊推恩制》中的一段收录。《册府》卷四十二亦录此文，录作时为天宝六载正月。《册府》卷八十六亦将此文归入天宝六载正月戊子南郊祭祀礼毕的制文中。

本文作于天宝六载（747）正月。

增定祀典诏（P358 上）

本文又见载于《大诏令》卷六十七，题为《每载四孟合祭天地诏》。明署作时为天宝五载四月。《文献通考》亦录此文，定为天宝五载。

本文作于天宝五载（746）四月。

许百官旬节休假不入朝诏（P358 下）

《大诏令》卷一百十亦载本文，且题为《许百官旬节休假不见朝诏》，订作时为“天宝五载五月”。《会要》卷八十二载，“天宝五载五月九日敕：‘顷自宴赏，已放入朝，节假常参，未闻申命，公私协庆，千年一时。自今已后，每至旬假休假，中书门下及百官并不须入朝，亦不须衙集’”，即本文。《旧书》卷九记载其事，天宝五载“五月庚申，敕今后每至旬节休假，中书门下，文武百僚，不须入朝，外官不须衙集”。

本文作于天宝五载（746）五月。

禁流贬人在路逗留诏（P358 下）

《册府》卷六十三亦载本文，订作时为“天宝五载七月”。《会要》卷四十一载本文要旨，订作时为“天宝五载七月六日”。

本文作于天宝五载（746）七月。

贬韦坚并免从坐诏（P359 上）

《册府》卷一百五十八载，天宝“五载七月，贬缙云郡太守韦坚为江夏郡司马，乃下诏，书曰”云云，即本文。

本文作于天宝五载（746）七月。

刊广济方诏（P359 上）

《大诏令》卷一百十四亦载本文，且题为《榜示广济方敕》，个别字句与本文略有出入，订作时为“天宝五年八月”。《册府》卷一百四十七亦载本文，订作时为天宝“五载八月癸未”。《会要》卷八十二载，“开元十一年九月七日，亲制广济方，颁示天下”，即本文，订作时为“天宝五年八月”。

本文作于天宝五载（746）八月。

黜陟守令诏（P359 上）

《大诏令》卷一百四亦载本文，且题为《黜陟杨懋等诏》，订作时为“天宝五载十月”。《册府》卷一百五十二载，天宝“五载，十月，河北道黜陟使，以邺郡鄠阳县令杨懋等十五人清状及善状闻；剑南道黜陟使，以江油郡太守赵憕等六人赃状闻。初，诏委周亲举守令，及是考绩，乃下诏曰”云云，即本文。

本文作于天宝五载（746）十月。

贬王琚江华郡司马诏（P359 下）

《册府》卷七百载，“王琚为邺郡太守，天宝五载，坐赃，诏”云云，即本文。《通鉴》卷二百一十五载，天宝五载十二月“乙亥，邺郡太守王琚坐赃，贬江华司马”，与本文旨意合。

本文作于天宝五载（746）十二月。

详定来年庙享及南郊合祀仪注诏（P359 下）

《册府》卷三十三亦载本文，订作时为天宝五载“十二月辛酉”。《大诏令》卷六十七亦载本文，且题为《天宝五载南郊诏》，无订作时。《会要》卷九下载本文要旨，订作时为“天宝五载十二月辛酉”。

本文作于天宝五载（746）十二月。

颁示道德经注孝经疏诏（P360 上）

《册府》卷四十载，天宝“五载诏”云云，即本文。《会要》卷七十七载，“其载（五载）二月二十四日，诏曰：‘朕钦承圣训，覃思元经，顷改《道德经》‘载’字为‘哉’，仍隶属上句。及乎廷议，众以为然。遂错综真铨，因成注解。又《孝经》书疏，虽粗发明，幽赜无遗，未能该备，今更敷畅，以广阙文。仍令集贤院具写，送付所司，颁示中外’”，即本文。

本文作于天宝五载（746）二月。

禁采捕诏（P360 上）

《册府》卷四十二亦载本文，订作时为天宝“六载正月”。《会要》卷四十一载本文梗概，订作时为天宝“六载正月二十九日”。

本文作于天宝六载（747）正月。

流彭果诏（P360 下）

《册府》卷一百五十二载，天宝“六载二月丁酉，岭南五府经略采访使彭果，坐赃伏罪，诏曰”云云，即本文。《旧书》卷九载，天宝六载“三月戊戌，南海太守彭果坐赃，决杖，长流溱溪郡，死于路”，与本文旨意合。今从《旧书》订作时。

本文作于天宝六载（747）三月。

令正月夜开坊市门诏（P360 下）

《册府》卷六十载，天宝六载正月诏曰云云，即本文。

本文作于天宝六载（747）正月。

赐杨慎矜等自尽并处置诏（P360 下）

《大诏令》卷一百二十六亦载本文，且题为《杨慎矜自尽诏》，未订作时。《旧书》卷一百五《杨慎矜列传》载，杨慎矜为隋炀帝玄孙，“天宝六载十一月……二十五日诏：‘杨慎矜、慎余、慎名，并赐自尽，史敬忠决重杖一百’”云云，即本文。《通鉴》卷二百一十五载，天宝六载十一月“丁酉，赐慎矜及兄少府少监慎余、洛阳令慎名自尽。敬忠杖百，妻子皆流岭南。瑄杖六十，流临封，死于会昌。嗣虢王巨虽不预谋，坐与敬忠相识，解官，南宾安置。自余连坐者数十人”，与本文旨意合。

本文作于天宝六载（747）十一月。

赐故邠王男承宣等绯鱼袋诏（P361 下）

《册府》卷二百七十七载，故邠王男承宣、承寤等，天宝七载六月，皆授朝请郎、东宫六品官员，外置同正员，仍赠绯鱼袋。诏云云，即本文。

本文作于天宝七载（747）六月。

答百僚表请加应道尊号手诏（P361 下）

《册府》卷十六亦载，天宝“七载五月壬申，文武百僚以休祥累见，上表请加尊号曰应道。表再上，固违不从，甲戌，又上表曰……帝手诏报曰”云云，即本文。《大诏令》卷七《帝王・尊号册文上》《开元天宝圣文神武应道皇帝册文》一文中亦录本文，订作时为“天宝七载甲戌”。

本文作于天宝七载（748）五月。

遣使祭岳渎四海诏（P362 上）

《册府》卷三十三载，天宝八载九月，“命宗正卿褒郡信王祭西岳，太仆少卿兼单于安北副太都护张齐丘祭北海，蜀郡长史鲜于仲通祭江渎，太子詹事李旭祭北岳，尚书右丞李通迁祭河渎，诏曰”云云，即本文。

本文作于天宝八载（749）九月。

却王公等请上尊号诏（P362 上）

《册府》卷十六载，天宝“八载六月，太白山人李浑上言，有神人言，金星洞内有玉版石，记圣皇福寿之符命，御史中丞王鉷入仙游谷，求而获之，以献。帝御勤政楼受焉。于是，王公卿士道俗又请加尊号，表三。上不从，乃诏曰”云云，即本文。

本文作于天宝八载（749）六月。

却群臣上尊号手诏（P362 上）

《册府》卷十六载，玄宗先天二年十一月，群臣上表请加尊号为开元神武皇帝，手诏答曰云云，即本文。本文又见载于《大诏令》卷六，题为《先天二年不允上尊号》。

本文作于先天二年（713）十一月。

答李林甫等请颁示太子仁孝诗诏（P362 上）

《册府》卷二百六十一载，肃宗为皇太子，天宝八载，玄宗制《仁孝诗》六章，札于步障，以赐太子，令中宫高力士以示朝臣。宰相李林甫、陈希烈等奏。上手诏报之，云云，即本文。

本文作于天宝八载（749）。

停封西岳诏（P362 下）

《册府》卷三十六载，天宝九载三月，关中久旱，诏曰，云云，即本文。《会要》卷八亦录此文，订作时与《册府》同。

本文作于天宝九载（750）三月。

敕吏部慎重注拟诏（P362 下）

《册府》卷六百三十载，天宝九载三月三十日，敕：“吏部取人，必限书判……并不得注拟。”《会要》卷七十五亦录此文，订作时与《册府》同。《文献通考》卷三十七亦录此文，订作时为天宝九载。

本文作于天宝九载（750）三月。

致祭泾渭灞浐等水诏（P362 下）

《册府》卷三十三载，天宝九载四月，诏曰，云云，即本文。

本文作于天宝九载（750）四月。

答冯绍正贺雨手诏（P363上）

《册府》卷二十六载，开元十九年“七月甲戌，以久旱，帝亲祷于兴庆池，翼日大雨，丙子，少府监冯绍正奏曰……手诏报曰”云云，即本文。

本文作于开元十九年（731）七月。

禁刈禾充马藁诏（P363上）

《册府》卷七十载，天宝九载七月，诏曰，云云，即本文。

本文作于天宝九载（750）七月。

禁赁店干利诏（P363上）

《册府》卷一百五十九载，天宝九载十月戊辰，诏曰，云云，即本文。

本文作于天宝九载（750）十月。

敕冀州刺史原复边仙观修斋诏（P363上）

本文不见载于其他典籍，作年无考。

本文作年待考。

清编《全唐文》卷三十三
（*P364—372*）

许百官游宴诏（P364上）

《册府》卷一百一十亦载，天宝“十载正月，诏曰”云云，即本文。

本文作于天宝十载（751）正月。

诸卫队仗绯色幡改赤黄色诏（P364上）

《大诏令》卷九十九中记载本文，文末注作时为“天宝七年七月”。《册府》卷四亦载，“天宝九载七月，诏曰”云云，即本文。按：天宝三载一月改年为载。今姑从《册府》。

本文作于天宝九载（750）七月。

答中书门下贺大同殿钟鸣手诏（P364上）

《册府》卷五十四载，天宝十载六月乙亥，中书门下奏，昨日辰时大同殿前钟楼上忽闻钟声，其声清澈，特异人间。帝手诏曰，云云，即本文。

本文作于天宝十载（751）六月。

答中书门下贺写道德经五本手诏（P364 下）

《册府》卷五十四载，天宝十载六月戊辰中书门下贺写《一切道德经》五本。上手诏答曰，云云，即本文。

本文作于天宝十载（751）六月。

答中书门下贺宫内柑子结实诏（P364 下）

《册府》卷三十七载，天宝“十载九月，中书门下奏曰：‘宫内种柑子树数株，今秋以来结实一百五颗……仍望宣示朝廷，光诸史册’帝手诏报曰”云云，即本文。

本文作于天宝十载（751）九月。

礼神用真玉诏（P364 下）

《册府》卷三十三载，天宝十载十一月壬午，诏曰，云云，即本文。

本文作于天宝十载（751）十一月。

以李林甫兼领朔方节度诏（P365 上）

本文又见载于《大诏令》卷五十二，题为《李林甫兼朔方军节度使制》，文末明署作时为开元二十四年十一月。《册府》卷三百二十九载，天宝十载，李林甫加右相、朔方节度等使。诏曰，云云，即本文。《旧书》卷《李林甫传》载，天宝十载，林甫兼领安西大都护、朔方节度，俄兼单于副大都护。《大诏令》误。

本文作于天宝十载（751）。

令文武选人对众留放诏（P365 上）

《册府》卷六百三十载，天宝十一载七月诏曰：“政理之源，实惟选士……并作条件处分。”《会要》卷七十五亦录此文，订作时与《册府》同。

本文作于天宝十一载（752）七月。

禁官夺百姓口分永业田诏（P365 下）

《册府》卷四百九十五载，“天宝十一载十一月乙丑，诏曰”云云，即本文。

本文作于天宝十一载（752）十一月。

赐王𫓶自尽诏（P366 下）

《大诏令》卷一百二十六亦载本文，无订作时。《御批通鉴纲目》卷四十四上载，天宝十一载“夏，户部侍郎京兆尹王𫓶伏诛”，注中详细说明事由。

本文作于天宝十一载（752）。

禁战功虚冒诏（P367 上）

《册府》卷六十三载，天宝“十一载十二月诏”云云，即本文。

本文作于天宝十一载（752）十二月。

赠聂师道诏（P367 下）

《续仙传》卷下《聂师道》亦载本文，聂师道为道教人物，得道成仙。

本文作年待考。

令御史宣抚河东诸郡诏（P367 下）

《册府》卷一百五载，“天宝十二载正月丁卯诏”云云，即本文。

本文作于天宝十二载（753）正月。

削李林甫官秩诏（P368 上）

本文亦见载于《大诏令》卷一百二十六，且题为《李林甫除削官秩诏》。《御批通鉴纲目》卷四十四上记载，天宝十二载春“二月，追削李林甫官爵，剖其棺”，与本文旨意合。

本文作于天宝十二载（753）二月。

严考课诏（P368 下）

《册府》卷六百三十五亦载本文，订作时为“天宝十二载十月”。

本文作于天宝十二载（753）十月。

命陈希烈兼领秘书诏（P369 上）

本文又见载于《大诏令》卷五十一，题为《陈希烈监秘书省图书制》。《册府》卷三百载，陈希烈，为左相。天宝十二载十二月，诏曰，云云，即本文。

本文作于天宝十二载（753）十二月。

授安庆绪卫尉卿诏（P369 上）

《册府》卷一百三十一载，天宝十二载十二月，以安禄山男庆绪为卫尉卿。诏曰，云云，即本文。

本文作于天宝十二载（753）十二月。

谕岭南州县听应诸色乡贡举诏（P369 下）

《会要》卷七十五载，“天宝十三载九月敕”云云，即本文。《册府》卷六百三十亦载本文，订作时为“天宝十三载七月”。

本文作于天宝十三载（754）。

禁弋猎采捕诏（P369下）

《册府》卷四十二载，天宝十四载正月，诏曰："今阳和布气……必资杜绝。"即本文。

本文作于天宝十四载（755）正月。

平粜诏（P369下）

《册府》卷一百五载，天宝十四载正月，以岁饥乏故，下诏曰，云云，即本文。

本文作于天宝十四载（755）正月。

遣官祭天地五星诏（P370下）

《册府》卷一百四十四载，天宝十四载三月，诏曰，云云，即本文。

本文作于天宝十四载（755）三月。

展诸军士防秋年限诏（P370下）

《册府》卷六十三载，天宝十四载三月，诏曰，云云，即本文。

本文作于天宝十四载（755）三月。

遣官祭元冥风伯雨师诏（P370下）

《册府》卷一百四十四载，天宝十四载三月，诏曰，云云，即本文。

本文作于天宝十四载（755）三月。

报祭岳渎诏（P371上）

《册府》卷三十三载，天宝十四载八月癸未，诏曰，云云，即本文。

本文作于天宝十四载（755）八月。

贬吉温诏（P371上）

《册府》卷一百五十二载，天宝十四载正月，诏曰，云云，即本文。

本文作于天宝十四载（755）正月。

亲征安禄山诏（P371下）

本文又见载于《大诏令》卷一百十九，明署作时为天宝十四载十二月。

本文作于天宝十四载（755）十二月。

命皇太子监国仍亲总师徒东讨诏（P372上）

本文又见载于《大诏令》卷三十，题为《明皇命皇太子监国亲总师徒东讨诏》，明署作时为天宝十四载十二月。

本文作于天宝十四载（755）十二月。

命皇太子即皇帝位诏（P372上）

《册府》卷十一载，天宝十五载六月，安禄山犯长安，玄宗幸蜀，口诏留太子奉宗庙，太子至灵武，群臣劝进，以七月甲子即位改元至德。八月丁亥，北使至蜀，据陈群臣恳请、太子辞避之旨，玄宗乃下诏云云，即本文。

本文作于天宝十五载（756）八月。

命群臣辅嗣皇帝诏（P372下）

《旧书》卷一百八《韦见素传》载天宝十五载七月皇太子即位于灵武，八月，上皇谓见素等曰云云，即本文。

本文作于天宝十五载（756）八月。

清编《全唐文》卷三十四
（*P373—382*）

加魏知古实封敕（P373上）

《旧书》卷九十八载，先天"二年，累封梁国公。窦怀贞等将谋逆也，知古独密奏其事。及怀贞诛，赐实封二百户。物五百段。仍以前赏犹薄，又手敕曰"云云，即本文。《册府》卷一百二十三亦载本文，玄宗先天元年"又手敕曰"云云，即本文。

本文作于先天二年（713）。

受太上皇诰敕（P373上）

《册府》卷十一载，订时间为先天二年七月"受诰，癸酉敕曰"云云，即本文。

本文作于先天二年（713）七月。

平戎告庙敕（P373上）

《册府》卷十二载，开元"二十二年六月，幽州节度副大使张守珪大破林胡，遣使献捷。敕曰：'边境为患，莫甚于林胡'"云云，即本文。《册府》卷十二载，"尝为匪人，近者辄变枭声，敢为兽搏，幽州节度副大使张守珪等"，《全唐文》中此句为"尝为匪人，近有野心，穷而归我，曾是怀附，每所绥柔，而不变枭声"。《大诏令》卷一百三十亦载本文，文末注作时为"开元二十二年"。《会要》卷九十六载，开元"二十二年六月，幽州节度使张守珪大破之，遣使献捷。敕曰：'边境为患莫甚于东隅，朝廷是虞几烦于将帅，积年逋诛，一朝翦灭，则东方将浸以廓清，河朔之人差宽征戍，此皆上凭九庙之灵，下赖群帅之功，今具凯旋，敢不以献，宜择日告九庙，所司准式'"，所记敕文内容实为本文之节录。

本文作于开元二十二年（723）六月。

赈岐华等州敕（P373 下）

《册府》卷一百五载，“玄宗开元二年，正月戊寅，敕曰”云云，即本文。

本文作于开元二年（714）正月。

授徐有功子惀恭陵令敕（P373 下）

《册府》卷一百三十九载，开元二年“二月乙亥，以徐有功之子日伦，自大理司直为恭陵令，敕曰”云云，即本文。

本文作于开元二年（714）二月。

命张知运持节赴军敕（P373 下）

《册府》卷一百十九载，“玄宗开元二年，四月庚午，敕曰”云云，即本文。

本文作于开元二年（714）四月。

遣使安抚江东敕（P374 上）

本文亦见载于《大诏令》卷一百十五，题为：《遣杨虚受江东道安抚敕》，题下注作者为：苏颋，文末系作时为：开元二年四月十一日。按《全唐文》行文体例，其作者清楚者，文章归作者名下，本文应归苏颋名下，从玄宗名下删去。《册府》卷一百六十二亦载本文，“开元二年四月己巳，敕曰”云云，即本文。

本文作于开元二年（714）四月。

授苏乂右补阙敕（P374 上）

《册府》卷一百三十一载，开元二年“四月，以太常寺大祝苏乂为左补阙，追父勋也。敕曰”云云，即本文。

本文作于开元二年（714）四月。

授薛讷陇右道防御大使敕（P374 上）

《册府》卷一百四十九载，“玄宗开元二年八月，吐蕃寇临洮军，又进寇兰州及滑州之渭源县，侵我牧圉。敕薛讷白衣摄左羽林军将军，为陇右防御使，与太仆少卿王晙等率兵击之。敕曰”云云，即本文。

本文作于开元二年（714）八月。

召募兵勇敕（P374 下）

《册府》卷一百一十八载，开元二年十月“丁巳，敕曰”云云，即本文。

本文作于开元二年（714）十月。

行常平法敕（P374 下）

《旧书》卷四十九载，“开元二年九月，敕”云云，即本文。《册府》卷五百二亦载，“玄宗开元二年九月，诏曰”云云，即本文。

本文作于开元二年（714）十月。

罢亲征吐蕃敕（P374 下）

《册府》卷一百四十二载，“玄宗开元二年十月，薛讷引兵至源渭，遇吐蕃，战击克捷。帝遂停亲征。乙丑，敕曰”云云，即本文。

本文作于开元二年（714）十月。

幸新丰蠲复敕（P375 上）

《册府》卷一百一十三载，“开元二年九月戊申，幸新丰之温汤。十一月甲辰，敕曰”云云，即本文。《册府》卷四百九十亦载本文，系时为开元二年十一月。

本文作于开元二年（714）十一月。

优给二王后及隋后敕（P375 上）

《会要》卷二十四载，“开元三年二月敕”云云，即本文。《全唐文》中“隋后每年给绢三百匹，米粟二百石”句后，“并春秋支给”句前，无“周后每年赐绢二百匹，粟二百石”文字。《册府》卷一百七十三“玄宗开元三年二月敕”云云，即本文。

本文作于开元三年（715）二月。

诛左感意敕（P375 下）

《册府》卷一百五十二载，开元三年“三月丙午，廓州刺史左感意坐赃杖杀，敕曰”云云，即本文。

本文作于开元三年（715）三月。

令蕃客国子监观礼教敕（P375 下）

本文亦见载于《大诏令》卷一百二十八，文末订作时为：开元三年十二月二十二日。

本文作于开元三年（715）十二月。

许卢怀慎去官养疾敕（P375 下）

《册府》卷八百九十九载，“卢怀慎为黄门监，称疾辞职，诏曰”云云，即本文。《大诏令》卷五十七亦载本文，且题为《卢怀慎去官养疾敕》，无订作时。《大诏令》中记载作者为苏颋。按照《全唐文》录文体制，代笔者清楚者应将文划至代笔者名下，故此文应从唐玄宗名下划去，归入苏颋名下。《通鉴》卷二百一十一载，开元四年“十一月，己卯，黄门监卢怀慎疾亟，上表荐宋璟 、李杰、李朝隐、卢从愿并明时重器，所坐者小，所弃者大，望垂矜录。上深纳之”，与本文旨意合。《旧书》卷九十八载，开元“四年，兼吏部尚书。其秋，以疾笃，累表乞骸骨，许之。旬日而卒，赠荆州大都督，谥曰文成”，与本文旨意合。

本文作于开元四年（716）十一月。

禁骊山樵采敕（P376 上）

《大诏令》卷七十四中亦载本文，且题为《禁骊山樵采诏》，文下注作时为“开元四年正月十九日”。《册府》卷三十三载：“开元四年二月甲子，命有司以少牢致祭骊山，仍禁樵采。时大旱，应祷而雨报之也。”与本文旨意合。《旧书》卷八《玄宗上》亦记载此事，开元四年“二月丙辰，幸新丰之温汤。丁卯，至自温汤。以关中旱，遣使祈雨于骊山，应时澍雨。令以少牢致祭，仍禁断樵采”。今姑从《旧书》。

本文作于开元四年（716）二月。

放姜皎归田敕（P376 上）

《旧书》卷五十九载，“开元五年，下敕曰”云云，节录本文，结尾无“散官勋封并如故”一句。《册府》卷一百亦载，“宋璟为侍中时，太常卿修国史姜皎兄弟当朝用事，璟以其权宠太盛，恐非久安之道，屡奏请稍抑损之，玄宗敕曰：‘西汉诸将多以权贵不全，南阳故人并以优闲自保。观夫先后之迹，吉凶之数较然可知，良有以也。宜放皎归田园，以恣娱乐’”，与本文有所出入，只记梗概而已，并无订时。《通鉴》卷二百一十一载，开元五年“初，上微时，与太常卿姜皎亲善。及诛窦怀贞等，皎预有功。由是宠遇群臣莫及，常出入卧内，与后妃连榻宴饮，赏赐不可胜纪。弟晦，亦以皎故累迁吏部侍郎。宋璟言皎兄弟权宠太盛，非所以安之，上亦以为然。秋，七月，庚子，以晦为宗正卿，因下制曰：‘西汉诸将，以权贵不全；南阳故人，以优闲自保。皎宜放归田园，散官、勋、封皆如故’”，所载制文与本文旨意合，只记梗概而已。

本文作于开元五年（717）七月。

进蔬食并断都城屠宰敕（P376 下）

《册府》卷二十七载，“玄宗开元五年十二月己丑，敕”云云，即本文。

本文作于开元五年（717）十二月。

赐蒲州童子敕（P376 下）

《册府》卷九十七亦载本文，订作时为开元五年。

本文作于开元五年（717）。

禁恶钱敕（P376 下）

《通典》卷九亦载，“开元五年，宋璟知政事，奏请一切禁断恶钱。六年正月诏，又切禁断天下恶钱不堪行用者，并销破覆铸。由是四民扰骇，谷帛踊贵，二月又敕”云云，即本文。《旧书》卷四十八《食货志》第二十八载，开元六年“二月又敕曰”云云，即本文。《册府》卷五百一中载，开元六年“二月敕曰”云云，只个别字与本文略有出入。

本文作于开元六年（718）二月。

度河南参军郑铣虢州朱阳县丞郭仙舟为道士敕（P376 下）

《通鉴》卷二百一十二载，开元六年“夏四月戊子，河南参军郑铣、朱阳丞郭仙舟，投匦献诗，敕曰”云云，即本文。《册府》卷四十八载，“玄宗开元六年，河南参军郑铣、虢州朱阳县丞郭仙舟，投匦献诗，敕”云云，即本文。《册府》卷八百二十二中亦载此文，与本文同，订作时为开元六年。

本文作于开元六年（718）四月。

赐京畿县令敕（P376 下）

《大诏令》卷一百四亦载本文，题为《诫励京畿县令敕》，订作时为“开元八年七月”。《册府》卷一百五十七载，开元“七年正月，京畿县令朝见，敕之”云云，个别字句与本文略有出入。今从《册府》。

本文作于开元七年（719）正月。

令考试投匦人敕（P377 上）

《册府》卷六十八载，开元“七年五月，敕曰”云云，即本文。

本文作于开元七年（719）五月。

禁屠敕（P377 上）

《册府》卷三十载，开元“七年五月，敕曰”云云，即本文。

本文作于开元七年（719）五月。

复崔日用实封敕（P377 上）

《旧书》卷九十九载，“开元七年，差降口赋特下，敕曰”云云，即本文。《册府》卷一百三十四亦载此文，“开元七年，崔日用为常州刺史，差降田赋，特下制曰”云云，即本文。

本文作于开元七年（719）。

流僧人怀照敕（P377 上）

《册府》卷九百二十二亦载，“怀照，蒲州大云寺僧也。尝建石碑云：‘我母梦日入怀而生，因名怀照。’开元七年，或告于郡刺史李尚隐以闻，下州讯其状，怀照曰：‘偶然寓意，用副己名，虑其疑误，已改作王昭。时有词客冯待征为其文，张待聘勒其字，待聘皆与怀照词同。’尚隐奏曰：‘老僧愚驽，诚不足教，梦日之状，稍涉妖讹，敕’”云云，即本文。

本文作于开元七年（719）。

定母服齐衰三年敕（P377 上）

《通典》卷八十九载，开元“七年下，敕曰”云云，即本文。《旧书》卷二十七载，开元“七年八月下敕”，即本文。《册府》卷五百八十八载，开元“七年八月下，敕曰”云云，与本文字句略有出入。《会要》卷三十七亦载，开元“七年八月二十六日诏”云云，即本文。《旧书》卷八中只记梗概而已，开元七年“八月癸丑（二十八日），敕：‘周公制礼，历代不刊；子夏为传，孔门所受。逮及诸家，或变例。与其改作，不如好古。诸服纪宜一依旧文’”。《通鉴》卷二百一十二载此事，开元七年“秋，闰七月，右补阙卢履冰上言：‘礼，父在为母服周年，则天皇后改服齐衰三年，请复其旧。’上下其议。左散骑常侍褚无量以履冰议为是；诸人争论，连年不决。八月，辛卯，敕自今五服并依《丧服传》文”，与本文旨意合，订作时为开元七年八月辛卯（六日）。

本文作于开元七年（719）八月。

赐关内河东河西入朝蕃酋等敕（P377 下）

《大诏令》卷一百二十八载，“敕关内、河东、河西入朝新降蕃酋等曰”云云，即本文，且题为《赐入朝新降蕃酋》，文末注作时：“开元八年三月。”《册府》卷一百七十亦载本文，订作时为“开元八年二月”。

本文作于开元八年（720）。

遣祠南郊华岳温汤敕（P377 下）

《册府》卷三十三载，开元“八年三月敕”云云，即本文。

本文作于开元八年（720）三月。

铨择内外官敕（P377 下）

《大诏令》卷一百亦载本文，且题为《京官都督刺史中外迭用敕》，文末注作时为“开元八年七月”。《册府》卷六十九亦载本文，订为玄宗八年敕。《会要》卷六十八载：“开元八年六月二十八日，敕，自今已后，诸司清望官阙，先于牧守内精择，都督刺史等要人，兼向京官简授其……以副朕怀。”即为本文节录。今从《大诏令》。

本文作于开元八年（720）七月。

赐朝集使敕（P378上）

《册府》卷一百五十八载，“唐玄宗开元九年三月，敕朝集使等曰”云云，即本文。

本文作于开元九年（721）三月。

令内外臣僚各举县令敕（P378下）

《册府》卷六十八亦载本文，订作时为“四月敕”。《通鉴》卷二百一十二载，开元九年四月“戊戌，敕：‘京官五品以上，外官刺史、四府上佐，各举县令一人，视其政善恶，为举者赏罚’”，与本文旨意合。

本文作于开元九年（721）四月。

策试贡举人含元殿敕（P378下）

《册府》卷六百四十三载，开元九年五月“乙亥，亲试应制举人于含元殿，命有司置食，敕”云云，即本文。《旧书》卷八《玄宗上》节录本文，开元九年四月“甲戌上亲策试应制举人于含元殿。谓曰：‘古有三道，今减二策，近无科甲，朕将存其上第，务收贤后用宁军国’”。今姑从《旧书》。

本文作于开元九年（721）四月。

赐贡举人朝堂坐食敕（P378下）

《册府》卷六百四十三载，开元九年“五月壬戌，有司引应制举人见，敕曰”云云，即本文。

本文作于开元九年（721）五月。

讨康待宾等敕（P379上）

《册府》卷九百八十六载，开元九年五月“壬申，兰池州叛胡显首，伪称叶护康待宾，伪称叶护安慕容以叛，敕曰”云云，即本文。

本文作于开元九年（721）五月。

禁重征租庸敕（P379上）

《册府》卷四百八十七载，“玄宗开元九年十月敕”云云，即本文。

本文作于开元九年（721）十月。

流蒋宠藤州敕（P379下）

《册府》卷一百五十二载，开元“十年闰五月乙酉，上封人蒋宠言事涉邪，杖四十，流于藤州，敕”云云，即本文。

本文作于开元十年（722）闰五月。

停给职田敕（P380 上）

《通典》卷三十五亦载本文，订作时为开元“十年六月”。《通志》卷五十七《职官略第七》亦载本文，亦订为开元十年“六月”作。《会要》卷九十二记载本文，亦订为其年“六月”作。

本文作于开元十年（722）六月。

诛裴景仙敕（P380 上）

《册府》卷七百七载，“裴景仙为冀州武强令，开元十年八月坐赃逃匿，听集众杀之，敕曰”云云，即本文。《旧书》卷一百载，开元十年“武强令裴景仙犯乞取赃积五千匹，事发逃走。上大怒，令集众杀之”，即为此事。《通鉴》卷二百一十二载，开元十年“秋，八月，癸卯，武强令裴景仙，坐赃五千匹，事觉，亡命。上怒，命集众斩之”，与本文旨意合。此条可与《流裴景仙岭南诏》相参看。

本文作于开元十年（722）八月。

宴朔方军节度及将士敕（P380 上）

《册府》卷一百三十三载，开元“十年十一月丙申，朔方军节度大使，兵部尚书信安郡王祎，破突厥凯旋，引将士等见。帝置酒享之，敕”云云，即本文。《大诏令》卷八十亦载本文，且题为《宴朔方将士敕》，《大诏令》中注作者为张九龄，按《全唐文》录文体例，代笔者清楚者应归代笔者所属，此文应从唐玄宗名下删去。

本文作于开元十年（722）十一月。

巡幸东都赐赉从官敕（P380 下）

《大诏令》卷七十九亦载本文，订作时为“开元十九年十一月”。《册府》卷八十节录本文，从“亲王赐物八十匹”至“应定供顿县官各与一中上考”，订作时为开元“十九年十一月壬子幸东都”。《册府》卷一百一十三载，开元十九年“十月丙申幸东都敕：‘供顿州县百姓所缘料及充木匠杂祗供人等宜放今年地租，自余户等免今年地税半，应定供顿县官各与一中上考。庚辰至东都’”。《册府》卷四百九十只记梗概，开元“十九年十一月庚申幸东都，壬子敕：‘供顿州百姓及充夫匠及杂祗供人等宜放今年地税，自余户等免今年地税之半’”。《通鉴》卷二百一十三载，开元十九年“冬，十月，丙申，上幸东都”。按：据《全唐文》中《幸东都制》及《通鉴》，玄宗于开元十九年十月丙申幸东都。又，从幸东都到下敕赐赉从官或有时间间隔，故玄宗于十一月份下敕。

本文作于开元十九年（731）十一月。

减东都禁囚等罪敕（P380 下）

《册府》卷八十五节录本文，从首句至“各减一等徒以下并放”句，订作时为开元“十一年正月丁卯”。《册府》卷一百五节录本文，从“河南府遭水百姓”，至“务使安存"，并订作时为"十一年正月"。《大诏令》卷七十九亦载本文，且题为《将离东都减降囚徒敕》，文末注时为"开元十一年正月"。《旧书》卷八《玄宗上》载，开元"十一年春正月丁卯，降都城见楚囚徒，流、死罪减一等，余并原之"，与本文旨意合。

本文作于开元十一年（723）正月。

幸并州推恩敕（P381 上）

《大诏令》卷七十九亦载本文，且题为《幸太原府赦境内制》，文末注作时为"开元十一年正月"。《册府》卷八十五记载，开元十一年正月"是月癸巳，帝车驾在并州，敕曰"云云，即本文。《册府》卷五十五载，"十一年正月车驾幸北都诏"云云，节录本文，从"太原府父老八十以上"至"赐紫妇人版授郡君夫人"。《册府》卷八十载，开元"十一年正月……癸巳行幸北都诏"云云，节录本文从"太原府预宴官"至"共赐物一万匹"，从"诸老年八十以上"至"百岁以上各赐物十段，版授上州刺史，仍赐紫"。《册府》卷一百七十二节录本文，开元十一年正月"又敕：'太原府境内，其有沈沦草泽、抱德栖迟及武德功臣子孙并元从子孙、才堪文武所属官者，并委府县搜扬，具以名荐。'辛卯，诏并州置北都，改州为太原府，癸巳，亲制起义堂颂，刻石纪功于太原府之南街"。《旧书》卷八《玄宗上年》载，开元十一年正月"辛卯，改并州为太原府，官吏补授，一准京兆、河南两府。百姓给复一年，贫户复二年，元从户复五年。武德功臣及元从子孙、有才堪文武未有官者，委府县搜扬，具以名荐"，与本文旨意合。《新书》卷五《玄宗本纪》载，开元十一年正月"癸巳，赦太原府，给复一年，下户三年，元从家五年。版授侍老八十以上上县令，妇人县君；九十以上上州长史，妇人郡君；百岁以上上州刺史，妇人郡夫人"，与本文旨意合。

本文作于开元十一年（723）正月。

祠霍山敕（P381 下）

《册府》卷三十三载，开元"十一年……四月庚申，敕曰"云云，即本文。《会要》卷二十二载，"开元十一年四月二十六日敕"云云，节录本文，从"霍山宜崇饰祠庙秩视诸侯"至"春秋致祭"。

本文作于开元十一年（723）四月。

命王晙检阅朔方诸军敕（P381 下）

《册府》卷一百二十四载，开元"十一年四月敕"云云，即本文。

本文作于开元十一年（723）四月。

诸州府马数阙额以监牧马充敕（P382 上）

《册府》卷六百二十一亦载本文，订作时为开元"十一年"。《文献通考》卷一百五十一载，玄宗开元十一年"又诏诸州府马，阙官，私共补之，今兵资难致，乃给以监牧马"，与本文旨意合。

本文作于开元十一年（723）。

贬王同庆赣县尉敕（P382 上）

《册府》卷七百七载，“王同庆为汾州平遥县令，玄宗开元十一年坐贬处州赣县尉，敕曰”云云，即本文。《通鉴》卷二百一十二载，开元十一年二月“乙卯贬平遥令王同庆为赣尉”。

本文作于开元十一年（723）二月。

清编《全唐文》卷三十五
(*P382—392*)

示节俭敕（P382 下）

《大诏令》卷八十一亦载本文，且题为《内出云韶舞敕》，文末注作时为“开元十二年正月”。《册府》卷五十六载，开元“十二年正月戊寅，敕”云云，即本文。《册府》卷五百六十九亦载本文，订作时为开元“十二年正月”。

本文作于开元十二年（724）正月。

重牧宰资望敕（P382 下）

《册府》卷六十九载，开元“十二年，以黄门侍郎王丘、中书侍郎崔沔为吏部侍郎，王易从等为诸州刺史，因敕宰臣，曰”云云，即本文。《册府》卷六百七十一《授王丘等六人刺史制》文后又载“因敕宰臣曰”云云，即本文，订作时为“开元十二年”。此条可与《授王丘等六人刺史制》文参校。

本文作于开元十二年（724）。

赐益州长史张敬忠敕（P382 下）

《八琼室金石补正》卷五十三《青城山道观敕》载：“敕益州刺史张敬忠……开元十二年岁次甲子闰十二月十一日下，十三年正月一日至益州，二日至蜀州。”张敬忠之为益州长史，当在开元十二年闰十二月十一日前。

本文作于开元十二年（724）闰十二月。

改丹水为怀水敕（P383 上）

《大诏令》卷一百十四亦载本文，文末注作时为“开元十三年三月”。

本文作于开元十三年（725）。

令御使行斋敕（P383 上）

本文又见载于《大诏令》卷六十六，且题为《处分行事官》，订作时为“十一月”。《册府》卷三十六载，开元十三年“十一月丙戌，至泰山之下，去山趾五里。丁亥，帝衮冕服于行宫致斋。戊子敕曰”云云，即本文。《会要》卷八亦载本文。

本文作于开元十三年（725）十一月。

令本州长官举人敕（P383 上）

本文又见载于《大诏令》卷一百五，且题为《求儒学诏》，文末订作时为“开元十四年六月”。《册府》卷六十八亦载，“天下官人百姓，有精于经史道德，可遵工于著述文质兼美”者，令本州长官举荐，玄宗将“自观其能，若行业可甄待以不次，如妄有褒进必加明罚”，订作时为开元“十四年六月”。

本文作于开元十四年（726）六月。

以雨泽频降昭报山川敕（P383 下）

《全唐文》卷三十亦录此文，题为《令诸州祭名山大川诏》。此为重收。本文又见载于《大诏令》卷七十四，题中无“以”字，明署作时为开元十四年六月。《册府》卷三十三载，开元十六年六月丁亥，诏曰，云云，即本文。今姑从《册府》。

本文作于开元十六年（728）六月。

禁断奢侈敕（P383 下）

本文又见载于《册府》卷一百五十九，订作时为开元十四年“七月丁卯”。

本文作于开元十四年（726）七月。

选皇太子诸王妃敕（P384 上）

《太平御览》卷一百四十九载，“又曰开元中敕”云云，即本文。《会要》卷四亦载，“开元十六年五月敕”云云，即本文。今姑从《会要》。

本文作于开元十六年（728）五月。

令州郡勾当诸税敕（P384 上）

《册府》卷四百八十七载，开元“十六年七月敕”云云，即本文。《会要》卷八十三亦载本文，订作时为开元“十六年七月”。

本文作于开元十六年（728）七月。

禁和市反配违格敕（P384 上）

《册府》卷四百八十四载，“玄宗开元十六年，敕曰”云云，即本文。

本文作于开元十六年（728）。

加钱籴常平仓米敕（P384 上）

《旧书》卷四十九亦载本文，订作时为开元“十六年十月”。《册府》卷五百二载，“十六年十月敕”，“今岁普熟，谷价至贱”恐伤农，令“于价上量加三钱”收籴云云，即本文。《会要》卷八十八亦载本文，订作时为“十六年十月二日”。

本文作于开元十六年（728）十月。

以元元皇帝真容应见宣付史馆敕（P384 下）

本文不见载于其他典籍，作年无考。

本文作年待考。

戒勉京畿县令敕（P384 下）

《册府》卷一百五十八载，开元“十八年正月，畿县令朝见。敕之曰”云云，即本文。《册府》卷三十三载，“十八年正月丁巳，亲迎气于东郊。礼毕，诏其海内五岳四渎及诸镇名山大川及灵迹。各令郡县逐处设祭”，与本文旨意合。

本文作于开元十八年（730）正月。

贬责罗希奭张博济敕（P384 下）

《旧书》卷一百一十六下《罗希奭传》载，十四载，以张博济、吉温、韦陟、韦诫奢、李从一、员锡等流贬，皆于始安，希奭或令假摄。右相杨国忠奏遣司直蒋允往按之，复令张光奇替为始安太守，仍将敕曰云云，即本文。

本文作于天宝十四载（755）。

准令王妻为妃敕（P385 上）

《通志》卷五十七及《通典》卷三十四均载本文，订作时与《会要》同，可资参校。《会要》卷四十七录本文，“开元八年五月十八日敕：‘准令王妻为妃’”。

本文作于开元八年（720）三月。

编户籍敕（P385 上）

《册府》卷四百八十六载，开元“十八年十一月……又敕”云云，即本文。《会要》卷八十五亦载本文，订作时为“开元十八年十一月”。

本文作于开元十八年（730）十一月。

禁隐蔽人户等第敕（P385 上）

本文又见载于《册府》卷四百八十六，订作时为开元“十八年十一月敕”。《会要》卷八十五亦载本文，订作时为“开元十八年十一月”。《文献通考》卷十二亦载本文，订作时为“开元十八年”。

本文作于开元十八年（730）十一月。

戒州县扰民敕（P385 下）

《册府》卷一百五十八载，开元“二十年正月，敕曰”云云，即本文。

本文作于开元二十年（732）正月。

颁示笺注道德经敕（P385 下）

《册府》卷五十四载，天宝十四载十月，御注《道德经》并《义疏》分示十道，各令巡内传写。

本文作于天宝十四载（755）十月。

破奚契丹告享陵庙敕（P386 上）

《册府》卷十二载，“玄宗开元二十年三月，信安王祎及幽州长史赵含章大破叛奚及契丹于幽州之北，敕曰”云云，即本文。

本文作于开元二十年（732）三月。

幸潞州敕（P386 上）

《册府》卷一百七十二载，开元“二十年十月北狩至潞州，敕曰”云云，即本文。《旧书》卷八《玄宗上》载，开元二十年“十月……辛卯至潞州之飞龙宫，给复三年，兵募丁防先差未发者，令改出余州”，与本文旨意合。《册府》卷八十五亦载此事，开元二十年“十月辛卯北巡狩至潞州飞龙宫，曲赦潞州，给复三年，兵募丁防悉放”。

本文作于开元二十年（732）十月。

赐百官九日射敕（P386 下）

《通典》卷七十七载，开元“二十一年八月敕”云云，即本文。《册府》卷一百一十载，开元“二十一年八月，诏曰”云云，即本文。《会要》卷二十六亦载本文，订作时为开元“二十一年八月二十三日”。

本文作于开元二十一年（733）八月。

命钱物兼用敕（P386 下）

《册府》卷五百一亦载本文，订作时为开元二十二年“十月诏”。《会要》卷八十九及《文献通考》卷八亦载本文，订作时为开元二十二年“十月六日”。

本文作于开元二十二年（734）十月。

禁屠宰敕（P386 下）

《大诏令》卷一百十三亦载本文，且题为《禁三元日屠宰敕》，订作时为“开元二十二年十月”。《册府》卷五十三载，开元“二十二年十月，敕曰”云云，即本文。《会要》卷五十载，开元“二十二年十月十三日诏”云云，与本文略有出入。《会要》卷四十一载，会昌四年四月，中书门下奏疏中提及本文，“仍望准开元二十二年十月二十日敕，正月、七月、十月三元日，各断屠三日，余望并停”，即本文。

本文作于开元二十二年（734）十月。

给复京畿关辅敕（P387 上）

《册府》卷四百九十亦载，开元“二年十一月，敕曰”云云，即本文。《新书》卷五《玄宗本纪》载，开元二十二年“十一月甲戌，免关内、河南八等以下户田不百亩者今岁租”，与本文旨意合。

本文作于开元二十二年（734）十一月。

以突厥可汗卒辍朝敕（P387 上）

《册府》卷九百七十五载，开元二十二年“十二月庚戌，突厥毗伽可汗小杀为其大臣梅录啜所毒而卒，帝悼之，辍朝三日，敕曰”云云，即本文。《通鉴》卷二百一十四载其事，开元二十二年十二月“突厥毗伽可汗为其大臣梅录啜所毒，未死，讨诛梅录啜及其族党。既卒，子伊然可汗立。寻卒，弟登利可汗立。庚戌，来告丧”。

本文作于开元二十二年（734）十二月。

禁资课税户征纳见钱敕（P387 上）

《册府》卷四百八十七载，开元“二十三年六月敕”云云，即本文。

本文作于开元二十三年（735）六月。

遣祭郊庙山川敕（P387 下）

《册府》卷三十三载，开元“二十五年十月戊申，敕”云云，即本文。《大诏令》卷六十七亦载本文，与本文略有出入，文末注作时为“开元二十五年十月”，且题为《命宰臣等分祭郊庙社稷制》，并记载作者为孙逖。按照《全唐文》录文体例，代笔者清楚者，文章归代笔者所有，该文应从玄宗名下删去。《会要》卷二十二节录本文：“三时不害，百谷用成，遂使京坻，遍于天下，和平之气既无远而不通，禋祀之典亦有祈而必报，宜令中书令李林甫等分祭郊庙社稷，尚书左丞相裴耀卿等分祭五岳四渎。”订作时为开元“二十五年十月八日”。

本文作于开元二十五年（737）十月。

戒牧宰敕（P387 下）

本文不见载于其他典籍，作年无考。

本文作年待考。

赐刺史县令帛敕（P388 上）

《册府》卷一百二十八载，开元“二十三年十二月，命十道采访使举良刺史县令，以陕州刺史崔希逸……襄州安养县令李泳等闻。上降书宣慰，刺史各赐帛八十匹，县令五十匹，敕之曰”云云，即本文。

本文作于开元二十三年（735）十二月。

决杀张瑝等兄弟敕（P388 上）

《旧书》卷一百八十八载，张瑝、张琇兄弟，父亲为张审素，审素于开元年间因监察御史杨汪奏其谋反而获斩，家被籍没，张瑝兄弟以年幼坐徙岭外。后张瑝兄弟逃归，于开元二十三年复仇杀杨万顷（即杨汪）于都城。玄宗“乃下敕曰”云云，即本文。《通鉴》卷二百一十四载，开元二十三年“三月丁卯，手杀万顷于都城。……乃下敕曰”云云，即本文。《册府》卷八百九十六亦载本文，订作时亦为开元二十三年。《太平御览》卷四百八十二载本文及事，无订作时。

本文作于开元二十三年（735）三月。

与侍臣论服制敕（P388 上）

《旧书》卷二十七载，“上又手敕侍臣等曰”云云，即本文。《会要》卷三十七记载本文，订作时为“开元二十三年正月十八日”。《通典》卷九十二节录本文，从“朕以为亲姨舅”至“外亲之服皆缌是亦不隔于堂姨舅也”句，订作时为“大唐开元二十三年”。

本文作于开元二十三年（735）正月。

听逃户归首敕（P388 下）

《大诏令》卷一百十一亦载本文，订作时为“开元二十四年正月”。《通鉴》卷二百一十四载，开元二十四年“春，正月，庚寅，敕：‘天下逃户，听尽今年内自首，有旧产者令还本贯，无者别俟进止。逾限不首，当命专使搜求，散配诸军’”，即本文。

本文作于开元二十四年（736）正月。

幸西京敕（P389 上）

《册府》卷一百一十三载，开元“二十四年正月敕”云云，即本文。

本文作于开元二十四年（736）正月。

令诸州年终申报户口实数敕（P389 上）

《册府》卷四百八十六载，开元“二十四年三月敕”云云，即本文。《会要》卷八十四亦载本文，订作时为“开元二十四年三月”。

本文作于开元二十四年（736）三月。

疏决禁囚敕（P389 上）

《册府》卷八十五载，开元"二十四年四月丁丑，敕曰"云云，即本文。《新书》卷五《玄宗本纪》载，开元二十四年"四月丁丑，降死罪以下"，与本文旨意同。

本文作于开元二十四年（736）四月。

度寿王妃为女道士敕（P389 下）

《大诏令》卷四十亦载本文，无订作时，记载作者为孙逖。按《全唐文》录文体例，代笔者清楚者应归代笔者所有，本文应从玄宗名下删去，归孙逖名下。《新书》卷五《玄宗本纪》载其事，开元二十八年"十月甲子，幸温泉宫。以寿王妃杨氏为道士，号太真"。

本文作于开元二十八年（740）十月。

千秋节赐父老宴饮敕（P389 下）

《册府》卷二载，开元"二十四年八月五日千秋节……又召京兆父老等宴之，宣敕曰"云云，即本文。《册府》卷一百一十亦载本文，订作时为开元"二十四年八月壬子"。此条可与《千秋节宴群臣制》相参照。

本文作于开元二十四年（736）八月。

自东都还至陕州推恩敕（P389 下）

《册府》卷八十五载，开元二十四年"十月发东都还京，甲子至陕州，敕曰"云云，即本文。《册府》卷四百九十节录本文，从"朕永怀西土陵寝在焉"至"并免今年地税"，订作时为其年十月甲子。《旧书》卷八《玄宗上》载，开元二十四年"冬十月戊申，车驾发东都，还西京。甲子，至华州，曲赦行在系囚。丁丑，至自东都"，与本文旨意合。

本文作于开元二十四年（736）十月。

流宋廷晖周仁公裴裔敕（P390 上）

《册府》卷七百七载，"宋廷晖为宣州溧阳令，周仁公为泾州良原令，裴裔为宁州彭原令，开元二十五年正月皆犯赃坐死刑。玄宗以阳和在候特恕之，悉杖六十配流于龚州，敕曰"云云，即本文。《册府》卷一百五十载，开元"二十五年正月，宣州溧阳令宋廷晖，泾州良原令周仁公，宁州彭原令裴裔，皆犯赃坐死刑，帝以阳和在候，特恕之，悉杖六十，配流于龚州"，与本文旨意合。

本文作于开元二十五年（737）正月。

改太庙官名敕（P390 下）

《通典》卷二十五载，"唐开元二十五年二月，敕"云云，即本文。《会要》卷十九载，"开元二十一年二月二日敕"云云，即本文。《册府》卷五百八十九载，开元"二十一年五月（韦）绦奏曰：'奉今年二月三日敕'"，韦绦所引敕文即本文。《文献通考》卷五十五亦载本文，订作时为“开元二十五年二月”。今从《通典》。

本文作于开元二十五年（737）二月。

录开元以来名臣事迹付史馆敕（P390 下）

《大诏令》卷八十一亦载本文，订作时为“开元二十五年五月”。

本文作于开元二十五年（737）五月。

勤停蒲绛等州兵士敕（P390 下）

《册府》卷一百四十二亦载本文，订作时为开元“二十五年六月”。

本文作于开元二十五年（737）六月。

迁擢宗正少卿崔秀等敕（P390 上）

《英华》卷四百四亦载本文，且题为《授崔秀太子左庶子制》，无订作时。《册府》卷一百五十八载，开元二十五年“七月以宗正少卿崔秀为太子右庶子，司农少卿皇甫惟明检校司农卿，少府少监李齐国检校少府监，郯王府司马杜鹏举为丰王府长史课勤也，敕曰”云云，即本文。

本文作于开元二十五年（737）七月。

皇太子诸王改名敕（P391 上）

《大诏令》卷二十九亦载本文，订作时为“开元二十三年二月”。《旧书》卷八载其事，开元二十三年“秋七月丙子，皇太子鸿改名瑛，庆王直已下十四王并改名”。《通鉴》卷二百一十四开元二十四年条下载其事，二月“庚午更皇子名，鸿曰瑛，潭曰琮，浚曰玙，洽曰琰，涓曰瑶，滉曰琬，涺曰琚，潍曰璲，沄曰璬，泽曰璘，清曰瑁，洄曰玢，沐曰琦，溢曰环，沔曰理，泚曰玼，灌曰珪，澄曰珙，滤曰瑱，潍曰璿，滔曰璥”。《旧书》卷一百七记载玄宗各子改名时间，今捡列如下：开元二十年，盛王沐改名琦；开元二十年七月永王泽改名璘。开元二十三年，鄂王涓改名瑶，仪王潍改名璲，颍王沄改名璬，寿王清改名瑁；开元二十三年七月延王洄为玢，济王溢改名环，信王沔改名瑝，义王灌改名玼。开元二十四年，棣王洽改名琰，陈王涣改名珪；开元二十四年二月丰王澄改名珙，恒王滤改名瑱，凉王潍改名璇，汴哀王滔改名璿。开元二十五年，荣王滉改名琬；七月皇太子鸿改名瑛。今姑从《旧书》卷八，订作时为“开元二十三年七月丙子”。

本文作于开元二十三年（735）七月。

改诸庙署隶宗正敕（P391 上）

《通典》卷二十五亦载本文，订作时为开元“二十五年”。《唐六典》卷十八载：“鸿胪寺：卿一人，从三品；……旧属官有崇元署，开元二十五年，敕改隶宗正寺。”即本文。《册府》卷三十与《册府》卷六百二十一《卿监部》均载，开元二十五年七月“己（《册府》卷六百二十一为乙）卯诏（《册府》卷六百二十一为敕）诸陵庙并隶宗正寺其官员悉以宗子为之”，即本文。《文献通考》卷五十五亦载本文，订作时为开元“二十五年”。《会要》卷五十九载，开元“二十五年正月七日，敕：‘诸陵庙并宜隶宗正寺，其斋郎遂司封补奏’”，即本文。今姑从《册府》卷六百二十一。

本文作于开元二十五年（737）七月。

定关辅庸调敕（P391 上）

《旧书》卷八十三《食货志》第二十八亦载本文，订作时为开元“二十五年三月”。《大诏令》卷一百十一亦载本文，且题为《关内庸调折变粟米敕》，订作时为开元“二十五年二月”。《会要》卷八十三记载，开元“二十五年三月三日敕”云云，即本文。《册府》卷四百八十七亦载本文，订作时为开元“二十五年四月”。《通典》卷六节录本文，从“关内诸州庸调资课”至“其河南、河北有不通水利，宜折租造绢，以代关中调课”。订作时为：开元“二十五年三月”。《唐六典》卷三载：“开元二十五年敕：‘关辅既寡蚕桑，每年庸、调并宜折纳粟造米支用。其河南、河北不通水运州，宜折租造绢，以替关中。’”即本文要旨。

本文作于开元二十五年（737）三月。

赐朝集使敕（P391 下）

《册府》卷五十八载，开元“二十五年十一月，诸州朝集使见，敕”云云，即本文。

本文作于开元二十五年（737）十一月。

遣牛仙客往关内诸州安辑六州胡敕（P391 下）

《大诏令》卷一百二十八亦载本文，无订作时。《通鉴》卷二百一十四载，开元二十六年二月“壬戌，敕河曲六州胡坐康待宾散隶诸州者，听还故土，于盐、夏之间，置宥州以处之”，与本文旨意合。《旧书》卷九《玄宗本纪》载，开元二十六年九月“庚子，于旧六胡州地置宥州”，与本文旨意合。今姑从《通鉴》。

本文作于开元二十六年（738）二月。

停孝弟力田举人考试词策敕（P392 上）

《大诏令》卷一百六亦载本文，且题为《孝悌力田举人不令考试词策敕》，并无订作时。《册府》卷六百三十九亦载本文，订作时为开元“二十六年正月壬辰”。《会要》卷七十六记载本文要旨，订作时为“二十六年正月”。

本文作于开元二十六年（738）正月。

停每年小团敕（P392 下）

《册府》卷四百八十六亦载本文，订作时为“开元二十九年三月”。《会要》卷八十五亦载本文，订作时为“开元二十九年三月二十六日”。

本文作于开元二十九年（741）三月。

始读时令推恩敕（P392 上）

《大诏令》卷八十四亦载本文，且题为《遣使往诸道疏决囚徒敕》，订作时为“开元二十六年四月”。《册府》卷八十五载，开元二十六年“四月己亥朔，始令太常卿韦韬，读时令于宣政殿，百寮于殿上，列坐而听之，敕曰”云云，即本文。《册府》卷五百六十四载，开元“二十六年四月己亥朔，始令太常卿韦绦读时令于宣政殿，百僚于殿上列坐而听之”，与本文旨意合。《旧书》卷九《玄宗上》载其事，开元二十六年“夏四月己亥朔，始令太常卿韦绦读时令于宣政殿，百僚于殿上列坐而听之”。《旧书》卷二十四亦载：“开元二十六年，玄宗命太常卿韦绦每月进《月令》一篇。是后每孟月视日，玄宗御宣政殿，侧置一榻，东面置案，命韦绦坐而读之。诸司官长，亦升殿列座而听焉。”与本文旨意合。

本文作于开元二十六年（738）四月。

试文词举人赐食敕（P392 下）

《册府》卷六百四十三载，开元“二十六年八月甲申，亲试文词雅丽举人，命有司置食，敕曰”云云，即本文。

本文作于开元二十六年（738）八月。

备辂车仪仗敕（P392 下）

《册府》卷五百六十四亦载本文，订作时为开元“二十七年”。《会要》卷二十亦载本文，订作时为开元“二十七年八月十二日”。

本文作于开元二十七年（739）八月。

以破奚契丹告庙敕（P392 下）

《册府》卷十二载，开元“二十八年八月，幽州节度使奏破奚、契丹，敕曰”云云，即本文。《册府》卷四百三十四载，开元“二十八年八月二十日敕，幽州节度使奏破奚、契丹，宜择日告庙”。《会要》卷十四亦载，开元“二十八年八月二十日敕，幽州节度使奏破奚、契丹，宜择日告庙”。

本文作于开元二十八年（740）八月。

清编《全唐文》卷三十六
(P393—401)

命祭郊庙社稷岳渎敕（P393上）

《会要》卷二十二亦载本文，订作时为开元“二十八年十月三日”。

本文作于开元二十八年（740）十月。

定京畿职田敕（P393上）

《册府》卷五百六亦载本文，订作时为开元“二十九年三月”。《会要》卷九十二载本文要旨，亦订作时为其年三月。

本文作于开元二十九年（741）三月。

令天下诸观转本际经敕（P393上）

《册府》卷五十三亦载本文，订作时为“开元二十九年十二月”。

本文作于开元二十九年（741）十二月。

冀州献李嘉宠敕（P393下）

《册府》卷八百八十三载，“李嘉宠冀州人，其形长八尺五寸，开元中本州以献，敕”云云，即本文。

本文作于开元中。

赐张九龄敕（P393下）

《册府》卷三百一十九载，“裴光庭，为侍中。卒，赠太师。光庭与萧嵩不协，太常博士孙琬将议光庭谥，以其用循资格，非奖劝之道，建议谥为‘克’。时人以为希嵩意，帝闻之，特下诏，赐谥曰‘忠献’。仍令中书令张九龄为其碑文。”与本文旨意合。《旧书》卷八载，开元二十一年三月己巳，侍中裴光庭薨。

本文作于开元二十一年（733）三月。

追赠郧元崇敕（P393下）

《册府》卷五十三载，开元二十九年“二月帝谓宰臣曰：‘洪州人郧玄崇往在文明中，传玄元皇帝真告于天后曰，我国祚无穷当千万君，遂遭禁锢，因兹沦丧，自非忠义之士，感激过人，孰能不避死亡之诛，竟达神灵之命，宜与追赠，以慰泉壤，其子瑗，亦依资授一官’”，即本文。《册府》卷一百三十一载，开元“二十九年二月上谓宰臣曰”云云，个别字句与本文略有出入。

本文作于开元二十九年（741）二月。

褒赐韦坚等敕（P393 下）

《旧书》卷一百五《韦坚》亦载本文，无订作时。《册府》卷四百九十七载，“天宝元年，命陕郡太守韦坚，引灌水开广运于望春亭之东以通河渭。京兆尹韩朝宗又分渭水入自金门，置潭于西市西街，以贮材木。二年三月，帝幸望春楼观新潭，会群臣，张乐，既暮旋宫，帝睹舟楫之利甚勤，乃诏曰”云云，与本文字句略有出入。《通鉴》卷二百一十五载，天宝二年“江、淮南租庸等使韦坚引浐水抵苑东望春楼下为潭，以聚江、淮运船，役夫匠通漕渠，发人丘垄，自江、淮至京城，民间萧然愁怨，二年而成。丙寅，上幸望春楼观新潭。坚以新船数百艘，扁榜郡名，各陈郡中珍货于船背。陕尉崔成甫着锦半臂，缺胯绿衫以裼之，红袹首，居前船，唱《得宝歌》，使美妇百人盛饰而和之，连樯数里。坚跪进诸郡轻货，仍上百牙盘食。上置宴，竟日而罢，观者山积。夏四月，加坚左散骑常侍，其僚属吏卒褒赏有差。名其潭曰广运。时京兆尹韩朝宗亦引渭水置潭于西街，以贮材木”，与本文旨意合。

本文作于天宝二年（743）三月。

加庄文列庚桑四子为真人敕（P394 上）

《旧书》卷二十四载，天宝元年二月“丙申诏，史记古今人表玄元皇帝升入上圣，庄子号南华真人、文子号通玄真人、列子号冲虚真人、庚桑子号洞虚真人，改《庄子》为《南华真经》、《文子》为《通玄真经》、《列子》为《冲虚真经》、《庚桑子》为《洞虚真经》，亳州真源县先天太后及玄元庙各置令一人，两京崇玄学各置博士助教，又置学生一百员”，与本文个别字句略有出入。《会要》卷五十载：“天宝元年二月二十二日敕文，追赠庄子南华真人所著书为《南华真经》，文子列子庚桑子，宜令中书门下更讨论奏闻。至其年三月十九日，宰臣李林甫等奏曰：‘庄子既号南华真人，文子请号通玄真人，列子号冲虚真人，庚桑子号洞虚真人，其庄子文子列子庚桑子并望随号称。’从之。”与本文旨意合。《册府》卷五十四记载，天宝元年“三月丙申，追号庄子为南华真人，所著书为《南华真经》。庚子，帝曰：‘庄子号曰南华真人，其文列庚桑宜令中书门下更讨论闻奏。’宰臣李林甫等奏曰：‘庄子既号南华真人，文子请号通玄真人，列子号冲虚真人，庚桑号洞虚真人，其数子并望随号称经。’从之”，与本文旨意合。按：《册府》订作时为天宝元年三月丙申，然天宝元年三月无丙申，故当以《旧书》和《会要》为是。又：《会要》及《册府》均载，丙申敕庄子南华真人所著书为《南华真经》，庚子令中书门下论文子、列子、庚桑子号，讨论后加四子号。而《旧书》卷二十四与《全唐文》均将此两文合为一文。

本文作于天宝元年（742）二月。

禁地租外征桑课敕（P394 上）

《册府》卷五百六亦载本文，订作时为“天宝元年六月”。《会要》卷九十二亦记载本文，订作时为“天宝元年六月”。

本文作于天宝元年（742）六月。

赐朝集使敕（P394 上）

《册府》卷一百五十八载，“天宝元年十月，诸州朝集使回，敕曰”云云，即本文。

本文作于天宝元年（742）十月。

赐朝集使敕（P394 下）

《册府》卷一百四载，“天宝二年十一月，天下诸州朝集使见于温泉宫，敕”云云，即本文。

本文作于天宝二年（743）十一月。

致祭关内名山大川敕（P394 下）

《册府》卷三十三亦载本文，订作时为“天宝三载十一月壬申”。

本文作于天宝三载（744）十一月。

以冬至次日受朝敕（P395 上）

本文又见载于《大诏令》卷八十，且题为《冬至取次日朝贺敕》，订作时为“天宝三载十一月”。《册府》卷三十三亦载本文，订作时为天宝三载“十一月癸亥”。《通典》卷七十节录本文，从“伏以昊天上帝”至“冬至宜以次日受朝仍永为恒式”，订作时为“天宝三载十一月五日甲子冬至”。《会要》卷二十四节录本文部分与《通典》同，亦订时为“天宝三载十一月五日甲子冬至”。

本文作于天宝三载（744）十一月。

均平户籍敕（P395 上）

本文又见载于《册府》卷四百八十六，订作时为天宝“四载三月”。《会要》卷八十五亦载本文，订作时为“天宝四载三月”。《会要》中文末为“仍委太守详覆定后，明立簿书，每有差科，先役高等矜兹不足，庶协彝伦”，然《全唐文》中为“仍委太守详覆，如有不平，县令录奏，量事贬降，其乡村对定之人，便与节级科罪，覆定之后，明立簿书，每有差科，先从高等务兹不足，庶叶彝伦”。

本文作于天宝四载（745）三月。

迎李含光敕（P395 下）

李含光为道士司马承祯门徒。是茅山宗第十三代宗师。《茅山志》卷十载：“天宝四载十二月，命中使玺书征之。”

本文作于天宝中。

命李含光建茅山坛宇敕（P395下）

本文亦见载于《茅山志》卷一。

本文作于天宝中。

置茅山修葺户敕（P395下）

本文亦见载于《茅山志》卷一。

本文作于天宝中。

答李含光进紫阳观图敕（P396上）

本文亦见载于《茅山志》卷一。

本文作于天宝中。

命诸道贺正表随京官元日同进敕（P396上）

《通典》卷七十载，天宝“六载十二月敕”云云，即本文。《会要》卷二十四亦载，“天宝六载十二月二十七日敕”云云，即本文。《文献通考》卷一百七载，“天宝六载敕”云云，即本文。

本文作于天宝六载（747）十二月。

赐李含光号元静先生敕（P396上）

本文与《答李含光谢赐法号敕》一文作时相近。

本文作年待考。

答李含光谢赐法号敕（P396下）

本文与《赐李含光号元静先生敕》一文作时相近。

本文作年待考。

答李含光进灵芝敕（P396下）

《茅山志》卷一载本文，《句容金石记》卷三亦载本文，作时应为天宝七载六月二十日以后。

本文作于天宝七载（748）。

答李含光贺仙药灵芝敕（P397上）

《茅山志》卷一载本文，作时应为天宝七载六月二十日以后。

本文作于天宝七载（748）。

命李含光投谢茅山敕（P397 上）

本文亦见载于《茅山志》卷一。

本文作于天宝中。

赐李含光养疾敕（P397 上）

《茅山志》卷一载本文，《句容金石记》卷三亦载本文，订作时为天宝十载。

本文作于天宝十载（751）。

答李含光谢赐诗及物敕（P397 上）

本文亦见载于《茅山志》卷一。《舆地纪胜》卷十七载，“玄宗所赐诗，凡三首，贞元十四年刻石。在茅山。”《全唐诗补编》续拾卷十四载玄宗赐李含光诗三首，其一为《诗送玄静先生归广陵并序》。三首诗并见《茅山志》卷二。据同书同卷所附玄静先生等表奏，前二诗中之一首为天宝十载九月十四日由内侍袁思艺宣敕。

本文作于天宝十载（751）九月。

命李含光奉词诣坛陈谢敕（P397 上）

本文亦见载于《茅山志》卷一。

本文作于天宝中。

遣使祭岳渎敕（P397 下）

《会要》卷二十二载，天宝七载十一月十七日“朕祇肃郊祀。祈在三农。冀幽赞之有凭。必昭报而无阙。宜令工部尚书郭虚已等分祭五岳四渎”，即本文。

本文作于天宝七载（748）十一月。

停亲邻代输租庸敕（P397 下）

《册府》卷四百八十七载，订作时为天宝“八载正月”。《会要》卷八十五亦记载本文，订作时为天宝“八载正月”。

本文作于天宝八载（749）正月。

禁采访使兼理郡县敕（P398 上）

《会要》卷七十八载，“天宝九载三月十二日敕”云云，即本文。

本文作于天宝九载（750）三月。

放举人并下第敕（P398 上）

《册府》卷六百四十三载，天宝“十载九月辛卯，御勤政楼试怀材抱器举人，命有司供食。有举人私怀文策，坐殿三举，并贬所保之官。丙申，举人并下第，敕曰”云云，即本文。

本文作于天宝十载（751）九月。

答李含光谢赐诗敕（P398 上）

《舆地纪胜》卷十七载，“玄宗所赐诗，凡三首，贞元十四年刻石。在茅山。”

据颜真卿《有唐茅山玄靖先生广陵李君碑铭并序》载，玄宗前后赐李含光诗两次，一次先生“请归修葺，旧居紫阳以宅之，仍赐绢二百匹，法衣两御，制诗及序以饯之，猎食荤血者不得辄入，公私祈祷，咸绝牲牢”，另一次为天宝六载“是岁冬，又征先生于御制序，诗以饯之”。

《全唐诗补编》续拾卷十四载玄宗赐李含光诗三首，其一为《诗送玄静先生归广陵并序》。三首诗并见《茅山志》卷二。据同书同卷所附玄静先生等表奏，前二诗中之一首为天宝十载九月十四日由内侍袁思艺宣敕。本条可与本卷第二十七条参看。

本文作于天宝六载（747）。

赐李含光物及香枣等敕（P398 下）

本文亦见载于《茅山志》卷一。

本文作于天宝中。

答李含光谢修斋醮敕（P398 下）

本文亦见载于《茅山志》卷一，订作时为天宝十一载。

本文作于天宝十一载（752）。

褒赐李含光敕（P398 下）

本文亦见载于《茅山志》卷一。

本文作于天宝中。

长至日赐李含光敕（P398 下）

本文亦见载于《茅山志》卷一。

本文作于天宝中。

赐李含光物敕（P399 上）

本文亦见载于《茅山志》卷一。

本文作于天宝中。

命李含光修功德敕（P399 上）

本文亦见载于《茅山志》卷一。

本文作于天宝中。

禁茅山采捕渔猎敕（P399 上）

《有唐茅山元靖先生广陵李君碑》载“御制诗及序以饯之。又禁于山侧采捕渔猎。食荤血者，不得辄入，公私祈祷，咸绝牲牢”，与本文旨意合。故本文时间当与玄宗赐诗时间相近。本文亦见载于《茅山志》卷一。

本文作于天宝十载（751）九月。

令所司收换恶钱敕（P399 下）

《旧书》卷四十八载，天宝“十一载二月，下敕曰”云云，即本文。《册府》卷五百一亦载，天宝“十一年正月，敕曰”云云，即本文。今姑从《旧书》系年。

本文作于天宝十一载（752）二月。

戒县令敕（P399 下）

《册府》卷一百五十八载，天宝“十三载六月，引吏部新授县令见，敕曰”云云，即本文。

本文作于天宝十三载（754）六月。

赛祭畿内名山敕（P400 上）

《册府》卷二十六载，天宝“十四载三月丙戌，敕”云云，即本文。

本文作于天宝十四载（755）三月。

听国子监诸生还乡习读敕（P400 上）

《册府》卷五十载，天宝“十四载四月，敕”云云，即本文。

本文作于天宝十四载（755）四月。

序定朝仪敕（P400 下）

《通典》卷七十五载，“大唐开元六年八月敕”云云，即本文。

本文作于开元六年（718）八月。

曲宥苏良嗣敕（P400 下）

《通典》卷一百六十九载，武太后时“又有敕”云云，即本文。《册府》卷六百十六亦载，“唐徐有功为司刑丞。时故左相苏良嗣亡后被告反，男践言、践忠、践义等推事吏。金吾将军丘神勣奏称，请准法绞刑者，奉敕依。顷又有敕”云云，即本文。《旧书》卷七十五载，苏良嗣“载初元年春，罢文昌左相，加位特进，仍依旧知政事。与地官尚书韦方质不协，及方质坐事当诛，辞引良嗣，则天特保明之。良嗣谢恩拜伏，便不能复起，舆归其家，诏御医张文仲、韦慈藏往视疾。其日薨，年八十五。则天辍朝三日”与本文旨意合。

本文作于载初元年（689）。

赐徐坚敕（P400 下）

《唐新语》载，“玄宗朝张说为丽正殿学士，常献诗曰：‘东壁图书府，西园翰墨林。讽诗闻国政，讲易见天心’，玄宗深佳赏之，优诏答曰”云云，即本文。但《全唐文》题目为赐徐坚，未知孰是。

本文作年待考。

加襄乐县主等实封敕（P400 下）

本文亦见载于《大诏令》卷四十三，题为：《加襄乐县主等实封敕》，题下小注为：孙逖。按《全唐文》行文体例，文章作者清楚者，归作者所有，本文应从玄宗名下删去，归孙逖所有。

本文作年待考。

赐司马承祯敕（P401 上）

《旧书》卷九十二载，“开元九年，玄宗又遣使迎入京，亲受法箓，前后赏赐甚厚。十年，驾还西都，承祯又请还天台山，玄宗赋诗以遣之。十五年，又召至都。玄宗令承祯于王屋山自选形胜，置坛室以居焉。……是岁，卒于王屋山，时年八十九。”敕云：“既叙前离之意，仍怀别后之资。故遣此书，指不多及。”本文疑作于开元九年至开元十五年间。

本文作于开元九年（721）至开元十五年（727）之间。

赐丹阳太守林洋等敕（P401 上）

《嘉定镇江志》一四载：“时炼师李含光将赴金坛，故有是敕（《赐丹阳太守林洋等敕》），石刻犹存，含光上表年月系天宝七载，则林洋守丹阳正其时也。”

本文作于天宝七载（748）。

清编《全唐文》卷三十七

（*P401—409*）

答张说谢赐碑额表批（P401 下）

《旧书》卷九十七载：“（张）说尝自制其父《赠丹州刺史骘碑文》，玄宗闻之而御书其碑额赐之。”与本文旨意合。本文有“方接婚姻之礼，长荣带砺之族”句，指玄宗女宁亲公主下嫁张说子张垍一事，张说于开元十八年十二月病逝，故此文当在宁亲公主嫁张垍之后，开元十八年十二月之前。

本文作于宁亲公主嫁张垍之后，开元十八年（730）十二月之前。

答张九龄进白羽扇赋批（P401 下）

《曲江集》卷一载《白羽扇赋并序》，本文即为《白羽扇赋并序》的御批，载：“朕顷赐扇，聊以涤暑，卿立赋之且见情素，词高理妙，朕详之久矣，然佳彼劲翮，方资利用，与夫弃捐箧笥，义不同也。”《白羽扇赋并序》中序为：“开元二十四年夏盛暑，奉敕使大将军高力士赐宰臣白羽扇，某与焉窃有所感，立献赋曰。”足见本文应作于开元二十四年夏。

本文作于开元二十四年（736）夏。

答张九龄让起复中书侍郎同平章事批（P401 下）

本文亦见载于《曲江集》卷十三，是对《让起复中书侍郎同平章事表》的御批，《曲江集》卷十五载状及御批，然并无订作时。《让起复中书侍郎同平章事表》载，“开元二十二年正月二十七日，草土臣张九龄上表”。

本文作于开元二十二年（734）正月。

答张九龄以薛王有疾忧变容发请宣付史馆批（P401 下）

本文亦见载于《曲江集》卷十三，本文即《薛王有疾上忧变容发请宣付史馆》一文之御批。《通鉴》卷二百一十四载，开元二十二年六月“薛王业疾病，上忧之，容发为变。七月己巳薨，赠谥惠宣太子”。

本文作于开元二十二年（734）六月以降。

答张九龄以薛王薨损膳请复膳批（P402 上）

本文亦见载于《曲江集》卷十三，时因薛王薨，唐玄宗损膳，张九龄上《薛王薨上损膳请复膳状》，本文为对张九龄文章的答复。《全唐文》卷二百九十五记载，薛王薨于开元二十二年七月十日。本文概作于开元二十二年七月。

本文作于开元二十二年（734）七月。

答张九龄请施行御注道德经批（P402 上）

《金石录》卷六录《唐御注道德经》，书名下小注为：“明皇注并御书，诸王书额。开元二十四年八月。怀州本。”《集古录》卷六：“《唐石台〈道德经〉》：右老子《道德经》，唐玄宗注。开元二十三年，道门威仪司马秀等，请于两京及天下应修官斋等，州皆立石台刊勒其经文，御书其注，皆诸王所书。此本在怀州”。《宝刻丛编》卷六录《集古录》作开元二十四年。

本文作于开元二十四年（736）八月。

答张九龄请东北将士刊石纪功德批（P402 上）

《曲江集》卷十三亦载本文，为玄宗对张九龄《请东北将吏刊石纪功德状》的批文。《册府》卷三十七载，开元二十三年二月“以奚、契丹既平，宰臣裴耀卿、张九龄、李林甫等奏贺……帝手诏报曰”云云，即本文。

本文作于开元二十三年（735）二月。

答张九龄请御注经内外传授批（P402 上）

本文又见载于《曲江集》卷十三，无订作时。

本文作时待考。

答张九龄请西幸改期宣付史馆批（P402 下）

本文亦见载于《全唐文》卷二百三十七，题为《答张九龄贺西幸延期表》，并系文于魏知古名下。《英华》卷四百六十七亦载本文，注作者为魏知古。按《全唐文》体例，此文为重出，误收于唐玄宗名下，本文应从玄宗名下删去。《通鉴》卷二百一十四载此事，订作时为开元二十四年十月以后。

本文作于开元二十四年（736）十月以后。

答张九龄请为宁王写经宣付史馆批（P402 下）

《曲江集》卷十三亦载本文，为玄宗对张九龄《上为宁王写一切经请宣付史馆状》的批文。状云：“为宁王及故惠宣、代国、金仙公主共写一切道经四本。”惠宣太子李业，开元二十二年七月已巳薨。代国公主，开元二十二年六月二十九日薨。玄宗于开元二十四年十月从东都还京。故本文概作于开元二十四年十月。

本文作于开元二十四年（736）十月。

答张九龄贺康待宾克捷批（P402 下）

《曲江集》卷十三亦载本文，为玄宗对张九龄《贺康待宾奏克捷状》的批文。《旧书》卷九十七载开元九年四月，胡人康待宾率反，被打败，“胡乃遁入铁建山，余党溃散”，与本文旨意合。

本文作于开元九年（721）十月。

答张九龄贺北庭解围仍有杀获批（P402 下）

《曲江集》卷十四亦载本文，为玄宗对张九龄《贺北庭解围仍有杀获状》的批文。开元二十三年，突骑施围安西，“苏禄猖狂，方拟肆恶边城，经冬不去。”（《敕北庭都护盖嘉运书》），北庭解围当在此后。故本文当作于开元二十四年。

本文作于开元二十四年（736）。

答张九龄贺奚契丹离贰廓清有期批（P402 下）

《曲江集》卷十四亦载本文，为玄宗对张九龄《贺奚契丹并自离贰廓清有期状》的批文。状云："张守珪奏，契丹及奚，并自离贰，兼安禄山复有杀获。贼数将尽"，《通鉴》卷二百一十四载，"开元二十二年六月壬辰，幽州节度使张守珪大破契丹，遣使献捷。"本文应作于张守珪献捷之后。

本文作于开元二十二年（734）六月壬辰后。

答张九龄贺诛契丹贼可突干批（P403 上）

《曲江集》卷十四亦载本文，为玄宗对张九龄《贺诛奚贼可突干状》的批文。《旧书》卷八载，开元二十二年十二月"幽州长史张守珪发兵讨契丹，斩其王屈烈及其大臣可突干于阵，传首东都。余叛奚皆散走山谷。"本文作于张守珪破契丹之后。文有"朕方事籍田"句，《旧书》卷八载，玄宗于开元二十三年春正月"亲耕籍田"。故本文当作于开元二十二年十二月与开元二十三年春正月之间。

本文作于开元二十二年（734）十二月与开元二十三年（735）春正月之间。

答张九龄贺破突厥批（P403 上）

《曲江集》卷十四亦载本文，为玄宗对张九龄《贺破突厥状》的批文。《通鉴》卷二百一十四载，开元二十三年十二月"突厥寻引兵东侵奚契丹，涅礼与奚王李归国击破之。"张九龄状云："契丹涅礼等，前后斩获俘首数十万。突厥可汗弃甲逃亡。"

本文作于开元二十三年（735）。

答张九龄贺东北屡捷批（P403 上）

《曲江集》卷十四亦载本文，为玄宗对张九龄《贺东北累捷状》的批文。张九龄《贺破突厥状》云："张守珪表奏突厥"，《贺东北累捷状》云"兼见守珪表奏"等句，本文作时当与上一条约略同时。

本文作于开元二十三年（735）。

答张九龄贺依所料赤山北无贼及突厥要重人死批（P403 上）

《曲江集》卷十四亦载本文，为玄宗对张九龄《贺依圣料赤山北无贼及突厥要重人死请宣付史馆状》的批文。《通鉴》卷二百一十四载此事，系时为开元九年七月。

本文作于开元九年（721）七月。

答张九龄贺盖嘉运破贼批（P403 下）

《曲江集》卷十四亦载本文，本文为玄宗对张九龄《贺盖嘉运破贼状》的批文。《新书》卷五载，开元"二十四年正月丙午，北庭都护盖嘉运及突骑施战败之"，与本文旨意合。

本文作于开元二十四年（736）。

答张九龄贺贼鲁苏遁走批（P403 下）

《曲江集》卷十四亦载本文，为玄宗对张九龄《贺贼苏禄遁走状》的批文。《册府》卷九百八十载：开元二十四年“八月甲寅，突骑施遣大首领胡禄达干来朝求和，许之”，与本文旨意合。

本文作于开元二十四年（736）八月。

答张九龄贺雪批（P403 下）

《曲江集》卷十四亦载本文，为玄宗对张九龄《贺雪状》的批文。文云：“籍田劝农，劳酒成礼，此时降雪。”《旧书》卷八载，开元“二十三年春正月已亥，亲耕籍田”，与本文旨意合。

本文作于开元二十三年（735）正月。

答张九龄贺侍讲遍赐衣物批（P403 下）

《曲江集》卷十四亦载本文，为玄宗对张九龄《贺侍讲遍赐衣物状》的批文。《通鉴》卷二百一十四载此事，系时为开元九年七月。

本文作于开元九年（721）七月。

答张九龄贺雨批（P403 下）

《曲江集》卷十四亦载本文，为玄宗对张九龄《贺雨状》的批文。《旧书》卷八载，开元二十一年“夏四月丁巳，以久旱，命太子少保陆象先、户部尚书杜暹等七人往诸道宣慰赈给，及令黜陟官吏、疏决囚徒”，与本文旨意合。

本文作于开元二十一年（733）四月。

答张九龄贺雨晴批（P404 上）

《曲江集》卷十四亦载本文，为玄宗对张九龄《贺雨晴状》的批文。《旧书》卷八载，开元二十一年“是岁，关中久雨害稼，京师饥”，与本文旨意合。

本文作于开元二十一年（733）。

答张九龄贺雨批（P404 上）

《曲江集》卷十四亦载本文，为玄宗对张九龄《贺雨状》的批文。张九龄《贺雨状》云：“德至于天，庆自嘉节，实有神应，旋降甘雨。”《册府》卷二载，“开元二十三年八月五日千秋节，御花萼楼宴群臣，御制千秋节诗序。时小旱，是日大澍雨，百官等咸上表。”与本文旨意合。

本文作于开元二十三年（735）八月。

答张九龄贺雪批（P404 上）

《曲江集》卷十四亦载本文，为玄宗对张九龄《贺雪状》的批文。《通鉴》卷二百一十四载此事，订作时为开元九年七月。

本文作于开元九年（721）七月。

答张九龄贺祈雨有应批（P404 上）

《曲江集》卷十四亦载本文，本文为玄宗对张九龄《贺祈雨有应状》的批文。《册府》卷二十六载，开元十九年七月甲戌“以久旱帝亲祷于兴庆池，翌日大雨”，与本文旨意合。

本文作于开元十九年（731）七月。

答张九龄贺太阳不亏批（P404 上）

《曲江集》卷十四亦载本文，为玄宗对张九龄《贺太阳不亏状》的批文。《新书》卷二十七下记载了两次太阳不亏的情况：“开元十二年七月戊午朔，于历当蚀半强，自交趾至于朔方，候之不蚀。十三年十二月庚戌朔，于历当蚀大半。时东封泰山，还次梁、宋间。皇帝彻膳，不举乐，不盖，素服。日亦不蚀。时群臣与八荒君长之来助祭者，降物以需，不可胜数，皆奉寿称庆，肃然神服。”两次情况均与本文旨意合。故本文作于开元十二年七月或开元十三年十二月。

本文作于开元开元十二年（724）七月或开元十三年（725）十二月。

答张九龄贺祥云见批（P404 下）

《曲江集》卷十四亦载本文，为玄宗对张九龄《贺祥云见状》的批文。《通鉴》卷二百一十四载此事，订作时为开元九年七月。

本文作于开元九年（721）七月。

答张九龄贺麦登批（P404 下）

《曲江集》卷十四亦载本文，为玄宗对张九龄《贺麦登状》的批文。《旧书》卷八载，开元二十二年“是夏，上自于苑中种麦，率皇太子已下躬自收获，谓太子等曰：‘此将荐宗庙，是以躬亲，亦欲令汝等知稼穑之难也。因分赐侍臣，谓曰：‘比岁令人巡检苗稼，所对多不实，故自种植以观其成，且《春秋》书麦禾，岂非古人所重也”。与本文旨意合。

本文作于开元二十二年（734）。

答张九龄贺御制开元文字音义批（P404 下）

《曲江集》卷十五亦载本文，为玄宗对张九龄《贺御制开元文字音义状》的批文。《册府》卷五十三载：“（开元）二十三年三月癸未，亲注老子并修疏义八卷，及至开元文字音义三十卷，颁示公卿士庶及道释二门，听直言可否。”与本文旨意合。《新书》卷五亦载：“玄宗《开元文字音义》三十卷”。

本文作于开元二十三年（735）三月。

答张九龄贺论三教批（P404 下）

《曲江集》卷十五亦载本文，然并无订作时。《册府》卷三十七载，开元二十三年“八月癸巳，千秋节，命诸学士及僧道，讲论三教同异，中书令张九龄上言曰……帝手诏报曰”云云，即本文。

本文作于开元二十三年（735）八月。

答张九龄贺御注金刚经批（P405 上）

《曲江集》卷十五亦载本文，为玄宗对张九龄《贺御注金刚经状》的批文。《册府》卷五十一载：“（开元）二十三年九月，亲注《金刚经》及修《义诀》。中书令张九龄等上言：‘臣等伏见御注前件经及《义诀》……伏望降出御文内外传授’。”与本文旨意合。

本文作于开元二十三年（735）九月。

答张九龄贺皇太子制碑批（P405 上）

《曲江集》卷十五亦载本文，为玄宗对张九龄《贺皇太子制碑状》的批文。《通鉴》卷二百一十四载此事，订作时为开元二十三年九月。

本文作于开元二十三年（735）九月。

答张九龄贺上仙公主灵应批（P405 上）

《曲江集》卷十五亦载本文，为玄宗对张九龄《贺上仙公主灵应状》的批文。本文云：“卿亦史官，任为凡例。”按：《全唐文补编》卷二十四载唐玄宗《张九龄起复拜相制词》，称张九龄同中书门下平章事兼修国史，文末系年：开元二十一年十二月十四日。疑本文作于开元二十一年十二月之后。

本文作于开元二十一年（733）十二月之后。

答张九龄贺昭陵征应批（P405 上）

《曲江集》卷十五亦载本文，为玄宗对张九龄《贺昭陵征应状》的批文。张九龄《贺昭陵征应状》云：“妖贼刘志诚，四日从咸阳北原向南，见昭陵山上有黑云忽起。”《旧书》卷八载，开元二十四年“夏六月丙午，京兆礼泉妖人刘志诚率众为乱，将趋京城。咸阳官吏烧便桥以断其路。俄而散走。京兆府尽擒斩之”，与本文旨意合。《新书》卷五、《通鉴》卷二百一十四皆载此事，系时为开元二十四年五月。今姑从《旧书》。

本文作于开元二十四年（736）六月。

答张九龄谢加章绂批（P405 下）

《曲江集》卷十五亦载本文，为玄宗对张九龄《谢加章绂状》的批文。《全唐文补编》

卷二十四唐玄宗文载《赐紫敕》：“张九龄，先任桂州都督，借紫金鱼袋，宜前件赐紫。开元二十年二月二十日。”张九龄《谢加章绂状》云：“去月三十日敕，以臣先任桂州都督、借紫金鱼袋，前缘改官，遂停。今更蒙恩特赐。”张九龄《谢加章绂状》当在开元二十年一月，故本文当作于开元二十年一月。

本文作于开元二十年（732）一月。

答张九龄谢工部侍郎集贤院学士批（P405 下）

本文亦见载于《曲江集》卷十五《谢工部侍郎集贤院学士状》一文，本文即为对此状之御批，《谢工部侍郎集贤院学士状》中载“右伏奉今月三日制除臣工部侍郎兼集贤院学士”。

答张九龄谢知制诰批（P405 下）

《曲江集》卷十五亦载本文，为玄宗对张九龄《谢知制诰状》的批文。《通鉴》卷二百一十四载其事，订时为开元二十年八月。本文作于开元二十年（732）八月。

答张九龄谢两弟移官就养批（P405 下）

本文又见载于《曲江集》卷十五，是对《谢两弟移官就养状》的御批，《曲江集》卷十五记载状及御批，然并无订作时。

本文作时待考。

答张九龄谢中书侍郎批（P405 下）

《曲江集》卷十五亦载本文，为玄宗对张九龄《谢中书侍郎状》的批文。《旧书》卷八载：开元二十一年十二月“前中书侍郎张九龄，起复旧官，并同中书门下平章事”。

本文作于开元二十一年（733）。

答张九龄谢赐麦面批（P405 下）

《旧书》卷八载：开元二十二年五月“是夏，上自于苑中种麦，率皇太子已下躬自收获，谓太子等曰：‘此将荐宗庙，是以躬亲，亦欲令汝等知稼穑之难也。因分赐侍臣”，与本文旨意合。

本文作于开元二十二年（734）五月。

答张九龄谢赐药批（P406 上）

《曲江集》卷十五亦载本文，为玄宗对张九龄《谢赐药状》的批文。

《通鉴》卷二百一十四载此事，订作时为：开元二十年八月。

本文作于开元二十年（732）八月。

答张九龄谢赐尺诗批（P406 上）

《曲江集》卷十五亦载本文，为玄宗对张九龄《谢赐尺诗状》的批文。《通鉴》卷二百一十四载此事，订作时为：开元二十年八月。

本文作于开元二十年（732）八月。

答张九龄谢太子书颂批（P406 上）

《曲江集》卷十五亦载本文，为玄宗对张九龄《谢蒙太子书颂》的批文。《新书》卷五载，开元“二十三年，入见天子，会藉田毕即酺燕为守珪饮。至，帝赋诗宠之，加拜辅国大将军右羽林大将军，赐金彩，授二子官，诏立碑纪功”。据《旧书》载，张守珪斩可突干在开元二十二年末，“入见天子”在次年正月，令张九龄撰《纪功德颂》，张九龄有《开元纪功德颂》。

本文作于开元二十三年（735）正月。

答张九龄谢两弟授官批（P406 上）

《曲江集》卷十五亦载本文，为玄宗对张九龄《谢两弟授官状》的批文。按：张九龄居母丧约在开元二十一年总，据唐礼，二十七个月之后（开元二十三年）其两弟才能授官。故本文应作于开元二十三年。

本文作于开元二十三年（735）。

答张九龄谢赐衣物批（P406 上）

《曲江集》卷十五亦载本文，为玄宗对张九龄《谢赐衣物状》的批文。批文云：“藉卿政事，顷在缞缞，今礼制已过，服用兹始。”张九龄《谢赐衣物状》又有“臣不孝苟存，企及制礼，天恩以忝枢近，赐问再临”句，本文应与上一条作时相近。

本文作于开元二十三年（735）。

答张九龄观御制喜雪篇陈诚状批（P406 下）

《曲江集》卷十五亦载本文，为玄宗对张九龄《观御制喜雪篇陈诚状》的批文。张九龄《观御制喜雪篇陈诚状》云：“臣等适见工部侍郎侍讲学士陈希烈所蒙恩赐圣制喜雪篇。”本文当作于陈希烈为工部侍郎之后。张九龄丧满概在开元二十三年。故本文当作于开元二十三年。

本文作于开元二十三年（735）。

答张九龄谢赐御书喜雪篇批（P406 下）

《曲江集》卷十五亦载本文，为玄宗对张九龄《谢赐御书喜雪篇状》的批文。此条作时当与上条相近，可与上条参看。

本文作于开元二十三年（735）。

答张九龄让赐宅批（P406 下）

《曲江集》卷十五载《让赐宅状》一文，是对《让赐宅状》的御批，即本文，文中并无订作时。

本文作于开元二十二年（734）二月。

答张九龄让弟起复授官批（P406 下）

《曲江集》卷十五载《让两弟起复授官状》，本文即为《让两弟起复授官状》之御批，并无订作时。

本文作时待考。

答张九龄谢起祥除批（P406 下）

本文亦见载于《曲江集》卷十五，本文即为《谢起祥除状》一文的御批，两文均无订作时。

本文作时待考。

答张九龄进龙池圣德颂批（P407 上）

本文亦见载于《曲江集》卷十五，无订作时。

本文作时待考。

答张九龄谢弟授官批（P407 上）

《曲江集》卷十五载《谢弟授官状》，本文即为《谢弟授官状》的御批，然无订作时。

本文作时待考。

答吴筠进元纲论批（P407 上）

《正统道藏太玄部》存吴筠《宗玄先生玄纲论》一卷。卷首有《进〈玄纲论〉表》，文末云："天宝十三载六月十一日，中岳嵩阳道士臣筠表上。"《全唐文》卷九百二十五载《进〈玄纲论〉表》，文中亦载"天宝十三载六月十一日，中岳嵩阳道士臣筠表上"。

本文作于天宝十三载（754）六月。

答司马承祯进铸含象镜剑图批（P407 上）

《全唐诗》卷三载玄宗《答司马承祯上剑镜》一诗，然并无系时。《旧书》卷一百九十二载此事，订作时为开元十五年之前。

本文作于开元十五年（727）之前。

答叶法善乞归乡表批（P407 下）

《新书》卷二百四载："先天中，拜鸿胪卿员外，置封越国公，舍景龙观……开元八年卒。”

本文作于先天二年（713）至开元八年（720）间。

答吴道子进画锺馗批（P407 下）

《梦溪补笔谈》卷三记玄宗于开元年间命吴道子画图之事。

本文作于开元年间。

答濮阳郡王等请改修龙池圣德颂表批（P407 下）

《册府》卷三十七载，“天宝元年五月，濮阳郡王璥及嗣王宗子等奏曰……帝手诏报曰”云云，即本文。

本文作于天宝元年（742）五月。

答萧嵩请移家庙疏批（P407 下）

《会要》卷十九载，“天宝元年四月，太子太师致仕。萧嵩以私庙逼近曲江，因上表请移就他处……批答云”云云，即本文。《唐摭言》卷三亦载本文，系时为天宝元年。

本文作于天宝元年（742）四月。

答侍中裴光庭等上尊号表批（P407 下）

本文亦见载于《诏令》卷六，题为：《答侍中裴光庭等同前初表》，文末未订作时。《全唐文》卷二百九十九载裴光庭《宰相等上尊号表》一文，“上尊号为开元圣文神武皇帝”。据《旧书》卷九十九载，裴光庭为宰相在开元十七年，开元二十一年三月侍中裴光庭薨。故本文作于开元十七年至开元二十一年之间。

本文作于开元十七年（729）至开元二十一年（733）间。

答再请上尊号表批（P408 上）

本文亦见载于《大诏令》卷六，题为：《答再请表》，文末未订作时。本条可与前一条参看，约略作于同时。

本文作于开元十七年（729）至开元二十一年（733）间。

答三请上尊号表批（P408 上）

本文亦见载于《大诏令》卷六，题为：《答三请表》，文末未订作时。本条可与前两条参看，约略作于同时。

本文作于开元十七年（729）至开元二十一年（733）间。

答李齐古石台孝经表批（P408 上）

《英华》卷七百三十七载唐玄宗《孝经序》。《十三经注疏》卷十一载《钦定四库全书总目孝经正义三卷》。《会要》载开元十年六月玄宗注孝经颁天下及国子学，天宝四载九月以御注刻石于太学，为之《石台孝经》，今尚在西安府学中为碑。

本文作于天宝四载（745）九月。

答颜真卿贺皇帝即位批（P408上）

本文亦见载于《英华》卷四百六十七，题为：《太宗答颜真卿贺肃宗即位表》，记作者为常衮。按《全唐文》行文体例，作者清楚者，文章归作者名下，本文应从玄宗名下删去，归入常衮名下。肃宗即位于至德元载。

本文作于至德元载（756）。

营兴庆宫德音（P408下）

《大诏令》卷一百八亦载本文，且题为《兴庆宫成御朝德音》，订作时为“开元十六年正月”。《册府》卷一百四十七载，开元“十六年正月庚子，御兴庆楼宴群臣，下制曰”云云，即本文。《英华》卷四百四十亦载本文，订作时为“开元十六年正月二十六日”。与《册府》卷一百四十七相较，《全唐文》“况田农在候稼穑方兴”句后，“或迫于程徭”句前多“或幽彼囹圄独隔阳和之泽”两句。

本文作于开元十六年（728）正月。

清编《全唐文》卷三十八
（*P409—421*）

停颍王等节度诰（P409下）

本文又见载于《大诏令》卷三十六，明署作时为至德元年八月二十一日。并署作者为贾至。按照《全唐文》体例，本文归于贾至名下。

本文作于至德元载（756）八月。

降永王璘为庶人诰（P409下）

本文又见载于《大诏令》卷三十九，题中无“为”字。《新书》卷五《玄宗本纪》载，至德元载十二月，永王璘反，废为庶人。

本文作于至德元载（756）十二月。

赠张九龄司徒诰（P410上）

《旧书》卷九十九《张九龄传》载，至德初，上皇在蜀，思九龄的先觉，下诏褒赠，曰云云，即本文。《通鉴》卷二百一十九载，至德二载三月，上皇思张九龄之先见，即他已识安禄山有反相，为之流涕。遣中使至曲江祭之，厚恤其家。本文又见载于《张九龄集

·附录》，题为《赠司徒制》，明署作时为唐德宗建中元年。《大唐新语》卷一载，至武德初，玄宗在成都思九龄之先觉，诏曰云云，即本文。“武德”为高祖年号，《大唐新语》中“至武德初”应为“至德初”之误。本文应为玄宗之诏，《张九龄集》亦误。

本文作于至德二载（757）三月。

令郡县采奏孝弟诰（P410 上）

《旧书》卷十《肃宗本纪》载，至德二载春正月，上皇在蜀，每得上表疏，讯其使者，知上涕恋晨省，乃下诰曰云云，即本文。本文又见载于《大诏令》卷一百三，署作时与《旧书》同。

本文作于至德二载（757）正月。

册元献杨太后诰（P410 下）

《会要》卷十亦录此文，订作时为至德二载六月庚子。《旧书》卷十《肃宗本纪》载，至德二载五月庚申，诰追赠故妃杨氏为元献皇太后。《旧书》早于《会要》，今姑从《旧书》。

本文作于至德二载（757）五月。

答皇帝让尊号诰（P410 下）

《册府》卷十六载，至德三载正月戊寅，太上皇诰曰云云，即本文。《大诏令》卷六亦录此文，题为《太上皇答皇帝上尊号诰》。

本文作于至德三载（758）正月。

答皇帝上尊号诰（P410 下）

《册府》卷十六载，至德三载正月戊寅，太上皇答皇帝让尊号诰之后，帝再让不允，又以“大圣”二字非所当也。太上皇诰曰云云，即本文。《大诏令》卷六亦录此文，题为《太上皇允上尊号诰》。

本文作于至德三载（758）正月。

再答皇帝上尊号诰（P411 上）

本文又见载于《大诏令》卷六，本文应与上文作于同一时间。

本文作于至德三载（758）正月。

答皇帝上尊号并让大圣字诰（P411 上）

本文又见载于《大诏令》卷六。本文应与前文《答皇帝上尊号诰》作于同一时间。

本文作于至德三年（758）正月。

答皇帝三上尊号并辞大圣字诰（P411 下）

本文又见载于《大诏令》卷六，本文应与上文作于同一时间。

本文作于至德三年（758）正月。

赐皇帝进烧丹灶诰（P411 下）

《册府》卷二十七载，乾元元年四月戊辰，帝进太上皇烧丹灶，诰曰云云，即本文。《旧书》卷十《肃宗本纪》载，乾元元年四月戊辰，上进炼石英金灶于兴庆宫，与《册府》所记事同。

本文作于乾元元年（758）四月。

答皇帝表谢宣示进丹灶诰（P411 下）

《册府》卷二十七载，乾元元年四月戊辰，帝进太上皇烧丹灶，太上皇有《赐皇帝进烧丹灶诰》。帝上表谢，太上皇又诰曰云云，即本文。

本文作于乾元元年（758）四月。

遗诰（P412 上）

本文又见载于《大诏令》卷十二，题为《明皇遗诰》，明署作时为上元元年建巳月。

本文作于上元元年（760）建巳月。

受禅告南郊文（P412 上）

本文不见载于其他典籍，作年待考。

本文作年待考。

圣祖大道元元皇帝加号册文（P412 下）

本文又见载于《大诏令》卷七十八。本文首句已明署作时。

本文作于天宝八载（749）闰六月。

高祖神尧大圣皇帝加谥册文（P412 下）

本文又见载于《大诏令》卷七十八。本文首句已明署作时。

本文作于天宝八载（749）闰六月。

太宗文武大圣皇帝加谥册文（P413 上）

本文又见载于《大诏令》卷七十八。本文首句已明署作时。

本文作于天宝八载（749）闰六月。

高宗天皇大圣皇帝加谥册文（P413 上）

本文又见载于《大诏令》卷七十八。本文首句已明署作时。

本文作于天宝八载（749）闰六月。

中宗孝和大圣皇帝加谥册文（P413 下）

本文又见载于《大诏令》卷七十八。本文首句已明署作时。

本文作于天宝八载（749）闰六月。

睿宗元真大圣皇帝加谥册文（P413 下）

本文又见载于《大诏令》卷七十八。本文首句已明署作时。

本文作于天宝八载（749）闰六月。

光天文武大圣孝感皇帝加号册文（P414 上）

本文又见载于《大诏令》卷七。本文首句已明署作时。

本文作于至德三载（758）正月。

册谥殇皇帝文（P414 下）

本文又见载于《大诏令》卷二十六。本文首句已明署作时。

本文作于开元二年（714）八月。

册谥让皇帝文（P415 上）

本文又见载于《大诏令》卷二十六。本文首句已明署作时。

本文作于开元二十九年（741）十一月。

册郢王为皇太子文（P415 下）

本文又见载于《大诏令》卷二十八。本文首句已明署作时。

本文作于开元三年（715）正月。

册惠庄太子文（P415 下）

《册府》卷二百九十六中《追赠申王撝为惠庄太子制》文之后载，以礼部尚书苏颋为丧葬使，京兆尹李休光为副使，尚书左丞杨承令为卤簿使，遣侍中摄太尉源乾曜持节，册云云，即本文，订作时为开元十二年十一月甲申。《大诏令》卷三十二亦录此文，题为《惠庄太子册文》。

本文作于开元十一年（723）十一月。

册惠文太子文（P416 下）

《大诏令》卷三十二亦载此文，题为《惠文太子册文》，订作时为开元十四年四月二十二日。《旧书》卷八《玄宗本纪》上亦载，开元十四年四月丁卯，太子少师、岐王范薨，册赠惠文太子。

本文作于开元十四年（726）四月。

册忠王为皇太子文（P416 上）

《大诏令》卷二十八亦载本文，订作时为开元二十六年七月二日。《英华》卷四百四十三亦载本文，文中系年与《大诏令》同。《通鉴》卷二百一十四开元二十六年条下载，开元二十六年秋七月己巳，上御宣政殿册太子，与本文旨意合。按：《全唐文》中“己巳”作“己卯”。然开元二十六年七月二日应为己巳，《全唐文》误。

本文作于开元二十六年（738）七月。

册交河公主文（P416 下）

《大诏令》卷四十二亦载本文，文中即有系年。《册府》卷九百七十五载，开元二十八年“四月庚申，吐蕃首领来归宾等三人来降，并授执戟，留宿卫。辛未，册十姓可汗阿史那昕妻李氏为交河公主”，与本文旨意合。按：《全唐文》中有确切系时“开元二十一年，岁次癸酉，四月丁酉朔，十五日辛亥”。

本文作于开元二十一年（733）四月。

册建平公主诏（P417 上）

《大诏令》卷四十一亦载本文，文中明示作时“维开元二十五年，岁次丁丑，九月十一日，皇帝若曰”云云，即本文，署作者为孙逖。据《全唐文》体例，文章归于孙逖名下。

本文作于开元二十五年（737）九月。

册临晋公主文（P417 上）

《大诏令》卷四十一亦载本文，订作时：“维开元二十六年，岁次戊寅，闰八月丁卯朔，十六日壬午。”《英华》卷四百四十六亦载本文。

本文作于开元二十六年（738）闰八月。

册真阳公主文（P417 上）

本文亦见载于《大诏令》卷四十一，系年：“开元二十八年，岁次庚辰，二月戊子朔，八日乙未。”

本文作于开元二十八年（740）二月。

册兴信公主文（P417 下）

本文又见载于《大诏令》卷四十二。本文首句已明署作时。

本文作于开元二十九年（741）闰四月。

册乐成公主文（P417 下）

本文亦见载于《大诏令》卷四十二，题为《册乐成公主出降文》，订作时为天宝五载七月二十三日壬申。按：天宝五载七月壬申应为其年二十二日。

本文作于天宝五载（746）七月。

册寿光公主文（P418 上）

本文亦见载于《大诏令》卷四十二，题为《册寿光公主出降文》，订作时为天宝五载八月十三日癸巳。

本文作于天宝五载（746）八月。

册平昌公主文（P418 上）

本文亦见载于《大诏令》卷四十二，题为《册平昌公主出降文》，订作时为天宝五载十二月九日丙辰。

本文作于天宝五载（746）十二月九日（丙辰）。

册广宁公主文（P418 上）

本文又见载于《大诏令》卷四十二。本文首句已明署作时。

本文作于天宝九载（750）四月。

追册让皇帝故妃元氏为皇后文（P419 上）

本文亦见载于《大诏令》卷二十六，订作时为开元二十九年十一月二十五日壬申。

本文作于开元二十九年（741）十一月。

册寿王杨妃文（P419 上）

《大诏令》卷四十亦载本文，文中系年为开元二十三年十二月二十四日己亥。按：开元二十三年十二月二十四日为乙亥日，而非己亥，《大诏令》误。

本文作于开元二十三年（735）十二月。

册荣王郑妃文（P419 下）

《大诏令》卷四十亦载本文，订作时为开元二十三年十二月二十七日戊寅。

本文作于开元二十三年（735）十二月。

册永王侯莫陈妃文（P419下）

《大诏令》卷四十亦载本文，订作时为开元二十六年正月十八日丁亥。

本文作于开元二十六年（738）正月。

册荣王薛妃文（P420上）

本文又见载于《大诏令》卷四十，订作时为开元二十九年三月十八日己亥。

本文作于开元二十九年（741）三月。

册济王崔妃文（P420上）

本文亦见载于《大诏令》卷四十，订作时为开元二十九年五月十四日癸亥。

本文作于开元二十九年（741）五月。

册信王卢妃文（P420下）

本文亦见载于《大诏令》卷四十，订作时为天宝三载七月二十一日戊午。

本文作于天宝二年（743）七月。

册陈王韦妃文（P420下）

本文又见载于《大诏令》卷四十。本文首句已明署作时。

本文作于天宝四载（745）三月。

册寿王韦妃文（P420下）

本文亦见载于《大诏令》卷四十，订作时为天宝四载七月二十六日壬辰。按：天宝四载七月无壬辰。《通鉴》卷二百一十五载，天宝四载“秋，七月，壬午，册韦昭训女为寿王妃”。

本文作于天宝四载（745）七月。

册广平郡王崔妃文（P421上）

本文亦见载于《大诏令》卷四十，题为《册广平王崔妃文》，订作时为天宝五载四月十八日戊戌。按：天宝五载四月戊戌应为其年四月十六日。《全唐文》中即为“天宝五载，岁次庚戌，四月癸未朔，十六日戊戌”。

本文作于天宝五载（746）四月。

册凉王张妃文（P421上）

本文又见载于《大诏令》卷四十。本文首句已明署作时。

本文作于天宝九载（750）四月。

册东海神为广德王文（P421 下）

本文又见载于《大诏令》卷七十四。本文首句已明署作时。

本文作于天宝十载（751）三月。

清编《全唐文》卷三十九
（*P422—431*）

册勃律国王文（P422 上）

《册府》卷九百六十四载，“五年五月，册命勃律国王苏弗舍利支离泥为勃律王，册曰”云云，即本文。文中自述作文时间：“维开元五年，岁次丁巳，五月庚子朔，二十七日丙寅。”

本文作于开元五年（717）五月。

册疏勒国王裴安定文（P422 上）

《大诏令》卷一百二十九亦载本文，题为《册疏勒国王文》，文中即有系时。《册府》卷九百六十四载，开元十六年正月“封疏勒阿摩支裴安定为疏勒国王，册曰，云云，即本文。《旧书》卷一百九十八载：“疏勒国，即汉时旧地也。西带葱岭，在京师西九千三百里。其王姓裴氏。……开元十六年，玄宗遣使册立其王裴安定为疏勒王。”与本文旨意合。

本文作于开元十六年（728）正月。

册于阗王尉迟伏师文（P422 下）

《册府》卷九百六十四载，开元“十六年正月，封于阗阿摩支知王事右武卫大将军员外置同正员、上柱国尉迟伏师为于阗王，册曰”云云，即本文。《旧书》卷一百九十八载：“于阗国，西南带葱岭，与龟兹接，在京师西九千七百里。胜兵四千人。其国出美玉。俗多机巧，好事祆神，崇佛教。……开元十六年，复册立尉迟伏师为于阗王，数遣使朝贡。”与本文旨意合。

本文作于开元十六年（728）正月。

册个失密国王木多笔文（P422 下）

《册府》卷九百六十四载，开元“二十一年四月，册个失密国王木多笔为本国王，册曰”云云，即本文。文中亦明确系年为开元二十一年四月五日辛丑。

本文作于开元二十一年（733）四月。

册渤海郡王大钦茂文（P422 下）

《册府》卷九百六十四载，开元二十年“渤海桂娄郡王大武艺病死，其子大钦茂嗣立。帝降书册且吊之曰……册曰”云云，即本文。《册府》卷九百六十五载其事，“忽汗州都督，大嵩璘父钦茂，以开元二十六年袭其父武艺忽汗州都督、渤海郡王、左金吾大将军”。《会要》卷九十六载，“钦茂以开元二十六年，袭其父武艺忽汗州都督、渤海郡王、左金吾大将军”，与本文旨意合。《旧书》卷一百九十九载其事，“二十五年，武艺病卒。其子钦茂嗣立，诏遣内侍段守简，往册钦茂为渤海郡王，仍嗣其父为左骁卫大将军、忽汗州都督。钦茂承诏赦其境内，遣使随守简入朝贡献”。《通鉴》卷二百一十四亦载此事，订作时为开元二十六年八月辛巳。

本文作于开元二十六年（738）八月。

册顺义王莫贺咄吐屯文（P423 上）

《大诏令》卷一百二十九亦记载本文，无订作时。《册府》卷九百六十四载，开元“二十八年三月，以石国蕃王莫贺咄吐屯有功，封为石国王，加特进，仍赐旌节，翌日又册为顺义王，册曰”云云，即本文。文中亦明确系年为开元二十八年三月。

本文作于开元二十八年（740）三月。

册突厥苾伽骨咄禄可汗文（P423 上）

《大诏令》卷一百二十九亦载本文。《册府》卷九百六十四载，开元二十八年“是月（三月），加拓羯王斯谨鞮特进，赏平苏禄可汗之功，册曰”云云，即本文。文中亦明确系年为开元二十八年三月二十六日。

本文作于开元二十八年（740）三月。

册小勃律国王麻来兮文（P423 上）

《册府》卷九百六十四载，开元“二十九年二月，小勃律国王卒，册立其兄麻号来嗣位，册曰”云云，即本文。

本文作于开元二十九年（741）二月。

册突骑施大纛官都摩度阙颉斤文（P423 下）

《册府》卷九百六十五载，“唐玄宗天宝元年正月，封女国王赵曳夫为归昌王，授左金吾卫大将军；佛逝国王刘滕未恭为宾义王，授右金吾卫大将军；喃国王杨多过为怀宁王，授左羽林军大将军。并员外置，各赐帛八十匹，放还部落。六月，册突骑施大纛官都磨度阙颉斤为三姓叶护，仍授左羽林军大将军，册曰”云云，即本文。文中系年：“天宝元年，岁次壬午，六月甲戌朔，二十二日乙未。”《通鉴》卷二百一十五载，天宝元年“上发兵纳十姓可汗阿史那昕于突骑施，至俱兰城，为莫贺达干所杀。突骑施大纛官都摩度来降，六月，乙未，册都摩度为三姓叶护”，与本文旨意合。

本文作于天宝元年（742）六月。

册陀拔萨惮国王为恭化王文（P423下）

《册府》卷九百六十五载，天宝“三年闰二月封陀拔萨惮国王为恭化王，册曰”云云，即本文。文中确切系年：“天宝三年，岁次甲申，闰二月乙未朔，二十二日丙辰。”

本文作于天宝三载（744）闰二月。

册突骑施伊里底密施骨咄禄毗伽为十姓可汗文（P424上）

《册府》卷九百六十五载，天宝三载“六月，封突骑施伊里底密施骨咄禄毗伽为十姓可汗，册曰”云云，即本文。《通鉴》卷二百一十五载：“天宝三载六月，甲辰，册拜骨咄禄毗伽为十姓可汗。”

本文作于天宝三载（744）六月。

册罽宾国王勃匐准文（P424上）

《册府》卷九百六十五载，天宝四载“九月，命罽宾国王男勃匐准袭父位，册曰”云云，即本文。文中亦有确切系年。《册府》卷九百六十六载，“天宝四载，又册其子勃匐准为袭罽宾及乌苌国王，仍授右骁卫将军”，与本文旨意合。《会要》卷九十九亦载其事，订作时与《册府》同。

本文作于天宝四载（745）九月。

册十姓突骑施移拨可汗文（P424下）

《册府》卷九百六十五载，天宝八载七月，册十姓突骑施移拨为可汗，册文曰云云，即本文。《通鉴》卷二百一十六载，天宝八载秋七月，册突骑施移拨为十姓可汗。

本文作于天宝八载（749）七月。

册朅帅国王素迦文（P424下）

《册府》卷九百六十五载，天宝九载三月，册朅帅国王勃特没兄素迦为王，册曰云云，即本文。《通鉴》卷二百一十六载，天宝九载三月庚子，立勃特没之兄素迦为朅师王。此处“师”当为“帅”之误。

本文作于天宝九载（750）三月。

册骨咄国王罗金节为叶护文（P424下）

本文首句已明署作时。《册府》卷九百六十五载，天宝十一载正月壬寅，册骨咄国王罗全节为叶护。此处“全”应为“金”之误。

本文作于天宝十一载（752）正月。

册突骑施黑姓可汗文（P425 上）

本文首句已明署作时。本文又见载于《大诏令》卷一百二十九。《册府》卷九百六十五载，天宝十二载九月，又以骨咄禄毗伽为突骑施可汗。

本文作于天宝十二载（753）九月。

册骨咄禄三姓毗方伽颉利发文（P425 上）

本文首句已明署作时。本文又见载于《大诏令》卷一百二十九。《册府》卷九百六十五载，天宝十二载九月，又以骨咄禄三姓毗方伽颉利发为左羽林军大将军员外置同正员。

本文作于天宝十二载（753）九月。

赐三姓叶护都摩度阙颉斤铁券文（P425 下）

《册府》卷九百七十五载，天宝元年六月丙申，赐三姓叶护都磨度阙颉斤铁券，云云，即本文。

本文作于天宝元年（742）六月。

赐护密国王子颉吉里匐铁券文（P425 下）

《大诏令》卷六十四亦载本文，题为《赐护密国王子铁券文》。文中已有明确系年。《全唐文》本文无此句。《册府》卷九百八十一载，天宝元年九月，以护密国王子颉吉里匐遣使上表请北吐蕃来属，赐铁券，云云，即本文。

本文作于天宝元年（742）九月。

赐突骑施黑姓可汗铁券文（P426 上）

本文首句已明署作时。本文又见载于《大诏令》六十四。

本文作于天宝十二载（753）九月。

赐故石国王男郝俱车鼻施进封怀化王并铁券文（P426 上）

本文首句已明署作时。本文又见载于《大诏令》卷六十四。《册府》卷九百六十五载，天宝十二载十月，封石国王男邦车俱鼻施为怀化王。此处名字音译不同。

本文作于天宝十二载（753）十月。

谒陵大赦文（P426 下）

《大诏令》卷七十七亦载本文，题为《谒五陵赦》，无订作时。《册府》卷八十五载，开元十七年“十一月……戊申，谒诸陵还，大赦天下。制曰”云云，即本文。《旧书》卷八《玄宗上》载，开元十七年“十一月庚申，亲飨九庙。辛卯，发京师。丙申，谒桥陵。上望陵涕泣，左右并哀感。制奉先县同赤县，以所管万三百户供陵寝，三府兵马供宿卫，曲赦县内大辟罪已下。戊戌，谒定陵。己亥，谒献陵。壬寅，谒昭陵。乙巳，谒乾陵。戊申，车驾还宫。大赦天下，流移人并放还，左降官移近处。百姓无出今年地税之半。每陵取侧近六乡供陵寝。内外官三品已上加爵一等，四品已下赐一阶，五品已上清官父母亡者，依级赐官及邑号”，与本文旨意合。

本文作于开元十七年（729）十一月。

改元大赦文（P427 上）

本文亦见载于《大诏令》卷四，题为《改元天宝赦》。《大诏令》及《英华》卷四百二十一均载，“改开元三十年为天宝元年，正月一日”，大赦天下。《册府》卷八十六载，“天宝元年正月丁未朔，御勤政楼受朝贺，大赦天下。制曰”云云，即本文。《旧书》卷九载：“天宝元年春正月丁未朔，大赦天下，改元，常赦不原咸赦除之。百姓所欠负租税及诸色并免之。前资官及白身人有儒学博通、文辞秀逸及军谋武艺者，所在具以名荐。京文武官才堪为刺史者各令封状自举。改黄钺为金钺。内外官各赐勋两转。”与本文旨意合。

本文作于天宝元年（742）正月。

加应道尊号大赦文（P428 下）

《册府》卷八十六载，天宝七载五月壬午，册尊号毕，御勤政楼。大赦天下。制曰云云，即本文。本文又见载于《大诏令》卷九，题为《天宝七载册尊号赦》。

本文作于天宝七载（748）五月。

清编《全唐文》卷四十
（*P431—444*）

加天地大宝尊号大赦文（431 下）

《册府》卷八十六载，天宝八载闰六月丁卯，群臣上尊号，帝御含元殿受册礼。毕，大赦天下，制曰云云，即本文。本文又见载于《大诏令》卷九，题为《天宝八载册尊号赦》。

本文作于天宝八载（749）六月。

南郊大赦文（433 上）

《册府》卷八十六载，天宝十载正月甲子，有事于南郊，大赦天下。制曰云云，即本文。本文又见载于《大诏令》卷六十八，题为《天宝十载南郊赦》。

本文作于天宝十载（751）正月。

加证道孝德尊号大赦文（434 下）

《册府》卷八十六载，天宝十三载二月甲戌，御兴庆殿，受册尊号为开元天地大宝圣文神武证道孝德皇帝。礼毕，御勤政楼。大赦天下。制曰云云，即本文。本文又见载于《大诏令》卷九，题为《天宝十三载册尊号赦》。

本文作于天宝十三载（754）二月。

幸蜀郡大赦文（436 下）

《册府》卷八十六载，天宝十五载八月庚辰，玄宗至蜀郡，癸未，大赦天下。制曰云云，即本文。本文又见载于《大诏令》卷七十九，题为《銮驾到蜀大赦制》。《通鉴》卷二百一十八载，天宝十五载八月癸未，上皇下制，赦天下。

本文作于天宝十五载（756）八月。

封泰山玉牒文（P437 上）

《通典》卷五十四亦载本文，订作时为开元十三年十月。《旧书》卷二十三载，玉牒是通于神明之意，上载帝王所求，或祷年算或思神仙其事。玉牒之文，玄宗以前皇帝皆秘之，而玄宗曰“朕今此行，皆为苍生祈福，更无秘请，宜将玉牒出示百寮，使知朕意，其辞曰”云云，即本文。《会要》卷八载本文，订作时为开元十二年十一月己丑。《文献通考》卷八十四亦载本文，无订作时。《册府》卷三十六亦载本文，并订时为开元十三年十一月己丑。按：本文中明示此文作于玄宗“恭承大宝十有三年”，玄宗开元元年即位，故此文当作于开元十三年，《会要》系年有误。《通鉴》卷二百一十二载，开元十三年十一月“己丑……乃出玉牒，宣示群臣”。《旧书》卷八《玄宗上》载开元十三年十一月封泰山之事，“庚寅，祀昊天上帝于上坛，有司祀五帝百神于下坛。礼毕，藏玉册于封祀坛之石”。

本文作于开元十三年（725）十一月。

祀后土文（P437 上）

《通典》卷四十五、《文献通考》卷七十六亦载本文，订作时为开元二十年十一月二十一日。《会要》卷十载，开元二十年“十一月二十一日祀后土于脽上，其文曰”云云，即本文。《通鉴》卷二百一十三载，开元二十年“十一月，庚申，祀后土于汾阴，赦天下”，与本文旨意合。

本文作于开元二十年（732）十一月。

奠让皇帝文（437 下）

《旧书》卷载九十五《让皇帝传》载，开元二十九年十一月，宪薨。上闻之，号叫失声，左右皆掩涕。翌日，下诏追谥曰让皇帝。宪长子恳辞，手制不许。及册敛之日，令高力士赍手书置于灵座之前，其书曰云云，即本文。《册府》卷四十七亦录此文，订作时与《旧传》同。

本文作于开元二十九年（741）十一月。

册道德经及文列庄子问（437 下）

《册府》卷五十三载，开元二十九年九月，御兴庆门，亲试明《道德经》及《庄》《文》《列子》举人。问策曰云云，即本文。《册府》卷六百四十三录全文，订作时开元二十九年八月。《大诏令》卷一百六亦录此文，题为《亲试四子举人敕》，明署作时为开元二十九年九月。

本文作于开元二十九年（741）九月。

让皇太子表（438 上）

《册府》卷二百五十七载，睿宗唐隆元年六月丁未，以平王隆基有安社稷之功，立为皇太子。平王累让不得。又抗表让曰云云，即本文。

本文作于唐隆元年（710）六月。

让禅位表（438 上）

《册府》卷十一载，延和元年七月壬辰，睿宗传位于皇太子（即玄宗），太子固辞，睿宗不许。丙申，皇太子让表曰云云，即本文。

本文作于延和元年（712）七月。

赐林邑国王建多达摩书（438 下）

《册府》卷九百七十一载，开元元年十二月，林邑国王建多达摩遣使献象五头。帝降书谓之曰，云云，即本文。

本文作于开元元年（713）十二月。

赐碛西节度使阿史那献书（438 下）

《册府》卷一百三十三载，开元二年六月丁卯，北庭大都护、瀚海军使阿史那献枭都擔首，献于阙下，并擒其拏及胡禄等部落五万余帐内属。帝降书谓献曰，云云，即本文。《册府》卷一百七十亦录此文，订作时与卷一百三十三同。

本文作于开元二年（714）六月。

赐突厥书（438 下）

《册府》卷九百七十九载，开元二年十月，突厥默啜遣使求婚，帝降书谓曰云云，即本文。

本文作于开元二年（714）十月。

赐三姓葛逻禄书（P438 下）

《册府》卷一百七十载，开元“三年四月乙卯，三姓葛逻禄率众归国，玺书慰之曰”，即本文。《册府》卷九百七十七载：玄宗开元“三年二月，突厥十姓部落左厢五咄之啜，右厢五怒失卑五侯斤及高丽王莫离支高文简、都督跌思大等，各率其众，自突厥相继内属，前后二千余帐。四月，三姓葛逻禄率众归国，帝降书，慰曰”云云，所录与本文略同。

本文作于开元三年（715）四月。

慰谕李傑敕书（P439 上）

《册府》卷一百五十二载，在玄宗下诏斩长孙昕、杨仙玉之后，“仍降敕书慰谕杰，曰”云云，即本文。《通鉴》卷二百一十一亦载，开元四年“春，正月，昕与其妹夫杨仙玉于里巷伺杰而殴之。杰上表自诉曰：‘发肤见毁，虽则痛身，冠冕被陵，诚为辱国。’上大怒，命于朝堂杖杀，以谢百僚。仍以敕书慰杰曰：‘昕等朕之密戚，不能训导，使陵犯衣冠，虽置以极刑，未足谢罪。卿宜以刚肠疾恶，勿以凶人介意。’”与本文文字稍有出入。

本文作于开元四年（716）正月。

再赐三姓葛逻禄书（439 上）

《册府》卷九百九十二载，开元四年七月，以突厥默啜背恩，降书于降附突厥等曰，云云，即本文。

本文作于开元四年（716）七月。

赐郭虔瓘等玺书（P439 下）

《册府》卷一百五十七载，“开元五年六月，突骑施酋长苏禄潜窥亭障。安西东护郭虔瓘及十姓可汗阿史那献，皆反侧不安，各以表闻。乃遣使赍玺书慰喻之，并降书谓虔瓘，献曰”云云，即本文。

本文作于开元五年（717）六月。

赐突骑施书（P440 上）

《册府》卷九百七十一载，开元五年“六月，突骑施遣使献橐驼及马。降书谓曰”云云，即本文。

本文作于开元五年（717）六月。

赐突厥玺书（P440 上）

《册府》卷九百八十载，开元“六年春正月辛丑，北夷请和，乃降玺书曰”云云，即本文。《新书》卷五《玄宗本纪》载，开元六年正月辛丑，突厥请和。《通鉴》卷二百一十二载，开元六年“春，正月，辛丑，突厥毗伽可汗来请和，许之”，与本文旨意合。

本文作于开元六年（718）一月。

赐契丹衙官静析军副大使可突干书（P440 上）

《册府》卷九百九十二载，开元六年“六月己丑，松漠郡王失活卒，（玄宗）降书于契丹衙官静柝军副大使可突干，曰”云云，即本文。

本文作于开元六年（718）六月。

报吴兢书（P440 下）

《册府》卷五百五十四载，吴兢开元六年七月表乞典郡，曰：“臣自掌史东观，十有七年，……又兢父致仕以来，俸料斯绝，所冀禄秩稍厚，甘脆有资。乌鸟之诚，幸垂矜察。”帝亲札报曰，云云，即本文。

本文作于开元六年（718）七月。

赐突厥玺书（P440 下）

《册府》卷九百八十载，开元“九年二月丙戌，突厥遣使来朝，献方物且通和好，帝降玺书，谓曰”云云，即本文。

本文作于开元九年（721）二月。

赐新罗王金兴光书（P441 上）

《册府》卷九百八十载，开元“十二年五月，新罗贺正使金武勋还蕃，帝降书谓新罗王金兴光，曰”云云，即本文。《册府》卷九百七十五亦载此文，订作时与卷九百八十同。

本文作于开元十二年（724）五月。

赐新罗王金兴光书（P441 上）

《册府》卷一百七十载，开元十二年十二月，新罗王金兴光遣使献二女。帝以远离所亲，特加封赏，悉放还国。降书谓曰，云云，即本文。

本文作于开元十二年（724）十二月。

赐李光书（P441 上）

《册府》卷七十八载，李光为太原尹，兼太原及北军州节度使。开元十七年正月，光表请入朝，帝降书曰云云，即本文。

本文作于开元十七年（729）正月。

赐瓜州刺史墨离军使张守珪沙州刺史贾思顺书（P441 下）

《册府》卷一百三十三载，开元“十七年三月，瓜州刺史、墨离军使张守珪，沙州刺史贾思顺等大破吐蕃。帝降书谓守珪曰”云云，即本文。《册府》卷一百二十八载，开元“十七年三月，瓜州刺史、墨离军使张守珪，沙州刺史贾思顺领伊、沙等州兵入吐蕃大同军，大破吐蕃，驱剪不可胜纪。帝降书谓守珪曰”云云，即本文。《通鉴》卷二百一十三载，开元十七年“三月，瓜州都督张守珪、沙州刺史贾师顺击吐蕃大同军，大破之”。

本文作于开元十七年（729）三月。

赐吐蕃赞普书（P441 下）

《册府》卷九百七十九载，开元“十八年，吐蕃遣其大臣名悉猎来朝，请固和好之约，且献书。……又以琳为御史大夫，以奉使入蕃，宠之也，又降书与吐蕃赞普外生曰”云云，即本文。按：开元十八年，吐蕃遣使，降书与吐蕃赞普外生尚有一段时间。诏文中说“今故使御史大夫崔琳往申信约”。《旧书》卷八《玄宗上》载崔琳于开元十九年二月才被任为御使大夫之职。“三月乙酉朔，崔琳使于吐蕃。”故本文当作于开元十九年二月崔琳被任为御使大夫之后，三月崔琳到达吐蕃之前。

本文作于开元十九年（731）二月至三月间。

赐新罗王金兴光书（P442 上）

《册府》卷九百七十五载，开元十九年二月戊午，新罗遣其臣金志良来贺正，授太仆少卿员外置，赐帛六十匹，放还蕃，降书与新罗金兴光曰，云云，即本文。

本文作于开元十九年（731）二月。

赐小勃律国王难泥书（P442 下）

《册府》卷九百六十四载，开元“十九年四月，突厥可汗弟阙特勒卒，册小勃律国王难泥为其国王。降书谓之曰”云云，即本文。

本文作于开元十九年（731）四月。

吊突厥可汗弟阙特勒书（442 下）

《册府》卷九百七十五载，开元十九年四月辛巳，突厥可汗弟阙特勒卒，帝降书吊之曰，云云，即本文。

本文作于开元十九年（731）四月。

赐康国王乌勒书（P442 下）

《册府》卷九百六十四载，开元“十九年四月……康国王乌勒遣使上表，请封其子咄曷为曹王、默啜为米王，并许之。降书报乌勒曰”云云，即本文。《会要》卷九十九载，开元“十九年，其王乌勒上表，请封其子咄曷为曹国王、默啜为米国王，许之”，与本文旨意合。《旧书》卷一百九十八载，“开元……十九年，其（康国）王乌勒上表，请封其子咄曷为曹国王、默啜为米国王，许之”，与本文旨意合。

本文作于开元十九年（731）四月。

赐杜暹敕书（443 上）

《旧唐书》卷九十八《杜暹传》载，开元二十年，上幸北都，拜暹为户部尚书，便令户从入京。行幸东都，诏暹为京留守。暹因抽当番卫士，缮修三宫，增峻城隍，躬自巡检，未尝休懈。上闻而嘉之，赐敕书曰，云云，即本文。此文作于开元二十年之后。

本文作年待考。

吊渤海郡王大钦茂书（P443 下）

《册府》卷九百六十四载，开元二十年“渤海桂娄郡王大武艺病死，其子大钦茂嗣立。帝降书册且吊之曰：‘念卿亡父，素励诚节，与善无征，奄至殂谢，兴言求往，轸念良深。卿是长嫡，当袭父位，宜全忠孝，以继前踪。今故遣使持节册命，兼申吊祭’”，即本文。此条可与《册渤海郡王大钦茂文》相参看。按：此文与《册渤海郡王大钦茂文》相比较，一为吊文，一为册文，事由即为“渤海桂娄郡王大武艺病死，其子大钦茂嗣立”，故作时当于同一时段。

本文作于开元二十六年（738）八月。

赐突骑施可汗书（P443 上）

《册府》卷九百八十载，开元“二十六年八月，命中官魏泰使于突骑施，降书谓突骑施可汗曰”云云，即本文。

本文作于开元二十六年（738）八月。

赐三姓葛逻禄书（443 上）

《册府》卷一百七十载，开元二十九年七月，命左御林将军孙老奴与中官使于葛逻禄部宣慰，将诏书谓曰，云云，即本文。

本文作于开元二十九年（741）七月。

报宋王成器献牛马助军书（443 下）

本文又见载于《册府》卷四百八十五，作年不详。

本文作年待考

与宁王宪等书（443 下）

《旧书》卷九十五、《新书》卷八十一《让皇帝宪传》皆录此文，《册府》卷四十七亦录此文，皆不著作时。

本文作年待考。

赐葛逻禄叶护玺书（444 上）

《册府》卷九百七十五载，天宝十三载五月壬寅。帝以葛逻禄叶护有擒阿布思之功，特将玺书曰，云云，即本文。

本文作于天宝十三载（754）五月。

二　唐肃宗李亨诏敕考

李亨（711—762），唐玄宗李隆基第三子，初名嗣升，封陕王。开元四年（716）正月为安西大都护。开元十五年（727）更名李浚，徙封忠王。开元二十六年（738）立为太子，改名李亨。“安史之乱”起，为天下兵马大元帅，领朔方、河东、平卢节度使，负责平叛。至德元载（756）七月十二日，在灵武即位。先后于至德二载（757）六月和十月收复长安、洛阳两京。宝应元年（762），驾崩。在位七年，年五十二。谥曰文明武德大圣大宣孝皇帝，庙号肃宗。葬于建陵（在今陕西礼泉武将山）《旧书》卷十、《新书》卷六有《纪》。

清编《全唐文》卷四十二
（*P458—472*）

御丹凤楼大赦制（P458 上）

《册府》卷六十四载，至德元载“十一月壬申，御丹凤楼，下诏曰”云云，即本文。《旧书》卷十《肃宗本纪》载本文要旨，订作时为至德元载十一月。

本文作于至德元载（756）十一月。

封回纥叶护忠义王制（P459 下）

《旧书》卷一百九十五载，至德二载“十一月己丑，诏曰”云云，即本文。《大诏令》卷一百二十八亦载本文，且题为《回纥叶护司空封忠义王制》，文末注作时为“至德六年十一月”。按：肃宗至德无六年。《册府》卷九百六十五亦载，“肃宗至德二载十二月，诏曰”云云，即本文。今从《旧书》。

本文作于至德二载（757）十一月。

宁国公主下降制（P459 下）

本文又见载于《大诏令》卷四十二，且题为《封宁国公主制》，文末注作时为“乾元元年六月”。《册府》卷九百七十九载，“乾元元年六月，回纥使达亥阿波刺史入朝迎公主，诏授开府仪同三司。七月丁亥，诏曰”云云，即本文。

本文作于乾元元年（758）六月。

授郭子仪中书令李光弼侍中制（P460上）

《大诏令》卷六十亦载本文，且题为《郭子仪中书令李光弼侍中制》，文末注作时为“乾元元年九月”。

本文作于乾元元年（758）九月。

授吕諲同平章事制（P460下）

《大诏令》卷四十五亦载本文，且题为《吕諲平章事制》，文末注作时为“乾元二年三月”。《册府》卷七十三亦载，乾元“二年三月甲午，制曰”云云，即本文。

本文作于乾元二年（759）三月。

授李岘吏部尚书李揆中书侍郎第五琦户部侍郎并平章事制（P460下）

《大诏令》卷四十五亦载本文，且题为《李岘李揆第五琦平章事制》，文末署作时为“乾元二年二月”。《册府》卷七十三载，乾元二年三月乙未又制曰云云，即本文。今姑从《大诏令》。

本文作于乾元二年（759）二月。

授李光弼副知行营事制（P461上）

《旧书》卷一百一十《李光弼传》载，乾元二年七月，制曰云云，即本文。《大诏令》卷五十九亦载本文，且题为《李光弼副知行营事制》，无订作时。《册府》卷一百一十九亦载，肃宗上元三年五月丙戌，诏曰云云，即本文。今姑从《旧书》。

本文作于乾元二年（759）七月。

贬第五琦忠州长史制（P461下）

《大诏令》卷五十七亦载本文，题为《第五琦忠州长史制》，文末注作时为乾元二年十一月。

本文作于乾元二年（759）十一月。

授李光弼太尉中书令制（P461下）

《大诏令》卷六十亦载本文，题为《李光弼太尉中书令制》，文末注作时为乾元二年十二月。

本文作于乾元二年（759）十二月。

流第五琦夷州制（P462上）

《大诏令》卷五十七亦载本文，题为《第五琦长流夷州制》，文末注作时为乾元三年二月。

本文作于乾元三年（760）二月。

授彭王仅等节度大使制（P463上）

《旧书》卷一百一十六载，乾元三年四月，诏曰云云，即本文。《大诏令》卷三十六亦载本文，题为《彭王仅等河西节度大使制》，文末注作时为乾元三年闰四月。今姑从《旧书》。

本文作于乾元三年（760）四月。

授苗晋卿侍中制（P463上）

《大诏令》卷四十五亦载本文，题中无“授”字，文末署作时为上元元年五月。《册府》卷七十三载，上元元年五月，制曰云云，即本文。

本文作于上元元年（760）五月。

授萧华中书侍郎同平章事制（P463下）

《旧书》卷九十九《萧嵩传》载，上元元年十二月，制曰云云，即本文。《册府》卷七十三载，上元二年二月制曰云云，即本文。今姑从《旧书》。

本文作于上元元年（760）十二月。

授裴遵庆黄门侍郎同平章事制（P464上）

《册府》卷七十三载，上元二年四月，制曰云云，即本文。

本文作于上元二年（761）四月。

授李鼎陇右节度使制（P464上）

《大诏令》卷五十九亦载本文，且题为《李鼎陇西节度使制》，文末订作时为上元二年六月。

本文作于上元二年（761）六月。

授李若幽朔方节度使制（P464下）

《大诏令》卷五十九亦载本文，题为《李若幽朔方节度使赐名国贞制》，文末订作时为上元元年八月。

本文作于上元元年（760）八月。

加令狐彰银青光禄大夫鸿胪卿制（P464下）

《大诏令》卷六十亦载本文，题为《滑州节度使令狐彰加御史大夫制》，文末署作时为上元二年九月。

本文作于上元二年（761）九月。

令谏官言事制（P465 上）

《册府》卷一百二载，上元二年九月，制曰云云，即本文。《大诏令》卷四将本文录为《去上元年号大赦》一文的一部分，文末无注作时。《册府》卷八十七亦将本文归入他文，订作时为上元二年九月壬寅。

本文作于上元二年（761）九月。

授元载平章事制（P465 上）

《大诏令》卷四十五亦载本文，且题为《元载平章事制》，订作时为上元元年建辰月。《册府》卷七十三载，上元元年建辰月戊申，诏曰云云，即本文。

本文作于上元元年（760）建辰月。

诛张谦奴附子诏（P465 下）

《册府》卷一百五十二载，至德二载，凤翔张谦奴附子告谦与逆贼为细作，三司推鞫虚妄，乃下诏曰云云，即本文。

本文作于至德二载（757）。

还京减省供顿诏（P465 下）

《册府》卷六十四载，至德二载十月诏曰云云，即本文。

本文作于至德二载（757）十月。

升龙州为都督府诏（P466 上）

《云笈七签》卷一百二十二载，“至德二载十月二十八日，诏曰云云，即本文。《蜀中广记》卷七十九亦载，至德二载十月二十八日，诏曰云云，即本文。

本文作于至德二载（757）十月。

答宰臣等请编皇帝奉迎上皇史册诏（P466 上）

《册府》卷三十七载，肃宗至德二载十二月，诏曰云云，即本文。

本文作于至德二载（757）十二月。

答李辅国请编皇帝奉迎上皇史册诏（P466 上）

《册府》卷三十七载，肃宗至德二载十二月，诏曰云云，即本文。

本文作于至德二载（757）十二月。

答裴冕等请上尊号诏（P466 上）

《大诏令》卷六亦录此文，题为《肃宗答右仆射裴冕上尊号》，文末注作时为至德二载十二月。《册府》卷十六亦载本文，订作时为肃宗至德二载十二月。

本文作于至德二载（757）十二月。

封鲁炅岐国公诏（P466 下）

《旧书》卷一百一十四《鲁炅》载，至德二载十二月，策勋行赏，诏曰云云，即本文。《大诏令》卷一百二十三录本文为《收复两京大赦》中一小段，且“可开府仪同三司，兼御史大夫，封岐国公”之前，多出“悉心陷敌，表之旗帜，分以土田”三句。《册府》卷八十七与《大诏令》所载《收复两京大赦》一文同，订作时为至德二载十二月戊午。《册府》卷一百二十八亦载本文，订作时为至德二载十二月。

本文作于至德二载（757）十二月。

诛受贼伪官达奚珣等诏（P466 下）

《大诏令》卷一百二十六亦载本文，题为《处置受贼伪官陈希烈等诏》，无订作时。《册府》卷一百五十二载，至德二载十二月，诏曰云云，即本文。《旧书》卷十《肃宗本纪》节录本文，订作时为至德二载十二月庚午。

本文作于至德二载（757）十二月。

放宫人诏（P467 上）

《册府》卷四十二载，肃宗至德三载正月，诏曰云云，即本文。

本文作于至德三载（758）正月。

安辑京城百姓诏（P467 上）

《大诏令》卷一百十五亦载本文，文末注作时为至德三载正月。《册府》卷六十四录本文，订作时与《大诏令》同。

本文作于至德三载（758）正月。

追赠颜杲卿太子太保诏（P467 下）

《旧书》卷一百八十七下《颜杲卿传》载，乾元元年五月，诏云云，即本文。

本文作于乾元元年（758）五月。

放免被贼逼授伪官诏（P467 下）

《册府》卷四十一载，乾元元年六月戊午，诏云云，即本文。

本文作于乾元元年（758）六月。

贬房琯刘秩严武诏（P468 上）

《旧书》卷一百一十一《房琯传》载，乾元元年六月，诏云云，即本文。

本文作于乾元元年（758）六月。

答郭子仪上天子信宝诏（P468 下）

《册府》卷二十五载，乾元元年七月庚寅，郭子仪献天子信宝一枚，请宣示朝廷，诏云云，即本文。

本文作于乾元元年（758）七月。

铸一当十钱诏（P468 下）

《旧书》卷四十八《食货志》载，乾元元年七月，诏云云，即本文。《大诏令》卷一百十二亦载本文，题为《行乾元重宝钱敕》，文末注作时为乾元二年七月。《册府》卷五百一亦载本文，订作时为乾元元年七月。《会要》卷八十九节录本文，订作时为乾元元年七月十六日。

本文作于乾元元年（758）七月。

赠贺知章礼部尚书诏（P469 上）

《旧书》卷一百九十《贺知章传》载，乾元元年十一月，诏云云，即本文。《册府》卷八百二十二载，肃宗乾元元年十一月，诏曰云云，即本文。

本文作于乾元元年（758）十一月。

禁藉田雕饰农器诏（P469 上）

《大诏令》卷七十四亦载本文，题为《停藉田雕饰农器诏》，文末注作时为乾元二年正月。《册府》卷五十六载，乾元二年正月，戊寅，帝耕藉田，先至于先农之坛，因阅耒耜有雕刻文饰者，谓左右曰："田器，农人执之，在于朴素，岂贵文饰乎？"乃命撤之。下诏曰云云，即本文。《册府》卷一百一十五亦载本文，订作时为乾元二年正月。

本文作于乾元二年（759）正月。

命郭子仪充东京畿等道元帅诏（P469 下）

《大诏令》卷五十九《大臣·将帅》亦载本文，且题为《郭子仪东京畿山东河南诸道元帅制》，文末注作时为乾元二年三曰。《册府》卷一百一十九亦载本文，订作时为乾元二年三月丙申。

本文作于乾元二年（759）三月。

推恩祈泽诏（P469 下）

《册府》卷八十七载，乾元二年三月丁亥，诏云云，即本文。

本文作于乾元二年（759）三月。

节减常膳服御诏（P470 下）

《册府》卷五十六载，乾元二年三月壬寅；诏云云，即本文。

本文作于乾元二年（759）三月。

删除律令诏（P470 下）

《册府》卷六百一十二载，肃宗至德二载三月，诏云云，即本文。

本文作于至德二载（757）三月。

申明赏罚诏（P471 上）

《册府》卷六十四载，乾元二年三月，诏云云，即本文。

本文作于乾元二年（759）三月。

求言诏（P471 下）

《册府》卷一百二载，肃宗乾元二年三月诏云云，即本文。《玉海》卷六十一《艺文》节录本文，订作时为乾元二年三月。

本文作于乾元二年（759）三月。

清编 《全唐文》 卷四十三
（*P472—481*）

命赵王係充天下兵马元帅诏（P472 下）

《旧书》卷一百一十六《越王係传》载，乾元二年七月，诏曰云云，即本文。《大诏令》卷三十六亦载本文，题为《越王係天下兵马元帅制》，文末注作时为乾元年。

本文作于乾元二年（759）七月。

加恩处分流贬官员诏（P472 下）

《大诏令》卷一百二十一亦载本文，题为《受贼伪官令均平改拟诏》，订作时为乾元二年八月。《册府》卷六十四载，乾元二年八月乙卯，诏曰云云，即本文。

本文作于乾元二年（759）八月。

申戒刺史考察县令诏（P473 下）

《大诏令》卷一百四亦载本文，题为《察访刺史县令诏》，文末注作时为乾元二年八月一日。《册府》卷六十九载，乾元二年九月，诏曰云云，即本文。

本文作于乾元二年（759）八月。

亲征史思明诏（P474 下）

《册府》卷一百一十四载，乾元二年冬十月丁酉，诏曰云云，即本文。《大诏令》卷七十九节录本文，从“昔昆夷作患”至“率六军取路进发”，题为《再陷洛阳巡幸东京诏》，文末注作时为乾元二年九月。

本文作于乾元二年（759）九月。

答文武百官表贺河阳陕东破贼诏（P475 上）

《册府》卷二十六亦载本文，订作时为乾元三年正月。

本文作于乾元三年（760）正月。

授萧华魏州刺史诏（P475 上）

《册府》卷四百六十六载，肃宗乃以（萧华）为魏州刺史、本州岛防御使，诏云云，即本文。

本文作于乾元元年（758）十一月。

赠李嗣业武威郡王诏（P475 下）

《旧书》卷一百九《李嗣业传》载，乾元二年，战争中李嗣业为流矢所中，卒，上闻之震悼嗟惜久之，诏云云，即本文。《册府》卷一百三十九亦载本文，订作时为乾元二年。

本文作于乾元二年（759）。

州县奏替官具履历诏（P475 下）

《册府》卷六百三十载，乾元二年三月丙辰制云云，即本文。

本文作于乾元二年（759）。

令百官议罢新钱诏（P476 上）

《大诏令》卷一百十二亦载本文，题为《令百官议罢新钱诏》，文末注作时为乾元三年三月。《册府》卷五百一载，乾元三年二月，诏云云，即本文。今姑从《大诏令》。

本文作于乾元三年（760）三月。

追赠兴王佋为恭懿太子诏（P476 上）

《旧书》卷一百一十六《恭懿太子佋》载，上元元年“七月丁亥，诏曰云云，即本文。《册府》卷二百九十六载，恭懿太子佋，肃宗第十二子，至德二载封兴王。薨，诏曰云云，节录本文。

本文作于上元元年（760）七月。

命郭子仪充诸道兵马都统诏（P476 下）

《大诏令》卷五十九亦载本文，题为《郭子仪都统诸道兵马收范阳制》，文末注作时为上元元年九月。《册府》卷一百二十二载，上元元年九月，诏曰云云，即本文。

本文作于上元元年（760）九月。

张守节致仕诏（P477 下）

《册府》卷八百九十九载，张守节为太子右谕德集贤院待制，肃宗上元初，乞骸骨，辞职还乡。以颍王傅致仕，赐手诏曰，云云，即本文。

本文作于上元初。

迎慧忠法师诏（P477 下）

《宋高僧传》卷九载，肃宗皇帝载定区夏，闻其德高，以上元二年正月十六日敕内给事孙朝进驲骑迎请，其手诏曰，云云，即本文。

本文作于上元二年（761）正月。

贬李揆袁州长史制（P477 下）

《大诏令》卷五十七亦载本文，题为《李揆袁州长史制》，无订作时。

本文作年待考。

罢役兴农诏（P478 上）

《册府》卷一百三十五载，上元二年五月，诏云云，即本文。《大诏令》卷八十四载《以春令减降囚徒德音》一文，本文即为其中一段，订作时为上元二年正月。《册府》卷八十七所载此文亦为诏文中的一段，订作时为上元二年正月甲寅诏。

本文作于上元二年（761）正月。

赠李齐物太子太师诏（P478 上）

《旧书》卷一百一十二《李暠传》亦载本文，订作时为上元二年五月。

本文作于上元二年（761）五月。

答郭子仪等表请宣示俭德诏（P478 下）

《册府》卷五十六载本文，订作时为德宗初即位大历十四年。按《全唐文》体例，此文应归于德宗名下。

本文作于大历十四年（779）。

加李辅国兵部尚书诏（P478 下）

《册府》卷六百六十五《内臣部·总序》载，上元二年八月癸丑，诏曰云云，即本文。

本文作于上元二年（761）八月。

命有司举行郊庙大礼诏（P479 上）

《大诏令》卷六十七亦载本文，题为《元年建子月祭圆丘诏》，无订作时。按：据诏文内容，上元二年九月二十一日去上元号，但称元年。

本文作于元年（761）建子月。

收葬遇害王妃诏（P479 上）

《大诏令》卷四十亦载本文，文末注作时为元年建丑月。

本文作于元年（761）建丑月。

追谥靖德太子琮为奉天皇帝诏（P479 下）

《大诏令》卷二十六亦载本文，且题为《靖德太子谥奉天皇帝制》，文末订作时为元年建寅月。《全唐文》本文“追谥曰奉天皇帝”句后，缺“妃窦氏，曰恭应皇后。宜委有司，即择日册命，更以礼葬。仍令右仆射裴冕充使监护，少府监窦履信为副”等句。

本文作于元年（761）建寅月。

封郭子仪为汾阳郡王诏（P479 下）

《大诏令》卷五十九亦载本文，题为《知朔方行营制》，无订作时。《册府》卷一百二十九载，宝应元年建辰月辛未，诏云云，即本文。

本文作于宝应元年（762）三月。

答中书门下表贺崔侁献定国宝玉诏（P480 上）

《册府》卷二十五载，上元元年建子月下表贺诏云云，即本文。《全唐文》中“宣示中外编入史册者依”句后缺“乙丑诏，元年宜改为宝应元年。其楚州刺史并出宝县官及进宝官，量与进改。随进宝官典傔等，各量与一子官。宣示中外，宜知朕意”等句。

本文作于宝应元年（762）十一月。

命皇太子监国诏（P480 下）

《大诏令》卷三十亦载本文，题为《肃宗命皇太子监国制》，未署作时。《册府》卷二百五十九载，肃宗元年建巳月乙丑，诏云云，即本文。《英华》卷四百三十二亦载本文，且题为《宝应元年皇太子监国颁天下赦文》。《全唐文》录文在“委之元子，宜令权监国”后缺“又以上天降宝”至“宣布中外，咸知朕意，主者施行”数句。

本文作于宝应元年（762）正月。

命皇太子即位诏（P480 下）

《大诏令》卷三十亦载本文，题为《肃宗命皇太子即位诏》，记作者为杨绾，未署作时。按《全唐文》体例，本文应从肃宗名下删去，归入杨绾名下。按：唐肃宗于宝元年四月去世，此文作时应距此不远。可与下条《遗诏》参照。

本文作年待考。

遗诏（P481 上）

《大诏令》卷十一亦载本文，且题为《肃宗遗诏》，订作时为宝应元年四月十八日。

本文作于宝应元年（762）四月。

清编《全唐文》卷四十四
（*P482—493*）

宣慰京城僧道父老敕（P482 上）

《大诏令》卷一百十五亦载本文，订作时为至德二载。

本文作于至德二载（757）。

宣慰西京官吏敕（P482 上）

《大诏令》卷一百十五亦载本文，题为《宣慰西京逆官敕》，文末订作时为至德三载，记作者为贾至。按《全唐文》体例，文章应归于贾至名下。

本文作于至德三载（758）。

禁京城酤酒敕（P482 下）

《大诏令》卷一百十二亦载本文，文末订作时为乾元元年二月。《册府》卷五百四载，肃宗乾元元年三月，诏曰云云，即本文。今姑从《大诏令》。

本文作于乾元元年（758）二月。

置司天台敕（P482 下）

《旧书》卷三十六载，乾元元年三月，改太史监为司天台，于永宁坊张守珪故宅置，敕曰云云，即本文。

本文作于乾元元年（758）三月。

减省服膳敕（P482 下）

《旧书》卷十《肃宗本纪》亦载本文，订作时为乾元二年四月。

本文作于乾元二年（759）四月。

行轻重钱敕（P483 上）

《大诏令》卷一百十二亦载本文，题为《行重轮钱敕》，文末订作时为乾元二年八月。

本文作于乾元二年（759）八月。

重稜钱减价行用敕（P483 下）

《旧书》卷四十八《食货志》载，上元元年六月，诏曰云云，即本文。《大诏令》卷一百十二亦载本文，文末注作时为上元元年九月。今姑从《旧书》。

本文作于上元元年（760）六月。

职田准旧式输送至京敕（P483 下）

《册府》卷五百六载，上元元年十月敕云云，即本文。

本文作于上元元年（760）十月。

大祀用上元舞敕（P483 下）

《旧书》卷二十八《音乐志》载，上元三年十一月，敕云云，即本文。《旧书》卷五《高宗本纪》载，上元三年十一月丁卯，敕新造上元舞，圆丘、方泽，享太庙用之，余祭则停，与本文旨意合。

本文作于上元三年（762）十一月。

甄叙皇属敕（P484 上）

《大诏令》卷四十亦载本文，无订作时。

本文作年待考。

授颜真卿太子少师敕（P484 上）

本文作年待考。

答御药师道场念诵僧元皎等表贺瑞李敕（P484 下）

《宋高僧传》卷二十四《唐凤翔府开元寺元皎传》载，至德二载四月敕曰云云，即本文。

本文作于至德二载（757）四月。

春令减刑敕（P484 下）

《大诏令》卷八十四亦载本文，题为《以春令减降囚徒敕》，文末订作时为乾元二年二月。《册府》卷八十七载，乾元三年二月丙子，诏云云，即本文。今姑从《大诏令》。

本文作于乾元二年（759）二月。

答李含光敕（P485上）

本文又见载于《茅山志》卷一，定作时为至德二载六月戊子。本文作于至德二载六月。

赐李含光敕书（P485上）

本文又见载于《茅山志》卷一，定作时为至德二载六月戊子。本文作于至德二载六月。

答颜真卿让宪部尚书御札（P485下）

《颜鲁公集》卷二《表上并批答》亦载本文，未署作时。

本文作年待考。

答颜真卿谢兼御史大夫批（P485下）

《颜鲁公集》卷二《表上并批答》亦载本文，为《谢兼御史大夫表》的答批，未署作时。

本文作年待考。

答颜真卿冯翊太守批（P485下）

《颜鲁公集》卷二《表上并批答》亦载本文，为《冯翊太守上表谢》的答批，未署作时。

本文作年待考。

答颜真卿谢蒲州刺史批（P485下）

《颜鲁公集》卷二《表上并批答》亦载本文，为《蒲州刺史谢上表》的答批，未署作时。

本文作年待考。

答颜真卿谢浙西节度使批（P486上）

《颜鲁公集》卷二《表上并批答》亦载本文，为《谢浙西节度使表》的答批，未署作时。

本文作年待考。

答颜真卿谢祖昭甫赠官批（P486上）

《颜鲁公集》卷三《表下并批答》亦载本文，为《谢赠官表》的答批，未署作时。

本文作年待考。

答颜真卿乞书天下放生池碑额批（P486上）

《颜鲁公集》卷三《表下并批答》亦载本文，为《乞御书天下放生池碑额表》的答批，未署作时。

本文作年待考。

立成王为皇太子德音（P486上）

《大诏令》卷二十九亦载本文，文末订作时为乾元元年十月。《册府》卷八十七载，乾元元年十月甲辰，上御宣政殿，册成王为皇太子，诏曰云云，即本文。

本文作于乾元元年（758）十月。

春令减刑德音（P487上）

《大诏令》卷八十四亦载本文，题为《以春令减降囚徒德音》，文末订作时："上元二年正月。"《册府》卷八十七载，上元二年正月甲寅，诏曰云云，即本文。

本文作于上元二年（761）正月。

大赦德音（P488上）

《大诏令》卷八十四亦载本文，题为《原免囚徒德音》，文末署订作时。《册府》卷八十七载，上元元年建辰月壬午，诏曰云云，即本文。

本文作于上元元年（760）建辰月。

即位大赦文（P488下）

《旧书》卷十《肃宗本纪》载，唐肃宗至德元载七月御灵武南门，下制曰云云，即本文。《大诏令》卷二亦载本文，题为《肃宗即位赦》，文末未订作时。《册府》卷八十七载，唐肃宗至德元载七月甲子即位于灵武，御南门，下诏曰云云，即本文。

本文作于至德元载（756）七月。

收复两京大赦文（P489上）

《大诏令》卷一百二十三亦载本文，且题为《收复两京大赦》，文末未订作时。《册府》卷八十七载，至德二载十二月戊午，御丹凤楼门，下诏云云，即本文。

本文作于至德二载（757）十二月。

册成王为皇太子文（P493上）

《大诏令》卷二十八亦载本文，文中系时为乾元元年，岁次戊戌，十月庚子朔，五日甲辰。《英华》卷四百四十三亦载本文。

本文作于乾元元年（758）十月。

清编《全唐文》卷四十五
(*P493—502*)

册太上皇尊号赦文（P493 上）

《大诏令》卷九亦载本文，题为《乾元元年册太上皇尊号赦》，文末未订作时。《册府》卷八十七载，乾元元年二月丁未，御明凤门，大赦，诏曰云云，即本文。

本文作于乾元元年（758）二月。

乾元元年南郊赦文（P495 上）

《大诏令》卷六十九亦载本文，题为《乾元元年南郊赦》，文末署作时为四月十四日。《册府》卷八十七载，四月甲寅，亲行享庙之礼。乙卯，御丹凤门，大赦天下，诏云云，即本文。

本文作于乾元元年（758）四月。

改元上元赦文（P496 下）

《大诏令》卷四亦载本文，且题为《改元上元赦》，文末未订作时。《册府》卷八十七载，上元元年闰四月己卯，御鸣凤门，诏云云，即本文。

本文作于上元元年（760）闰四月。

去上元年号大赦文（P497 下）

《大诏令》卷四亦载本文，且题为《去上元年号大赦》，文末未订作时。《册府》卷八十七载，上元二年九月壬寅，诏云云，即本文。

本文作于上元二年（761）九月。

元年建卯月南郊赦文（P499 上）

《大诏令》卷六十九亦载本文，题为《元年建卯月南郊赦》，文末未订作时。《册府》卷八十七载，上元元年建卯月辛亥朔，御明凤门，诏云云，即本文。

本文作于上元元年（760）建卯月。

改元宝应赦文（P500 上）

《册府》卷八十七载，宝应元年四月乙丑，诏云云，即本文。《英华》卷四百三十二亦载本文，乃《宝应元年皇太子监国颁天下赦文》的节录。

本文作于宝应元年（762）四月。

第三篇

全唐文中唐诏敕考辨

一　唐代宗李豫诏敕考

李豫（726—779）初名俶，唐肃宗李亨长子。开元二十年八月二十一日（758）封广平郡王。马嵬坡事变后，随肃宗北上，任兵马大元帅。统帅诸将收复两京。乾元元年（758）三月，改封成王，五月十九日，册为皇太子，十月五日改名豫。宝应元年（762）四月二十一日即位。大历十四年（779）五月二十日崩，其年十月己酉，葬元陵（在今陕西富平檀山）。在位十八年，年五十三，谥曰睿文孝武皇帝，庙号代宗。《旧书》卷十一、《新书》卷六有《纪》。

清编《全唐文》卷四十六
（P502—515）

授奉节郡王适天下兵马元帅制（P502 下）

《大诏令》卷三十六载此诏全文，题中无“授”字，末署作时为宝应元年四月十一日。《旧书》卷十一《代宗本纪》亦节录此文，订为宝应元年四月甲戌诏。《旧书》卷十二《德宗本纪上》载：“代宗即位之年五月，以上（德宗李适）为天下兵马元帅，改封鲁王。”《会要》卷一载：“宝应元年五月，充天下兵马元帅，进封鲁王。”《新书》卷六《代宗本纪》亦载“宝应元年四月甲戌，奉节郡王适为天下兵马元帅”。与本文要旨合。《通鉴》卷二百二十二载，宝应元年四月“甲戌，以皇子奉节郡王适为天下兵马元帅”。

本文作于宝应元年（762）四月。

加李辅国司空兼中书令兵部尚书食实封制（P502 下）

《册府》卷六百六十五载，宝应元年五月壬午制，云云，即本文。《通鉴》卷二百二十二载，肃宗宝应元年五月壬午，以李辅国为司空，兼中书令。

本文作于宝应元年（762）五月。

终丧制（P503 上）

《旧书》卷十一《代宗本纪》载，宝应元年五月，辛卯制，云云，即本文。《大诏令》

卷七十六亦载此诏，题为《代宗行在期服诏》。

本文作于宝应元年（762）五月。

加李光弼实封仍与一子官三品制（P503上）

《册府》卷一百三十一载，代宗宝应二年正月戊子制，云云，即本文。《大诏令》卷六十三录此诏全文，题为《赐李光弼实封一子一官制》。今姑从《册府》。

本文作于宝应二年（763）正月。

授刘晏吏部尚书平章事制（P503下）

《册府》卷七十三载，代宗宝应二年正月制，云云，即本文。《大诏令》卷四十五亦节录此文，题为《刘晏平章事制》，末署作时为广德元年五月。《旧书》卷一百二十三《刘晏传》载："宝应二年，迁吏部尚书、平章事，领度支盐铁转运租庸使。"《新书》卷六载："广德元年正月癸未，京兆尹刘晏为吏部尚书、同中书门下平章事。"《通鉴》卷二百二十二载，广德元年春，正月癸未，以国子祭酒刘晏为吏部尚书、同平章事度支等使如故。所载与本文要旨合。由此可证，《大诏令》误"正月"为"五月"。今按：宝应二年七月，改元广德。今从《旧书》所记之宝应年号。

本文作于宝应二年（763）正月。

封卫伯玉城阳郡王制（P504上）

《旧书》卷十一《代宗本纪》载，大历二年六月戊戌，山南剑南副元帅杜鸿渐自蜀入朝。壬寅，荆南节度使卫伯玉封城阳郡王。《册府》卷一百二十九亦载："大历二年六月，封荆南节度、江陵尹卫伯玉为城阳郡王。"《大诏令》卷六十一亦载此诏全文，题为《封卫伯玉阳城郡王制》。

本文作于大历二年（767）六月。

增修学馆制（P504上）

《旧书》卷二十四载，（永泰）二年正月，国子祭酒萧昕上言："崇儒尚学，以正风教，乃王化之本也。"其月二十九日，敕，云云，即本文。《册府》卷五十永泰二年正月诏，云云，录全文。《唐会要》卷三十六节录此文，亦订作时为永泰二年正月二十九日。

本文作于永泰二年（766）正月。

赐刘希暹自尽制（P504下）

《大诏令》卷一百二十六录此文，题中无"赐"字，文末未署作时。《旧书》卷一百八十四《刘希暹传》载，（大历）五年，"朝恩还第，自经而卒，刘希暹亦下狱赐死"。又，《通鉴》卷二百二十四载："大历五年，刘希暹内场自疑，有不逊语，王驾鹤以闻。九月，辛未，赐希暹死。"与本文要旨合。

本文作于大历五年（770）九月。

许巴南贼自新制（P505上）

《英华》卷四百三十三录此文，题为《大历七年大赦天下制》。《册府》卷八十八载，大历七年五月乙未，制云云，即本文。《册府》卷一百六十四亦录全文。《大诏令》卷八十五载此文，题为《大历七年大赦》。今按：本文为一节录文章，节录自大历七年颁布的大赦文。

本文作于大历七年（772）五月。

淮南旱求言制（P505下）

《册府》卷一百二载，大历七年十一月制曰，云云，即本文 。

本文作于大历七年（772）十一月。

加马璘实封制（P505下）

本文又见载于《大诏令》卷六十三，题为《加马璘实封制》。本文载，马璘的官职为“四镇北庭行军、兼泾原等州节度使、开府仪同三司、检校工部尚书、兼御史大夫、上柱国、扶风郡王”。《旧书》卷十一《代宗本纪》载：永泰八月乙亥，封马璘扶风郡王。（大历九年五月）丙寅，加马璘尚书左仆射、知省事。”此文言及马璘任“扶风郡王”，而未言及“尚书左仆射”，必作于任扶风郡王后，尚书左仆射前，具体作年待考。

本文作时待考。

追封华阳公主制（P505下）

本文又见载于《大诏令》卷四十二，末明署作时为大历九年（774）四月。《旧书》卷十一《代宗本纪》载：“（大历九年夏四月）乙未，华阳公主薨。”

本文作于大历九年（744）四月。

追封玉虚公主制（P506上）

本文见载于《大诏令》卷四十二。《唐会要》卷六载，代宗共十八女，玉虚公主为第十女，早卒，但具体卒年不详。

本文作时待考。

贬王缙括州刺史制（P506上）

《旧书》卷一百一十八《王缙传》载，大历十二年三月庚辰，代宗命左金吾大将军吴凑收元载、王缙于政事堂，载、缙皆伏罪。又制曰，云云，即本文。《旧书》卷十一《代宗本纪》载，大历十二年三月辛巳，制：“中书侍郎、平章事元载赐自尽，门下侍郎、平章事王缙贬括州刺史。”与本文要旨合。《大诏令》卷五十七亦录此文，题中无“贬”字。

本文作于大历十二年（777）三月。

授杨绾中书侍郎常衮门下侍郎并同中书门下平章事制（P506下）

《册府》卷七十三载，大历十二年四月制曰，云云，即本文。本文又见载于《大诏令》卷四十五，题为《杨绾常衮平章事制》，末署作时为大历十二年四月。《旧书》卷十一《代宗本纪》载："（大历十二年）夏四月壬午，以朝议大夫、守太常卿、兼修国史杨绾为中书侍郎，尚书礼部侍郎、集贤院学士常衮为门下侍郎，并同中书门下平章事。"所记与本文要旨合。

本文作于大历十二年（777）四月。

赠李进礼部尚书制（P506下）

《册府》卷一百七十二载，代宗宝应元年四月即位，优诏东宫官僚，并与改转，愿守本官者亦听。李进初为帝东征从事，又为皇太子元帅参佐，后至兵部侍郎卒。帝甚悼之，制曰，云云，即本文。

本文作于宝应元年（762）。

封辛京杲晋昌郡王制（P507上）

本文又见载于《大诏令》卷六十一，题为《封辛杲京晋昌郡王制》，未署作时。《新书》卷一百四十七《辛杲京传》载："从弟杲京，字杲京。……代宗立，封庸国公，迁左金吾卫大将军，进晋昌郡王，历湖南观察使，后为工部尚书致仕。"据此可知，《全唐文》中误"辛杲京"为"辛京杲"。亦可知辛氏获封"晋昌郡王"在任"湖南观察使"前。《旧书》卷十一《代宗本纪》载："（大历五年五月）癸未，以羽林大将军辛杲京为潭州刺史、湖南观察使。"由此推之，杲京封晋昌郡王之时，当在大历五年五月之前。

本文作于大历五年（770）五月之前。

答郭子仪进诏敕诏（P507上）

《旧书》卷一百二十《郭子仪传》载，宝应元年四月，代宗即位，内官程元振用事，自矜定策之功，忌嫉宿将。以子仪功高难制，巧行离间，请罢副元帅，加实封七百户，充肃宗山陵使。子仪既谢恩，上表进肃宗所赐前后诏敕，因自陈诉。诏答曰，云云，即本文。《册府》卷六百七十所载同。

本文作于宝应元年（762）四月。

命仆固怀恩充朔方行营节度使诏（P507上）

本文又见载于《大诏令》卷五十九，题为《仆固怀恩朔方节度使》，未署作年。《册府》卷一百十九载，代宗宝应元年七月辛卯，诏曰，云云，即本文。

本文作于宝应元年（762）七月。

严荐举诏（P507下）

《册府》卷六十四载，代宗宝应元年七月，庚寅，诏不许匦使阅投匦人文状。庚子，诏曰，云云，即本文。《大诏令》卷一百十三载此诏全文，题为《处分举荐人诏》，文末明署作时为宝应元年七月。

本文作于宝应元年（762）七月。

流裴茙费州诏（P507下）

《旧书》卷一百一十四《裴茙传》载，宝应元年七月，敕曰，云云，即为本文。检《旧书》卷十一《代宗本纪》载，宝应元年，秋七月“乙酉，襄州刺史裴茙长流费州，赐死于蓝田驿”。《册府》卷一百七十六载，宝应元年五月后，裴茙与来瑱因争任襄阳刺史一职，在襄阳交战，被下诏流放费州。与本文要旨合。

本文作于宝应元年（762）七月。

削除来瑱官爵诏（P507下）

《旧书》卷一百一十四《来瑱传》载，宝应元年，代宗含怒久之，因是下诏曰，云云，即本文。《旧书》卷十一《代宗本纪》载：“（宝应二年春正月）壬寅，制：开府仪同三司、行兵部尚书、同中书门下平章事、充山东道节度观察处置等使、上柱国、颍国公来瑱削在身官爵，长流播州。寻赐死于路。”与本文要旨合。今从《旧纪》。

本文作于宝应二年（763）正月。

禁僧尼道士往来聚会诏（P508上）

《册府》卷五十二载，代宗宝应元年八月癸酉，又诏曰，云云，即本文。《大诏令》卷一百十三亦录此文，题为《条贯僧尼敕》，末署时间为宝应元年八月。

本文作于宝应元年（762）八月。

禁断公私借寺观居止诏（P508上）

《大诏令》卷一百十三载此文，题为《条贯僧尼敕》，末署时间为宝应元年八月。《册府》卷五十二载，代宗宝应元年八月癸酉，诏曰，云云，即本文。在《大诏令》中本诏与上文合为一篇。

本文作于宝应元年（762）八月。

令举堪任刺史县令判司丞尉诏（P508下）

《册府》卷六十八录，代宗宝应元年九月诏曰，云云，即本文。《大诏令》卷一百三亦录此文，题为《令常参官举人诏》，末署时间为宝历元年九月。今按：代宗无“宝历”年号，“历”应为“应”之误。

本文作于宝应元年（762）九月。

令京兆府收埋骸骨诏（P508下）

《册府》卷四十二载，代宗宝应元年十二月戊辰，诏曰，云云，即本文。《大诏令》卷一百十四录此文，题为《收葬京城骸骨诏》，仅署作时为宝应年。

本文作于宝应元年（762）十二月。

答宰臣等请立皇太子手诏（P509上）

《册府》卷二百五十七载，宝应二年五月，宰臣及文武百僚上表请立皇太子，帝手诏答，云云，即本文。《通鉴》卷二百二十二载："（广德元年）四月，群臣三上表请立太子。五月癸卯，诏许俟秋成议之。"今按：代宗宝应二年七月改元广德。

本文作于宝应二年（763）五月。

答郭子仪等表请改元立号手诏（P509上）

《册府》卷十六载，代宗宝应二年四月辛巳，宰臣及文武百僚郭子仪等，上尊号表，手诏答，云云，即本文。《大诏令》卷六录此文，题为《宝应二年上尊号答诏》，题目已指明此诏作时。《旧书》卷十一《代宗本纪》载："宝应元年四月辛巳，群臣请上尊号。"与本文要旨合。

本文作于宝应二年（763）四月。

答郭子仪等表请改元立号第二手诏（P509上）

《册府》卷十六载，代宗宝应二年四月辛巳，宰臣及文武百僚郭子仪等，上尊号表……手诏答曰……表三上乃许之。《大诏令》卷六录此文，题为《答第二表诏》，文末未署作时。此文是《答郭子仪等表请改元立号手诏》之后第二表，为同一时间所作。

本文作于宝应二年（763）四月。

答郭子仪等表请改元立号第三手诏（P509下）

本文又见载于《大诏令》卷六，题为《答第三表诏》。此文是上两篇诏文之后第三表，为同一时间所作。

本文作于宝应二年（763）四月。

令行在侧近府州搜举遗逸诏（P509下）

《册府》卷六十八载，广德元年十二月诏曰，云云，即本文。

本文作于广德元年（763）十二月。

长流程元振诏（P510上）

《旧书》卷一百八十四《程元振传》载，广德元年十二月，车驾还京，元振服缞麻，于车中入京城，以规任用，与御史大夫王升饮酒，为御史所弹。诏，云云，即本文。《旧书》卷十一《代宗本纪》载，广德二年正月壬寅，御史台以程元振狱状闻，配流溱州。《通鉴》卷二百二十三载：“（广德二年）春，正月，壬寅，敕称程元振变服潜行，将图不轨，长流溱州。上念元振之功，寻复令于江陵安置。”所记与本文要旨合。今从《旧纪》及《通鉴》。

本文作于广德二年（764）正月。

答雍王让皇太子诏（P510 上）

《册府》卷二百五十七载，代宗广德二年正月己卯，立元帅尚书令雍王适为皇太子。甲子，雍王表谦让皇太子之位，帝诏答，云云，即本文。

本文作于广德二年（764）正月。

答王缙进王维集表诏（P510 下）

《王右丞集笺注》卷首录此诏全文，题为《代宗皇帝批答手敕》。《山西通志》卷一百八十三亦录此文，题为《赐王缙诏》。《四六法海》卷一录全文，题为《答王缙敕》。《旧书》卷一百九十下《王维传》载：“代宗时，（王）缙为宰相，代宗好文，常谓缙曰：‘卿之伯氏，天宝中诗名冠代，朕尝于诸王座闻其乐。今有多少文集，卿可进来。’缙曰：‘臣兄开元中诗百千余篇，天宝事后，十不存一。’”《全唐文》卷三百七十有王缙的《进王维集表》一文。文中所言，奉旨进亡兄王维文集，并在文末书“宝应二年正月七日，银青光禄大夫、尚书兵部侍郎、兼御史大夫臣缙表上”。

本文作于宝应二年（763）正月。

遣刘晏宣慰诸道诏（P510 下）

《册府》卷一百六十二载，代宗广德二年三月庚戌，诏曰，云云，即本文。《大诏令》卷一百十五亦录此文，题为《遣刘晏宣慰诸道敕》。《通鉴》卷二百二十三载：“（广德二年）三月己酉，以太子宾客刘晏为河南、江、淮以东转运使，议开汴水。庚戌，又命晏与诸道节度使均节赋役，听便宜行毕以闻。”与本文要旨相合。

本文作于广德二年（764）三月。

求言诏（P511 上）

《册府》卷一百二载，代宗广德二年三月，诏，云云，即本文。本文又见载于《大诏令》卷一百五，题为《令台省详议封事诏》。

本文作于广德二年（764）三月。

谕仆固怀恩诏（P511 上）

《册府》卷一百六十四载，广德二年六月癸未，诏曰，云云，即本文。《大诏令》卷一百十八亦录此文，题为《招谕仆固怀恩诏》。《旧书》卷十一《代宗本纪》载：广德二年五月癸未，制："太保、兼中书令、灵州大都督府长史、单于镇北副大都护、充朔方节度、关内度支营田盐池押诸蕃部落副大使、知节度事、六城水运使、河北副元帅、上柱国、大宁郡王仆固怀恩，先任灵州大都督府长史、单于镇北副元帅、朔方节度使宜并停，其太保、兼尚书令、大宁郡王如故。"《通鉴》亦载，是年六月，"仆固怀恩至灵武，收合散亡，其众复振。上厚抚其家。癸未，下诏，称其'勋劳着于帝室，及于天下。疑隙之端，起自群小，察其深衷，本无它志；君臣之义，情实如初。但以河北既平，朔方已有所属，宜解河北副元帅、朔方节度等使，其太保兼中书令、大宁郡王如故。但当诣阙，更勿有疑'。怀恩竟不从"。所述与本文要旨合。按：是年五月无"癸未"，《旧书》误。今从《册府》《通鉴》。

本文作于广德二年（764）六月。

答李光弼让实封诏（P512 上）

《册府》卷四百九载：李光弼于代宗广德二年七月上表请辞，手诏答，云云，即本文。《大诏令》卷六十三载此文，题为《不许李光弼辞封诏》。另，《旧书》卷十一《代宗本纪》载："（广德二年）七月已酉朔，河南副元帅、太尉、兼侍中、临淮王李光弼薨于徐州，废朝三日。"由此可知本文作于李光弼卒前。

本文作于广德二年（764）七月。

答郭子仪陈让太尉手诏（P512 下）

《册府》卷三百三十一载，郭子仪，代宗时加守太尉，累表陈让，又手诏答，云云，即本文。《旧传》卷一百二十《郭子仪传》载，（广德二年）九月，以子仪守太尉、充北道邠宁泾原河西已东通和蕃、及朔方招抚观察使，其关内河东副元帅、中书令如故。"郭子仪以怀恩未诛不宜让使，上书坚辞太尉……此优诏不许"。与本文要旨合。《旧纪》卷十一《代宗本纪》载，是年九月"辛亥，河东副元帅、中书令、汾阳郡王郭子仪加太尉，充北道邠宁、泾原、河西已东通和吐蕃及朔方招抚使……子仪三表恳让太尉，许之"。《新书》卷六十二《郭子仪传》载："广德二年九月辛亥，子仪为太尉。甲寅，子仪让罢之。"与本文要旨合。

本文作于广德二年（764）九月。

答郭子仪让尚书令手诏（P512 下）

《旧书》卷一百二十《郭子仪传》载，广德二年十二月，郭子仪上书让尚书令一职，手诏答，云云，即本文。《新书》卷六十二《郭子仪传》载："广德二年十二月乙丑，子仪为尚书令。辛未，子仪让罢之。"与本文要旨合。

本文作于广德二年（764）十二月。

答王缙让侍中郡公第一表手诏（P512 下）

《册府》卷三百三十一载，王缙广德初同平章事。二年，迁侍中，持节都统河南、淮西、山南东道诸节度行营使，进封太原郡公。缙上表让。……手诏答，云云，即本文。《旧书》卷一百一十八《王缙传》载，广德二年“河南副元帅李光弼薨于徐州，以缙为侍中，持节都统河南、淮西、山南东道诸节度行营事，缙恳让侍中，从之”。与本文要旨合。《新书》卷六十二载：“广德二年八月丙寅，缙为侍中，持节都统河南、淮西、山南东道诸节度行营使，壬申，缙罢侍中。”由此可证，王缙让侍中在广德二年八月。

本文作于广德二年（764）八月。

答王缙让侍中郡公第二表手诏（P513 上）

《册府》卷三百三十一在王缙让侍中郡公第一表，皇帝不准后，载缙又上表，手诏答，云云，即本文。此文当作于上文之后不久。

本文作于广德二年（764）八月。

许王缙侍中郡公手诏（P513 上）

《册府》卷三百三十一载，王缙让侍中郡公第二表，皇帝不准后，复载缙又上表。手诏答，云云，即本文。此文当在上两篇之后。

本文作于广德二年（764）八月。

赠李氏裴氏县君诏（P513 上）

《旧书》卷一百九十三载，永泰元年春，此李氏、裴氏两位烈女，以壮迹闻，诏曰，云云，即本文。《册府》卷一百三十九明署作时为永泰元年三月。

本文作于永泰元年（765）三月。

缘汴河置防援诏（P513 下）

《册府》卷六十四载，永泰元年四月诏，云云，即本文。

本文作于永泰元年（765）四月。

答鱼朝恩献苑内白鹿白兔手诏（P513 下）

《册府》卷二十五载，永泰元年七月甲寅，有三白鹿一白兔见于禁苑，鱼朝恩欲献之，手诏答曰，云云，即本文。《陕西通志》所载同。

本文作于永泰元年（765）七月。

赠韦陟尚书左仆射诏（P513 下）

《旧书》卷九十二《韦陟传》载，永泰元年诏，云云，即本文。《旧书》卷九十二载，永泰元年诏曰：“竭忠之臣……可赠尚书左仆射。”即本文。

本文作于永泰元年（765）。

答刘晏让官手诏（P514 上）

《册府》卷四百六十四载，永泰初，晏为东都河南江淮转运使、加检校吏部尚书，上表恳让，手诏曰，云云，即本文。《刘晏评传附年谱》将此文订于“大历四年”，今从《册府》。

本文作于永泰初（765 年之后）。

减租税诏（P514 上）

《旧书》卷十一《代宗本纪》载，永泰二年十一月甲寅，乾陵令于陵署得赤兔以献。丙辰诏曰，云云，即本文。《册府》卷四百九十载：永泰二年十一月庚辰，敕曰：“古者量其国用……数内宜减放一十七万五千石。”此段即本诏之节录。《陕西通志》卷八十四与《册府》录文同。

本文作于永泰二年（766）十一月。

均济职田俸料诏（P514 下）

《册府》卷五百六载，永泰二年十一月，诏，云云，即本文。

本文作于永泰二年（766）十一月。

给复同华两州诏（P514 下）

《册府》卷四百九十载，（大历）二年正月，既平周智光元年十二月叛，诏云云，即本文。《旧书》卷十一《代宗本纪》载，大历二年，正月戊寅，敕：“同、华两州，顷因盗据，民力凋残，宜给复二年，一切蠲免”。节录本文。

本文作于大历二年（767）正月。

升侍中中书令入正二品门下中书侍郎入正三品诏（P515 上）

《旧书》卷十一《代宗本纪》载，大历二年十一月庚申，改黄门侍郎依旧为门下侍郎，诏曰，云云，即本文。《大诏令》卷一百一载此文，题为《升中书门下品秩诏》。《山堂肆考》卷四十三载，唐代宗大历二年，改黄门侍郎诏曰：“春秋以九命作上公而谓之宰相。”此数语，即本诏之节录。

本文作于大历二年（767）十一月。

清编全唐文卷四十七
（P515—526）

答宰臣等贺双鹊补乾陵观殿隙缺手诏（P515 下）

《册府》卷三十七载，代宗大历三年夏四月戊申，帝手诏答，云云，即本文。

本文作于大历三年（768）四月。

追谥齐王为承天皇帝诏（P515 下）

《旧书》卷一百十六《承天皇帝倓传》载，大历三年五月诏，云云，即本文。《册府》卷二百九十六载，大历三年五月诏曰："故齐王倓……同殿异室焉。"是为本文。《大诏令》卷二十六载此诏全文，题为《齐王谥承天皇帝制》，末署时间为大历三年五月七日。

本文作于大历三年（768）五月。

给复京兆府诏（P516 上）

《英华》卷四百三十四录此文，题为《减征京畿夏麦制》，明署作时为大历三年六月，并署明作者为常衮。《册府》卷四百九十载，大历三年六月辛丑，诏曰："夏后氏五十而贡……令悉朕意。"即本文。《御选古文渊鉴》卷三十二亦节录此文，题为《减征京畿夏麦制》。今按：依《全唐文》体例，本文应归于常衮名下。

本文作于大历三年（768）六月。

答张献诚让官手诏（P516 下）

《册府》载，大历三年，手诏答曰，云云，即本文。《旧书》卷十一《代宗本纪》载，大历三年夏四月戊寅，以山南西道节度使、郑国公张献诚为检校户部尚书，以疾辞位也。与本文要旨合。

本文作于大历三年（768）四月。

赐李岵自尽诏（P516 下）

《册府》卷四百六十四载，大历三年，手诏答曰，云云，即本文。《大诏令》卷一百二十六载全文，题为《李岵赐自尽制》。

本文作于大历四年（769）正月。

罢张增叔孙胜诏（P517 上）

《册府》卷一百五十二载，大历四年正月癸巳，诏曰："盖议谳之道……军前驱使。"云云，即本文。

本文作于大历四年（769）正月。

裁减丞尉诏（P517 下）

《旧书》卷十一《代宗本纪》载，大历四年三月壬申，诏云云，即本文。《大诏令》卷一百一亦录此文，题为《减京畿官员制》。

本文作于大历四年（769）三月。

答裴冕等表贺佛见光相手诏（P517 下）

《册府》卷五十二载，大历四年七月，手诏答，云云，即本文。

本文作于大历四年（769）七月。

减来年夏税诏（P518 上）

《册府》卷四百八十七载，大历四年十月敕，云云，即本文。《册府》卷四百八十七、四百九十载，大历四年十一月甲子诏曰，云云，即本文。另，《五礼通考》卷二百四十九载，大历四年十一月诏曰，云云，亦为本文。本文又见载于《全唐文》卷四十八第五百三十一页，题为《减次年麦税敕》。本文为其前半部分。是为重出。

本文作于大历四年（769）十一月。

答杜鸿渐辞官手诏（P518 上）

《册府》卷三百三十一手诏答，云云，即本文。《旧书》卷十一《代宗本纪》载，大历四年，十一月“乙亥，门下侍郎、同中书门下平章事、卫国公杜鸿渐卒”。此数语与本文要旨合。《通鉴》卷二百二十四载，大历四年，“冬，十月，黄门侍郎、同平章事杜鸿渐以疾辞位，壬申，许之；乙亥，薨。鸿渐病甚，令僧削发，遗令为塔以葬”。所记与本文要旨合。今按：《旧书》成书早于《册府》，今从《旧书》。

本文作于大历四年（769）十一月。

令州府观察等表荐贤才诏（P518 上）

《册府》卷六十八载，（大历）五年六月诏，云云，即本文。《大诏令》卷八十四录此诏全文，题为《大历五年大赦》。《英华》卷四百三十三亦录此文，题为《大历五年大赦天下制》。《册府》卷六百四十五亦载，大历五年六月诏：“内外文武官，及前资官六品以下，并草泽中有硕学专门，茂才异等，智谋经武，讽谏主文者，仰所在表荐。”此数语即为本文之节录。《全唐文》卷四百一十五卷，常衮文中亦录《大历五年大赦天下制》全文，本文为其中节录。今按：本文当为《大历五年大赦天下制》文中一部分，依《全唐文》体例，本文应归于常衮。

本文作于大历五年（770）六月。

禁断织造淫巧诏（P518 上）

《册府》卷六十四载，大历六年四月诏曰，云云，即本文。《册府》卷五百四载，代宗大历中诏，云云，即本文。《大诏令》卷一百九亦录此文，题为《禁大花绫锦等敕》，末署时间为大历六年四月。《旧书》卷十一《代宗本纪》载，大历六年四月戊寅诏："纂组文绣……有司明行晓谕。"即为本文之节录。

本文作于大历六年（771）四月。

答宰臣等贺文单国进象手诏（P518 下）

《册府》卷九百九十九载，代宗大历六年十一月，手诏答，云云，即本文。《旧书》卷十一《代宗本纪》载："（大历六年）十一月己亥，文单国王婆弥来朝，献驯象一十一。"所记即为此事。

本文作于大历六年（771）十一月。

授文单国副王婆弥开府仪同三司诏（P518 下）

《册府》卷九百六十五载，大历六年十一月文单国王来朝，诏，云云，即本文。《旧书》卷十一《代宗本纪》载："（大历六年）十一月己亥，文单国王婆弥来朝，献驯象一十一。十二月庚午，制以文单王婆弥为开府仪同三司、试殿中监。"所记与本文要旨相投。《册府》所记为文单国王来朝之时非下诏之时，《旧书》成书早于《册府》，故今从《旧书》之说。

本文作于大历六年（771）十二月。

允李抱玉让官优诏（P518 下）

《册府》卷四百九载，大历六年，手诏答曰，云云，即本文。《通鉴》卷二百二十四亦载，大历六年春二月壬寅，河西、陇右、山南西道副元帅，兼泽潞、山南西道节度使李抱玉上言让官，优诏许之。与本文要旨合。

本文作于大历六年（771）二月。

追赠不空和尚诏（P519 上）

《册府》卷五十二载，大历九年六月癸未，兴善寺僧、试鸿胪寺卿不空三藏卒，乃下诏，云云，即本文。《通鉴》卷二百二十五载，大历九年六月"癸未，兴善寺胡僧不空卒，赠开府仪同三司、司空，赐爵肃国公，谥曰大辩正广智不空三藏和尚"。与本文要旨合。

本文作于大历九年（774）六月。

禁苑一发连二兔答宰臣等请付史官手诏（P519 下）

《册府》卷三十七载，大历七年十月，手诏答，云云，即本文。《旧书》卷十一《代宗本纪》载："大历七年，冬十月壬子，上畋于苑中，矢一发贯二兔，从臣皆贺。"与本文要旨合。《册府》卷一百一十五载："代宗大历七年冬十月壬子，畋于禁苑，一发连中二兔，遣使出示宰臣，仍赐之，宰臣等拜舞称庆。"所述与本文内容相符。

本文作于大历七年（772）十月。

停扬洪宣三州作坊诏（P519 下）

《册府》卷一百三十五载，大历七年十一月诏："以淮南数州……亦宜并停。"即本文。

本文作于大历七年（772）十一月。

委观察使安辑流亡诏（P519 下）

《册府》卷一百六十四载，大历七年十一月诏："如闻巴南道州……令知朕意。"即本文。

本文作于大历七年（772）十一月。

命诸道入钱备和粜诏（P519 下）

《旧书》卷十一《代宗本纪》载，大历九年五月乙丑诏云云，即本文。《大诏令》卷一百十一录此文，题为《命诸道平籴制》，文末署作时为大历九年五月。《册府》卷四百八十四载，大历九年五月乙丑敕，云云，即本文。《大诏令》明署作者为常衮。今按：依《全唐文》编撰体例，本文当归入常衮文中。

本文作于大历九年（774）五月。

答郭子仪论吐蕃书手诏（P520 上）

《旧书》卷一百二十《郭子仪传》载，大历九年，诏，云云，即本文。《册府》卷三百六十六载，大历九年，诏云云，亦是本文。两书皆明署作于大历九年，具体月份不可考。

本文作于大历九年（774）。

分封诸王子诏（P520 下）

《旧书》卷一百十六《代宗二十一子传》载，大历十年二月，诏，云云，即本文。《大诏令》卷三十三录全文，题为《封睦王等制》，文末明署作时为大历十年二月。《旧书》卷十一《代宗本纪》载，大历十年，二月辛未制："第四子述封睦王……并可开府仪同三司，不出阁。"所引与本文文意相同。《会要》卷四十六载："大历十年二月，封第四子述为睦王……第二十子逸为雅王。"即为本文之节录。

本文作于大历十年（775）二月。

贬田承嗣永州刺史诏（P520 下）

《大诏令》卷一百十九录全文，题为《贬田承嗣永州刺史诏》。《旧书》卷一百四十一《田承嗣传》载，大历十年四月诏曰："田承嗣出自行间……承嗣宜贬永州刺史。"即为本文之节录。《旧书》卷十一《代宗本纪》载："（大历十年四月）乙未，制魏博节度使、开府仪同三司、太尉检校尚书、左仆射、同中书门下平章事、魏州大都督府长史、上柱国、雁门郡王田承嗣可贬永州刺史。”与本文要旨合。《通鉴》卷二百二十五载，大历十年“夏四月乙未，敕贬承嗣为永州刺史，仍命河东、成德、幽州、淄青、淮西、永平、汴宋、河阳、泽潞诸道发兵前临魏博，若承嗣尚或稽违，即令进讨；罪止承嗣及其侄悦，自余将士弟侄，苟能自拔，一切不问”。与本文要旨合。《钦定续通志》卷九记载：“（大历十年）夏四月乙未，贬田承嗣为永州刺史。”

本文作于大历十年（775）四月。

许田承嗣自新诏（P522 下）

《册府》卷一百七十六载，大历十一年正月，诏，云云，即本文。《大诏令》卷一百二十一载此文，题为《宥田承嗣诏》。《旧书》卷十一《代宗本纪》载：“（大历）十一年正月庚寅朔，田承嗣上表请罪。壬辰，遣谏议大夫杜亚使魏州宣慰，许其自新。”《通鉴》卷二百二十五载，大历十一年“二月庚辰，田承嗣复遣使上表请入朝。上乃下诏赦承嗣罪，复其官爵，听与家属入朝，其所部拒朝命者，一切不问”。所述均与本文要旨合。《册府》、《旧书》订时一致，《通鉴》异，今从多者说。

本文作于大历十一年（776）正月。

复田承嗣官爵诏（P523 上）

《册府》卷一百七十六载，大历十二年三月庚午，有左降官永州刺史田承嗣，复旧官爵，诏云云，是为本文。《大诏令》卷一百二十一载此文，题为《复田承嗣官爵制》。《旧书》卷十一《代宗本纪》载，大历十二年三月“庚午，左降官永州刺史田承嗣，复授魏博节度使，官并如故。承嗣侄悦、子绾绪纶并复旧官”。《通鉴》卷二百二十五载：大历十一年“二月庚辰，田承嗣复遣使上表，请入朝。上乃下诏，赦承嗣罪，复其官爵，听与家属入朝，其所部拒朝命者一切不问”。所述均与本文要旨合。《旧书》成书早于《通鉴》，今从《旧书》所订之时。

本文作于大历十二年（777）三月。

复田悦等官爵诏（P524 上）

《册府》卷一百七十六载，大历十二年三月，又诏，云云，即本文。《旧书》卷十一《代宗本纪》载：“大历十二年三月戊辰夜，月逼心前星。庚午，左降官永州刺史田承嗣，复授魏博节度使，官并如故。承嗣侄悦、子绾绪纶并复旧官。”所述与本文要旨合。

本文作于大历十二年（777）三月。

条件内外遗阙诏（P524 上）

本文实为《全唐文》卷四十七第五百二十四页下《求言诏》一文之节录，是为重出。

本文作于大历十二年（777）四月。

授南霁云子承嗣歙州别驾诏（P524 上）

《册府》卷一百三十一载，大历十二年四月诏曰，云云，即本文。

本文作于大历十二年（777）四月。

求言诏（P524 下）

《册府》卷一百二载，大历十二年四月诏曰："昔予太祖、太宗之御天下也……不遗于听览。"是为本文之节录。《大诏令》卷一百五载此文，题为《令百官言事诏》。《全唐文》卷四十七《条件内外遗阙诏》一文，是本文之重出。

本文作于大历十二年（777）四月。

赠杨绾司徒诏（P525 上）

《旧书》卷一百一十九《杨绾传》载，杨绾薨，代宗震悼久之，辍朝三日，诏，云云，即本文。《册府》卷三百十九载，大历十二年，绾卒，帝惊悼久之，辍朝三日。即日下诏，赠司徒，发使柩前册授令。及未敛，诏云云，即本文。《册府》卷一百四十一载："代宗大历中，宰相杨绾薨，帝惊悼久之，诏赠司空。"与本文要旨合。

本文作于大历十二年（777）七月。

赐杨绾谥诏（P525 下）

《旧书》卷一百一十九《杨绾传》、《册府》卷五百九十五亦录此文，两书皆未注明作时。据文献知，杨绾大历十二年薨后，代宗下此诏。《旧书》卷十一《代宗本纪》载，大历十二年秋七月己巳，中书侍郎、同中书门下平章事、集贤殿崇文馆大学士、兼修国史杨绾卒。由此可知本文作时。

本文作于大历十二年（777）七月。

追赠张自勉实封诏（P525 下）

本文又见载于《大诏令》卷六十三，题为《赐张自勉实封诏》，末署时间为大历十二年七月。《册府》卷一百三十载，大历十二年七月诏，云云，即本文。

本文作于大历十二年（777）七月。

给复巴蓬等州诏（P526 上）

《册府》卷四百九十载，大历十二年十一月庚辰，诏，云云，即本文。

本文作于大历十二年（777）十一月。

褒穆赞诏（P526 上）

《归书》卷一百五十五《穆宁传》及《册府》卷八百七十五俱载："穆赞为济源主簿，时父宁任和州刺史，以刚直不屈于廉使，遂被诬奏，贬泉州司户参军。赞奔赴阙庭，号泣上诉，诏使御史覆问，宁方得雪，诏曰：‘令子申父之冤，宪臣奉君之命，楚剑不冲于牛斗，秦台自洗于尘埃。’”即本文。由此知，穆赞之父穆宁被贬为泉州司户参军时，赞奔走鸣冤。《古今事文类聚外集》卷十五、《山堂肆考》卷七十八亦载此文，所录与《册府》同，均未明署作时。《旧书》卷一百五十五《穆宁传》载：“大历四年，起授监察御史，领转运留后事于淄青。间一年，改检校司封郎中，兼侍御史，领转运留后事于江西。明年，拜检校秘书少监，兼和州刺史，理有善政。居无何，官罢。代宁者以天宝版籍校见户，诬以逋亡多，坐贬泉州司户。宁子赞，守阙三年告冤。诏遣御史按覆，而人户增倍，诏书召宁除右谕德。宁强毅不能事权贵。”大历四年间一年，为大历六年，再明年，为大历七年。穆和罢官即此年。穆赞为其父辩冤三载，应为大历七年始，到十年始明，则此诏应在大历十年。

本文作于大历十年（775）。

清编全唐文卷四十八
（P526—535）

答释良贲表进疏通经诏（P526 下）

《宋高僧传》卷五载，诏曰：“法师智炬高明……永为法宝也。”即本文，然未标注作时。

本文作时待考。

答天长寺沙门昙邃等表定新旧两疏诏（P526 下）

《宋高僧传》卷十五载，诏曰：“师等道着依经……所谢知悉。”即本文，然未标注作时。

本文作时待考。

褒令狐彰诏（P526 下）

《旧书》卷一百二十四《令狐彰传》载，令狐彰临终，手疏辞表，诫子以忠孝守节，又举能自代。上览表嗟悼久之，特下诏褒美曰，云云，即本文。《通鉴》卷二百二十四载：“大历八年二月壬申，永平节度使令狐彰薨。”可证本文之作时。

本文作于大历八年（773）二月。

授李泌澧朗硖团练使诏（P527 上）

《旧书》卷一百三十《李泌传》载，诏曰：“荆南都会……充澧朗硖团练使。”即本文。《册府》卷六百七十一亦节录本文。《旧书》卷十一《代宗本纪》载：“大历十四年春正月壬戌，以楚州刺史李泌为澧州刺史。”与本文要旨合。

本文作于大历十四年（779）正月。

宥李忠臣诏（P527上）

《大诏令》卷一百二十一载此文。《旧书》卷十一《代宗本纪》载：“大历十四年三月丁未，汴宋节度使李忠臣为麾下将族侄李希烈所逐，忠臣狼狈归朝。上以忠臣立功于国，乃授检校司空、同平章事。”

本文作于大历十四年（779）三月。

遗诏（P527下）

《大诏令》卷十一载此文，题为《代宗遗诏》，末署时间为大历十四年五月。《旧书》卷十一《代宗本纪》载：“大历十四年五月癸卯，上不康。辛酉，诏皇太子监国。是夕，上崩于紫宸之内殿，遗诏皇太子柩前即位。”《通鉴》卷二百二十五所录与《旧书》文意相同。

本文作于大历十四年（779）五月。

禁富户吞并敕（P528上）

《会要》卷八十五载，宝应元年四月敕，云云，即本文。《册府》卷四百九十五载，代宗宝应元年四月敕，云云，即本文。

本文作于宝应元年（762）四月。

恤民敕（P528上）

《册府》卷一百四十七载，代宗宝应元年十月乙卯，敕，云云，即本文。今从之。

本文作于宝应元年（762）十月。

满限不到任处分敕（P528下）

《会要》卷七十五载，广德元年二月敕，云云，即本文。《册府》卷六百三十亦载，广德元年二月敕：“诸州府及县令……诸州诸使不得奏用。”所引即本文。今按，宝应二年七月方改元广德。

本文作于宝应二年（763）二月。

祭霍山敕（P529上）

《册府》卷三十四载，广德二年三月丙午，敕，云云，即本文。《大诏令》卷七十四亦录此文，题为《遣官祭霍山敕》。

本文作于广德二年（764）三月。

罢河中节度并耀德军敕（P529 上）

《册府》卷一百四十二载，代宗广德二年六月，敕，云云，即本文。《大诏令》卷一百七亦录此文，题为《停河中节度并耀德军诏》末署时间为广德二年六月。《通鉴》卷二百二十三载："广德二年六月，敕罢河中节度及耀德军。"与本文要旨合。

本文作于广德二年（764）六月。

准太学生徒支给厨米敕（P529 下）

《册府》卷五十载，代宗广德二年七月丙午，敕云云，即本文。《新书》卷四十四《选举志》载，代宗广德二年诏曰："古者设太学，教胄子，虽年谷不登，兵革或动，而俎豆之事不废。顷年戎车屡驾，诸生辍讲，宜追学生在馆习业，度支给厨米。"与本文要旨合。

本文作于广德二年（764）七月。

授裴冕等集贤待制敕（P529 下）

《会要》卷二十六载，永泰元年三月一日，敕云云，即本文。《旧书》卷十一《代宗本文》载："永泰元年三月壬辰朔，诏左仆射裴冕等十三人，并集贤院待诏。"与本文要旨合。《通鉴》卷二百二十三载："永泰元年三月壬辰朔，命左仆射裴冕、右仆射郭英乂等文武之臣十三人于集贤殿待制。"《册府》卷二百七十七载："永泰初，乃诏左仆射裴冕等一十三人同于集贤院待制。"

本文作于永泰元年（765）三月

遣送六祖衣钵谕刺史杨瑊敕（P530 上）

《五灯会元》载，永泰元年五月五日，代宗梦六祖大师请衣钵，七日敕刺史杨瑊曰："朕梦感禅师……勿令遗坠。"所引即为本文。

本文作于永泰元年（765）五月。

命鱼朝恩判国子监事敕（P530 上）

《旧书》卷二十四《礼仪志》载，永泰二年八月二十五日，诏云云，即本文。《册府》卷六百六十五载，永泰二年二月二十一日诏："加内侍省监、判国子监事、充鸿胪相、礼宾等使，封郑国公，食邑三千户。"为本文之节录。《旧书》卷十一《代宗本纪》亦载，永泰二年八月，命鱼朝恩加内侍监、判国子监事，充鸿胪、礼宾等使，进封郑国公。与本文要旨合。《旧书》成书早于诸书，今从其订作时。

本文作于泰二年（766）八月。

诛周元翰等敕（P530 下）

《册府》卷一百五十二载，大历二年正月，逆贼周智光男元翰、华州司马元耀、判官监察御史邵贲，都虞侯蒋罗汉并伏诛，其元翰、邵贲处极刑要斩。敕云云，即本文。《大诏令》卷一百二十六亦录此文，题为《周元翰等死没制》。

本文作于大历二年（767）正月。

迎大觉禅师敕（P530 下）

《宋高僧传》卷九载，代宗睿武皇帝大历三年戊申岁二月，下诏曰，云云，即本文。

本文作于大历三年（768）二月。

停度支盐铁奉常使敕（P531 上）

《旧书》卷十一《代宗本纪》载，大历五年二月己丑，敕云云，即本文。《大诏令》《英华》均载此文，题为《复尚书省故事制》，末署时间均为大历五年三月。今从《旧书》之说。

本文作于大历五年（770）二月。

减次年麦税敕（P531 下）

《册府》卷四百八十七载，大历四年十月敕云云，即本文。《册府》卷四百九十载，大历四年十一月甲子诏曰："比属秋霖……特宜与减常年税。"即本文之节录。《五礼通考》卷二百四十九录：大历四年十一月诏，云云，亦为本文之节录。本文作时今从多者说。本文前半部分又见于《全唐文》卷四十七第五百一十八页，题为《减来年夏税诏》。是为重出。

本文作于大历四年（769）十一月。

减次年秋税敕（P532 上）

《册府》卷四百八十七载，大历四年十二月敕："顷以蕃寇犹虞……令知朕意。"即本文。《英华》卷四百三十四亦载此诏。《旧书》卷四十八《食货上》载，大历四年十二月敕："令关辅垦田渐广，江淮转漕常加，计一年之储……令知朕意。"即为本文之节录。《旧书》卷十一《代宗本纪》载，大历四年十二月辛酉，敕京兆府税宜分作两等，上等每亩税一斗，下等税六升，能耕垦荒地者税二升。与本文要旨合。

本文作于大历四年（769）十二月。

论诸道州考察所属官敕（P532 上）

《册府》卷一百五十五载，代宗大历六年四月，敕云云，即本文。

本文作于大历六年（771）四月。

决杖李少良等敕（P532 下）

《册府》卷一百五十二载，大历六年，上封人李少良告宰臣元载阴事，复又漏言于韦颂等。帝大怒，乃敕曰，云云，即本文。《大诏令》卷一百二十六载此文，题中无"杖"

字。《通鉴》卷二百二十四载：“（大历六年四月）成都司录李少良上书言元载奸赃阴事，上置少良于客省。少良以上语告友人韦颂，殿中侍御史陆珽以告载，载奏之。上怒，下少良、颂、珽御史台狱。御史奏少良、颂、珽凶险比周，离间君臣，五月戊申，敕付京兆，皆杖死。”与本文要旨合。

本文作于大历六年（771）四月。

申约葬祭式敕（P533 上）

《大诏令》卷八十录此文，题为《条疏葬祭敕》，末署时间为大历七年三月。

本文作于大历七年（772）三月。

赠孀婆元氏颍川郡太夫人敕（P533 上）

《册府》卷三十八载，代宗大历八年六月，敕，云云，即本文。《大诏令》卷二十五亦载此诏全文，末署时间为大历八年六月。

本文作于大历八年（773）六月。

命郭子仪等备边敕（P533 上）

《册府》卷九百九十二载，大历九年四月乙酉敕，云云，即本文。《大诏令》卷一百七载此文，题为《命郭子仪等出师制》，末署时间为大历九年四月。《陕西通志》卷八十五明署作时为大历九年。《旧书》卷一百九十六《吐蕃传》载，大历九年四月，以吐蕃侵扰，预为边备，乃降敕：“宜令子仪以上郡……俟于后命。”所引即为本文之节录。《旧书》卷十一《代宗本纪》载：“大历九年四月乙酉，诏郭子仪等大阅兵师，以备吐蕃。”与本文要旨合。

本文作于大历九年（774）四月。

赐元载自尽敕（P534 下）

《旧书》卷一百一十八《元载传》载，大历十二年三月庚辰，宦官左卫将军、知内侍省事董秀与载同恶，先载于禁中杖杀之，敕，云云，即本文。《大诏令》卷一百二十六载此文，题为《诛元载敕》。《旧书》卷十一《代宗本纪》，亦载，大历十二年三月庚辰，宰相元载、王缙得罪下狱，命吏部尚书刘晏讯鞫之。辛巳制：“中书侍郎、平章事元载赐自尽，门下侍郎、平章事王缙贬括州刺史。”与本文要旨合。

本文作于大历十二年（777）三月。

宥京城禁囚敕（P534 下）

《册府》卷八十八载，大历十二年六月丁未，以旱故，诏，云云，即本文。《大诏令》卷八十五亦载此文。

本文作于大历十二年（777）六月。

诛裴昕敕（P534 下）

《册府》卷一百五十二载，大历十三年三月，陇右节度判官御史裴昕及昭义军节度使李承昭之子润之并专杀伏罪，敕曰："自古制刑……集众决杀。"即本文。

本文作于大历十三年（778）三月。

戒坛敕（P535 上）

《来斋金石刻考略》卷中载，代宗大历二年十月，内敕于会善寺建戒坛，抽律生七人讲律者，主僧乘如表谢，代宗批答云："戒分律仪……烦于申谢。"所引即为本文。《嵩阳石刻集记》卷下载，大历二年十一月晦日，安国寺沙门乘如上表，云云，即本文。两书所记年同，月份不同，具体月份待考。

本文作于大历二年（767）。

清编全唐文卷四十九
（P535—547）

答颜真卿谢户部侍郎批（P535 下）

《颜鲁公集》卷二录此文，题为《批答》。《旧书》卷一百二十八《颜真卿传》载："代宗嗣位，拜利州刺史，迁户部侍郎，除荆南节度使，未行而罢，除尚书左丞。"与本文要旨合。日本《诏敕目录》将其作时订为宝应二年，今姑从之。

本文作于宝应二年（763）。

答颜真卿谢吏部侍郎批（P535 下）

《颜鲁公集》卷二录此文，题为《批答》。日本《诏敕目录》将其作时订为宝应二年，今姑从之。

本文作于宝应二年（763）。

答颜真卿谢荆南节度使批（P535 下）

《颜鲁公集》卷二录此文，题为《批答》。《旧书》卷一百二十八《颜真卿传》载："代宗嗣位，拜利州刺史，迁户部侍郎，除荆南节度使，未行而罢，除尚书左丞。"日本《诏敕目录》订作时为广德元年八月至十月间，今姑从之。

本文作于广德元年（763）八月至十月间。

册回纥公主文（P535 下）

本文文首已明署作时为大历二年五月十三日。《大诏令》卷四十二亦载此文。

本文作于大历二年（767）五月。

册新罗王太妃文（P536 上）

本文文首已明署作时为大历三年二月十日。《大诏令》卷一百二十九亦载此文。《册府》卷九百六十五，《册府》卷九百六十七、《旧书》卷一百九十九上，《会要》卷九十五皆引此文，皆订于大历三年二月。

本文作于大历三年（768）二月。

册独孤颖长女为贵妃文（P536 上）

本文文首已明署作时为大历三年。《册府》卷三百三载：“独孤颖，为左威将军、录事参军，卒，大历三年，追赠工部尚书，颖，代宗贵妃之父也，将册贵妃，乃加宠焉。”所记与本文要旨合。《大诏令》卷二十五亦载此文。

本文作于大历三年（768）。

册华阳公主文（P536 下）

本文文首已明署作时为大历四年三月五日。《大诏令》卷四十一亦载此文。

本文作于大历四年（769）三月。

册亲王出将文（P537 上）

本文文首已明署作时为大历五年三月十六日。《大诏令》卷三十七载此诏全文。《诏敕目录》注此文为常衮文。今归入常衮名下。

本文作于大历五年（770）三月。

册郑王邈为天下兵马元帅文（P537 上）

本文文首已明署作时为大历六年五月十六日。《大诏令》卷三十七载此文，题为《册亲王出将文》。《诏敕目录》注此文为常衮文。今归入常衮名下。

本文作于大历六年（771）五月。

册普宁公主文（P537 下）

本文文首已明署作时为大历七年七月十六日。《大诏令》卷四十二录此文，题为《册晋宁公主出降文》，此处“晋宁”之晋，是为“普”之讹，明署作者为常衮。依《全唐文》编撰体例，此文应归入常衮名下。

本文作于大历七年（772）七月。

传位皇太子册文（P538 上）

本文文首已明署作时大历十四年五月二十三日。《大诏令》卷一录此文，题为《德宗即位册文》。《英华》卷四百四十二亦录此文，题为《德宗皇帝即位册文》，《御定渊鉴类函》卷四十二载，德宗即位册文曰云云，即本文。

本文作于大历十四年（779）五月。

即位赦文（P538 上）

《册府》卷八十八载，唐代宗以宝应元年四月己巳即位，五月丁酉，帝御丹凤楼门下，大赦天下，制，云云，即本文。《大诏令》卷二录此文，题为《代宗即位赦》。《旧书》卷十一《代宗纪》、《旧书》卷一百七，《册府》卷五十九、八十一，《会要》卷四、六十五等均节录此文，诸书订时一致。

本文作于宝应元年（762）五月。

册尊号赦文（P539 上）

《册府》卷八十八载，广德元年七月壬子，御宣政殿，下诏，云云，即本文。《大诏令》卷九录本文，题为《广德元年册尊号赦》。《旧书》卷十一《代宗本纪》载，宝应二年，秋七月戊申，群臣上尊号曰宝应元圣文武皇帝。御含元殿受册。壬子，御宣政殿宣制，改元曰广德，大赦天下："常赦不原者咸赦除之……不得厘务。"所引即为本文之节录。

本文作于广德元年（763）七月。

南郊赦文（P541 上）

《册府》卷八十八载，广德二年二月戊子，御鸣凤门，下诏大赦天下，制云云，即本文。《唐会要》卷三十八、六十五、八十五，《册府》卷三十四、五十六、五十九等均节录本文，均订作时为广德二年二月。

本文作于广德二年（764）二月。

改元永泰赦文（P543 上）

《册府》卷八十八载，永泰元年，正月癸巳朔，御含元殿，大赦天下，制云云，即本文。《大诏令》卷四录本文，题为《改元永泰赦》。《旧书》卷十一《代宗本纪》载：永泰元年春，正月癸巳朔，制曰：'叶五纪者……可大赦天下，改广德三年为永泰元年。'所引即为本文之节录。《通鉴》卷二百二十三录"永泰元年春，正月癸卯朔，改元。赦天下"。与本文要旨合。

本文作于永泰元年（765）正月。

改元大历赦文（P544 上）

《册府》卷八十八载，大历元年十一月甲子，日长至，制云云，即本文。《大诏令》卷四录此诏全文。《会要》卷八十五，《册府》卷三十四、卷六十八、卷四百八十七等均节录本文。《旧书》卷十一《代宗本纪》载，永泰二年十一月甲子，日长至，上御含元殿，下制大赦天下，改永泰二年为大历元年。与本文要旨合。

本文作于大历元年（766）十一月。

大历八年夏至大赦文（P545 上）

《册府》卷八十八载，大历八年五月壬辰，曲宥京城内见禁囚徒并释放。是月癸卯制曰，云云，即本文。《大诏令》卷八十五录此文，题中无“夏至”二字。《旧书》卷十一《代宗本纪》载，大历八年五月癸卯，诏赦天下系囚，死罪降从流，流已下并放。与本文要旨合。

本文作于大历八年（773）五月。

大历九年夏至大赦文（P545 下）

《册府》卷八十八载，大历九年四月壬辰，制云云，即本文。《大诏令》卷八十五录此文，题中无“夏至”二字。《册府》卷一百三十五载，大历九年四月制曰：“在军将士……各申锡赉。”所引即为本文之节录。

本文作于大历九年（774）四月。

二　唐德宗李适诏敕考

李适（742—805），代宗长子。玄宗天宝元年（742）四月生。至德元载（756）进封奉节郡王。宝应元年（762）五月进封鲁王，八月改封雍王，出镇陕州。广德二年（764）立为皇太子。大历十四年（779）五月即位。贞元二十一年（805）八月驾崩。在位二十六年，年六十四，谥曰神武孝文皇帝，庙号德宗。葬于崇陵（在今陕西泾阳嵯峨山）。《旧书》卷十二、卷十三，《新书》卷七有《纪》。

清编《全唐文》卷五十
（P547—556）

加郭子仪尚父制（P547下）

《大诏令》卷六十一载此文，题为《郭子仪号尚父制》。《旧书》卷十二《德宗本纪》载："（大历十四年五月）甲申，以司徒、兼中书令、河中尹、灵州大都督、单于镇北大都护充关内河东副元帅、朔方节度、关内支盐池六城水运大使、押诸蕃部落、管内及河阳等道观察使、上柱国、汾阳郡王、山陵使，食实封一千九百户郭子仪，可加号尚父，守太尉，余官如故，加实封通前二千户，月给一千五百人粮、马二百匹草料。"即为本文之节录。《会要》卷四十五载，大历十四年，闰五月诏："司徒兼中书令、汾阳郡王子仪宜号尚父，兼太尉中书，今加实封通前二千户，月给千五百人粮，二百匹马刍谷。"与本文要旨合。

本文作于大历十四年（779）闰五月。

停杂税制（P548上）

本文为《册府》卷八十九载建中元年正月颁发的大赦文之节录。《旧书》卷十二《德宗本纪》载："建中元年春正月丁卯朔，御含元殿，改元建中，群臣上尊号曰圣神文武皇帝。己巳，上朝太清宫。庚午，谒太庙。辛未，有事于郊丘，是日还宫，御丹凤门，大赦天下。自艰难以来，征赋名目颇多，今后除两税外，辄率一钱，以枉法论。"与本文要旨合。《会要》卷八十三载，建中元年正月五日赦文："宜委黜陟使与观察使及刺史、转运所由，计百姓及客户，约丁产，定等第，均率作年支两税。如当处土风不便，更立一限。其比来征科色自，一切停罢。”与本文要旨合。

本文作于建中元年（780）正月。

贬吕渭歙州司马制（P548 上）

《旧唐书》卷一百二十六《李涵传》载，德宗即位，诏曰：“吕渭僭陈章奏……可歙州司马同正。”由是改李涵为检校工部尚书、兼光禄卿，仍充山陵副使。所引即为本文之节录。《册府》卷五百二十二、八百六十三，《新安志》卷十亦载此文，诸书均未署作时。

本文作时待考。

授李泌平章事制（P548 下）

《大诏令》卷四十五载此文，文末明署作时为贞元三年六月。《旧书》卷十二《德宗本纪》载：“（贞元三年）六月丙戌，以陕虢观察使李泌为中书侍郎、平章事，以左龙武将军李自良为检校工部尚书、太原尹、河东节度使。”《新书》卷七《德宗本纪》载：“（贞元三年）六月丙戌，马燧为司徒，前陕虢观察使李泌为中书侍郎、同中书门下平章事。”

本文作于贞元三年（787）六月。

褒恤吐蕃盟会使崔汉衡等制（P548 下）

《旧书》卷一百九十六下《吐蕃传》载，贞元三年七月，诏曰，云云，即本文。《册府》卷一百三十一载，贞元三年七月诏曰，云云，亦是本文。《大诏令》卷六十五载此文，题为《录陷蕃官子孙诏》。《旧书》卷十一《德宗本纪》，载：“（贞元三年）七月丙辰，平凉陷蕃官员崔汉衡以下各与一子正官员。”与本文要旨合。

本文作于贞元三年（787）七月。

授范希朝京西行营节度使制（P549 上）

《英华》卷四百五十二载此文，题为《授范希朝神策军节度使制》。《大诏令》卷五十九亦载此诏，题中无“赐”字，末署作时为贞元年间。《旧书》卷十四《顺宗本纪》载：“贞元二十一年正月癸巳，德宗崩，丙申，（顺宗）即位于太极殿。”“五月己巳，以右金吾卫大将军范希朝为右神策统军，充左右神策、京西诸城镇行营兵马节度使。”与本文要旨合。可知本文所记之事发生于德宗驾崩之后、顺宗即位之初，当归于顺宗名下。《旧书》卷一百五十一《范希朝传》载：“顺宗时，王叔文党用事，将授韩泰以兵柄；利希朝老疾易制，乃命为左神策、京西诸城镇行营节度使，镇奉天，而以泰为副，欲因代之，叔文败而罢。”所记与本文要旨合。《会要》卷七十二又载：“二十一年三月，以检校尚书右仆射、右金吾大将军范希朝为兼右神策统军，充左右神策京西诸城镇行营节度使，驻于奉天。”《通鉴》卷二百三十六亦载：“（永贞元年）五月，辛未，以右金吾大将军范希朝为左、右神策京西诸城镇行营节度使。”永贞元年，即贞元二十一年，是年八月始改元永贞。《旧书·顺宗本纪》《通鉴》均明署本文作时为“贞元二十一年（805）五月”，余书有异，今从多者之说。此文又见载于《全唐文》卷五十五顺宗诏敕，题为《授范希朝神策军节度使制》。今按：依照《全唐文》编撰体例，本文应归入顺宗名下，是为重出误收。

本文作于贞元二十一年（805）五月。

赈贷百姓制（P549 下）

《册府》卷一百五十载，德宗贞元六年二月制曰，云云，即本文。《英华》四百三十五节录本文，题为《赈恤百姓德音》，末署时间为元和六年二月二十八日。《册府》订时与《英华》异，今从《英华》。本文为一节录文章，节录自《全唐文》卷六十二，宪宗名下题为《赈恤百姓德音》一文。今按：“元和”为唐宪宗年号，依照《全唐文》编撰体例，本文当归入宪宗名下，是为重出误收。

本文作于元和六年（811）二月。

授齐抗兼修国史制（P549 下）

本文又见载于《大诏令》卷五十一，不著作时。

本文作时待考。

授嘉王运等检校司空制（P550 上）

《册府》卷三十九载，开成二年十月戊戌诏曰，云云，即本文。《册府》卷五百七载，开成二年十月诏曰，云云，即本文。《大诏令》卷三十六亦录此文，题中无“授”字。《旧书》卷十七下《文宗本纪下》亦载：“（开成二年）冬十月，戊戌，诏嘉王运、循王遹、通王谌并可光禄大夫、检校司空，赐勋上柱国，仍依百官例给料钱。”与本文要旨合。诸书皆明署本文作于开成二年十月。今按：开成为文宗年号。依照《全唐文》编撰体例，本文不应归入德宗名下，当归入文宗名下，是为误收。

本文作于开成二年（837）十月。

贬郑馀庆郴州司马制（P550 上）

本文又见载于《大诏令》卷五十七，题中无“贬”字。《旧书》卷十三《德宗本纪》载：“贞元十六年九月庚戌，贬中书侍郎、同中书门下平章事郑馀庆为郴州司马。”《新书》卷七《德宗本纪》载：“贞元十六年九月庚戌，贬郑馀庆为郴州司马。”《通鉴》卷二百三十五亦载：“贞元十六年九月庚戌，贬馀庆郴州司马。”《册府》卷三百十又载：“郑馀庆为中书侍郎、平章事，德宗与宰臣议，将赈给禁卫六军，事未行，为中书吏所泄，坐贬郴州司马。”诸书所记与本文要旨合。

本文作于贞元十六年（800）九月。

罢邕府岁贡奴婢诏（P550 上）

《会要》卷八十六载："大历十四年五月诏曰：'邕府岁贡奴婢，使其离父母之乡，绝骨肉之恋，非仁也，宜罢之。'"即本文。《册府》卷四十二载：德宗大历十四年闰五月辛巳，诏曰，云云，即本文。《太平御览》卷五百载，德宗初即位，诏曰，云云，即本文。检《旧书》卷十二《德宗本纪》载："大历十四年五月辛巳，罢邕府岁贡奴婢。"《新书》卷七《德宗本纪》亦载："大历十四年五月辛巳，罢邕府岁贡奴婢。"与本文要旨合。

本文作于大历十四年（779）闰五月。

禫服终制诏（P550 下）

《通典》卷八十七载："今上初欲禫服终制，下诏曰'朕闻礼贵缘情……宜悉哀怀'"。即本文。《读礼通考》卷十八载，唐代宗崩，德宗即位，欲禫服终制下诏曰，云云，即本文。《钦定续通典》卷七十四载，唐代宗大历十四年崩，德宗即位下诏曰，云云，亦为本文。由如上典籍知，德宗即位之后即下此诏。据《旧书》卷十二《德宗本纪》载："大历十四年五月辛酉，代宗崩。癸亥，（德宗）即位于太极殿。"《旧书》订时明确，且成书早于诸书，今亦从之。

本文作于大历十四年（779）五月。

素服练巾听政诏（P550 下）

《通典》卷八十七在上文之后载，又下诏欲以素服练巾听政，诏曰，云云，即本文。《读礼通考》卷十八亦载，又下诏欲以素服练巾听政，诏曰，云云，即本文。《钦定续通典》卷七十四载，唐代宗大历十四年崩，德宗即位。……又下诏欲以素服练巾听政，曰，云云，亦为本文。此文作于德宗即位之初，上文《禫服终制诏》之后。

本文作于大历十四年（779）五月。

即位求贤诏（P550 下）

《册府》卷六十八载，德宗以大历十四年即位，六月诏，云云，即本文。《旧书》卷十二《德宗本纪》载："（大历十四年）六月己亥朔，御丹凤楼，大赦天下。"所记与本文要旨合。

本文作于大历十四年（779）六月。

删定条格诏（P550 下）

《旧书》卷五十《刑法志》载，大历十四年六月一日，德宗御丹凤楼，大赦。赦书节文即是本文。《册府》卷六百一十二载："德宗大历十四年六月即位，诏曰：'律令格式条目有未折衷者……编入条格。'"即本文。《钦定续通志》卷一百四十四亦载："德宗即位，诏中书门下，选理识通明官，共删定律令格式条目，又取至德以来制敕、奏谳掇其可为法者，编入条格。"与本文要旨合。

本文作于大历十四年（779）六月。

答令狐峘谏厚奉元陵诏（P551 上）

《旧书》卷一百四十九《令狐峘传》载，德宗即位，将厚奉元陵，令狐峘上疏谏，诏答曰，云云，即本文。《册府》卷一百一、五百五十二所载与《旧传》同。《通鉴》卷二百二十五载，大历十四年六月制："应山陵制度，务从优厚，当竭帑藏以供其费。"刑部员外郎令孤峘上疏谏，其略曰："臣伏读遗诏，务从俭约，若制度优厚，岂顾命之意邪！"上答诏，略曰："非唯中朕之病，抑亦成朕之美，敢不闻义而徙！"所录即为本文之节录，今按：唐代宗李豫大历十四年五月二十日崩于大明殿，其年十月己酉葬于元陵。故今从《通鉴》订时。

本文作于大历十四年（779）六月。

立宣王为皇太子诏（P551 上）

《册府》卷二百五十七载，德宗以大历十四年正月即位，十二月乙卯诏曰："主器者莫若长子……备礼册命。"建中元年正月册皇太子。《大诏令》卷二十七载此诏全文，末署时间为建中元年正月。《旧书》卷十二《德宗本纪》载，大历十四年十二月乙卯，制："宣王某可立为皇太子。"与本文要旨合。此文已记明，此诏作于大历十四年十二月，建中元年正月册皇太子。故，《大诏令》所记时间有误。

本文作于大历十四年（779）十二月。

定两税诏（P551 下）

《旧书》卷四十八《食货志》载，建中元年二月，遣黜陟使分行天下，其诏略曰："户无主客……尚书度支总统焉。"录全文。《旧书》卷一百一十八《杨炎传》载，炎因奏对，恳言其弊，乃请作两税法，以一其名，曰，云云，即本文。《会要》卷八十三载："今请作两税法以一其名曰'凡百役之费，一钱之敛，先度其数而赋于人，量出以制入。'"所引即为本文。又检《册府》卷四百八十八载："建中元年二月，发黜陟使分往天下，作两税之法'凡百役之费，一钱之敛，先度其数而赋于人，量出以制入……'"是为本文。本文又见于《全唐文》卷四百二十一第十一页上，杨炎名下，题为《请行两税法奏》。今按：依照《全唐文》编撰体例，应归于杨炎名下当归，是为重出误收。

本文作于建中元年（780）二月。

罢尚书左仆射刘晏领使诏（P551 下）

《旧书》卷十二《德宗本纪》载，建中元年春正月甲午诏，云云，即本文。《通鉴》卷二百二十六载："（建中元年春正月）甲子，诏天下钱谷皆归金部、仓部，罢晏转运、租庸、青苗、盐铁等使。"与本文要旨合。

本文作于建中元年（780）春正月。

令天下钱谷归尚书省诏（P551 下）

《旧书》卷四十九《食货志》载，建中初，宰相杨炎用事，尤恶刘晏。炎乃夺其权。诏曰，云云，即本文。《会要》卷八十七载，建中元年诏，云云，即本文。《通鉴》卷二百二十六载，建中元年春正月甲子，诏天下钱谷皆归金部、仓部。与本文要旨合。

本文作于建中元（780）年。

遣黜陟使分行天下诏（P552 上）

《册府》卷一百六十二载，建中元年二月，诏曰："朕闻唐虞圣人之理……可不勤副也。"即本文。《大诏令》卷一百四亦录此文，题为《遣诸道黜陟使敕》，末署时间为"建中"。

本文作于建中元年（780）二月。

放张涉诏（P552 上）

《旧书》卷一百二十七《张涉传》载，俄受前湖南都团练使辛京杲赃事发，诏曰："尊师之道……宜放归田里。"即本文。检《旧书》卷十二《德宗本纪》载："建中元年三月辛未，左散骑常侍、翰林学士张涉放归田里。"与本文要旨合，明署作时，今亦从之。

本文作于建中元年（780）三月。

上沈皇太后尊号诏（P552 上）

《旧书》卷五十二《后妃传》载，德宗即位，下诏曰："王者事父孝……上皇太后尊号。"即本文。检《旧书》卷十二《德宗本纪》载："建中元年八月丁巳，遥尊上母沈氏曰皇太后。"《会要》卷三亦载："至德宗即位，建中元年八月，（皇后沈氏）追尊为皇太后。"与本文合。《通鉴》卷二百二十六又载："建中元年七月辛巳，遥尊上母沈氏为皇太后。"今从《旧纪》。

本文作于建中元年（780）八月。

定公主郡县主出降觌见仪文诏（P552 下）

《旧书》卷一百五十《德宗诸子传》载，德宗仁孝，动循法度，虽子弟姑妹之亲，无所假借。建中初，诏亲王子弟带开府朝秩者，出就本班。又以公主、郡县主出降，与舅姑抗礼。诏曰，云云，即本文。《册府》卷五百八十九亦载，是年（建中元年）十一月辛酉诏曰，云云，即本文。《大诏令》卷四十二亦录本文，题为《详定公主郡县主出降仪敕》。《会要》卷八十三载："建中元年十一月十六日敕：'宜令礼仪使与博士，及宗正卿李琬、汉中王瑀、光禄卿李涵，约古今旧仪及开元礼，详定公主郡主县主出降觌见之仪，条件闻奏，将以化行天下，用正国风。'"即本文之节录。

本文作于建中元年（780）十一月。

令举人指陈事迹诏（P552下）

《册府》卷六十九载，贞元二年正月诏，云云，即本文。《册府》卷六百三十载，贞元二年正月制曰，云云，即本文。

本文作于贞元二年（786）正月。

贾全等不必避嫌诏（P552下）

《会要》卷六十九载，贞元二年二月，京兆尹鲍防奏状。诏曰："功劳近臣……不合避嫌。"即本文。《册府》卷六百三十载，贞元二年二月，判司及畿县令、两京县丞簿尉等者，制曰，云云，即本文。

本文作于贞元二年（786）二月。

赠郭子仪太师诏（P553上）

《旧书》卷一百二十《郭子仪传》载，郭子仪（建中二年夏）六月十四日薨，时年八十五，德宗闻之震悼，废朝五日，诏曰，云云，即本文。《册府》卷三百十九载：郭子仪薨时年八十五，帝闻之伤痛者久之，为废朝五日，诏曰，云云，即本文。《大诏令》卷六十三亦录此文，题为《赠郭子仪太师陪葬建陵制》。《旧书》卷十二《德宗本纪》载："（建中二年五月）辛丑，尚父、中书令、汾阳郡王郭子仪薨。"《通鉴》卷二百二十七载："（建中二年六月）辛丑，汾阳忠武王郭子仪薨。"按《二十史朔闰表》，建中二年五月己未朔，本月无辛丑日。六月戊子朔，十四日辛丑，与《旧传》相合。

本文作于建中二年（781）六月。

赐李元忠郭昕诏（P553下）

《旧书》卷一百二十《郭昕传》载，建中二年，（郭昕）与伊西北庭节度使李元忠俱遣使于朝，德宗嘉之，诏曰，云云，即本文。《大诏令》卷一百七亦录此文，题为《优奖西北庭将士诏》，末署时间为建中年。《会要》卷七十三载，建中二年七月，加伊西北庭节度使李元忠北庭大都护，以四镇节度留后郭昕为安西大都护、四镇节度观察使，诏曰，云云，即本文。《旧书》卷十二《德宗本纪》载："（建中二年）秋七月戊子朔，诏曰：'二庭四镇……四镇节度留后郭昕可安西大都护、四镇节度观察使。'"即为本文之节录。《通鉴》卷二百二十七载："建中二年秋，七月，戊午朔，加元忠北庭大都护，赐爵宁塞郡王；以昕为安西大都护、四镇节度使，赐爵武威郡王；将士皆迁七资。"此与本文要旨合。

本文作于建中二年（781）七月。

贬杨炎崖州司马诏（P553下）

《旧书》卷一百十八《杨炎传》载，建中二年十月，诏曰："尚书左仆射杨炎……仍驰驿发遣。"录全文。《大诏令》卷五十七亦载此文，题中无"贬"字。检《旧书》卷十二《德宗本纪》，载："（建中二年）冬十月乙酉，尚书左仆射杨炎贬崖州司马，寻赐死。"

本文作于建中二年（781）十月。

削夺李惟岳官爵诏（P554上）

《大诏令》卷一百十九载此文。《旧书》卷十二《德宗本纪》载，（建中二年）十一月辛未，宣武节度刘治与神策将曲环大破李纳之众于徐州。己巳，诏，云云，与本文要旨合。

本文作于建中二年（781）十一月。

还马燧家资诏（P554上）

《大诏令》卷一百七载此诏全文，题为《还马燧赏军士家财诏》，末明署作时为建中年。《册府》卷一百三十三载："（建中）二年十二月诏曰：'忠臣之事……并却还之。'"即本文。《旧书》卷一百三十四《马燧传》载："（建中二年）先战，燧誓军中，战胜请以家财行赏，既胜，尽出其私财以颁将士。德宗嘉之，诏度支出钱五万贯行赏，还燧家财。"与本文要旨合。《武经总要》后集卷四、《武编》后集卷一、《册府》卷三百九十一、《册府》卷四百三十三所载与《旧传》同。

本文作于建中二年（781）十二月。

令曹濮等州休兵诏（P554下）

《册府》卷六十四载，德宗建中三年二月诏曰："在昔圣王之御宇也……咸令知悉。"即本文。《大诏令》卷一百七载此文，文末明署作时为建中元年。两书订时异，今姑从《册府》。

本文作于建中三年（782）二月。

禁有司诬构郭氏诏（P555上）

《旧书》卷一百二十《郭曜传》载，建中初，德宗微知之，诏曰："尚父子仪……有司无得为理。"即本文。《册府》卷一百三十四载，德宗建中三年五月壬午，诏曰，云云，即本文。

本文作于建中三年（782）五月。

赠杨休明等官诏（P555上）

《旧书》卷十二《德宗本纪》载："（建中三年五月）丙申，诏：'……'"所引即本文。《册府》卷一百三十九载，建中三年五月诏曰，云云，即本文。

本文作于建中三年（782）五月。

讨李希烈诏（P555下）

本文又见载于《大诏令》卷一百十九。《册府》卷一百二十二载，德宗建中四年三月，诏，云云，即本文。

本文作于建中四年（783）三月。

优恤郭子仪诸子诏（P555 下）

《旧书》卷一百二十《郭晞传》载此文。《大诏令》卷六十三亦载此文，题为《分郭子仪实封赐诸子诏》，末署时间为贞元。《会要》卷九十载：“贞元二年五月，故尚父汾阳王子仪，实封二千户，宜准式减半，余以分袭，暧可袭代国公，通前袭三百户，晞可袭二百五十户，曙可袭二百五十户，暎可袭二百二十五户。”此为本文之节录。

本文作于贞元二年（786）五月。

清编《全唐文》卷五十一
（P556—562）

赠段秀实太尉诏（P556 下）

《旧书》卷一百二十八《段秀实传》载，兴元元年二月，诏曰：“见危致命之谓忠……传于不朽。”录全文。《册府》卷一百三十九载，兴元元年二月，帝在奉天，诏曰，云云，即本文。《旧书》卷十二《德宗本纪》载：“（兴元元年）二月戊寅，诏故司农卿张掖王段秀实赠太尉，谥曰忠烈，赐实封五百户。”《通鉴》卷二百三十载：“兴元元年二月戊申，诏赠段秀实太尉，谥曰忠烈，厚恤其家。”与本文要旨合。

本文作于兴元元年（784）二月。

宥李怀光宣谕河中将士诏（P557 上）

《大诏令》卷一百二十一载此文，题为《宥李怀光示谕河中将士诏》。《旧书》卷十二《德宗本纪》载：“是日（兴元元年三月己亥），诏授李怀光太子太保，其余官职并罢。”与本文要旨合。《通鉴》卷二百三十载：“兴元元年三月庚子，诏数李怀光罪恶，叙朔方将士忠顺功名，犹以怀光旧勋，曲加容贷，其副元帅、太尉、中书令、河中尹并朔方等诸道节度、观察等使，宜并罢免，授太子太保。其所管兵马，委本军自举一人功高望重者便宜统领，速具奏闻，当授旌旄，以从人欲。”此即为本文之节录。

本文作于兴元元年（784）三月。

赠郭雄同州刺史诏（P557 下）

《册府》卷一百三十九载，兴元元年四月，赠故吏部郎中郭雄同州刺史。诏曰：“朕越自邦畿……俾如常典。”所引即本文。

本文作于兴元元年（784）四月。

谕李怀光诏（P557 下）

《旧书》卷十二《德宗本纪》载，兴元元年秋七月庚辰，诏："李怀光往因职任……一切如旧。"即本文。《册府》卷一百六十五载，七月庚辰诏曰，云云，即本文。《大诏令》卷一百十八亦载本文，题为《招谕河中李怀光诏》。《册府》卷一百三十六载："（兴元元年）七月，命给事中兼御史大夫孔巢父，宣慰于河东诸军。"与本文要旨合。《通鉴》卷二百三十一载："（兴元元年，秋七月）庚辰，诏，遣给事中孔巢父，赍先除怀光太子太保。"

本文作于兴元元年（784）秋七月。

讨李希烈诏（P558 下）

《册府》卷一百六十五载，兴元元年闰十月，诏曰，云云，即本文。《大诏令》卷一百十九录全文。《旧书》卷十二《德宗本纪》载，兴元元年，冬十月闰月庚午，诏："朕临御万方……一切不问。"即为本文之节录。

本文作于兴元元年（784）闰十月。

权停来年郊庙诏（P559 上）

《册府》卷三十载，兴元元年十二月甲午，诏曰："朕一经播迁……其元日御含元殿准式。"《大诏令》卷六十七载此文，题为《罢告谢郊庙敕》。今从《册府》之说。

本文作于兴元元年（784）十二月。

赠颜真卿司徒诏（P559 上）

《旧书》卷一百二十八《颜真卿传》载，贞元元年，陈仙奇使护送真卿丧归京师。德宗痛悼异常。废朝五日，谥曰文忠。复下诏，云云，即本文。《册府》卷一百三十九载："贞元元年正月诏曰：'君臣之义……超授官秩。'"录全文。《旧书》卷十二《德宗本纪》载："（贞元元年正月）癸丑，始闻太子太师、鲁郡公颜真卿为希烈所害，追赠司徒，废朝五日，谥曰文忠，乃特授男頵、硕等官。"

本文作于贞元元年（785）正月。

给百姓耕牛诏（P559 下）

《旧书》卷一百五十三《袁高传》载，贞元二年，上以关辅禄山之后，百姓贫乏，田畴荒秽，诏，云云，即本文。《册府》卷一百六载，贞元元年二月二日，诏曰："诸道节度观察使所进耕牛……不在给限。"即本文。《册府》卷四百六十九载，贞元二年二月戊寅诏曰，云云，亦为本文。《五礼通考》卷二百四十八载，贞元元年二月诏云云，即本文。《陕西通志》卷八十四亦载，贞元元年二月诏云云，即本文。又检《钦定康济录》卷三下载，唐德宗贞元元年二月，诏云云，亦为本文。今按：诸书订时不同，《旧书》成书较早，今姑从之。

本文作于贞元元年（785）二月。

许百姓开采瑟瑟诏（P559 下）

《旧书》卷一百三十《李泌传》载，贞元二年六月，泌（李泌）奏："虢州卢氏山冶，近出瑟瑟，请充献，禁人开采。"诏曰："瑟瑟之宝……不宜禁止。"所引即本文。《册府》卷五十六载，贞元二年四月辛巳，陕虢观察使李泌奏："虢州卢氏县山冶，近出瑟瑟，请充贡献，禁人开采。"诏曰，云云，即本文。《册府》卷一百六所录与《册府》卷五十六同。《旧书》卷十二《德宗本纪》载："（贞元二年四月）辛巳，陕州观察使李泌奏卢氏山冶出瑟瑟，请禁以充贡奉。上曰：'瑟瑟不产中土，有则与民共之，任人采取。'"此与本文要旨合。《旧传》订时与诸书异，今从《旧纪》。

本文作于贞元二年（786）四月。

招抚河中将士诏（P559 下）

《册府》卷一百六十五载，贞元元年四月诏："朔方及诸军应在河中将士……务称朕意。"即本文。《通鉴》卷二百三十一载："（贞元元年，夏四月）壬午，马燧、浑瑊破李怀光兵于长春宫南，遂掘堑围宫城。怀光诸将相继来降。诏以燧、瑊为招抚使。"与本文要旨合。

本文作于贞元元年（785）四月。

授韦执谊等官诏（P559 下）

《册府》卷六十八载，贞元元年九月丁巳，诏曰："朕祗膺祖宗之业……士宜各勉。"即本文。《大诏令》卷一百六载此诏全文，题为《贞元元年放制科举人诏》。《册府》卷六百四十五亦载："贞元元年九月诏：'贤良方正能直言极谏，第三等人委中书门下即超资与处分，第四等人即优与处分，第五等人即与处分。'"此数语为本文之节录。

本文作于贞元元年（785）九月。

祀五方配帝不称臣诏（P560 上）

《旧书》卷二十一《礼仪志》载，其年十月二十七日诏："郊祀之义……其余礼数如旧。"录全文。《大诏令》卷七十四载此文，题为《五方帝祝文勿称朕诏》。《册府》卷五百六十四载，德宗贞元元年十月诏曰，云云，即本文。《会要》卷十载，德宗贞元元年十月二十七日诏，云云，即本文。《通典》卷四十三载，贞元元年诏，云云，亦为本文。

本文作于贞元元年（785）十月。

赐百官钱诏（P560 下）

《大诏令》卷一百一载此文，题为《赐常参官钱敕》，末署时间为贞元年。《册府》卷五百六载，贞元元年十二月，诏曰："百辟卿士……宜悉朕怀。"即本文。《旧书》卷十二《德宗本纪》载："（贞元元年十一月）丁丑，诏文武常参官共赐钱七百万贯，以岁凶谷贵，衣冠窘乏故也。"与本文要旨合。诸书订时年相同，月不同。今从《旧书》订时。

本文作于贞元元年（785）十一月。

岁歉罢朝贺诏（P560 下）

《册府》卷一百七载，贞元元年十二月丁亥，诏，云云，即本文。《册府》卷一百四十四载，德宗贞元元年十二月丁亥诏曰："朕以眇身……其来年正月一日朝贺宜罢。"亦为本文。

本文作于贞元元年（785）十二月。

褒泾阳令韦涤诏（P560 下）

《册府》卷七百一载，韦涤为泾阳令，德宗贞元二年正月，诏曰："涤有御灾之术……各宜自勉。"即本文。本文为一节录文章，原文见于《全唐文》卷四百六十三陆贽名下，题为《优恤畿内百姓并除十县令诏》一文。今按：依《全唐文》编撰体例，本文当归入陆贽名下，是为重出误收。

本文作于贞元二年（786）正月。

加恩被擒将士诏（P561 上）

《册府》卷一百六十五载，贞元二年二月诏曰："李希烈负恩作乱……当有处分。"即本文。《大诏令》卷一百二十一亦录此文，题为《放李希烈将士还本道诏》。《册府》已明署作时，今亦从之。

本文作于贞元二年（786）二月。

拜风师雨师诏（P561 上）

《会要》卷二十二载，（贞元二年四月二十三日）诏云云，即本文。《册府》卷三十四载："贞元二年四月壬午诏曰："风雨等师……以申子育万姓之意。"即本文。《大诏令》卷七十四载此文，题为《亲拜风伯雨师祝版敕》。《钦定续通志》卷一百一十一亦录此文。

本文作于贞元二年（786）四月。

命举选人习开元礼诏（P561 下）

《会要》卷七十六载，贞元二年六月十一日敕："开元礼国家盛典……亦依正官例处分。"即为本文之节录。《会要》卷七十六亦载："贞元二年六月敕：'明法举人，有能兼习一经，小帖义通者，依明法例处分。'"是为本文。《册府》卷六百四十载，贞元二年六月敕："自今已后举选人有能习开元礼者……依明经例处分。"亦为本文之节录。《会要》卷七十五载，贞元二年六月诏："其明经有能习律一部，以代《尔雅》者，如帖义俱通，于本色减两选，合集日与官。"与本文要旨合。诸书订时一致，今亦从之。

本文作于贞元二年（786）六月。

增置金吾十六卫料钱粮课诏（P561 下）

《旧书》卷十二《德宗本纪》载，贞元二年九月，诏："左右金吾及十六卫将军……所司条件以闻。"录全文。《大诏令》卷一百一载此文，题为《置上将军及增诸卫禄秩诏》，末署时间为贞元年。《通鉴》卷二百三十二载："（贞元二年）九月，丁亥，诏十六卫各置上将军，以宠功臣。改神策左、右厢为左、右神策军，殿前射生左、右厢为殿前左、右射生军，各置大将军二人、将军二人。"与本文要旨相投。

本文作于贞元二年（786）九月。

以吐蕃入寇避正殿诏（P562 上）

《册府》卷一百七十五载，贞元二年十二月诏曰："昔我皇祖光宅天下……使悉朕怀。"即本文。

本文作于贞元二年（786）十二月。

三节赐宴赏钱诏（P562 上）

《旧书》卷十三《德宗本纪》载，贞元四年九月丙午诏："比者卿士内外……永为例程。"录全文。《旧书》卷一百三十七《刘太真传》载，贞元三年以后，仍岁丰稔，人始复生人之乐。德宗诏云云，即本文。《会要》卷二十九载，贞元四年九月二日，敕："正月晦日、三月三日、九月九日……永为定制。"为本文之节录。

本文作于贞元四年（788）九月。

令常参官陈奏利害诏（P562 下）

《册府》卷五十八载，德宗贞元三年四月庚申，诏曰，云云，即本文。《册府》卷九百九十三载，唐德宗贞元三年四月庚申，诏云云，即本文。《旧书》卷十二《德宗本纪》载，贞元三年夏四月庚申，诏："蕃寇虽退，疆理犹虞，安边之策，必有良算，宜令常参官各陈边事，随所见封进以闻。"与本文要旨合。《会要》卷二十六载，贞元三年四月，诏："常参官各以所见封进，每坐日三四人陈奏利害。"为本文之节录。

本文作于贞元三年（787）四月。

张茂宗尚公主诏（P562 下）

《册府》卷八百六十二载，张茂宗，茂昭之弟。贞元中，许尚主。以主幼待年，茂宗母亡遗命，请结嘉礼，德宗念茂昭之勋，诏云云，即本文。《会要》卷三十八载："贞元十三年七月，张茂宗尚义章公主。"与本文要旨合。今从《会要》。

本文作于贞元十三年（797）七月。

清编《全唐文》卷五十二
（P563—571）

访习天文历算诏（P563 上）

《大诏令》卷一百二载全文，题为《访习天文历算诏》，末署时间为贞元三年二月。

本文作于贞元三年（787）二月。

任常参官遣子弟拜扫诏（P563 上）

《册府》卷六十载，德宗贞元四年正月乙卯诏曰："常参官比来请假，东都拜扫，多废旷职事，任遣子弟，以申情礼。"即本文。

本文作于贞元四年（788）正月。

赠张太空谥诏（P563 上）

本文作时待考。

命奏举人材诏（P563 下）

《册府》卷六十九载，贞元四年九月癸酉，诏："中书门下，选常参官曾为牧守……永为例程。"即本文。《旧书》卷十三《德宗本纪》载，贞元四年九月丙午，诏："比者卿士内外……永为例程。"与本文要旨合。

本文作于贞元四年（788）九月。

放免积欠诏（P563 下）

《册府》卷四百九十一载，贞元四年九月，诏曰："兴至化者……并晓示百姓。"录全文。《通鉴》卷二百三十三载，贞元四年九月诸道多自诉于上，上意寤，诏："今年已入在官者输京师，未入者悉以与民；明年以后，悉免之。"于是东南之民复安其业。与本文要旨合。

本文作于贞元四年（788）九月。

改二月一日为中和节诏（P563 下）

本文又见载于《旧书》卷十三《德宗本纪》载，贞元五年春正月壬辰朔，乙卯，诏，云云，即本文。《册府》卷六十载，贞元五年正月乙卯诏曰："四序嘉辰……休假一日。"录全文。《大诏令》卷八十载此文，题为《二月一日为中和节敕》，文末明署作时为贞元五年正月。《会要》卷二十九载："（贞元）五年，正月十一日敕：'……'"亦为本文。

本文作于贞元五年（789）正月

修葺寺观诏（P564 上）

《册府》卷五十二载，德宗贞元五年三月，诏曰："释道二教……各随事修葺。"即本文。《册府》卷五十四亦载，德宗贞元五年三月，诏曰，云云，即本文。

本文作于贞元五年（789）三月。

为李怀光立后诏（P564 上）

《旧书》卷一百二十一《李怀光传》载，贞元五年又诏云云，即本文。《册府》卷一百七十三载："贞元五年三月，诏曰：'怀旧念功……无若尔父之违王命。'"即本文。《大诏令》卷六十五载此文，题为《为李怀光立后诏》，末署时间为贞元元年。《新书》卷二百二十四上《李怀光传》载，贞元五年诏曰"怀旧念功……以备祭享；还妻王，使就养云"是为本文之节录。诸书订时一致，《大诏令》误。

本文作于贞元五年（789）三月。

明经举人更习老子诏（P564 下）

《会要》卷七十五载，贞元元年四月十一日敕，所引即为本文。《册府》卷六百四十载，贞元五年四月制曰："明经举人……其进士同大经例帖。"即为本文。两书订时异，今暂从《册府》。

本文作于贞元五年（789）四月。

令画中宗以后功臣于凌烟阁诏（P564 下）

《旧书》卷一百三十三《李晟传》载，贞元五年九月，晟（李晟）与侍中马燧见于延英殿，上嘉其勋力，诏曰，云云，即本文。《会要》卷四十五载："（贞元）五年九月，晟（李晟）与侍中马燧召见于延英殿，上嘉其有大勋力，乃诏曰：'……'"所引亦是本文。《大诏令》卷六十五亦录此文，末注贞元元年。《册府》卷一百三十三载，（贞元）五年九月，西平王李晟与侍中马燧召见于延英殿，帝嘉其大勋，乃诏曰，云云，即本文。检《新书》卷一百五十四《李晟传》载："它日，与马燧见延英，帝嘉其勋，下诏曰：'昔我烈祖……各图其象于旧臣之次。'"为本文之节录。《大诏令》"贞元元年"当为"贞元五年"之误。

本文作于贞元五年（789）九月。

复张孝忠官爵诏（P565 上）

《册府》卷一百七十六载，贞元五年十月诏曰："法令者……宜体至怀。"即本文。检《旧书》卷十三《德宗本纪》，亦载："（贞元五年冬十月）己丑，易定节度使、检校司空、平章事张孝忠以擅出兵袭蔚州，降检校司空为左仆射。"与本文要旨相投。

本文作于贞元五年（789）十月。

考选勋贤胄子禁假代诏（P565 下）

《会要》卷七十七载，贞元六年九月敕，云云，即本文。《册府》卷六百四十载，贞元六年九月敕："本置两馆学士……并准法处分。"录全文。

本文作于贞元六年（790）九月。

诛崔位诏（P565 下）

《册府》卷九百三十三载，王叔邕为剑南东川观察使，贞元六年八月，叔邕奏得遂州刺史韦昉状，诉崔位之恶行。诏曰："崔位素行无良……且委王叔邕决重杖一顿处死。"即本文。《新书》卷七《德宗本纪》载："（贞元十六年八月）己丑，杀遂州别驾崔位。"两书订时异。今暂依《新书》，以待详考。

本文作于贞元十六年（800）八月。

定章服诏（P565 下）

《会要》卷三十二载，贞元七年，三月初，赐节度观察使等新制时服，上曰："顷来赐衣……人人有威仪也。"录全文。《册府》卷六十载，（贞元）七年三月初，赐节度观察使新制时服，尚方织作呈阅所宜，帝云云，即本文。《旧书》卷十三《德宗本纪》载，贞元七年三月壬申，诏："顷来赐衣，文彩不常，非制也。朕今思之，宜有定制，节度使宜以鹘衔绶带，观察使宜以雁衔威仪。"即为本文之节录。

本文作于贞元七年（791）三月。

禁和市诏（P566 上）

《册府》卷一百四十七载，文宗大和七年八月诏云云，即本文。《大诏令》卷二十九录此文，题为《大和七年册皇太子德音》。本文亦节录于《英华》卷四百三十二，题为《大和七年八月七日册皇太子德音》。又节录于《全唐文》卷七十四，唐文宗名下，题为《册立皇太子德音》。今按：依《全唐文》体例，本文应归于文宗名下，是为重出误收。

本文作于大和七年（833）八月。

免郭钢妻孥连坐诏（P566 上）

《册府》卷一百三十四载，贞元七年十月诏曰："郭晞男钢……其诸不坐皆释放。"即为本文。

本文作于贞元七年（791）十月。

宣慰河南河北诏（P566 上）

《册府》卷一百六载："（贞元七年）十二月诏曰：'惠下恤人……委本使择清干官送米给州县。'"本文又见载于《湖广通志》卷八十二，题为《德宗遣奚陟等赈给江襄郢随鄂申光蔡等州诏》。

本文作于贞元七年（791）十二月。

答好心表进经帙诏（P566 下）

《宋高僧传》卷二《唐洛京智慧传》一文，提及此诏。记载：贞元八年十月二十八日，请译经，奉天定难功臣、开府仪同三司、检校太子詹事罗好心上表。答诏云：“卿之表弟早悟大乘……所谢知。”所引即为本文。

本文作于贞元八年（792）十月。

答赵憬上审官六议诏（P566 下）

《册府》卷三百一十三载，贞元八年，（赵憬）表上审官六议，答曰：“朕端拱虚怀……良多嘉重焉。”即本文。《旧书》卷一百三十八《赵憬传》，载“（贞元八年四月）乃献《审官六议》”，与本文要旨合。

本文作于贞元八年（792）四月。

禁私家藏枪甲诏（P566 下）

《册府》卷六十四载，贞元八年六月诏云云，即本文。《会要》卷七十二载，贞元元年六月，诏：“枪甲之属，不蓄私家。”此句即为本文之节录。《文献通考》卷一百六十一亦节录本文，订作时为德宗贞元元年。诸书订时异，今姑从《册府》。

本文作于贞元八年（792）六月。

黜于公异诏（P566 下）

《旧书》卷一百三十七《于公异传》载，及贞元中，陆贽为宰相，奏于公异无素行，黜之。诏云云，即本文。《册府》卷一百五十三载，贞元八年六月诏曰：“前祠部员外郎于公异……俾自循省。”即为本文之节录。

本文作于贞元八年（792）六月。

罢九日宴会诏（P567 上）

《册府》卷一百十载，贞元八年八月诏曰：“属者春秋令节……其九日宴会宜罢。”即本文。《大诏令》卷八十载本文，题为《以水灾罢九日宴会敕》，末署作时为贞元八年八月。

本文作于贞元八年（792）八月。

遣使宣抚水灾诏（P567 上）

《英华》卷四百三十五载此文，题为《遣使赈恤天下遭水百姓敕》，末署时间为贞元八年八月。《大诏令》卷一百十六载此文，题为《遣使宣抚水灾州军》。《册府》卷一百六十二，亦载，贞元八年八月诏曰：“朕以薄德…… 使各知悉。”为本文之节录。《会要》卷七十七所载与《册府》同。

本文作于贞元八年（792）八月。

城盐州诏（P567 下）

《册府》卷九百九十三载，贞元九年三月辛酉，将城监州诏曰：“设险守国……以副朕意。”即本文。《大诏令》卷九十九录此文，明署作时为贞元九年二月。《太平御览》卷三百三十四亦载，贞元九年二月，将城盐州，诏云云，即为本文。《通鉴》卷二百三十四录“（贞元九年二月）辛酉，诏发兵三万五千人城盐州，又诏泾原、山南、剑南各发兵深入吐蕃以分其势，城之二旬而毕。”与本文要旨合。

本文作于贞元九年（793 年）二月。

令应选人习三礼诏（P568 下）

《册府》卷六百四十载，贞元九年五月制曰：“王者设教……仍永为例程。”即本文。《会要》卷七十六载，贞元五年五月二日敕，云云，为本文之节录。《大诏令》卷一百六载此文，未署作时。今从《册府》订时。

本文作于贞元九年（793）五月。

授狄博济卫尉少卿诏（P569 上）

《册府》卷一百三十一载，是年（贞元九年）诏曰：“前利州刺史狄博……可卫尉少卿。”即本文。

本文作于贞元九年（793）。

答李晟遗表手诏（P569 上）

《旧书》卷一百三十三《李晟传》载，（李晟）贞元九年八月薨，时年六十七。上震悼出涕，废朝五日，令百官就第临吊，命京兆尹李充监护丧事，官给葬具，赗赙加等。比大敛，上手书致意，送柩前，曰，云云，即本文。《旧书》卷十三《德宗本纪》载：“（贞元九年）八月庚戌，太尉、中书令、西平郡王李晟薨，赠太师，废朝五日。”

本文作于贞元九年（793）八月。

考试冬荐官诏（P569 下）

《册府》卷六百三十载，贞元九年十一月制，即本文。《通典》卷十五载，贞元九年十一月敕，云云，即为本文之节录。《会要》卷八十二载，九年十一月二十九日敕，云云，亦为本文之节录，《旧书》卷十三《德宗本纪》载：“（贞元九年十一月）甲辰，制以冬荐官，宜令尚书丞、郎于都堂访以理术，试时务状，考其通否及历任考课事迹，定为三等，并举主姓名。仍令御史一人为监试。”与本文要旨合。

本文作于贞元九年（793）十一月。

朝臣薨卒给俸料赙赠诏（P569下）

《册府》卷六十载，贞元十年二月诏曰："君臣之际……用称朕怀。"录全文。《册府》卷五百六所载与《册府》卷六十同。《大诏令》卷一百一录此文，明署作时为贞元十年正月。《旧书》卷十三《德宗本纪》载，贞元十年二月丁卯，诏："君臣之际……以为赙赠。"为本文之节录。《会要》卷九十一载，贞元十年二月诏，亦节录本文。

本文作于贞元十年（794）二月。

宣慰元谊等诏（P569下）

《册府》卷一百七十六载，贞元十二年二月丙午诏曰："元谊李文通等……以副朕怀。"录全文。《通鉴》卷二百三十五载："贞元十二年春正月庚子，元谊、石定蕃等帅洺州兵五千人及其家人万余口奔魏州。上释不问，命田绪安抚之。"与本文要旨合。今从《册府》之订时。

本文作于贞元十二年（796）二月。

贬郭煦等诏（P570上）

《册府》卷三百七载，贞元十二年五月，代宗忌辰，王士平等于宅中饮乐，德宗怒之，下诏曰："先圣忌辰……仍令并归私第。"即为本文。《会要》卷二十三亦载，贞元十二年五月诏，即本文。《旧书》卷十三《德宗本纪》载："（贞元十二年五月）丁巳，驸马郭暧、王士平、暧弟煦暄，坐代宗忌辰饮宴，贬官归第。"与本文要旨合。

本文作于贞元十二年（796）五月。

诛李迺诏（P570上）

《大诏令》卷一百二十四载此文，题中"诛"为"平"字。《册府》卷一百五十三载，贞元十二年七月诏曰："干纪挟邪……宜正刑典。"为本文之节录。《册府》卷一百三十九载，十二年七月诏："说等三人，委中书门下即与追赠，仍各与一子八品正员官。"节录本文。《通鉴》卷二百三十五载："（贞元十二年七月）壬子，诏以宣武将士邓惟恭等有执送李迺功，各迁官赐钱。其为迺所胁，邀逼制使者，皆勿问。"与本文要旨合。

本文作于贞元十二年（796）七月。

清编《全唐文》卷五十三

（P571—577）

赠赵憬太子太傅诏（P571下）

《册府》卷三百一十九载，太常博士检校赵憬为门下侍郎平章事，贞元十二年八月薨，诏曰："翼宣王猷……令鸿胪卿王权充册吊使。"即本文。《旧书》卷一百三十八《赵憬传》载："（贞元十二年）其年八月，（赵憬）遇暴疾，信宿而卒，时年六十一。""德宗尤悼惜之，废朝三日，册赠太子太傅，赙帛五百端、米粟四百石，令鸿胪卿王权充册吊使。"即为本文之节录。《旧书》卷十三《德宗本纪》载："（贞元十二年八月）丙戌，门下侍郎、平章事赵憬薨。"此数语可证本文作时。

本文作于贞元十二年（796）八月。

给复奉先等八县诏（P571 下）

《册府》卷四百九十一载，贞元十二年十月诏："京兆府所奏……特宜放免。"即本文。《旧书》卷十三《德宗本纪》载："（贞元十二年）冬十月壬戌，诏以京畿旱，放租税。"与本文要旨合。

本文作于贞元十二年（796）十月。

答卢迈请辞官诏（P572 上）

《册府》卷三百三十一载，卢迈为中书侍郎平章事，贞元十二年十二月甲申，迈又上表请罢官，诏报曰："卿职重台衡……当悉朕意。"即本文。

本文作于贞元十二年（796）十二月。

修昆明池诏（P572 上）

《册府》卷十四载，贞元十三年八月诏曰："昆明池俯近……即勾当修堰涨池。"即本文。《会要》卷八十九载，贞元十三年七月，诏曰："昆明池俯近都城，蒲鱼所产，宜令京兆尹韩皋充使修堰。"为本文之节录。《旧书》卷十三《德宗本纪》载："（贞元十三年）八月丁巳，诏京兆尹韩皋修昆明池石炭、贺兰两堰兼湖渠。"与本文要旨合。《会要》订时异，今从《旧书》之说。

本文作于贞元十三年（797）八月。

听朝官伏腊过从诏（P572 上）

《旧书》卷十三《德宗本纪》载，十四年春正月，甲午敕云云，即本文。《旧书》卷一百四十《张建列传》载，（张）建封亦奏之，乃下诏云云，即本文。《册府》卷六十四载，贞元十四年正月，诏曰："比来朝官……金吾更不须闻奏。"亦为本文。《会要》卷二十九载，贞元十四年正月，敕："比来朝官或有诸处过从，金吾卫奏自今已后，更不须闻奏。"即为本文之节录。

本文作于贞元十四年（798）正月。

许卢迈辞官诏（P572 上）

《旧书》卷一百三十六《卢迈传》载，十二年九月，迈于政事堂中风，肩舆而归，上表请罢，不许，诏宰臣就第问疾。自是凡五上表，坚乞骸骨，诏云云，即本文。《册府》

卷三百三十一载，贞元十三年九月，迈又上表恳辞官，诏报曰：“卿操履贞方……良用怃然。”即本文。

本文作于贞元十三年（797）九月。

罢卢迈平章事诏（P572上）

《册府》卷三百三十三载，贞元十三年九月，诏曰：“任重谋猷……可太子宾客。”即本文。《大诏令》卷五十五载此文，末署时间为贞元十三年九月。《旧书》卷十三《德宗本纪》载：“（贞元十三年）九月己丑，卢迈恳让相位，乃授太子宾客。”与本文要旨合。

本文作于贞元十三年（797）九月。

放免诸道积欠诏（P572下）

《册府》卷四百九十一载，贞元十四年正月诏曰：“朕临御兆人……令知朕怀。”是为本文。《旧书》卷十三《德宗本纪》载：“（贞元）十四年春正月壬午朔，庚寅，诏诸道州府应贞元八年至十一年两税及榷酒钱，在百姓腹内者，总五百六十万七千贯，并除放。”与本文要旨合。

本文作于贞元十四年（798）正月。

修八陵宫寝诏（P572下）

《册府》卷三十载，贞元十四年正月诏曰：“八陵宫寝……依所择日速修理。”即为本文。

本文作于贞元十四年（798）正月。

议修八陵宫寝诏（P572下）

《册府》卷三十载，贞元十四年三月，诏曰：“八陵旧寝宫……宜令中书门下及百僚同商量可否闻奏。”即本文。《会要》卷二十载，贞元十四年四月，诏云云，即本文。《旧书》卷十三《德宗本纪》载：“贞元十四年夏四月乙丑，以左谏议大夫、平章事崔损为修奉八陵使。先是昭陵寝殿为火所焚，至是献、昭、乾、定、泰五陵各造屋三百八十间，桥、元、建三陵据阙补造。”与本文要旨合。《旧书》成书较早，今从《旧书》订时。

本文作于贞元十四年（798）四月。

出官米平粜诏（P573上）

《册府》卷一百六载，贞元十四年六月，庚寅，诏曰：“访闻蒸庶之间……粜与百姓。”即本文。《五礼通考》卷二百四十八载，贞元十四年六月诏云云，即本文。《旧书》卷四十九《食货志》载：“（贞元）十四年六月，诏以米价稍贵，令度支出官米十万石，于两街贱粜。”与本文要旨合。《会要》卷八所载与《旧书》同。

本文作于贞元十四年（798）六月。

罢赵宗儒平章事诏（P573上）

《册府》卷三百三十三载，贞元十四年七月，诏曰：“任人之道……可太子右庶子。”即本文。《大诏令》卷五十五载此文，末署时间为贞元十四年七月。

本文作于贞元十四年（798）七月。

答群臣贺修八陵毕诏（P573上）

《册府》卷三十载，贞元十四年八月诏云云，即本文。《旧书》卷十三《德宗本纪》载，贞元十四年秋七月，甲午，崔损修奉八陵寝宫毕，群臣于宣政殿行称贺。与本文要旨合。

本文作于贞元十四年（798）八月。

贬韩皋抚州司马诏（P573上）

《旧书》卷一百二十九《韩皋传》载，贞元十四年德宗下诏曰：“京邑为四方之则……驰驿发遣。”即本文。《旧书》卷十三《德宗本纪》载：“（贞元十四年秋七月）乙卯，贬京兆尹韩皋为抚州司马。”与本文要旨合。

本文作于贞元十四年（798）七月。

命兵礼部留放人就尚书侍郎对定诏（P573下）

《册府》卷六百三十载，贞元十五年六月诏：“吏部奏……庶任得人。”即本文。《会要》卷七十五亦载，贞元十五年六月，敕，云云，即本文。

本文作于贞元十五年（799）六月。

讨吴少诚诏（P573下）

《册府》卷一百二十二载，贞元十五年九月诏曰：“淮西节度使吴少诚……咸令知悉。”即本文。《册府》卷一百十九载：“（贞元）十五年，蔡州吴少诚悖逆，诏：宣武等十节度讨之。”与本文要旨合。《大诏令》卷一百十九载此文。《旧书》卷十三《德宗本纪》载：“（贞元十五年九月）丙辰，制：‘吴少诚非次擢用……并宜削夺。’”所引为本文之节录。《通鉴》卷二百三十五载：“（贞元十五年九月）丙辰，诏削夺吴少诚官爵，令诸道进兵讨之。”与本文要旨合。

本文作于贞元十五年（799）九月。

军健逋欠牒送本司诏（P574下）

《册府》卷六十四载，贞元十六年二月诏：“应是功臣……即具状奏闻。”即本文。

本文作于贞元十六年（800）二月。

停正衙奏事诏（P574 下）

《册府》卷一百八十载，贞元十八年七月，嘉王咨议高弘本正衙奏事，自理逋债。诏曰："朕方励精庶政……宜延英门请对。"即本文。《会要》卷二十五载，贞元十八年七月，嘉王府咨议高弘本正衙奏事，自理逋债，因下敕曰："比来百官，每于正衙奏事，至于移时为弊亦甚，自今以后不须于正衙奏事，如要陈奏者并于延英。"为本文之节录，字句略有不同。《大诏令》卷一百一载此文，题为《罢百官正衙奏事敕》，明署作时为贞元元年。《通鉴》卷二百二十六载，贞元十八年秋七月辛未，嘉王府咨议高弘本正衙奏事，自理逋债。乙亥，诏："公卿庶僚自今勿令正衙奏事，如有陈奏，宜延英门请对。"为本文之节录。

本文作于贞元十八年（802）七月。

恤水灾诏（P575 上）

《册府》卷一百四十七载，贞元十八年七月诏曰："朕获主兆人……当有处分。"即本文。检《旧书》卷十三《德宗本纪》载："（贞元十八年）秋七月庚辰，蔡、申、光三州春水夏旱，赐帛五万段，米十万石，盐三千石。"与本文要旨合。

本文作于贞元十八年（802）七月。

听纳青苗钱诏（P575 上）

《册府》卷四百八十八载，贞元十八年十月，诏："京畿诸县百姓……宜悉朕怀。"即为本文。

本文作于贞元十八年（802）十月。

祔献祖懿祖于兴圣庙诏（P575 上）

《旧书》卷二十六《礼仪志》载，贞元十九年三月，又诏云云，即本文。《会要》卷十四亦载，又下诏曰："……"即本文。《册府》卷三十载，十九年四月诏曰："国之大事……宜悉朕怀。"录全文。《大诏令》卷七十五载此文，题为《迁献懿二祖诏》，明署作时为贞元十九年。

本文作于贞元十九年（803）四月。

遣宰臣告庙诏（P575 下）

《旧书》卷二十六《礼仪志》载，贞元十九年三月，二祖新庙成，敕云云，即本文。《册府》卷三十载，贞元十九年四月，壬辰，修德明兴圣献祖庙，甲午，诏，云云，即本文。《册府》卷五百九十一载："（贞元十九年）二十四日，祫太庙。自此景皇帝始居东向之尊，元皇帝已下依左昭右穆之列矣。二祖新庙成，'奉迁献祖懿祖神主……门下侍郎平章事崔损摄太尉告太庙。'"所引即为本文。

本文作于贞元十九年（803）四月。

亢旱令诸司录囚诏（P575 下）

《册府》卷一百四十四载，贞元十九年六月，诏曰：“京师近郊……条理冤滞以闻。”即本文。

本文作于贞元十九年（803）六月。

免京畿积欠诏（P575 下）

《册府》卷四百九十一载，贞元二十年二月，诏曰：“去夏迄秋……以谕朕怀。”即本文。《册府》卷七十亦载：“（贞元）二十年，诏曰：‘理化之本，系乎京师，副朕忧人，属于长吏，宜勉务农桑，各安生业，以谕朕怀。’”即为本文之节录。

本文作于贞元二十年（804）二月。

流崔河图崖州诏（P575 下）

《册府》卷九百三十三载，诏曰：“崔河图思过之地，不能检身，既再抵国章，当从放逐，宜长流崖州。”即本文。检《旧书》卷十三《德宗本纪》载：“（贞元十六年）冬十月辛未，兴元严砺希监军旨，诬奏流人通州别驾崔河图，长流崖州，赐死，人士伤之。”与本文要旨合。《新书》卷七《德宗本纪》亦载：“（贞元十六年）十月辛未，杀通州别驾崔河图。”此条可证《旧书》所记时间无误。今从《旧书》订时。

本文作于贞元十六年（800）十月。

授孔述睿太子侍读诏（P576 上）

《旧书》卷一百九十二《孔述睿传》载，德宗即位初，以孔述睿为谏议大夫、皇太子侍读，旬日累表固辞，乞还山。诏报之曰：“卿怀伊挚佐时之道……且启乃心。”即本文。《册府》卷九十八录文与《旧书》同。《新书》卷一百九十六《孔述睿传》所记此事同。

本文作于德宗初年，具体作时待考。

答孔述睿辞官诏（P576 上）

《旧书》卷一百九十二《孔述睿传》载：“（贞元）九年，（孔述睿）以疾上表，请罢官。诏不许，报之曰：‘朕以卿德重朝端，行敦风俗，不言之教，所赖攸深，未依来请，想宜悉也。’”即本文。《册府》卷八百九十九载，孔述睿为右庶子史馆修撰，以疾上表请罢官，德宗不许，诏报之曰，云云，即本文。

本文作于贞元九年（793）。

起复张重政诏（P576 上）

《旧书》卷一百八十七下《张伾传》载，贞元二十一年，赠尚书右仆射有子重政军吏，欲立为郡将，重政母徐氏固拒不从，诏，云云，即本文。《册府》卷一百三十九载，顺宗以贞元二十一年正月即位，六月诏曰，即本文。《册府》卷七百五十九载，贞元二十一年顺宗诏云云，亦为本文。《山西通志》卷一百八十三，载此诏全文，题为《授张重政云麾将军诏》。今按：贞元二十一年正月，顺宗即位。诸书已指明作时在顺宗时期，为顺宗名下之文，不应归入德宗名下，是为误收。

本文作于贞元二十一年（805）六月。

封张重政母鲁国太夫人诏（P576下）

《旧书》卷一百八十七下《张伾传》上文《起复张重政诏》，之后又录："又诏曰：'张重政母高平郡夫人徐氏……可封鲁国太夫人。'"即本文。《新书》卷一百九十三《张伾传》亦录此事。《册府》卷一百三十九载，顺宗以贞元二十一年正月即位，六月诏曰，云云，即本文。今按：本文与上文均为顺宗时作，非德宗时，是为误收。

本文作于贞元二十一年（805）六月。

允权德舆请缘迁祔令子弟营护奏手诏（P576下）

《唐文拾遗》卷六在宪宗名下同题篇目下载此段文字"按：此诏见五十卷本《权载之文集》，题'元和十二年二月十二日'，与《全文》五十三卷德宗诏同。今存其目，文不录"。由此得知本文作时，此文当归于唐宪宗名下，是为误收。

本文作于元和十二年（817）二月十二日。

令郊庙从行官吏等自备食物诏（P576下）

本文又见载于《旧书》卷十三《德宗本纪》，订时为贞元六年九月己卯。《会要》卷九下亦载，贞元六年九月己卯，诏云云，即本文。《册府》卷六十四载，贞元六年九月，诏："以十一月八日有事于南郊庙……并仰御史樽节处置。"录全文。

本文作于贞元六年（790）九月。

恤葬邢士伦母子诏（P576下）

《旧书》卷一百二十四《令狐建传》载此文。《册府》卷九百三十三载："令狐建为右羽林将军。贞元四年，郭士伦佣教于建家。妻，李宝臣女也，建恶弃之，乃诬与士伦奸通，召士伦，立榜杀之，因逐其妻，而奏请按劾。及诏三司诘之，李氏及奴婢款证，被诬颇明白。建乃自引，会赦免坐。"所记即为此事，此处"郭士伦"为"邢士伦"之误。

本文作于贞元四年（788）。

答王真进道德经论兵要义手诏（P577上）

《全唐文》卷六百八十三录王真《道德经论兵要义述表》一文，有"王真，德宗朝官汉州刺史，充威胜军使"句。

本文作于唐德宗时期，具体作时待考。

御望春楼誓师诏（P577上）

《旧书》卷一百四十四《阳慧元传》载，德宗御望春楼，亲誓师以遣之，曰：“呜呼东鄙之警……其悉予怀。”即本文。《新书》卷一百五十六《阳慧元传》亦载：“德宗初立，稍绳诸节度跋扈者。于是李正己屯曹州，田悦增河上兵，河南大扰。诏移兵万二千戍关东，帝御望春楼誓师，因劳遣诸将。”所记与本文要旨合。《通鉴》卷二百二十六载：“（建中二年二月）发京西防秋兵万二千人戍关东。上御望春楼宴劳将士。”与本文要旨合。今从《通鉴》订时。

本文作于建中二年（781）二月。

遗诏（P577上）

《大诏令》卷十一载此文，题为《德宗遗诏》，明署作时为贞元二十一年正月。《旧书》卷十三《德宗本纪》载：“（贞元二十一年春正月）癸巳，会群臣于宣政殿，宣遗诏：‘皇太子宜于柩前即位。’是日，上（德宗）崩于会宁殿，享寿六十四。”与本文要旨合。《通鉴》卷二百三十六亦载：“（永贞元年正月）甲午，宣遗诏于宣政殿，太子缞服见百官。”与本文要旨合。

本文作于贞元二十一年（805）正月。

清编《全唐文》卷五十四
（P578—587）

罢邕府金坑敕（P578上）

《大诏令》卷一百十二载此文，题目中“罢”为“放”字，末署作时为大历十四年七月。《册府》卷五十六载，七月庚午诏：“王者不宝远物……官不得占先。”即为本文之节录。《册府》卷一百六亦载，德宗以大历十四年五月即位。七月庚午诏：“邕州所奏金坑……官不得占。”亦为本文之节录。《册府》卷四百九十三所载与卷一百六同。《旧书》卷十二《德宗本纪》载，大历十四年七月庚午，诏：“邕州所奏金坑，诚为润国，语人以利，非朕素怀。其坑任人开采，官不得禁。”为本文之节录。《新书》卷七《德宗本纪》载：“（大历十四年七月）庚午，弛邕州金坑禁。”即为本文所录之事。

本文作于大历十四年（779）七月。

勘造簿籍敕（P578上）

《册府》卷五百六载，大历十四年八月敕：“内外文武官职……专知官及本典准法科罪。”即本文。《会要》卷九十二载，大历十四年八月敕云云，即本文。

本文作于大历十四年（779）八月。

改元建中敕（P578 下）

《大诏令》卷五载此文，题为《改建中元年敕》。《旧书》卷十二《德宗本纪》载："建中元年春正月丁卯朔，御含元殿，改元建中，群臣上尊号曰'圣神文武皇帝'。"与本文要旨合。《册府》卷十五录："德宗以大历十四年五月即位，明年正月丁卯朔，御含元殿，受朝贺，下诏改为建中。"与本文要旨合。

本文作于建中元年（780）正月。

赐刘晏自尽敕（P578 下）

本文又见载于《大诏令》卷一百二十六，题为《刘晏赐自尽敕》。检《旧书》卷十二《德宗本纪》载："（建中元年七月）己丑，忠州刺史刘晏赐自尽。"《旧书》卷一百二十三《刘宴传》亦载："是月（建中元年七月）庚午，晏已受诛，使回奏报，诬晏以忠州谋叛，下诏暴言其罪，时年六十六，天下冤之。"与本文要旨合。

本文作于建中元年（780）七月。

行常平法敕（P579 上）

《旧书》卷四十九《食货志》载，建中元年七月，敕云云，即本文。《册府》卷五百二载，德宗建中元年七月敕："夫常平者……每日量付两市行人下价粜货。"录全文。《会要》卷八十八载，建中元年七月敕，所引即为本文。

本文作于建中元年（780）七月。

授朱巨川中书舍人敕（P579 上）

本文又见载于《式古堂书画汇考》卷八，题为《颜鲁公书朱巨川告身卷》。《松泉集》原序，中录有"上尝临颜真卿书朱巨川诰敕，轴中有典掌王言，润色鸿业，贞廉可以励俗，通敏可以成务，云云"。陈继儒《笔记》卷二载："停云馆朱巨川告，刻邓乔二跋，余藏又有陆太宰完题，不及刻。跋云：'此唐德宗建中三年六月，给授中书舍人朱巨川告身符。年月职名之上，用尚书吏部告身之印，计二十九颗。世传为颜鲁公书。'"与本文要旨合，且明署作时，今亦从之。今按：三书均指明本文为颜鲁公——颜真卿所书。故此文当归于颜真卿名下，是为误收。

本文作于建中三年（782）六月。

褒赠淮宁军忠义将吏敕（P579 上）

《大诏令》卷六十五载此文，题为《赠淮宁军大将军周曾等敕》，明署作时为建中四年。《册府》卷一百三十九载："（建中四年）三月，赠故淮宁军都虞侯、兼御史大夫、实封一百户周曾太尉，益实封二百户……其周曾等所赐实封，可载于典册，传其子孙。"即为本文之节录。《通鉴》卷二百二十八亦载："（建中四年三月）甲午，诏赠曾（周曾）等官。"与本文要旨合。

本文作于建中四年（783）三月。

宣慰两河百姓敕（P580 下）

《大诏令》卷一百十六载此文，题为《建中四年伐两河叛帅劳慰本道百姓敕》，题目中已明署作时为建中四年。《英华》卷四百四十一亦录本文，题为《建中四年德音》，明署作时为建中四年七月十一日。

本文作于建中四年（783）七月十一日。

宣慰平卢军陷淮西将士敕（P581 上）

《大诏令》卷一百十六载此文，题为《贞元元年八月慰抚平卢军先陷在淮西将士敕》。题目中已明署时间为贞元元年八月。

本文作于贞元元年（785）八月。

郜国大长公主别馆安置敕（P581 下）

《大诏令》卷四十二载此文，明署时间为贞元三年。

本文作于贞元三年（787）。

复先减官员敕（P582 上）

《大诏令》卷一百一载此诏全文，题为《复先减官员敕》。《旧书》卷十二《德宗本纪》载，贞元三年七月乙卯，诏："朕顷缘兴师备边，资用不给，遂权议减官，以务集事。近闻授官者皆已随牒之任，扶老携幼，尽室而行。俸禄未请，归还无所，衣冠之弊，流寓何依？其先敕所减官员，并宜仍旧。"为本文之节录。《会要》卷四十一亦载："贞元三年五月诏，停省天下州府官员，其左降官仍旧。"为本文之节录。《会要》卷六十九载："（贞元三年）七月，其先减官员，并依仍旧。"《通鉴》卷二百三十二亦载："（贞元三年六月）乙卯，诏先所减官，并复故。"与本文要旨合。诸书订年相同，月份不同，今从《旧书》订作时。

本文作于贞元三年（787）七月。

定五月朔日御宣政殿朝仪敕（P582 上）

《旧书》卷十三《德宗本纪》载，贞元七年四月戊午，诏云云，即本文。《册府》卷一百七载，贞元七年四月诏曰："仲夏之时……以为常典。"为本文之节录。《会要》卷二十四载，贞元七年四月二十八日敕："昔者圣贤……仍永编礼式。"为本文之节录。《大诏令》卷八十亦节录此诏，题为《五月一日御宣政殿敕》，明署作时为"贞元十年四月"。《通典》卷七十载，贞元七年四月敕："昔者圣贤……以着恒规。"亦为本文之节录。诸书订时一致，其中《大诏令》订时异，今从多者之说。

本文作于贞元七年（791）四月。

委本道节度使监军同勾当常平仓敕（P582下）

《旧书》卷四十九《食货志》载，贞元八年十月敕，云云，即本文。《会要》卷八十八载，贞元八年十月，敕云云，即本文。《册府》卷四百八十四载：“（贞元八年）十月，以西北边谷贱，诏令度支增价和籴以实边储，凡积米三十万斛。”与本文要旨合。《通鉴》卷二百三十四载“（贞元八年）九月，诏西北边贵籴以实仓储，边备浸充。”与本文要旨合，今从多者之说。

本文作于贞元八年（792）十月。

水灾赈恤敕（P582下）

《英华》卷四百三十五载此文，题为《赈恤遭水灾百姓敕》，明署作时为贞元八年十二月。《册府》卷四百九十一载，贞元八年十二月诏曰：“惠下恤人……施岁征以宽物力。”即本文之节录。检《旧书》卷十三《德宗本纪》载：“（贞元八年）十二月庚寅，诏赐遭水县乏绝户米三十万石。”与本文要旨合。

本文作于贞元八年（792）十二月。

禁欠陌钱敕（P583上）

《册府》卷五百一载，贞元九年三月敕：“陌内欠钱……一切勿问。”即本文。《会要》卷八十九载，元和四年闰三月，京城时用钱，每贯头除二十文，陌内欠钱及有铅锡钱，准贞元九年三月二十六日敕，即本文。《旧书》卷四十八《食货志第二十八》所载与《会要》同。

本文作于贞元九年（793）三月。

令礼官议祔庙敕（P583上）

《旧书》卷二十六《志第六》载，贞元十一年七月十二日敕，即本文。《册府》卷五百九十载，贞元十一年七月十二日，敕：“于颀等议……仍委所司具事件闻奏。”即本文。《会要》卷十三所载与《旧书》同。

本文作于贞元十一年（795）七月十二日。

令二年一造文簿敕（P583上）

《册府》卷五百六载，贞元十一年八月敕旨：“每年造簿事……二年一送，余依。”即为本文。

本文作于贞元十一年（795）八月。

赠权倕尚书礼部郎中敕（P583下）

《唐文拾遗》卷六宪宗名下，与本文题目相同的篇目下，载：“案：此敕见五十卷本《权载之文集》，题‘元和十二年五月十九日’，与《全文》五十四卷德宗敕同。姑存其目，文不录。”由此得知本文作时及作者，此文当归于权德舆名下，是为误收。

本文作于元和十二年（817）五月十九日。

许永州司户苏衮归里敕（P583 下）

《旧书》卷一百八十九下《苏衮传》载，衮自赞善大夫贬永州司户参军，敕：“苏衮贬官……任归私第。”即本文。《册府》卷一百四十七载，贞元十四年闰五月，贬太子詹事苏弁为汀州司户，又贬其兄赞善大夫衮为永州司户，俄降敕云云，即为本文。《旧书》卷十三《德宗本纪》载：“（贞元十四年闰五月）甲子，贬太子詹事苏弁为汀州司户，兄赞善大夫衮为永州司户。”所载与本文要旨合。

本文作于贞元十四年（798）闰五月。

权停贡举敕（P583 下）

《册府》卷六百四十载，贞元十九年六月敕：“礼部举人，自春以来，久愆时雨。念其旅食京邑，资用屡空，其礼部举人，今年宜权停。”录全文。《会要》卷七十六载，贞元十九年敕，云云，即本文。《会要》卷七十五载，贞元十九年七月，敕以关辅饥，罢今岁吏部选集。”与本文要旨合。《旧书》卷十三《德宗本纪》载：“（贞元十九年）秋七月戊午，以关辅饥，罢吏部选礼部贡举。”诸书订时年相同，月不同，今从《旧书》订时。

本文作于贞元十九年（803）七月。

答百僚请复尊号批（P583 下）

《册府》卷十六载，贞元五年十月，百僚累上表请复徽号，诏曰：“三省来章……勿更陈请。”即本文。《大诏令》卷六载此文，题为《批百僚请复尊号表》，明署作时为贞元六年。《旧书》卷十三《德宗本纪》载：“（贞元五年十月）庚午，百僚请复徽号，不允。”与本文要旨合。《大诏令》订时与诸书异，今从多者之说。

本文作于贞元五年（789）十月。

答韦皋谢颁示政刑箴表批（P584 上）

本文作时待考。

答韦皋谢赐纪功碑表批（P584 上）

《新书》卷一百八十五《韦皋传》载，贞元十三年，十月，大破吐蕃。……帝悦，进检校司徒兼中书令、南康郡王，帝制纪功碑褒赐之。与本文要旨合。

本文贞元十三年（797）十月。

答中书门下进奉和春麟德殿会百僚观新乐诗状批（P584 上）

本文作时待考。

答权德舆谢追赠祖倕礼部郎中表批（P584 上）

《唐文拾遗》卷六宪宗名下与本文题目相同的篇目下载："按：此文见五十卷本《权载之集》，题'元和十三年闰五月'，与《全文》五十四《批答》同，今存其目，文不录。"由此知本文作时及作者，本文当归于权德舆名下，是为误收。

本文作于元和十三年（818）闰五月。

放免诸道先停放将士资粮德音（P584 下）

《英华》卷四百四十一载此文，题为《放免诸道先停放将士资粮德音》，明署作时为贞元四年十月。

本文作于贞元四年（788）十月。

上睿文孝武皇帝册文（P585 上）

《通典》卷一百四载，大唐元陵谥册文："维某年月日……呜呼哀哉。"即为本文。《册府》卷三十载："德宗以大历十四年五月即位，八月庚申，上睿文孝武皇帝尊谥，庙号代宗，葬元陵。"与本文要旨合。

本文作于大历十四年（779）八月。

遥尊皇太后沈氏册文（P585 下）

《旧书》卷五十二《代宗睿真皇后沈氏传》载，建中元年十一月，遥尊圣母沈氏为皇太后，陈礼于含元殿庭，如正至之仪。上衮冕出自东序门，立于东方，朝臣班于位，册曰："嗣皇帝臣名言……臣名谨上尊号曰皇太后。"即本文。《新书》卷七《德宗本纪》订作时为建中元年八月。《通鉴》卷二百二十六订作时为建中元年七月辛巳。《会要》卷三："至德宗即位，建中元年八月，追尊（沈氏）为皇太后。"为本文之节录。今从《旧书》订时。

本文作于建中元年（780）十一月。

册李晟司徒文（P586 上）

《大诏令》卷六十一载此文，题为《册李晟司徒文》。《册府》卷一百二十八载："（兴元元年）六月乙酉，检校左仆射、平章事、充神策军节度等京畿商华等州副元帅、合川郡王李晟加司徒，兼中书令，仍赐实封一千户。"与本文要旨合。《旧书》卷十二《德宗本纪》载："（兴元元年六月）己酉，加李晟司徒、兼中书令，实封一千户。"与本文要旨合。

本文作于兴元元年（784）六月。

册李晟太尉文（P586 上）

《大诏令》卷六十一载此文。《旧书》卷一百三十三《李晟传》载："（贞元）三年三月，册拜晟为太尉、中书令，奉朝请而已。"《旧书》卷十二《德宗本纪》载："（贞元三年三月）丁未，制凤翔陇右泾原四镇北庭管内兵马副元帅、凤翔陇右道节度使、奉天靖难功臣、司徒兼中书令、凤翔尹、上柱国、西平郡王、食实封一千五百户李晟可太尉兼中书令。”与本文要旨合。《册府》卷一百三十三载：“（贞元）三年三月，诏加李晟太尉，依前兼中书令。”《新书》卷七《德宗本纪》载：“（贞元三年）三月丁未，李晟为太尉。”《会要》卷二十六载：“贞元三年三月，御宣政殿，备礼册拜李晟为太尉。”

本文当作于贞元三年（787）三月。

册马燧司徒文（P586 下）

本文又见载于《大诏令》卷六十一。《旧书》卷十二《德宗本纪》载：“（贞元三年）六月丙戌，以检校司徒、侍中马燧为司徒兼侍中，以赞吐蕃之盟失策而罢兵柄也。”与本文要旨合。《旧书》卷一百三十四《马燧传》载：（马燧）“兴元元年正月，加检校司徒，封北平郡王。”“（贞元三年）六月，以燧守司徒，兼侍中、北平王如故，仍赐妓乐，奉朝请而已。”《册府》卷三百八十五载：“（贞元）三年二月，（马燧）入朝，册拜司徒侍中、北平王，仍赐妓乐。”与本文要旨合。《册府》订时误，今从《旧书》时。

本文作于贞元三年（787）六月。

命皇太子即位册文（P587 上）

本文文首已指明作时“贞元二十一年岁次乙酉正月辛未朔二十三日癸巳”。《册府》卷十一载，顺宗，德宗长子。大历十四年封宣王，建中元年立为皇太子，贞元二十一年正月丙申，太子即位于太极殿，册曰，云云，即本文。《大诏令》卷一载此文，题为《顺宗即位册文》。《英华》卷四百四十二载此文，题为《顺宗皇帝即位册文》。《册府》卷十五载：“顺宗以贞元二十一年正月即位，八月庚子，传位于皇太子，大赦，改元永贞。”与本文要旨合。

本文作于贞元二十一年（805）正月。

清编《全唐文》卷五十五
（P587—604）

春令大赦文（P587 下）

《册府》卷八十九载，贞元四年正月庚戌朔，御丹凤楼，制曰：“朕以菲薄……赐一千匹。”即本文。《册府》卷五十九、六十八、一百三、一百三十一、一百三十五、一百六、四百八十八、四百九十一，《会要》卷六十七、六十九均节录本文，所录字句略有不同，订时同为贞元四年正月。

本文作于贞元四年（788）正月。

南郊赦文（P588 上）

《册府》卷八十九载，贞元六年十一月庚午，南郊礼毕，御丹凤门下，制曰：“礼称日至而郊……所宜同之。”录全文。《大诏令》卷七十载此文，题为《贞元六年南郊赦》。《册府》卷四十二、一百三十一、一百五十一、六百三十六均节录本文。《旧书》卷二十一《志第一》载：“（贞元）六年十一月八日，有事于南郊。”与本文要旨合。《会要》卷九下载：“贞元六年十一月八日，有事于南郊。”亦为此事。

本文作于贞元六年（790）十一月。

南郊赦文（P588 下）

《册府》卷八十九载，贞元九年十一月乙酉日，南至郊祀，礼毕，御丹凤楼，大赦天下，制曰：“朕以寡德……无所隐避。”录全文。《大诏令》卷七十所载与本文文意相符，然更为详述，题为《贞元九年南郊赦》。《旧书》卷十三《德宗本纪》载，贞元九年十一月乙酉，日南至，上亲郊圆丘。是日还宫，御丹凤楼，制曰：“朕以寡德……可大赦天下。”即为本文之节录。《册府》卷八十一、卷一百三、一百三十一、一百七十三均节录本文。《通鉴》卷二百三十四载：“（贞元九年）十一月，乙酉，上祀圜丘，赦天下。”与本文要旨合。《英华》卷四百二十六载：“门下，朕以寡德……主者施行。”与本文文意相符，更为详述，题为《贞元九年冬至大礼大赦制》，明署作者为“陆贽”。《全唐文》卷四百六十一亦将该文归于陆贽名下，今按：依《全唐文》编撰体例，本文当归于陆贽名下，是为重出误收。

本文作于贞元九年（793）十一月。

三　唐顺宗李诵诏敕考

李诵（761—806），德宗长子，上元二年生。始封宣城郡王，大历十四年（779）六月进封宣王，十二月立为皇太子，贞元二十一年正月即位。推行“永贞革新”。七月，以疾令皇太子监国，八月，传位皇太子。元和元年（806）正月崩。年四十六，在位一年。谥曰至德大圣大安孝皇帝，庙号顺宗。葬于丰陵。（在今陕西富平甕金山）《旧书》卷十四、《新书》卷七有《纪》。

清编《全唐文》卷五十五（P598—604）

授韦执谊尚书左丞平章事制（P598上）

《英华》卷四百四十九载此文，题为《韦执谊入相制》，明署作时为永贞元年二月。《册府》卷七十三载，顺宗贞元二十一年，正月丙申即位。二月辛亥，诏曰：“宰相之职……赐紫金鱼袋。”即本文。《大诏令》卷四十六录全文，题为《韦执谊平章事制》，末注永贞元年二月。《旧书》卷十四《顺宗本纪》载：“（贞元二十一年二月）辛卯，以吏部郎中韦执谊为尚书左丞、同中书门下平章事。”即为本事。《通鉴》卷二百三十六载：“（永贞元年二月）辛亥，以吏部郎中韦执谊为尚书左丞、同平章事。”与本文要旨合。今按：贞元二十一年八月，顺宗改元“永贞”，二月仍为“贞元”年，故此文当依《旧书》订时为“贞元二十一年二月”。

本文作于贞元二十一年（805）二月。

授杜佑诸道盐铁等使制（P598下）

《大诏令》卷五十二载此文，题中无“授”字。《旧书》卷十四《顺宗本纪》载：“（贞元二十一年三月）丙戌，检校司空、同平章事杜佑为度支盐铁使。”与本文要旨合。《旧书》卷一百四十七《杜佑传》载：“德宗崩，佑摄冢宰，寻进位检校司徒，充度支盐铁等使，依前平章事。”与本文要旨合。今从《旧书》订时。

本文作于贞元二十一年（805）三月。

授抚王纮河东节度使制（P599 上）

《大诏令》卷三十六载此文，题中无“使”字。

本文作时待考。

封皇太子大男宁平原郡王等制（P599 上）

《英华》卷四百四十四载此文，题为《封诸郡王敕》，明署时间为贞元二十一年四月。《大诏令》卷三十八载此文，题中无“大”字，订时与《英华》同。《旧书》卷十四《顺宗本纪》载：“（贞元二十一年夏四月）庚戌，封太子男宁、宽、宥、察、寰、寮六人为郡王，并食邑三千户。”与本文要旨合。《旧书》卷一百七十五《宪宗二十子传》载：“惠昭太子宁，宪宗长子也。母曰纪美人。贞元二十一年四月，封平原郡王。”与本文要旨合。

本文作于贞元二十一年（805）四月。

授范希朝神策军节度使制（P599 下）

本文又见载于《全唐文》卷五十（P549 上）德宗名下，题为《授范希朝京西行营节度使制》。《旧书》卷十四《顺宗本纪》载：“贞元二十一年五月己巳，以右金吾卫大将军范希朝为右神策统军，充左右神策、京西诸城镇行营兵马节度使。”与本文要旨合。《会要》卷七十二载，贞元二十一年三月，以检校尚书右仆射、右金吾大将军范希朝为兼右神策统军，充左右神策京西诸城镇行营节度使，驻于奉天。”《通鉴》卷二百三十六载：“（永贞元年）五月辛未，以右金吾大将军范希朝为左右神策京西诸城镇行营节度使。”永贞元年，即贞元二十一年，是年八月始改元永贞。诸书订时年同，《会要》订为三月，当为“五”之误，今从《旧书》之说。今按：依照《全唐文》体例，本文当归入顺宗名下，是为重出误收。

本文作于贞元二十一年（805）五月。

授杜黄裳门下侍郎袁滋中书侍郎并平章事制（P599 下）

《册府》卷七十三载，顺宗贞元二十一年七月制曰：“辅弼股肱之臣……滋可中书侍郎平章事。”即本文。《大诏令》卷四十六载此文，题为《杜黄裳袁滋平章事制》，明署作时为永贞元年七月。《旧书》卷十四《顺宗本纪》载，贞元二十一年七月“以太常卿杜黄裳为门下侍郎，左金吾卫大军袁滋为中书侍郎，并同中书门下平章事”。与本文要旨合。按：贞元二十一年八月，顺宗改元“永贞”，七月仍为“贞元”年。

本文作于贞元二十一年（805）七月。

罢郑珣瑜高郢平章事制（P600 上）

《册府》卷三百三十三载，贞元二十一年七月，下诏曰：“朕承天眷命……郢可守刑部尚书。”即本文。《大诏令》卷五十五载此文，题为《郑珣瑜吏部尚书高郢刑部尚书制》，末明署时间为永贞元年二月。《旧书》卷十四《顺宗本纪》载：贞元二十一年七月，郑珣瑜为吏部尚书，高郢刑部尚书，并罢知政事。与本文要旨合。按：贞元二十一年八月，顺宗改元“永贞”，七月仍为“贞元”年。

本文作于贞元二十一年（805）七月。

封钦王等诏（P600下）

《大诏令》卷三十三载此文，题中“诏”为“制”字，明署作时为贞元二十一年四月。《册府》卷二百六十五载诸子封王一事，与本文要旨合，明署贞元二十一年封。《会要》卷四十六载：“（贞元）二十一年四月，封第十弟谔为钦王。”即为本文之节录。检，《旧书》卷十四《顺宗本纪》载：“（贞元二十一年）夏四月壬寅，制第十弟谔封钦王……”与本文要旨合。

本文作于贞元二十一年（805）四月。

放免积欠诏（P600下）

《册府》卷四百九十一载，顺宗以贞元二十一年六月丙申，诏曰：“朕君临寰海……令悉朕怀。”即本文。《旧书》卷十四《顺宗本纪》载：“贞元二十一年六月丙申，诏二十一年十月已前百姓所欠诸色课利、租赋、钱帛，共五十二万六千八百四十一贯、石、匹、束，并宜除免。”与本文要旨合。

本文作于贞元二十一年（805）六月。

命皇太子摄位诏（P601上）

《册府》卷二百五十九载，顺宗贞元二十一年正月即位，七月己未，诏曰：“朕承九圣之烈……咸所知闻。”即本文。《大诏令》卷三十载此文，题为《顺宗命皇太子勾当军国敕》，明署作时为永贞元年七月。《旧书》卷十四《顺宗本纪》载，贞元二十一年七月乙未，诏：“朕承九圣之烈……宜令皇太子勾当。”为本文之节录。《旧书》卷十四《宪宗本纪》载：“顺宗即位之年四月，册为皇太子。七月乙未，权勾当军国政事。”与本文要旨合。《册府》卷十一载：“宪宗，顺宗长子，贞元四年封广陵郡王。二十一年，顺宗即位，立为皇太子。七月乙未，诏：权令皇太子勾当军国政事。”与本文要旨合。《会要》卷一载：“（顺宗）贞元二十一年正月即位，七月以疾未瘳，令皇太子监国。”与本文要旨合。

本文作于贞元二十一年（805）七月。

遗诰（P601上）

《大诏令》卷十二载此文，题为《顺宗遗诰》，明署作时为元和元年正月十九日。

本文作于元和元年（806）正月十九日。

崇陵优劳德音（P601下）

《大诏令》卷七十七载此文，明署作时为永贞元年十一月。《旧书》卷十三《德宗本纪》载：“永贞元年九月丁卯，群臣上谥曰神武孝文，庙号德宗。十月己酉，葬于崇陵，昭德皇后王氏祔焉。”与本文要旨合。两书订年相同，月不同，由《旧书》知永贞元年十月德宗驾崩，葬于崇陵，故此文当作于永贞元年十月之后。

本文作于永贞元年（805）十月之后。

册广陵郡王为皇太子文（P602 上）

本文文首已明署作时为“贞元二十一年，岁次乙酉，四月庚午朔，六日乙亥”。《英华》卷四百四十三、《大诏令》卷二十八均载此诏全文。检《旧书》卷十四《顺宗本纪》载：“贞元二十一年三月癸巳，诏册广陵郡王淳为皇太子，改名纯。”《旧书》卷十四《宪宗本纪》载：“贞元四年六月，（宪宗）封广陵王。顺宗即位之年四月，册为皇太子。”《册府》卷三载：“宪宗讳纯，初名淳，贞元二十一年册为皇太子，始更之。”《册府》卷十一载：“宪宗，顺宗长子，贞元四年封广陵郡王，二十一年顺宗即位，立为皇太子。”《会要》卷一载：“（宪宗）贞元四年六月，封为广陵王、开府仪同三司，名淳。二十一年四月，册为皇太子，改讳纯。”《通鉴》卷二百三十六载：“（永贞元年四月）已巳，上御宣政殿，册太子。”所载均与本文要旨合。按：贞元二十一年八月，顺宗改元“永贞”，四月仍为“贞元”年。

本文作于贞元二十一年（805）四月。

皇太子即位册文（P602 下）

本文文首已明署作时为“永贞元年，岁次乙酉，八月丁酉朔，九日乙巳”。《大诏令》卷一载此文，题为《宪宗即位册文》。《册府》卷十一载，以九日册皇帝于宣政殿，改贞元二十一年为永贞元年，八月乙巳，帝即位于宣政殿，册曰，云云，即本文。《旧书》卷十四《宪宗本纪》载：“（宪宗）（永贞元年）八月丁酉朔，受内禅。乙巳，即皇帝位于宣政殿。”与本文要旨合。《册府》卷二十六载：“宪宗以永贞元年八月乙巳，即位于宣政殿，受册。”与本文要旨合。

本文作于永贞元年（805）八月。

即位赦文（P602 下）

《册府》卷八十九载，顺宗以贞元二十一年正月即位，二月甲子，御丹凤门，大赦天下，制曰：“朕承天序……重加优恤。”即本文。《大诏令》卷二载此文，题为《顺宗即位赦》。《旧书》卷十四《顺宗本纪》载：“贞元二十一年二月甲子，御丹凤楼，大赦天下。诸道除正敕率税外，诸色榷税并宜禁断，除上供外，不得别有进奉。百姓九十已上，赐米二石，绢两匹，版授上佐、县君，仍令本部长吏就家存问；百岁已上，赐米五石，绢二匹，绵一屯，羊酒，版授下州刺史、郡君。”与本文要旨合。《册府》卷三十九、卷四十二、卷五十五、卷五十六，《会要》卷八十六，均节录本文。诸书订作年相同，月份异，今从多者之说。

本文作于贞元二十一年（805）二月。

四　唐宪宗李纯诏敕考

李纯（778—820），顺宗长子，大历十三年生。贞元四年（788）六月封广陵郡王、开府仪同三司，名淳。二十一年（850）四月立为皇太子，改名纯。永贞元年（850）八月即位。元和十五年（820）正月二十七日驾崩。五月，葬景陵（在今陕西蒲城金积山）。在位十六年，年四十三。谥曰圣神章武孝皇帝，庙号宪宗。《旧书》卷十五、卷十六，《新书》卷七有《纪》。

清编《全唐文》卷五十六
（P605—615）

贬王伾开州司马王叔文渝州司户参军制（P605 上）

《册府》卷一百五十三载，顺宗贞元二十一年八月即位，改元永贞，制，云云，即本文。《旧书》卷十四《宪宗本纪》载："（永贞元年八月）壬寅，贬右散骑常侍王伾为开州司马，前户部侍郎、度支盐铁转运使王叔文为渝州司户。"与本文要旨合。

本文作于永贞元年（805）八月。

授郑馀庆平章事制（P605 下）

《册府》卷七十三载，宪宗永贞元年八月，制曰："有天下者……可平章事。"即本文。《大诏令》卷四十六载此文，题中无"授"字，明署作时为"永贞元年八月"。《旧书》卷十四《宪宗本纪》载："（宪宗即位之年八月）癸亥，以朝请大夫、守尚书左丞、轻车都尉、赐紫金鱼袋郑馀庆同中书门下平章事。"与本文要旨合。

本文作于永贞元年（805）八月。

贬韦执谊崖州司马制（P605 下）

《大诏令》卷五十七载此文，题中无"贬"字。《旧书》卷十四《宪宗本纪》载："（宪宗即位之年冬十月）壬申，贬正议大夫、中书侍郎、平章事韦执谊为崖州司马，以交王叔文也。"与本文要旨合。按：宪宗永贞元年八月即位。

本文作于永贞元年（805）十月。

授郑絪中书侍郎平章事制（P606 上）

《册府》卷七十三载，永贞元年十二月，制，云云，即本文。《大诏令》卷四十六载此文，题为《郑絪平章事制》，末署时间为永贞元年十二月。《旧书》卷十四《宪宗本纪》载："（永贞元年十二月）壬戌，以朝请大夫、守中书舍人、翰林学士、上柱国郑絪为中书侍郎、同平章事、集贤殿学士。"《旧书》卷一百五十九《郑絪传》载："宪宗监国，迁中书舍人，依前学士。（郑絪）俄拜中书侍郎、平章事，加集贤殿大学士，转门下侍郎、弘文馆大学士。"与本文要旨合。

本文作于永贞元年（805）十二月。

讨刘辟制（P606 上）

《旧书》卷十四《宪宗本纪》载，元和元年春正月戊子，制云云，即本文。《册府》卷一百二十二载："宪宗元和元年正月戊子，制曰：'剑南、两川疆界素定……无令阙失。'"即本文。《大诏令》卷一百十八载此文，题为《招谕讨刘辟诏》，未明署时间。《册府》卷一百六十五载："宪宗元和元年正月，命高崇文讨刘辟。"与本文要旨合。

本文作于元和元年（806）正月。

试制科举人制（P606 下）

《册府》卷六百四十四载，宪宗元和元年四月丙午，命宰臣已下监试应制举人于尚书省，以制举人，皆先朝所征，故不亲试。制曰："朕以寡薄……食讫就试。"即本文。《大诏令》卷一百六载此文，题为《元和元年尚书省试制科举人敕》，题目中明署作时为元和元年。《旧书》卷十四《宪宗本纪》载："（元和元年四月）丙午，命宰臣监试制举人于尚书省，以制举人先朝所征，不欲亲试也。"与本文要旨合。今从《旧书》订时。

本文作于元和元年（806）四月。

封真宁公主等制（P607 上）

《大诏令》卷四十一载此文，明署作时为元和元年八月五日，今亦从之。

本文作于元和元年（806）八月。

封邓王等制（P607 上）

《英华》卷四百四十四、《大诏令》卷三十三均载此诏全文，末署作时均为元和元年八月七日。《旧书》卷十四《宪宗本纪》载："（元和元年八月）丁卯，封王子平原郡王宁为邓王，同安郡王宽为澧王，建安郡王宥为遂王，彭城郡王察为深王，高密郡王寰为洋王，文安郡王寮为绛王，第十男审为建王。"与本文要旨合。《旧书》卷一百七十五《宪宗二十子传》载："惠昭太子宁，宪宗长子也。母曰纪美人。贞元二十一年四月，封平原郡王。

元和元年八月，进封邓王。”《册府》卷二百六十五载：“澧王恽，本名宽，宪宗第二子，贞元二十一年封，同安郡王元和元年进封。”与本文要旨合。《会要》卷一载：“（贞元）二十一年四月，（穆宗）封为延安郡王，名宥。元和元年八月进封遂王。”与本文要旨合。

本文作于元和元年（806）八月。

授高崇文剑南西川节度使制（P607 下）

《大诏令》卷六十载此文，题中无“授”字。《旧书》卷十四《宪宗本纪》载：“（元和元年九月）丙寅，以剑南东川节度使、检校兵部尚书、梓州刺史、封渤海郡王高崇文检校司空，兼成都尹、御史大夫，充剑南西川节度副大使、知节度事、管内度支营田观察使、处置统押近界诸蛮及西山八国云南安抚等使，仍改封南平郡王，食邑三千户。”与本文要旨合。《册府》卷三百五十九载：“授崇文成都尹，充剑南西川节度使，封南平郡王，食实封三百户。”与本文要旨合。《通鉴》卷二百三十七载：“（元和元年十月）丙寅，以高崇文为西川节度使。”诸书订年相同，月份不同，今姑从《旧书》。

本文作于元和元年（806）九月。

储谷制（P608 上）

《旧书》卷四十九《食货志》载，元和元年正月，制“岁时有丰……赈贷所宜速奏”。即本文。《册府》卷五百二载，宪宗元和元年正月，制，云云，即本文。《会要》卷八十八载：“元和元年正月，制。”是为本文。

本文作于元和元年（806）正月。

授杜黄裳河中晋绛慈隰节度使制（P608 上）

《册府》卷三百二十二载：“杜黄裳永贞元年为门下侍郎平章事，元和二年正月，制曰：‘昔周之周……充河中晋绛慈隰等州节度等使。’”即本文。《大诏令》卷五十三载此文，题为《杜黄裳河中节度同平章事制》，明署作时为元和二年正月。《旧书》卷十四《宪宗本纪》载：“（元和二年正月）乙巳，以门下侍郎、同平章事、南阳郡开国公杜黄裳检校司空、同平章事，兼河中尹、河中晋绛等州节度使。”与本文要旨合。《通鉴》卷二百三十七载：“（元和二年正月）门下侍郎、同平章事杜黄裳，有经济大略而不修小节，故不得久在相位。乙巳以黄裳同平章事，充河中晋绛慈隰节度使。”与本文要旨合。

本文作于元和二年（807）正月。

授李吉甫中书侍郎同平章事制（P608 下）

《英华》卷四百四十八载录此文，题为《李吉甫拜相制》，明署作时为元和二年正月。《册府》卷七十三载：“（元和二年正月）又制，曰：‘昔周宣王思宏文武之道……可守中书侍郎平章事。’”是为本文。《大诏令》卷四十六亦录此文，题为《李吉甫平章事制》，明署作时为元和二年正月。《旧书》卷十四《德宗本纪》载：“（元和二年正月）己卯，以中书舍人、翰林学士李吉甫为中书侍郎、同平章事。”与本文要旨合。《通鉴》卷二百三十七载：“（元和二年正月）己酉，以户部侍郎武元衡为门下侍郎，翰林学士李吉甫为中书侍郎，并同平章事。”与本文要旨合。

本文作于元和二年（807）正月。

授武元衡门下侍郎平章事制（P609上）

《册府》卷七十三载：“元和二年正月，制曰：‘惟人代工……赐紫金鱼袋。’”即本文。《大诏令》卷四十六载此文，题为《武元衡平章事制》，明署作时为“元和二年正月”。《旧书》卷十四《宪宗本纪》载：“（元和二年正月）己卯，以户部侍郎、赐绯鱼袋武元衡为门下侍郎、同平章事、赐紫金鱼袋。”与本文要旨合。《旧书》卷一百五十八《武元衡传》载：“元和二年正月，（武元衡）拜门下侍郎、平章事，赐金紫，兼判户部事。”与本文要旨合。《通鉴》卷二百三十七载：“（元和二年正月）己酉，以户部侍郎武元衡为门下侍郎，翰林学士李吉甫为中书侍郎，并同平章事。”与本文要旨合。

本文作于元和二年（807）正月。

授武元衡西川节度使制（P609下）

《册府》卷三百二十二载，武元衡，元和二年二月为门下侍郎，平章事。十月，诏曰，云云，即本文。《旧书》卷十四《宪宗本纪》：“（元和二年十月）丁卯，以门下侍郎、平章事武元衡检校吏部尚书，兼门下侍郎、平章事、成都尹，充剑南西川节度使，仍封临淮郡公。”《旧书》卷一百五十八《武元衡传》载：“上难其代者，乃以（武）元衡代（高）崇文，拜检校吏部尚书，兼门下侍郎、平章事，充剑南西川节度使。”所载与本文要旨合。

本文作于元和二年（807）十月。

赈诸道水旱灾制（P610上）

《英华》卷四百三十五录此文，题为《分命使臣赈恤水旱百姓敕》，明署作时为元和四年正月。《册府》卷一百六载，元和四年正月壬午，制曰：“王者立国……咸悉予怀。”录全文。《册府》卷四百九十一载，元和四年正月诏：“元和三年诸道应遭水旱所损，州府令放两税钱米等。损四分以下者，宜准此处分。损四分已上者，并准元和元年六月十八日敕文放免。”即为本文之节录。

本文作于元和四年（809）正月。

授李藩门下侍郎平章事制（P610下）

《册府》卷七十三载，元和四年二月，制曰：“皇王理本……赐紫金鱼袋。”即本文。《大诏令》卷四十六载此文，题为《李藩平章事制》，明署作时为元和四年二月。《通鉴》卷二百三十七载：“（元和四年）二月丁卯，罢絪为太子宾客，擢藩为门下侍郎、同平章事。藩知无不言，上甚重之。”与本文要旨合。

本文作于元和四年（809）二月。

授李藩弘文馆大学士制（P611上）

《大诏令》卷五十一载此文，题为《李藩弘文馆大学士制》，明署作时为元和四年三月二十，今亦从之。

本文作于元和四年（809）三月二十。

命李晟家编附属籍制（P611下）

《册府》卷一百三十三载，元和四年四月，制曰："夫定社稷……其家宜令编附属籍。"是为本文。《大诏令》卷六十四载此文，题为《令李晟家附属籍诏》。《旧书》卷一百三十三《李晟传》载，元和四年，诏曰，云云，即本文。《会要》卷六十五载："元和四年四月，诏：故奉天定难功臣，太尉兼中书令、西平郡王李晟，宜编入属籍。"所载与本文要旨合。《旧书》卷十四《宪宗本纪》载："（元和四年四月）庚子，制故太尉、西平郡王李晟宜编附属籍。"与本文事合。

本文作于元和四年（809）四月。

授乌重胤河阳节度使制（P611下）

《英华》卷四百五十二载此文，题为《授乌重胤河阳节度使制》。《册府》卷一百二十八载："（元和）五年四月，以昭义军都知兵马使、潞州左司马，兼御史中丞乌重胤，为怀州刺史兼御史大夫，充河阳三城怀州节度等使。"与本文要旨合。《通鉴》卷二百三十八载："（元和五年四月）壬辰，以（乌）重胤为河阳节度使。"《旧书》卷十四《宪宗本纪》载："（元和五年四月）壬申，以昭义都知兵马使、潞州左司马乌重胤为怀州刺史、河阳三城怀州节度使。"均与本文要旨合。

本文作于元和五年（810）四月。

复王承宗官爵制（P612上）

《册府》卷一百七十七载："（元和）五年七月庚子，镇州王承宗遣节度巡官崔遂上表二封乞自陈首，兼请吏员输其常赋，是月，制曰：'夫盖之如天……宜谅予怀。'"即本文。《旧书》卷十四《宪宗本纪》载："（元和五年）秋七月己亥朔。庚子，承宗遣判官崔遂上表自首，请输常赋，朝廷除授官吏。丁未，诏昭洗王承宗，复其官爵，待之如初。"与本文要旨合。

本文作于元和五年（810）七月。

授权德舆礼部尚书同平章事制（P613上）

《英华》卷四百四十九、《大诏令》卷四十六均载此文，均题为《权德舆平章事制》，均明署作时为元和五年九月。《册府》卷七十三载，元和五年九月，制曰："夫宰相之任……散官勋封赐如故。”即本文。《旧书》卷十四《德宗本纪》载：“（元和五年九月）丙寅，制以正议大夫、守太常卿、上柱国、襄武县开国侯、赐紫金鱼袋权德舆可守礼部尚书、同中书门下平章事。”《旧书》卷一百四十八《权德舆传》载：“（元和）五年冬，宰相裴垍寝疾，德舆拜礼部尚书、平章事，与李藩同作相。”所载均与本文要旨合。

本文作于元和五年（810）九月。

授李吉甫中书侍郎平章事制（P613下）

《册府》卷七十三载，六年正月，制曰：“辅弼之重……兼修国史。”即本文。《大诏令》卷四十六载此文，题为《李吉甫平章事制》，明署作时为元和六年正月。《旧书》卷十四《宪宗本纪》载：“（元和六年正月）庚申，以淮南节度使、中书侍郎、同平章事、赵国公李吉甫复知政事、集贤殿大学士、监修国史。”与本文要旨合。

本文作于元和六年（811）正月。

李藩守太子詹事制（P614上）

《册府》卷三百三十三载，元和六年正月壬辰，制曰：“爰立辅臣……散官勋赐如故。”即本文。《大诏令》卷五十五载此文，题为《李藩太子詹事制》，明署作时为元和六年二月。《旧书》卷十四《宪宗本纪》载：“（元和六年）二月丙寅朔。壬申，门下侍郎、同平章事李藩为太子詹事。”与本文要旨合。

本文作于元和六年（811）二月。

贷京畿义仓粟制（P614上）

《英华》卷四百三十五节录本文，题为《赈贷京畿德音》，明署作时为元和六年十月戊寅。《册府》卷四百九十一载，元和六年十月戊寅，制曰：“朕闻王者之牧黎元也……宜悉朕怀。”录全文。《旧书》卷十四《宪宗本纪》载，元和六年十月戊寅，诏，云云，即为本文之节录。

本文作于元和六年（811）十月。

封恩王等女为县主制（P615上）

《大诏令》卷四十三载此文，署作时为元和六年十二月。《旧书》卷十四《宪宗本纪》载：“元和六年十二月癸亥朔。壬申，诏委宗正卿选人门嫁十六宅诸王女，仍封为县主。”与本文要旨合。

本文作于元和六年（811）十二月。

授李绛中书侍郎同平章事制（P615上）

《英华》卷四百四十八亦载此文，题为《李绛拜相制》，明署作时为元和六年十一月。《册府》卷七十三载，元和六年十二月，制曰：“司重柄者……可朝议大夫守中书侍郎平章事。”即本文。《大诏令》卷四十六载此文，题为《李绛平章事制》，明署作时为元和六年十一月。《旧书》卷十四《宪宗本纪》载：“（元和六年十二月）己丑，制以朝议郎、守尚书户部侍郎、骁骑尉、赐紫金鱼袋李绛为朝议大夫、守中书侍郎、同中书门下平章事。”与本文要旨合。《旧书》成书较早，今从《旧书》。

本文作于元和六年（811）十二月。

清编《全唐文》卷五十七
（P616—624）

赈贷京畿百姓制（P616上）

《英华》卷四百三十五载此文，题为《赈贷京畿百姓德音》，明署作时为元和七年。《册府》卷一百六载，元和七年二月壬辰制曰：“王者布德……其余以太仓粟充支给。”为本文之节录。《册府》卷四百九十一载，（元和）七年二月庚寅，制：“元和六年诸色税草……亦宜放免。”节录本文。《旧书》卷十五《宪宗本纪》载：“（元和七年二月）壬辰，诏以去秋旱歉，赈京畿粟三十万石；其元和六年春赈贷百姓粟二十四万石，并宜放免。”此数语与本文要旨合。

本文作于元和七年（812）二月。

许杜佑致仕制（P616下）

《旧书》卷一百四十七《杜佑传》载，杜佑元和七年被疾，六月，复乞骸骨，表四上，情理切至，宪宗不获已，许之，诏云云，即本文。《册府》卷八百九十九载：“杜佑为司徒平章事，累致仕不许，居数岁，乞骸骨表上，乃以太保致仕，制曰：‘宣力济时……宜朝朔望。’”即本文。《大诏令》卷五十七载此文，题为《杜佑太保致仕制》。《旧书》卷十五《宪宗本纪》载：“（元和七年六月）癸巳，以金紫光禄大夫、守司徒、同平章事、崇文馆大学士、太清宫使、上柱国、岐国公杜佑为光禄大夫、守太保致仕，宜朝朔望，佑累表恳请故也。”与本文要旨合。

本文作于元和七年（812）六月。

授田兴魏博节度使制（P617上）

《英华》卷四百五十二载此文，《册府》卷一百七十七载：“（元和）七年十月，甲辰，制曰：‘经邦制理……勋封如故。’”《旧书》卷十五《宪宗本纪》载：“（元和七年十月）甲辰，以魏博都知兵马使，兼御史中丞、沂国公田兴为银青光禄大夫、检校工部尚书，兼魏州大都督府长史，充魏博节度使。”与本文要旨合。

本文作于元和七年（812）十月。

宣慰魏博制（P617 下）

《英华》卷四百三十四亦载此文，题为《宣慰魏博德音》。《册府》卷一百七十七载："（元和七年）十月辛酉，制曰：'奉君亲……宜悉朕怀。'"即本文。《大诏令》卷一百十七载此文。《旧书》卷十五《德宗本纪》载，元和七年十一月丙辰朔，乙丑，诏："田兴以魏博请命，宜令司封郎中、知制诰裴度往彼宣慰，赐三军赏钱一百五十万贯，以河阴院诸道合进内库物充。六州百姓给复一年，兼赦管内见系徒。"为本文之节录。《通鉴》卷二百三十九载："（元和七年）十一月辛酉，遣知制诰裴度至魏博宣慰，以钱百五十万缗赏军士，六州百姓给复一年。军士受赐，欢声如雷。"与本文要旨合。

本文作于元和七年（812）十一月。

贬杨归厚国子主簿制（P618 下）

《册府》卷四百八十一载，杨归厚为左拾遗，元和七年十二月，敕曰："杨归厚顷以词艺……可国子主簿分司东洛。"即本文。《册府》卷四百八十一载："（元和七年）十二月丙申，敕：左拾遗杨归厚，可国子主簿，分司东都。"与本文要旨合。《旧书》卷十五《宪宗本纪》载："（元和七年十二月）丙辰，左拾遗杨归厚以自娶妇，进状借礼会院，贬国子主簿分司。"与本文要旨合。

本文作于元和七年（812）十二月。

权德舆守礼部尚书制（P618 下）

《册府》卷三百三十三载，元和八年正月辛未，制曰："文昌六官……可守礼部尚书。"即本文。《大诏令》卷五十五载此文，明署作时为元和八年正月。《旧书》卷十五《宪宗本纪》载："（元和八年正月）辛未，制以正议大夫、守礼部尚书、同平章事、上柱国、扶风郡开国公权德舆守礼部尚书，罢知政事。"与本文要旨合。

本文作于元和八年（813）正月。

复授武元衡门下侍郎平章事制（P619 上）

《英华》卷四百四十九载此诏全文，题为《武元衡再入相制》，明署作时为元和八年三月。《册府》卷七十三载，元和八年二月，制曰："邦国兴理……可守门下侍郎平章事兼崇玄馆大学士、太清宫使。"即本文。《大诏令》卷四十六亦载此诏全文，题为《武元衡平章事制》，明署作时为元和八年三月。

本文作于元和八年（813）三月。

李绛守礼部尚书制（P619 下）

《册府》卷三百三十三载，元和九年二月癸卯，制曰："辅相之任……封赐如故。"即本文。《大诏令》卷五十五载此诏全文，题中无"守"字，明署作时为元和九年二月。《旧书》卷十五《宪宗本纪》载："（元和九年二月）癸卯，制朝议大夫、守中书侍郎、同平章事、上柱国、高邑男李绛守礼部尚书，累表辞相位故也。”与本文要旨合。

本文作于元和九年（814）二月。

赈给京畿百姓制（P619 下）

《册府》卷一百六载，元和九年二月丁未，制曰：“善为国者……咸使知悉。”录全文。《册府》卷四百九十一亦载：“（元和）九年二月，诏：‘应京畿百姓，所欠元和八年秋税，斛斗青苗钱税草等，在百姓腹内者，并宜放免。’”即为本文之节录。《旧书》卷十五《宪宗本纪》载：“（元和九年二月）丁未，诏以岁饥，放关内元和八年已前逋租钱粟，赈常平义仓粟三十万石。”与本文要旨合。

本文作于元和九年（814）二月。

授张宏靖刑部尚书平章事制（P620 下）

《英华》卷四百四十八亦载此文，题为《张宏靖拜相制》，明署作时为元和六年六月。《册府》卷七十三载，元和九年六月，制曰云云，即本文。《大诏令》卷四十六载此文，题为《张宏靖平章事制》明署作时为元和九年六月。《旧书》卷十五《宪宗本纪》载：“（元和九年六月）壬寅，制：河中晋绛慈隰等州节度使张弘靖守刑部尚书、同中书门下平章事。”与本文要旨合。

本文作于元和九年（814）六月。

追赠甄济秘书少监制（P621 上）

《旧书》卷一百八十七下《甄济传》载，元和中，襄州节度使袁滋奏其节行，诏云云，即本文。《册府》卷一百四十载：“（元和）元年闰八月，诏曰：‘存树风节……可赠秘书少监。’”即本文。

本文作于元和元年（806）闰八月。

授刘敦儒兵曹参军分司东都制（P621 上）

《旧书》卷一百八十七下《刘敦儒传》载，元和中，东都留守权德舆具奏其至行诏曰：“孝子刘敦儒……可守右龙武军兵曹参军分司东都。”即本文。《册府》卷一百四十载，是月（元和九年闰八月）又诏云云，即本文。今从《册府》订时。

本文作于元和九年（814）闰八月。

晓谕淮西制（P621 上）

《旧书》卷十五《宪宗本纪》载，元和九年十月甲子，制云云，即本文。《册府》卷一百六十五载：“（元和）九年十月甲子，制曰：‘朕嗣膺宝位……使其知悉。’”即本文。《大诏令》卷一百十八载此文，题为《招谕蔡州诏》。《旧书》卷一百四十五《吴元济传》载：“（元和九年）十月，以陈州刺史李光颜为忠武军节度使，又以山南东道节度使严绶充申光蔡等州招抚使，仍令内常侍崔潭峻监绥军。”与本文要旨合。

本文作于元和九年（814）十月。

加张宏靖中书门下平章事制（P621下）

《英华》卷四百四十八载此文，题为《张宏靖拜相制》。《旧书》卷一百二十九《张宏靖传》载：“（德宗时）（张宏靖）转殿中侍御史、礼部员外郎；迁兵部郎中、知制诰、中书舍人、知东都选事；拜工部侍郎，转户部侍郎、陕州观察、河中节度使；拜刑部尚书、同中书门下平章事。”

本文作时待考。

授韦贯之尚书右丞平章事制（P622上）

《英华》卷四百四十八载此文，题为《韦贯之拜相制》，明署作时为元和九年十二月。《册府》卷七十三载，元和九年六月之后，又制曰：“弼成大化……散官勋赐如故。”即本文。《大诏令》卷四十六载此文，题为《韦贯之平章事制》，明署作时为元和五年十一月。《旧书》卷十五《宪宗本纪》载：“（元和九年十二月）戊辰，制以中大夫、守尚书右丞、上骑都尉、赐紫金鱼袋韦贯之本官同中书门下平章事。”与本文要旨合。诸书订时异，今从《旧书》之说。

本文作于元和九年（814）十二月。

讨吴元济制（P622上）

《册府》卷一百二十二载，元和十年正月，制曰：“天地之化……咸令知悉。”即本文。《大诏令》卷一百十九载此文，题中“制”为“敕”字。《旧书》卷一百四十五《吴元济传》载：“（元和）十年正月，绥军临贼西境。诏曰：吴元济逆绝人理……同期进讨。”云云，即为本文之节录。《册府》卷二十六亦载：“（元和）十年正月下制讨吴元济，自去年无雨雪，至是讨元济诏下，乃雨雪。”与本文要旨合。

本文作于元和十年（815）正月。

授裴度中书侍郎平章事制（P623上）

《英华》卷四百四十八亦载此文，题为《裴度拜相制》，明署作时为元和十年六月。《册府》卷七十三载，元和十年六月，制曰：“辅相之任……可朝议大夫、守中书侍郎平章事。”即本文。《大诏令》卷四十六载此诏全文，题为《裴度平章事制》，明署作时为元和十年六月。《旧书》卷十五《宪宗本纪》载：“（元和十年六月）乙丑，制以朝议郎、守御史丞，兼刑部侍郎、飞骑尉、赐紫金鱼袋裴度为朝请大夫、守刑部侍郎、同中书门下平章事。”与本文要旨合。

本文作于元和十年（815）六月。

授张宏靖太原节度使制（P623 下）

《英华》卷四百五十二载此诏全文。《旧书》卷一百二十九《张宏靖传》载：“宪宗业已北讨，不为之止，然亦重违其言。（张）弘靖知终不听用，遂自陈乞罢政事。俄检校吏部尚书、同中书门下平章事，充太原节度使。”与本文要旨合。

本文作时待考。

授韦贯之中书侍郎平章事制（P624 上）

《英华》卷四百四十九载此文，题为《韦贯之授中书侍郎平章事制》。《旧书》卷一百五十八《韦贯之传》载：“贯之议不从，（元和）四年而始克蔡。寻迁中书侍郎。”与本文要旨合。由《旧书》知此事发生于元和四年之后。

本文作于元和四年（809）之后。

清编《全唐文》卷五十八
（P625—634）

讨王承宗制（P625 上）

《册府》卷一百二十二载，元和十一年正月制曰：“上帝垂象……宜体至怀。”即本文。《大诏令》卷一百十九载此诏全文，题为《讨镇州王承宗德音》，未明署作时。《旧书》卷十五《宪宗本纪》载：“（元和十一年正月）癸未，削夺王承宗在身官爵，所袭封邑赐武俊子金吾将军士平。”

本文作于元和十一年（816）正月。

授李逢吉门下侍郎平章事制（P626 上）

《英华》卷四百四十八亦载此文，题为《李逢吉拜相制》，明署作时为元和十一年二月。《册府》卷七十三载：“（元和）十一年二月制曰：‘朕观古先哲王……赐紫金鱼袋。’”即本文。《大诏令》卷四十七载此文，题为《李逢吉平章事制》，明署作时为元和十一年二月。《旧书》卷一百六十七《李逢吉传》载：“（元和）十一年二月，权知礼部贡举、骑都尉，赐绯。四月，加朝议大夫、门下侍郎、同平章事，赐金紫。”《通鉴》卷二百三十九载：“（元和十一年二月）乙巳，以中书舍人李逢吉为门下侍郎、同平章事。”所载均与本文要旨合。诸书订年相同，《旧书》误。

本文作于元和十一年（816）二月。

放免京畿积欠制（P626 下）

《册府》卷四百九十一载，元和十一年四月己未，制曰：“疆理宇内……并宜放免。”即本文。

本文作于元和十一年（816）四月。

韦贯之守尚书吏部侍郎制（P626 下）

《册府》卷三百三十三载，元和十一年八月壬寅，诏曰：“朕恭已临人……散官勋如故。”即本文。《大诏令》卷五十五载此诏全文，题中无“守”字。《旧书》卷十五《宪宗本纪》载：“（元和十一年）八月壬寅，以宰臣韦贯之为吏部侍郎，罢知政事。”与本文要旨合。

本文作于元和十一年（816）八月。

授王涯中书侍郎平章事制（P627 上）

《英华》卷四百四十八亦载此文，题为《王涯拜相制》，明署作时为元和十一年十二月。《册府》卷七十三载，是年（元和十一年）十二月，制曰：“上宰参职……可守中书侍郎平章事。”即本文。《大诏令》卷四十七载此文，题目订时与《英华》同。《旧书》卷十五《宪宗本纪》载：“（元和十一年十二月）丁未，以翰林学士、尚书工部侍郎、知制诰王涯为中书侍郎、同平章事。”与本文要旨合。

本文作于元和十一年（816）十二月。

贬韦楚材澧州司法参军制（P627 下）

《册府》卷一百五十三载：“是月（元和十二年三月），重贬江陵府兵曹参军韦楚材，为澧州司法参军。制曰：‘顷因按事……俾自惩省。’”即本文。

本文作于元和十二年（817）三月。

授崔群中书侍郎平章事制（P627 下）

《英华》卷四百四十八载此文，题为《崔群拜相制》，明署作时为元和十二年七月。《册府》卷七十三载：“（元和）十二年七月，制曰：‘成万方之化……可守中书侍郎、平章事。’”即本文。《大诏令》卷四十七载此文，题目订时与《英华》同。《旧书》卷十五《宪宗本纪》载：“（元和十二年七月）以朝散大夫、守尚书户部侍郎、上护军、赐紫金鱼袋崔群为中书侍郎、同中书门下平章事。”与本文要旨合。

本文作于元和十二年（817）七月。

赈诸道遭水人户制（P628 上）

《册府》卷一百六载，元和十二年九月辛卯，制曰：“朕为人君……讫具数奏闻。”即本文。《旧书》卷四十九《志第二十九》载：“其年（元和十二年）九月，诏诸道应遭水州府，河中、泽潞、河东、幽州、江陵府等管内，及郑、滑、沧、景、易、定、陈、许、晋、显、苏、襄、复、台、越、唐、随、邓等州人户，宜令本州厚加优恤。仍各以当处义仓斛斗，据所损多少，量事赈给。”与本文要旨合。《册府》卷一百四十七载，元和十二年九月，诏："诸道遭水州府，其人户中有漂溺致死者，委所在收瘗。其屋宇摧倒，亦委长史量事劝课修葺。使得安存。"此诏与本文要旨合。

本文作于元和十二年（817）九月。

授李逢吉剑南节度使制（P628上）

《册府》卷三百二十二载："李逢吉元和十一年为门下侍郎平章事。十二年九月，制曰，云云，即本文。《大诏令》卷五十三载此文，题为《李逢吉东川节度使制》，明署作时为元和十二年九月。《旧书》卷十五《宪宗本纪》载："（元和十二年九月）丁未，以朝议大夫、门下侍郎、同平章事李逢吉检校兵部尚书、使持节梓州诸军事、梓州刺史，充剑南东川节度副大使，知节度事。"与本文要旨合。

本文作于元和十二年（817）九月。

授李愬山南东道节度使制（P628下）

《英华》卷四百五十二载此文。《大诏令》卷六十亦载此文，题为《李愬移镇加官阶爵邑制》，明署作时为元和。《旧书》卷十五《宪宗本纪》载："（元和十二年十一月）录平淮西功：随唐节度使、检校左散骑常侍李愬检校尚书左仆射、襄州刺史，充山南东道节度，襄邓随唐复郢均房等州观察等使。"《旧书》卷一百三十三《李愬传》载："（元和十二年）十一月，诏以愬检校尚书左仆射，兼襄州刺史、山南东道节度、襄邓随唐复郢均房等州观察等使、上柱国，封凉国公，食邑三千户，食实封五百户，一子五品正员。"均与本文要旨合。《会要》卷九十载："李愬五百户，元和十二年十一月敕。"与本文要旨合。《册府》卷一百二十八载："（元和十二年十二月壬戌）又制：加以唐邓随等州观察使、通议大夫、检校左散骑常侍、邓州刺史李愬，可银青光禄大夫、检校尚书左仆射、襄州刺史，充山南东道节度，襄邓八州观察等使，赐上柱国，封凉国公，食邑二千户，并赐实封五百户，与一子正员五品官。"与本文要旨合。《通鉴》卷二百四十载："（元和十二年十一月）戊子，以李愬为山南东道节度使，赐爵凉国公。"

本文作于元和十二年（817）十一月。

李光颜检校司空封郡公制（P629下）

《英华》卷四百五十二载此文，题为《授李光颜忠武军节度使制》。《旧书》卷十五《宪宗本纪》载："（元和十二年十一月）录平淮西功：随唐节度使、检校左散骑常侍李愬检校尚书左仆射、襄州刺史，充山南东道节度，襄邓随唐复郢均房等州观察等使；加宣武军节度使韩弘兼侍中；忠武军节度使李光颜、河阳节度使乌重胤并检校司空。"均与本文要旨合。《册府》卷一百二十八载："（元和十二年十二月壬戌）又制。韩弘加兼侍中，李光颜、乌重胤并检校司空。光颜封武威郡公，重胤邠国公。"与本文要旨合。《通鉴》卷二百四十载："（元和十二年十一月）戊子，以李愬为山南东道节度使，赐爵凉国公；加韩弘兼侍中；李光颜、乌重胤等各迁官有差。"诸书订年一致，月不同，《旧书》成书早于诸书，今从《旧书》。

本文作于元和十二年（817）十一月。

李墉守户部尚书制（P630上）

《册府》卷三百三十三载，元和十三年戊戌，诏曰："夫为君者……可守户部尚书。"即本文。《大诏令》卷五十六亦载本文，明署作时为元和十三年三月。《旧书》卷十五《宪宗本纪》载："（元和十三年三月）宰相李墉守户部尚书，罢知政事。"与本文要旨合。《通鉴》卷二百四十载，元和十三年二月之后"李墉固辞相位，戊戌，以墉为户部尚书"。诸书订年一致，月不同，《旧书》成书早于诸书，今从《旧书》。

本文作于元和十三年（818）三月。

授李夷简门下侍郎平章事制（P630上）

《英华》卷四百四十九亦载此文，题为《李夷简拜相制》，明署作时为元和十三年三月。《册府》卷七十三载，元和十三年三月，诏曰："致理之道……可守门下侍郎平章事。"即本文。《大诏令》卷四十七载此文，题为《李夷简平章事制》，明署作时为元和十三年三月。《旧书》卷十五《宪宗本纪》载："（元和十三年三月）庚子，以御史大夫李夷简为门下侍郎、同平章事。"《通鉴》卷二百四十载，元和十三年二月之后"以御史大夫李夷简为门下侍郎、同平章事"。所录即本事。

本文作于元和十三年（818）三月。

授李夷简淮南节度使制（P630下）

《大诏令》卷五十三载此文，题为《李夷简淮南节度同平章事制》，明署作时为元和十二年七月。《旧书》卷十五《宪宗本纪》载："元和十三年七月辛丑，以门下侍郎、同平章事李夷简检校左仆射、同平章事、扬州大都督府长史、淮南节度使。"与本文要旨合。两书订年不同，《旧书》成书早于《大诏令》，今从《旧书》。

本文作于元和十三年（818）七月。

授王涯兵部侍郎制（P631上）

《大诏令》卷五十六载此诏全文，题中无"授"字。明署作时为元和十三年八月。《旧书》卷十五《宪宗本纪》载："元和十三年八月壬子，以中书侍郎平章事王涯为兵部侍郎，罢知政事。"即本事。《旧书》卷一百六十九《王涯传》载："（元和）十三年八月，罢相，守兵部侍郎，寻迁吏部。"此数语均与本文要旨合。

本文作于元和十三年（818）八月。

授皇甫镈户部侍郎同平章事制（P631下）

《大诏令》卷四十七载此文，题为《皇甫镈平章事制》，明署作时为元和十年九月。

《旧书》卷十五《宪宗本纪》载："（元和十三年九月）甲辰，以户部侍郎、判度支皇甫镈同中书门下平章事，依前判度支。"与本文要旨合。《旧书》卷一百三十五《皇甫镈传》载，（皇甫镈）（元和初）"改吏部郎中，三迁司农卿、兼御史中丞，赐金紫，判度支，俄拜户部侍郎"。又载"（元和）十三年，与盐铁使程异同日以本官同平章事，领使如故"。与本文要旨合。《旧书》两处订时一致，《大诏令》订时误，今从《旧书》。

本文作于元和十三年（818）九月。

授程异工部侍郎同平章事制（P631 下）

《英华》卷四百四十九亦载此诏全文，题为《程异拜相制》，明署作时为元和十三年九月。《大诏令》卷四十七载此文，题为《程异平章事制》，明署作时为元和十三年九月。《旧书》卷十五《宪宗本纪》载："（元和十三年九月甲辰）以卫尉卿充诸道盐铁转运使程异为工部侍郎、同中书门下平章事，依前充使。"《旧书》卷一百三十五《程异传》载："（元和十三年）九月，转工部侍郎、同中书门下平章事，领使如故。"此数语均与本文要旨合。

本文作于元和十三年（818）九月。

放归蕃使论矩立藏等制（P632 上）

《旧书》卷一百九十六下《吐蕃传》载，元和十四年正月，敕曰，云云，即本文。《册府》卷一百七十载："（元和）十四年正月庚寅，制曰：'朕临御万邦……仍委凤翔节度使以此意示谕。'"录全文。《大诏令》卷一百二十八载此文，题为《放吐蕃使归国敕》，明署作时为元和十四年正月。《会要》卷九十七载："（元和）十四年三月，诏：'蕃使论矩立藏等并后般来使，并宜放归本国。'"为本文之节录。《通鉴》卷二百四十载："（元和十四年正月）吐蕃遣使者论短立藏等来修好，未返，入寇河曲。上曰：'其国失信，其使何罪！'庚寅，遣归国。"与本文要旨合。诸书订时一致，《会要》订月不同，今从《旧书》。

本文作于元和十四年（819）正月。

授刘悟义成军节度使制（P632 下）

《英华》卷四百五十二载此文，题为《授刘悟滑州节度使制》。《旧书》卷十五《宪宗本纪》载："（元和十四年二月）庚午，制以淄青兵马使、金紫光禄大夫、试殿中监、兼监察御史刘悟检校工部尚书、滑州刺史，充义成军节度使，封彭城郡王，食邑三千户，赐钱二万贯、庄宅各一区。"《册府》卷一百二十九载："（元和）十四年二月，封义成军节度刘悟为彭城郡王。"《册府》卷七百六十二载："（元和）十四年二月九日，也悟自淄青都知兵马使，兼监察御史，擢拜检校工部尚书，兼御史大夫、义成军节度使，封彭城郡王，仍赐实封五百户，钱二万贯，庄宅各一区。"与本文要旨合。

本文作于元和十四年（819）正月。

授裴度河东节度使制（P633 上）

《册府》卷三百二十二载，元和十四年四月，制曰："忠利于国者……可检校尚书左仆射，兼门下平章事、太原尹、北都留守，充河东节度等使。"即本文。《大诏令》卷五十三载此文，题为《裴度河东节度同平章事制》。《旧书》卷十五《宪宗本纪》载："（元和十四年四月）丙子，制金紫光禄大夫、门下侍郎、同中书门下平章事，兼弘文馆大学士、上柱国、晋国公、食邑三千户裴度可检校左仆射，兼门下侍郎、平章事、太原尹、北都留守，充河东节度、观察、处置等使。"与本文要旨合。

本文作于元和十四年（819）四月。

授皇甫镈门下侍郎平章事仍兼判度支制（P633 下）

《英华》卷四百四十九载此文，题为《皇甫镈加恩制》。《旧书》卷十五《宪宗本纪》载："（元和十三年）九月甲申，以左卫将军高霞寓为单于大都护、振武麟胜节度使。甲辰，以户部侍郎、判度支皇甫镈同中书门下平章事，依前判度支。"

本文作于元和十三年（818）九月。

敕皇甫镈勿兼判度支制（P633 下）

《英华》卷四百四十九、《大诏令》卷五十二均载此文，题为《皇甫镈罢判度支制》。《旧书》卷十六《穆宗本纪》载："（元和）十五年正月庚子，宪宗崩。丙午，即皇帝位于太极殿东序。……贬门下侍郎、同平章事皇甫镈为崖州司户。"与本文要旨合。《旧书》卷六十二《宰相表》载："元和十五年正月壬午，镈罢度支。闰月丁未，镈贬崖州司户参军。"即本事。今按：本文作于宪宗驾崩后，穆宗继位之初，未改元之时。依《全唐文》编撰体例，当归于穆宗名下，是为误收。

本文作于元和十五年（820）正月。

清编《全唐文》卷五十九
（P634—642）

命胡证充京西京北巡边使制（P634 下）

《册府》卷一百三十六载，元和十四年六月癸酉，制曰："周礼政官之属……具事实闻奏。"即本文。《大诏令》卷一百七载此文，题为《遣胡证巡边诏》。《旧书》卷十五《宪宗本纪》载："（元和十四年六月）癸酉，诏左金吾大将军胡证充京西北巡边使，所经镇戍，与守将审量利害，具事实奏闻。"《旧书》卷一百六十三《胡证传》载："（元和）十四年，（胡证）充京西、京北巡边使，访其利害以闻。"与本文要旨合。《会要》卷七十八载："（元和十四年）六月，制：以左金吾卫大将军胡证充京西京北巡边使，所经过州镇与节度防御使，敕详审商量利害，具事实闻奏，因程异之请也。"与本文要旨合。

本文作于元和十四年（819）六月。

授令狐楚中书侍郎平章事制（P634 下）

《英华》卷四百四十九亦载此文，题为《令狐楚拜相制》，明署作时为元和十四年七月。《册府》卷七十三载：“（元和）十四年七月，制曰，云云，即本文。《大诏令》卷四十七载此文，题为《令狐楚平章事制》，明署作时为元和十四年七月。《旧书》卷十五《宪宗本纪》载：“（元和十四年七月）丁酉，以河阳三城怀州节度使、朝议郎，使持节怀州诸军事，守怀州刺史，兼御史大夫，赐紫金鱼袋令狐楚可朝议大夫、中书侍郎、同中书门下平章事。”《旧书》卷一百七十二《令狐楚传》载：“（元和）十四年四月，裴度出镇太原。七月，皇甫镈荐楚入朝，自朝议郎授朝议大夫、中书侍郎、同平章事，与镈同处台衡，深承顾待。”与本文要旨合。

本文作于元和十四年（819）七月。

加韩宏中书令制（P635 上）

《旧书》卷一百五十六《韩弘传》载，元和十四年七月三上章坚辞戎务，愿留京师奉朝请。诏曰，云云。即本文。《册府》卷一百七十七载，元和十四年八月已酉，制曰：“纳大忠……可守司徒兼中书令。”即本文。《大诏令》卷四十七载此文，题中无“加”字，明署作时为元和十四年八月三日。《旧书》卷十五《宪宗本纪》载，元和十四年八月丁未朔。乙酉，制宣武军节度副大使、知节度事、汴宋亳颍等州观察处置等使、开府仪同三司、守司徒，兼侍中、汴州刺史、上柱国、许国公、食邑三千户韩弘可守司徒，兼中书令、宣武军节度使。”与本文要旨合。诸书订时一致，唯《旧传》订月不同，今从《旧书》之说。

本文作于元和十四年（819）八月。

加田宏正侍中制（P635 下）

今按，“田宏”当为“田弘”，清人讳改。《大诏令》卷六十载此文，题为《田弘正兼侍中制》，明署作时为元和。《旧书》卷十五《宪宗本纪》载：“（元和十四年九月）甲辰，以魏博节度使、光禄大夫、检校司徒、同平章事，兼魏州大都督长史、上柱国、沂国公、食邑三千户田弘正依前检校司徒，兼侍中，赐实封三百户。”与本文要旨合。《册府》卷七十八载：“田弘正为魏博节度使、同平章事。制受检校司徒，兼侍中，依前魏州大都督府长史，充魏博等州节度使。”与本文要旨合。

本文作于元和十四年（819）九月。

贬崔群潭州刺史制（P636 下）

《册府》卷三百三十载，元和十四年十二月乙卯，制曰，云云，即本文。《大诏令》卷五十六载此文，题为《崔群湖南观察使制》，明署作时为元和十四年十一月。《旧书》卷十五《宪宗本纪》载：“（元和十四年十二月）乙卯，以谏议大夫、守中书侍郎、同中书门下平章事、上柱国、赐紫金鱼袋崔群为潭州刺史，兼御史大夫，充湖南观察使。为皇甫镈所谮。及群被贬，人皆切齿于镈。”与本文要旨合。《大诏令》误。

本文作于元和十四年（819）十二月。

贬令狐楚宣州刺史制（P636 下）

《大诏令》卷五十六载此文，题为《令狐楚宣歙池观察使制》，末署时间为元和十五年七月。《旧书》卷十六《穆宗本纪》载：“（元和十五年七月）丁卯，以门下侍郎、平章事令狐楚为宣州刺史，兼御史大夫，充宣、歙、池观察使。”与本文内容相符。《旧纪》亦载：“（元和）十五年正月庚子，宪宗崩。丙午，（穆宗）即皇帝位于太极殿东序。”由此知，此文作时宪宗已驾崩，穆宗已即位，本文作于穆宗时期，非宪宗文，是为误收。

本文作于元和十五年（820）七月。

改封永昌公主制（P637 上）

《英华》卷四百四十六、《大诏令》卷四十一均载此文，题中均无“改”字。《会要》卷六载：“宪宗十九女普宁。注文：降于季友，改封永昌，赠梁国，谥曰惠康。”与本文要旨合。《新书》卷八十三《宪宗十八女传》载：“梁国惠康公主，始封普宁。帝特爱之。下嫁于季友。元和中，徙永昌。”诸书均未订作时，仅知其为宪宗女，元和中改封永昌公主。

本文作于元和中，具体作时待考。

禁奏祥瑞及进奇禽异兽诏（P637 上）

《大诏令》卷一百十四载此文，题为《不许奏祥瑞诏》。《太平御览》卷一百一十四载，永贞元年八月己巳，即皇帝位于宣政殿。……庚戌诏曰：“朕以寡昧……亦宜停进。”即本文。《旧书》卷十四《宪宗本纪》载（永贞元年八月）庚戌，荆南献龟二，诏曰，云云，即为本文之节录。《会要》卷二十九载，永贞元年八月，荆南进毛龟二，诏曰：“朕以所宝……亦宜停进。”即为本文之节录。《通鉴》卷第二百三十六载：“（永贞元年）庚戌，荆南献毛龟二，上曰：“朕所宝惟贤。嘉禾、神芝，皆虚美耳，所以《春秋》不书祥瑞。自今凡有嘉瑞，但准令申有司，礼部掌祥瑞。勿复以闻。及珍禽奇兽，皆毋得献。”所引即本文。

本文作于永贞元年（805）八月。

遣使宣慰江淮诏（P637 上）

《会要》卷七十七载，永贞元年八月诏曰：“理天下者……称朕意焉。”即本文。《册府》卷一百六十二载：“宪宗以永贞元年八月即位，诏云云，即本文。《大诏令》卷一百十六载此文，题为《令潘孟阳宣慰江淮诏》。《旧书》卷一百六十二《潘孟阳传》载：“时宪宗新即位，乃命孟阳巡江淮省财赋，仍加盐铁转运副使，且察东南镇之政理。”与本文要旨合。《通鉴》卷二百三十六载：“（永贞元年八月）辛酉，遣度支、盐铁转运副使潘孟阳宣慰江淮，行视租赋、榷税利害，因察官史否臧、百姓疾苦。”与本文要旨合。

本文作于永贞元年（805）八月。

甄录诸道节度使团练经略防御等将士诏（P637 下）

《册府》卷一百三十五载，宪宗永贞元年八月，诏曰：“诸道节度使团练经略防御等将士……各委本军本使即具名衔奏闻。”即本文。

本文作于永贞元年（805）八月。

遣使宣慰申光蔡等州诏（P637 下）

《册府》卷一百六载，宪宗永贞元年八月即位。九月丙子，诏：“申光蔡及陈许两道将卒百姓等……仍令刑部员外郎薛舟充宣慰使专往存问。”即本文。《旧书》卷十四《宪宗本纪》载：“（永贞元年八月）丙子，敕申光蔡、陈许两道比遭亢旱，宜加赈恤，申光蔡赈米十万石，陈许五万石。”与本文要旨合。

本文作于永贞元年（805）九月。

招谕剑南诸州诏（P638 上）

《英华》卷四百三十八亦载此文，题为《伐刘辟德音》，明署作时为元和三年三月。《册府》卷一百六十五载：“宪宗元和元年正月，命高崇文讨刘辟。三月丙子，山南西道节度使严砺奏收梓州，破贼千余人。丁丑，制曰：‘朕闻皇祖……宜悉朕怀。’”即本文。《大诏令》卷一百十八载此文。《旧书》卷十四《宪宗本纪》载：“（元和元年三月）丁丑，制削夺刘辟在身官爵。先是韩全义入朝，令其甥杨惠琳知留后，俄有诏除李演为节度，代全义。演赴任，惠琳据城叛，诏发河东、天德兵诛之。”与本文要旨合。《英华》误。

本文作于元和元年（806）三月。

处分及第举人诏（P638 下）

《册府》卷六百四十四载，元和元年四月辛酉诏曰：“构大厦者……中书门下即与处分。”即本文。《大诏令》卷一百六载此诏，题为《放制举人敕》。《旧书》卷十四《宪宗本纪》载：“元和元年三月丙午，命宰臣监试制举人于尚书省，以制举人先朝所征，不欲亲试也。”《通鉴》卷二百三十七载：“（元和元年八月）丙午，策试制举之士，于是校书郎元稹、监察御史独孤郁、校书郎下邽白居易、前进士萧俛、沈传师出焉。”与本文要旨合。诸书订年相同，月不同。今暂从《旧书》、《册府》之说。

本文作于元和元年（806）四月。

平刘辟诏（P639 上）

《册府》卷六十四载，元和元年十月以西川平下，制曰“朕闻去天下之害者……咸使闻知”。即本文。《大诏令》卷一百二十四载此文。《册府》卷八十九载：“（元和元年）九月西川刘辟平，十月，诏曰：'西川诸州镇刺史、大将军及参官佐吏将健百姓等，应被胁从补职掌，一切不问。'"所引为本文之节录。《册府》卷四百九十一载："元和元年九月，西川平。十月诏：'西川百姓等……山南西道元和二年上供钱量放一半。'"亦本文之节录。

本文作于元和元年（806）十月。

诛刘辟等诏（P640上）

《旧书》卷一百四十《刘辟传》载，元和元年九月，诏曰："刘辟生于士族……并处斩。"即本文。《大诏令》卷一百二十六载此文，题中无"等"字。《册府》卷四百三十四载："（元和元年）十月戊子，西川行营神策军使高崇文槛送逆贼刘辟至京西临高驿，左右神策兵士迎之，以帛系首及手足，曳而入。帝御安兴楼受俘馘，令中使于楼下诘辟反状。"与本文要旨合。《旧书》卷十四《宪宗本纪》载，元和元年九月之后"戊子，斩刘辟并子超郎等九人于独柳树下"。与本文要旨合。诸书订年相同，月异，今从多者。

本文作于元和元年（806）十月。

答杜佑表请致仕诏（P640上）

《册府》卷三百一十九载，元和二年正月，告老，表再上，诏答曰："卿量包久大……即宜断表。"即本文。《大诏令》卷六十一载此文，题为《杜佑每月两三度入朝商议军国大事制》。《册府》卷三百三十一载："杜佑元和中为平章事，充度支盐铁等使。上表让钱谷之任，朝廷既允其让，乃册司徒平章事、封岐国公。岁余，请致仕，诏不许，但减其朝谒。"与本文要旨合。《旧书》卷十四《宪宗本纪》载："（元和二年正月）丁酉，司徒杜佑辞知政事，诏令每月三度入朝，便于中书商量政事。"与本文要旨合。

本文作于元和二年（807）正月。

授苏系等官诏（P640下）

《册府》卷一百三十一载："（元和二年）七月，诏曰：'朕惟承累圣之业……古今同之。'"即本文。《大诏令》卷六十五载此文，题为《录苏環孙系等各授官诏》，明署作时为元和。《旧书》卷十四《宪宗本纪》载："（元和二年秋七月）戊子，录配享功臣之后，得苏環孙系，用为京兆府司录；崔玄時孙元方、张说孙翀，并为监察御史；狄仁杰后玄范为右拾遗；敬晖孙元亮、袁恕己孙德师，相次叙用。"与本文要旨合。

本文作于元和二年（807）七月。

赠袁高礼部尚书诏（P640下）

《册府》卷一百四十载，元和二年七月，诏曰："王者旌表……可赠礼部尚书。"即本文。《旧书》卷一百五十三《袁高传》载："宪宗朝，宰臣李吉甫尝言高之忠鲠，诏赠礼部尚书。"与本文要旨合。

本文作于元和二年（807）七月。

讨李锜诏（P640 下）

《册府》卷一百二十二载，元和二年十月，诏曰："朕闻好生者……一切不问。"即本文。《大诏令》卷一百十九载此文。《旧书》卷十四《宪宗本纪》载："（元和二年）十月己酉，以浙西节度使李锜为左仆射；以御史大夫李元素为润州刺史，镇海军、浙西节度使。庚申，李锜据润州反，杀判官王澹、大将赵琦。时锜诈请入朝，署澹为留后，因讽诏：'李锜属列宗枝……并宜削夺。'"所引为本文之节录。

本文作于元和二年（807）十月。

禁厚葬诏（P641 下）

《册府》卷六百一十二载，元和三年三月诏："厚葬伤生……各决四十。"即本文。

本文作于元和三年（808）三月。

禁采银坑户令采铜助铸诏（P641 下）

《大诏令》卷一百十二载此文，题为《条贯钱货及禁采银敕》。《旧书》卷四十八载，其年（元和三年）六月诏曰，云云，为本文之节录。《会要》卷八十九所载与《旧书》同。《册府》卷五百一载："（元和三年）六月诏曰：'泉货之法……条流闻奏。'"为本文之节录。

本文作于元和三年（808）六月。

清编《全唐文》卷六十
（P642—651）

令覆奏决囚诏（P642 下）

《会要》卷四十载，元和四年二月，敕，云云，即本文。《册府》卷一百五十一载："（元和）四年正月，诏曰：'自今以后，在京诸司，应决死囚者，不承正敕，并不在行决之限。如事迹凶险，须速决遣，并特敕处分者，宜令一度覆奏。'"即本文。两书订时不同，今姑从《册府》。

本文作于元和四年（809）正月。

立邓王为皇太子诏（P642 下）

《英华》卷四百四十三亦载此文，题中"诏"为"制"字，明署作时为元和四年四月。《册府》卷二百五十七载，宪宗元和四年闰三月丁卯，诏曰："朕闻君天下者……备礼册命。"即本文。《大诏令》卷二十七载此文，明署作时为元和四年四月。《旧书》卷一百七十五《宪宗二十子传》载："惠昭太子宁，宪宗长子也。母曰纪美人。贞元二十一年四月，封平原郡王。元和元年八月，进封邓王。四年闰三月，立为皇太子，改名宙，寻复今名。”此数语与本文要旨合。《通鉴》卷二百三十七载：“（元和四年闰三月）丁卯，制立长子邓王宁为皇太子。”与本文要旨合。今从《旧书》。

本文作于元和四年（809）闰三月。

贬杨凭临贺县尉诏（P642 下）

《旧书》卷一百四十六《杨凭传》载，元和四年诏曰：“杨凭顷在先朝……仍驰驿发遣。”即本文。《旧书》卷十四《宪宗本纪》载：“元和四年七月壬戌，御史中丞李夷简弹京兆尹杨凭前为江西观察使时赃罪，贬凭临贺尉。”与本文要旨合。

本文作于元和四年（809）七月。

命裴冕配享肃宗李晟段秀实配享德宗庙庭诏（P643 上）

《大诏令》卷六十三载此文，题为《裴冕李晟段秀实配享肃宗德宗庙庭诏》。《册府》卷一百三十三载，元和四年八月诏曰：“朕闻昔之佐时制物者……晟秀实宜配享德宗庙庭。”即本文。《旧书》卷十四《宪宗本纪》载：“元和四年八月癸卯，赠太师裴冕配享代宗庙庭，赠太师李晟、赠太尉段秀实宜配享德宗庙庭。”此处将“裴冕配享肃宗”误记作“裴冕宜配享代宗”。

本文作于元和四年（809）八月。

赈贷淮南浙西诏（P643 下）

《册府》卷一百六载，元和四年十一月，诏：“淮南扬楚滁三州……各处依数收管。”即本文。《旧书》卷十四《宪宗本纪》载：“（元和四年）十一月癸卯朔，浙西苏、润、常州旱俭，赈米二万石。”与本文要旨合。

本文作于元和四年（809）十一月。

存抚镇州百姓诏（P643 下）

《册府》卷一百六十五载，元和四年十一月丁未，诏云云，即本文。《大诏令》卷一百十八载此文，题为《讨镇州禁侵掠敕》。

本文作于元和四年（809）十一月。

停户部尚书李元素官诏（P643 下）

《旧书》卷一百三十二《李元素传》载，元和初，妻族上诉，乃诏，云云，即本文。《册府》卷一百五十三载：“（元和五年三月）乃诏曰：‘李元素病中上表……通所奏数满五千贯。’”即本文。今姑从《册府》。

本文作于元和五年（810）三月。

褒裴垍等进德宗实录诏（P644 上）

《册府》卷五百五十六载："裴垍为中书侍郎平章事、监修国史。元和五年十月，垍与史官蒋武等修成《德宗实录》，表奏之。""诏答之曰：'朕获缵丕绪……所进知。'"即本文。《旧书》卷十四《宪宗本纪》载："（元和五年十月）庚辰，宰相裴垍进所撰《德宗实录》五十卷，赐垍锦彩三百匹、银器等，史官蒋武、韦处厚等颁赐有差。"与本文要旨合。

本文作于元和五年（810）三月。

停明年耕藉诏（P644 上）

《册府》卷一百一十五载，元和五年十一月丙午，制曰："朕以东郊藉田……期悉予怀。"即本文。《大诏令》卷七十四载此文，题为《罢藉田敕》，明署作时为元和五年十一月十九日。

本文作于元和五年（810）十一月。

置两税使诏（P644 下）

《旧书》卷四十九载，其年（元和六年）诏曰："两税之法……副我忧寄。"即本文。《会要》卷八十七所载与旧书同。

本文作于元和六年（811）。

旌前集贤殿校书郎丁公著诏（P644 下）

《册府》卷一百四十载，元和六年二月，浙江西道观察使，以前集贤殿校书郎丁公着孝行闻，诏曰："丁公着辞官侍亲……并量给粟帛。"即本文。《旧书》卷一百三十八《孝友传》载："明年，（丁公着）又通《开元礼》，授集贤校书郎。""秩未终，归侍乡里，不应请辟。居父丧，躬负土成坟，哀毁之容，人为忧之，里闾闻风，皆敦孝悌。观察使薛苹表其行，诏赐粟帛，旌其门闾。"所记即为本事。据《唐翰林学士传论·晚唐卷》之《文宗朝翰林学士传》考证：丁公著居父丧，在元和五年至十一年间。今姑从《册府》订时。

本文作于元和六年（811）二月。

令百官职田权充度支诏（P644 下）

《册府》卷五百七载，元和六年八月，又诏："百官职田……于大仓请受。"即本文。《旧书》卷十四《宪宗本纪》载，元和六年八月癸亥朔，户部侍郎李绛奏："诸州阙官职田禄米，及见任官抽一分职田，请所在收贮，以备水旱赈贷。"与本文要旨合。

本文作于元和六年（811）八月。

停河南陕府水陆运及润州等使额诏（P644 下）

《会要》卷七十八载，元和六年十月诏云云，即本文。《旧书》卷十四《宪宗本纪》载，元和六年十月己巳，诏："朕于百执事……仍具数奏闻。"为本文之节录。《册府》卷五百七载，元和六年十月诏，云云，所引亦是本文。《大诏令》卷一百一载此文，题为《停河南水陆运使等敕》，明署作时为元和五年。《会要》卷八十七载："元和六年十月敕，陕州水陆运使宜停。"与本文要旨合。《大诏令》误。

本文作于元和六年（811）十月。

劝种桑诏（P645 上）

《册府》卷七十载，宪宗元和七年四月诏曰："农桑切务……犯者委长吏重加责科。"即本文。《会要》卷六十九载，元和七年四月敕："诸道州府有田户无桑处，每约一亩，种桑两根，勒县令专勾当。每年终，委所在长史检察，量其功课具殿闻奏。"为本文之节录。《旧书》卷十五《宪宗本纪》载："（元和七年）夏四月戊子朔。癸巳，敕天下州府民户，每田亩种桑二树，长吏逐年检计以闻。"此数语与本文要旨合。

本文作于元和七年（812）四月。

立遂王为皇太子诏（P645 上）

《英华》卷四百四十三亦载此文，题中"诏"为"制"字。明署作时为元和七年十月。《册府》卷二百五十七载，元和七年七月乙亥，制曰："承庙祧之尊……备礼册命。"即本文。《大诏令》卷二十七载此文，订时与《英华》同。《旧书》卷十五《宪宗本纪》载："（元和七年六月）乙亥，制立遂王宥为皇太子，改名恒。"与本文要旨合。《册府》卷十一载："穆宗，宪宗子，贞元末封建安郡王，元和元年进封遂王，七年册为皇太子，十五年正月辛丑，皇太子即位。"与本文要旨合。《册府》卷一百四十七载："（宪宗元和）七年六月，制册皇太子。"《会要》卷一载："（穆宗）元和元年八月进封遂王。七年十月册为皇太子，改讳恒。"诸书订年一致，月不同，《旧书》成书早于诸书，今从《旧书》之说。

本文作于元和七年（812）六月。

禁饷遗人口诏（P645 下）

《册府》卷一百六十载，元和八年九月，诏曰："比闻岭南五管并福建黔中等道……委御史台察访闻奏。"即本文。《会要》卷八十六载，元和八年九月诏，云云，即本文。《旧书》卷十五《宪宗本纪》载，元和八年九月乙丑诏："比闻岭南五管并福建……长吏必当科罚。"即为本文之节录。

本文作于元和八年（813）九月。

定戍边远近诏（P645 下）

《会要》卷四十载，元和八年九月诏书："减死戍边……更不得配流五城。"即本文。《册府》卷六百十二载，元和八年九月诏，云云，即本文。《旧书》卷十五《宪宗本纪》载，元和八年九月丙寅，诏，云云，节录本文。《册府》卷六百一十六载，元和八年十一月，（王播）又奏，准本年九月十七日敕："自今已后……并免死配流天德五城诸镇。"即为本文之节录。

本文作于元和八年（813）九月。

贬路恕田景度等诏（P646上）

《册府》卷一百五十三载，元和九年正月己未，诏曰："光禄大夫、行太子詹事路恕……可抚州刺史。"即本文。

本文作于元和九年（814）正月。

授李渤秘书省著作郎诏（P646上）

《册府》卷六百一载，宪宗元和九年四月壬午，诏曰："前左拾遗内供奉李渤……可授秘书省著作郎。"即本文。《旧书》卷一百七十一《李渤传》载："元和九年，以著作郎征之。诏曰：'特降新恩，用清旧议。'渤于是赴官。"与本文要旨合。《册府》卷九十八载："宪宗元和元年九月，以山人李渤为左拾遗，征不至。渤隐嵩山之下，读书为文以自课。盐铁使李巽、谏议大夫韦况更荐之，渤不就征。朝廷有得失时，附章疏以闻。尝着《御戎新录》二十卷，表献之。九年，以为著作佐郎，诏曰：'特降新恩，用清旧议。'渤于是起赴官。"所记即为本事。

本文作于元和九年（814）四月。

贬李位建州司马诏（P646上）

《册府》卷一百五十三载，元和九年四月癸未，诏曰："信州刺史李位……可守建州司马。"即本文。《旧书》卷一百五十四、《新书》卷一百六十三《孔戣传》均载，元和九年，信州刺史李位被贬建州司马一事。

本文作于元和九年（814）四月。

命浑瑊配享德宗庙庭诏（P646上）

《大诏令》卷六十三载此文，题中无"命"字。《会要》卷十八载，元和九年四月诏曰："旌劝是先……宜配享德宗庙庭。"即本文。《旧书》卷十五《宪宗本纪》）载："（元和九年）夏四月戊寅朔。庚寅，诏赠太师咸宁王浑瑊宜配享德宗庙庭。"与本文要旨合。

本文作于元和九年（814）四月。

复置宥州诏（P646下）

《旧书》卷一百四十八《李吉甫传》载，元和九年宪宗从其奏，复置宥州，诏曰，云云，即本文。《册府》卷九百九十三载，元和九年五月庚申敕："天宝中……属夏绥银观察使。"即本文。《大诏令》卷九十九载此文，题为《置宥州敕》，明署作时为元和九年五月。《旧书》卷十五《宪宗本纪》载："（元和九年五月）庚申，移宥州于经略军，郭下置延恩县，隶夏州观察使。”与本文要旨合。

本文作于元和九年（814）五月。

录李湑等子孙诏（P646 下）

《大诏令》卷六十五载此文，明署作时为元和。《旧书》卷十五《德宗本纪》载：“（元和八年八月）庚寅，诏毁家徇国故徐州刺史李湑等一十家子孙，并宜甄奖。”与本文要旨合。《会要》卷四十五载，其年（元和八年）八月诏中有“徐州刺史兼御史大夫李湑等一十家，皆有懋功，藏于盟府”。与本文要旨合。

本文作于元和八年（813）八月。

授康志宁等官诏（P646 下）

《会要》卷四十五载，其年（元和八年）八月诏曰：“君臣运合……无替前劳。”即本文。《大诏令》卷六十五载此文，题为《录功臣子康志宁等各除官职敕》，明署作时为元和八年八月。《册府》卷一百三十一载，元和九年八月诏曰，云云，即本文。《大诏令》《会要》订年一致，《册府》不同，今暂从多者之说。

本文作于元和八年（813）八月。

禁捕狐兔诏（P647 上）

《册府》卷一百六十载，元和九年十一月丙子，诏：“如闻比来京兆府每及腊日，府县捕养狐兔，以充进献。深乖道理，既违天性，又劳人力，自今已后宜并停。”即本文。《会要》卷二十九载“（元和）九年十月敕：停腊日京兆府飨狐兔进献。”与本文要旨合。今从《册府》。

本文作于元和九年（814）十一月。

令御史台勘覆诸司食料钱诏（P647 上）

《册府》卷五百七载，元和九年八月诏：“诸司食料钱……仍先具条流闻奏。”即本文。

本文作于元和九年（814）八月。

贬潘高阳均王府长史诏（P647 下）

《册府》卷一百五十三载，元和十年五月辛未朔，诏曰：“河南少尹潘高阳……可均王府长史。”即本文。

本文作于元和十年（815）五月。

捕杀武元衡盗诏（P647 下）

《册府》卷六十四载，元和十年六月辛丑，盗杀宰相武元衡。戊申，诏曰：“朕以不德……使明知之。”即本文。《大诏令》卷一百二十三载此文，题为《购杀武元衡贼敕》，明署作时为元和十年六月。《旧书》卷十五《宪宗本纪》）载："元和十年六月辛丑朔。癸卯，镇州节度使王承宗盗夜伏于靖安坊，刺宰相武元衡，死之。"与本文要旨合。《大诏令》卷一百二十六亦载此文，题为《诛杀武元衡贼张宴等敕》，《全唐文》卷六十一题为《诛杀武元衡贼张宴等敕》文尾亦有此句。

本文作于元和十年（815）六月。

禁捕盗烦扰僧人诏（P647 下）

《册府》卷六十四载，元和十年九月诏："近缘东都盗贼……任随便居止。"即本文，并已明署作时，今亦从之。

本文作于元和十年（815）五月。

严犯赃罪诏（P648 上）

《册府》卷六百一十二载，元和十年十月辛亥诏曰："凡在职司……以惠疲人。"即本文。

本文作于元和十年（815）十月。

谕镇州官吏将士诏（P648 上）

《英华》卷四百三十八，亦载此文，明署作时为元和四年十一月十日。《册府》卷一百二十二载，元和四年十月，镇州王承宗拒命，制曰："天地以大德煦物……宜谅朕志。"即本文。《大诏令》卷一百十九载此文，题为《削夺王承宗官爵诏》。今姑从《册府》。

本文作于元和四年（809）十月。

令杨元卿优恤淮蔡归顺百姓诏（P649 上）

《册府》卷一百六十五载，元和十二年三月已巳，以太子仆杨元卿为蔡州刺史，兼御史中丞、本州团练镇遏使，诏曰："淮蔡近郊……必使全活。"即本文。《大诏令》卷九十九载此文，题为《置行蔡州敕》，明署作时为元和十年三月。两书订时异，今姑从《册府》。

本文作于元和十二年（817）三月。

令刺史言事诏（P649 上）

《册府》卷六十四载，元和十二年四月诏曰："列位选能……申报节度观察使。"即本文。《大诏令》卷一百五载此文，题中"令"为"许"字。《会要》卷六十八载，元和十二年四月敕："自今已后，刺史如有利病可言，皆不限时节，任自上表闻奏，不须申报节度观察使。"与本文要旨合。

本文作于元和十二年（817）四月。

封吴秀琳濮阳郡王诏（P649 上）

《册府》卷一百六十五载，元和十二年四月乙亥，诏曰："刑赏大信……以奖忠臣。"即本文。

本文作于元和十二年（817）四月。

封邓怀金新平郡王诏（P649 下）

《册府》卷一百六十五载，元和十二年五月辛未，诏曰："见机效节……赏钱一万贯。"即本文。

本文作于元和十二年（817）四月。

令定州入粟助边诏（P649 下）

《会要》卷七十五载，元和十二年，诏云云，即本文。《册府》卷五百载，宪宗元和十二年七月，诏曰："入粟助边……每纳三百石以减一选。"即本文。《旧书》卷十五《宪宗本纪》载："元和十二年七月壬辰，诏以定州饥，募人入粟受官及减选、超资。"与本文要旨合。

本文作于元和十二年（817）七月。

却还处州刺史进助军钱绢等诏（P650 上）

《册府》卷一百六十八载，元和十二年八月己巳，处州刺史苗稷，进助军钱绢及鞋等。诏曰："天下成败……令付本道都团练使收管。"即本文。

本文作于元和十二年（817）八月。

诛吴元济诏（P650 上）

《大诏令》卷一百二十七载此文，题中"诏"为"敕"字。《册府》卷四百三十四载，元和十二年九月乙酉，诏曰："吴元济豺狼丑类……并从别敕处分。"即本文。

本文作于元和十二年（817）十月。

赦王承宗诏（P650 上）

《大诏令》卷一百二十二载此文，题中"赦"为"雪"字。《旧书》卷一百四十二《王承宗传》载，元和十三年三月，上以弘正表疏相继，重违其意，乃下诏曰："帝者承天子人……充成德军节度、镇冀深赵观察等使。"为本文之节录。《旧书》卷十五《宪宗本纪》载："元和十三年三月庚辰，诏复王承宗官爵。"此数语与本文要旨合。《册府》卷一百六十五载，元和十三年四月甲寅，魏博遣使将押送承宗男知感、知信及其将石泛等至台门。与本文要旨合。《通鉴》卷二百四十载："（元和十三年）夏四月，甲寅朔，魏博遣使送承宗子知感、知信及德、棣二州图印至京师。""庚辰，诏洗雪王承宗及成德将士，复其官爵。"与本文要旨合。诸书订作时异，今从《旧书》。

本文作于元和十三年（818）四月。

罢诸道节度使兼支度营田使诏（P651上）

《会要》卷七十八载，其年（元和十三年）七月诏曰：“事关军旅……并准此处分。”即本文。《大诏令》卷一百一载此文，题为《停诸道度支营田使敕》，明署作时为元和十三年七月。《旧书》卷十五《宪宗本纪》载：“（元和十三年七月）己酉，诏诸道节度使先带度支营田使名者，并罢之。”与本文要旨合。

本文作于元和十三年（818）七月。

清编《全唐文》卷六十一
（P651—659）

讨李师道诏（P651下）

《大诏令》卷一百二十载此文。《册府》卷三百五十九有“（元和）十三年东讨李师道”之语。《旧书》卷十五《宪宗本纪》载：“（元和十三年七月）乙酉，诏削夺淄青节度使李师道在身官爵，仍令宣武、魏博、义成、武宁、横海等五镇之师，分路进讨。”《旧书》卷一百七十《裴度传》载：“（元和）十三年，李师道翻覆违命，诏宣武、义成、武宁、横海四节度之师与田弘正会军讨之。”与本文要旨合。

本文作于元和十三年（818）七月。

追赠高沐吏部尚书诏（P652上）

《册府》卷一百四十载，元和十四年四月诏曰：“图难忘死……具名闻奏。”即本文。《旧书》卷一百八十七下《高沐传》载，元和十四年四月，诏曰，云云，即本文。

本文作于元和十四年（819）四月。

免李宗奭妻子缘坐诏（P652下）

《会要》卷三十九载：元和五年五月又敕云云，即本文。《册府》卷一百五十载，（李）宗奭奔归京师，诏以悖乱之罪，斩于独柳之下。后下诏曰：“李宗奭本于凶狠……并宜放出。”即本文。《旧书》卷十五《宪宗本纪》载：“（元和十四年五月）敕李师古妻裴氏、女宜娘于邓州安置，李宗奭妻韦氏放出掖庭：坐李师道族人籍没，上悯之，宥以轻典。”与本文要旨合。《册府》卷三百十三亦有，元和十四年免李宗奭妻子缘坐之语。诸书订时异，《旧书》成书早于诸书，今从之。

本文作于元和十四年（819）四月。

遗诏（P652下）

《大诏令》卷十一载此文，题首多“宪宗”二字。明署作时为元和十五年正月。《会要》卷一载：“十五年正月二十七日，（宪宗）崩于大明宫之中和殿。”《旧书》卷十五《宪宗本纪五》载：“元和十五年正月，上崩于大明宫之中和殿，享年四十三。时以暴崩，皆言内官陈弘志弑逆，史氏讳而不书。辛丑，宣遗诏。”与本文要旨合。

本文作于元和十五年（820）正月。

辍朝侍膳敕（P653上）

《大诏令》卷七十六载此文，题为《元和元年辍朝侍膳敕》，题目中及文后明署作时为元和元年正月。《旧书》卷十四《宪宗本纪》载：“（元和元年正月）癸未，诏以太上皇旧恙愆和，亲侍药膳，起今月十六日已后，权不听政。”与本文要旨合。

本文作于元和元年（806）正月。

条贯江淮铜铅敕（P653上）

《会要》卷八十九载，元和三年二月，诏云云，即本文。《册府》卷五百一载，元和二年二月诏曰：“钱贵物贱……毕日仍委盐铁使据所得数类会奏闻。”即本文。《大诏令》卷一百十二载此文，明署作时为元和二年。诸书订时异，今姑从《册府》。

本文作于元和二年（807）二月。

诛李锜并男师回敕（P653下）

《大诏令》卷一百二十六载此文。《旧书》卷十四《宪宗本纪》载：“（元和二年）十一月甲申，斩李锜于独柳树下，削锜属籍。”与本文要旨合。《旧书》卷一百一十二《李锜传》中亦载此事。《会要》卷三十九载：“元和二年十一月，斩李锜并男师回于子城西南隅。”与本文要旨合。

本文作于元和二年（807）十一月。

严定应试人事例敕（P653下）

《会要》卷七十六载，元和二年十二月敕，云云，即本文。《册府》卷六百四十载，元和二年十二月壬申敕：“自今以后……及司功官并贬降。”即为本文之节录。《旧书》卷十四《宪宗本纪》载：“（元和二年十二月）壬申，礼部举人，罢试口义，试墨义十条，五经通五，明经通六，即放进士。举人曾为官司科罚，曾任州县小吏，虽有辞艺，长吏不得举送，违者举送官停任，考试官贬黜。”与本文要旨合。

本文作于元和二年（807）十二月。

访察荐举敕（P653下）

《会要》卷六十九载，元和六年、十年中书门下奏文中引准元和三年敕，云云，即本文。《册府》卷六百十二载，元和三年敕："处分委御史台诸道观察使严加察访……得贤报国。"即本文。

本文作于元和三年（808），具体作时待考。

停实估敕（P654上）

《册府》卷四百八十八载，元和四年二月敕："所纳匹段……以为常制，余依。"即本文。《会要》卷八十三载，元和四年二月敕旨："自今已后……以为恒制，余依。"为本文之节录。

本文作于元和四年（809）二月。

讨王承宗招谕敕（P654上）

《大诏令》卷一百十八载此文，明署作时为元和四年十月十七日。《册府》卷一百六十五载，元和四年，镇州王承宗拒命，以护军中尉吐突承璀将兵讨之，诏曰："自古哲王之有天下者……宜悉衷怀。"即本文。《旧书》卷十四《宪宗本纪》载："（元和四年十月）己丑，诏军进讨，其王武俊、士真坟墓，军士不得樵采，其士平、士则各守本官，仍令士则各袭武俊之封。"与本文要旨合。

本文作于元和四年（809）十月。

定断狱期限敕（P654下）

《会要》卷六十六载，元和四年九月，敕云云，即本文。《册府》卷六百十二载，元和四年九月诏："刑部大理……并申报中书门下。"即本文。《旧书》卷五十载，元和四年九月敕："刑部大理……各准敕文勾举纠访。"为本文之节录。

本文作于元和四年（809）九月。

梁悦复仇减死敕（P654下）

《旧书》卷五十载："（元和）六年九月，富平县人梁悦，为父杀仇人秦果（杲），投县请罪。"敕，云云，即本文。《会要》卷四十载，元和六年九月，富平县人梁悦，为父报仇杀人，自投县请罪。敕云云，亦是本文。《英华》卷七百六十八、《册府》卷六百一十六亦载此事。《旧书》卷十四《宪宗本纪》载："（元和六年九月）戊戌，富平县人梁悦为父复仇，杀秦杲，投狱请罪。特敕免死，决杖一百，配流循州。"与本文文意相符。

本文作于元和六年（811）九月。

优赐黔府将士敕（P655上）

《册府》卷四百八十四载，元和六年十二月辛未，敕："黔中水灾之后……添赐黔府见在将士军资。"即本文。

本文作于元和六年（811）十二月。

罚卢坦元义方立戟违式俸料敕（P655上）

《册府》卷六十载，元和六年十二月甲申，诏云云，即本文。《册府》卷一百五十三载，元和六年十二月甲申敕，云云，亦为本文。《大诏令》卷一百九载此文，题为《条贯立戟敕》，明署作时为元和六年十二月。《旧书》卷十四《宪宗本纪》载：“（元和六年十二月）甲申，京兆尹元义方、户部侍郎判度支卢坦以违令立戟，罚一月俸，收夺所请门戟。”与本文要旨合。

本文作于元和六年（811）十二月。

以户部钱充州县官课料敕（P655下）

《会要》卷九十一载，元和六年闰十二月敕：“河东河中凤翔易定四道……充加四道州县官课。”即本文。《册府》卷五百七载，元和六年闰十一月敕：“河中凤翔易定四道……充加四道州县官课料。”录全文。两书订作时异，今姑从《册府》。

本文作于元和六年（811）闰十一月。

柳公绰崔芃罚俸敕（P655下）

《册府》卷六百九十九载，柳公绰为湖南观察使，崔芃为江南观察使。元和七年三月，敕：“公绰、崔芃所进绢等……崔芃罚一季俸。”即本文。

本文作于元和七年（812）三月。

免征李少和赃钱敕（P655下）

《册府》卷七百载，李少和前为江西观察使，元和七年敕曰：“李少和职奉察廉……宜放免。”即本文。

本文作于元和七年（812）。

贬吴凭等敕（P655下）

《册府》卷一百五十三载，元和八年二月，御史台奏：前永乐令吴凭为僧鉴虚受托与故邠宁节度使高崇文处，纳贿钱四万五千贯，并付杜黄裳男载，鞫讯引伏。敕：“吴凭曾佐使府……其财产奴婢官收。”即本文。《册府》卷三百三十八载，元和八年二月敕曰：“吴凭曾佐使府……杜载等并释放。”为本文之节录。《旧书》卷十五《宪宗本纪》载：“元和八年四月敕吴凭配流昭州，黄裳、崇文已薨殁，所用钱不须勘问，杜载释放。”两书订作时异，今从《旧书》。

本文作于元和八年（813）四月。

追恤张茂昭敕（P656上）

《旧书》卷十五《宪宗本纪》载，元和八年十二月辛巳，敕云云，即本文。《会要》卷四十五载，元和八年敕，云云，亦为本文。《册府》卷一百四十载，元和八年十二月敕：

“张茂昭立功河朔……春秋二时给付。”录全文。

本文作于元和八年（813）十二月。

罚河南尹等俸料敕（P656上）

《册府》卷一百五十三载，元和九年六月庚子，敕：“河南尹职在摘发奸盗……宜委权德舆节级科罚。”即本文。

本文作于元和九年（814）六月。

贬李伫海康县尉敕（P656上）

《册府》卷七百七载，李伫为虔化县令，宪宗元和九年七月，敕：“伫虐下以惨……可守雷州海康县尉。”即本文。

本文作于元和九年（814）七月。

处分诸司食利钱敕（P656上）

《册府》卷五百七载，元和九年十二月敕：“比缘诸司……不得妄援此例。”即本文。

本文作于元和九年（814）十二月。

诛杀武元衡贼张晏等敕（P656下）

《大诏令》卷一百二十六载此文。《旧书》卷十五《宪宗本纪》载：“（元和十年）六月庚戌，神策将士王士则、王士平以盗名上言，且言王承宗所使，乃捕得张晏等八人诛之。”与本文文意相符。《通鉴》卷二百三十九载：“（元和十年六月）庚戌，神策将军王士则等告王承宗遣晏等杀元衡。吏捕得晏等八人，命京兆尹裴武、监察御史陈中师鞫之。”与本文要旨合。

本文作于元和十年（815）六月。

绝王承宗朝贡敕（P657上）

《大诏令》卷一百十九载此文，题为《讨镇州王承宗德音》。《旧书》卷十五《宪宗本纪》载，元和十年七月甲戌，诏：“成德军节度使王承宗……并宜远郡安置。”节录本文。《通鉴》卷二百三十九载，元和十年七月甲戌，诏数王承宗罪恶，绝其朝贡，曰：“冀其翻然改过，束身自归。攻讨之期，更俟后命。”所引为本文之节录。

本文作于元和十年（815）六月。

停任迪简等俸料敕（P658上）

《册府》卷五百七载，元和十年十二月，敕：“新授右散骑常侍任迪简、秘书少监独孤郁等，如闻疾患日久，未任视事，其俸料等宜令所司住给。”即本文。

本文作于元和十年（815）十二月。

停来年正月朝贺敕（P658 上）

《册府》卷一百七载，元和十年十二月敕："淮蔡未宾……并准例处分。"即本文。《大诏令》卷八十载此文，题为《淮西用兵罢元会敕》，明署作时为元和十年十二月。

本文作于元和十年（815）十二月。

曲宥王遂敕（P658 下）

《册府》卷四百六十九载，元和十五年，太府少卿王遂与户部侍郎判度支潘孟阳，以私忿各移职，遂为邓州刺史。又敕："王遂令私属吏人……委度支使准法据数征纳。"即本文。

本文作于元和十五年（820）。

皇太后寝疾权不听政敕（P658 下）

《大诏令》卷七十六载此文，明署作时为元和十一年三月。

本文作于元和十一年（816）三月。

庄宪太后山陵修奉事敕（P658 下）

《大诏令》卷七十六载此文，题为《大行太后山陵修奉事敕》，明署作时为元和十一年三月。《旧书》卷十五《宪宗本纪》载："（元和十一年三月）己卯，以宰臣李逢吉充大行皇太后山陵使。出内库缯帛五万匹充奉山陵。"与本文要旨合。

本文作于元和十一年（816）三月。

内外支钱抽贯备军需敕（P659 上）

《册府》卷四百八十四载，元和十一年九月己丑，敕："寇贼未平……贼平后则依常制。"即本文。《会要》卷八十九载，元和十一年九月敕，云云，即为本文之节录。

本文作于元和十一年（816）九月。

停贺冬贺正进奉敕（P659 上）

《册府》卷一百六十八载，元和十一年十月，敕："两路兵戈……进奉宜权停。"即本文。《旧书》卷十五《宪宗本纪》载："（元和十一年十月）丁丑，出内库钱五十万贯供军。"所记与本文所述停贺冬贺正以供军需之事相合。

本文作于元和十一年（816）十月。

安置淮西归顺百姓敕（P659 上）

《册府》卷一百六十五载，元和十二年二月庚申，敕："淮西贼中……使免忧危。"即本文。《旧书》卷十五《宪宗本纪》载，元和十二年二月庚申，敕宜于许汝行营侧近置行郾城，以处贼中归降人户。与本文要旨合。

本文作于元和十二年（817）二月。

罚赵宗儒等俸料敕（P659下）

《册府》卷一百五十三载，元和十二年三月甲申，敕："河中观察使赵宗儒……宜罚一季俸。"录全文。《册府》卷五百二十二载："韦乾度，元和十二年为御史中丞。时监察御史韦楚材，请按河中观察使赵宗儒，擅用贮备凶荒羡余钱及赃罚钱米贯石数至八万。"即为此事。

本文作于元和十二年（817）三月。

清编《全唐文》卷六十二
（P660—669）

置遂平县敕（P660上）

《大诏令》卷九十九载此文，明署作时为元和十二年四月。《旧书》卷十五《宪宗本纪》载："元和十二年四月庚戌，敕改蔡州吴房县为遂平县，移置于文城栅南新城内。"与本文要旨合。

本文作于元和十二年（817）四月。

平泉货敕（P660上）

《旧书》卷四十八《食货志》载，元和十二年正月，敕云云，即本文。《会要》卷八十九载，元和十二年正月，敕云云，即本文。《册府》卷五百一载，元和十二年四月，诏曰："泉货之设……法可通行。"录全文。诸书订作时异，今从《旧书》。

本文作于元和十二年（817）正月。

禁私贮见钱敕（P660上）

《旧书》卷四十八《食货志》载，元和十二年正月，又敕云云，即本文。《会要》卷八十九载，元和十二年正月，又敕云云，即本文。《册府》卷五百一载，元和十二年四月又诏曰："近日布帛转轻……并量赏告者。"录全文。诸书订作时异，今从《旧书》。

本文作于元和十二年（817）正月。

定量移左降官敕（P660下）

《会要》卷四十一载，其月（元和十二年七月），敕云云，即本文。《册府》卷六百十二载，元和十二年七月己酉，敕："左降官等考满量移……准元和二年六月二十七日敕文处分。"即本文。《旧书》卷十五《宪宗本纪》载，元和十二年七月乙酉，敕："今后左降官及责授正员官等，宜从到任经五考满，许量移；如未满五考遇恩赦者，从节文处分；如犯十恶大逆、赃贿缘坐，奏取进止。”与本文要旨合。

本文作于元和十二年（817）七月。

停诸司道进奉敕（P660 下）

《大诏令》卷八十载此文，题为《罢正至进奉敕》，明署作时为元和十二年。《册府》卷一百六十八载，元和十二年八月辛未，敕：“伐叛兴师……诸司诸道进奉宜停。”即本文。

本文作于元和十二年（817）八月。

令史官纪时政敕（P661 上）

《会要》卷五十六载，元和十二年九月，敕云云，即本文。《会要》卷六十四载，元和十二年九月诏，云云，亦为本文。《册府》卷五百六十载，庾敬休元和十二年为起居舍人，上疏求复故事，敕：“记事记言……以为常例。”亦即本文。《大诏令》卷八十一载此文，明署作时为元和十二年九月。

本文作于元和十二年（817）九月。

安置崔祝康州敕（P661 上）

《册府》卷七百载，崔祝为郑州刺史，元和十二年，御史台奏祝坐赃三万余贯。敕：“崔祝抵犯刑章……特宜释放。”即本文。

本文作于元和十二年（817）。

令百僚议征李师道敕（P661 上）

《册府》卷一百四载，元和十三年六月甲寅，集文武百僚于中书，敕：“李师道潜包逆心……可征可赦以闻。”即本文。《大诏令》卷一百二十亦载此文，不著作时。

本文作于元和十三年（818）六月。

同司官非连判勾简官不必避嫌敕（P661 下）

《会要》卷五十七载，元和十三年敕，云云，即本文。《册府》卷六十载，元和十三年八月乙亥，诏：“应同司官有大功以上亲者……宜准天宝二年七月六日敕处分。”即本文。《旧书》卷十五《宪宗本纪》载：“（元和十三年八月）乙亥，敕应同司官有大功以上亲者，但非连判及勾检之官并官长，则不在回避改换之限。时刑部员外郎杨嗣复以父于陵除户部侍郎，遂以近例避嫌，请出省，不从，因有是敕。”与本文要旨合。

本文作于元和十三年（818）八月。

宥淄青将士敕（P661 下）

《大诏令》卷一百二十二载此文，题中“将士”为“大将”。《旧书》卷一百二十四《李师道传》载，初，东军诸道行营节度擒逆贼将夏侯澄等共四十七人，诏曰：“附丽凶党……何所疑留。”为本文之节录。《册府》卷一百六十五载：“（元和十三年）十二月戊寅，魏博及义成军送到擒获逆贼李师道下都知兵马使夏侯澄、兵马使宋澄等四十七人，并从释放，仍却递送魏博义成军营，委收管驱使。如缘父母犹在贼中，或羸老病疾，情切归还者，仍加赐优赏放去。务于全贷，何所疑留。及澄等至行营，贼觇知之，潜相传告。由是叛徒皆感朝恩，继有降者。”与本文要旨合。《旧书》卷十五《宪宗本纪》载：“（元和十三年十二月）戊寅，军前擒到李师道将夏侯澄等四十七人，诏并释付魏博及义成军收管，要还贼中者，则量事优给放还。”与本文要旨合。

本文作于元和十三年（818）十二月。

讨淄青禁诸军扰民敕（P662 上）

《册府》卷六十四载，元和十四年二月诏曰：“寇孽背恩……切在遵行。”即本文。《大诏令》卷一百二十载此文，题为《讨淄青禁焚烧庐舍敕》。《旧书》卷十五《宪宗本纪》载：“（元和十四年二月）乙卯，敕淄青行营诸军，所至收下城邑，不得妄行伤杀，及焚烧庐舍，掠夺民财，开发坟墓，宜严加止绝。”与本文要旨合。

本文作于元和十四年（819）二月。

赐王承宗物敕（P662 上）

《册府》卷一百七十七载，元和十四年二月己巳敕：“王承宗与三军将士……宜赐绫绢布共万端匹。”录全文。《旧书》卷十五《宪宗本纪》载：“（元和十四年二月）乙卯，敕淄青行营诸军，所至收下城邑，不得妄行伤杀，及焚烧庐舍，掠夺民财，开发坟墓，宜严加止绝。以镇冀水灾，赐王承宗绫绢万匹。”与本文要旨合。

本文作于元和十四年（819）二月。

禁官吏替代取置庄宅破除正额敕（P662 上）

《会要》卷八十三载，十四年二月，敕云云，即本文。《册府》卷一百六十载，元和十四年二月壬申，诏：“如闻诸道州府长吏等……并勒依元额为定。”即本文。《册府》卷四百八十八载，元和十四年四月敕，云云，即本文。诸书订年一致，订月异，今从多者之说。

本文作于元和十四年（819）二月。

放免京兆府夏税大麦等敕（P662 下）

《册府》卷四百九十一载，元和十四年五月乙酉敕：“京畿之内……并宜放免。”即本文。

本文作于元和十四年（819）五月。

令孟简计会水道敕（P662 下）

《府册》卷四百九十七载，元和十四年五月敕：“江汉分流……详尽本末事理。”即本文。

本文作于元和十四年（819）五月。

放四蕃归国敕（P662 下）

《大诏令》卷一百二十八载此文，题为《放不从乱吐蕃四人归国敕》，明署作时为元和年间。

本文作于元和年间，具体作时待考。

贬严纂雷州敕（P662 下）

《册府》卷一百五十三载，元和十四年五月，敕："淄青营田副使兼齐州刺史严纂……配流雷州。"即本文。

本文作于元和十四年（819）五月。

答宰臣请上尊号表批（P663 上）

《英华》卷四百六十六载此文，题为《永贞元年答宰臣请上尊号表》，题目中明署作时为永贞元年。《册府》卷十六载："顺宗永贞元年八月禅位于宪宗，十二月辛酉，宰臣文武百僚等，请上太上皇及皇帝尊号。""宪宗诏答曰：'高祖太宗接千载之统……当体至怀。'"即本文。《大诏令》卷六载此文，题为《批答宰臣请上尊号》。《通鉴》卷二百三十六载："（永贞元年十二月）辛酉，百官请上上皇尊号曰应乾圣寿太上皇，上尊号曰文武大圣孝德皇帝。上许上上皇尊号而自辞不受。"与本文要旨合。

本文作于永贞元年（805）十二月。

答宰臣请上尊号第三表批（P663 上）

《英华》卷四百六十六载此文，题为《元和二年答宰臣请上尊号第二表》，题目中及文后明署作时为元和二年十二月二十二日。《大诏令》卷六载此文，题为《批答宰臣请再册尊号第三表》。明署作时为元和二年十二月二十二。

本文作于元和二年（807）十二月。

答宰相等贺忠谏屏风批（P663 上）

本文又见载于《李相国论事集》卷一，题为《批答宰相等贺忠谏屏风》。未署作时。

本文作时待考。

答宰臣请上尊号第四表批（P663 下）

《英华》卷四百六十六载此文，题为《元和十四年答宰臣请上尊号第四表》。题目中及文后明署作时为元和十四年六月七日。《大诏令》卷六载此诏全文，题为《答第四表》。明署作时为元和十四年六月七日。

本文作于元和十四年（819）六月七日。

丰陵礼成优劳德音（P663 下）

《大诏令》卷七十七载此文，题中无“礼成”二字。明署作时为元和元年，今姑从之。

本文作于元和元年（806）。

平李锜德音（P664 上）

《大诏令》卷一百二十四载此文。《册府》卷一百二十八载，宪宗元和二年十月，润州将张子良、李奉先、田少卿、裴行立等生擒逆贼李锜，制曰：“天地之德……亦并从别敕处分。”为本文之节录。《册府》卷一百四十载，元和二年十月润州李锜平，制曰：“王澹赵琦等……优给其家。”节录本文。《册府》卷一百六十五载，元和二年十月，润州将张子良等既擒逆贼李锜，制曰：“浙西管内官吏及职掌人，若被迫胁驱使者，但情非同恶，一切不问。”亦为本文之节录。《册府》卷四百九十一载，元和二年十月，润州将张子良等，既擒逆贼李锜，制曰：“每念疲甿……宜处置闻奏。”为本文之节录。《旧书》卷十四《宪宗本纪》载：“元和二年十月癸酉，润州大将张子阆、李奉独等执李锜以献。辛巳，锜从父弟宋州刺史铦、通事舍人铣坐贬岭外。”与本文要旨合。

本文作于元和二年（807）十月。

亢旱抚恤百姓德音（P665 上）

《英华》卷四百三十五载此文，明署作时为元和四年三月三日。《会要》卷二十九载，元和四年闰三月，敕：“其诸道进献……具名闻奏。”为本文之节录。《通鉴》卷二百三十七载：“（元和四年三月）己酉，制降天下系囚，蠲租税，出宫人，绝进奉，禁掠卖，皆如二臣之请。”与本文要旨合。

本文作于元和四年（809）闰三月。

赈恤百姓德音（P666 上）

《英华》卷四百三十五载此文，明署作时为元和六年二月二十八日。《旧书》卷四十八《食货志》载，元和六年二月，制：“公私交易……并须禁断。”。为本文之节录。《会要》卷八十三、卷八十四、卷八十八，《册府》卷一百六、卷四百八十六均节录本文，订作时均为元和六年二月。检，《旧书》卷十四《宪宗本纪》载：“（元和六年二月）癸巳。以京畿民贫，贷常平义仓粟二十四万石，诸道州府依此赈贷。”与本文要旨合。

本文当作于元和六年（811）二月。

庄宪皇太后升祔山陵优劳德音（P667 上）

《大诏令》卷七十七载此文，题为《庄宪皇太后山陵优劳德音》，明署作时为元和十一年九月。《旧书》卷十五《宪宗本纪》载：“（元和十一年八月）甲申，祔庄宪皇后于丰陵。”即为本事。《通鉴》卷二百三十九载：“（元和十一年八月）庚申，葬庄宪皇后于丰陵。”与本文要旨合。诸书订作时异，今从《旧书》。

本文作于元和十一年（816）八月。

平吴元济德音（P667 下）

《大诏令》卷一百二十四载此文，题中“德音”为“诏”字。《旧书》卷十五《宪宗本纪》载，元和十二年十月甲申诏：“淮西立功将士，委韩弘、裴度条疏奏闻。淮西军人，一切不问。宜准元敕给复二年。”为本文之节录。《册府》卷一百二十八载：“（元和）十二年十月乙卯，淮西平。甲申，制：收蔡州、擒吴元济节度使及诸大将，并从别敕处分，诸立功将士委韩弘、裴度与行军节度使及诸节度使计会速条疏等第闻奏，即有甄升。其赏物已令节级优厚支遣。”与本文要旨合。《通鉴》卷二百四十载：“（元和十二年十月）甲申，诏韩弘、裴度条列平蔡将士功状及蔡之将士降者，皆差第以闻。淮西州县百姓，给复二年；近贼四州，免来年夏税。官军战亡者，皆为收葬，给其家衣粮五年；其因战伤残废者，勿停衣粮。”与本文要旨合。

本文作于元和十二年（817）十月。

平李师道德音（P668 下）

《大诏令》卷一百二十四载此文，题为《破淄青李师道德音》，明署作时为元和十四年二月二十一日。

本文作于元和十四年（819）二月。

清编 《全唐文》 卷六十三 （P670—679）

上顺宗尊号册文（P670 上）

本文文首已明署作时为永贞二年岁次丙戌，正月丙寅朔。《大诏令》卷八载此文，题为《应乾圣寿太上皇册文》，明署作者为“张弘靖”。《全唐文》卷五百四十四张宏靖名下题为《应乾圣寿太上皇册文》之文，即本文。《册府》卷一百七载：“元和元年正月丙寅，帝率百僚于兴庆宫。奉册太上皇尊号。”《旧书》卷十四《宪宗本纪》载：“元和元年正月丙寅朔，皇帝率百僚上太上皇尊号曰应乾圣寿。甲申，太上皇崩于兴庆宫之咸宁殿，享年四十六岁。”与本文要旨合。今按：永贞二年正月改元元和。此文当属张宏靖文，是为重出误收。

本文作于元和元年（806）正月。

赠高崇文司徒册文（P670 下）

本文文首已明署作时为元和四年十月十三日。《大诏令》卷六十三亦载此文。

本文作于元和四年（809）十月。

册邓王为皇太子文（P671 上）

本文文首已明署作时为元和四年十月十八日。《大诏令》卷二十八载此文。《册府》卷三十四载：“（元和）四年十月庚寅，册皇太子，诏：‘五岳四渎名山大川，委所在长吏，量加祭祀。’”《旧书》卷十四《宪宗本纪》载：“（元和四年十月）庚寅，册邓王宁为皇太子。”与本文要旨合。

本文作于元和四年（809）十月。

赠吴少诚司徒册文（P671 上）

本文文首已明署作时为元和四年十二月二十七日。《大诏令》卷六十三载此文，题中“赠”为“册”字。

本文作于元和四年（809）十二月。

册遂王为皇太子文（P671 下）

本文文首已明署作时为元和七年十月十七日。《英华》卷四百四十三、《大诏令》卷二十八均录此文。《册府》卷十一载：“穆宗，宪宗子。贞元末封建安郡王，元和元年进封遂王，七年册为皇太子。”与本文要旨合。《会要》卷一载：“穆宗睿圣文惠孝皇帝，讳恒。贞元十一年乙亥岁七月六日生于大明殿，二十一年四月封为延安郡王，名宥。元和元年八月进封遂王，七年十月册为皇太子，改讳恒。”与本文要旨合。

本文作于元和七年（812）十月。

命皇太子即位册文（P672 上）

本文文首已明署作时为元和十五年正月辛丑。《英华》卷四百四十二载此文，题为《穆宗皇帝即位册文》。《册府》卷十一载：“（元和）十五年正月丙午，宣顾命，册曰：‘於戏！上天降鉴，保乂于我国家……无忝我祖宗之休烈。’”即本文。《大诏令》卷一载此文，题为《穆宗即位册文》。《旧书》卷十六《穆宗本纪》载：“（元和）十五年正月庚子，宪宗崩。丙午，即皇帝位于太极殿东序。”与本文要旨合。《会要》卷载穆宗元和。十五年正月即位。与本文要旨合。《通鉴》卷二百四十一载：“（元和十五年）闰月，丙午，穆宗即位于太极殿东序。”与本文要旨合。诸书订作时异，今从《旧书》。

本文作于元和十五年（820）正月。

改元元和赦文（P672 上）

《册府》卷八十九载，宪宗元和元年正月丁卯御含元殿，受朝贺，礼毕御丹凤楼，大赦天下，制曰："朕闻明王之以孝理也……务在救人。"录全文。《册府》卷五十、卷五十五、卷八十一、卷五百二均节录此文。订作时均为元和元年正月。《旧书》卷十四《宪宗本纪第》载："（元和元年正月）丁卯，御含元殿受朝贺。礼毕，御丹凤楼，大赦天下，改元曰元和。自正月二日昧爽已前，大辟罪已下，常赦不原者，咸赦除之。"与本文要旨合。

本文作于元和元年（806）正月。

南郊赦文（P673上）

《册府》卷八十九载，元和二年正月辛卯，有事于南郊，还御丹凤楼，大赦天下，制曰："朕闻王者大孝业……以礼致祭。"录全文。《大诏令》卷七十载此文，题为《元和二年南郊赦》，题目中明署作年为元和二年。《册府》卷三十四、卷三十九、卷六十八均节录本文，订时同为元和二年正月。《旧书》卷十四《宪宗本纪》载："（元和）二年春正月己丑朔，上亲献太清宫、太庙。辛卯，祀昊天上帝于郊丘，是日还宫，御丹凤楼，大赦天下。"与本文要旨合。《会要》卷十下载："元和二年正月辛卯，有事于南郊，大赦。"与本文要旨合。

本文作于元和二年（807）正月。

册皇太子赦文（P674上）

《英华》卷四百三十二载此文，题为《册太子礼毕赦文》。《册府》卷八十九载，元和四年十月庚寅，册皇太子。癸巳，制曰："朕丕承宝图……委所在长吏量加祭祀。"录全文。《大诏令》卷二十九录此文，题为《元和四年册皇太子赦》，题目中明署作时为元和四年。《册府》卷五十九载，宪宗元和四年十月册皇太子，大赦，诏："孝子顺孙，先旌表门闾者，委所管州县，各加存恤。"节录本文。《旧书》卷十四《宪宗本纪》载："（元和四年十月）庚寅，册邓王宁为皇太子。癸巳，以册储，肆赦系囚，死罪降从流，流以下递降一等。文武常参官、外州府长官子为父后者，赐勋两转。"与本文要旨合。

本文作于元和四年（809）十月。

平淮西大赦文（P674下）

《册府》卷八十九载，元和十三年正月乙酉朔，帝御含元殿，受朝贺礼毕，御丹凤楼，大赦天下，诏曰："朕闻王者法天作则……赐米帛羊酒有差。"录全文。《册府》卷八十一、卷一百三十一，《英华》卷四百三十一载："朕闻王者法天作则……可大赦天下。"为本文之节录，题为《淮西平赦文》。《旧书》卷十五《宪宗本纪》载："（元和）十三年春正月己酉朔，御含元殿受朝贺，礼毕，御丹凤楼，大赦天下。"与本文要旨合。

本文作于元和十三年（818）正月。

上尊号赦文（P675下）

《英华》卷四百二十二载此文，题为《元和十四年七月二十三日上尊号赦》，《册府》

卷五十五载，元和十四年七月，册尊号大赦："委中书门下，选黜陟使，分巡天下，百姓高年者，颁赐有差。"为本文之节录。《册府》卷八十一、卷八十六、卷一百三十一均节录本文。均订作时为十四年七月。《大诏令》卷十节录本文自"朕闻惟人戴后"至"颁赐有差"，题为《元和十四年册尊号赦》。《旧书》卷十五《宪宗本纪》载："（元和十四年七月）辛巳，群臣上尊号曰元和圣文神武法天应道皇帝。是日，御宣政殿受册，礼毕，御丹凤楼，大赦天下。京畿今年秋税、青苗、榷酒等钱，每贯量放四百文；元和五年以前逋租赋并放。"与本文要旨合。《会要》卷一载，宪宗元和三年正月，上尊号曰睿圣文武皇帝。十四年七月，又上尊号曰元和睿圣文武法天应道皇帝。与本文要旨合。《通鉴》卷二百四十一载："（元和十四年七月）己丑，群臣上尊号曰元和圣文神武法天应道皇帝；赦天下。"与本文要旨合。

本文作于元和十四年（819）七月。

五　唐穆宗李恒诏敕考

李恒（795—824）。贞元十一年七月六日生于大明殿，二十一年（805）四月封为建安郡王，名宥。元和元年八月进封遂王，七年十月册为皇太子，改讳恒。十五年正月即位，长庆四年（824）正月二十二日崩。十一月葬光陵（在今陕西蒲城尧山）。在位四年，年三十。谥曰睿圣文惠孝皇帝，庙号穆宗。《旧书》卷十六、《新书》卷八有《纪》。

清编《全唐文》卷六十四
（P680—689）

贬皇甫镈崖州司户制（P680 上）

《册府》卷一百五十三载，穆宗元和十五年正月即位。闰月丁未，权罢西宫，临朝集群臣于月华门外，贬门下侍郎平章事皇甫镈为崖州司户参军。制曰："朕顾眇身……宜悉朕怀。"即本文。《大诏令》卷五十七载此文，题为《皇甫镈崖州司户参军制》。《通鉴》卷二百四十一载："（元和十五年正月）丁未，辍西宫朝临，集群臣于月华门外。贬皇甫镈为崖州司户，市井皆相贺。"与本文要旨合。

本文作于元和十五年（820）正月。

授萧俛中书侍郎平章事制（P680 下）

《册府》卷七十三载，穆宗元和十五年正月即位，是日，制曰："廊庙之任……仍赐紫金鱼袋。"即本文。《大诏令》卷四十七载此文，题为《萧俛平章事制》，明署作时为元和十五年闰正月。《旧书》卷一百七十二《萧俛传》载："穆宗即位之月，议命宰相，令狐楚援之，（萧俛）拜中书侍郎、平章事，仍赐金紫之服。"与本文要旨合。《通鉴》卷二百四十一载："（元和十五年闰正月）上议命相，令狐楚荐御史中丞萧俛。辛亥，以俛及段文昌皆为中书侍郎、同平章事。"与本文要旨合。

本文作于元和十五年（820）闰正月。

贬李景俭建州刺史制（P680 下）

《册府》卷四百八十一载："李景俭为谏议大夫，元和十五年正月，贬建州刺史。""制曰：'夫士之出处……可建州刺史。'"即本文。《旧书》卷一百七十一《李景俭传》载，中丞萧俛、学士段文昌相交辅政，景俭轻之，形于谈谑。二人俱诉之，穆宗不获已，贬之。制曰："谏议大夫李景俭，擢自宗枝……可建州刺史。"即本文之节录。《旧书》卷十六《穆宗本纪》载："（元和十五年正月）庚午，贬谏议大夫李景俭为建州刺史。"与本文要旨合。

本文作于元和十五年（820）正月。

授崔植平章事制（P681 上）

《册府》卷七十三载，元和十五年八月制曰："夫宰相者……可朝散大夫守中书侍郎平章事。"即本文。《大诏令》卷四十七载此诏全文，题中无"授"字，明署作时为元和十五年八月。《旧书》卷十六《穆宗本纪》载："（元和十五年八月）戊戌，以朝议郎、守御史中丞、武骑尉、赐紫金鱼袋崔植为朝散大夫、守中书侍郎、同中书门下平章事。"与本文要旨合。

本文作于元和十五年（820）八月。

授萧俛门下侍郎平章事制（P681 上）

《英华》卷四百五十载此文，题为《授萧俛门下侍郎平章制》。《旧书》卷一百七十二《萧俛传》载："穆宗即位之月，议命宰相，令狐楚援之，拜中书侍郎、平章事，仍赐金紫之服。八月，转门下侍郎。"《册府》卷七十三载，元和十五年又制："以中书侍郎、平章事萧俛为门下侍郎平章事。"与本文要旨合。

本文作于元和十五年（820）八月。

授李光颜同平章事制（P681 下）

《册府》卷一百二十八载，元和十五年，邠宁节度使李光颜来朝，制曰："寰宇以清……依前邠宁节度等使。"即本文。《旧书》卷十六《穆宗本纪》载："（元和十五年九月戊午）以邠宁节度使、检校司空、邠州刺史、上柱国、武威郡开国公、食邑二千户李光颜并同中书门下平章事。"与本文要旨合。

本文作于元和十五年（820）九月。

宣慰镇州制（P681 下）

《册府》卷一百六十五载，穆宗以元和十五年正月即位。十一月癸卯。制曰："朕闻帝王丕宅四海……宜体朕怀。"即本文。《大诏令》卷一百十七录此诏全文，题中"制"为"诏"字。《旧书》卷十六《穆宗本纪》载，元和十五十一月乙亥朔。癸卯，制："朕闻帝王丕宅四海……务令周厚。"为本文之节录。《册府》卷五十五、卷八十一、卷九十均节录本文，字句略有不同，订时同为元和十五年十一月。《通鉴》卷二百四十一载：“（元和十五）十一月，癸卯，遣谏议大夫郑覃诣镇州宣慰，赐钱一百万缗以赏将士。”与本文要旨合。

本文作于元和十五年（820）十一月。

萧俛守尚书右仆射制（P682 下）

《册府》卷三百三十三载，穆宗长庆元年正月，制曰：“师长庶工……勋赐如故。”即本文。《大诏令》卷五十六录此文，题中无“守尚书”三字，明署作时为长庆元年正月。《旧书》卷十六《穆宗本纪》载：“（长庆元年正月）壬戌，制朝议大夫、守门下侍郎、同中书门下平章事徐国公萧俛为尚书右仆射，累表乞罢政事故也。”与本文要旨合。

本文作于长庆元年（821）正月。

授杜元颖平章事制（P683 上）

《册府》卷七十三载，长庆元年二月制曰：“先朝正奸邪之罪……勋并如故。”即本文。《大诏令》卷四十七载此文，题中无“授”字，明署作时为长庆元年二月。《旧书》卷十六《穆宗本纪》载：“（长庆元年二月）以朝散大夫、尚书户部侍郎、知制诰、翰林学士、上柱国、建安县开国男杜元颖守本官、同中书门下平章事。”《旧书》卷一百六十三《杜元颖传》载：“长庆元年三月，以本官同平章事，加上柱国、建安男。”与本文要旨合。《通鉴》卷二百四十一载：“（长庆元年二月）壬申，以文昌同平章事；充西州节度使；以翰如学士杜元颖为户部侍郎、同平章事。”《新书》卷八《穆宗本纪》载：“（长庆元年二月）壬午，段文昌罢。翰林学士、户部侍郎杜元颖同中书门下平章事。”与本文所载事合。诸书订年一致，订月稍异，今暂从多者之说。

本文作于长庆元年（821）二月。

封诸王制（P683 下）

《大诏令》卷三十三载此文，题为《封沔王等制》，明署作时为长庆元年三月。《旧书》卷十六《穆宗本纪》载：“（长庆元年三月）戊午，封皇弟憬为鄜王。”与本文事合。《旧书》卷十七上《敬宗本纪》载：“（敬宗）长庆元年三月，封景王。”《旧书》卷十七上《文宗本纪》载：“（文宗）长庆元年封江王。”《旧书》卷十八上《武宗本纪》载：“（武宗）长庆元年三月，封颍王，本名瀍。”《旧书》卷十八下《宣宗本纪》）载：“（宣宗）长庆元年三月，封光王，名怡。”《旧书》卷一百七十五《穆宗五子传》载：“怀懿太子凑，穆宗第六子。少宽和温雅，齐庄有度。长庆初，封漳王。”诸书所载均与本文要旨合，且订时一致。

本文作于长庆元年（821）三月。

定淮蔡山东税额制（P683下）

《册府》卷四百八十八载，长庆元年七月制曰，云云，即本文。本文为《大诏令》卷十，题为《长庆元年册尊号赦》中一段，题目中已明署作时为长庆元年，并明署作者为元稹。今按：本文为一节录文章。源自《长庆元年册尊号赦》一文，且《大诏令》明署作者为元稹，故此文归入元稹名下，是为误收。

本文作于长庆元年（821）七月。

令勘会京畿职田制（P684上）

《册府》卷五百七载，长庆元年七月制，云云，即本文。本文为《大诏令》卷十题为《长庆元年册尊号赦》中一段，题目中已明署作时为长庆元年，并明署作者为元稹。今按：本文为一节录文章。源自《长庆元年册尊号赦》一文，且《大诏令》明署作者为元稹，故此文当归入元稹名下，是为误收。

本文作于长庆元年（821）七月。

加裴度司空制（P684上）

《册府》卷七十三载，元和十五年九月戊午，制曰："怀大中者……依前兼门下侍郎平章事。"即本文。《旧书》卷十六《穆宗本纪》载："（元和十五年九月）戊午，加河东节度使、金紫光禄大夫、检校尚书右仆射、兼门下侍郎、同平章事、太原尹、北都留守、上柱国、晋国公、食邑三千户裴度守司空、门下侍郎、同平章事。"与本文要旨合。

本文作于元和十五年（820）九月。

御宣政殿试制科举人制（P684下）

《册府》卷六百四十四载，长庆元年十一月戊午，御宣政殿，试制科举人，制曰："古人有言……宜坐食讫就试。"即本文。《大诏令》卷一百六载此文，题为《长庆二年试制科举人敕》，明署作时为长庆二年十月二十三日，作者为李德裕。《旧书》卷十六《穆宗本纪》载："（长庆元年十一月）戊午，上御宣政殿，试制科举人。"与本文要旨合。《大诏令》订时误。今按：《大诏令》卷一百六明署作者为李德裕。故，此文当归于李德裕名下，是为误收。

本文作于长庆元年（821）十一月。

处分贤良方正等科举人制（P685上）

《册府》卷六百四十四载，长庆元年十二月辛未，制曰："朕自郊上玄御端门……中书门下即与处分。"即本文。《册府》卷六百四十五载："是年（长庆元年）十二月，应贤良方正、能直言极谏科，详明政术、可以理人科，军谋宏远材任将帅科，博通坟典、达于教化科。"与本文要旨合。

本文作于长庆元年（821）十二月。

授庞严等左右拾遗姚中立等校书正字等官制（P685 下）

《册府》卷六百四十四载，长庆元年十二月太子校书郎、前乡贡进士李商卿为崇文馆校书郎。制：“昔仲尼之门……可依前件。”即本文。《大诏令》卷一百六载此文，题为《除制举人官敕》。

本文作于长庆元年（821）十二月。

授李绛吏部尚书萧俛兵部尚书制（P685 下）

《册府》卷六十九载，长庆元年，以兵部尚书李绛为吏部尚书，以吏部尚书萧俛为兵部尚书，制曰：“绛俛皆本朝先后之名相也，而吏司为剧，俛固以疾辞，兵务差闲，绛处之余裕，各令总理，庶谓得宜。”即本文。《旧书》卷一百六十四《李绛传》载：“长庆元年，（李绛）转吏部尚书。”与本文要旨合。《旧书》卷一百七十二《萧俛传》载：“其年（长庆元年）十月，改兵部尚书。”与本文要旨合。

本文作于长庆元年（821）十月。

崔植刑部尚书制（P685 下）

《册府》卷三百三十三载，长庆二年二月制曰：“宰相者……散官勋赐如故。”即本文。《大诏令》卷五十六载此文，明署作时为长庆三年二月。《旧书》卷十六《穆宗本纪》载：“（长庆二年二月）辛巳，以正议大夫、守中书侍郎、同中书门下平章事、武骑尉、赐紫金鱼袋崔植为刑部尚书，罢知政事。”与本文要旨合。《大诏令》误。

本文作于长庆二年（822）二月。

授元稹平章事制（P686 上）

《册府》卷七十三载，长庆二年二月制曰：“朕闻御大器者……可平章事。”即本文。《大诏令》卷四十七载此文，题中无“授”字。《旧书》卷十六《穆宗本纪》载：“（长庆二年二月辛巳）以工部侍郎元稹守本官、同平章事。”《旧书》卷一百六十六《元稹传》载：“长庆二年，拜平章事。诏下之日，朝野无不轻笑之。”与本文要旨合。

本文作于长庆二年（822）二月。

授裴度平章事制（P686 下）

《册府》卷七十三载，又制曰：“（长庆二年二月）涉大川者……可守司空兼门下侍郎平章事。”即本文。《大诏令》卷四十七载此文，题中无“授”字，明署作时为长庆三年三月。《旧书》卷十六《穆宗本纪》载，长庆二年二月戊午，司徒裴度复入中书知政事。”与本文要旨合。《大诏令》误。

本文作于长庆二年（822）二月。

裴度守尚书右仆射制（P687 上）

《册府》卷三百三十三载，长庆二年六月甲子，制曰：“朕端已推诚……散官勋封如故。”即本文。《大诏令》卷五十六载此文，题为《裴度右仆射制》，明署作时为长庆三年六月。《旧书》卷十六《穆宗本纪》载：“（长庆二年）六月庚申朔。甲子，司徒、平章事裴度守尚书右仆射，工部侍郎、平章事元稹为同州刺史。”《大诏令》误。

本文作于长庆二年（822）六月。

授李逢吉同平章事制（P687 上）

《英华》卷四百四十九载此文，题为《授李逢吉门下侍郎同平章事制》，明署作时为长庆二年六月。《册府》卷七十三载长庆二年六月制曰：“朕闻天地洪炉……守门下侍郎平章事。”即本文。《大诏令》卷四十七载此文，题中无“授”字。《旧书》卷十六《穆宗本纪》载：“（长庆二年）六月庚申朔。甲子，以正议大夫、守兵部尚书、轻车都尉李逢吉为门下侍郎、同中书门下平章事。”

本文作于长庆二年（822）六月。

命元稹守同州刺史充本州防御长春宫使制（P687 下）

《大诏令》卷五十六载此文，题为《元稹同州刺史制》，明署作时为长庆二年六月。《旧书》卷十六《穆宗本纪》载：“（长庆二年）六月庚申朔。甲子，司徒、平章事裴度守尚书右仆射，工部侍郎、平章事元稹为同州刺史。”《旧书》卷一百六十六《元稹传》载：“（长庆二年）遂俱罢稹、度平章事，乃出稹为同州刺史，度守仆射。”与本文要旨合。

本文作于长庆二年（822）六月。

授李源左谏议大夫制（P688 上）

《会要》卷五十五载，长庆二年三月，以处士李源为谏议大夫，诏云云，即本文。《册府》卷九十八载，穆宗长庆二年七月，以前河南府参军李源为谏议大夫，诏曰：“《礼》著死绥……河南尹差官就所居敦谕发遣。”即本文。《册府》卷八百八十载：“长庆二年七月，御史中丞李德裕表荐之，乃征（李源）谏议大夫，不起。”《旧书》卷十六《穆宗本纪》载：“（长庆二年七月）辛亥，以赠司徒、忠烈公李憕子源为谏议大夫，赐绯鱼袋。”与本文要旨合。

本文作于长庆二年（822）七月。

复授韩宏中书令制（P688 下）

《大诏令》卷四十八载此诏全文，题中无“复授”二字，明署作时为长庆二年十月。《旧书》卷十六《穆宗本纪》载：“（长庆二年）冬十月戊午朔。壬戌，前河中晋绛慈隰等州节度使、开府仪同三司、守司徒、中书令、河中尹、上柱国、许国公韩弘可守司徒，兼中书令。”《旧书》卷一百五十六《韩弘传》载：“（长庆）二年，请老乞罢戎镇，三表从之。依前守司徒、中书令。”与本文要旨合。

本文作于长庆二年（822）十月。

立景王为皇太子制（P688 下）

《英华》卷四百四十三亦载此文，明署作时为长庆二年十二月七日。《册府》卷二百五十七载，穆宗长庆二年十二月癸巳，制曰：“朕闻王者敬承宗祧……备礼册命。”即本文。《大诏令》卷二十七载此诏全文，题中“制”为“诏”字，明署作时为长庆二年十二月七日。《旧书》卷十六《穆宗本纪》载：“（长庆二年十二月）癸巳，诏景王为皇太子。”《旧书》卷十七上《敬宗本》载：“（敬宗）长庆元年三月，封景王。二年十二月，立为皇太子。”与本文要旨合。

本文作于长庆二年（822）十二月。

授牛僧孺平章事制（P689 上）

《大诏令》卷四十八载此文，题中无“授”字，明署作时为长庆二年三月。《旧书》卷十六《穆宗本纪》载，长庆三年三月，以牛僧孺同中书门下平章事。《旧书》卷一百七十二《牛僧孺传》载：“（长庆）三年三月，（牛僧孺）以本官同平章事。”所记与本文文意相符。《册府》卷七十三载：“（长庆）三年三月，以户部侍郎牛僧孺平章事。”与本文要旨合。《通鉴》卷二百四十三载：“（长庆三年）三月壬戌，以僧孺为中书侍郎、同平章事。”与本文要旨合。《大诏令》误。

本文作于长庆三年（823）三月。

委诸军录事参军勾当义仓制（P689 下）

《旧书》卷四十九《食货志》载，其年（长庆四年）三月，制云云，即本文。《会要》卷八十八载亦录此文。订作时亦为长庆四年三月。《册府》卷五百二载，长庆四年三月，制曰：“义仓之制……节级科处。”录本文。

本文作于长庆四年（824）三月。

授费冠卿右拾遗制（P689 下）

《唐摭言》卷八载，费冠卿元和二年及第，以禄不及亲，永怀罔极之念，遂隐于九华。长庆中，殿中侍御史李行修举冠卿孝节，征拜右拾遗，不起。制曰：“前进士费冠卿……可右拾遗。”即本文。《太平广记》卷一百八十所载同。《全唐文》卷六百九十四，在费冠卿文前有：“冠卿，字子军，青阳人。元和二年进士。母丧庐墓，隐居九华少微峰。长庆三年，御史李行修举孝节，召拜右拾遗，辞不受。”与本文要旨合，由此知此文作时。

本文作于长庆三年（823）。

清编《全唐文》卷六十五
（P690—694）

贬李道古循州司马诏（P690上）

《册府》卷一百五十三载，穆宗元和十五年闰正月壬子，诏曰："左金吾卫将军兼御史大夫李道古……可守循州司马。"即本文。《通鉴》卷二百四十一载："（穆宗元和十五年闰正月）壬子，杖杀柳泌及僧大通，自余方士皆流岭表，贬左金吾将军李道古循州司马。"与本文要旨合。

本文作于元和十五年（820）闰正月。

诛流方士柳泌等诏（P690上）

《册府》卷一百五十三，穆宗元和十五年闰正月又诏曰："山人柳泌……翰林医官董宏景、程准山人李元戢、田佐元，并流岭表。"即本文。《册府》卷九百二十二载，穆宗即位诏曰，云云，亦是本文。《旧书》卷十六《穆宗本纪》载："诏曰：'山人柳泌辄怀左道……宜付京兆府决杖处死。'"为本文之节录。《旧书》卷一百三十五《皇甫镈传》所载与《旧纪》同。《通鉴》卷二百四十一载："（穆宗元和十五年闰正月）壬子，杖杀柳泌及僧大通，自余方士皆流岭表，贬左金吾将军李道古循州司马。"与本文要旨合。

本文作于元和十五年（820）闰正月。

上皇太后尊号诏（P690上）

《册府》卷三十八载，穆宗以元和十五年正月即位，帝母宪宗贵妃郭氏，是年闰正月乙卯，诏曰："朕光膺宝历……尊号曰皇太后。"即本文。《旧书》卷十六《穆宗本纪》载："（元和十五年正月）庚午，册大行皇帝贵妃郭氏为皇太后。"与本文要旨合。《通鉴》卷二百四十一载："（元和十五年）二月丁丑，乙卯，尊郭贵妃为皇太后，上御丹凤门楼，赦天下。"《旧书》成书早于诸书，今从《旧书》。

本文作于元和十五年（820）正月。

京畿盗贼不在赦限诏（P690下）

《册府》卷六十五载，唐穆宗以元和十五年正月即位，闰正月癸亥，诏曰："御楼赦下……亦委府县依法科断。"即本文。

本文作于元和十五年（820）闰正月。

赠郭暧太傅诏（P690下）

《旧书》卷一百二十《郭暧传》载，元和十五年穆宗即位，尊郭妃为皇太后，诏曰："追远饰终……可赠太傅。"即本文。《旧书》卷十六《穆宗本纪》载："（元和十五年）三月癸卯朔，赠皇太后父郭暧太傅，母虢国大长公主赠齐国大长公主。"与本文要旨合。《册府》卷一百四十一载："穆宗即位诏：皇太后曾祖赠太保，追封岐国公。敬之，赠太傅，太后父驸马都骑太尉。母虢国大长公主赠齐国大长公主。"

本文作于元和十五年（820）三月。

令内外官量抽陌钱诏（P690 下）

《册府》卷四百八十四载："（元和）十五年五月壬寅朔，癸卯诏曰：'比缘用兵岁久……亦不在抽限。"即本文。《旧书》卷十六《穆宗本纪》载，元和十五年五月癸卯，诏："以国用不足……亦不在抽取之限。"即为本文之节录。《全唐文》卷六十六《停抽俸钱敕》一文中有"其度支所准五月二日敕，应给用钱每贯抽五十文，都计一百五十万贯文，并宜停抽"。与本文要旨合。

本文作于元和十五年（820）五月。

诞辰令百僚命妇入贺皇太后诏（P691 上）

《册府》卷二载，元和十五年七月乙巳，诏曰："昔者圣王之法……永为例程。"即本文。《大诏令》卷八十载此文，题为《令诞日外命妇贺皇太后敕》，明署作时为贞元十五年七月。《旧书》卷十六《穆宗本纪》载，元和十五年七月乙巳，诏："皇太后就安长乐……永为例程。"为本文之节录。《会要》卷二十九载："（元和）十五年七月，敕：今月六日是朕降诞之辰，奉迎皇太后宫中上寿。其日，并赐于光顺门内殿与百官相见，永为例程。后竟以礼无所据罢之。"与本文要旨合。《大诏令》误。

本文作于元和十五年（820）七月。

淄青朝贺部领不得过五人诏（P691 上）

《册府》卷六十载，穆宗元年正月即位。三月诏："淄青统押海蕃……不得过五人。"即本文。《会要》卷二十四亦载，元和十五年二月敕，云云，即本文。两书订时异。今姑从《会要》，以待详考。

本文作于元和十五年（820）二月。

权停河北榷盐诏（P691 上）

《旧书》卷四十八载，长庆元年三月敕，云云，是为本文。《会要》卷八十八载，长庆元年三月敕，云云，即本文。《册府》卷四百九十三载，长庆元年三月敕："乌池每年粜盐收博榷米，以一十五万石为定额。"又诏："河朔初平……亦任稳便。"亦为本文。《旧书》卷十六《穆宗本纪》载："（长庆元年三月）戊申，罢京西、京北和籴使，扰人故也。罢河北榷盐法，许维计课利都数付榷盐院。"与本文要旨合。

本文作于长庆元年（821）三月。

宣慰卢龙军诏（P691 下）

《册府》卷八十一载，长庆元年三月，以卢龙军节度使刘总请代诏曰："刘总已极上台……给赐粟帛。"即本文。《旧书》卷十六《穆宗本纪》载，长庆元年三月丁巳，制："刘总已极上台……令宣慰使薛存庆与弘靖计会支给。"即为本文之节录。本文为一节录文章。全文见载《大诏令》卷一百十七题为《宣慰幽州诏》一文及《全唐文》卷六百五十，元稹名下题为《处分幽州德音》一文中。《元氏长庆集》卷四十亦录《处分幽州德音》。故此文当归元稹名下，是为重出误收。

本文作于长庆元年（821）三月。

覆试郑朗等诏（P691 下）

《旧书》卷一百六十八《钱徽传》载，长庆元年，诏云云，即本文。《旧书》卷十六《穆宗本纪》载，长庆元年夏四月丁丑，诏云云，是为本文。《册府》卷六百四十载，穆宗长庆元年四月制曰："国家设文学之科……送中书门下详覆。"即本文。《册府》卷六百四十四载，穆宗长庆元年四月丁丑诏曰，云云，亦是本文。《会要》卷七十六所载与《册府》卷六百四十四同。

本文作于长庆元年（821）四月。

罚乌重裔等俸料诏（P692 上）

《册府》卷五百十载，穆宗长庆元年六月诏曰："前刺史乌重裔……知州官释放。"即本文。《册府》卷六百九十九载，长庆元年六月，敕云云，亦为本文。

本文作于长庆元年（821）六月。

赠田布尚书右仆射诏（P692 上）

《册府》卷一百四十载，长庆二年正月，诏云云，即本文。《旧书》卷一百四十一《田布传》载：长庆元年十二月十一日，布以死谢家国。穆宗闻之骇叹，废朝三日，诏曰，云云，亦为本文。今姑从《旧书》。

本文作于长庆元年（821）十二月。

贬李景俭漳州刺史诏（P692 下）

《册府》卷九百十四载，诏曰："丞相府署……仍驰驿发遣。"即本文。《旧书》卷一百七十一《李景俭传》载："其年长庆元年十二月，景俭朝退，与兵部郎中知制诰冯宿、库部郎中知制诰杨嗣复、起居舍人温造、司勋员外郎李肇、刑部员外郎王镒等同谒史官独孤朗，乃于史馆饮酒。景俭乘醉诣中书谒宰相，呼王播、崔植、杜元颖名，面疏其失，辞颇悖慢。宰相逊言止之，旋奏贬漳州刺史。是日同饮于史馆者皆贬逐。"所载即为本文所录之事。《册府》卷四百八十一载："杨嗣复为库部郎中知制诰，长庆元年十二月，谏议大夫李景俭与起居舍人温造等，自史馆同饮乘醉，遂入中书，面诘侮宰相，景俭贬漳州刺史，造朗州刺史。”此数语与本文要旨合。《册府》卷九百二十五载：“李景俭为谏议大夫，乘醉入中书，面诘侮宰相，贬漳州刺史。”与本文要旨合。

本文作于长庆元年（821）十二月。

禁乘驿官格外征马诏（P692 下）

《册府》卷六百二十一载，穆宗长庆二年四月诏：“如闻馆驿递马……并宜具名闻奏。”即本文。《会要》卷六十一载：“二年四月敕：如闻馆驿递马，死捐转多，欲令提举吏人，悉又推法中使。驿吏称不见券，则随所索尽供，既无凭据，安有定数？自今以后，中使乘递，宜将券示驿吏，据券供马，分外索马，辄不得勒供。今后从长乐、临皋等驿准勘合。如不遵守要闻知，仍委所在长官当时具名衔闻奏。其常参知官出使，及诸道幕府军将等合乘递者，并须依格式，如有违越，当加科贬。”与本文要旨合。

本文作于长庆二年（822）四月。

停淄青兖郓等道榷盐诏（P692 下）

《旧书》卷四十八《食货志》载：“（长庆）二年五月，诏曰：‘兵革初宁……并均减两税。奏闻。’安邑、解县两池，旧置榷盐使，仍各别置院官。”即本文。《会要》卷八十八载，其年五月敕：“兵革初宁……并减放贫下税数。闻奏。”亦为本文之节录。《册府》卷四百九十三载：“（长庆二年）五月，诏曰：‘兵革初宁……并均减两税。奏闻。’”即为本文之节录。《大诏令》卷一百十二所载此文与《册府》同，题为《停淄青等道粜盐敕》，明署作时为元和年间。

本文作于长庆二年（822）五月。

赐田布葬钱诏（P693 上）

《册府》卷一百四十载，长庆六月乙酉，诏曰：“田布顷因戎旅，发愤自裁，言念忠诚，岂忘赡恤。宜赐钱一千贯、绢一千匹，以充葬用。”是为本文。

本文作于长庆二年（822）六月。

罚刘遵古俸料诏（P693 上）

《册府》卷六百九十九载，刘遵古为京兆尹，长庆二年六月，诏曰：“遵古官守尹寺，所寄非轻，奏事之间，先须摭实，阙于详审，须示薄惩，宜罚一月俸料。”是为本文。《旧书》卷一百六十六《元稹传》载：“稹（元稹）初罢相，三司狱未奏，京兆尹刘遵古遣坊所由潜逻稹居第，稹奏诉之。上怒，罚遵古，遣中人抚谕稹。”与本文要旨合。《册府》订时明确，今亦从之。

本文作于长庆二年（822）六月。

流于方等诏（P693 上）

《册府》卷一百五十载，穆宗长庆二年六月，诏曰："于方罪犯……王昭配流雷州。"即本文。

本文作于长庆二年（822）六月。

免江州逋赋诏（P693 下）

《册府》卷五百四十六载，遂下诏云："江州所奏，实为悬诚。若更抑为，必难务济，所诉逋欠，宜令特放。"即本文。《册府》卷六百八十八载，穆宗下诏云云，即本文。《旧书》卷一百七十一《李渤传》载，乃下诏曰，云云，即本文。《通鉴》卷二百四十二载："（长庆二年四月）江州刺史李渤上言：'度支征当州贞元二年逃户所欠钱四千余缗，当州今岁旱灾，田损什九。陛下奈何于大旱中征三十六年前逋负！'诏悉免之。"与本文要旨合。

本文作于长庆二年（822）四月。

诛李介诸子诏（P693 下）

《册府》卷十二载："（长庆）二年八月，汴州平逆贼李介，枭首。及其男四人至京师分命摄太尉三人告社稷、太庙、太清宫。"诏云云，即本文。《册府》卷一百五十三载，长庆二年八月诏曰，云云，亦为本文。《大诏令》卷一百二十七节录本文自"汴州逆贼李介"至"集众处斩"，题为《处置李介敕》。

本文作于长庆二年（822）八月。

禁要官密戚任京兆等官诏（P693 下）

《册府》卷六百三十一载，长庆二年九月诏曰："广德贞元……切宜禁断。"即本文。

本文作于长庆二年（822）八月。

禁百官临祭出斋诏（P693 下）

《会要》卷二十三载，长庆二年十一月诏曰："郊庙之仪……仍委监察使每具所罚官名衔闻奏。"即本文。

本文作于长庆二年（822）十一月。

令江淮诸州平粜诏（P693 下）

《册府》卷一百六载，穆宗长庆二年七月，以陈许罹水灾赈粟五万石。闰十月甲寅，诏曰："如闻江淮诸州……使其必及贫人。"即本文。《旧书》卷十六《穆宗本纪》载，长庆二年闰十月甲寅，诏云云，即本文。《册府》卷五百二载："穆宗长庆二年十月，诏：'江淮诸州……以惠贫民。'"两书所载与《旧书》同。《旧书》成书早于诸书，今从《旧书》。

本文作于长庆二年（822）闰十月。

清理庶狱诏（P694 上）

《册府》卷一百四十五载，唐穆宗长庆二年十二月己亥，诏曰："自冬以来……延致休祥。"即本文。

本文作于长庆二年（822）十二月。

定寒食假诏（P694 上）

《册府》卷六十五载，长庆三年正月，诏曰："寒食省墓……任准式年限请假。"即本文。

本文作于长庆三年（823）正月。

遗诏（P694 上）

《新书》卷八《敬宗本纪》载："（长庆）四年正月，穆宗崩。"即本文。《大诏令》卷十一载此诏全文，题为《穆宗遗诏》，明署作时为长庆四年正月。

本文作于长庆四年（824）正月。

清编《全唐文》卷六十六
（P695—705）

蠲免京畿悬欠敕（P695 上）

《册府》卷四百九十一载，元和十五年四月敕："京畿二十有二县……以宽人力。"录全文。《册府》卷五百七载，元和十四年四月，敕云云，即本文。穆宗元和十五年正月即位，今故从《册府》卷五百七，以待详考。

本文作于元和十五年（820）四月。

停抽俸钱敕（P695 上）

《旧书》卷十六《穆宗本纪》载，元和十五年六月壬辰，诏云云，即本文。《会要》卷九十一载，（元和）十五年六月，敕云云，即本文。《册府》卷五百七载，元和十五年六月，敕："朕闻帝王所重者……并宜停抽。"录全文。

本文作于元和十五年（820）六月。

责降宗正少卿李子鸿等敕（P695 下）

《册府》卷五百九十六载，穆宗元和十五年正月即位。六月敕："宗庙之礼……致有差殊。”即本文。

本文作于元和十五年（820）六月。

定钱陌敕（P695 下）

《旧书》卷四十八《食货志》载，长庆元年九月，敕云云，是为本文。《会要》卷八十九亦录全文。《册府》卷五百一载，长庆元年九月敕：“泉货之义……不得更有加除及陌内欠少。”即本文。

本文作于长庆元年（821）九月。

命诸道留使钱减贯敕（P695 下）

《册府》卷四百八十四载，长庆元年十二月乙亥，敕：“诸道州府……即任仍旧。”即本文。《旧书》卷十六《穆宗本纪》载：“（长庆元年十二月）乙亥，敕诸道除上供外，留州留使钱内每贯割二百文以助军用，贼平后仍旧。”与本文要旨合。

本文作于长庆元年（821）十二月。

减康买德罪敕（P696 上）

《旧书》卷十六《穆宗本纪》载，长庆二年四月，刑部奏覆，敕云云，即本文。《旧书》卷五十《刑法志》载，长庆二年四月敕：“康买德尚在童年，能知子道。虽杀人当死，而为父可哀，若从沈命之科，恐失原情之义，宜付法司，减死罪一等处分。”即本文。《会要》卷三十九载：“（长庆二年四月）敕旨：”所载与《旧志》同。《册府》卷六百十六亦载此文此事。

本文作于长庆二年（822）四月。

甚雨日放朝参敕（P696 上）

《册府》卷六十载，长庆二年八月敕：“夏秋之间……即不在此例。”即本文。《册府》卷一百七载，长庆二年八月，诏云云，亦为本文。

本文作于长庆二年（822）八月。

褒恤田颖敕（P696 上）

《册府》卷一百三十四载，穆宗长庆二年十二月敕：“赠工部尚书田颖……收管驱使。”即本文。

本文作于长庆二年（822）十二月。

流庞骥溪州敕（P696 上）

《册府》卷六百一十六载，杨嗣复长庆中为中书舍人，在其任时敕：“长史犯赃……其赃付所司准法。”即本文。《册府》卷七百七载：“庞骥为遂宁县令。长庆四年，东川观察使奏骥犯赃事，下大理寺以法论。”敕云云，即本文。

本文作于长庆四年（824），具体作时待考。

流唐庆崖州敕（P696下）

《册府》卷七百载，唐庆前为寿州刺史。长庆四年，刺史杨归厚告论庆违赦敕，科配百姓税钱及破用官库钱物等事，庆犯正入己赃钱四千七百余贯。敕：“唐庆入己赃仅五千贯……长流崖州。”即本文。

本文作于长庆四年（824）。

命皇太子检校军国敕（P696下）

《大诏令》卷三十载此文，题为《穆宗命皇太子检校军国敕》，明署作时为长庆四年正月。《旧书》卷十六《穆宗本纪》载：“（长庆四年正月）辛未，上（穆宗）大渐，诏皇太子监国。”与本文要旨合。

本文作于长庆四年（824）正月。

答宰臣请上尊号表批（P696下）

《册府》卷十七载，穆宗长庆元年四月辛卯，中书门下及文武百僚请上尊号，答曰：“朕以菲德……勿徇虚美。”即本文。《大诏令》卷六载此文，题为《批宰臣请上尊号表》，明署作时为长庆元年四月。

本文作于长庆元年（821）四月。

景陵礼成优劳德音（P697上）

《大诏令》卷七十七载此文，题中无“礼成”二字。明署作时为元和十五年六月十九日。

本文作于元和十五年（820）六月。

登极德音（P698下）

《册府》卷九十载，唐穆宗以元和十五年正月即位，二月丁丑，御丹凤楼，大赦天下，制曰：“着大明者日也……赐勋有差。”录全文。《大诏令》卷二载此诏全文，题为《穆宗即位赦》。《册府》卷四十二、卷六十五、卷六十九、卷八十一、卷五百三、卷五百七均节录本文，字句略有不同，订时同为元和十五年二月。《旧书》卷十六《穆宗本纪》载：“（元和十五年）二月癸酉朔。丁丑，御丹凤楼，大赦天下。”与本文要旨合。今从《旧书》订时。

本文作于元和十五年（820）二月。

南郊改元德音（P701 上）

《英华》卷四百二十六载此文，题为《长庆元年正月三日南郊改元赦文》，题目中明署作时为长庆元年正月三日。《大诏令》卷七十载此文，题为《长庆元年正月南郊改元赦》，题目中明署作时为长庆元年正月。《册府》卷五十五、卷六十八、卷八十一，《会要》卷十上、卷四十一、卷五十四、卷八十五均节录本文，字句略有不同，订时同为长庆元年正月。

本文作于长庆元年（821）正月。

清编《全唐文》卷六十七
（P705—712）

优恤将士德音（P705 下）

《英华》卷四百三十七载此诏全文，题为《叙用勋旧武臣德音》，明署作时为长庆三年三月十日。《大诏令》卷六十五亦载此文，题为《叙用勋旧武臣德音》，明署作时为长庆二年三月十日。《会要》卷七十八载，长庆三年三月敕："诸道军府大将带监察已上官者……亦仰奏焉。"即为本文之节录。《大诏令》误。

本文作于长庆三年（823）三月。

赦镇州德音（P707 上）

《英华》卷四百三十载此文，题为《长庆三年德音》。《大诏令》卷一百二十二亦载此文。《旧书》卷十六《德宗本纪》载："（长庆二年）二月癸亥朔。甲子，诏雪王廷凑，仍授镇州大都督府长史、御史大夫，充成德军节度、镇冀深赵等州观察等使。"与本文要旨合。《旧书》卷一百四十二《王廷凑传》载："（长庆二年）二月，诏赦廷凑，仍授检校右散骑常侍、镇州大都督府长史、成德军节度、镇冀深赵等州观察等使；以牛元冀为山南东道节度使。遣兵部侍郎韩愈至镇州宣慰，又遣中使衔命入深州，监元翼赴镇。"与本文要旨合。《册府》卷一百三十六载："（长庆二年）二月，诏雪镇州王廷凑，仍令兵部侍郎韩愈充宣慰使。"与本文要旨合。《英华》误。

本文作于长庆二年（822）二月。

平汴宋德音（P708 上）

《英华》卷四百三十七载此文，题为《长庆三年德音》，题目中及文末明署作时为长庆三年八月二十五日。《大诏令》卷一百二十四载此文，题为《破汴州李介敕》，明署作时为长庆二年八月二十五日。《册府》卷六十五载，长庆二年八月，诛李介，汴州平。下诏："以官军阵亡将士……勿令暴露。"为本文之节录。《新书》卷八《穆宗本纪》载："（长庆二年八月）丙子，李齐伏诛。癸未，诏瘗汴、宋、郑三州战亡者，禀其家三岁。"与本文要旨合。《英华》误。

本文作于长庆二年（822）八月。

册立皇太子德音（P709 上）

《册府》卷九十载，长庆二年十二月乙未，帝以疾痊平，敕在京诸司疏放系囚。癸丑，制曰："朕上奉宗祧……具名闻奏。"即本文。《大诏令》卷二十九载此文，题为《长庆二年册皇太子德音》。《册府》卷八十一载，长庆二年十二月丙子，册景王为皇太子。癸丑诏："文武常参官及诸州府长官子为父后者，赐勋两转……文武常参及陪位官并宗子诸亲赐勋一转。"即为本文之节录。《旧书》卷十六《穆宗本纪》载："（长庆二年十二月）癸丑，以太子册礼毕，宣制赦囚徒。"与本文要旨合。

本文作于长庆二年（822）十二月。

疾愈德音（P709 下）

《大诏令》卷十载此诏全文，明署作时为长庆二年二月。《册府》卷一百六十八载，长庆三年正月诏："应缘御服及器用……一切放之。"即为本文之节录。《旧书》卷十六《穆宗本纪》载："（长庆三年）三月丁巳，宰臣百僚赐宴于曲江亭。敕应御服及器用在淮南、两浙、宣歙等道合供进者，并端午诞节常例进献者，一切权停。其鹰犬之类，除备搜狩外，并令解放。"与本文要旨合。诸书订时异，今姑从《旧书》。

本文作于长庆三年（823）三月。

朝元御正殿德音（P710 上）

《英华》卷四百三十七载此文，明署时间为长庆四年正月一日。《大诏令》卷八十五载此文，题为《长庆四年正月一日德音》。

本文作于长庆四年（824）正月一日。

上郭太后尊号册文（P710 下）

《旧书》卷五十二《宪宗懿安皇后郭氏传》载，元和十五年正月，穆宗嗣位，闰正月，册为皇太后，陈仪宣政殿庭。册曰：嗣皇帝臣名再拜言："伏以正坤元……谨上尊号曰皇太后。"即本文。《旧书》卷十六《穆宗本纪》载："（元和十五年正月）庚午，册大行皇帝贵妃郭氏为皇太后。"与本文文意相符。《会要》卷三载："宪宗皇后郭氏，元和十五年闰正月册为皇太后。"与本文要旨合

本文作于元和十五年（820）正月。

册景王为皇太子文（P711 上）

《大诏令》卷二十八载此文。《册府》卷十一载："敬宗，穆宗长子。长庆二年十二月立为皇太子。"与本文要旨合。《册府》卷八十一："（长庆）二年十二月丙子，册景王为皇太子。"与本文要旨合。《旧书》卷十六《穆宗本纪》载："（长庆二年十二月）癸巳，

诏景王为皇太子。”与本文要旨合。

本文作于长庆二年（822）十二月。

命皇太子即位册文（P711 上）

本文文首已明署作时为“长庆四年岁次甲辰，正月辛亥朔，二十六日丙子”。《英华》卷四百四十二载此文，题为《敬宗皇帝即位册文》。《册府》卷十一载，长庆二年十二月丙子，帝即位于太极殿东。序册曰：“维长庆四年……无忝我祖宗之休烈。”即本文。《大诏令》卷一亦载此文，题为《敬宗即位册文》。《旧书》卷十七上《敬宗本纪》载：“（敬宗）长庆元年三月，封景王。二年十二月，立为皇太子。四年正月壬申，穆宗崩。癸酉，皇太子即位柩前，时年十六。”与本文要旨合。

本文作于长庆四年（824）正月。

六　唐敬宗李湛诏敕考

李湛（809—826），元和四年六月九日生。长庆元年（821）三月，封为鄂王，寻改为景王。二年（822）十二月，册为皇太子。四年（824）正月即位。宝历二年（826）十二月八日，中官刘克明等作难，遇害。在位三年，年十八。葬庄陵（在今陕西三原）。谥曰睿武昭愍孝皇帝，庙号敬宗。《旧书》卷十七、《新书》卷八有《纪》。

清编《全唐文》卷六十八
（P712—725）

授李程平章事制（P712下）

《册府》卷七十三载，敬宗长庆四年正月即位。制曰："理多务者……可平章事。"即本文。《大诏令》卷四十八载此文，题中无"授"字，明署作时为长庆四年五月。《旧书》卷十七上《敬宗本纪》载："（长庆四年）五月己酉朔。乙卯，制以正议大夫、尚书吏部侍郎、上柱国、渭源县开国男、食邑三百户、赐紫金鱼袋李程守本官、同中书门下平章事。"此数语与本文要旨合。《旧书》卷一百六十七《李程传》载："敬宗即位之五月，以本官同平章事。"与本文要旨合。《册府》误。

本文作于长庆四年（824）五月。

授窦易直平章事制（P713上）

《册府》卷七十三载，长庆四年正月又制曰："昔周宣王汉宣帝思弘祖业……可平章事判度支。"即本文。《大诏令》卷四十八载此文，题中无"授"字，明署作时为长庆四年五月。《旧书》卷十七上《敬宗本纪》载："（长庆四年五月）以朝议郎、守尚书户部侍郎，兼御史大夫、判度支、上柱国、赐紫金鱼袋窦易直为朝散大夫，本官同中书门下平章事。"与本文要旨合。《旧书》卷一百六十七《窦易直传》载："（长庆）四年五月，以本官同平章事，判使如故。改门下侍郎，封晋阳郡公。"与本文要旨合。

本文作于长庆四年（824）五月。

授牛僧孺集贤殿大学士监修国史制（P713 上）

《大诏令》卷五十一载此文，题中无“授”字，“殿”为“馆”字。《旧书》卷十七上《敬宗本纪》载：“（长庆四年十二月）丁酉，宰相牛僧孺进封奇章郡公，李程彭原郡公，窦易直晋阳郡公，并食邑三千户。”与本文要旨合。《旧书》卷一百七十二《牛僧孺传》载：“敬宗即位，（牛僧孺）加中书侍郎、银青光禄大夫，封奇章子，邑五百户。十二月，加金紫阶，进封郡公、集贤殿大学士、监修国史。”与本文要旨合。

本文作于长庆四年（824）十二月。

授牛僧孺武昌军节度使制（P713 下）

《大诏令》卷五十三载此文，题为《牛僧孺武昌军节度同平章事制》，明署作时为宝历七年七月。《旧书》卷十七上《敬宗本纪》载：“（宝历元年正月）乙卯，以僧孺检校礼部尚书、同平章事、鄂州刺史，充武昌军节度、鄂岳观察使。”与本文要旨合。《册府》卷六十载：“敬宗宝历元年正月，特建武昌军额命宰相牛僧孺为节度使。丙辰，牛僧孺请奏使印，从之。”与本文要旨合。《大诏令》误。

本文作于宝历元年（825）正月。

处分贤良方正等科举人制（P714 上）

《册府》卷六百四十四载，宝历元年三月丁亥制曰：“朕深居法宫……中书门下即与处分。”即本文。《大诏令》卷一百六载此文，题为《放制举人诏》。《旧书》卷十七上《敬宗本纪》载：“（宝历元年）夏四月甲戌朔，宰相凉国公李逢吉进封郑国公。以右神策大将军康志睦检校工部尚书，兼青州刺史、平卢军节度使。宣中书，以谏议大夫刘栖楚为刑部侍郎。丞郎宣授，自栖楚始也。郑涵等考定制举人。”与本文要旨合。《旧书》成书早于诸书，今从之。

本文作于宝历元年（825）五月。

封皇子普为晋王制（P714 下）

《英华》卷四百四十四亦载此文，题为《封晋王制》，明署作时为宝历元年十一月。《大诏令》卷三十三载此文，题为《封晋王制》，明署作时为宝历元年十一月。《旧书》卷十七上《敬宗本纪》载：“（宝历元年十一月）丙申，诏封皇子普为晋王。”与本文要旨合。《旧书》卷一百七十五《敬宗五子传》载：“悼怀太子普，敬宗长子也。母曰郭妃。宝历元年封晋王。”此数语与本文要旨合。诸书订时一致，今亦从之。

本文作于宝历元年（825）十一月。

授裴度司空平章事制（P714 下）

《册府》卷七十三载，宝历二年二月丁未，制曰：“朕周观帝王之道……可守司空平章事。”即本文。《大诏令》卷四十八载此文，题为《裴度平章事制》，明署作时为宝历二年二月。《旧书》卷十七上《敬宗本纪》载："（宝历二年二月）丁未，以山南西道节度观察处置等使、光禄大夫、守司空、同中书门下平章事、兴元尹、上柱国、晋国公裴度守司空、同平章事，复知政事。"《旧书》卷一百七十《裴度传》载："宝历元年十一月，度疏请入觐京师。明年正月，度至，帝礼遇隆厚，数日，宣制复知政事。"与本文要旨合。

本文作于宝历二年（826）二月。

停郢州刺史冯定官制（P715上）

《旧书》卷一百六十八《冯定传》载，宝历二年，冯定出为郢州刺史。长寿县尉马洪沼告定强夺人妻，及将阙官职田禄粟入己费用，诏监察御史李顾行鞫之，狱具上闻。制曰，云云。即本文。《册府》卷一百五十三载，宝历元年六月制曰："冯定经使臣推问……宜停见任。"即本文。两书订时异，今姑从《旧书》。

本文作于宝历二年（826）。

流刘伉雷州制（P715上）

《册府》卷七百七载，刘伉为蓝田令，宝历二年三月，御史台推勘在任日，将诸色钱隐没破用，凡九十余万。制曰："刘伉所犯赃私……宜除名流雷州。"即本文。

本文作于宝历二年（826）三月。

赐将士钱绢诏（P715下）

《大诏令》卷二载此诏全文，题为《敬宗即位优赐诸军诏》，明署作时为长庆四年正月。《旧书》卷十七上《敬宗本纪》载："（长庆）四年正月壬申，穆宗崩。癸酉，皇太子即位柩前，时年十六。甲戌，左仆射韩皋卒。丙子，群臣准遗诏奏皇帝宝册礼毕，诏赏神策诸军士人绢十匹、钱十千、畿内诸军镇绢十匹、钱五千，其余军镇颁给有差。内出绫绢三百万段以助赏给。"与本文要旨合。

本文作于长庆四年（824）正月。

令京兆府平粜诏（P715下）

《册府》卷一百六载，长庆四年二月诏"如闻京城米谷翔贵……至秋收籴。"即本文。《旧书》卷四十九《食货志》载："长庆四年二月，敕出太仓陈粟三十万石，于两街出粜。"《旧书》卷十七上《敬宗本纪》载："（长庆四年二月）以米贵，出太仓粟四十万石，于两市贱粜，以惠贫民。"与本文要旨合。《会要》卷八十八载："（长庆）四年二月，敕出太仓陈米三十万石于两街出粜。"与本文要旨合。

本文作于长庆四年（824）二月。

疏决囚徒诏（P715下）

《册府》卷一百四十五载，长庆四年六月辛巳，诏曰："近者夏麦垂熟……亦委本司疏决闻奏。”即本文。《旧书》卷十七上《敬宗本纪》载：“（长庆四年六月）辛巳，敕以霖雨命疏决京城系囚。”与本文要旨合。

本文作于长庆四年（824）六月。

令市耕牛诏（P716上）

《册府》卷一百六载，敬宗宝历元年十二月，诏曰：“农功所切……其价以户部绫绢充。”即本文。《旧书》卷十七上《敬宗本纪》载，宝历元年十二月戊辰，敕：“农功所切，实在耕牛，疲氓多乏，须议给赐。委度支往河东、振武、灵、夏等州市耕牛一万头，分给畿内贫下百姓。”与本文要旨合。

本文作于宝历元年（825）十二月。

清理庶狱诏（P716上）

《册府》卷一百四十五载，敬宗宝历二年六月癸亥，诏曰：“近日京城……冀得存活。”即本文。《旧书》卷十七上《敬宗本纪》载：“（宝历二年六月）癸亥，以旱命京城诸司疏理系囚。”与本文要旨合。

本文作于宝历二年（826）六月。

试制举人敕（P716上）

《册府》卷六百四十四载，宝历元年三月辛未，帝御宣政殿，试制举人。诏曰：“朕闻心术顺道……宜坐食讫就试。”即本文。《大诏令》卷一百六载此文，题为《宝历元年试制举人诏》，题目及文后明署作时为宝历元年二月二十八日。《旧书》卷十七上《敬宗本纪》载：“（宝历元年三月）上御宣政殿试制举人二百九十一人，以中书舍人郑涵、吏部郎中崔管、兵部郎中李虞仲并充考制策官。”与本文要旨合。《旧书》成书早，今从《旧书》。

本文作于宝历元年（825）三月。

优恤客户敕（P716下）

《会要》卷八十四载，敬宗元年五月，敕云云，即本文。《册府》卷四百八十六载，敬宗宝历元年五月敕：“黔首如有愿于所在编附籍帐者，宜令州县优恤。给与闲地，二周年不得差遣。”录全文。

本文作于宝历元年（825）五月。

减奉先县租役敕（P716下）

《册府》卷三十载，宝历元年七月辛亥敕：“奉先一县……令诸县均出。”即本文。

本文作于宝历元年（825）七月。

赐义成军节度使高承简立德政碑敕（P716 下）

《杜牧集系年校注》中《樊川文集》卷第十四录，敬宗始继位，高承简罢郑滑节度使，滑人叩阙，乞为承简树德政碑。今按，敬宗长庆四年正月即位，由此可知本文作时。

本文作年长庆四年（824）。

赐高承简敕（P717 上）

本文作时待考。

罚李方现俸敕（P717 上）

《册府》卷一百三十四载，敬宗宝历二年正月，御史台奏右赞善大夫李方，现把笏击损内园品官李重实，款状明具。敕："李方现不自谨身……宜量罚两月俸。"即本文。《册府》卷一百五十载，敬宗三年正月，敕云云，亦本文。《旧书》卷十七上《敬宗本纪上》载："（宝历二年正月）癸酉，右赞善大夫李光现与品官李重实争忿，以笏击重实流血。上以宗属罚两月俸料。"与本文要旨合，此处"李光现"当为"李方现"之讹误。今从《旧书》订时。

本文作于宝历二年（826）正月。

光陵礼成优劳德音（P717 上）

《大诏令》卷七十七载此文，题中无"礼成"二字，明署作时为长庆四年十月。

本文作于长庆四年（824）十月。

御丹凤楼大赦文（P718 上）

《册府》卷九十载，敬宗以长庆四年正月丙子即位，三月壬子，御丹凤楼，大赦天下："自长庆四年三月二日昧爽已前……并委长吏禁断。"即本文。《会要》卷二十四载，长庆四年敕："节度观察使入朝，不得别有进献。"《册府》卷三十九、卷四十二、卷六十五、卷六十八均节录本文，字句略有不同，订时一致为长庆四年三月。《旧书》卷十七上《敬宗本纪》载："（长庆四年三月）壬子，上御丹凤楼，大赦天下。京畿夏青苗钱并放，秋青苗钱每贯放二百文。天下常贡之外不得进献。六宅、十宅诸王女，宜令每年于选人中选择降嫁。今后户帐田亩，五年一定税。"与本文要旨合。

本文作于长庆四年（824）三月。

南郊赦文（P719 上）

《英华》卷四百二十七录此文，题中无"南郊"二字，题目中明署作时为宝历元年正月七日。《大诏令》卷七十亦载此文，题为《宝历元年正月南郊赦》。《会要》卷六十八载："宝历元年正月七日，敕节文：'刺史县令……即与进改。'"为本文之节录。《册府》卷四十二载，宝历元年正月，敕："先擒获吐蕃生口配流诸处者，委本道资给，放还边土。

仍不得更受投降人，并擒捉人生口。”

本文作于宝历元年（825）正月。

受尊号赦文（P723下）

《英华》卷四百二十三载此文，题为《宝历元年四月二十日册尊号赦文》。《大诏令》卷十节录本文，题为《宝历元年册尊号赦》。《册府》卷九十载：“（宝历元年）四月癸巳，册尊号礼毕，大赦天下：‘自宝历元年四月二十日昧爽已……赐爵加阶有差。’”《旧书》卷十七上《敬宗本纪》载：“（宝历元年四月）癸巳，群臣上徽号曰文武大圣广孝皇帝，御宣政殿受册。礼毕，御丹凤楼，大赦天下，大辟罪已下，无轻重咸赦除之。”与本文要旨合。

本文作于宝历元年（825）四月。

第四篇

全唐文晚唐诏敕考辨

一　唐文宗李昂诏敕考

李昂（809—840），穆宗第二子。元和四年十月十日生，长庆元年（821）封江王，初名涵。宝历二年十二月八日敬宗崩。乙巳，即位，改今名。开成五年（840）正月驾崩。在位十四年，年三十二。葬于章陵（在今陕西富平）。谥曰元圣昭献孝皇帝，庙号文宗。《旧书》卷十七、《新书》卷八有《纪》。

清编《全唐文》卷六九
（P726—735）

诛刘克明等教（P726上）

“教”即王侯发布的号令。刘勰《文心雕龙·诏策》曰：“教者，效也。”“王侯称教。”本文名“教”，即为李昂称帝前发布之文告。《旧书》卷十七上《文宗本纪》载：“宝历二年十二月八日，敬宗遇害……癸卯，见宰臣于内阁，下教处分军国事。”《册府》卷十一载，宝历二年十二月辛丑，敬宗夜猎还宫，遇中官刘克明之逆。壬寅，枢密使王守澄以兵卫迎江王入宫。癸卯教曰，云云，即本文。《大诏令》卷一百四十亦录此文，题为《江王下教》，文末署该文作时为宝历年。

本文作于宝历二年（826）十二月。

授韦处厚中书侍郎同平章事制（P726下）

《旧书》卷一百五十九《韦处厚传》载：“宝历季年，急变中起，文宗底绥内难，诏命将降，未有所定。处厚闻难奔赴，昌言曰：‘春秋之法，大义灭亲，内恶必书，以明逆顺。正名讨罪，于义何嫌？安可依违，有所避讳！’遂奉蕃教行焉。是夕，诏命制置及践祚礼仪，不暇责所司，皆出处厚之意。及礼行之后，皆叶旧章。以佐命功，旋拜中书侍郎、同中书门下平章事。”其中“急变中起”即上文“中官刘克明之逆”，本文当与上文作于同时。《册府》卷七十三亦载其事为宝历二年十二月。《大诏令》卷四十八亦录此文，题为《韦处厚平章事制》，文末署为是年是时之作。

本文作于宝历二年（826）十二月。

加王播尚书左仆射制（P727 上）

《旧书》卷十七上《文宗本纪》载："（大和元年六月）癸巳，以淮南节度副大使、知节度事、管内营田观察处置临海监牧等使，兼诸道盐铁转运等使、银青光禄大夫、检校司空、同中书门下平章事、扬州大都督府长史、上柱国、太原县开国伯、食邑七百户王播为尚书左仆射、同中书门下平章事，依前充诸道盐铁转运使。"《册府》卷七十三亦订为是年是时之诏。《大诏令》卷四十八亦录此文，文末亦署作时为大和元年六月。

本文作于大和元年（827）六月。

授崔弘礼天平军节度使制（P727 下）

本文又见载于《英华》卷四百五十二。《唐方镇年表》卷三《天平》载："崔弘礼自大和元年至三年充天平军节度使。"《新书》卷一百六十四《崔宏礼传》载："崔宏礼徙华州刺史，改天平军节度使。李同捷叛，与李德裕合兵讨之。"《册府》卷一百六十五载："文宗初即位，以故横海节度李全略子同捷为横海节度。同捷托以三军乞留，拒命。大和元年八月庚子下讨李同捷诏。"由此可知，大和元年八月李同捷叛。《旧书》卷十七上《文宗本纪》载："大和元年八月庚子，诏削夺李同捷在身官爵。"此亦可证李同捷叛在大和元年八月，而崔宏礼时为天平军节度使。《唐方镇年表》所录可信。

本文作于大和元年（827）。

授路随中书侍郎同平章事制（P728 上）

《旧书》卷十七上《文宗本纪》载："大和二年十二月戊寅，诏以兵部侍郎、知制诰、充翰林学士路随为中书侍郎同平章事。"《册府》卷七十四载，大和二年十二月诏曰，云云，即本文。《大诏令》卷四十八亦录此文，题为《路随平章事制》，文末署作时为大和二年十二月。

本文作于大和二年（828）十二月。

授李宗闵同平章事（P726 下）

《旧书》卷十七上《文宗本纪》载："（大和三年七月）甲戌，以吏部侍郎李宗闵同中书门下平章事。"《册府》卷三百二十二载："李宗闵大和三年为吏部侍郎同平章事、加中书侍郎。"《大诏令》卷四十八亦载此文，题为《李宗闵平章事制》，文末署作时为大和三年八月。今按，大和三年七月无"甲戌"，"甲戌"为八月二十七日。

本文作于大和三年（829）八月。

封皇子永为鲁王制（P729 上）

《旧书》卷十七下《文宗本纪》载："大和四年春正月戊子，诏封长男永为鲁王。"本文又见载于《大诏令》卷三十三，题为《封鲁王制》，文末明署作时为大和四年正月。《会要》卷四亦录此文。订作时与《旧纪》《大诏令》同。

本文作于大和四年（830）正月。

授牛僧孺兵部尚书平章事制（P729 上）

《册府》卷七十四载，大和四年正月诏曰：“昔汉宣帝用魏丙以成中兴之业……可兵部尚书平章事。”即本文。本文又见载于《大诏令》卷四十八，题为《牛僧孺平章事制》，文末署作时为大和四年正月。

本文作于大和四年（830）正月。

赠李绛司徒制（P729 下）

《旧书》卷一百六十四《李绛传》载，大和三年冬，南蛮寇西蜀，诏征赴援，绛于本道募兵千人赴蜀，及中路，蛮军已退，所募皆还。兴元兵额素定，募卒悉令罢归。四年二月十日，绛晨兴视事。召募卒以诏旨喻而遣之，仍给以廪麦，皆怏怏而退。募卒因监军杨叔元之言怒气益甚，乃噪聚趋府，劫库兵以入使衙。绛乃为乱兵所害，时年六十七。文宗闻奏震悼，下制云云，即本文。

本文作于大和四年（830）二月。

授宋申锡行尚书右丞平章事制（P730 上）

本文又见载于《册府》卷七十四，署作时为大和四年七月。《大诏令》卷四十八亦载此文，题为《宋申锡平章事制》，文末亦署为是年是时之作。

本文作于大和四年（830）七月。

降除漳王凑为巢县公制（P730 下）

《旧书》卷一百七十五《穆宗五子传》节录此文。《大诏令》卷三十九亦载此文，题为《漳王凑降封巢县公制》，文末署作时为大和五年三月。《旧书》卷十七下《文宗本纪》载：“（大和五年）二月戊戌，神策中尉王守澄奏得军虞侯豆卢著状，告宰相宋申锡与漳王谋反……癸卯，诏漳王凑可降为巢县公。”《通鉴》卷二百四十四载：“大和五年二月，上与宋申锡谋诛宦官，申锡引吏部侍郎王播为京兆尹，以密旨谕之，播泄其谋。郑注、王守澄知之，阴为之备。上弟漳王凑，贤有人望。注令神策都虞侯豆卢著诬告申锡谋立漳王……三月癸卯，贬漳王凑为巢县公、宋申锡为开州司马。”今按，大和五年二月无“癸卯”，《旧纪》所记误。

本文作于大和五年（831）三月。

贬宋申锡太子右庶子制（P730 下）

前文已申明大和五年二月戊戌，漳王凑与宰相宋申锡被诬谋反，大和五年三月癸卯降漳王凑为巢县公，宋申锡为开州司马。《旧书》卷十七下《文宗本纪》载：“其年（大和五年）三月庚子，诏以宋申锡为太子右庶子。”本文又见载于《册府》卷六百七十，亦署作时为大和五年三月。《大诏令》卷五十六亦录此文，题中无“贬”字，注作时为大和五年二月，误。

本文作于大和五年（831）三月。

贬宋申锡开州司马制（P731 上）

本文又见载于《大诏令》卷五十七，题中无“贬”字，未注作时。《通鉴》卷二百四十四载：“大和五年三月癸卯，贬漳王凑为巢县公、宋申锡为开州司马。”《册府》卷六百七十载：“大和五年三月癸卯，诏漳王凑可降为巢县公，又诏宋申锡可开州司马。”与本文要旨合。

本文作于大和五年（831）三月。

授李德裕平章事制（P731 上）

《旧书》卷十七下《文宗本纪》载：“大和七年二月丙戌，诏以银青光禄大夫、守兵部尚书、上柱国、赞皇县开国伯、食邑七百户李德裕以本官同中书门下平章事。”《册府》卷七十四载，大和七年二月制曰，云云，即本文。《大诏令》卷四十八亦录此文，题中无“授”字，文末署作时为大和七年七月，误。

本文作于大和七年（833）二月。

授王涯同平章事制（P731 下）

《册府》卷七十四载，大和七年七月，制云云，即本文。本文又见载于《大诏令》卷四十八，题为《王涯平章事制》，文末署作时为大和七年七月。

本文作于大和七年（833）七月。

答请庆成节表制（P732 上）

《册府》卷二载，大和七年八月，中书门下奏：“臣闻帝王有必着之符，神灵无虚应之兆……今臣等不胜大愿，请以十月十日为庆成节。着在令式，以示四方……”制曰，云云，即本文。

本文作于大和七年（833）八月。

封诸王男为郡王制（P732 上）

《旧纪》卷十七下《文宗本纪》载，大和八年八月辛卯诏：“故沣王大男汉可封东阳郡王，第二男源可封安陆郡王，第三男演可封临川郡王；故深王大男潭可封河内郡王，第二男淑可封吴兴郡王；故绛王大男洙可封新安郡王，第二男滂可封高平郡王；故洋王大男沛可封颍川郡王；淄王大男辩可封许昌郡王；沔王大男瀛可封晋陵郡王；鄜王大男溥可封平阳郡王。仍并赐光禄大夫。”与本文要旨合。《旧书》卷十七下《文宗本纪》节录本文。《大诏令》卷三十八《会要》卷四十六亦录此文，文末署作时为大和八年八月。

本文作于大和八年（834）八月。

授李宗闵中书侍郎平章事制（P732 下）

《册府》卷七十四载，大和八年九月壬戌，诏追兴元节度使李宗闵赴阙，十月庚寅诏曰，云云，即本文。《大诏令》卷四十八亦录此文，题为《李宗闵平章事制》，文末署作时为大和八年。

本文作于大和八年（834）十月。

恤刑制（P733 上）

本文见载于《册府》卷五百二，但在“仍岁水旱，黎民艰食”之前，“联以寡德，托于兆人之上。虽兢兢业业，思理不怠，而政道多阙，野无青草，和气用伤”之后阙“为之父母，斯心郁陶。如闻魏博六州，阻饥尤甚，道瑾相望。及山南东道，陈许郓曹濮淮南浙西等道，皆困于饥疫，虑乏钟饷。其魏博宜赐粟五万石。山南东道，陈许郓曹濮淮南浙西等三道，各赐糙米二万石充赈给，委度支逐便遣。淮南浙西两道，委长吏以常平义仓粟赈赐。应诸道有饥疫处，军粮积蓄之外，其属度支户部杂谷，并令减价出粜，以济贫人”。该书卷一百四十五亦有节录。《册府》卷一百四十五、卷五百二均注作时为大和九年三月。

本文作于大和九年（835）三月。

授贾𫗧中书侍郎平章事制（P733 上）

《册府》卷七十四载，大和九年四月，诏曰：“寅亮皇猷，丹青景化……可中书侍郎平章事。”录全文。《大诏令》卷四十八亦录此文，题为《贾𫗧平章事制》，文末署作时为大和九年四月。

本文作于大和九年（835）四月

贬李德裕袁州长史制（P733 下）

《旧书》卷十七下《文宗本纪》载：“大和九年四月庚子，诏银青光禄大夫、守太子宾客分司东都、上柱国、赞皇县开国伯、食邑七百户李德裕贬袁州长史。”《大诏令》卷五十七亦录此文，题中无“贬”字，文末署作时为大和九年四月。

本文作于大和九年（835）四月。

授李固言门下侍郎同平章事制（P733 下）

《册府》卷七十四录此文，署作时为大和九年七月。本文又见载于《大诏令》卷四十八，题为《李固言平章事制》，文末署作时与《册府》相同。

本文作于大和九年（835）七月。

授舒元舆李训守尚书同平章事制（P734 上）

《册府》卷七十四载：“大和九年九月，以刑部侍郎舒元舆本官同平章事。以兵部郎中、知制诰、翰林学士李训为礼部侍郎平章事。”《大诏令》卷四十九亦有录文，题为《舒元舆李训平章事制》，文末署作时为大和九年九月。

本文作于大和九年（835）九月。

授王涯开府仪同三司充诸道榷茶使制（P734下）

《旧书》卷十七下《文宗本纪》载："大和九年冬十月，王涯献榷茶之利，乃以王涯为榷茶使。茶之有榷税自涯始也。"与本文要旨合。本文又见载于《大诏令》卷五十二，题为《王涯诸道榷茶使制》，文末署作时为大和九年。

本文作于大和九年（835）十月。

清编《全唐文》卷七十
（P735—745）

授李固言崇文馆大学士贾餗集贤殿大学士制（P735下）

本文又见载于《大诏令》卷五十一，题为《李固言崇文馆大学士等制》，文末不注作时。《旧书》卷十七下《文宗本纪》载："大和九年六月壬辰，诏以银青光禄大夫、守中书侍郎同平章事、襄武县开国侯、食邑一千户李宗闵贬明州刺史。时杨虞卿坐妖言，入归第，人皆以为冤诬。宗闵于上前极言论列，上怒，面数宗闵之罪，叱出之，故坐贬。"又《旧书》卷一百七十三《李固言传》载："大和九年六月，宗闵得罪，固言代为门下侍郎平章事，寻加崇文馆大学士。……九月，以兵部尚书出为兴元节度使。"《新书》卷一百七十九《贾餗传》载："大和九年……餗拜中书侍郎同中书门下平章事，俄为集贤殿大学士，监修国史。既得位，会李宗闵得罪……"由此知李宗闵得罪当在大和九年六月，授李固言崇文馆大学士、贾餗集贤殿大学士在宗闵得罪前后。

本文作于大和九年（835）六月。

贬李宗闵明州刺史制（P736上）

本文又见载于《大诏令》卷五十七，题中无"贬"字。此诏与上文所述为同一件事，如上文所述，《旧书》卷十七下《文宗本纪》载大和九年六月壬辰，李宗闵坐杨虞卿事贬明州刺史。《旧书》卷一百七十六《李宗闵传》亦载："大和九年六月，京兆尹杨虞卿得罪，宗闵极言救解。文宗怒叱之。翌日，贬明州刺史，寻再贬处州长史。"

本文作于大和九年（835）六月。

贬李宗闵处州长史制（P736下）

本文又见载于《大诏令》卷五十七，题中"贬"前有"再"字。上文已知李宗闵贬处州长史当在贬明州刺史之后不久。《旧书》卷十七下《文宗本纪》载："大和九年六月，贬宗闵为明州刺史。……七月壬子，再贬李宗闵为处州长史。"

本文作于大和九年（835）七月。

贬李宗闵潮州司户制（P736 下）

本文又见载于《大诏令》卷五十七，题中“贬”前有“三”字。《旧书》卷十七下《文宗本纪》载，大和九年六月，贬李宗闵为明州刺史、处州长史后，八月丙子，又贬李宗闵为潮州司户。

本文作于大和九年（835）八月。

授李石平章事制（P736 下）

《册府》卷七十四载，大和九年十一月，诏曰：“夫嗣位君临……勋赐如故。”即本文。本文又见载于《大诏令》卷四十九，题中无“授”字，文末亦署作时为大和九年十一月。

本文作于大和九年（835）十一月。

授郑处诲兼侍御史制（P737 上）

本文又见载于《册府》卷五百一十三。《英华》卷三百九十四亦录此文，题为《授郑处诲职方员外郎兼御史知杂事制》，录文前明署作者为杜牧。《樊川文集》卷十四亦录此文。按《全唐文》体例，该文当归于杜牧名下。《旧书》卷十八下《宣宗本纪》载：“大中三年十一月，以刑部侍郎韦有翼为御史中丞，以职方员外郎郑处诲兼御史知杂。”

本文作于大中三年（849）十一月。

授李固言门下侍郎平章事制（P737 上）

《旧书》卷十七下《文宗本纪》载：“开成元年四月甲午，诏以山南西道节度使、检校兵部尚书李固言为门下侍郎同中书门下平章事。”本文又见载于《册府》卷二百四十五，作时与《旧书》同。《大诏令》卷四十九亦录此文，题为《李固言平章事制》，文末署作时为开成元年四月。

本文作于开成元年（836）四月。

授高承恭振武麟胜等军节度使制（P737 下）

本文又见载于《英华》卷四百五十二、《陕西通志》卷八十五。《唐方镇年表》卷一《振武》载，高承恭于咸通二年到四年充振武麟胜诸军观察等使。其依据是该文在《英华》中位于咸通三年高墟授东川制前。此据似欠充分，今姑存疑，以期来者。

本文作时待考。

授陈夷行平章事制（P738 上）

《册府》卷七十四载，开成二年四月诏曰，云云，即本文。《大诏令》卷四十九亦录此文，题中无“授”字，文末署作时为开成二年四月。

本文作于开成二年（837）四月

封梁王休复等制（P738 下）

本文又见载于《旧书》卷一百七十五《敬宗五子传》，载梁王休复于开成二年八月受封。《大诏令》卷三十三亦录此文，题中无“休复”二字，文末署作时为开成二年八月。《册府》卷二百六十五系时相同。《册府》卷二百五十六载：“梁王休复，敬宗第二子，开成二年封。”

本文作于开成二年（837）八月。

封皇第二男宗俭为蒋王制（P738 下）

本文又见载于《册府》卷二百六十五。《大诏令》卷三十三亦录此文，题为《封蒋王制》，文末明署作时为开成二年八月。《旧书》卷十七下《文宗本纪》系时相同。

本文作于开成二年（837）八月。

授杨嗣复李钰平章事制（P739 上）

本文又见载于《册府》卷七十四，系时为开成三年正月。《大诏令》卷四十九亦录此文，题中无“授”字，文末亦署作时为开成三年正月。

本文作于开成三年（838）正月。

授李石荆南节度使制（P739 下）

本文又见载于《册府》卷三百二十二，订作时为开成三年正月。《大诏令》卷五十三亦录此文，题为《李石剑南节度同平章事制》，文末亦署作时为开成三年正月。

本文作于开成三年（838）正月。

赠故齐王凑为怀懿太子制（P740 上）

《旧书》卷一百七十五《穆宗五子传》载，开成三年正月诏曰：“褒善饰终……有司择日册命。”即此文。《大诏令》卷三十二亦录此文，题为《齐王赠怀懿太子制》，文末亦署作时为开成三年正月。

本文作于开成三年（838）正月。

命访长孙无忌裔孙制（P740 上）

《册府》卷一百三十一载，开成三年十一月己未，以前河东县尉长孙钧为河中府猗氏县令。制云：“朕每览国史……用申甄奖。”即本文。

本文作于开成三年（838）十一月。

授裴度中书令制（P740 下）

《册府》卷四十七载，开成三年十二月，诏曰，云云，即本文。本文又见载于《大诏令》卷四十九，题中无“授”字，文末亦署作时为开成三年十二月。

本文作于开成三年（838）十二月。

授崔郸平章事制（P740 下）

《旧书》卷十七下《文宗本纪》载：“开成四年七月甲辰，以大中大夫、守太常卿、上柱国、赐紫金鱼袋崔郸可本官同中书门下平章事。”本文又见载于《大诏令》卷四十九，题中无“授”字，文末明署作时为开成四年七月。

本文作于开成四年（839）七月。

立陈王成美为皇太子制（P741 上）

本文又见载于《大诏令》卷二十七，题中无“成美”二字，文末署作时为开成四年十月十四日。《册府》卷二百五十七、《英华》卷四百四十三亦录此文。《册府》载此为开成四年十月制，《英华》文末署作时为开元四年十月十四日。今按，“开元”为唐玄宗年号，陈王成美为敬宗第五子，《英华》中“开元”显属“开成”之误。《旧书》卷十七下《文宗本纪》载：“开成四年冬十月丙寅，制以敬宗第六男陈王成美为皇太子。”

本文作于开成四年（839）十月。

授魏謩谏议大夫制（P741 下）

《旧书》卷一百七十六载：“（謩于开成）四年，拜谏议大夫，仍兼起居舍人，判弘文馆。”本文又见载于《册府》卷四百五十七，亦订作时为开成四年，月份不详。

本文作于开成四年（839）。

授贾岛长江主簿制（P741 下）

《新书》卷一百七十六《韩愈传》后附《贾岛传》载：“（贾岛）累举不中第，文宗时坐飞谤贬长江主簿。”《唐才子传》卷五《贾岛》载：“（贾岛）时新及第，寓居法乾无可精舍……一日宣宗微行至寺，闻钟楼上有吟声，遂登焉。于岛案取卷览之，岛不识，因作色攘臂，睨而夺取之曰：‘郎君鲜醲自足，何会此也。’帝下楼去，既而觉之，大恐，伏阙待罪，上讶之。他日，有中旨，令与一清官谪去者，乃授遂州长江主簿。”段后考辨认为：岛赴长江主簿任必在唐文宗开成二年冬，诸书或云武宗，或云宣宗，均误。李嘉言《长江集新校》第一百九十六页据贾岛《寄令狐相公》《观冬设上东川杨尚书》两首诗订作时为开成二年九月。《文献通考》卷二百四十二、《蜀中广记》卷一百、《鉴戒录》卷八亦录此文，但都不注作时，今姑从《长江集新校》。

本文作于开成二年（837）九月。

收葬绛王诏（P741 下）

本文又见载于《大诏令》卷三十九，文末署作时为宝历二年十二月。《册府》卷三十九亦载，宝历二年十二月丁巳，绛王薨。帝不视朝三日，诏云云，即本文。

本文作于宝历二年（826）十二月。

即位诏（P742 上）

《旧书》卷十七下《文宗本纪》载，宝历二年十二月庚申，诏曰，云云，即本文。《册府》卷一百六十录此文，订作时为文宗宝历二年十二月庚申。《英华》卷四百三十九录此文，题为《诛逆人苏佐明德音》，文末署作时为开成二年六月八日。《习学记言》卷三十八亦录此文，文末按："文宗年十八，以宝历二年十二月乙巳即位。距下此诏十六日。"

本文作于宝历二年（826）十二月。

贬张又新李续之诏（P743 上）

《旧书》卷十七下《文宗本纪》载："大和元年四月己巳，贬山南东道副使李续之为涪州刺史，山南东道行军司马张又新为汀州刺史。"《旧书》卷一百四十九《张荐传》附《张又新传》载，宝历三年诏曰"联在亿兆之上……李续之可涪州刺史"云云，即本文。按，宝历三年二月乙巳，文宗改元大和，《旧传》《旧纪》所订作时合。

本文作于大和元年（827）四月。

参酌仪制诏（P743 上）

《册府》卷六十五载，大和元年五月，诏云云，即本文。《会要》卷三十一载亦录此文，录作时与《册府》同。

本文作于大和元年（827）五月。

停奏事监搜诏（P743 上）

《旧书》卷十七上《文宗本纪》载，大和元年五月戊辰，诏曰："元首股肱……其监搜宜停。"即本文。本文又见载于《册府》卷九十九、《会要》卷五十三，亦订为是年五月之诏。《大诏令》卷一百一亦录此文，题为《停宰臣监搜诏》，文末未署作时。

本文作于大和元年（827）五月。

以京畿旱宥囚徒诏（P743 下）

《旧书》卷十七上《文宗本纪》载，大和元年六月甲寅，以旱放系囚。《新书》卷八《文宗本纪》载："（大和元年六月）乙卯，以旱降京畿以下。"《册府》卷九十载，大和元年六月己卯诏曰："朕闻动人以行不以言……庶承于天休"云云，即本文。《陕西通志》卷八十四亦录此文，载："文宗大和元年二月乙巳，免京兆今岁夏税半。六月乙卯，以旱降京畿死罪以下。"今按，《册府》"己卯"应为"乙卯"之误。

本文作于大和元年（827）六月。

更定荐代例诏（P744上）

本文又见载于《册府》卷六百三十一、《会要》卷八十二、《文献通考》卷三十七。依《册府》《文献通考》，该文“其实有事故”句后阙“罢免者，亦须待授官周岁，然后许冬荐状中具言罢免事故”共二十三字。《册府》载为大和元年八月敕，《会要》《文献通考》所录事实及时间与《册府》合。

本文作于大和元年（827）八月。

讨李同捷诏（P744上）

《册府》卷一百六十五载，文宗初即位，以故横海节度李全略子同捷为兖海节度。同捷托以三军乞留，拒命。大和元年八月庚子，诏云云，即本文。《大诏令》卷一百二十亦录此文，但“推恩含垢，斯亦至矣”句后录文与本文不同。《旧书》卷十七上《文宗本纪》载：“大和元年八月庚子，诏削夺李同捷在身官爵。”

本文作于大和元年（827）八月。

贬熊望漳州司户诏（P745上）

《旧书》卷一百五十四《熊望传》载，文宗即位，韦处厚辅政，大去奸党，既逐栖楚，又诏曰，云云，即本文。检《旧书》卷十七上《文宗本纪》，刘栖楚以京兆尹出为桂管观察使在大和元年正月戊寅。由《旧传》知，熊望贬谪当在其后不久。《册府》卷一百五十三载，大和元年三月敕，前乡贡进士熊望“孔门高悬百行……可守漳州司户”。即本文。《习学记言》卷四十二亦录此文。

本文作于大和元年（827）三月。

清编《全唐文》卷七十一

（P745—754）

太尉段秀实祔庙诏（P745下）

本文又见载于《旧书》卷一百二十八《段秀实传》载，大和二年正月，（秀实子伯伦）奏亡父赠太尉秀实，准前后制令敕所司置庙立碑，今营造已毕，取今月二十五日行外祔礼。诏曰：“秀实忠卫宗社……兼太常博士一人检校。”即本文。《册府》卷一百三十三载：“大和二年二月丁亥朔，太子詹事段伯伦奏亡父赠太尉秀实，准前后令所司置庙立碑，今营造已毕，取今月二十五日行升祔礼。”两书记此诏作时相异，《旧书》成书早，今姑从《旧书》。

本文作于大和二年（828）正月。

试制举人诏（P745 下）

《册府》卷六百四十四载：文宗大和二年三月辛巳，御宣政殿亲策试制举人。制曰："士志于本道……并充考制策官。"即本文。本文又见载于《大诏令》卷一百六，题为《大和二年亲试制举人敕》，文末署作时为大和二年三月二十九日。

本文作于大和二年（828）三月。

委中书门下处分制科及第人诏（P745 下）

本文又见载于《大诏令》卷一百六，题为《放制举人敕》。《册府》卷六百四十四载，文宗大和二年三月辛巳，御宣政殿亲策试制举人……闰三月甲午诏曰："王者谨天戒……中书门下即与处分。"即本文。《会要》卷七十六亦录此文，署作时与《册府》同。《通鉴》卷二百四十三载："大和二年闰三月甲午，贤良方正裴休、李合、李甘、杜牧、马植、崔玙、王式、崔慎由等二十二人中第皆除官。"与本文要旨合。

本文作于大和二年（828）闰三月。

追赠晋王普为悼怀太子诏（P746 上）

《册府》卷二百九十六载，晋王普，敬宗长子。大和二年诏曰，云云，即本文。本文又见载于《大诏令》卷三十二，题为《晋王赠悼怀太子制》，文末署作时为大和三年六月。《旧书》卷十七上《文宗本纪》载："大和二年六月，晋王薨，赠为悼怀太子。"《旧书·后妃下》亦载："大和二年晋王薨，帝深嗟惜，赠曰悼怀太子。"校诸诸书，《大诏令》"大和三年"当为"二年"之误。

本文作于大和二年（828）六月。

赈山东水灾诏（P746 下）

《册府》卷一百六载，大和二年七月诏曰"朕抚有四方……以副朕怀。"即本文。

本文作于大和二年（828）七月。

更定权知同正授六考诏（P746 下）

《册府》卷六百三十一载，大和六年八月，制曰，云云，即本文。《会要》卷七十四载，大和三年八月敕旨："凡权知授官……便准此却与资给。"录全文。《册府》六百三十六载："太和六年七月敕，今后诸州五品，长马权知者，权知正授，通记六考满停。其勒留官未满六考停给课料，准此却给。"与本文要旨合。校诸诸书，《册府》两卷作时不合，今姑以《会要》卷八十一所订作时为是。

本文作于大和二年（832）八月。

绝王庭凑进奉诏（P747 上）

《册府》卷一百二十三载，大和二年八月，诏曰，云云，即本文。本文又见载于《大诏令》卷一百十八，题为《招谕王庭凑诏》，文末署作时为大和二年八月。

本文作于大和二年（828）八月。

讨王庭凑诏（P747 下）

《旧书》卷十七上《文宗本纪》载："大和二年九月甲午，诏削夺王庭凑在身官爵，邻道接界随便进讨。"《通鉴》卷二百四十三载："（大和二年）九月甲午，诏削夺王庭凑官爵，命诸军四面进讨。"《册府》卷一百二十三、《大诏令》卷一百二十节录本文，《册府》亦订是诏作于大和二年九月。本文又见载于《英华》卷四百三十八，文末明署作时为大和元年九月十一日。校诸书，《英华》"元年"当为"二年"之误。

本文作于大和二年（828）九月。

赠栾濛尚书诏（P748 下）

《册府》卷一百四十载，大和二年九月诏曰："见危致命……仍访其子孙亲属。"即本文。

本文作于大和二年（828）九月。

授魏徵孙可则等官诏（P749 上）

《册府》卷一百三十载，大和二年十月，授故侍中魏徵四代孙可则邓州南阳县尉……诏曰，云云，即本文。本文又见载于《大诏令》卷六十五，题为《录魏徵等三人裔孙诏》，文末明署作时为大和二年十月。

本文作于大和二年（828）十月。

封王智兴等诏（P749 上）

《册府》卷一百二十八载，文宗大和二年十一月壬辰，诏云云，即本文。本文又见载于《大诏令》卷六十，题为《王智兴等加官爵制》。文末署作时为元和二年十一月。今按，从诏文中知，王智兴进封代国公是因为讨王庭凑有功，所以，此诏应为文宗时事。元和为宪宗年号，《大诏令》中"元和"当为"大和"之误。

本文作于大和二年（828）十一月。

追录故中书令褚遂良等裔孙诏（P749 下）

《册府》卷一百三十一载，大和二年六月，以故中书褚遂良五代孙虔为汝州临汝县尉。诏曰，云云，即本文。本文又见载于《大诏令》卷六十五，题为《录褚遂良等孙各授官诏》，文末署作时为大和年。《会要》卷四十五亦录此文，订作时与《册府》同。校诸书，《全唐文》该文"以访遗裔"后阙"或才器擅价，各列官业"一句。

本文作于大和二年（828）六月。

委京兆捕贼诏（P750上）

《册府》卷六十五载，开成三年正月癸未，诏，云云，即本文。《英华》卷四百三十六《淄青蝗旱赈恤》一文中亦录此文，文末明署作时为开成三年正月二十四日。《陕西通志》卷八十五亦录此文。

本文作于开成三年（838）正月。

禁奏祥瑞诏（P750上）

《册府》卷六十五载，开成三年五月，诏云云，即本文。《大诏令》卷一百十四亦录此文，题为《令诸道不得奏祥瑞诏》。《会要》卷二十九载，开成三年五月敕，朕以慈惠恭俭为休征……奏祥瑞仪注并停，云云，即本文。

本文作于开成三年（838）五月。

贬柏耆等诏（P750下）

《册府》卷六百六十四载，柏耆为谏议大夫，文宗大和三年充德州行营诸军计会使。诏曰"顷以德州未下……可虔州南康县尉。"即本文。《旧书》卷十七上《文宗本纪》载："（大和三年）五月丁亥，贬沧德宣慰使、谏议大夫柏耆为循州司户。"《会要》卷十四亦录此文，订作时与《旧纪》同。《通鉴》卷二百四十四载："大和三年五月，诸道兵攻李同捷，三年仅能下之。而柏耆径入城，取为已功。诸将疾之，争上表论列。辛卯，贬耆为循州司户。"与本文要旨合。

本文作于大和三年（829）五月。

令镇州行营兵马各守疆界诏（P750下）

本文又见载于《大诏令》卷一百十八，文末署作时为大和三年六月八日。《册府》卷一百二十三载："大和三年六月，诏镇州四面行营兵马，并宜各归本界且自休息。其幽州河东易定，齐德昭义魏博等俱要保境，勿相往来。唯庭凑以四郡之地、三军之众，率诚归阙，翻然效顺，则不独弃其旧恶，兼亦别议新恩。唯此一事与达表章，余勿听信。"与本文要旨合。

本文作于大和三年（829）六月。

雪王庭凑诏（P751下）

本文又见载于《大诏令》卷一百二十。《册府》卷一百七十七载："大和三年八月壬申，昭雪王庭凑，依前金紫光禄大夫。"《通鉴》卷二百四十四载："大和三年八月，王庭凑因邻道微露请服之意，壬申赦庭凑及将士，复其官爵。"与本文要旨合。

本文作于大和三年（829）八月。

论刺史诏（P752上）

本文又见载于《册府》卷九十、卷一百五十五。《册府》卷九十载，大和三年十一月甲午，有事于南郊。礼毕，御丹凤楼，大赦天下。四方并不得辄以杂样难成非常之物为献，其于纤丽若花丝布缭绫之类，并禁断。敕到一月机杼一切焚弃。“刺史分忧……即不在此限”云云，即本文。卷一百五十五亦录此诏为文宗大和三年十一月作。

本文作于大和三年（829）十一月。

授温造山南西道节度等使诏（P752下）

《册府》卷一百二十载，大和四年二月，兴元军作乱，节度使李绛被害，假内追朝诏曰：“汉水上游，梁山东险。……可检校散骑常侍兼兴元尹、御史大夫、充山南西道节度管内观察处置等使”云云，即本文。《通鉴》卷二百四十四载：“大和四年二月庚申，以尚书右丞温造为山南西道节度使。”《旧书》卷十七下《文宗本纪》载：“大和四年二月戊午，兴元军乱，节度使李绛举家被害。判官薛齐、赵存约死之。庚申，以左丞温造为兴元节度使。”今按，《旧书》卷十七上《文宗本纪》载，大和三年十二月癸酉，以中丞温造为右丞。卷十七下载，大和四年正月以前陕虢观察使王起为左丞。《旧纪》“左丞”当为“右丞”之误。

本文作于大和四年（830）二月。

答路随等上宪宗实录诏（P753上）

《旧书》卷十七下《文宗本纪》载：“大和四年三月丁酉，监修国史、中书侍郎平章事路随等献所撰《宪宗实录》四十卷，优诏答之。赐史官等五人锦绣银器有差。”与本文要旨合。《册府》卷五百五十六载，大和四年三月，随表上宪宗实录。……报曰，“卿学贯六经……蒋系各锦彩银器有差”云云，即本文。

本文作于大和四年（830）三月。

崇俭诏（P753上）

《旧书》卷十七下《文宗本纪》载，大和四年四月壬戌，诏曰：“俭以足用……知联意焉。”即本文。《大诏令》卷一百九亦录此文，不著作时。《册府》卷一百五十八亦载此诏作于文宗大和四年四月壬戌。

本文作于大和四年（830）四月

令御史疏决系囚诏（P753下）

《册府》卷一百五十一载，文宗大和四年四月丁丑，诏，云云，即本文。《旧书》卷十七下《文宗本纪》载：“大和四年五月丁丑，以旱命京城诸司疏理系囚。”《会要》卷七十九亦载：“大和四年五月，敕置疏决囚徒，使以清强御史二人为之。应京城诸司见禁囚徒，宜令疏决处分，具轻重闻奏。”按大和四年四月乙巳朔，本月无丁丑。五月甲戌朔，四日丁丑。故从《旧纪》和《会要》。

本文作于大和四年（830）五月。

禁弋猎伤田苗诏（P753下）

《册府》卷四十二载，大和四年四月诏曰："春夏之交……捕系以闻。"即本文。《大诏令》卷八十亦录此文，题为《禁弋猎敕》，文末署作时为大和四年三月。《新书》卷八《文宗本纪》载：大和四年"三月癸卯，禁京畿弋猎。"今从《新纪》和《大诏令》。

本文作于大和四年（830）三月。

纠举滞狱诏（P753下）

《册府》卷一百五十一载，大和四年六月壬申，诏曰，"如闻御史台、大理寺、京兆府及诸县囚徒……纠举以闻"云云，即本文。《旧书》卷十七下《文宗本纪》载："大和四年六月壬申诏，如闻诸司刑狱，例多停滞。令尚书左右丞及监察御史纠举以闻。"与本文要旨合。

本文作于大和四年（830）六月。

加裴度司徒诏（P753下）

《旧书》卷一百七十《裴度传》载，大和四年六月诏曰："昔汉以孔光……散官勋封实封如故。"即本文。《册府》卷三百十九亦录此文，亦订为是时之诏。《大诏令》卷六十一亦录此文，题为《裴度平章军国重事三五日一入中书制》。

本文作于大和四年（830）六月。

答裴度奏辞册礼诏（P754上）

《册府》卷三百三十一载，裴度加司徒，平章军国重事，许其三五日一入。度上表辞册礼。诏曰："裴度上献表章固辞册礼……其册礼宜权停。"录全文，但未著作时。《旧书》卷一百七十《裴度传》载："大和四年六月，裴度加司徒，平章军国重事，许其三五日一入。度上表辞册礼，优诏从之。"《旧书》卷十七下《文宗本纪》载：大和四年七月"丁酉，守司徒裴度上表辞册命，言：'臣此官已三度受册，有腼面目。'从之。"应是裴度六月加司徒，固辞不受，七月再上表辞之。

本文作于大和四年（830）七月。

令神策军与府县协捕寇贼诏（P754下）

《册府》卷六十五载，大和四年十二月诏曰："如闻近日京城，频有贼寇……亦准此处分。"即本文。

本文作于大和四年（830）十二月。

敕礼部侍郎高锴试宗正寺解送人诏（P754下）

本文又见载于《云溪友议》卷上，订作时为开成元年秋。《唐诗纪事》卷五十二载，开成二年秋，帝命高锴复司贡籍。诏曰："夫宗子维城……诗则依齐梁体格。"即本文。《太平广记》卷一百八十一载，开成元年秋，高锴复司贡籍。上曰，云云，即本文。《旧书》卷一百六十八《高锴传》载，开成元年春试毕，进呈及第人名。文宗谓侍臣曰"从前文格非佳，昨出进士题目，是朕出之，所试似胜去年"。郑覃曰："陛下改诗赋格调，以正颓俗。然高锴亦能励精选士，仰副圣旨。"帝又曰："近日诸侯章奏，语太浮华，有乖典实，宜罚掌书记以诫流宕。"李石曰："古人因事为文，今人以文害事。惩弊抑末，实在盛时。"乃以锴为礼部侍郎，凡掌贡部三年。

本文作于开成元年（836）。

清编《全唐文》卷七十二
（P755—763）

令节度等使朝觐先行奏闻诏（P755上）

《大诏令》卷一百十录全文，题为《令藩镇候诏方得入觐敕》。《册府》卷六十五载，大和五年正月己未，诏曰："方面大臣，皆吾股肱心膂……故此宣示，想各知悉。"即本文。《旧书》卷十七下《文宗本纪》载："大和五年正月己未，诏方镇节度观察使请入觐者，先上表奏闻，候允则任进程。"与本文要旨合。

本文作于大和五年（831）正月。

借粟河东诏（P755上）

《册府》卷一百六载，大和五年正月，诏云云，即本文。《旧书》卷十七下《文宗本纪》载："大和五年春正月丁巳，太原旱，赈粟十万石。"与本文要旨合。

本文作于大和五年（831）正月。

令御史疏理冤结诏（P755上）

《册府》卷一百五十一载，大和五年二月丁丑，诏曰："方春用事，寒气稍侵。……各就本司疏理以闻。"即本文。

本文作于大和五年（831）二月。

赦宋申锡余党诏（P755上）

《册府》卷六百七十载，大和五年三月丁未，诏曰："朕以菲德……宣示中外，用体朕怀。"录全文。本文又见载于《大诏令》卷一百十七，题为《为将漳王事安抚中外敕》。

本文作于大和五年（831）三月。

委中书门下丞撰录时政诏（P755 下）

《旧书》卷十七下《文宗本纪》载，大和五年四月丁亥，诏曰："史官记事，用戒时常……且复官常。"即本文。

本文作于大和五年（831）四月。

简计应修陵寝诏（P755 下）

《册府》卷三十载，大和五年五月甲寅，宗正等请修献陵、乾陵、定陵、桥陵、泰陵、建陵、元陵、崇陵、丰陵、景陵、光陵、庄陵、惠陵、昭陵。诏曰"所修陵寝，事至严重……具合修与不合处闻奏"，云云，即本文。

本文作于大和五年（831）五月。

禁与蕃客交关诏（P755 下）

《册府》卷九百九十九载，大和五年六月，诏曰："如闻顷来京城内衣冠子弟及诸军使并商人百姓等……委府县速与惩理处分。"即本文。

本文作于大和五年（831）六月。

量放驳选人滥行陈诉诏（P756 上）

《册府》卷六百三十一载，大和五年六月，敕："南曹简勘，废置详断……亦免幸求。"即本文。《会要》卷七十四亦录此文，亦订为是年是月之诏。

本文作于大和五年（831）六月。

答萧俛乞致仕诏（P756 上）

《旧书》卷一百七十二《萧俛传》载，文宗即位，授检校左仆射、守太子少师。俛称疾笃，不任赴阙，乞罢所授官。诏曰："新除太子少师萧俛……可银青光禄大夫、守尚书左仆射致仕"云云，即本文。册府卷八百九十九载，萧俛为检校左仆射，兼太子少师，分司东都。太和五年，表请致仕。诏曰，云云，即本文。《旧书》卷十七下《文宗本纪》载："（大和五年秋七月）甲辰，以太子少师分司、上柱国、袭徐国公萧俛守左仆射致仕。"

本文作于大和五年（831）七月。

令王彦威定郓曹等州税务诏（P756 下）

《册府》卷四百八十八载，大和五年十一月，诏曰："郓曹濮淄青登齐莱兖海沂密等十二州……回日具件闻奏。"即本文。

本文作于大和五年（831）十一月。

答魏謩谏疏诏（P756 下）

本文又见载于《旧书》卷一百七十六《魏謩传》。

本文作时待考。

拯恤疾疫诏（P757 上）

本文又见载于《册府》卷一百四十五，但阙“其度支盐铁户部及百司，除诸军衣粮布帛及宗庙祭享”共二十二字。订作时为大和六年五月庚申。《英华》卷四百四十一亦录此文，题为《大和六年德音》，文末明署作时为大和六年五月二十八日。

本文作于大和六年（832）五月。

答王涯奏准敕详定礼制诏（P757 下）

《册府》卷六十一载，大和六年六月戊寅，右仆射王涯准敕详度诸司制度条件等礼部式……诏曰，“理道所关……用清颓风”云云，即本文。《大诏令》卷一百九亦录此文，题为《申禁公私车服逾侈敕》，文末不署作时。《旧书》卷十七下《文宗本纪》载：“（大和六年六月）戊寅，右仆射王涯奉敕，准令式条疏士庶衣服、车马、第舍之制度。”《会要》卷三十一亦载：“大和六年六月，制度敕条礼部式……”与本文要旨合。

本文作于大和六年（832）六月。

令诸司录囚诏（P758 上）

《册府》卷一百四十五载，大和六年七月壬寅，诏曰“秋稼方茂……副我忧怀”云云，即本文。

本文作于大和六年（832）七月。

立鲁王永为皇太子诏（P758 上）

《册府》卷二百五十七载，文宗大和六年十月甲子，诏云云，即本文。本文又见载于《大诏令》卷二十七，题为《立鲁王为皇太子制》，文末署作时为大和七年八月。《旧书》卷十七下《文宗本纪》载：“（大和六年）冬十月甲子，诏鲁王宜册为皇太子。”《通鉴》卷二百四十四亦载，大和六年冬十月甲子，立鲁王永为太子。校诸诸书，《大诏令》录时当误。

本文作于大和六年（832）十月。

却上尊号诏（P758 上）

《册府》卷十七载，文宗大和六年正月辛亥，中书门下及文武百官请上尊号，诏答不许。甲寅再上表，诏云云，即本文。《大诏令》卷六亦录此文，题为《大和六年答中书门下上尊号》。文末明署作时为太和六年正月。

本文作于大和六年（832）正月。

恤灾诏（P758 下）

《册府》卷一百四十五载，大和七年闰七月乙卯，诏云云，即本文。《旧书》卷十七下《文宗本纪》载，大和七年闰七月乙卯，诏曰："联嗣守丕图，覆妪生类。兢业寅畏，上承天休而阴阳失和。膏泽愆候，害我稼穑。灾于黔黎。有过在予，敢忘咎责。从今避正殿，减供膳，停教坊乐，厩马量减刍粟。百司厨馔，亦宜权减。阴阳郁堙，有伤和气。宜出宫女千人，五坊鹰犬，量须减放，内外修造事，非急务者并停。"与本文要旨合。

本文作于大和七年（833）闰七月。

令出使郎官御史条奏所历州县政绩诏（P758 下）

《册府》卷六十五载，大和七年闰七月己未，诏曰："前后制敕……其奏举称职者，则议优奖。"即本文。

本文作于大和七年（833）闰七月。

令宣武军节度使李程兼充亳州太清宫使诏（P759 上）

《册府》卷五十四载，文宗大和七年八月戊子，诏曰："怪人立极……以时致敬，称朕意焉。"即本文。《大诏令》卷一百十三亦录此文，题为《修亳州太清宫诏》，文末署作时为大和。

本文作于大和七年（833）八月。

答殷侑请献所余军赋诏（P759 上）

《旧书》卷一百六十五《殷侑传》载，大和七年，请岁供两税榷酒等钱十五万贯、粟五万石。诏曰："郓、曹、濮等州，元和已来……良用嘉叹。"即本文。本文又见载于《册府》卷三百七十四，亦订作时为大和七年。

本文作于大和七年（833），月份待考。

令百姓收赎男女诏（P759 下）

《册府》卷四十二载，大和八年二月，诏曰："苏州大水饥歉之后……如父母无资而自安于富家不厌为贱者，亦听。"即本文。

本文作于大和八年（834）二月。

禁鞭背诏（P759 下）

《册府》卷一百五十一载，大和八年四月，敕云云，即本文。本文又见载于《大诏令》卷八十二，题为《禁罪人鞭背诏》，文末署作时为大和四年四月。《会要》卷四十亦录此文，订时为大和八年四月。《旧书》卷五十载："大和八年四月，诏应犯轻罪人，除情状巨蠹，法所难原者，其他过误罪愆，及寻常公事违犯，不得鞭背。"校诸书可证，《大诏令》署作时为四年误。

本文作于大和八年（834）四月。

禁逾限勘复诏（P760 上）

《册府》卷一百五十一载，大和八年五月癸丑，诏曰："如闻大理寺所覆诸州府刑狱……并不得更令移牒勘复。"即本文。

本文作于大和八年（834）五月。

增设斋人数诏（P760 上）

《册府》卷三十载，大和八年五月甲寅，诏曰："忌辰修斋……宜令所司准式。"即本文。本文又见载于《大诏令》卷七十八，题为《增忌辰设斋人数敕》，文末署作时为大和年。

本文作于大和八年（834）五月。

疏理刑狱诏（P760 上）

《册府》卷一百四十五载，大和八年六月甲午，诏曰："近者咎征所集……致诚无怠，称联意焉。"即本文。《旧书》卷十七下《文宗本纪》载："大和八年六月甲午，以旱诏诸司疏决系囚。"与本文要旨合。

本文作于大和八年（834）六月。

令刑官立限决囚诏（P760 下）

《册府》卷一百四十五载，大和八年六月丁酉，诏曰："时属亢阳……仍令御史台纠劾举奏。"即本文。

本文作于大和八年（834）六月。

答萧俛辞少师诏（P760 下）

《旧书》卷一百七十二《萧俛传》载，大和八年，以庄恪太子在东宫，上欲以耆德辅导，复以少师征萧俛。俛令帝杰奉表京师，复纳制书，坚辞痼疾。诏曰，云云，即本文。《册府》卷八百九十九载，大和八年十一月庚戌，以尚书左仆射致仕萧俛为太子太傅。俛自相位求罢，优游云泉。帝以师傅官重，因以令之。十二月甲申诏曰，云云，即本文。

本文作于大和八年（834）十二月。

定辍朝例诏（P760 下）

本文又见载于《册府》卷六十一、卷四百六十一。《册府》卷六十一载，大和九年三月庚午，左丞庾敬修卒。癸酉诏曰："官至丞、郎……宜准诸司三品官罢朝一日。"录全文。《册府》卷四百六十一载，庾敬修为尚书左丞。文宗大和九年二月卒，赠吏部尚书。癸酉诏曰，云云，即本文。《旧书》卷十七下《文宗本纪》载，（大和九年三月）庚午，左丞庾敬修卒，废朝一日。诏曰："官至丞、郎，朕所亲委，不幸云亡者，宜为之废朝。自今丞、郎宜准诸司三品官例，罢朝一日。"今按，大和九年二月无癸酉，《册府》卷四百六十一"二月"当为"三月"之误。

本文作于大和九年（835）三月。

委监察御史省事太庙郊社斋事诏（P761 上）

《册府》卷三十四载，大和九年二月丁丑，诏曰，云云，即本文。本文又见载于《大诏令》卷七十四，题为《条贯祀事诏》，文末署作时为宝历九年二月。今按，宝历无九年，此当为大和之误。

本文作于大和九年（835）二月。

以太师浑瑊配享德宗庙庭诏（P761 下）

本文又见载于《大诏令》卷六十三，题中无"以太师"三字。《会要》卷十八载，元和四年九月四日诏曰："族劝是先……宜配享德宗庙庭。"云云，即本文。《五礼通考》卷一百二十二《吉礼》中"功臣配享"条载："德宗庙三人配享，赠太师西平忠武王李晟、赠太尉忠烈公段秀实，并元和四年八月敕。赠太师忠武公浑瑊，元和四年九月四日敕。"按《全唐文》体例，此文当归于宪宗名下。

本文作于元和四年（809）九月。

除朋党禁诏（P761 下）

《旧书》卷十七下《文宗本纪》载，大和九年九月癸卯，下诏曰，云云，即本文。本文又见载于《旧书》卷一百七十六《李宗闵传》、《册府》卷六十五，两书亦订为是时之诏。《大诏令》卷一百十亦录此文，题为《告谕宗闵德裕亲故更不问罪诏》，文末亦署作时为大和九年九月。

本文作于大和九年（835）九月。

赏诛郑注功臣军士诏（P762 上）

《册府》卷九百三十五载，大和九年十一月戊辰，诏，云云，即本文。本文又见载于《大诏令》卷一百二十五，题为《诛王涯等德音》。《通鉴》卷二百四十五载："大和九年十一月戊辰夜，张仲清遣李叔和等以注首入献，枭于兴安门。人情稍安，京师诸军始各还营。诏将士讨贼有功及娖队者，官爵赐赉各有差。"与本文要旨合。

本文作于大和九年（835）十一月。

核实选人出身诏（P762 下）

《册府》卷六百三十一载，大和九年十二月，诏曰："中书门下吏部各有甲库……以绝奸源。"即本文。《会要》卷五十四亦录此文，订作时与《册府》同。

本文作于大和九年（835）十二月。

封卫方厚妻程氏武昌县君诏（P762 下）

《旧书》卷一百九十三《衡方厚妻武昌县君程氏传》载，开成元年降敕曰，云云，即本文。按，“衡方厚”当为“衞（卫）方厚”之误。《册府》卷一百四十载，开成元年二月丙戌，诏曰：“故誉州都督府录事参军卫方厚妻程氏……仍赐一子九品正员官。”录全文。《太平御览》卷二百亦录此文，亦订作时为开成元年。

本文作于开成元年（836）二月。

褒赐颜从览等官爵诏（P763 上）

本文又见载于《旧书》卷一百二十八《颜真卿传》。《册府》卷一百四十载，是月（开成元年二月），以盐铁宣歙院官、检校膳部员外郎颜从览为主客员外郎，赠太师颜真卿曾孙宏式为同州参军。诏曰：“朕每览国史……庶使天下，再新义风。”录全文。

本文作于开成元年（836）二月。

放免安南秋税诏（P763 上）

《册府》卷四百九十一载，开成元年四月，诏曰：“远人征赋……以岭南观察使合送两税供钱充。”即本文。

本文作于开成元年（836）四月。

命故信王孙林嗣爵诏（P763 上）

《册府》卷三十九载，开成元年八月，诏，云云，即本文。本文又见载于《大诏令》卷三十八，题为《封嗣曹王制》，文末亦署作时为开成元年八月。

本文作于开成元年（836）八月。

停私觌官员诏（P763 下）

《册府》卷一百六十载，开成元年十二月戊申，诏曰：“仕杂工商，实因膏爵。……永为定例。”即本文。

本文作于开成元年（836）十二月。

清编《全唐文》卷七十三
（P764—771）

彗星见修省诏（P764 上）

《旧书》卷十七下《文宗本纪》载，开成二年三月戊辰夜，彗星长八丈有余，西北行，东指，在张十四度。辛未，宣徽院法曲乐官放归。壬申诏曰："朕嗣丕构……弼远纳诲，副我虚怀。"与本文稍有不同。《册府》卷九十一载，开成二年三月壬申，诏，云云，即本文。

本文作于开成二年（837）三月。

祈雨诏（P764 下）

《册府》卷一百四十五载，开成二年四月，诏曰："自春以来，未降甘泽……精诚祈祷。"即本文。

本文作于开成二年（837）四月。

祭终南山诏（P765 上）

《册府》卷三十四载，开成二年四月辛酉，诏云云，即本文。本文又见载于《大诏令》卷七十四，题为《立终南山祠敕》，文末署作时为开成二年。《会要》卷四十七亦录此文，不注作时。《旧书》卷十七下《文宗本纪》载："开成二年四月辛酉，诏置终南山神祠。"与本文要旨合。

本文作于开成二年（837）四月。

命长史祈雨诏（P765 上）

《册府》卷一百四十五载，开成二年七月庚午，诏曰："农人遍野……各宜差长史所在灵庙祈祷。"即本文。

本文作于开成二年（837）七月。

命宰臣祈雨诏（P765 上）

《册府》卷一百四十五载，开成二年七月乙酉，诏曰："秋旱未雨……仍分命宰臣祈雨于太庙、太社、白帝坛。"云云，即本文。

本文作于开成二年（837）七月。

定庆成节宴会常例诏（P765 上）

《旧书》卷十七下《文宗本纪》载，开成二年九月甲申，诏曰："庆成节，朕之生辰……永为常例，咸使闻知。"录全文。《册府》卷二载，开成二年九月诏曰，云云，即本文。《大诏令》卷八十亦录此文，题为《许庆成节宴会陈脯醢敕》，文末署作时为开成二年八月。《会要》卷二十九亦录此文，订作时与《旧纪》《册府》同。

本文作于开成二年（837）九月。

授嘉王运等金紫光禄大夫检校司空并给料钱诏（P765 下）

《册府》卷三十九载，开成二年十月戊戌，诏曰："书载尧典……宜并从百官例赐料钱。"即本文。《册府》卷五百七亦订为是时之诏。本文又见载于《大诏令》卷三十六，题为《嘉王运等检校司空制》。

本文作于开成二年（837）十月。

赐令狐楚谥诏（P765 下）

本文又见载于《旧书》卷一百七十二《令狐楚传》。《旧书》卷十七下《文宗本纪》亦载："开成二年十一月丁丑，兴元节度使令狐楚卒。"《册府》卷五百九十六载："令狐楚开成二年十一月卒于镇，年七十二，册赠司空，谥曰文。"

本文作于开成二年（837）十一月。

罢童子科诏（P765 下）

《册府》卷六百四十一载，开成二年，诏云云，即本文。《会要》卷七十六载，开成三年十二月敕："诸道应荐万言童子等……冀绝幸门。"即此文。《文献通考》卷三十五载，唐有童子科，凡十岁以下能通一经者，及《孝经》、《论语》每卷诵文十通者予官，通七者，予出身。广德二年，停童子贡，大历三年又复之。十年，再停之。开成三年敕曰，云云，即本文。校诸诸书可证，《册府》"二年"当为"三年"之误。

本文作于开成三年（838）十二月。

更定驸马为公主服制诏（P766 上）

《旧书》卷十七下《文宗本纪》载，开成二年十二月壬寅，诏曰，"制服轻重……永为定式"云云，即本文。本文又见载于《旧书》卷一百四十七《杜佑传》。《册府》卷一百六十亦录此文，亦订作时为开成二年十二月丁未。《会要》卷六亦录此文，订作时亦为开成二年十二月。

本文作于开成二年（837）十二月。

赐萧俛手诏（P766 上）

《旧书》卷一百七十二《萧俛传》载，开成二年，俛弟俶授楚州刺史。文宗谓俶曰："萧俛先朝名相，筋力未衰，可一来京国。朕赐俛诏书匹帛，卿便赍至济源，道吾此意。"诏曰，云云，即本文。《册府》卷七十六亦录此文，订为文帝开成二年之诏。

本文作于开成二年（837）。

优恤旱蝗诸州诏（P766 上）

《册府》卷一百四十五载，开成三年正月癸未，诏云云，即本文。《英华》卷四百三十六亦录此文，文末署作时为开成三年正月二十四日。

本文作于开成三年（838）正月。

遣使宣慰诸道诏（P767 上）

本文又见载于《旧书》卷十七下《文宗本纪》，但阙“於戏……知朕意焉”共七十一字。《旧纪》订作时为开成三年八月丁酉。《册府》卷一百六十二亦录此文，订作时为开成二年八月丁酉。本文又见载于《大诏令》卷一百十七，题为《奉天遣使宣慰诸道制》，文末不署作时。文中有“朕自嗣位，逮及六年”之句，文宗于长庆四年正月即位，《册府》误，今姑从《旧纪》。

本文作于开成三年（838）八月。

彗星再见修省诏（P767 下）

《册府》卷九十一载，开成三年十一月壬戌，以妖星再见，诏，云云，即本文。《旧书》卷十七下《文宗本纪》载，开成三年十一月乙卯朔，是夜，彗星东西竟天。壬戌，诏曰，云云，亦节录此文至“并官典犯赃不在此限”。

本文作于开成三年（838）十一月。

罢军将兼充文职诏（P768 上）

《册府》卷六百三十一载，开成三年十二月，制曰，“应诸道奏请军将兼巡内州别驾长使判司等……即任准旧例奏请”云云，即本文。《会要》卷六十九亦录此文，订作时与《册府》同。

本文作于开成三年（838）十二月。

给裴度俸料诏（P768 下）

《册府》卷五百七载，开成四年二月，诏曰：“司徒兼中书令裴度……便付给所司。”即本文。本文又见载于《会要》卷五十三，亦订为是年是月之诏。

本文作于开成四年（839）二月。

禁留狱诏（P768 下）

《册府》卷一百五十一录，开成四年五月，诏，云云，即本文。本文又见载于《会要》卷四十，订作时为开成四年四月。今姑从《册府》。

本文作于开成四年（839）五月。

许越王贞元孙女元真请祔葬临淮公珍以下四丧于旧茔诏（P769 上）

本文又见载于《旧书》卷一百九十三《女道士李玄真传》。按，“元孙”“元真”当为“玄孙”“玄真”，清人讳改。《册府》卷三十九载，开成四年六月，其（越王贞）裔孙女道士玄真，护先代数丧归葬，时论称之。因降敕曰：“越王事迹……使配咸宜观安置。”录全文。《大诏令》卷三十九亦录此文，题为《听越王归葬诏》，文末明署作时为开成四年六月。《会要》卷五亦录此文，亦订为是年是时之诏。

本文作于开成四年（839）六月。

答沧景节度使刘约请开义仓诏（P769 上）

《册府》卷一百六载，开成四年七月丙午，沧景节度使刘约奏请义仓粟赈遭水百姓，诏曰：“本置义仓，只防水旱……宜速赈恤。”录全文。《五礼通考》卷二百四十六、《钦定康济录》卷之一亦录此文，亦订作时为开成四年七月。

本文作于开成四年（839）七月。

褒录王锷后嗣诏（P769 上）

《旧书》卷一百五十一《王锷传》载：“开成四年，沧州节度使刘约上言：‘王稷为李全略所杀，家无遗类。稷男叔泰时年五岁，郡人宋忠献匿之，获免，乃收养之，今已长成。臣奖其义，忠献已补职。叔泰津送以闻。’文宗诏曰：‘王锷累朝宣力……委吏部与九品官令奉祭。’”录全文。《册府》卷一百三十一载，开成四年十月丙辰，沧州节度使刘约上言。诏曰，云云，即本文。

本文作于开成四年（839）十月。

流萧洪诏（P769 上）

本文又见载于《册府》卷九百二十四，不署作时。《旧书》卷十七下《文宗本纪》载：“开成元年八月甲戌，诈称国舅人、前鄜坊节度使萧洪，宜长流驩州。”

本文作于开成元年（836）八月。

流萧本萧宏诏（P769 下）

《册府》卷九百二十四载，文宗开成四年，萧本、萧宏诈认国亲，诏以御史中丞高元裕、刑部侍郎孙简、大理卿崔郇为三司，使鞠萧本、萧宏之狱。十一月乙酉诏曰：“恭惟皇太后族望……萧弘配儋州。”录全文。按，“萧宏”当为“萧弘”，清人讳改。

本文作于开成四年（836）十一月。

罚郑滑节度使裴宏泰俸料诏（P769 下）

本文又见载于《册府》卷一百五十三、卷六百九十九。两卷均载，开成四年十一月，宏泰奏庆成节放当州囚徒，以资圣寿。诏，云云，即本文。

本文作于开成四年（839）十一月。

禁国忌日设斋行香诏（P769下）

本文又见载于《旧书》卷一百十七《崔宁传》。《大诏令》卷七十八亦录此文，题为《废国忌日行香敕》，文末署作时为开成四年十月。《会要》卷二十三载，开成四年十月，敕云云，即本文。

本文作于开成四年（839）十月。

令台司复勘贺兰进兴党与诏（P770上）

《册府》卷五百四十七载，开成四年，左神策军护军中尉仇士良奏得，百姓赵伦状告造妖贼贺兰进兴并徒党五十九人，妄说祸福，附会谶书，预谋大逆……诏曰，云云，即本文。

本文作于开成四年（839）。

立颍王为皇太弟勾当军国敕（P770上）

本文又见载于《大诏令》卷三十，题中“立”字前有“文宗”二字，文末署作时为开成五年正月二日。《旧书》卷十八上《武宗本纪》、《册府》卷十一亦节录此文，均载，初，文宗追悔庄恪太子殂不由道，乃以敬宗子陈王成美为皇太子。开成四年冬十月宣制，未遑册礼。五年正月二日，文宗暴疾。宰相李钰、知枢密刘弘逸奉密旨，以皇太子监国，两军中尉仇士良、鱼弘志矫诏迎颍王于十六宅，云云，即本文。由上文知，此为仇士良、鱼弘志矫文宗诏，按本书体例，此诏应归于仇士良、鱼弘志名下。

本文作于开成五年（840）正月。

赠崔琯尚书左仆射诏（P770下）

《旧书》卷一百七十七《崔珙传》载，会昌中，崔琯迁银青光禄大夫、检校吏部尚书、兴元尹，充山南西道节度使。以弟珙罢相贬官，琯亦罢镇归东都。会昌五年卒。诏曰，云云，即本文。《旧书》卷十八上《武宗本纪》载，会昌四年二月，以户部尚书判度支崔珙，并本官同中书门下平章事。会昌四年六月，珙贬为澧州刺史，旋又贬恩州司马员外置，此与《旧传》合。本文作于会昌五年，为武宗之诏，应归于武宗名下。《诏敕目录》订本文作时为开成五年，误。

本文作于会昌五年（845），月份待考。

虔奉祀事诏（P771上）

本文又见载于《旧书》卷一百一十七《崔宁传》。《册府》卷三十亦节录此文，载，开成元年七月丙戌，监察御史请修太庙祭器。初帝言于宰臣曰：“宗庙之事……勿有不虞。”与本文要旨合。

本文作于开成元年（836）七月。

遗诏（P771上）

本文又见载于《大诏令》卷十二，题为《文宗遗诏》。《旧书》卷十八上《武宗本纪》载："开成五年正月四日，文宗崩，宣遗诏皇太弟宜于柩前即皇帝位。"

本文作于开成五年（840）正月。

清编《全唐文》卷七十四
（P772—784）

定常参官书罚敕（P772上）

《册府》卷六百一十三载，唐文宗大和元年六月，敕云云，即本文。《旧书》卷十七上《文宗本纪》载，大和元年六月敕："文武常参官朝参不到，据料钱多少，每贯罚二十五文。"与本文要旨合。

本文作于大和元年（827）六月。

令王智兴安抚棣州敕（P772上）

《册府》卷一百六十五载，大和二年三月己卯，滁州节度使王智兴奏于棣州界破贼五百余人，烧却棣州三面城门。庚辰，敕云云，即本文。

本文作于大和二年（828）三月。

定铨司注拟例敕（P772上）

《册府》卷六百三十一载，大和二年闰三月，都省奏落下吏部三铨甲内，今春注超资官，凡六十七人，敕，云云，即本文。《会要》卷七十四亦录此文，但阙"有可行者收入格……选人无路倖求"共二十八字，订作时为大和二年三月。今按，《会要》当脱"闰"字。

本文作于大和二年（828）闰三月。

罢海陵监牧敕（P772下）

《册府》卷六百二十一载，文宗大和二年十月，敕云云，即本文。《旧书》卷十七上《文宗本纪》载："大和二年十月丁巳，罢扬州海陵监牧。"与本文要旨合。

本文作于大和二年（828）十月。

免温造等罚钱敕（P772 下）

《册府》卷一百五十三载，大和二年十二月壬子朔，御史中丞温造奏云云，敕曰："事出非常……所请罚钱宜并放。"即本文。《旧书》卷一百六十五《温造传》载，大和二年十一月，宫中昭德寺火。寺在宣政殿东隔垣，火势将及，宰臣、两省、京兆尹、中尉、书密皆立于日华门外，令神策兵士救之，晡后稍息。是日，唯台官不到，温造请自罚三十直，其两巡使崔蠡、姚合火灭方到，请别议责罚。敕罚温造、姚合、崔蠡各一月俸料。《旧传》所记事及诏敕内容与本文基本吻合，但无"所请罚钱宜并放"句。检两《唐书》，无"崔宜"其人，"崔宜"亦作"崔蠡"。《唐律疏议》卷第二十七《杂律》的"见火不起告敕"条解析中亦载，大和二年十一月，禁中昭德宫火，御史中丞温造不到，与两巡使姚合、崔蠡等，各罚一月俸料，并言依律告而不救者应减宫内失火罪二等，即各徒二年。御史中丞温造不到，与两巡使姚合、崔蠡等告而不集，各罚一月俸料，盖因文宗仅命公卿内臣集于日华门，并未令其救火。然告而不集尚科罚俸，亦可想见当时执行此律之严格。诸书所记，并无免罚记录。疑《全唐文》此文误。

本文作于大和二年（828）十一月。

赐义成军节度使凉国公李听立德政碑敕（P772 下）

《旧书》卷一百三十三《李听传》载，听长庆四年七月转滑州刺史、义成军节度使。大和二年，讨李同捷，以功封凉国公。王庭凑再违朝旨，诏听率师讨，听军大败，御史中丞温造弹劾，上不之罪，罢兵柄，为太子少师。《通鉴》卷二百四十四载，大和三年四月，李同捷乱平。七月，李听讨王庭凑不利，大败，溃走。由是知，本文作于大和三年五月到七月之间。

本文作于大和三年（829）。

赐李听敕（P773 上）

由诏文知，此文与上文应作于同年。

本文作于大和三年（829）。

暂停岭南选使敕（P773 上）

《册府》卷六百三十一载，文宗大和三年二月敕："岭南选补……可更停一二年。"即本文。《会要》卷七十五亦录此文，亦订作时为大和三年。

本文作于大和三年（829）二月。

处分杨虞卿敕（P773 下）

《册府》卷一百五十三、卷四百八十一皆载，大和三年三月，敕："三司推勘吏部逾滥官事……余准前敕处分"，即本文。

本文作于大和三年（829）三月。

处分断裂制敕敕（P773 下）

《册府》卷六十五载，大和三年十一月癸未朔，敕："应中书门下、尚书省二十四司制敕及敕甲等……甲库官及本行令史节级处分"，即本文。

本文作于大和三年（829）十一月。

定台官供奉官道遇仪制敕（P773 下）

本文又见载于《旧书》卷一百六十五《温造传》。《大诏令》卷一百一亦录此文，题为《条贯两省台官导从敕》，文末署作时为大和年。《会要》卷五十六载，大和三年五月，左拾遗舒元舆等奏，今年四月左补阙李虞与御史中丞温造街中相逢，温造怒李虞不回避，遂提李虞祗承人车从送台中，禁身一宿与脊杖十下者。臣等谨按国朝故事，供奉官行除宰相外无回避……敕云云，即本文。

本文作于大和三年（829）五月。

诛兴元乱兵后加恩将吏敕（P774 上）

本文又见载于《大诏令》卷一百二十五，题为《诛兴元乱兵敕》，文末署作时为大和五年八月一日。《旧书》卷十七下《文宗本纪》载，大和四年二月戊午，兴元军乱。节度使李绛举家被害，判官薛齐、赵存约死之。庚申，以左丞温造为兴元节度使……三月丁亥，兴元温造奏："害李绛贼首丘銮、丘铸及官健千人，并处斩讫。其亲刃绛者斩一百段，号令者三段，余并斩首。内一百首祭李绛，三十首祭死王事官僚，其余尸首并投于汉江。"与本文要旨合，本文应作于此事后不久。《旧纪》卷十七下亦载，大和五年四月己丑，以李载义为山南西道节度，依前守太保、同平章事，代温造；以造为兵部侍郎。这与文中"委温造节级分付迄闻奏"不和，《大诏令》所署作时误。

本文作于大和四年（830），月份待考。

录越王贞子孙敕（P774 上）

《册府》卷三十九载，大和四年六月敕："越王贞实陷非辜……具状闻奏。"录全文。

本文作于大和四年（830）六月。

专责令使简点选人文案敕（P774 下）

《册府》卷六百三十载，大和五年六月，敕云云，即本文。《会要》卷八十二载，大和五年六月敕："应选人及冬集人文案……条例处分。"录全文。

本文作于大和五年（831）六月。

令李践方充西川宣抚使敕（P774 下）

本文又见载于《大诏令》卷一百十七，文末未署作时。《册府》卷一百六十二载，大和五年七月甲申，诏曰："盖天人之际……宜令户部郎中李践方充西川宣抚使。"节录此文。

本文作于大和五年（831）七月。

释邓晟等禁系敕（P775 上）

本文又见载于《册府》卷四百九十一，订作时为大和五年十月。《旧书》卷一百九十下《唐次传》载：“（唐次子扶，大和）五年充山南道宣抚使，至邓州，奏：内乡县行市、黄涧两场仓督邓琬等，先主掌湖南、江西运到糙米，至淅川县于荒野中囤贮，除支用外，六千九百四十五石裛烂成灰尘。度支牒征元掌所由，自贞元二十年，邓琬父子兄弟至玄孙，相承禁系二十八年，前后禁死九人。今琬孙及玄孙见在枷禁者。”敕曰，云云，即本文。

本文作于大和五年（831）十月。

雨雪赈济百姓敕（P775 上）

《旧书》卷十七下《文宗本纪》载，大和六年正月壬子，诏曰“朕闻‘天听自我人听，天视自我人视’……予甚悼焉”，即录全文。《册府》卷九十亦订为是年是时之作。《英华》卷四百三十六，题为《雨雪赈济百姓德音》，文末署作时为大和六年正月十八日。

本文作于大和六年（832）正月。

赈恤苏湖两州敕（P775 下）

《册府》卷一百六载，大和六年二月戊寅，诏曰：“浙西诸州……并以本州岛常平义仓斛斗充。”录全文。《旧书》卷十七下《文宗本纪》载：“大和六年二月戊寅，苏、湖二州水，赈米二十二万石，以本州常平义仓斛斗给。”与本文要旨合。

本文作于大和六年（832）二月。

赐李德裕立德政碑敕（P775 下）

《旧书》卷一百六十九《贾悚传》载，悚大和四年九月，权知礼部贡举。五年，榜出后，正拜礼部侍郎。凡典礼闱三岁，所选士七十五人，得其名人多至公卿者。七年五月，转兵部侍郎。文中提及李德裕德政碑为礼部侍郎贾悚撰文。本文应作于大和五年至七年五月之间。

本文作时待考。

赐段嶷敕（P775 下）

上文中提到：“昨者段嶷以辕门将校、阖境士农，恳请立碑，以铭德政。”本文中“德裕顷临东郡，实著政绩。所论碑文，撰录已毕。故令送往，宜便刊立”句是上文的段嶷请命的批复结果。所以本文应作于上文之后不久。

本文作时待考。

又赐段嶷敕（P775 下）

本文与上文应作于同时或者稍后，作时待考。

赈恤诸道旱灾敕（P776 上）

《册府》卷一百四十五载，大和七年正月壬子，诏云云，即本文。本文又见载于《英华》卷四百三十六，题为《赈恤诸道遭旱百姓敕》，文末署作时为大和七年正月二十四日。

本文作于大和七年（833）正月。

停忌日举奏刑狱敕（P776 下）

《会要》卷二十三载，大和七年三月，诏云云，即本文。本文又见载于《容斋随笔》卷三，亦订为是时之诏。《册府》卷六十五节录本文，载，大和七年三月辛巳，御史台奏：均王傅王堪男祯，国忌日于私第科决罚人，臀杖六十。诏曰："准令，国忌禁饮酒、举乐，决罚人吏，都无明文。但以不合厘务，故不得决断刑狱。起今纵有此类，台府不得举奏，其王祯宜释放。"《旧书》卷十七下《文宗本纪》与《册府》所记同，均与本文要旨合。

本文作于大和七年（833）三月。

禁私请赏设钱物敕（P776 下）

《册府》卷一百六十载，大和七年七月敕："诸道如有兵革水旱……不得更有留别。"录全文。

本文作于大和七年（833）七月。

追收江淮诸色人经纪本钱敕（P777 上）

《册府》卷五百七载，大和七年八月敕："中书门下省所将本钱……不在更置之限。"即本文。《会要》卷九十三亦录此文，订作时与《册府》同。

本文作于大和七年（833）八月。

暂停吏礼兵三部选举敕（P777 上）

《册府》卷六百四十一载，大和八年九月，敕，云云，即本文。《会要》卷七十六载，大和八年九月敕："吏部、礼部、兵部，今年选举……仍准今年格文递延一月。"录全文。

本文作于大和八年（834）九月。

听诸司营造曲江亭馆敕（P777 上）

《册府》卷十四载，大和九年二月，敕云云，即本文。《旧书》卷十七下《文宗本纪》载："大和九年二月丁亥，发神策军一千五百人修淘曲江，如诸司有力要于曲江置亭馆者，宜给与闲地。"与本文要旨合。

本文作于大和九年（835）二月。

诛王涯等敕（P777 下）

《册府》卷九百三十五载，大和九年十一月，甘露事变之后，甲子敕，“王涯身为宰相……并仰准法处分”，即本文。本文又见载于《大诏令》卷一百二十七。《通鉴》卷二百四十五载：“大和九年十一月癸亥，百官入朝。令狐楚、郑覃等升殿示涯谋反手状，上悲不自胜。因命楚、覃留宿，中书参决机务，使楚草制宣告中外。”癸亥连夜草至，宣制当在甲子，《册府》录作时无误。此诏既为令狐楚草制，按《全唐文》体例，该文应归于令狐楚名下。

本文作于大和九年（835）十一月。

以旱停南郊敕（P777 下）

本文又见载于《大诏令》卷六十七，文末署作时为大和年。《五礼通考》卷二百四十九《凶礼四》载：“大和三年十一月，京兆上言奉先等八县，旱、雹损田稼二千三百四十顷，有诏蠲免。”与诏文中“今年郊畿亢旱，自夏迄冬”相合。

本文作于大和三年（829）。

条流僧尼敕（P777 下）

本文又见载于《大诏令》卷一百十三，文末署作时为大和年。《旧书》卷十七下《文宗本纪》载：“大和九年七月丁巳，诏不得度人为僧尼。”《通鉴》卷二百四十五载：“大和九年七月，李训奏僧尼猥多，耗蠹公私。丁巳，诏所在试僧尼诵经不中格者，皆勒归俗，禁置寺及私度人。”与本文要旨合。

本文作于大和九年（835）七月。

罚鄜坊节度使萧洪俸料敕（P778 上）

《册府》卷一百五十三载，开成元年二月，鄜坊节度使萧洪奏，亡妻张氏，后娶王氏，请赐邑号。敕：“方镇班行散官大夫已上者……宜罚一月俸。”录全文。

本文作于开成元年（836）二月。

选皇太子妃敕（P778 下）

本文又见载于《大诏令》卷三十一，题为《令两京选皇太子妃敕》，文末署作时为开元元年八月。《会要》卷四载，开成元年五月，中书门下奏：“臣等累奉德音，令与皇太子于甲族选妃家，今商量于两都及侧近精择甲族可以选尚者。”敕曰，云云，即此文。诸书所记有异，文中载：“在东京委裴度、在西京委宰臣，各申旨谕令本宗家长。”检《旧书》卷十七下《文宗本纪》载：“（大和九年十月）庚子，东都留守、特进、守司徒、侍中裴度进位中书令，余如故。”“（开成二年）五月乙丑，以东都留守裴度为太原尹、北都留守、河东节度使，依前守司徒、中书令。”由此知，裴度开成元年为东都留守、中书令。与文中所记“东都委裴度”和《会要》所记“中书门下奏”合。《大诏令》所记“开元”显为

"开成"之误。

本文作于开成元年（836）。

赐尚书省本钱敕（P778 下）

《册府》卷五百七载，开成三年七月，敕："尚书省自长庆三年赐本钱后……委都省磨勘，申中书门下。"录全文。《会要》卷九十三亦录此文，订作时与《册府》同。

本文作于开成三年（838）七月。

重录已驳选人粟错等敕（P779 上）

《册府》卷六百三十一载，开成四年，敕云云，即本文。本文又见载于《会要》卷七十四，亦订此为开成四年二月之诏。

本文作于开成四年（839）二月。

准台奏国忌日依前例敕（P779 上）

《会要》卷二十三载，开成四年十月，户部侍郎崔鑫奏："臣伏以国忌行香事……不忘庙号，有裨孝理之源。"敕云云，即本文。

本文作于开成四年（839）十月。

赐裴度御札（P779 上）

《旧书》卷一百七十《裴度传》载，"开成四年上巳，曲江赐宴，群臣赋诗……仍赐御札曰"云云，即本文。本文又见载于《册府》卷三百一十九，录作时与《旧书》同。

本文作于开成四年（839）三月。

答裴度辞官表批（P779 下）

本文又见载于《刘宾客文集》卷十五。《刘禹锡集笺证》上卷十五《表章五》亦录此文。该文后瞿蜕园笺证曰："按，《旧书·度本传》，度年高多病，上疏恳辞机务，恩礼弥厚。文宗遣御医诊视，日令中使抚问。此表《裴度辞官表》中所谓'临御之始，宰臣四人，逮今零落，忽已一半'。盖指大和元年之宰相王播、韦处厚、窦易直及度。处厚二年十二月、播四年正月先后以暴疾卒，易直则二年十月出镇山南东道。从知此表定为四年所上。答诏中'河朔载宁'一语指平沧景李同捷之乱，是三年四月事。'郊祀礼毕'语，指三年十一月，亲祀南郊，礼毕御丹凤门大赦。"瞿氏之论可谓得的，此诏当为大和四年初作。

本文作于大和四年（830）初。

答裴度辞官第二表批（P779 下）

本文又见载于《刘宾客文集》卷十五。《刘禹锡集笺证》上卷十五《表章五》亦录此文。该文后瞿蜕园笺证曰："按，《文宗纪》，大和四年六月，除裴度守司徒平章军国重事，即是度频表让官之时，其年九月，便出为山南东道节度使。"今从瞿说。

本文作于大和四年（830）六月前后。

答裴度辞官第三表批（P779 下）

本文又见载于《刘宾客文集》卷十五。《刘禹锡集笺证》上卷十五《表章五》亦录此文。该文后瞿蜕园笺证曰："按，《文宗纪》，大和四年六月，除裴度守司徒平章军国重事，而九月便出为山南东道节度使。此表《裴度辞官第三表》云在假三月，又第一表云去冬得疾，似即李宗闵、牛僧孺入相之时。坚卧不起，其为不谦于二人，略可知矣。"今按，李宗闵授同平章事在大和三年七月，牛僧孺授兵部尚书平章事在大和四年正月。由是亦可证《答裴度辞官第一表批》当在大和四年初。此诏当作于大和四年六月之后，具体月份待考。

本文作于大和四年（830）。

答刘禹锡同州刺史谢表批（P780 上）

本文又见载于《刘宾客文集》卷十五。《刘禹锡集笺证》上卷十五《表章五》亦录此文。《旧书》卷十七下《文宗本纪》载："大和九年十月乙未，以新授同州刺史白居易为太子少傅分司，以汝州刺史刘禹锡为同州刺史。"《同州谢上表》署作时为大和九年十二月二十一日。《刘禹锡集笺证》中该文后瞿蜕园笺证曰："按，《文宗纪》，大和九年十月，禹锡为同州刺史，代白居易。居易以是年九月授而未上也。此表所属年月为大和九年十二月二十一日，自奉命至上官约为两月。据《纪》，授同州之制为乙未日，据月朔癸酉，恰为二十三日。"瞿氏之论可谓得的。

本文作于大和九年（835）十月。

庄陵礼成优劳德音（P780 上）

本文又见载于《大诏令》卷七十七，题中无"礼成"二字，文末署作时为文宗大和元年八月。《册府》卷四百九十一载："大和元年八月，诏三原县百姓今年秋青苗钱并放免，高陵县量放一半。"与本文要旨合。

本文作于大和元年（827）八月。

平李同捷德音（P781 上）

本文又见载于《英华》卷四百三十八，文末明署作时为大和三年五月十三日。《大诏令》卷一百二十五亦录此文，题为《破李同捷德音》，文末明署作时为文宗大和二年五月十二日。《册府》卷一百五十载，文宗大和三年五月，沧州平。制："李同捷力屈计穷，方图转祸，在途阴怀狡计，夜纵火号，潜诱家僮，更谋网漏，自速枭献。其母并妻男及家口等，宜并特从宽宥，今于潮南馆内诸有空闲处安置。是月李载义进沧镇，两州生口除在路死损外，见在将健共七百五人，镇州三百九十人已诛。元恶按问，其余并宜减死，分配边州，充镇诸州防秋，便充正额官健，度支给衣粮。”与本文要旨合。校诸书，《大诏令》录“大和二年”当为“大和三年”之误。

本文作于大和三年（829）五月。

赈恤诸道水灾德音（P781 下）

本文又见载于《英华》卷四百三十六，文末署作时为大和四年十月九日。《册府》卷一百六亦节录此文。订作时为大和四年十月庚寅。

本文作于大和四年（830）十月。

册立皇太子德音（P782 上）

本文又见载于《大诏令》卷二十九，题为《大和七年册皇太子德音》。《英华》卷四百三十二亦录此文。《册府》卷九十载，大和七年八月庚寅，册皇太子礼毕，制曰：“帝者承天地、贞邦国……委所管州县，各加存恤。”录文与本文大致同。

本文作于大和七年（833）八月。

清编《全唐文》卷七十五
（P784—797）

大和八年疾愈德音（P784 下）

《册府》卷九十一载，唐文宗大和八年二月庚寅，诏云云，即本文。本文又见载于《英华》卷四百四十一，文末署作时为文宗大和八年二月九日。《大诏令》卷十亦录此文，不著作时。《旧书》卷十七下《文宗本纪》载：“（大和八年）二月庚寅，诏以圣躬痊复，赦系囚，放逋赋，移流人。”与本文要旨合。

本文作于大和八年（834）二月。

曲赦京畿德音（P785 下）

《册府》卷九十一载，文宗大和八年十二月己卯，诏云云，即本文。本文又见载于《大诏令》卷八十六，文末署作时为文宗大和八年十二月。

本文作于大和八年（834）十二月。

赈恤诸道百姓德音（P786 上）

《册府》卷一百六载，文宗大和九年三月乙丑，诏云云，即本文。本文又见载于《英华》卷四百三十六，文末署作时为文宗大和九年三月二十二日。

本文作于大和九年（835）三月。

讨郑注优赏军士德音（P786 上）

本文又见载于《英华》卷四百三十八、《大诏令》卷一百二十，皆题为《讨凤翔郑注德音》。《大诏令》文末署作时为文宗大和九年十一月二十四日。《旧书》卷十七下《文宗本纪》载：大和九年十一月壬戌，甘露之变发生，中尉仇士良帅兵诛宰相王涯、贾悚 、舒元舆、李训及郑注等十余家，皆族诛。《大诏令》所记作时无误。

本文作于大和九年（835）十一月。

诛王涯郑注加恩中外德音（P787 上）

《册府》卷九十一载，文宗大和九年十二月丁亥，诏云云，即本文。本文又见载于《大诏令》卷一百二十五，题为《诛王涯郑注后德音》，文末署作时为文宗大和九年十二月十六日。

本文作于大和九年（835）十二月。

上皇太后册文（P788 上）

本文又见载于《旧书》卷五十二《后妃下》。《旧传》载，文宗宝历三年正月，敬宗遇弑。中尉王守澄率兵讨贼，迎江王即位。文宗践祚之日，奉册曰，云云，即本文。《旧书》卷十七上《文宗本纪》载："宝历二年十二月八日，敬宗遇害。贼苏佐明等矫制立绛王勾当军国事，枢密使王守澄、中尉梁守谦率禁军讨贼，诛绛王，迎上于江邸。癸卯，见宰臣于阁内，下教处分军国事……戊申，尊圣母为皇太后。"《旧传》录文宗践祚之日，册母萧氏为皇太后，与《旧纪》录事同。《会要》卷三载："穆宗皇后王氏，长庆四年二月册为皇太后……皇后萧氏宝应三年三月册为皇太后。"今按，《会要》中"宝应"应为"宝历"之误。文宗即位当在宝历二年十二月，《旧纪》录时当为的论。

此文当作于宝历二年（826）十二月。

册鲁王永文（P788 上）

本文又见载于《大诏令》卷三十四。该文首明署作时："维大和四年，岁次庚戌，二月十二日丁巳。"《大诏令》订作时同。

本文作于大和四年（830）二月。

册九姓回鹘爱登里罗汩没密施合句录毗伽彰信可汗文（P788 下）

本文又见载于《册府》卷九百六十五，题为《册回鹘彰信可汗文》。《大诏令》卷一百二十九亦录此文。该文首明署作时为大和七年，岁次癸丑，某月日。《册府》录，文宗大和七年四月，制曰，云云，即本文。《旧书》卷十七上《文宗本纪》载："（大和七年四月）甲申，以右金吾卫将军唐弘实使回纥，册九姓回纥爱登里罗汩没密施合句录毗伽彰信可汗。"《会要》卷九十八录："宝历中，频使朝贡，至大和六年为其下所杀，其从子和特勒立遣使告丧，为之废朝。诏册和特勒为君登里逻汩没密施合昆伽可汗。命左骁卫将军兼御史大夫唐弘实持节吊祭，册立之。”校诸诸书可证，《会要》订作时误。

本文作于大和七年（833）四月。

册鲁王为皇太子文（P789 上）

本文又见载于《大诏令》卷二十八，文首明署作时为文宗大和七年八月。《旧书》卷十七下《文宗本纪》载：“文宗大和六年十月甲子，诏鲁王永宜册为皇太子。”《册府》卷八十一载：“文宗大和七年八月甲申，册鲁王永为皇太子。”《册府》卷二百五十七载，文宗大和六年十月甲子，诏曰：“礼重承祧，义存继体……宜册为皇太子，仍令所司择日备礼册命。”录文与本文要旨合。《通鉴》卷二百四十四载：“文宗大和六年冬十月甲子，立鲁王永为太子。”诸书订时有异，今姑从《旧书》。

本文作于大和六年（832）十月。

册裴度司空文（P789 下）

本文又见载于《大诏令》卷六十一。《旧书》卷一百七十《裴度传》载，穆宗长庆元年秋，朱克融、王庭凑复乱河朔，诏度以本官充镇州四面行营招讨使……受命之日，搜兵补卒，不遑寝息。自董京师，临于贼境，屠城斩将，屡以捷闻。穆宗深嘉其忠款，中使抚谕无虚月，进位检校司空，兼充押北山诸蕃使。《旧书》卷十六《穆宗本纪》载：“长庆二年三月壬子，以新授东都留守裴度为扬州大都督府长史、充淮南节度使……同月戊午，司徒裴度复入中书，知政事。”由此可知，裴度在“长庆二年三月”充淮南节度使，与诏文中裴度册封司空时的官职“金紫光禄大夫、守中书侍郎同中书门下平章事，兼淮南节度副大使知节度事、晋国公”合，本文作于长庆二年，当归于穆宗名下。

本文作于长庆二年（822）。

大和改元赦文（P790 上）

《册府》卷九十载，文宗大和元年正月乙巳，御丹凤楼，大赦天下。制，云云，即本文。本文又见载于《大诏令》卷五。《旧书》卷十七上《文宗本纪》载：“大和元年正月乙巳，上御丹凤楼，大赦，改元大和。”《新书》卷八《文宗本纪》载：“大和元年二月乙巳，大赦，改元。”《通鉴》卷二百四十三载，大和元年春，二月，乙巳，赦天下，改元。今按，《旧纪》《册府》误。

本文作于大和元年（827）二月。

南郊赦文（P791 上）

本文又见载于《英华》卷四百二十八，题为《大和三年十一月十八日赦文》。《大诏令》卷七十一亦节录此文，题为《大和三年南郊赦》。

本文作于大和三年（829）十一月。

开成改元赦文（P796下）

《册府》卷九十一载，开成元年正月辛丑朔，帝常服御宣政殿，受朝贺礼毕，大赦天下。诏曰："朕以寡昧……内外文武官，进阶加爵有差。"录全文。本文又见载于《大诏令》卷五。《旧书》卷十七下《文宗本纪》载，开成元年正月辛丑朔，帝常服御宣政殿受贺，遂宣诏大赦天下，改元开成。

本文作于开成元年（836）正月。

二　唐武宗李炎诏敕考

李炎（814—846），穆宗第五子，元和九年六月十二日生。长庆元年（821）三月封颍王，本名瀍。开成五年（836）正月立为皇太弟，其年即位。会昌六年（846）三月改今名。其月二十三日驾崩。在位六年，年三十三。葬于端陵（在今陕西三原）。谥曰至道昭肃孝皇帝，庙号武宗。《旧书》卷十八上、《新书》卷八有《纪》。

清编《全唐文》卷七十六
（P798—805）

封婕妤王氏为淑妃刘氏为贤妃制（P798上）

本文又见载于《大诏令》卷二十五，题为《婕妤王氏等为淑妃制》，文末署作时为开成五年二月二十一日。《旧书》卷十八上《武宗本纪》载："开成五年三月诏宫人刘氏、王氏并为妃。"《旧书》较《大诏令》成书早，今从《旧书》。

本文作于开成五年（840）三月。

授崔珙同平章事制（P798上）

本文又见载于《大诏令》卷四十九，题中无"授"与"同"字，文末署作时为开成五年五月。《旧书》卷十八上《武宗本纪》载："开成五年二月，崔珙并本官同中书门下平章事。"《新书》卷八《武宗本纪》载："（开成五年）五月己卯，杨嗣复罢，诸道盐铁转运使、刑部尚书崔珙同中书门下平章事。"《新书》卷六十三《宰相下》与《新纪》同。《通鉴》卷二百六十四亦载，开成五年五月，崔珙同中书门下平章事兼盐铁转运使。校诸诸书，《旧纪》误。

本文作于开成五年（840）五月。

条流百官俸料制（P798下）

《册府》卷五百八载，唐武宗以开成五年正月即位，二月，制曰："诸道承乏官等……一共为均济。"即本文。

本文作于开成五年（840）二月

禁额外征税制（P798 下）

《册府》卷四百八十八载，武宗会昌元年正月，制曰："租敛有常……仍令出使郎官御史及度支盐铁知院官访察闻奏。"录全文。《会要》卷八十四载，会昌元年正月制曰，云云，即本文。

本文作于会昌元年（841）正月。

检校逃户制（P799 上）

《册府》卷四百九十五载，会昌元年正月，制："安土重迁，黎民之性……日渐复元额。"录全文。本文又见载于《文献通考》卷十、《钦定续通志》卷一百五十四。两书亦订为是年是月之诏。

本文作于会昌元年（841）正月。

授陈夷行左仆射制（P799 下）

本文又见载于《大诏令》卷五十六，题中无"授"字，文末明署作时为会昌二年六月。《通鉴》卷二百四十六载："会昌二年六月甲申，门下侍郎同平章事陈夷行罢为左仆射。"与本文要旨合。

本文作于会昌二年（842）六月。

封定安大长公主制（P800 上）

本文又见载于《大诏令》卷四十一，文末署作时为会昌三年二月二十五日。《通鉴》卷二百四十七载："会昌三年二月庚寅，大和公主至京师，改封安定大长公主。"《会要》卷六载，会昌元年十一月敕："缘回纥国中离乱颇甚，大和公主恐未安宁。须遣文臣专往访问，宜差通使舍人苗给充使。"三年二月，太常礼院奏，大和公主到日，百僚于章敬寺门立班……其月二十五日，公主自蕃还京。诏左右神策各出军二百人及太常仪仗卤簿，从长乐驿迎公主入城。其日，改封定安大长公主，罢大和公主府。所录事情及时间与《大诏令》合。

本文作于会昌三年（843）二月。

授杜悰平章事制（P800 下）

本文又见载于《大诏令》卷四十九，题中无"授"字，文末明署作时为会昌四年闰七月甲辰。《旧书》卷十八上《武宗本纪》载："（会昌四年）七月，以淮南节度使、检校司空杜悰守尚书右仆射，兼门下侍郎、同平章事，仍判度支，充盐铁转运等使。"《新书》卷八《武宗本纪》载："闰七月壬戌，李绅罢。淮南节度副大使杜悰为尚书右仆射，兼中书侍郎、同中书门下平章事。"

本文作于会昌四年（844）闰七月。

封延庆公主等制（P801上）

本文又见载于《大诏令》卷四十一，文末明署作时为会昌二年十月十日。《旧书》卷十八上《武宗本纪》载：“（会昌五年）四月，皇第四女封延庆公主。”《旧纪》较《大诏令》成书早，今从《旧纪》。

本文作于会昌五年（845）四月。

授杜悰右仆射崔铉户部尚书制（P801上）

本文又见载于《大诏令》卷五十六，题中无“授”字，文末明署作时为会昌五年四月。

本文作于会昌五年（845）四月。

立黠戛斯为可汗制（P801下）

本文又见载于《大诏令》卷一百二十八，题中无“立”字。文末明署作时为会昌五年五月。《会要》卷一百载，会昌五年五月，敕云云，即本文。

本文作于会昌五年（845）五月。

授李回同平章事制（P801下）

本文又见载于《大诏令》卷四十九，题中无“授”字，文末署作时为会昌五年五月乙丑。《新书》卷八载：“会昌五年五月乙丑，户部侍郎李回为中书侍郎同中书门下平章事。”与《大诏令》合。

本文作于会昌五年（845）五月。

毁佛寺勒僧尼还俗制（P802上）

《旧书》卷十八上《武宗本纪》载，（会昌五年）八月，制：“朕闻三代已前……宣示中外，咸使闻知。”录全文。本文又见载于《大诏令》卷一百十三，题为《拆寺制》，文末亦署作时为会昌五年八月。《会要》卷四十七亦订为是时之诏。

本文作于会昌五年（845）八月。

修东都太庙制（P802下）

《旧书》卷二十六载，会昌六年三月，太常博士郑路等奏：“东都太微宫神主二十座，去年二月二十九日礼院分析闻奏讫伏奉。”今月七日敕，此礼至重，须遵典故。宜令礼官学官同议闻奏者，臣今与学官等详议讫。谨具分析如后……制曰，云云，即本文。本文又见载于《册府》卷五百九十二、《会要》卷十六，两书订作时与《旧书》同。

本文作于会昌六年（846）三月。

戒官僚宴会诏（P803上）

《册府》卷一百五十八载，武宗会昌元年正月，诏云云，即本文。《会要》卷六十九亦节录此文，订作时为会昌元年三月。今姑从《册府》。

本文作于会昌元年（841）正月。

定盐铁度支等官赃罪诏（P803上）

《册府》卷六百一十三载，会昌元年正月，诏曰："朝廷典刑……亦准此一条"，即本文。

本文作于会昌元年（841）正月。

厘革请留中不出状诏（P803上）

本文又见载于《大诏令》卷九十九，文末署作时为会昌元年六月。《册府》卷六十五、《会要》卷二十五亦录此文，但两书均阙"近因李延龄告李芳回大逆……实可遵行"一段。《会要》《册府》亦订为是年是时之诏。

本文作于会昌元年（841）六月。

奖晋阳令狄惟谦诏（P803下）

《唐语林》卷一载，会昌中晋阳令狄惟谦，梁公之后。善为政。州境亢阳，涉春夏。数百里水泉耗竭，祷于晋祠者数旬，无应。有女巫郭者，攻符术厌胜之道。有监军携至京师，因缘出入宫掖。……既而嘉其精诚有感，与监军表言其事。制书褒曰："狄惟谦剧邑良才，忠臣华胄。……赐章服并钱五十万。"即本文。本文又见载于《剧谈录》卷上，亦订作时为会昌中。

本文作于会昌年间。

改转官不许登朝诏（P803下）

《册府》卷六百三十二载，会昌五年七月，制云云，即本文。本文又见载于《会要》卷七十四，亦订作时为会昌五年七月。

本文作于会昌五年（845）七月。

遗诏（P804上）

本文又见载于《大诏令》卷十二，文末明署作时为会昌六年三月。《旧书》卷十八《武宗本纪》载："会昌六年三月壬寅，上不豫，制改御名炎。帝重方士，颇服食修摄，亲受法箓。至是药躁，喜怒失常。疾既笃，旬日不能言。宰相李德裕等请见，不许。中外莫知安否，人情危惧。是月二十三日，宣遗诏以皇太叔光王柩前即位。"所记事与《大诏令》合。

本文作于会昌六年（846）三月。

禁妄投匦使状敕（P804下）

《册府》卷六十五载，武宗以开成五年即位，四月，敕云云，即本文。本文又见载于《大诏令》卷九十九，文末明署作时为开成五年四月。《会要》卷五十五亦录此文，订作时与上两书同。

本文作于开成五年（840）四月。

遣使慰安太和公主敕（P804下）

《旧书》卷十八上《武宗本纪》载：会昌元年十一月，“大和公主遣使入朝，言乌介自称可汗，乞行策命。缘初至漠南，乞降使宣慰。从之。”《会要》卷六载，会昌元年十一月敕：“缘回纥国中离乱颇甚，大和公主恐未安宁。须遣文臣专往访问，宜差通使舍人苗给充使。”与本文要旨合。

本文作于会昌元年（841）十一月。

条析蠲免食钱敕（P804下）

《册府》卷五百八载，会昌二年正月，敕：“去年赦书所放食利……不在放免限”云云，即本文。《会要》卷九十三亦录此文，订作时与《册府》同。

本文作于会昌二年（842）正月。

问李德裕疾敕（P805上）

本文又见载于《会昌一品集》卷十九，题为《会昌二年六月二十九日就宅宣亦谢恩问疾状》。

本文作于会昌二年（842）六月。

罚宣城公主等敕（P805上）

《会要》卷六载，会昌三年二月二十七日，敕：“定安大长公主自蕃还京……罚封物三百匹。”即本文。《新书》卷八十三载：“定安公主，始封大和，下嫁回鹘崇德可汗。会昌三年来归……主谒太皇太后。进封长公主，遂废大和府。主始至，宣城以下七主不出迎，武宗怒，差夺封绢赎罪。宰相建言：‘礼始中壸，行天下，王化之美也，请载于史，示后世。’诏可。”与本文要旨合。

本文作于会昌三年（843）二月。

清编《全唐文》卷七十七
(P805—811)

除斋月断屠敕(P805下)

《旧书》卷十八上《武宗本纪》载,会昌四年春正月乙酉朔,敕“斋月断屠出于释文……余月不禁”。录全文。《日知录》卷三十载,会昌四年春正月乙酉朔敕,云云,即本文。本文又见载于《佛祖历代通载》卷十六,载为会昌三年正月制。今按,校诸诸书,该诏当作于会昌四年。

本文作于会昌四年(844)正月。

除谏官联名奏事诏(P805下)

《旧书》卷十八上《武宗本纪》载,会昌四年六月癸丑,敕:“谏官论事,所见不同……如有大政奏论,即可联署。”录全文。

本文作于会昌四年(844)六月。

断狱敕(P805下)

《旧书》卷十八上《武宗本纪》载,会昌四年十二月,敕:“郊礼日近……并令先事结断讫申。”录全文。《会要》卷九下载,会昌四年十二月敕,云云,即本文。

本文作于会昌四年(844)十二月。

定义安太后服制敕(P805下)

本文又见载于《大诏令》卷七十六,文末明署作时为会昌五年正月十五日。

本文作于会昌五年(845)正月。

详议政刑敕(P806上)

《旧书》卷十八上《武宗本纪》载,会昌五年六月丙子,敕:“汉魏以来……不在申闻。”录全文。《会要》卷五十七载,会昌五年六月敕,云云,即本文。

本文作于会昌五年(845)六月。

议东都立庙敕(P806上)

《旧书》卷二十六《礼仪六》载,会昌六年九月,敕:“段瓌等详议,东都不可立庙……须归至当。”录全文。本文又见载于《会要》卷十六、《册府》卷五百九十二,两书录其事及作时与《旧书》合。

本文作于会昌六年(846)九月。

选耆寿勾当悲田养病坊敕（P806上）

《旧书》卷十八上《武宗本纪》载，会昌五年十一月甲辰，敕：“悲田养病坊……以充粥料。”录全文。

本文作于会昌五年（845）十一月。

答李德裕让官敕（P806上）

本文又见载于《会昌一品集》卷十九，题为《会昌五年十二月三日宰相对后就宅宣示谢恩不许让官表状》。《旧书》卷一百七十四《李德裕传》载：“（会昌）五年，武宗上徽号后，（德裕）累表乞骸，不许。德裕病月余，坚请解机务。乃以本官平章事兼江陵尹、荆南节度使。”

本文作于会昌五年（845）十二月。

停用旧钱敕（P806下）

《旧书》卷十八上《武宗本纪》载，会昌六年二月壬辰，敕：“比缘钱重币轻……其旧钱并没纳。”录全文。本文又见载于《册府》卷五百一、《会要》卷八十九，亦订作时为武宗会昌六年二月。

本文作于会昌六年（846）二月。

立光王为皇太叔勾当军国敕（P806下）

本文又见载于《大诏令》卷三十，文末明署作时为会昌六年三月二十一日。《旧书》卷十八上《武宗本纪》载：“会昌六年三月一日，武宗疾笃，遗诏立（光王怡）为皇太叔，权勾当军国政事。”《通鉴》卷二百四十八载：“上疾笃，旬日不能言。诸宦官密于禁中定策。三月辛酉下诏称皇子冲幼，须选贤德光王怡可立为皇太叔。”《武宗实录》订作时为壬戌。《宣宗实录》订为辛酉。按，《献替记》云：“会昌六年自正月十三日后至三月二十日更不闻延英，盖二十一日则宣宗见百僚也。”今从《武宗实录》和《大诏令》。

本文作于会昌六年（846）三月。

答宰臣上尊号第五表批（P807上）

本文又见载于《大诏令》卷六，文末明署作时为会昌四年十月七日。

本文作于会昌四年（844）十月。

答李德裕让太尉第二表批（P807上）

本文又见载于《会昌一品集》卷十八，作时待考。

答李德裕让太尉第三表批（P807下）

本文又见载于《会昌一品集》卷十八，作时待考。

彗星见避正殿德音（P808 上）

本文又见载于《英华》卷四百四十一，文末明署作时为会昌元年十一月十五日。《新书》卷八《武宗本纪》载："会昌元年十一月壬寅，有彗星出于营室。辛亥，避正殿，减膳，理囚，罢兴作。"与本文要旨合。

本文作于会昌元年（841）十一月。

雨灾减放税钱德音（P808 下）

本文又见载于《英华》卷四百三十四，文末明署作时为会昌三年九月二十一日。《旧书》卷十八上《 武宗本纪》载："会昌三年九月丁未，以雨霖理囚，免京兆府秋税。"与本文要旨合。

本文作于会昌三年（843）九月。

减放太原及沿边州郡税钱德音（P809 上）

本文又见载于《英华》卷四百三十四，文末明署作时为会昌三年七月八日。

本文作于会昌三年（843）七月。

平潞州德音（P809 下）

本文又见载于《大诏令》卷一百二十五，文末明署作时为会昌四年九月十八日。《旧书》卷十八上《武宗本纪》载："（会昌四年）七月，潞州大将郭谊、张谷、陈扬廷遣人至王宰军，请杀稹以自赎。王宰以闻，乃诏石雄率军七千入潞州，谊斩刘稹首以迎雄，泽、潞等五州平。"《通鉴》卷二百四十八录："会昌四年八月戊戌，刘稹传首至京师。诏昭义五州给复一年，军行所过州县免今年秋税。"与本文要旨合。《通鉴纪事本末》卷三十五下所载事及时间与《通鉴》合。

本文作于会昌四年（844）八月。

册李德裕太尉文（P810 下）

本文又见载于《大诏令》卷六十一，不著作时。此诏与上一诏书都是在诛刘稹、平潞州之后所下，应作于同时。又检《通鉴》卷二百四十八载，会昌四年八月丁未，诏发刘从谏尸暴于潞州市三日。石雄取其尸置球场斩坐之。戊申加李德裕太尉、卫国公。德裕固辞，上曰："恨无官赏卿耳。卿若不应得，朕必不与卿。"与上条《大诏令》、《旧纪》所引事实和时间相合。

本文作于会昌四年（844）八月。

命皇太叔即位册文（P811 上）

本文又见载于《大诏令》卷一，题为《宣宗即位册文》。本文文首即明作时。

本文作于会昌六年（846）三月。

清编《全唐文》卷七十八
（P812—823）

即位赦文（P812 上）

本文又见载于《大诏令》卷三，文中明署作时为开成五年二月八日。

本文作于开成五年（840）二月。

南郊改元赦文（P812 上）

本文又见载于《大诏令》卷七十一，题为《会昌元年三月南郊赦》。《通鉴》卷二百四十六载："会昌元年春正月辛巳，上祀圆丘，赦天下，改元。"《册府》卷九十一载："会昌元年正月庚戌，享圆丘，还御丹凤楼，大赦，改元。"《会要》卷九录："会昌元年正月辛巳，有事于郊庙。礼毕御丹凤楼，大赦，改元。"校诸诸书，知《大诏令》误。

本文作于会昌元年（841）正月。

加尊号赦文（P812 下）

本文又见载于《英华》卷四百二十三，题为《会昌二年四月二十三日上尊号赦文》。《大诏令》卷十亦节录此文，题为《会昌二年册尊号赦》。《新书》卷八《武宗本纪》载："会昌二年四月丁亥，群臣上尊号曰仁圣文武至神大孝皇帝。大赦，赐文武官阶、勋、爵。"《通鉴》卷二百四十六《武宗至道昭肃孝皇帝上》亦载此事，诸书所记作时一致。

本文作于会昌二年（842）四月。

加尊号后郊天赦文（P816 上）

本文又见载于《英华》卷四百二十九，题为《会昌五年正月三日南郊赦文》。《大诏令》卷十亦节录此文，题为《会昌五年册尊号赦》。《大诏令》卷七十一亦节录此文，题为《会昌五年正月三日南郊赦》。

本文作于会昌五年（845）正月。

三　唐宣宗李忱诏敕考

李忱（810—859），宪宗第十三子。元和五年六月二十二日生，长庆元年（821）三月封光王，名怡。会昌六年（846）三月武宗疾笃，遗诏立为皇太叔，权勾当军国政事。翌日，柩前即帝位，改今名，时年三十七。大中十三年（859）八月七日，崩于大明宫。在位十三年，年五十。谥曰圣武献文孝皇帝，庙号宣宗。葬于贞陵（在今陕西泾阳）。《旧书》卷十八下、《新书》八有《本纪》。

清编《全唐文》卷七十九
（P824—834）

授李德裕荆南节度平章事制（P824上）

本文又见载于《大诏令》卷五十三，题中无“授”字，文末明署作时为会昌六年四月。《通鉴》卷二百四十八载：“会昌六年四月，李德裕同平章事、荆南节度使。”

本文作于会昌六年（846）四月。

刺史以户口增减定赏罚制（P824下）

《册府》卷六百三十六载，宣宗会昌六年五月，制云云，即本文。《会要》卷六十九亦录此文，所记作时与《册府》同。《旧书》卷十八下《宣宗本纪》载：“今月（会昌六年五月）五日赦书节文，吏部三铨选士，只凭资考，多非实才，许观察使、刺史有奇才异政之士，闻荐试用。又观察使、刺史交代之时，册书所交户口如能增添至千户，即与超迁；如逃亡至七百户，罢后三年内不得任使。”与本文要旨合。

本文作于会昌六年（846）五月。

委观察选择县令制（P824下）

《册府》卷六百三十二载，会昌六年五月，制云云，即本文。本文又见载于《会要》卷六十九，记为会昌元年六月五日之文。今按，如上文考辨中引《旧纪》所载，本文与上文应为同时之敕。本文为委观察选择县令的原因，上文为具体的考核办法。

本文作于会昌六年（846）五月。

封吴氏等为昭仪等制（P824 下）

本文又见载于《大诏令》卷二十五，题为《吴氏等封昭仪制》，文末明署作时为会昌六年五月二十三日。

本文作于会昌六年（846）五月。

封长女等为公主制（P825 上）

本文又见载于《大诏令》卷四十一，题为《封万寿公主制》，文末明署作时为会昌六年五月二十三日。

本文作于会昌六年（846）五月。

贬李德裕潮州司马制（P825 上）

本文又见载于《大诏令》卷五十八，题中无“贬”字。文末明署作时为大中元年十二月。《旧书》卷十八下《宣宗本纪》载：“（大中元年）秋七月，以太子少保分司东都、卫国公李德裕为人所讼，贬潮州司马员外置同正员。”《旧书》卷一百七十四《李德裕传》载：“大中初，敏中复荐（崔）铉在中书，乃相与掎摭构致，乃令其党人李咸者，讼德裕辅政时阴事。乃罢德裕留守，以太子少保分司东都。时大中元年秋，寻再贬潮州司马。《新书》卷八《宣宗本纪》载：“（大中元年）十二月戊午，贬太子少保李德裕为潮州司马。”《通鉴》卷二百四十八载：“大中元年冬十二月戊午，贬太子少保分司李德裕为潮州司马。”校诸诸书，十二月戊午较为可信。

本文作于大中元年（847）十二月。

召募闲田制（P825 下）

本文又见载于《册府》卷七十，署作时为大中二年正月。“所收苗子以备水旱及当处军粮”之后有“爱念农耕，是资牛力，绝其屠宰，须峻科条。天下诸州屠牛，访闻都不遵守，自今以后，一切禁断”。

本文作于大中二年（848）正月。

贬李回太子宾客分司东都制（P825 下）

本文又见载于《大诏令》卷五十八，题中无“贬”字，文末明署作时为大中二年九月。《旧书》卷十八下《宣宗本纪》、《旧书》卷一百七十三《李回传》均无李回行太子宾客分司东都的记载，今姑从《大诏令》。

本文作于大中二年（848）九月。

贬李回贺州刺史制（P826 上）

本文又见载于《大诏令》卷五十八，题中无“贬”字，文末明署作时为大中二年九月。《通鉴》卷二百四十八载：“大中二年秋九月甲子，再贬潮州司马李德裕为崖州司户。湖南观察使李回为贺州刺史。”

本文作于大中二年（848）九月。

收复河湟制（P826 上）

《旧书》卷十八下《宣宗本纪》载，大中三年六月，康季荣奏收复原州、石门、驿藏、木峡等六关迄。邠宁张君绪奏今月十三日收复萧关……七月，三州七关军人百姓，皆河陇遗黎，数千余人见于阙下。上御延喜门抚慰，命其解辫，赐之冠带，共赐绢十五万匹。八月，凤翔节度使李玭奏收复秦州，制曰，云云，即本文。本文又见载于《大诏令》卷一百三十，题为《收复河湟德音》，文末明署作时为大中三年八月。《册府》卷二十、《会要》卷九十七亦录此文，两书亦订为是年是时之作。

本文作于大中三年（849）八月。

再贬李德裕崖州司户参军制（P827 下）

《旧书》卷十八下《宣宗本纪》载，大中二年九月辛亥，西川节度使杜悰奏收复维州。制曰：“朕祗荷丕业……不在量移之限。”录全文。本文又见载于《大诏令》卷五十八，题为《李德裕崖州司户制》，文末明署作时为大中二年九月。

本文作于大中二年（848）九月。

贬崔珙太子少师分司东都制（P828 上）

《旧书》卷一百七十七《崔瑄传》附《崔珙传》载，李德裕用事，素与崔珙亲厚，与崔铉不叶。及李让夷引铉辅政，代珙领使务，乃掎摭珙，珙坐贬。宣宗即位，以赦召还，为太子宾客，出为凤翔节度使。大中三年，崔铉复知政事，珙辞疾请罢。制曰：“将相大臣，与国同体……可太子少师分司东都。”录全文。具体月份不详。

本文作于大中三年（849）。

授濮王泽成德军节度使制（P828 上）

本文又见载于《大诏令》卷三十六，题中无“授”字。文末明署作时为大中九年正月二十四日。

本文作于大中九年（855）正月。

授唐技虔州刺史裴绅申州刺史制（P828 下）

《东观奏记》卷下录，大中九年正月十九日，制曰：“朝议郎、守尚书刑部郎中、柱国、赐绯鱼袋唐技……散官如故。”录全文。《东观奏记》附录二《裴庭裕生平事迹考辨》

载：大中九年正月，吏部侍郎裴谂主考，发生了题目漏泄的事件，裴绅奉命考覆，在考覆的过程中，因“乖于公当”，被贬为申州刺史，散官如故。《旧书》卷十八下《宣宗本纪》载：“（大中九年）三月，试宏词举人，漏泄题目，为御史台所劾，侍郎裴谂改国子祭酒，郎中周敬复罚两月俸料，考试官刑部郎中唐枝出为虔州刺史，监察御史冯颛罚一月俸料。其登科十人并落下……御史台据正月八日礼部贡院捉到明经黄续之、赵弘成、全质等三人伪造堂印、堂帖，兼黄续之伪著绯衫，将伪帖入贡院，令与举人虞蒸、胡简、党赞等三人及第，许得钱一千六百贯文。据勘黄续之等罪款，具招造伪，所许钱未曾入手，便事败。”今按，《旧书》所记“唐枝”多为“唐技”之误，此处即为一例。据《旧书》所记推断，试宏词事当在九年正月，裴绅考覆“乖于公当”，与唐技一同被贬当在九年三月。《册府》卷一百五十三亦记此事为九年三月。

本文作于大中九年（855）三月。

授郑涯义武军节度使制（P829 上）

本文又见载于《英华》卷四百五十二，文末明署作时为大中九年九月十四日。《旧书》卷十八下《宣宗本纪》载：“（大中九年）三月，以吏部侍郎郑涯检校礼部尚书，兼定州刺史、御史大夫、充义武军节度。”今按，《旧书》较《英华》成书早，今姑从《旧书》。

本文作于大中九年（855）三月。

加卢钧尚书左仆射制（P829 上）

《旧书》卷一百七十七《卢钧传》载，大中九年，诏，云云，即本文。本文又见载于《山西通志》卷一百八十三。题为《进河东节度使卢钧左仆射诏》。《旧书》卷十八下《宣宗本纪》载：“大中九年七月，以河东节度使、检校司空、太原尹、北都留守、上柱国、范阳郡开国公、食邑二千户卢钧守尚书右仆射。”

本文作于大中九年（855）七月。

授崔铉淮南节度使平章事制（P829 下）

本文又见载于《大诏令》卷五十三，题中无“授”字。文末明署作时为大中九年八月。《旧书》卷十八下《宣宗本纪》录：“大中九年八月，以门下侍郎守尚书右仆射、监修国史、博陵县开国伯、食邑一千户崔铉检校司空同平章事。”

本文作于大中九年（855）八月。

授令狐绹太清宫使魏謩监修国史裴休集贤殿大学士制（P830 上）

本文又见载于《大诏令》卷五十一，题为《魏謩监修国史等制》。文末明署作时为大中九年七月七日。此事《旧纪》《新纪》《旧传》《新传》无载，今姑从《大诏令》。

本文作于大中九年（855）七月。

授令狐绹弘文馆大学士制（P830 下）

本文又见载于《大诏令》卷五十一，文末明署作时为大中九年九月三十日。此事《旧纪》《新纪》《旧传》《新传》无载，姑从《大诏令》。

本文作于大中九年（855）九月。

授郑涯山南东道节度使制（P831 上）

本文又见载于《英华》卷四百五十三。《通鉴》卷二百五十载：“（咸通）二年冬十月，以御史大夫郑涯为山南东道节度使，十一月加同平章事。”《唐方镇年表·山南东道》卷四载：“郑涯于咸通二年至四年充山南东道节度使。”傅璇琮著《唐翰林学士传论·晚唐卷》“郑涯”条对《通鉴》所订作时质疑，并认为《唐方镇年表》沿袭了《通鉴》之误，详论见此书。

本文作时待考。

除郑朗工部尚书同平章事制（P831 下）

本文又见载于《大诏令》卷五十，题为《郑朗平章事制》，文末明署作时为大中十年正月丁巳。《英华》卷四百四十九亦录此文，订作时与《大诏令》同。《新书》卷八《宣宗本纪》载：“大中十年正月丁巳，御史大夫郑朗为工部尚书、同中书门下平章事。”

本文作于大中十年（856）正月。

授毕諴昭义节度使制（P832 上）

本文又见载于《英华》卷四百五十三。《旧书》卷十八下《宣宗本纪》载，大中十年十月，以毕諴为昭义节度使。《旧书》卷一百七十七《毕諴传》载，大中末，党项羌叛，屡扰河西，宣宗召学士对边事。諴即援引古今，论列破羌之状，上悦曰：“吾方择能帅，安集河西，不期颇、牧在吾禁署。卿为朕行乎?”諴忻然从命，即用諴为邠宁节度、河西供军安抚等使。諴至军，遣使告喻叛徒，诸羌率化。又以边境御戎，以兵多积谷为上策。乃召募军士，开置屯田，岁收谷三十万石，省度支钱数百万，诏书嘉之，就加检校工部尚书，移镇泽潞，充昭义节度使。《会要》卷五十七录事与作时与《旧传》同。又检《唐方镇年表·昭义》卷四，载大中十年十月至大中十一年，毕諴为昭义节度使。校诸诸书可知，毕諴当在大中十年十月被授予昭义节度使。

本文作于大中十年（856）十月。

授崔慎由平章事制（P832 上）

本文又见载于《大诏令》卷五十，题中无“授”字。文末明署作时为大中十年十二月。《旧书》卷六十三、《通鉴》卷二百四十九亦录，大中十年十二月壬辰，户部侍郎判户部事崔慎由为工部尚书、同中书门下平章事。

本文作于大中十年（856）十二月。

授魏謩西川节度使平章事制（P832 下）

本文又见载于《大诏令》卷五十四，题中无“授”字。文末明署作时为大中十一年二月。《通鉴》卷二百四十九载：“大中十一年二月辛巳，以门下侍郎同平章事魏謩同平章事充西川节度使。”十年以本官同平章事、兼集贤殿大学士、转监修国史、上柱国、加太中大夫、兼礼部尚书。

本文作于大中十一年（857）二月。

授郑朗监修国史崔慎由集贤殿大学士制（P833 上）

本文又见载于《大诏令》卷五十一，题为《郑朗监修国史等制》。文末明署作时为大中十一年三月九日。《旧书》卷十八下《宣宗本纪》载：“大中十一年二月，以通议大夫、守中书门下侍郎、兼礼部尚书同平章事、集贤殿大学士、上柱国、赐紫金鱼袋郑朗可监修国史。太中大夫、守工部尚书同平章事、上柱国、赐紫金鱼袋崔慎由可集贤殿大学士。”《旧书》卷一百七十七《崔慎由传》载：“大中十年，慎由以本官同平章事，兼集贤殿大学士、转监修国史、上柱国、加太中大夫、兼礼部尚书。”诸书所记年份、月份有异。由上文《 授崔慎由平章事制》知，大中十年十二月壬辰（二十三日），崔慎由由户部侍郎判户部事为工部尚书、同中书门下平章事。并非如《旧传》所言，同时兼集贤殿大学士，而是不久授予，所有，本文作于大中十一年，具体月份待考。

本文作于大中十一年（857）。

封卫王灌等制（P833 下）

本文又见载于《大诏令》卷三十三，文末明署作时为大中十一年六月二十八日。《旧书》卷十八下载：“（大中十一年）六月，制皇第三男灌为卫王。”《通鉴》卷二百四十九载：“（大中十一年六月）甲午，立皇子灌为卫王。”

本文作于大中十一年（857）六月。

清编 《全唐文》 卷八十
（P834—843）

授萧邺平章事制（P834 下）

本文又见载于《大诏令》卷五十，题中无“授”字。文末明署作时为大中十一年七月。《通鉴》二百四十九载：“大中十一年秋七月庚子，以兵部侍郎判度支萧邺同平章事，仍判度支。”

本文作于大中十一年（857）七月。

授昭王汭成德军节度使制下（P834 下）

本文又见载于《大诏令》卷三十六，题中无“授”字。文末明署作时为大中十一年八月二十日。《旧书》卷十八下《宣宗本纪》载：“（大中十一年）八月，以皇子昭王汭为开府仪同三司、守镇州大都督府长史、成德军节度、镇冀深赵观察等大使。”

本文作于大中十一年（857）八月。

授郑朗太子少师制（P835 上）

本文又见载于《大诏令》卷五十六，题中无“授”字。文末明署作时为大中十一年十月。《旧书》卷十八下《宣宗本纪》载，大中十一年十月制，通议大夫、守中书侍郎、礼部尚书同平章事、监修国史、上柱国、赐紫金鱼袋郑朗可检校尚书右仆射、兼太子少保。《旧书》卷一百七十三《郑朗传》，“朗大中十年以疾辞位，进加检校右仆射、守太子少师”。“十年”当为“十一年”之误。《通鉴》卷二百四十九载，大中十一年十月，中书侍郎同平章事郑朗以疾辞位。壬申以朗为太子太师。

本文作于大中十一年（857）十月。

授崔慎由监修国史萧邺集贤殿学士制（P835 下）

本文又见载于《大诏令》卷五十一，题为《崔慎由监修国史等制》，文末明署作时为大中十一年十月十七日。

本文作于大中十一年（857）十月。

赠郑朗司空制（P836 上）

《旧书》卷一百七十三《郑朗传》载，郑朗大中十一年十月卒。诏曰：“故通议大夫、检校尚书、右仆射兼太子少师、上柱国、赐紫金鱼袋郑朗……可赠司空。”录全文。《旧书》卷十八下《宣宗本纪》载：“（大中十一年）十一月，太子少师郑朗卒，赠司空。”记郑朗卒时与《旧传》不合。检《新书》卷八《宣宗本纪》及《通鉴》卷二百四十九，皆记朗于十一年十月以疾辞位，罢为太子少师，无明确朗卒之记载。今姑从《旧纪》。

本文作于大中十一年（857）十一月。

授刘瑑平章事制（P836 下）

本文又见载于《大诏令》卷五十，题中无“授”字。文末明署作时为大中十二年正月。《旧书》卷十八下《宣宗本纪》载：“（大中十二年）正月，以朝议大夫守尚书户部侍郎、判度支、上柱国、赐紫金鱼袋刘瑑本官同平章事，依前判度支。”《册府》卷七十四载：“大中十二年正月，以户部侍郎、判度支刘瑑守本官同平章事。”

本文作于大中十二年（858）正月。

授崔慎由剑南东川节度使制（P837 上）

本文又见载于《大诏令》卷五十四，题为《崔慎由东川节度使制》。文末明署作时为大中十二年二月。《旧书》卷一百七十七《崔慎由传》节录此文，亦订作时为大中十二年二月。《通鉴》卷二百四十九载：“（大中十二年二月）戊辰，以中书侍郎、平章事崔慎由为东川节度。”并载慎由罢相的原因是“上欲御楼肆赦”，慎由谏止，“时上饵方士药，已觉躁渴，而外人未知，疑忌方深”，“旬日，慎由罢相”。

本文作于大中十二年（858）二月。

授萧邺监修国史刘瑑集贤殿大学士制（P837 上）

本文又见载于《大诏令》卷五十一，题为《萧邺监修国史等制》。文末明署作时为大中十二年二月十八日。《旧书》卷十八下《宣宗本纪》载：“大中十二年二月，以朝散大夫、守工部尚书同平章事、充集贤殿大学士、上柱国、彭城县开国男、食邑三百户、赐紫金鱼袋萧邺为监修国史。以朝议大夫、守户部侍郎同平章事、判度支、上柱国、赐紫金鱼袋刘瑑可充集贤院学士。”

本文作于大中十二年（858）二月。

授夏侯孜平章事制（P837 下）

本文又见载于《大诏令》卷五十，题中无“授”字。文末明署作时为大中十二年四月。《旧书》卷十八下《宣宗本纪》载：“大中十二年五月，以兵部侍郎、盐铁转运使夏侯孜本官同平章事。”《册府》卷七十四载：“大中十二年五月，以兵部侍郎、诸道盐铁转运等使夏侯孜守本官平章事。”《通鉴》卷二百四十九载：“（大中十二年）五月戊申，以兵部侍郎、诸道盐铁转运使夏侯孜同平章事。”

本文作于大中十二年（858）五月。

罢蒋伸判户部制（P838 上）

本文又见载于《大诏令》卷五十二，题为《蒋伸罢判户部制》。文末明署作时为大中十二年三月。由文中可知，蒋伸罢判度支前为同平章事。《旧书》卷十八下《宣宗本纪》记伸大中十三年四月以本官同平章事。《新书》卷八《宣宗本纪》及《新书》卷六十三《宰相世系表》记为大中十二年十二月甲寅。《通鉴》卷二百四十九载，大中十二年十二月甲寅，以伸同平章事。诸书所记各不相同，但《大诏令》十二年三月蒋伸罢判度支显误。清人钱大昕认为，《旧书》于晚唐史事，所记虽“卷帙滋繁，而事迹之矛盾益甚”。（《廿二史考异》卷五十七）两《唐书》无论纪、志、传、表，在记史事时，多有舛误。特别是晚唐部分。“唐代诸帝实录自武宗以后，缺而不纪。”（《旧五代史》卷一百三十一）蒋伸罢判度支的具体时间今姑存疑。

本文作时待考。

授夏侯孜集贤殿大学士制（P838 下）

本文又见载于《大诏令》卷五十一，题中无“授”字。文末明署作时为大中十三年八月。两唐书纪、传缺载，今姑从《大诏令》。

本文作于大中十三年（859）八月。

答百僚请加尊号第三表诏（P838 下）

本文又见载于《大诏令》卷六，题为《大中元年答百僚请加尊号第三表》，文末明署作时为大中元年十月。《英华》卷四百六十六亦录此文，题为《大中元年答宰臣请上尊号第三表》，文末亦署作时为十月。

本文作于大中元年（847）十月。

以杜黄裳裴度配享宪宗庙廷诏（P839 上）

《册府》卷五百九十二载，会昌六年九月，太常礼院奏：“十月十三日，太庙祫享，朝廷配享功臣……诏曰”，即本文。《会要》卷十八节录此文，亦订作时为六年十月。

本文作于会昌六年（846）十月。

令议武臣配享宪宗庙廷诏（P839 上）

《册府》卷五百九十二载，会昌六年九月，太常礼院奏：“十月十三日，太庙祫享朝廷配享功臣，……又诏曰”，即本文。《会要》卷十八节录此文，亦订作时为六年十月。今按，本文与上文所论之事为同一事，作时亦同。

本文作于会昌六年（846）十月。

焚理匿名文状诏（P839 上）

《册府》卷六十五载，大中二年九月诏曰：“比来多有无良之徒……不要闻奏。”录全文。《旧书》卷十八下《宣宗本纪》载，大中二年九月敕：“比有无良之人，于街市投匿名文书。及于箭上或旗幡上纵为奸言，以乱国法。此后所由，潜加捉搦。如获此色，使即焚瘗，不得上闻。”与本文要旨合。《会要》卷八十六录文与《旧纪》同，订作时为大中三年九月。校诸诸书可证，《会要》“三年”当为“二年”之误。

本文作于大中二年（848）九月。

敕州县条奏利弊诏下（P839 下）

《册府》卷一百五十五载，宣宗大中四年正月诏曰：“应天下州县……别议殿责。”录全文。《会要》卷六十九载，大中四年正月敕节文：“应天下县令，有利于声而可举行者，有害于物而可革去者。并委所在县令具列于刺史，刺史具列上闻。委中书门下据事件下刺史下观察使，详酌闻奏，当与改更。或在官因循不举，必当重责罚，更不得授县令。”与本文要旨合。

本文作于大中四年（850）正月。

两税外不许更征诏（P839下）

《册府》卷四百八十八节录本文，订作时为大中四年正月。两《唐书》纪、传缺载此事，今姑从《册府》。

本文作于大中四年（850）正月。

饬狱吏推断不平诏（P840上）

《册府》卷一百五十五载，宣宗大中四年正月诏共三条，第一条为上文《敕州县条奏利弊诏》，第二条为下文《论州县上佐丞簿诏》，第三条为此《饬狱吏推断不平诏》。可知此三条诏令为作于同时。

本文作于大中四年（850）正月。

令详定盗贼赃罪诏（P840上）

《册府》卷六百一十三载，大中四年正月诏："此后有故杀伤偶得免者，并同巳杀人处分。又曰：'攘窃之兴……重详定条流闻奏。'"即本文。检《旧书》卷十八下《宣宗本纪》，在大中四年四月目下，《禁奸吏舞文诏》后载："又刑部奏：准今年正月一日敕节文，据会昌元年三月二十六日敕，窃贼赃至一贯文处死，宜委所司重详订条目闻奏。臣检勘并请准建中三年三月二十四日敕，每有盗贼赃满三匹以上，决杀。如赃数不充，量事情科决。从之。"与本文要旨合。从以上诸书所记知，本文应作于大中四年正月，《旧纪》所载大中四年四月刑部所奏，是对该年"正月一日敕"，即本文的答复。

本文作于大中四年（850）正月。

谕州县上佐丞簿诏（P840上）

本文又见载于《册府》卷一百五十五。如上所述，本文与《敕州县条奏利弊诏》《饬狱吏推断不平诏》作于同时。

本文作于大中四年（850）正月。

万寿公主出降诏（P840下）

《会要》卷六载，大中二年十二月，以起居郎、驸马都尉郑颢尚万寿公主。其年诏曰"女人之德……宜依士庶。"即本文。本文又见载于《太平御览》卷一百五十四。《旧书》卷十八下《宣宗本纪》载："（大中四年）二月，皇女万寿公主出降右拾遗郑颢，以颢为银青光禄大夫、起居郎、驸马都尉。"《通鉴》卷二百四十八载："（大中二年）十一月，庚午，万寿公主适起居郎郑颢。"诸书所记作时各异，傅璇琮《唐翰林学士传论·晚唐卷》"郑颢"条有辨正，兹不赘述。

此文作于大中二年（848）十一月。

禁奸吏舞文诏（P840 下）

《册府》卷一百五十一载，宣宗大中四年四月，诏云云，即本文。《旧书》卷十八下《宣宗本纪》大中四年四月条下亦录此文，只是“颁示天下”句后缺“长吏严加觉察，不得辄使奸吏，如有此色，当议停解”。本文又见载于《会要》卷四十，订作时为开成四年四月。陈尚君辑校《再续劳格读〈全唐文〉札记》据此认为，此文应移文宗名下，误，实为《大诏令》署作时误。

本文作于大中四年（850）四月。

委京兆府捉获奸人诏（P840 下）

《册府》卷六十五载，大中五年八月，诏曰：“如闻近日多有闲人……便捉获痛加刑断。”即本文。

本文作于大中五年（851）八月。

以夏令疏理滞狱诏（P841 上）

《册府》卷一百五十一载，大中八年三月甲辰，敕：“此后除巨蠹所不原外……无令淹系。”录全文。《旧书》卷十八下《宣宗本纪》载：“大中八年三月敕，以旱诏使疏决系囚。”与本文要旨合。

本文作于大中八年（854）三月。

答两省谏幸华清宫诏（P841 上）

《旧书》卷十八下《宣宗本纪》载，十一年春正月，诏，云云，即本文。《册府》卷一百一载，宣宗大中十一年正月，车驾将幸华清宫，两省官进状论奏，诏曰，云云，即本文。《会要》卷二十七亦载，大中十一年正月宣宗答两省谏幸华清宫诏。

本文作于大中十一年（857）正月。

议立回鹘可汗诏（P841 上）

本文又见载于《大诏令》卷一百二十八，文末明署作时为大中十年二月。《通鉴》卷二百四十九载，（大中十年）三月，辛亥，诏以“回鹘有功于国，世为婚姻，称臣奉贡，北边无警。会昌中虏庭丧乱，可汗奔亡，属奸臣当轴，遽加殄灭。近有降者云，已厖历今为可汗，尚寓安西，俟其归复牙帐，当加册命。”两书所记月份有异，待考。

本文作于大中十年（856）。

遣使册回鹘可汗诏（P841 下）

本文又见载于《大诏令》卷一百二十八，题中“诏”为“制”，文末明署作时为大中十年十一月。《通鉴》卷二百四十九载：“（大中十年）十月，上遣使诣安西镇抚回鹘。使者至灵武，会回鹘可汗遣使入贡。十一月，辛亥，册拜为嗢录登里罗汨没密施合俱录毗伽怀建可汗，以卫尉少卿王端章充使。”

本文作于大中十年（856）十一月。

答谏迎道士轩辕集诏（P842 上）

《旧书》卷十八下《宣宗本纪》载，大中十一年九月，右补阙陈嘏、左拾遗王谱、右拾遗薛廷杰上疏谏遣中使往罗浮山迎轩辕先生。诏曰：“朕以万机事繁……深纳诚意。”录全文。本文又见载于《册府》卷一百一、《会要》卷五十，亦订作时为大中十一年九月。

本文作于大中十一年（857）九月。

答河东军民乞留节度使崔彦昭诏（P842 下）

《旧书》卷一百七十八《崔彦昭传》载，崔彦昭咸通十二年正月，加检校刑部尚书、太原尹、北都留守、河东节度管内观察等使。时徐泗用兵之后，北戎多寇边，沙陀诸部动干纪律。彦昭柔以恩惠，来以兵威，三年之间，北门大治，军民歌之。考满受代，耆老数千诣阙乞留。诏报曰：“彦昭早着令名……想当知悉。”录全文。本文又见载于《山西通志》卷一百八十三，题为《懿宗报崔彦昭留任诏》。本文应为懿宗之诏。

本文作于咸通十二年（858）正月。

遗诏（P842 下）

本文又见载于《大诏令》卷十二，题为《宣宗遗诏》，文末明署作时为大中十三年八月。《旧书》卷十八下《宣宗本纪》载：“（大中十三年）五月，上不豫月余，不能视朝。八月七日宣遗诏，立郓王为皇太子，勾当军国事。是日崩于大明宫，圣寿五十。”

本文作于大中十三年（859）八月。

清编《全唐文》卷八十一
（P843—853）

给夏州等四道节度以下官奉敕（P843 下）

《册府》卷五百八载，会昌六年八月敕：“夏州等四道……点简兵士、器仗闻奏。”录全文。

本文作于会昌六年（846）八月。

宽私酤禁敕（P843 下）

《册府》卷五百四载，武宗会昌六年九月，敕云云，即本文。本文又见载于《文献通考》卷十七，订作时为会昌六年。《会要》卷八十八亦节录此文，订作时亦为会昌六年九月。

本文作于会昌六年（846）九月。

命南郊前速议庶狱敕（P844上）

《册府》卷六十五载，宣宗以会昌六年即位，十一月，议有事于南郊，敕曰："圣人严配圆丘……无至惠奸。"录全文。

本文作于会昌六年（846）十一月。

复废寺敕（P844上）

《旧书》卷十八下《宣宗本纪》载，大中元年闰三月敕："会昌季年……不得禁止。"录全文。本文又见载于《会要》卷四十八、《太平御览》卷一百一十五，亦订作时为大中元年闰三月。

本文作于大中元年（847）闰三月。

权停听政敕（P844上）

本文又见载于《大诏令》卷七十六，题为《大中元年积庆皇太后寝疾权不听政敕》，文末署作时为四月。《旧书》卷十八下《宣宗本纪》载："（大中元年）四月，积庆太后萧氏崩，谥曰贞献，文宗母也。"由此知，《大诏令》订作时应无误。

本文作于大中元年（847）四月。

答屯田奏交替职田合计闰月敕（P844上）

《册府》卷五百八载，宣宗大中元年十月屯田奏，应内外官请，职田陆田限三月三十日，水田限四月三十日，麦田限九月三十日。已前上者入后人，已后上者入前人，并不该闰月。每遇闰月，交替者即公牒纷纭，有司既无定条，莫知所守……今亦请至前件月遇闰，即以十五日为定式。所冀给受有制，永无诉论。敕云云，即本文。

本文作于大中元年（847）十月。

科吴湘狱敕（P844下）

《旧书》卷十八下《宣宗本纪》载，大中二年二月敕："李回、郑亚、元寿、魏铏已从别敕处分……委三司使量罪科放讫闻奏。"录全文。中华书局2002年版《李商隐文编年校注》中《为荥阳公上马侍郎启》文后辨正道：《旧书·郑畋传》载："父亚，大中二年，吴汝纳诉冤，贬循州刺史。"又《旧书·李绅传》等载，吴湘为江都尉，为部人所讼赃罪，兼娶百姓颜悦女为妻，李绅令观察使魏铏鞫之，赃状明白，伏法。湘妻颜，颜继母焦，皆笞而释之。及扬州上具狱，物议以李德裕素憎吴氏，疑绅织成其罪。谏官论之，乃差御史崔元藻覆狱。据款伏妄破程粮钱，计赃准法。悦颜女则称是悦先娶王氏，非焦所生。与扬州案小有不同，德裕以元藻无定夺，奏贬崖州司户。及德裕罢相，群怨方构。湘兄进士汝纳诣阙诉冤。言绅在淮南，恃德裕之势，妄杀兄弟。追元藻复问。元藻既恨德裕，阴为崔铉、白敏中、令狐绹所利诱，即言“湘虽坐赃，罪不至死。颜悦实非百姓。此狱是郑亚首唱，元寿协李恪锻成，李回便奏”。遂下三司详鞫，故德裕再贬，李回、郑亚皆窜逐。吴汝纳、崔元藻数年并至显官。《通鉴》卷二百四十八载，“大中二年正月，西川节度使李回、桂管观察使郑亚坐前不能直吴湘冤，乙酉，回左迁湖南观察使，亚贬循州刺史”。《旧纪》书此事为二月，商隐《樊南乙集序》亦谓大中二年“二月府贬”。相互参证，当以《通鉴》之记载为准。盖朝廷贬制，当在正月乙酉发出，因属严谴，故二十余日即可到达桂林，据商隐文《为荥阳公与前浙东杨大夫启》推断，贬制于二月中旬到达桂林。此论可谓得的。

本文作于大中二年（848）正月。

禁加征熟田敕（P845上）

《册府》卷四百八十八载，宣宗大中二年四月，敕曰：“朕以俗未臻于富庶……令本配额外重出解斗。”录全文。《英华》卷四百二十三亦节录此文，题为《会昌二年四月二十三日上尊号赦文》，且把该文归入武宗会昌二年四月二十三日上尊号赦文中。两书所记年份有异，今姑存疑。

本文作时待考。

权停听政敕（P845上）

本文又见载于《大诏令》卷七十六，题为《大中二年太皇太后寝疾权不听政敕》，文末署作时为五月。题中亦明署作时为大中二年五月。

本文作于大中二年（848）五月。

答崔珙奏敕（P845下）

本文又见载于《陕西通志》卷八十五，题为《答凤翔节度使崔珙手诏》，题后署大中初。由文中可知，本文作于崔珙于凤翔节度使任上。《旧书》卷一百七十七《崔珙传》载：“宣宗即位，以赦召珙还，为太子宾客，出为凤翔节度使。大中三年，崔铉复知政事，珙辞疾请罢。”《唐方镇年表·凤翔》卷一载：“大中二年，崔珙任凤翔节度使。”由《旧传》《陕西通志》《唐方镇年表》三书所记可推知崔珙大中二年任凤翔节度使。《钦定续通志》卷一百六十七《金石略》载，“《周公祠灵泉碑》崔珙状奏，答诏，正书，大中二年，凤翔岐山”。由此知，崔珙确于大中二年任凤翔节度使。校诸诸书可知，本文作于大中二年，月份待考。

本文作于大中二年（848）。

获贼支给赏钱敕（P845下）

《册府》卷六十五载，大中三年四月敕：“两军及诸军延捉得劫贼……便须支给赏钱。”录全文。

本文作于大中三年（849）四月。

许罪人归葬敕（P845下）

《旧书》卷十八下《宣宗本纪》载，大中三年六月癸未，五色云见于京师。敕："先经流贬罪人……仍量事官给棺椟。"录全文。本文又见载于《会要》卷四十一，亦订作时为大中三年六月。

本文作于大中三年（849）六月。

允宰臣请御丹凤楼上尊号敕（P845下）

本文又见载于《大诏令》卷六，文末明署作时为大中三年十一月二十五日。《通鉴》卷二百四十八载，大中三年闰十一月，丁酉，宰相以克复河、湟，请上尊号，上曰："宪宗常有志复河、湟，以中原方用兵，未遂而崩，今乃克成先志耳。其议加顺、宪二庙尊谥以昭功烈。"今姑从《大诏令》。今按，大中三年无闰十一月，《通鉴》误。

本文作于大中三年（849）十一月。

定州县官请假敕（P846上）

《册府》卷五百八载，大中四年正月制："设官分局，各有主张……与见判案官添给。"即本文。本文又见载于《会要》卷八十二，亦订作时为大中四年正月。《旧书》卷十八下《宣宗本纪》大中四年正月条下载："诸州县官如请工假，一月已下，权差诸厅判官；一月已上，即准勾当例，其课料等据数每贯刻二百文。与见判案官添给。"与本文要旨合。

本文作于大中四年（850）正月。

定诸县主壻官秩敕（P846上）

《会要》卷六载，大中四年二月敕："诸县主壻……仍委宗正卿检勘闻奏。"录全文。

本文作于大中四年（850）二月。

公主县主有子女者不得再降敕（P846上）

《会要》卷六载，大中五年四月敕："夫妇之际……永为例程。"录全文。《新书》卷八十三《诸帝公主》"万寿公主"条下载："主（万寿公主）每进见，帝必谆勉笃诲……帝遂诏：'夫妇，教化之端。其公主、县主有子而寡，不得复嫁。'"与本文要旨合。

本文作于大中五年（851）四月。

简勘官健等敕（P846下）

《册府》卷一百二十四载，宣宗大中五年五月，敕："如闻诸道军将及官健等……准诏处分。"录全文。

本文作于大中五年（851）五月。

禁公主家邑司擅行文牒敕（P847 上）

《册府》卷一百四十一载，宣宗大中五年八月庚子，敕曰："应公主家有庄宅邸店……擅行文牒。"录全文。《旧书》卷十八下《宣宗本纪》载，大中五年八月敕："公主邑司擅行文牒，恐多影庇，有紊条章。今后公主除缘征封外，不得令邑司行文书牒府县。"与本文要旨合。《会要》卷六所录事实及作时与《旧纪》无异。

本文作于大中五年（851）八月。

刺史交代敕（P847 上）

《旧书》卷十八下《宣宗本纪》载，大中五年九月，敕："条疏刺史交代……以入已赃论。"录全文。《会要》卷六十九亦录此文，亦订为大中五年九月。

本文作于大中五年（851）九月。

停税茶敕（P847 上）

《旧书》卷四十九载，大中六年四月，敕旨："裴休条疏茶……宜准今年正月二十六日敕处分。"本文又见载于《会要》卷八十四，亦订为是年是时之作。校诸两书，本文在"宜准今年正月"后脱"二十六日"四字。

本文作于大中六年（852）四月。

答考功条陈敕（P847 下）

《册府》卷六百三十六载，大中六年七月，考功奏："近年诸州府及百司官长所书考第，察属并不得知，升黜之间莫辨当否。自今以后，书考后，但请各牒于本司本州之门三日。其外县官，则当日下县。如有升黜不当，便任敷陈，其考第须便改正，然得申省。如勘覆之后，事无乖谬，则论告之人亦必惩殿……"敕云云，即本文。本文又见载于《会要》卷八十二，亦订为是年是时之作。

本文作于大中六年（852）七月。

禁嗙耳称冤敕（P847 上）

《册府》卷一百六十载，大中六年十二月敕："准开元十三年八月十四日及大和八年二月十三日敕文……亦不为申明。"即本文。文后校勘者补充降此敕的原因是："时御史台奏覆，验称冤人澹进通妄嗙耳称冤，甘伏科罪，是故降敕。"

本文作于大中六年（852）十二月。

禁岭南货卖男女敕（P847 下）

本文又见载于《大诏令》卷一百九，文末明署作时为大中九年闰四月。《会要》卷八十六载，大中九年闰四月二十三日敕："岭南诸州货卖男女，奸人乘之，倍讨其利。今后无问公私上客，一切禁断。若潜出券书，暗过州县，所在搜获，以强盗论。如以男女佣赁与人，责分口食。任于当土五年限为满，不得将出外界。”与本文要旨合。《文献通考》卷十一载：“大中九年，禁岭南诸州货卖男女，如有以男女佣赁与人，责分口食，任与当年立年限为约，不得将出外界。”

本文作于大中九年（855）闰四月。

遣宋涯宣慰安南邕管敕（P848 下）

本文又见载于《大诏令》卷一百十七，题为《遣使宣慰安南邕管敕》，文末明署作时为大中十一年四月。《通鉴》卷二百四十九载：“大中十一年四月壬申，以右千牛大将军宋涯为安南邕管宣慰使。”

本文作于大中十一年（857）四月。

重建总持寺敕（P849 上）

《宋高僧传》卷十六在《唐京兆圣寿寺慧灵传》中载，大中七年，宣宗幸庄严寺。礼佛牙，登大塔，宣问耆年，乃赐紫衣。其年六月敕补灵为新寺上座矣。帝望寺西北废总持寺，乃下敕曰：“朕以政闲赏景……以副予心。”录全文。

本文作于大中七年（853）六月。

立郓王为皇太子勾当军国敕（P849 上）

本文又见载于《大诏令》卷三十，题前有“宣宗”二字，文末明署作时为大中十三年八月九日。《旧书》卷十八下《宣宗本纪》载，“大中十三年五月，上不豫月余，不能视朝。八月七日宣遗诏，立郓王为皇太子，勾当军国事”。《册府》卷十一载：“懿宗皇帝，宣宗长子。会昌六年十月封郓王，本名温。大中十三年八月七日，诏立为皇太子监国，十三日即皇帝位。时年二十七。”《册府》卷二百五十七载：“宣宗大中十三年八月遗诏，立长子郓王温为皇太子监国，改名漼。”

本文作于大中十三年（859）八月。

平党项德音（P849 下）

本文又见载于《大诏令》卷一百三十，文末明署作时为大历五年二月。《英华》卷四百三十九亦录此文，文末署作时为大中五年四月二十九日。《通鉴》卷二百四十九载，大中五年四月，敏中奏党项平，辛未，诏：“平夏党项，已就安帖……”与本文要旨合。《陕西通志》卷八十录事实与时间与《通鉴》相同。今按，大历为唐代宗年号，校诸诸书可证，《大诏令》“大历”显属“大中”之误。

本文作于大中五年（851）四月。

洗雪南山平夏德音（P851 下）

本文又见载于《大诏令》卷一百二十九，题为《洗雪平夏党项德音》，文末明署作时为大中五年七月。《英华》卷四百三十九亦录此文，文末明署作时为大中五年七月。《新书》卷八《宣宗本纪》载："大中五年八月乙巳，赦南山党项羌。"《册府》卷二百四十九载："大中五年八月，白敏中奏南山党项亦请降。时用兵岁久，国用颇乏。诏并赦南山党项，使之安业。"此文应作于平南山党项之后，故应作于大中五年八月。

本文作于大中五年（851）八月。

洗涤长庆乱臣支党德音（P852 上）

本文又见载于《大诏令》卷一百二十，文末明署作时为大中八年正月十一日。《英华》卷四百三十九亦录此文，亦订为是年是时之作。

本文作于大中八年（854）正月。

赈恤江淮百姓德音（P852 上）

本文又见载于《英华》卷四百三十六，题为《赈恤江淮遭水旱疾疫百姓德音》，文末明署作时为大中九年七月十三日。《新书》卷八《宣宗本纪》载："大中九年七月，以旱遣使巡抚淮南，减上供馈运，蠲逋租，发粟赈民。"

本文作于大中九年（855）七月。

清编《全唐文》卷八十二
（P854—864）

册回鹘可汗文（P854 上）

本文又见载于《大诏令》卷一百二十九，题为《大中十一年册回鹘可汗文》，文末署作时为大中十年十二月。《通鉴》卷二百四十九载："（大中十年冬十月），上遣使诣安西镇抚回鹘。使者至灵武，会回鹘可汗遣使入贡。十一月辛亥，册拜为嗢禄登里罗汨没密施合俱录毗伽怀建可汗，以卫尉少卿王端章充使。"今按，《大诏令》题中时间与文后所署作时相抵牾，据《通鉴》知，题中"一"为衍文。

本文作于大中十年（856）十一月。

命皇太子即位册文（P854 下）

本文又见载于《大诏令》卷一，题为《懿宗即位册文》，从文中即知作时。《册府》卷十一载："懿宗皇帝，宣宗长子。会昌六年十月封郓王，本名温。大中十三年八月七日诏立为皇太子监国，十三日即皇帝位。时年二十七。"

本文作于大中十三年（859）八月。

即位赦文（P854 下）

本文又见载于《大诏令》卷三，文末署作时为会昌六年五月五日。《册府》卷九十一载："宣宗以会昌六年三月即位，五月大赦。"

本文作于会昌六年（846）五月。

大中改元南郊赦文（P856 上）

本文又见载于《英华》卷四百三十，题为《大中元年正月十七日赦文》。《大诏令》卷七十二亦节录此文，题为《大中元年南郊赦文》。《新书》卷八《宣宗本纪》载："大中元年正月，甲寅，有事于南郊，大赦，改元。"

本文作于大中元年（847）正月。

受尊号赦文（P860 下）

本文又见载于《英华》卷四百二十二，题为《大中二年正月三日册尊号赦书》。《大诏令》卷十亦节录此文，题为《大中二年册尊号赦》，《新书》卷八《宣宗本纪》载："大中二年甲子，群臣上尊号曰圣敬文思和武光孝皇帝。大赦。"

本文作于大中二年（848）正月。

上顺宗宪宗谥号赦文（P863 下）

本文又见载于《大诏令》卷七十八，题为《加祖宗谥号赦》。从文中即知作时为大中四年正月一日。《新书》卷八《宣宗本纪》载："大中四年正月庚辰，大赦。"《通鉴》卷二百四十九载，"大中四年春正月庚辰朔，赦天下。"

本文作于大中四年（850）正月。

大赦文（P864 上）

本文又见载于《大诏令》卷八十六，题为《大中十三年正月赦》，题中即知本文作于大中十三年正月。《通鉴》卷二百四十九载："大中十三年春正月戊午朔，赦天下。"

本文作于大中十三年（859）正月。

四　唐懿宗李漼诏敕考

李漼（833—873），宣宗长子。大和七年十一月十四日生，会昌六年（846）十月封郓王，本名温。大中十三年（860）八月七日宣遗诏立为皇太子监国，改今名。十三日柩前即帝位，年二十七。咸通十四年（873）七月辛巳崩。在位十四年，年四十一。葬于简陵（在今陕西富平）。谥曰睿文昭圣恭惠孝皇帝，庙号懿宗。《旧书》卷十九上、《新书》卷九有《纪》。

清编《全唐文》卷八十三

（P865—878）

授萧邺荆南节度使制（P865 上）

本文又见载于《大诏令》卷五十四，题为《萧邺荆南节度平章事制》，文末明署作时为大中十三年十一月。《通鉴》卷二百四十九载：大中十三年“十一月戊午，以门下侍郎同平章事萧邺同平章事充荆南节度使。”

本文作于大中十三年（859）十一月。

授杜审权平章事制（P865 下）

本文又见载于《大诏令》卷五十，题中无“授”字，文末明署作时为大中十二年十二月。《旧书》卷十九《懿宗本纪》载，“（咸通元年即大中十四年）二月，以河中节度使杜审权为兵部侍郎、判度支，寻以本官同中书门下平章事”。《新书》卷九《懿宗本纪》载：大中十三年“十二月甲申，翰林学士承旨、兵部侍郎杜审权同中书门下平章事。”《通鉴》卷二百四十九与《新纪》所记时间相同。本文中杜审权任相之前的官职是翰林学士承旨、通议大夫、守尚书兵部侍郎、知制诰，并未提及河中节度一职。由文中“逮余建统，屡承密旨，每多宏益，弥见慎修”知杜审权乃直接由翰林学士任相的，故知《旧纪》误。今姑从《新书》和《通鉴》。

本文作于大中十三年（859）十二月。

授白敏中宏文馆大学士等制（P866 上）

本文又见载于《大诏令》卷五十一，题中无“授”字，文末明署作时为大中十四年正月十六日。

本文作于大中十四年（860）正月。

勾并年终赋租委御史郎官论奏制（P866 下）

《册府》卷四百八十八载，懿宗咸通元年十二月制：“旧以天下赋租……各遣闻知。”录全文。

本文作于咸通元年（860）十二月。

赠何武检校左散骑常侍制（P866 下）

《册府》卷一百四十载，懿宗咸通三年正月，寿州奏，裨将何武讨贼死于盛唐县。诏赠检校左散骑常侍。制曰：“地连山薮……将亦激其群校。”录全文。

本文作于咸通三年（862）正月。

授夏侯孜平章事制（P866 下）

本文又见载于《大诏令》卷五十，题中无“授”字，文末明署作时为咸通三年七月。《英华》卷四百四十九亦录此文，订作时与《大诏令》同。《新书》卷九《懿宗本纪》载：“（咸通三年）七月，剑南西川节度使夏侯孜为尚书左仆射、兼门下侍郎、同中书门下平章事。”

本文作于咸通三年（862）七月。

授温璋王式节度使制（P867 下）

本文又见载于《英华》卷四百五十三。《通鉴》卷二百五十载：“咸通三年七月，徐州军乱，逐节度使温璋。初王智兴既得徐州，募勇悍之士二千人，号银刀、雕旗、门枪、挟马等七军。常以三百余人自卫，露刃坐于两庑夹幕之下，每月一更。其后节度使多儒臣，其兵浸骄，小不如意，一夫大呼，其众皆和之，节度使辄自后门逃去。前节度使田牟至与之杂坐、饮酒，把臂拊背，或为之执板唱歌；犒赐之费，日以万计。风雨寒暑，复加劳来，犹时喧哗，邀求不已。牟薨，璋代之，骄兵素闻璋性严，惮之。璋开怀慰抚，而骄兵终怀猜忌，赐酒食皆不历口，一旦竟聚噪而逐之。朝廷知璋无辜，乙亥，以璋为邠宁节度使，以浙东观察使王式为武宁节度使。”

本文作于咸通三年（862）七月。

授蔡京岭南西道节度使制（P868 上）

本文又见载于《英华》卷四百五十三。《通鉴》卷二百五十载：“岭南旧分五管，广、桂、邕、容、安南，皆隶岭南节度使。蔡京奏请分岭南为两道节度，从之。咸通三年五月敕以广州为东道，邕州为西道。又割桂管龚、象二州，容管藤、岩二州隶邕管。寻以岭南节度使韦宙为东道节度使，以蔡京为西道节度使。"《通鉴》本卷又载，咸通三年四月以蔡袭代王宽为安南经略使时，引《实录》曰："咸通三年二月，以蔡袭为安南经略，招讨、处置等使。三月，以蔡京充京襄以南宣慰安抚使。五月，以京为岭南西道节度使。"

本文作于咸通三年（862）五月。

授裴休荆南节度使制（P868 下）

本文又见载于《英华》卷四百五十二。《唐方镇年表》卷五《荆南》考证裴休于咸通三年充荆南节度使。具体月份待考。

本文作于咸通三年（862）。

授杨收平章事制（P869 上）

本文又见载于《大诏令》卷五十，题中无"授"字，文末明署作时为咸通三年五月。《英华》卷四百四十九亦录此文，题为《杨收加恩制》，文末署作时为咸通四年五月。《旧书》卷十九上《懿宗本纪》载："（咸通四年）三月，以兵部侍郎、判度支杨收本官同平章事。"检收历官，并无判度支一职，《旧纪》误。《新书》卷九《懿宗本纪》载："（咸通四年）五月己巳，以翰林学士承旨、兵部侍郎杨收同中书门下平章事。"《通鉴》卷二百五十载："咸通四年五月戊辰，以翰林学士承旨、兵部侍郎杨收同平章事。"校诸诸书，《大诏令》亦误。

本文作于咸通四年（863）五月。

授杜审权镇海军节度使制（P869 下）

本文又见载于《大诏令》卷五十四，题为《杜审权镇海军节度平章事制》，文末明署作时为咸通四年五月。《通鉴》卷二百五十载：咸通四年"五月戊子，以门下侍郎同平章事杜审权同平章事充镇海节度使。"

本文作于咸通四年（863）五月。

授蒋伸毕诚节度使制（P870 上）

本文又见载于《英华》卷四百五十三。《通鉴》卷二百五十载，咸通三年春正月庚寅朔，群臣上尊号曰睿文明圣孝德皇帝，赦天下。以中书侍郎同平章事蒋伸同平章事充河中节度使。

本文作于咸通三年（862）正月。

授徐商崔玙节度使制（P870 下）

本文又见载于《英华》卷四百五十三。由文中知，徐商由河中尹改任襄州刺史、山南东道节度使。《徐襄州碑》载："大中十年春，今丞相东海公自蒲移镇于襄。十四年，诏征赴阙。”本文作于大中十年，月份待考。

本文作于大中十年（856）。

恤民通商制（P871 上）

《旧书》卷十九上《懿宗本纪》载，咸通四年七月朔，制云云，即本文。《册府》卷一百四十七亦节录此文，亦订为咸通四年七月朔制。

本文作于咸通四年（863）七月。

以南蛮用兵特恩优恤制（P871 上）

《旧书》卷十九上《懿宗本纪》载，咸通五年四月，南蛮寇邕管，以秦州经略使高骈率禁军五千赴邕管，会诸道之师御之。五月丁酉制曰，云云，即本文。本文又见载于《大诏令》卷一百七，题为《岭南用兵德音》，文末明署作时为咸通五年五月。

本文作于咸通五年（864）五月。

授于琮平章事制（P872 下）

本文又见载于《大诏令》卷五十，题中无“授”字，文末明署作时为咸通八年七月。《旧书》卷十九上《懿宗本纪》、《册府》卷七十四均载，咸通八年三月，以兵部侍郎于琮本官同平章事。《通鉴》卷二百五十载，咸通八年秋七月甲子，以兵部侍郎、充诸道盐铁转运等使、驸马都尉于琮同平章事。今从《大诏令》和《通鉴》。

本文作于咸通八年（867）七月。

授孔温裕忠武军节度使制（P873 上）

本文又见载于《英华》卷四百五十三。《唐方镇年表》卷二《忠武》记载，咸通四年至八年，孔温裕充忠武军节度、陈许蔡州观察处置等使。由此可知，本文当为咸通四年所作，月份待考。

本文作于咸通四年（863）。

贬杨收端州司马制（P873 上）

本文又见载于《大诏令》卷五十八，题中无“贬”字，文末明署作时为咸通八年八月。《旧书》卷一百七十七《杨收传》载：“咸通八年十月，收罢知政事，检校工部尚书，出为宣歙观察使。明年八月贬为端州司马。”《通鉴》卷二百五十载：“咸通八年八月庚寅，贬收端州司马。”后附考异曰：“《旧传》曰韦保衡作相，又发收阴事。言前用严撰为江西节度，纳贿百万，明年贬为端州司马。按，是时保衡未作相，《旧传》误，今从《实录》。”

本文作于咸通八年（867）八月。

杨收长流驩州制（P873 下）

本文又见载于《大诏令》卷五十八，文末明署作时为咸通十年二月。《旧书》卷十九上《懿宗本纪》载："咸通十年正月，责授端州司马杨收长流驩州，与严譔并赐死于路。"《旧书》卷一百七十七《杨收传》载："（咸通）八年十月，（收）罢知政事……明年（即咸通九年）八月，贬端州司马，尽削官封，长流驩州。又令内养郭全穆赍诏赐死。九年三月十五日，全穆追及之，宣诏讫。"今按，《旧传》所记时间自相矛盾，不足为证。《新书》卷九《懿宗本纪》载："咸通十年二月，杀驩州流人杨收。"《通鉴》卷二百五十一录"咸通十年二月，端州司马杨收长流驩州，寻赐死。其僚属党友坐长流岭表者十余人"。校诸诸书可证，本文应为咸通十年二月之诏。

本文作于咸通十年（869）二月。

授蜀王佶西川节度使制（P874 上）

本文又见载于《大诏令》卷三十六，题中无"授""使"二字，文末明署作时为咸通十一年五月。《旧书》卷十九上《懿宗本纪》载，咸通十年十一月，南诏蛮骠信坦绰酋龙率众二万寇巂州，定边军节度使窦滂勒兵拒之。十二月，滂单骑宵遁，徐州将苗全绪等三将率忠武、武宁之师夜战蛮军，保军而去。蛮军乘胜进攻西川，朝廷派军与忠武、武宁师合讨，蛮军遁走，西川平。以蜀王佶为成都尹、剑南西川节度使，不出阁。以卢耽知节度事。《会要》卷七十八亦载，咸通十年十二月，以蜀王佶为开府仪同三司、剑南西川节度副大使知节度事。校诸诸书，知《大诏令》误。

本文作于咸通十年（869）十二月。

平徐州推恩制（P874 下）

本文又见载于《大诏令》卷一百二十五，题为《平徐州制》，文末明署作时为咸通十年十月。《旧书》卷十九上《懿宗本纪》亦节录此文，订作时为咸通十年九月。《新书》卷九《懿宗本纪》与《通鉴》卷二百五十一皆载咸通十年九月徐州平。《大诏令》当误。

本文作于咸通十年（869）九月。

授杜审权河中晋绛节度使制（P876 下）

《旧书》卷一百七十七《杜审权传》载，咸通十一年，制云云，即本文。《旧书》卷十九上《懿宗本纪》载："咸通十一年春正月甲寅朔，制尚书右仆射杜审权为检校司徒、河中尹、绛慈隰节度观察处置等使。"

本文作于咸通十一年（870）正月。

贬康承训蜀王傅制（P877 上）

《旧书》卷十九上《懿宗本纪》载，咸通十一年春正月己酉，制云云，即本文。《通鉴》卷二百五十二载："康承训讨庞勋时逗挠不进，又不能尽其余党，又贪虏获，不时上功。咸通十一年正月辛酉贬蜀王傅分司，寻再贬恩州司马。”

本文作于咸通十一年（870）正月。

立普王儇为皇太子勾当军国制（P877 上）

《旧书》卷十九上《懿宗本纪》载，咸通十四年七月，懿宗大渐。其月十八日，制云云，即本文。本文又见载于《大诏令》卷三十，题为《懿宗立普王为皇太子勾当军国敕》，文末亦署作时为咸通十四年七月。

本文作于咸通十四年（873）七月。

授高璩剑南东川节度使制（P877 下）

本文又见载于《英华》卷四百五十三。《唐方镇年表》卷六《东川》载，咸通三年至六年，高璩加东川节度。其依据为《翰院群书·学士题名》，其书载：“高璩咸通二年七月加承旨，八月七日迁工部侍郎，依前充。三年三月二十日特恩加兵部侍郎，依前充。八月十九日加检校礼部尚书、东川节度使。”今姑从之。

本文作于咸通三年（862）八月。

清编《全唐文》卷八十四
（P878—886）

疏理滞狱诏（P878 下）

《册府》卷一百五十一载，懿宗咸通元年，诏云云，即本文。

本文作于咸通元年（860）。

求言诏（P878 下）

《册府》卷一百三载，懿宗咸通四年正月，诏云云，即本文。

本文作于咸通四年（863）正月。

令常参官举人自代诏（P878 下）

《册府》卷六十五载，懿宗咸通四年正月，诏云云，即本文。《旧书》卷十九上《懿宗本纪》载：“（咸通）四年春正月甲子朔，庚午，有事于圜丘，御丹凤楼，大赦。中外官宜准建中元年敕，授官后三日举一人自代。”《会要》卷二十六亦载此诏作咸通四年正月。

本文作于咸通四年（863）正月。

停寿安公主入朝诏（P878 下）

《旧书》卷十九上《懿宗本纪》载：“（咸通七年）四月，寿安公主上表请入朝，诏曰：“志兴奏……当允诚请。”录全文。

本文作于咸通七年（866）四月。

贬夏侯孜太子少保分司东都诏（P879 上）

《旧书》卷一百七十七《夏侯孜传》载，咸通九年，庞勋据徐州，南蛮深入，天子惩孜治蜀无政，诏曰，云云，即本文。《旧书》卷十九上《懿宗本纪》载，咸通十年正月，以夏侯孜为太子少保，分司东都。时南蛮寇西川，责孜在蜀日失政也。今姑从《旧纪》。

本文作于咸通十年（869）正月。

罪己诏（P879 上）

《旧书》卷十九上《懿宗本纪》载，十年六月戊戌，制曰：“动天地者……称朕意焉。”录全文。本文又见载于《册府》卷一百四十五，亦订为是年是月之诏。

本文作于咸通十年（869）六月。

赐张元稔诏（P880 上）

《旧书》卷十九上《懿宗本纪》载，咸通十年九月，贼宿州守将张玄稔以城降，至是尽平。与玄稔诏，云云，即本文。张元稔即为张玄稔，清人讳改。《通鉴》卷二百五十一载，咸通十年九月戊午，玄稔率士卒叛贼军，斩张儒等数十人，开门出降。玄稔见武承训，肉袒膝行，涕泣谢罪。承训慰劳，即宣旨，拜御史中丞，赐遗甚厚。与本文事合。

本文作于咸通十年（869）九月。

责授郑畋梧州刺史诏（P880 上）

《旧书》卷一百七十八《郑畋传》载，其年八月，刘瞻以谏囚医工宗族被罢相，出为荆南节度使。畋草制过为美词，懿宗省之甚怒，责之，云云，即本文。《旧书》卷十九上《懿宗本纪》载：“咸通十一年九月丙辰，制以翰林学士、户部侍郎、知制诰、上柱国、赐紫金鱼袋郑畋为梧州刺史。”《通鉴》卷二百五十二载：“（咸通十一年）八月乙未，同昌公主薨，上痛悼不已，杀翰林医官韩宗劭等二十余人，悉收捕其亲族三百余人系京兆狱。中书侍郎、同平章事数谏，上大怒，叱出之。九月丙子，贬瞻康州刺史。畋草制为美词，坐贬梧州刺史。”与本文事合。

本文作于咸通十一年（870）九月。

答宰臣曹确等请加尊号第四表诏（P880 下）

本文又见载于《大诏令》卷六，文末明署作时为咸通十年十月十日。此诏所言事两《唐书》无载，今姑从《大诏令》。

本文作于咸通十年（869）十月。

答亳州太清宫使李蔚表进老君灵应诏（P880 下）

《历代崇道记》载："懿宗咸通十年九月十日，徐州逆寇庞勋领从党三千余人来亳州太清宫。其日宫北百姓三百余人，见老君自宫中乘空而南，须臾黑雾遍南川中。群贼迷路，自相杀戮，庞勋溺水而死，群凶自此殄灭。汴州节度使太清宫使李蔚具事上闻。"诏曰，云云，即本文。与本文要旨合。本文作于咸通十年徐州平定之后，具体月份待考。

本文作于咸通十年（869）。

以天台山获石函册文付史馆诏（P881 上）

《云笈七签》卷一百一十八《姚鹄修老君殿验》一文录："台州刺史姚鹄，因游天台山观，命于讲堂后凿崖伐木，创老君殿焉。将平基址，于巨石下得石函，方可三尺。发之，中有小石函，得丹砂三两、玉简一枚，长九寸、阔二寸、厚五六分。上有文曰：'海水竭，台山缺，皇家宝祚无休歇。'具以上闻。"敕，云云，即本文。后署明"乃咸通十三年壬辰之岁也"。《道教灵验记》卷之七所记事与《云笈七签》同。

本文作于咸通十三年（872）。

遣卢简方谕李国昌诏（P881 上）

《旧书》卷十九上《懿宗本纪》载，咸通十三年十二月，以振武军节度使李国昌为检校右仆射、云州刺史、大同军防御等使。国昌恃功颇横，专杀长吏，朝廷不能平，乃移镇云中。国昌称病辞军务，乃以太仆卿卢简方检校刑部尚书、云州刺史、充大同军防御等使是月，李国昌小男克用杀云中防御使段文楚，据云州，自称防御留后。十四年春正月辛未，以云、朔暴乱，代北骚动，赐卢简方诏，云云，即本文。《通鉴》卷二百五十三系此事于僖宗乾符五年正月，并在考异中阐明理由。今从《通鉴》。

本文作于乾符五年（878）正月。

答给事中李汤封还制书诏（P881 下）

《册府》卷四百六十九载，咸通中，懿宗除后母楚国夫人翚为夏州刺史。汤封还制书。诏曰，云云，即本文。《旧五代史》卷一百八《李辚传》亦录此文，亦云为咸通中事。此文具体作时待考。

本文作于咸通中。

遗诏（P881 下）

《旧书》卷十九上《懿宗本纪》载，咸通十四年七月辛巳，遗诏云云，即本文。本文又见载于《大诏令》卷十二，题为《懿宗遗诏》，文末明署作时为咸通十四年七月。

本文作于咸通十四年（873）七月。

许令狐滈应制举科敕（P882 上）

《册府》卷六百四十一载，大中十三年十二月，河中节度使令狐绹以其子滈求应进士举。敕曰："令狐滈多时举人……惟理所在。"录全文。《册府》卷六百五十亦录此文，所载事实及作时与卷六百四十一合。

本文作于大中十三年（859）十二月。

分岭南为东西道敕（P882 上）

《旧书》卷十九上《懿宗本纪》载，咸通三年春五月，敕："岭南分为五管……并隶岭南西道收管。"录全文。《大诏令》卷九十九亦录此文，文末明署作时为咸通三年十月。《通鉴》卷二百五十载："岭南旧分五管，广、桂、邕、容、安南皆隶岭南。节度使蔡京奏请分岭南为两道节度，从之。咸通三年五月，敕以广州为东道，邕州为西道，又割桂管龚、象二州，容管藤、岩二州隶邕管。"今从《旧纪》和《通鉴》。

本文作于咸通三年（862）五月。

降徐州为团练使敕（P882 下）

本文又见载于《大诏令》卷九十九，文末明署作时为咸通三年八月。《通鉴》卷二百五十载，咸通三年八月甲子，敕以徐州先隶淄青道，李洧自归，始置徐海使额。及张建封以威名宠任，特帖濠、泗二州。当时本以控扼淄青、光蔡。自寇孽消弭，而武宁一道职为乱阶，今改为徐州团练使，隶兖海节度。复以濠州归淮南道，更于宿州置宿泗都团练观察使。留将士三千人守徐州，余皆分隶一切衮、宿。且以王式为武宁节度使，兼徐、泗、濠、宿制置使。委式与监军杨玄质分配将士赴诸道讫，然后将忠武、义成两道兵至汴滑，各归本道，身诣京师。其银刀等军逃匿将士，听一月内自首，一切勿问。"与本文要旨合。

本文作于咸通三年（862）八月。

太皇太后寝疾权不听政敕（P883 上）

本文又见载于《大诏令》卷七十六，题为《咸通六年太皇太后寝疾权不听政敕》，文末明署作时为十一月。

本文作于咸通六年（865）十一月。

疾愈推恩敕（P883 下）

本文又见载于《大诏令》卷十，题为《咸通八年痊复救恤百姓僧尼敕》，文末明署作时为咸通八年十一月六日。

本文作于咸通八年（867）十一月。

赐杨收自尽敕（P884 上）

本文又见载于《大诏令》卷一百二十七，题为《杨收赐自尽敕》，文末明署作时为咸通十年二月。赐杨收自尽事已于《杨收长流驩州制》中作了考辨，兹不赘述。

本文作于咸通十年（869）二月。

赐严譔自尽敕（P884 上）

本文又见载于《大诏令》卷一百二十七，文末明署作时为咸通十年。此文与上文当作于同时。

本文作于咸通十年（869）二月。

收崔雍敕（P884 上）

《旧书》卷十九上《懿宗本纪》载，咸通十年八月，和州防虞行官石侔等一百三十人状诉刺史崔雍，称："贼初劫乌江县，雍令步奏官二人探知，雍犹不信，二人并被枷杻，续差人探见贼已去州十里。贼寻逼州城，崔雍与贼头昊约于鼓角楼上饮酒，许与贼州。又认军事判官李谯为亲弟，表状驱使官张立为男，只乞二人并身，其余将士一任处置。便令押衙李词等各脱下衣甲，防虞官健束手被斩者八百余人。行官石琼脱衣甲稍迟，便被崔雍遣贼处斩。其崔雍所有料钱和家口，累差人押送采石，今在润州。岂有将一千人兵士之命，赎拔己之一身，不惟辜其神明，实亦生负圣主。兼科配军州官吏修葺城池，妄称出料钱修城者。"敕云云，即本文。本文又见载于《册府》卷一百五十，亦订为是年是时之诏。

本文作于咸通十年（869）八月。

赐崔雍自尽敕（P884 下）

本文又见载于《旧书》卷十九上《懿宗本纪》、《册府》卷一百五十三。两书所订作时与上篇同。

本文作于咸通十年（869）八月。

遣使宣慰徐宿二州敕（P884 下）

本文又见载于《大诏令》卷一百十七，文末明署作时为咸通十年十月。本文主旨与前文《平徐州推恩制》合，文中亦有"其余事件，并在德音"句。德音即为《平徐州推恩制》，本文作时当与此文同。

本文作于咸通十年（869）十月。

命备边敕（P885 上）

《旧书》卷十九上《懿宗本纪》载，咸通十年十二月，敕云云，即本文。《册府》卷九百九十四亦录此文，订作时亦为咸通十年十二月。

本文作于咸通十年（869）十二月。

增制举及第敕（P885上）

《旧书》卷十九上《懿宗本纪》载，咸通十一年四月癸未朔，戊子，敕云云，即本文。本文又见载于《会要》卷七十六、《册府》卷六百四十一，两书亦订为是年是时之诏。

本文作于咸通十一年（870）四月。

改徐州为感化军敕（P885上）

本文又见载于《大诏令》卷九十九，题中“感化军”后有“节度”二字，文末明署作时为咸通十一年十一月。《旧书》卷十九上《懿宗本纪》亦节录此文，订作时与《大诏令》同。

本文作于咸通十一年（870）十一月。

恤刑敕（P885下）

《旧书》卷十九上《懿宗本纪》载，咸通十二年五月庚申，敕云云，即本文。《册府》卷九十一亦录此文，订作时与《旧纪》同。本文又见载于《大诏令》卷八十六，题为《咸通十三年五月疏理刑狱敕》。《英华》卷四百四十一录全文，题为《疏理京城诸司及诸州军府囚徒德音》，文末明署作时为咸通十二年五月十六日。《会要》卷四十亦录此文，订作时为咸通十四年五月。今姑订作时为咸通十二年。

本文作于咸通十二年（871）五月。

清编《全唐文》卷八十五
（P886—900）

孝明太皇太后山陵优劳德音（P886下）

本文又见载于《大诏令》卷七十七，文末明署作时为咸通七年六月八日。《新书》卷九《懿宗本纪》载，咸通七年五月甲辰，葬孝明太皇太后于景陵之园。本文当在葬礼之后，故《大诏令》所记作时应无误。

本文作于咸通七年（866）六月。

夏令推恩德音（P887下）

本文又见载于《大诏令》卷八十六，题为《咸通八年五月德音》。《英华》卷四百四十一亦录此文，题为《疏理囚徒量移左降官等德音》，文末明署作时为咸通八年五月十八日，与《大诏令》题目中所署时间相同。《新书》卷九《懿宗本纪》载：“（咸通八年）五月丙辰，以不豫降囚罪，出宫人五百，纵神策、五坊、飞龙鹰鹞，禁延庆、端午节献女口。”与本文要旨合。

本文作于咸通八年（867）五月。

安恤天下德音（P889 上）

本文又见载于《大诏令》卷一百十七，文末明署作时为咸通十四年六月。

本文作于咸通十四年（873）六月。

册魏王佾文（P890 上）

本文又见载于《大诏令》卷三十四、《英华》卷四百四十五。文首明署作时为咸通三年。《册府》卷二百六十五载："魏王佾，懿宗子，咸通三年封。"《通鉴》卷二百五十载："咸通三年冬十月丙申朔，立皇子佾为魏王。"

本文作于咸通三年（862）十月。

册凉王侹文（P890 上）

本文又见载于《大诏令》卷三十四、《英华》卷四百四十五。《册府》卷二百六十五载："凉王侹，懿宗子，咸通三年封。"《通鉴》卷二百五十载："咸通三年冬十月丙申朔，立皇子佾为魏王、侹为凉王。"

本文作于咸通三年（862）十月。

册蜀王佶文（P890 下）

本文又见载于《大诏令》卷三十四、《英华》卷四百四十五。蜀王佶与魏王佾、凉王侹为同时加封。

本文作于咸通三年（862）十月。

即位赦文（P890 下）

本文又见载于《英华》卷四百二十，题为《大中十三年十月九日嗣登宝位赦》。《大诏令》卷三亦节录此文，题为《懿宗即位赦》。《通鉴》卷二百四十九载："大中十三年冬十月辛卯，赦天下。"

本文作于大中十三年（859）十月。

大赦文（P895 下）

本文又见载于《大诏令》卷八十六，题为《咸通七年大赦》。《册府》卷九十一载："咸通七年十一月壬申，以复安南御宣正殿，大赦。"《通鉴》卷二百五十载："咸通七年十一月壬子，赦天下。"

本文作于咸通七年（866）十一月。

迎佛骨赦文（P900 下）

《旧书》卷十九上《懿宗本纪》载，咸通十四年四月八日，佛骨至京，开远门至安福门，彩棚夹道，念佛之音震地。上登安福门迎礼之，迎入内道场三日，出于京城诸寺。仕女云合，威仪盛饰，古无其比。制曰，云云，即本文。本文又见载于《册府》卷九十一，订作时与《旧纪》同。《大诏令》卷一百十三亦录此文，题为《迎凤翔真身德音》，文末明署作时为咸通十三年四月。《新书》卷九《懿宗本纪》载，咸通十四年三月，迎佛骨于凤翔，四月壬寅，大赦。校诸诸书，《大诏令》误。

本文作于咸通十四年（873）四月。

五　唐僖宗李儇诏敕考

李儇（862—888），懿宗第五子。咸通三年五月八日生，初封普王，名俨。十四年（873）七月立为皇太子，改今名，是月即位。文德元年（888）三月六日崩于武德殿，在位十六年，年二十七。葬于靖陵（在今陕西乾县）。谥曰惠圣恭定孝皇帝，庙号僖宗。《旧书》卷十九下、《新书》卷九有《纪》。

清编《全唐文》卷八十六
（P901—909）

授李钧灵武节度使制（P901 上）

《旧书》卷十九下《僖宗本纪》载，乾符元年十一月庚寅，以宣慰沙陀六州部落、检校兵部尚书李钧为灵武节度，制云云，即本文。

本文作于乾符元年（874）十一月。

授崔彦昭中书侍郎判度支制（P901 上）

《旧书》卷一百七十八《崔彦昭传》载，乾符二年，因崔彦昭转官，僖宗诚曰："彦昭历试有劳……可中书侍郎，依前判度支事。"录全文。《旧书》卷十九下《僖宗本纪》载："乾符元年十一月庚寅，兵部侍郎崔彦昭为中书侍郎。"《新书》卷九《僖宗本纪》载："乾符元年八月辛未，（刘）瞻薨，兵部侍郎、判度支崔彦昭为中书侍郎、同中书门下平章事。"诸书所记作时各不相同，今姑从《旧传》。

本文作于乾符二年（875）。

授郑畋同平章事制（P901 下）

《旧书》卷一百七十八《郑畋传》载："乾符四年，畋迁吏部侍郎。寻降制曰"，云云，即本文。《新书》卷九《僖宗本纪》及《新书》卷六十三《宰相年表》均载，乾符元年十月，吏部侍郎郑畋为兵部侍郎，同中书门下平章事。《通鉴》卷二百五十二亦载郑畋于乾符元年十月进同平章事。校诸诸书，《旧传》误。

本文作于乾符元年（874）十月。

贬郑畋太子少傅分司东都制（P902 上）

本文又见载于《大诏令》卷五十六，题中无“贬”字，文下明署为乐朋龟著，按照《全唐文》体例，本文应归于乐朋龟名下。《旧书》卷十九下《僖宗本纪》载：“乾符六年四月，黄巢陷桂管。五月贼围广州，仍与广南节度使李岩、浙东观察使崔璆书，求保荐，乞天平节钺。璆、岩上表论之，诏公卿议其可否。宰相郑畋、卢携争论于中书，词语不逊，俱罢为太子宾客，分司东都。”《册府》卷三百一十四录事实及作时与《旧纪》同。

本文作于乾符六年（879）五月。

授郑从谠河东节度使制（P902 下）

本文又见载于《大诏令》卷五十四，题为《郑从谠河东节度使平章事制》，文末明署作时为广明元年三月。《旧书》卷十九下《僖宗本纪》载：“广明元年二月，制以开府仪同三司、门下侍郎、兼兵部尚书、同平章事、充太清宫使、弘文馆大学士、延资库使、上柱国、荥阳郡开国公、食邑三千户郑从谠检校司空、同平章事，兼太原尹、北都留守，充河东节度、管内观察处置兼行营招讨供军等使。”《通鉴》卷二百五十三载：“广明元年三月辛未，以门下侍郎、同平章事郑从谠同平章事，充河东节度使。”校诸诸书知，《旧纪》“二月”当为“三月”之误。

本文作于广明元年（880）三月。

授郑畋平章事依前都统制（P903 上）

本文又见载于《大诏令》卷五十二，题为《郑畋门下侍郎平章事依前都统制》。《旧书》卷十九下《僖宗本纪》载：“中和元年三月，以凤翔节度使郑畋守司空、门下侍郎、同平章事，充京西诸道行营都统，与泾原节度使程宗楚、秦州经略使仇公遇、鄜延节度使李孝昌、夏州节度使拓跋思恭等同盟起兵，传檄天下。”《册府》卷七十四载：“中和元年三月，以凤翔节度使郑畋为司空、兼门下侍郎、平章事。”今按，广明二年七月改元为中和元年。

本文作于中和元年（881）三月。

授王铎兼判户部制（P903 下）

本文又见载于《大诏令》卷五十二，题中无“授”“兼”二字。《通鉴》卷二百五十四载：“中和二年二月己卯，以王铎判户部事。”

本文作于中和二年（882）二月。

授王铎义成军节度使兼中书令制（P904 上）

本文又见载于《大诏令》卷五十四，题中无“授”字，文下明署为乐朋龟著，按照

《全唐文》体例，本文应归于乐朋龟名下。《新书》卷六十三载，中和二年正月辛亥，铎为诸道行营都统，兼指挥诸军兵马收复京城及诸道租庸等使，权知义成军节度使。《通鉴》卷二百五十四载："（中和二年正月）辛亥，以王铎兼中书令，充诸道行营都统，权知义成节度使，俟罢兵复还政府。"

本文作于中和二年（882）正月。

授王铎萧遘平章事制（P904 下）

本文又见载于《大诏令》卷五十，文末明署作时为中和元年正月。《旧书》卷一百七十九《萧遘传》载："中和元年三月，（僖宗因黄巢犯阙）自褒中幸成都，次绵州。以本官同平章事、加中书侍郎，累兼吏部尚书、监修国史。"《新书》卷九《僖宗本纪》载，中和元年正月壬申，兵部侍郎、判度支萧遘为工部侍郎、同中书门下平章事。二月己卯，太子少师王铎为司徒、兼门下侍郎、同中书门下平章事。《通鉴》卷二百五十四载："中和元年春正月壬申，以兵部侍郎、判度支萧遘同平章事。二月乙（"乙"改"己"）卯朔，以太子少师王铎守司徒兼门下侍郎、同平章事。"本文为王铎和萧遘入相的同一份诏书，但诸书所记月份不同，今姑从萧遘受诏命的时间，则萧遘入相时间当为中和元年正月。从文中知，萧遘在入相前，以兵部侍郎改工部侍郎，《通鉴》记其以兵部侍郎本官入相，误。

本文作于中和元年（881）正月。

萧遘罢判度支制（P905 下）

本文又见载于《大诏令》卷五十二。上文《王铎萧遘平章事制》中所引《新纪》、《通鉴》均载，萧遘在中和元年入相前已经判度支。《全唐文》卷八百一十四载乐朋龟《萧遘判度支制》一文，岑仲勉《郎官石柱题名新考订》考订此文当作于中和二年二月。岑氏之说，与《新纪》、《通鉴》不同。今罗列其说，以待方家考订。诸书均未载萧遘罢判度支事，此文作时殊难确定。

本文作时待考。

授萧遘兼修国史韦昭度集贤殿大学士制（P906 上）

本文又见载于《大诏令》卷五十一，题为《授萧遘兼修国史等制》。《旧书》卷一百七十九《萧遘传》载："中和元年三月，（僖宗因黄巢犯阙）自褒中幸成都，次绵州。以本官同平章事、加中书侍郎，累兼吏部尚书、监修国史。"前文《王铎萧遘平章事制》中已录，《旧传》所记"中和元年三月"与《新纪》、《通鉴》所记"中和元年正月"不同，今依前文，姑《萧遘受诏命时间》。

本文作于中和元年（881）正月。

授韦昭度平章事制（P906 下）

本文又见载于《大诏令》卷五十，题中无"授"字，文末明署作时为中和元年七月。

《旧书》卷十九下《僖宗本纪》载："广明二年七月丁未朔，乙卯，车驾幸西蜀。丁巳，御成都府廨，改广明二年为中和元年，大赦天下。以兵部侍郎、判度支韦昭度本官同平章事。"《旧书》卷一百七十九《韦昭度传》载："中和元年，权知礼部贡举，明年，以本官同平章事，兼吏部尚书。"《新书》卷九《僖宗本纪》、《新书》卷六十三《宰相年表》所录事实与时间与《旧纪》合。《册府》卷七十四亦载："中和元年七月，以兵部侍郎、判度支韦昭度守本官平章事。"校诸诸书可知，《旧传》误。

本文作于中和元年（881）七月。

授建王震魏博节度使制（P907 上）

本文又见载于《大诏令》卷三十六，题为《建王震魏博节度制》，文末明署作时为中和三年二月。《新书》卷九《僖宗本纪》载："（中和三年）二月，魏博军乱，杀其节度使韩简，其将乐颜祯自称留后。己未，建王震为太保。"与本文要旨合。《新书》卷六十三《宰相年表》亦录建王震于中和三年二月为太保。《全唐文补编》附录二《再续劳格读〈全唐文〉札记》中考订此文为乐朋龟撰，当归于乐朋龟名下。

本文作于中和三年（883）二月。

授郑畋平章事制（P907 下）

本文又见载于《大诏令》卷五十，题中无"授"字，文末明署作时为中和二年二月。《通鉴》卷二百五十四载，中和二年二月己卯，以太子少傅分司郑畋为司空，兼门下侍郎、同平章事。"

本文作于中和二年（882）二月。

封徐州节度使时溥钜鹿郡王制（P908 上）

《册府》卷一百七十八载，光启元年三月，以徐州节度使时溥为钜鹿郡王。制曰："天用日月……永于竹帛。"录全文。《旧书》卷十九下《僖宗本纪》载："（光启元年）三月，蔡贼秦宗权侵寇藩邻，制以徐州节度使时溥为钜鹿王，充蔡州四面行营兵马都统。"与本文要旨合。

本文作于光启元年（885）三月。

授郑愚岭南节度使制（P908 下）

本文又见载于《英华》卷四百五十三。《新书》卷九《懿宗本纪》载："咸通三年九月，岭南西道军乱，逐节度使蔡京。"《通鉴》卷二百五十载，咸通三年五月，依蔡京请，分岭南为东、西道。以韦宙为东道节度使，以蔡京为西道节度使。咸通三年九月，"岭南西道节度使蔡京为政苛惨，设炮烙之刑，阖境怨之，遂为邕州军士所逐，奔藤州。诈为敕书及攻讨使印，募乡丁及旁侧土军以攻邕州。众既乌合，动辄溃败，往依桂州，桂州人怨其分裂，不纳。京无所自容，敕贬崖州司户，不肯之官，还至零陵，敕赐自尽。以桂管观察使郑愚为岭南西道节度使。"《通鉴纪事本末》卷三十六下记事与《通鉴》合。本文作于咸通三年九月，依《全唐文》体例，当归于懿宗名下。

本文作于咸通三年（862）九月。

谕秦宗权制（P909上）

《册府》卷一百六十五载，僖宗光启元年闰三月，诏谕秦宗权近镇。制曰，云云，即本文。由文中"万方之罪，当责朕躬，而九庙之威，更凭天力。纵以黄巢顼盗宫阙，曾会师徒，既戮元凶，须遵后命"可知，本文作于黄巢就戮宗权意欲称帝之时。《旧书》卷十九下《僖宗本纪》载："（中和四年）秋七月己未朔，癸酉，贼将林言斩黄巢、黄揆、黄秉三人首级降时溥。"秦宗权何时称帝，诸书无明确记载，《通鉴》卷一百二十三载，光启元年三月，蔡贼秦宗权据汴、郑、以徐州节度使时薄充蔡州四面行营兵马都统。《册府》所记应无误。

本文作于光启元年（885）闰三月。

修奉太庙制（P909下）

《旧书》卷二十五《志第五》载："光启三年二月，车驾自兴元还京，以宫室未备，权驻凤翔。礼院奏：'皇帝还宫，先谒太庙。今宗庙焚毁，神主失坠，请准礼例修奉者……'敕曰，云云，即本文。"本文又见载于《册府》卷三十一、卷五百九十，亦订作时为光启三年二月。

本文作于光启三年（887）二月。

清编《全唐文》卷八十七
（P910—917）

答高骈请停差发三道兵士诏（P910上）

《旧书》卷十九下《僖宗本纪》载，乾符元年十二月，南诏蛮寇蜀，诏河西、河东、山南西道、东川征兵赴援。西川节度使高骈奏"……"。诏答云云，即本文。本文又见载于《册府》卷九百八十，订作时为僖宗乾符元年冬。

本文作于乾符元年（874）十二月。

讨王郢诏（P910上）

本文又见载于《大诏令》卷一百二十，文末明署作时为乾符三年六月。《新书》卷九《僖宗本纪》载："（乾符二年）四月庚辰，太白昼见，浙西突镇将王郢反。五月，右龙武大将军宋皓讨之。"《通鉴》卷二百五十二载："（乾符二年夏四月）浙西狼山镇遏使王郢等六十九人有战功，节度使赵隐赏以职名而不给衣粮。郢等论诉不获。遂劫库兵作乱，行收党众近万人，功苏、常。乘舟往来，泛江入海，转掠二浙，南及福建，大为人患。”其后附考异曰：“《新纪》：‘浙西突镇将王颖反。五月，右龙武大将军宋皓讨之。’按四年二月，郢执鲁寔，始命皓讨之。”《通鉴》卷二百五十三载：“（乾符四年）春，正月，王郢诱鲁寔入舟中，执之，将士从寔者皆奔散。朝廷闻之，以右龙武大将军宋皓为江南诸道招讨使，先征诸道兵外，更发忠武、宣武、感化三道，宣、泗二州兵，新旧合万五千余人，并受皓节度。”与本文要旨合。由此知，《考异》四年二月误，当为四年正月。

本文作于乾符四年（877）正月。

奖高骈筑成都罗城诏（P910 下）

本文又见载于《成都文类》卷十六，题为《唐僖宗赐高骈筑罗城诏》。《全蜀艺文志》卷二十六亦录此文。《通鉴》卷二百五十二载：“（乾符三年十月），西川节度使高骈筑成都罗城，使僧景仙规度。周二十五里……自八月癸丑筑之，至十一月戊子毕功。”由此知，罗城筑于乾符三年八月至十一月。本文为僖宗奖励高骈筑罗城之文，应作于此期间无疑，具体月份待考。

本文作于乾符三年（876）。

招讨王仙芝等诏（P911 上）

本文又见载于《大诏令》卷一百二十，题为《讨草贼诏》，文末明署作时为乾符四年三月。《旧书》卷十九下《僖宗本纪》载，乾符四年三月，以草贼大寇河南、山南，诏曰，云云，即此文的节录。

本文作于乾符四年（877）三月。

谕河南方镇诏（P912 上）

《旧书》卷十九下《僖宗本纪》载，乾符四年三月，青州节度使宋威上表：“请步骑五千，特为一使，兼率本道兵士，所在讨贼，必立微功以酬圣奖。”优诏嘉之，乃授威诸道招讨草贼使，仍给禁兵三千，甲马五百匹。谕河南方镇云云，即本文。

本文作于乾符四年（877）三月。

改元广明诏（P912 下）

《旧书》卷十九下《僖宗本纪》载，广明元年正月乙卯朔，上御宣政殿。制曰：“朕祗膺宝祚……不在此限。”录全文。本文又见载于《册府》卷九十一，亦订为是年是时之诏。《大诏令》卷五亦节录此文。《新书》卷九《僖宗本纪》载，广明元年正月乙卯，改元。

本文作于广明元年（880）正月。

命京兆府修郭子仪墓诏（P913 上）

本文又见载于《大诏令》卷六十五，文末明署作时为广明元年十月。

本文作于广明元年（880）十月。

赐郑从谠诏（P913 上）

《旧书》卷一百五十八《郑从谠传》载，广明初，李均、李琢继率本道之师出雁门，为沙陀所败。十二月黄巢犯长安，僖宗出幸。传诏谓从谠云云，即本文。

本文作于广明元年（880）十二月。

赐薛应辞诏（P913 下）

本文不见载于其他典籍，作时待考。本文与后两篇诏令授予同一人。由第三篇诏文中的“朕自达奉寝园，播越梁蜀，日往月来，首尾三年”“每北望山河，东瞻灵庙，想豺狼污辱，宫殿荒凉”。知这三篇诏文都撰于僖宗幸蜀之时。《新书》卷九《僖宗本纪》载，广明元年十二月丙午，左金吾卫大将军张直方率武官叛附于黄巢，巢陷京师。辛卯，次凤翔。中和元年正月丁丑，次成都。由“日往月来，首尾三年”知最后一篇诏文当作于中和三年。由文中“爰自二年以来，累与卿等书诏”可知该文当作于中和二年，最后一篇诏文当作于中和三年，具体月份待考。

本文作于中和二年（882）。

赐薛应辞诏（P913 下）

本文不见载于其他典籍，如前文所述，本文作于中和二年或中和三年，具体作时待考。

赐薛应辞诏（P913 下）

本文不见载于其他典籍，如前文所述，本文作于中和三年，具体月份待考。

本文作于中和三年（883）。

赐杜光庭诏（P914 上）

本文不见载于其他典籍，具体作时待考。

改元中观为青羊宫诏（P914 下）

《历代崇道记》载，中和三年八月二十九日夜，诏帝房宗室李特立与道士李无为，于成都府青羊肆玄中观混元降旧地设醮祈真，忽见虹光如弹丸许，渐渐明大，出于殿基东南竹林中，跳踯西南梅树下没。于没处穿地三尺已来，得宝砖一口……（砖上）有古篆六字，各方二寸，深三分。镌刻莹洁，殆非人工，文曰：“太上平中和灾。”群臣庆贺，九月十五日，李特立授太子校书，李无为赐紫，仍各赐缣帛三百匹。二十一日又诏曰，云云，即本文。按“元中观”即“玄中观”，清人讳改。

本文作于中和三年（883）九月。

令诸道修紫极宫诏（P915上）

《历代崇道记》中，上文之后又载，至十月七日，敕高品郭遵泰监建青羊宫土木之工，并用内库宣赐。自获灵瑞之后，至是月癸丑，近蜀郡寇，相次擒戮，旬月之内，遂致清平。驾幸青羊宫，颁赐有差。李特立赐绯，授龙州录事参军。又下诏云云，即本文。

本文作于中和三年（883）九月。

讨杨师立诏（P915上）

本文又见载于《大诏令》卷一百二十，文末明署作时为中和四年二月。《通鉴》卷二百五十五载，中和四年三月甲子，杨师立移檄行在。百官及诸道将吏士庶数陈敬暄十罪，自言集本道将士八州坛丁共十五万人，长驱问罪，诏削师立官爵。《新书》卷九《僖宗本纪》载："中和四年三月甲子，剑南东川节度副大使杨师立反，西川节度使陈敬暄为西川、东川、山南西道都指挥招讨使。"《钦定续通志》卷十六载事实及时间与《新纪》合。校诸诸书可知，《大诏令》"二月"当为"三月"之误。

本文作于中和四年（884）三月。

平杨师立诏（P915下）

本文又见载于《大诏令》卷一百二十五，文末明署作时为中和四年六月。《通鉴》卷二百五十六载："中和四年六月壬辰，东川留后高仁厚奏，郑君雄斩杨师立，出降。"《钦定续通志》卷十六载："中和四年六月壬辰，杨师立伏诛，以高仁厚为东川节度使。"与本文要旨合。

本文作于中和四年（884）六月。

平杨师立宣示中外诏（P916上）

本文又见载于《大诏令》卷一百二十五，文末明署作时为中和四年六月。此文应与上文作于同一时间。

本文作于中和四年（884）六月。

清编《全唐文》卷八十八
（P917—924）

委使臣征访兵术贤才诏（P917下）

本文又见载于《大诏令》卷一百三，题为《搜访兵术贤才诏》，文末明署作时为光启五年五月。《册府》卷六十八载，僖宗光启元年正月，诏云云，即本文。今按，《大诏令》"光启五年"当为"元年"之误。

本文作于光启元年（885）正月。

命相度河渠诏（P918 上）

《册府》卷四百九十七载，僖宗光启元年三月诏曰“食乃人天……亦宜速具闻奏。”录全文。

本文作于光启元年（885）三月。

求言诏（P918 上）

《册府》卷一百三载，僖宗光启元年三月，诏云云，即本文。

本文作于光启元年（885）三月。

优恤扈驾兵士并训饬神策诸军诏（P918 下）

《册府》卷一百二十四载，僖宗光启元年三月诏曰，云云，即本文。

本文作于光启元年（885）三月。

议盐法钱法诏（P919 上）

《册府》卷四百九十四载，僖宗光启元年三月诏曰，云云，即本文。

本文作于光启元年（885）三月。

答宰臣萧遘等上尊号诏（P919 上）

本文又见载于《大诏令》卷六，题中无“诏”字，文末明署作时为光启元年五月某日。《旧书》卷十九下《僖宗本纪》载：“是月（光启元年五月），宰臣萧遘率文武百僚上徽号曰至德光烈孝皇帝，御宣政殿受册，大赦。”

本文作于光启元年（885）五月。

允宰臣萧遘等上尊号诏（P919 上）

本文又见载于《大诏令》卷六，题为《答第三表诏》。本文与上文当作于同时。

本文作于光启元年（885）五月。

立寿王杰为皇太弟知军国事诏（P919 下）

本文又见载于《大诏令》卷三十，文末明署作时为光启四年三月六日。《旧书》卷十九下《僖宗本纪》载：“（文德元年）三月戊戌朔，正殿受册。庚子，上暴疾。壬寅，大渐。癸卯，皇制立弟寿王杰为皇太弟，勾当军国事。癸卯，皇帝崩于武德殿，年二十七。”《新纪》与《旧纪》所记事同。今按，光启四年三月，改元文德。

本文作于文德元年（888）三月。

遗诏（P920 上）

本文又见载于《大诏令》卷十二，题为《僖宗立寿王为皇太弟知军国诏》，文末明署作时为文德元年三月。本文与上文应作于同时。

本文作于文德元年（888）三月。

戒约新及第进士宴游敕（P920 下）

本文又见载于《大诏令》卷一百六，题为《厘革新及第进士宴会敕》，文末明署作时为乾符二年正月。

本文作于乾符二年（875）正月。

宣抚东都官吏敕（P921 上）

本文又见载于《大诏令》卷一百十七，文末明署作时为乾符三年九月。

本文作于乾符三年（876）九月。

停福建观察使李播等任敕（P921 下）

《旧书》卷十九下《僖宗本纪》载，（乾符三年）六月，敕福建观察使李播、荆州刺史杨权古、蔚州刺史王龟范、璧州刺史张贽、蒲州刺史韦浦、施州刺史娄傅会、邢州刺史王回、抚州刺史崔理、黄州刺史计信卿等云云，即本文。

本文作于乾符三年（876）六月。

遣使宣慰蕲黄等州敕（P921 下）

本文又见载于《大诏令》卷一百十七，文末明署作时为乾符四年九月。

本文作于乾符四年（877）九月。

赐亳州太清宫敕（P922 下）

《历代崇道记》载，中和三年三月十一日，亳州刺史潘稠差道士马含章、孙栖梧等奏："太清宫自乾宁四年以后，累有逆寇侵犯真源，少或逾千，多或至万，皆窥伺是宫，欲为焚劫，或来攻城邑，或旁犯县城。老君皆密垂神话，忽起浓云，或驱以阴风，或击以雷雹，率皆颠沛，寻至败亡。灵贶益彰，神功罔测。"寻诏升真源县为畿县，仍内出青词，修崇告谢，帝即稽首东拜。八月二十日，敕云云，即本文。

本文作于中和三年（883）八月。

封丈人山为希夷公敕（P923 上）

《蜀中广记》卷一百六《张素卿传》录："中和元年，僖宗遣使赐紫与道士杜光庭，封丈人山为希夷公。"《益州名画录》卷上、《宣和画谱》卷二、《画史会要》卷一、《御定佩文斋书画谱》卷四十八录事实与时间与《蜀中广记》同。由后文《祭丈人山文》一诏中亦可证本文作时为中和元年七月。

本文作于中和元年（881）七月。

厘革选人敕（P923 上）

本文又见载于《大诏令》卷一百一，文末明署作时为中和四年二月。

本文作于中和四年（884）二月。

诛萧遘等敕（P923 下）

本文又见载于《大诏令》卷一百二十七，题为《处置萧遘等敕》，文末明署作时为光启三年三月。《旧书》卷十九下《僖宗本纪》载："（光启）三年三月乙亥朔。甲申，车驾还京，次凤翔。太子少师致仕萧遘赐死于永乐县。"《新书》卷九《僖宗本纪》载："（光启）三年三月癸未，萧遘、裴澈、兵部侍郎郑昌图有罪伏诛。"

本文作于光启三年（887）三月。

赐潘稠敕（P923 下）

《道教灵验记》卷之一载，广明中，黄巢将领徒伴，欲焚其宫，亦有黑雾遍川，迷失行路。又有草贼遍地，自欲凌毁太清宫，迷路。乃往亳州城下，因围逼州城，攻打弥急。刺史潘稠望宫焚香，以希神力救护，顷之，黑雾自宫中而来，周绕城外，腥风毒气，闻者顿仆，密雪交至，寒冻异常，死者十有五六。……潘稠奏请移真源县，就宫安置。敕云云，即本文。《云笈七签》卷一百十七之《亳州太清宫老君挫贼验》一文所记与《道教灵验记》卷之一所记相同。

本文作于广明中（880—881）。

册尊号德音（P924 上）

本文又见载于《大诏令》卷十，题为《乾符四年册尊号德音》，从文中即知该文作时当为乾符四年正月五日。

本文作于乾符四年（877）正月。

清编《全唐文》卷八十九
（P924—938）

车驾还京师德音（P924 下）

本文又见载于《大诏令》卷八十六，题为《光启三年七月德音》，从该文题中可知作时当为光启三年七月。《新书》卷九《僖宗本纪》载："（光启三年）七月丁亥，降死罪以下，贞观、开元、建中、兴元功臣后予一子九品正员官，减常膳三分之一，赐民九十以上粟帛。七月，李昌符伏诛。"与本文要旨合。

本文作于光启三年（887）七月。

册王景崇常山郡王文（P928 下）

本文又见载于《大诏令》卷六十一，从该文中可知作时为乾符五年十二月三日。

本文作于乾符五年（878）十二月。

南郊赦文（P929 上）

本文又见载于《大诏令》卷七十二，题为《乾符二年南郊赦》。从该文中可知作时为乾符二年正月七日。《通鉴》卷二百五十二载：“乾符二年春正月辛巳，上祀圜丘，赦天下。”

本文作于乾符二年（875）正月。

六　唐昭宗李晔诏敕考

李晔（867—904），懿宗第七子，咸通八年二月二十二日生，十三年（873）四月封寿王，名杰。乾符四年（877）授开府仪同三司，遥镇幽州。文德元年（888）立为皇太弟，改名敏，翌日即位，改今名。天祐元年（904），朱全忠逼迁于洛阳，遂被弑。二年（905）二月二十日，葬于和陵（在今河南洛阳）。在位十六年，年三十八。谥曰圣穆景文孝皇帝，庙号昭宗。《旧书》卷二十上、《新纪》卷十有《纪》。

清编《全唐文》卷九十
（P938—947）

削夺陈敬瑄官爵制（P938下）

本文又见载于《大诏令》卷一百二十，文末明署作时为文德元年十二月。《通鉴》卷二百五十七载，文德元年十二月戊子，削陈敬瑄官爵。

本文作于文德元年（888）十二月。

削夺李罕之官爵制（P938下）

本文又见载于《大诏令》卷一百二十，文末明署作时为大顺元年五月。同书卷二百五十八载："（大顺元年五月）癸丑，削夺罕之官爵（旧注：以附克用也）。"

本文作于大顺元年（890）五月。

贬张濬鄂岳观察使制（P939下）

本文又见载于《大诏令》卷五十八，文末明署作时为大顺二年正月。《旧书》卷一百七十九《张濬传》载，大顺元年十月制曰，云云，即本文，但末句为"可检校户部尚书、鄂州刺史、武昌军节度观察等使"。《旧书》卷二十上《昭宗本纪》亦载："（大顺元年）十二月壬午朔，张濬、韩建拔晋、绛遁去，李存信收晋、绛，大掠河中四郡。丙寅制，特进中书侍郎平章事、太原四面行营都统张濬可兵部尚书，兼鄂州刺史、御史大夫，充鄂岳观察使。"《通鉴》卷二百五十八载："大顺二年正月庚申，制以中书侍郎、同平章事张濬为鄂岳观察使。”诸书所记作时有异，今姑从《大诏令》和《通鉴》。

本文作于大顺二年（891）正月。

贬孔纬荆南节度使制（P940 上）

本文又见载于《大诏令》卷五十八，题中无“贬”字，文末明署作时为大顺二年正月。《旧书》卷二十上《昭宗本纪》载：“（大顺元年十二月）丙寅，以开府仪同三司、守司徒、门下侍郎、同平章事、上柱国、鲁国公、食邑三千户，充诸道盐铁转运等使孔纬检校司徒，兼江陵尹、荆南节度观察处置使。”《旧书》卷一百七十九《孔纬传》载：“大顺元年夏，幽州、汴州请讨太原（作者按，讨李克用）。宰臣张濬请自率禁军为招讨。上持疑未决，问计于孔纬，纬以讨之为便，语在濬传。其年秋，濬军为太原所击，大败而还。濬罢相贬官，纬坐附濬，以检校太保、江陵尹、荆南节度观察等使，未离阙下，再贬均州刺史。”《新书》卷十《昭宗本纪》载，大顺元年十一月，张濬及李克用战于阴地，败绩。十二月，李克用陷晋州。二年正月庚寅，孔纬、张濬罢。此与《旧传》所记合。《通鉴》卷二百五十八载：“大顺二年正月庚申，制以太保、门下侍郎、同平章事孔纬为荆南节度使。”诸书所记有异，今姑从《新纪》、《大诏令》和《通鉴》。

本文作于大顺二年（891）正月。

贬杜让能梧州刺史制（P940 下）

本文又见载于《大诏令》卷五十八，题中无“贬”字，文末明署作时为景福二年九月。《通鉴》卷二百五十九载：“景福二年九月壬午，茂贞等进逼兴平，禁军皆望风逃溃。茂贞等乘胜进攻三桥，京城大震，士民奔散。市人复守阙请诛首议用兵者。崔昭纬心害太尉、门下侍郎、同平章事杜让能，密遗茂贞书曰：‘用兵非主上意，皆出于杜太尉耳。’甲申，茂贞陈于临皋驿，表让能罪，请诛之。让能言于上曰：‘臣固先言之矣，请以臣为解。’上涕下不自禁，曰：‘与卿诀矣。’是日，贬让能梧州刺史。”与本文要旨合。

本文作于景福二年（893）九月。

讨董昌制（P941 上）

本文又见载于《大诏令》卷一百二十，文末明署作时为乾宁二年五月。《通鉴》卷二百六十载，乾宁二年二月，辛卯，董昌被衮冕登子城门楼，即皇帝位。乃自称大越罗平国，改元天顺。昌移书钱镠，告以权即罗平国位，钱镠领兵讨之。昌惧，请待罪天子。镠引兵还，以状闻。四月，朝廷以昌有贡输之勤，诏释其罪，纵归田里。钱镠表董昌之逆，不可赦，请以本道兵讨之。五月，诏削董昌官爵，委钱镠讨之。

本文作于乾宁二年（895）五月。

贬孙偓南州司马制（P941 下）

本文又见载于《大诏令》卷五十八，题中无“贬”字，文末明署作时为乾宁四年八月。《通鉴》卷二百六十一载："乾宁四年八月，贬礼部尚书孙偓为南州司马。"

本文作于乾宁四年（897）八月。

昭雪杜让能等制（P941 下）

《旧书》卷二十上《昭宗本纪》载，乾宁二年十月丁亥，制赦系囚，其文曰："某任崇柱石，位重台衡。……仍复官爵。"录全文。《册府》卷九十一载，乾宁二年十月丁亥制，云云，即本文。

本文作于乾宁二年（895）十月。

授薛王知柔户部尚书判盐铁度支制（P942 上）

《册府》卷四百八十三载，昭宗乾宁二年薛王知柔以京兆尹兼户部尚书、判盐铁度支事。制曰："国家自盗盘中原……又何敢以叔父私于天下哉。"录全文。《旧书》卷二十上《昭宗本纪》载："乾宁二年六月丁亥朔，以京兆尹、嗣薛王知柔兼户部尚书、判度支兼诸道盐铁转运等使。"

本文作于乾宁二年（895）六月。

授大理卿李坰黔中宣慰使制（P942 下）

《册府》卷一百三十六载，昭宗乾宁二年十二月，以前大理卿李坰为黔中宣慰使。制曰："将我诏命……无所吝焉。"录全文。

本文作于乾宁二年（895）十二月。

授崔允崔远平章事制（P942 下）

本文又见载于《大诏令》卷五十，题中无"授"字，文末明署作时为乾宁三年九月。按"崔允"当为"崔胤"，清人讳改。《通鉴》卷二百六十载："乾宁三年九月，崔胤出镇湖南，韩建之志也。胤密求援于朱全忠，且教之营东都宫阙，表迎车驾。全忠与河南尹张全义表请上迁都洛阳，全忠仍请以兵二万迎车驾，且言崔胤忠臣，不宜出外。韩建惧，复奏召胤为相，遣使谕全忠以且宜安静，全忠乃止。乙未，复以胤为中书侍郎、同平章事。以翰林学士承旨、兵部侍郎崔远同平章事。"《御批资治通鉴纲目》卷五十二载："乾宁三年九月，以崔允崔远同平章事。"

本文作于乾宁三年（896）九月。

授孙偓判度支兼诸道盐铁使陆扆判户部制（P943 下）

本文又见载于《大诏令》卷五十二，题为《孙偓判度支兼诸道盐铁使制》。《旧书》卷二十上《昭宗本纪》载："乾宁三年八月戊午，制以户部侍郎、平章事陆扆为中书侍郎，兼判户部事。"《旧书》卷一百七十九《陆扆传》载："（乾宁三年）八月，加中书侍郎、集贤殿大学士、判户部事。"

本文作于乾宁三年（896）八月。

立德王为皇太子制（P944 上）

本文又见载于《大诏令》卷二十七，文末明署作时为乾宁四年正月。《通鉴》卷二百六十一载："乾宁四年春正月丁亥，诏立德王祐为皇太子，仍更名裕。"

本文作于乾宁四年（897）正月。

贬朱朴郴州司户制（P944 下）

本文又见载于《大诏令》卷五十八，题中无"贬"字，文末明署作时为乾宁四年八月。《通鉴》卷二百六十一载："乾宁四年二月乙亥，门下侍郎、同平章事孙偓罢守本官，中书侍郎、同平章事朱朴罢为秘书监。朴既秉政，所言皆不效，外议沸腾……八月，秘书监朱朴先贬夔州司马，再贬郴州司户。"

本文作于乾宁四年（897）八月。

授太子宾客王牍诸王侍读制（P944 下）

《册府》卷七百八载，王牍为太子宾客。昭宗乾宁四年韩建献封事十条，其三太子诸王请置师傅教导，乃以牍为诸王侍读。制曰："王者之子……斯实赖于老成人也。"录全文。《旧书》卷二十上《昭宗本纪》载："乾宁四年四月，其三太子诸王请置师傅教导，乃以太子宾客王牍为诸王侍读。"

本文作于乾宁四年（897）四月。

授崔允吏部尚书制（P944 下）

本文又见载于《大诏令》卷五十六，文末明署作时为光化二年正月。按，崔允为崔胤，清人讳改。《通鉴》卷二百六十一载，光化二年春正月丁未，中书侍郎兼吏部尚书崔胤罢守本官。

本文作于光化二年（899）正月。

贬王抟工部侍郎制（P945 上）

本文又见载于《大诏令》卷五十八，题中无"贬"字，文末明署作时为光化三年六月。《通鉴》卷二百六十二载："光化三年六月丁卯，抟罢为工部侍郎。"《新书》卷一百十六《王抟传》载："光化三年，抟罢为工部侍郎，贬溪州刺史，又贬崖州司户参军。"今从《通鉴》和《新传》。

本文作于光化三年（900）六月。

贬王抟溪州刺史制（P945 下）

本文又见载于《大诏令》卷五十八，题中无"贬"字，文末明署作时为光化二年六月。《通鉴》卷二百六十一载："光化三年六月戊辰，贬抟溪州刺史。"参照上条亦可证本文作于光化三年六月。

本文作于光化三年（900）六月。

再贬王抟崖州司户制（P945下）

本文又见载于《大诏令》卷五十八，题中无"贬"字，文末明署作时为光化三年六月。《通鉴》卷二百六十一载："光化三年六月己巳，（抟）又贬崖州司户。"参照上条亦可证其作时。

本文作于光化三年（900）六月。

授乐仁规兵部尚书制（P945下）

本文又见载于《明文衡》卷一，题为《安统除兵部尚书诰》，文末署作者为宋濂。宋濂《文宪集》卷一亦录此文，题为《给事中安统除兵部尚书诰》。唐文中"尔光禄大夫兵部尚书乐仁规"在该文中为"具官安某"。《万姓统谱》卷一百一十四载："乐仁规，定海人，光化间任兵部尚书、赠金紫光禄大夫。弟仁原，刑部尚书、赠银青光禄大夫。"《浙江通志》卷四十三载："乐仁宅：《嘉靖宁波府志》载定海县南四十五里灵岩乡，唐尚书乐仁规与弟尚书仁厚所居。"今按，"乐仁规"两《唐书》无传，《万姓统谱》及《浙江通志》所记其弟"乐仁厚"仅见《全唐文》卷九十一《赐镇东军押衙乐仁厚敕》一文，"乐仁原"两《唐书》亦无载。诏文中言受封之人"自北而南，在朕左右。及其给事内廷，论思献替之益，亦时有焉"可证其人应为当朝重臣，且曾奉"给事中"一职。明王世贞的《弇山堂别集》卷十《异典述五》载，洪武初，给事中安统超迁为兵部尚书。本书《兵部尚书表》卷五十亦载："安统，国初入仕，洪武二年任，本年调山西行省参政。"由此可证，安统确实曾任给事中、兵部尚书之职。本文疑为误收明人之作，作者为宋濂。

本文作时待考。

赐御史大夫史实制（P946上）

《景定建康志》卷四十九载，史实亦崇（东汉史崇，字伯勤，家世杜陵。建武中累迁右将军、青冀二州刺史、加骠骑将军、封溧阳县侯）之裔，以溧阳人知溧阳县事。盖伪吴大复二年也。被牒云："溧阳洛桥镇遏使、知茶盐榷麴务、银青光禄大夫、检校刑部尚书兼御史大夫、上柱国史实，誉驰乡里，才达变通。御边徼以多能，缉兵戎而有术。加以洞详稼穑，善抚蒸黎。赋舆深见其否臧，案簿穷知其利病。以久无宰字，尤藉招携。俾分兼领之荣，庶养新归之俗。傥闻报政，别议酬劳，差兼知溧阳县事。"今按，以"史实"所领官职，其应为唐人，但两《唐书》无传，今姑存疑。

本文作时待考。

特敕新进士授官制（P946 上）

《唐摭言》卷八载，天复元年，杜德祥榜，放曹松、王希羽、刘象、柯崇、郑希颜等及第。时上新平内难，闻放新进士，喜甚，诏选中有孤平屈人，宜以名闻，特敕授官。故德祥以松等塞诏，各受正。其制云："念尔登科之际，当予反正之年，宜降异恩，各膺宠命。"本文又见载于《文献通考》卷二十九、《新安志》卷六，两书所录事实与时间与《唐摭言》合。

本文作于天复元年（901）。

封成汭上谷郡王制（P946 上）

本文又见载于《英华》卷四百五十一。《册府》卷一百二十九载："光化三年七月，荆南节度、忠万等州观察成汭封上谷郡王。"《补唐代两记》卷上考证该文曰："《授成汭上谷郡王制》制云：'今则移紫微之尊秩，疏异姓之殊封，位冠三台，爵逾五等。'按，紫微，中书令之别称，然唐代侍中常先于中书令。位冠三台句又似指侍中言之。《通鉴》卷二百六十一，乾宁四年七月，加荆南节度使成汭兼侍中，又光化二年七月，加汭中书令。又《旧五代史》卷十七只云：'累官至检校太尉，封上谷郡王'，《新书》卷一百九十云：'进累检校太尉、中书令、上谷郡王'，均不详其封年，余意'紫微'两字不易讹，则殆光化所授也。"今从其说。

本文作于光化年间。

授李践由安州别驾李惟可鄂州别驾制（P946 下）

本文又见载于《英华》卷四百一十四，文末署作者为孙逖名下。按《全唐文》体例，该文应归于孙逖名下。"李践由"、"李惟可"两《唐书》无传，除《英华》外其他史料亦无记载。今姑存疑，以期来者。

本文作时待考。

命皇太子监国制（P946 下）

本文又见载于《大诏令》卷三十，题前有"昭宗"二字，文末明署作时为光化一年十一月六日。《旧书》卷二十上《昭宗本纪》载："光化三年十一月庚寅，左右军中尉刘季述、王仲先废昭宗，幽于东内问安宫，请皇太子裕监国。"《通鉴》卷二百六十二载："光化三年十一月，季述等矫诏令太子监国，迎太子入宫。"《大诏令》"光化一年"显属"三年"之误。据《旧纪》、《通鉴》本文为刘季述矫宣宗诏，当归于刘季述名下。

本文作于光化三年（900）十一月。

清编《全唐文》卷九十一
（P947—956）

修葺国学诏（P947下）

《册府》卷五十载，昭宗大顺元年二月诏曰："有国之规……以助修葺。"即本文。《旧书》卷二十上《昭宗本纪》载："大顺元年二月丁巳，宰臣兼国子祭酒孔纬以孔子庙经兵火，有司释奠无所，请内外文臣自观察使、制使下及令佐，于本官料钱上缗抽十文，助修国学，从之。"

本文作于大顺元年（890）二月。

复陈敬瑄官爵诏（P947下）

本文又见载于《大诏令》卷一百二十二，文末明署作时为大顺二年三月。《通鉴》卷二百五十八载："韦昭度将诸道兵十余万讨陈敬瑄，三年不能克，馈运不继，朝议欲息兵。（大顺二年）三月，乙亥，制复敬瑄官爵。"《新书》卷十《昭宗本纪》载："（大顺二年）二月，乙巳，赦陈敬瑄。己未，诏王建罢兵，不受命。"今按，二月辛巳朔，无己未，《新纪》误。

本文作于大顺二年（891）三月。

诛杜让能宣示天下诏（P948下）

本文又见载于《大诏令》卷一百二十七，题中"杜让能"后有"等"字，文末明署作时为景福元年六月。《旧书》卷二十上《昭宗本纪》载："景福二年十月乙未，赐杜让能自尽。"《通鉴》卷二百五十九载："景福二年冬十月，赐让能及其弟户部侍郎弘徽自尽。"本文与前文《贬杜让能梧州刺史制》可相互参证。

本文作于景福二年（893）十月。

赐李克用诏（P949上）

《旧书》卷二十上《昭宗本纪》载，（乾宁二年）七月丙辰朔，李克用举军渡河，以讨王行瑜、李茂贞、韩建等称兵诣阙之罪。庚申，同州节度使王行实弃郡入京，谓两军中尉骆全瓘、刘景宣曰："沙陀十万至矣！请奉车驾幸邠州，且有城守。时景宣附凤翔，癸亥夜，阎圭与刘景宣子继晟、同州王行实纵火剽东市，请上出幸……丙寅，李克用遣牙将阎谔奉表奔闻……上在南山半月余，克用仍在河中，未至渭北。上惧凤翔兵士劫迁，乃令延王将御服、鞍马、玉器等至河中，宣谕。"云云，即本文。《通鉴》卷二百六十载："（乾宁二年七月）克用擒（王行瑜）将王令陶等，茂贞惧，上表请罪，且遣使求和于克用。上复遣延王戒丕、丹王允谕克用，令且赦茂贞，并力讨行瑜，俟其殄平，当更与卿议之。"与本文要旨合。

本文作于乾宁二年（895）七月。

答李克用请车驾还宫诏（P949上）

《旧书》卷二十上《昭宗本纪》载，乾宁二年八月壬寅，李克用遣子存贞奉表行在，请车驾还宫。答诏曰："昨延王回……以慰黔黎之望。"录全文。《通鉴》卷二百六十载，乾宁二年八月癸卯，克用上表请还京，上许之。令克用遣骑三千驻三桥为备御。辛亥，车驾还京师。

本文作于乾宁二年（895）八月。

赐邠州行营都统诏（P949上）

《旧书》卷二十上《昭宗本纪》载，乾宁二年十月，诏邠州行营都统曰："邠州节度副使崔铤……付四面行营知悉。"录全文。《册府》卷六十五载，昭宗乾宁二年十月，诏邠州行营都统曰，云云，即本文。

本文作于乾宁二年（895）十月。

诛崔昭纬诏（P949下）

本文又见载于《大诏令》卷一百二十七，文末明署作时为乾宁三年五月。《旧书》卷二十上《昭宗本纪》载，乾宁三年五月辛巳，责授梧州司马崔昭纬赐自尽。

本文作于乾宁三年（896）五月。

答韩建表请车驾幸华州诏（P950上）

《册府》卷一百七十八载，乾宁三年，凤翔李茂贞逼京师，诸王率禁兵奉车驾将幸太原。次渭北，韩建遣子充奉表，请驻华州。乃诏，云云，即本文。《旧书》卷二十上《昭宗本纪》载，乾宁三年七月壬辰，岐军逼京师，诸王率禁军奉车驾将幸太原。癸巳，次渭北，华州韩建遣子充表奉起居。请驻跸华州，乃授建京畿都指挥、安抚制置、催促诸道纲运等使。甲午，上次富平，韩建来朝泣奏曰……与《册府》录事合。

本文作于乾宁三年（896）七月。

赐韩建诏（P950上）

《册府》卷一百七十八载，乾宁三年八月又付韩建诏曰："卿武抱七德……不在他人。"录全文。《通鉴》卷二百六十载，乾宁三年八月丙辰，诏建关议朝政，建上表固辞乃止。

本文作于乾宁三年（896）八月。

答韩建让封昌黎郡王诏（P950下）

《册府》卷一百七十八载，乾宁四年三月丙子，制赐韩建资忠靖国功臣。五月乙亥，以建八表让昌黎郡王。诏曰："卿始以勤俭镇关辅……尤切叹嘉。"录全文。《旧书》卷二十上《昭宗本纪》载，乾宁四年三月戊寅，制韩建进封昌黎郡王，改赐"资忠靖国功臣"。

本文作于乾宁四年（897）五月。

答韩建让兼辅国军节度使长春宫使诏（P950 下）

《册府》卷一百七十八载："乾宁四年十月癸卯，制韩建兼辅国军节度使、长春宫使。初，李瑭领同州。瑭，茂贞之养子也。时帝自播迁已来，怒茂贞未已，将遣宰臣孙偓理驾下军。及率诸镇讨之。韩建累谏，故未果行。瑭知之，故逃凤翔。至是命建兼之，时建亦陈让。诏曰："卿才本济时……无至再三。"录全文。

本文作于乾宁四年（897）十月。

贬崔允工部尚书诏（P951 上）

按，"崔允"当为"崔胤"，清人讳改。《旧书》卷一百七十七《崔胤传》载，乾宁四年冬月二十六日，诏曰，云云，即本文。本文又见载于《大诏令》卷五十八，题为《崔胤工部尚书制》，文末明署作时为天复二年十一月。《旧书》卷二十上《昭宗本纪》载："天复元年十一月甲戌，制崔胤可责授朝散大夫、守工部尚书。"《通鉴》卷二百六十二载："（天复元年十一月）甲戌，制守司空，兼门下侍郎、同平章事崔胤责授工部尚书。"其后考异曰："按《旧传》前云罢知政事、落使务，后云同平章事、盐铁转运使，《实录》前云罢胤盐铁使，至此制，官位中复带盐铁使，皆误。"今从《旧纪》和《通鉴》。

本文作于天复元年（901）十一月。

诛宦官诏（P951 下）

《旧书》卷一百八十四《杨复恭传》载，天复三年正月，诏曰，云云，即本文。《旧书》卷二十上《昭宗本纪》载："是日（天复三年正月辛未）制，内官第五可范已下七百人，并赐死于内侍省，其诸道监军及小使，仰本道节度使处斩讫奏。"《通鉴》卷二百六十三载，天复三年正月庚午，全忠以兵驱宦官第五可范等数百人于内侍省，尽杀之，冤号之声，彻于内外。其出使外方者，诏所在收捕诛之，止留黄衣幼弱者三十人以备洒扫。

本文作于天复三年（903）正月。

赐王建诏（P952 上）

本文又见载于《成都文类》卷十六，题为《唐昭宗赐王建诏》。《成都文类》载："乾宁元年八月，昭宗幸石门。建奉表起居，供御衣宝器等。使回赐绢诏，建得诏泣下，率兵赴难。诏曰：'朕以眇身……朕有望于卿也。'"录全文。《通鉴》卷二百六十载，乾宁二年七月，昭宗为李茂贞所迫，出幸凤翔。辛酉，以李筠、李居实两都兵自卫，出启夏门，趣南山，宿莎城镇。壬戌，李克用入同州，崔昭纬、徐彦若、王抟至莎城。甲子，上徙幸石门镇，命薛王知柔与知枢密院刘光裕还京城，制置守卫宫禁。《成都文类》所记时间误。

本文作于乾宁二年（895）七月。

赐王建诏（P952 下）

《成都文类》卷十六在上文后录此文，题为《又赐建御札》。载，光化二年，昭宗诏建私门立戟，加中书令，封琅琊王。四年封西平王，遣使赐建玉带、金器、朱书、御札。其略曰："朕罹此多难，播迁无常，旦夕慄慄，不能自保，而况保天下事。为朕藩护，有望于卿也。"又赐诏"朕去年在凤翔……洒血告卿。"录全文。今按，文中"天人助顺，崔（胤）、郑（元规）就诛，昨正月二十日，朕御楼抚慰军氓"句当指《新书》卷十《昭宗本纪》中所载"天祐元年正月己酉，朱全忠杀太子少傅崔胤及京兆尹郑元规、威远军使陈班"之事。"胁朕入洛，后二日，东兵拥朕出长安""六军偕废，朕益孤危"即指《旧书》卷二十上《昭宗本纪》所载，天祐元年正月，全忠强请昭宗迁都洛阳，四月车驾被强发陕州，全忠虑诸王和帝身边的供奉小儿有变，酒食次并坑之。由是，帝左右前后侍卫执掌皆汴人之事。同年八月，全忠害帝。本文作于天祐元年四月至八月之间。

本文作于天祐元年（904）。

遗诏（P953 上）

《旧书》卷二十下《哀帝本纪》载，天祐元年八月十二日，昭宗遇弑。翌日，蒋玄晖矫宣遗诏曰，云云，即本文。本文又见载于《大诏令》卷三十，题为《何皇后立辉王为皇太子监军国令》，文末明署作时为天祐元年八月。该诏为蒋玄晖矫昭宗诏，按照《全唐文》体例，本文不应归于昭宗名下。

本文作于天祐元年（904）八月。

授张实段逸兼御史中丞敕（P953 上）

本文不见载于其他典籍，具体作时待考。

赐钱镠敕（P953 下）

本文不见载于其他典籍，具体作时待考。

赐钱镠安众营额敕（P953 下）

本文不见载于其他典籍，具体作时待考。

平杨守亮等敕（P953 下）

本文又见载于《大诏令》卷一百二十五，文末明署作时为乾宁元年八月。《通鉴》卷二百五十九载，乾宁元年秋七月，李茂贞遣兵攻阆州，拔之。杨复恭、杨守亮、杨守信帅其族党犯围走……杨复恭、守亮、守信将自商山奔河东，至乾元，遇华州兵，获之。八月，韩建献于阙下，斩于独柳。"

本文作于乾宁元年（894）八月。

答钱镠奏进安众营图敕（P954 上）

本文不见载于其他典籍，具体作时待考。

赐新及第进士敕（P954 下）

本文又见载于《黄御史集》卷八之附录《唐昭宗实录》一文。记为乾宁二年二月乙未之敕。本文不见载于其他典籍，今姑从其说。

本文作于乾宁二年（895）二月。

覆试进士敕（P954 下）

本文亦见载于《黄御史集》卷八之附录《唐昭宗实录》一文。该文载为乾宁二年二月已亥之敕。《唐昭宗实录》之后又录洪迈《容斋随笔》中《乾宁复试进士》一文。文中录："唐昭宗乾宁二年试进士，刑部尚书崔凝下二十五人。发榜后，宣诏翰林学士陆扆、秘书监冯渥入内，各赠衣一副及毡被。于武德殿前复试，但放十五人。自状头张贻范以下重落，其六人许再入举场，四人所试最下，不许再入。"与本文内容相符。《旧五代史》卷六十《苏楷传》载："初，循子楷，乾宁二年登进士第，中使有奏御者云：'今年进士二十余人，侥幸者半，物论以为不可。'昭宗命学士陆扆、冯渥重试于云韶殿，及格者十四人。诏曰：'苏楷、卢庚等四人……不得再赴举场。'"与本文要旨合。

本文作于乾宁二年（895）二月。

贬崔凝合州刺史（P955 上）

本文又见载于《黄御史集》卷八之附录《唐昭宗实录》一文。订作时为乾宁二年二月丁未。《唐翰林学士传论·晚唐卷》在叙述上文复试进士试之后节录此文，亦订为乾宁二年二月丁未之诏。

本文作于乾宁二年（895）二月。

升华州为兴德府敕（P955 上）

本文又见载于《大诏令》卷九十九，文末明署作时为光化元年八月。《旧书》卷二十上《昭宗本纪》载："（光化元年）七月，敕升华州为兴德府，刺史为尹，左右司马为少尹。郑县为次赤，官员资望一同五府。封华岳庙为佑顺侯。"与本文要旨合。《通鉴》卷二百六十一载："（光化元年）八月，庚戌，改华州为兴德府。"

本文作于光化元年（898）八月。

赐镇东军押衙乐仁厚敕（P956 上）

如前文《授乐仁规兵部尚书制》所述，乐仁规及其弟乐仁厚史书无载。前文疑误录明人之作，本文不见载于其他典籍，作时待考。

本文作时待考。

答钱镠奏重修天柱观敕（P956 上）

本文又见载于《洞霄图志》卷六。其书载，光化二年十一月二十七日诏旨敕钱镠，云云，即本文。《十国春秋》卷七十七《武肃王世家上》在光化三年秋七月重修天柱观条下考异曰，“奉光化二年十一月二十七日诏旨，敕钱镠，省所奏”云云，即本文。

本文作于光化二年（899）十一月。

诛王抟敕（P956 上）

本文又见载于《大诏令》卷一百二十七，题为《王抟赐自尽敕》，文末明署作时为光化三年六月。《通鉴》卷二百六十二载，光化三年六月戊辰，贬抟溪州刺史，己巳，又贬崖州司户……是日皆赐自尽，抟死于蓝田驿道。

本文作于光化三年（900）六月。

清编《全唐文》卷九十二
（P957—967）

诛李师虔徐彦回敕（P957 上）

《旧书》卷二十上《昭宗本纪》载，天复元年春正月庚寅，杀神策军使李师虔、徐彦回，敕曰“朕临御已来，十有四载……宜并处斩。”录全文。今按，光化四年四月丁丑改元天复。

本文作于天复四年（901）正月。

赐钱镠奏取淮南敕（P957 上）

本文不见载于其他典籍，作时待考。

封钱镠吴王敕（P957 下）

本文又见载于《十国春秋》卷七十七《武肃王世家上》载，天复四年夏四月，唐帝至洛阳，大赦，改元天祐。王求封吴越王，唐帝不许。梁王全忠为言于执政，乃遣给事中郑祁、刑部员外郎杨承休进封王为吴王。敕曰：“朕嗣登大宝……余如故。”录全文。《通鉴》卷二百四十六载，天祐元年闰四月，镇海、镇东节度使越王钱镠求封吴越王，朝廷不许。朱全忠为之言于执政，乃更封吴王。今按天复四年四月改元天祐。《册府》成书早于《十国春秋》，今从其作时。

本文作于天祐元年（904）四月。

赐王建札（P958 上）

本文又见载于《成都文类》卷十六，题为《又赐御札》。其书载，光化二年，昭宗诏建私门立戟，加中书令，封琅琊王，四年封西平王。遣使赐建玉带、金器、朱书、御札。其略曰，云云，即本文。如前文《赐王建诏》一文所述，本文作于天祐元年。

本文作于天祐元年（904）。

平孙儒德音（P958上）

本文又见载于《大诏令》卷一百二十五，文末明署作时为景福元年八月。《新书》卷十《昭宗本纪》载："（乾宁元年）八月壬申，寇兴元，杨守亮、满存奔于阆州。丙午，降京畿、关辅囚罪，免淮南、浙西、宣州逋负。"与本文要旨合。《通鉴》卷二百五十九载，杨行密屡败孙儒兵，破其广德营。张训屯安吉，断其粮道。儒食尽，士卒大疫。六月，行密闻儒疾虐，纵兵击之，儒军大败，田頵擒儒于陈，斩之，传首京师，儒众多降于行密。本文应作于儒首级至京之后。

本文作于景福元年（892）八月。

赐钱镠铁券文（P959上）

从文中即知作时。本文又见载于《十国春秋》卷七十七《武肃王世家上》。其文载，乾宁四年八月，我师屯昆山，唐敕王钱镠起复，加食邑一千户，又遣中使焦楚锽赍铁券至。券文云云，即本文。

本文作于乾宁四年（897）八月。

改元天复赦文（P959下）

本文又见载于《大诏令》卷五，题中无"文"字。《旧书》卷二十上《昭宗本纪》载："天复元年四月甲戌，天子有事于宗庙，是日，御长乐门，大赦天下，改元天复。"《册府》卷九十一载："天复元年四月甲戌，御长乐门，大赦，改元。"

本文作于天复元年（901）四月。

改元天祐赦文（P963下）

《册府》卷九十一载，天祐元年闰四月甲辰，帝至洛，乙巳，御光政楼，大赦，改元。制曰，云云，即本文。《旧书》卷二十上《昭宗本纪》载，天祐元年闰四月乙巳，上御光政门，大赦，制曰，云云，即本文节录。

本文作于天祐元年（904）闰四月。

七　唐哀帝李柷诏敕考

李柷（892—908），昭宗第九子。景福元年九月三日生。乾宁四年（897）二月封辉王，名祚。天复三年（903）二月拜开府仪同三司，充诸道兵马元帅。天祐元年（904）八月十二日，昭宗遇弑。翌日，蒋玄晖矫昭宗遗诏立为皇太子，改今名，寻即位。四年（907）三月，梁灭唐，为济阴王，迁于曹州。开平二年（908）二月遇害，在位四年，年十七，谥曰哀。葬于济阴之定陶县（今山东定陶县）。《旧书》卷二十下、《新书》卷十有《纪》。

清编《全唐文》卷九十三
（P967—973）

授杨涉平章事制（P967下）

本文又见载于《大诏令》卷五十，题中无“授”字，文末明署作时为天祐三年二月。《旧书》卷二十下《哀帝本纪》载，天祐二年三月，以银青光禄大夫、行尚书左丞、上柱国、弘农县伯、食邑七百户杨涉为中书侍郎、同平章事、集贤殿大学士、判户部事。《新书》卷十《哀帝本纪》亦载杨涉于天祐二年三月同中书门下平章事。《册府》卷七十四载：“哀帝即位，逾年不改元，仍号天祐。二年二月以吏部侍郎张文蔚、尚书左丞杨涉，并为中书侍郎、平章事。”《通鉴》卷二百六十五载：“天祐二年三月，以吏部侍郎杨涉同平章事。”《册府》当误“三月”为“二月”。

本文作于天祐二年（905）三月。

授裴枢崔远左右仆射制（P968上）

本文又见载于《大诏令》卷五十六，题中无“授”字，文末明署作时为天祐二年三月二十五日。《通鉴》卷二百六十五载：“天祐二年三月甲申，以门下侍郎、同平章事裴枢为左仆射，崔远为右仆射，并罢政事。”

本文作于天祐二年（905）三月。

贬陆扆王溥制（P968 上）

本文又见载于《大诏令》卷五十八，题为《陆扆濮州司户王溥淄州司户制》，文末明署作时为天祐二年五月。《旧书》卷二十下《哀帝本纪》载："天祐二年五月乙亥，敕吏部尚书陆扆贬濮州司户、工部尚书王溥淄州司户。"《通鉴》卷二百六十五载："天祐二年五月乙亥，贬吏部尚书陆扆为濮州司户、工部尚书王溥为淄州司户。"

本文作于天祐二年（905）五月。

责授柳璨密州司户制（P968 下）

本文又见载于《大诏令》卷五十八，题中无"责授"二字，文末明署作时为天祐二年十二月。《旧书》卷二十下《哀帝本纪》载，天祐二年十二月甲寅，敕："责授登州刺史柳璨……可贬密州司户。"与本文文字大致同。

本文作于天祐二年（905）十二月。

允群臣请停亲送山陵诏（P969 上）

本文又见载于《大诏令》卷七十六，题为《答百僚不赴华陵诏》，文末明署作时为天祐二年正月。《旧书》卷二十下《哀帝本纪》载，天祐二年春正月辛未敕："朕祗荷王图……朕随太后亲至陵所，付中书门下，宜体至怀。"群臣三表论谏，乃止。

本文作于天祐二年（905）正月。

许宰臣已下游宴诏（P969 上）

《册府》卷一百一十一载，哀帝天祐二年三月诏曰："朕以宰臣已下……选胜游宴。"录全文。《旧书》卷二十下《哀帝本纪》载，天祐二年三月庚午，敕："朕以宰臣学士、文武百僚，常拘官局，空逐游纵。今膏泽不愆，丰年有望，当兹韶景，宜示优恩。自今月十二日后至十六日，各令取便选胜追游。付所司。"与本文要旨合。

本文作于天祐二年（905）三月。

修省诏（P969 上）

《旧书》卷二十下《哀帝本纪》载，天祐二年四月丙午，敕曰："朕以宿麦未登……及减常膳。"录全文。《册府》卷一百四十五载，哀帝天祐二年三月诏曰，云云，即本文。《新书》卷十《哀帝本纪》载："（天祐二年）四月乙未，以旱避正殿，减膳。"《册府》"三月"误。

本文作于天祐二年（905）四月。

改上清宫为太清宫诏（P969 上）

《册府》卷五十四载，哀帝天祐二年四月，太清宫使柳璨奏修上清宫毕，请改为太清宫，从之。诏曰"玄元皇帝肇基圣绪……殊可嘉奖"。录全文。《旧书》卷二十下《哀帝本纪》载："（天祐二年）四月癸卯，太清宫使柳璨奏修上清宫毕，请改为太清宫，从之。"

本文作于天祐二年（905）四月。

注拟专委三铨诏（P969 下）

从文中即可明本文作时。《旧书》卷二十下《哀帝本纪》载，天祐二年四月丁未，敕，云云，即本文。但文中"中书门下自天祐二年四月十九日后，并不除授"句为"自天祐二年四月十一日已后，中书并不除授"。《册府》卷六百三十亦录此文，文中所录时间与《旧纪》同，该诏"四月十九日"误。

本文作于天祐二年（905）四月。

常朝改东上閤门诏（P970 上）

《册府》卷六十一载，哀帝天祐二年四月，诏曰："东上西上閤门……永为定制。"录全文。《旧书》卷二十下《哀帝本纪》载，天祐二年四月戊午，敕："东上閤门，西上閤门，比常出入，以东上为先。大忌进名，即西上閤门为便。比因阉官擅权，乃以阴阳取位，不思南面，但启西门。迩来相承，未议更改，详其称谓，似爽旧规。自今年五月一日后，常朝出入，取东上閤门，或遇奉慰，即开西上閤门，永为定制。付所司。"与本文要旨合。

本文作于天祐二年（905）四月。

改洛都诸门与西京门同名者诏（P970 上）

《册府》卷十四载，哀帝天祐二年五月诏曰，云云，即本文。《旧书》卷二十下《哀帝本纪》载，天祐二年五月己未朔，以星变不视朝。壬戌，敕："法驾迁都之日……并宜复洛京旧门名。付所司。"录文与本文要旨合。

本文作于天祐二年（905）五月。

答河南尹张全义进嘉禾合穗诏（P970 上）

《册府》卷二十五载，天祐二年八月，河南府奏洛苑谷水屯百姓马，会谷地内有嘉禾合穗，谨随表进者，诏曰："多稼如云……仍付史馆。"录全文。《旧书》卷二十下《哀帝本纪》载："（天祐二年）八月戊子，洛苑使奏谷水屯地内嘉禾合颖。"

本文作于天祐二年（905）八月。

百官逐月支半俸诏（P970 上）

《册府》卷五百八载，天祐三年三月，诏曰："所有百官俸料……宜令左藏库自今年正月支半俸。"录全文。

本文作于天祐三年（906）三月。

允吏部请诸道申送员阙诏（P970 下）

《册府》卷六百三十二载，天祐三年四月，吏部奏：“比者格式申送员阙选人，多有重叠，皆是两人同到本道，致使磨勘之际，各有争论。盖是选人指阙之时，妄称事故，铨司无因得知，据状须与注拟。如到任替阙参差，请准旧条殿选，除此外，如是格式申送员阙，仰具稳便去处请官，不得更妄指射。诸道假满抛官，不到任不放上。停官不赴任员阙及违程不及限等员阙，冀其画一，免误铨司公事者。”诏云云，即本文。

本文作于天祐三年（906）四月。

新除官不得停住诏（P970 下）

《册府》卷六十五载，哀帝天祐三年六月壬辰，诏云云，即本文。《旧书》卷二十下《哀帝本纪》载，天祐二年六月壬辰，敕：“诸道节度、观察、防御、刺史等，部内有新除朝官、前资朝官，敕到后三日内发遣赴阙，仍差人监送。所在州县不得停住，苟或稽违，必议贬黜。付所司。”与本文要旨合。《通鉴》卷二百六十五载：“天祐二年六月，时士大夫避乱，多不入朝。壬辰，敕所在州县督遣，无得稽留。”校诸诸书可证，《册府》天佑“三年”当为“二年”之误。

本文作于天祐二年（905）六月。

允朱全忠请注拟准旧式处分诏（P971 上）

《册府》卷六百三十二载，天祐三年十一月，诏：“应合赴吏部常调选人等……方可注拟。”录全文。

本文作于天祐三年（906）十一月。

罢柳逊诏（P971 上）

《旧书》卷二十下《哀帝本纪》载，天祐二年六月丁未，敕：“太子宾客柳逊尝为张濬租庸判官……可本官致仕。”录全文。《册府》卷九百二十五载，柳逊，为太子宾客。哀帝初，诏曰，云云，即本文。

本文作于天祐二年（905）六月。

贬李延古卫尉寺主簿诏（P971 上）

本文又见载于《旧五代史》卷六十《李敬义传》。《旧书》卷二十下《哀帝本纪》载：“天祐二年六月戊申，敕前司勋员外郎、赐绯鱼袋李延古责授卫尉寺主簿。”“时士大夫避乱，多不入朝，（天祐二年六月）壬辰，敕所在州县督遣，无得稽留。前司勋员外郎李延古，德裕之孙也，去官居平泉庄，诏下未至，责授卫尉寺主簿。”

本文作于天祐二年（905）六月。

答中书门下表贺朱全忠进白兔诏（P971 下）

《册府》卷二十五载，哀帝天祐元年九月，朱全忠进白兔一只，中书门下表贺曰：“……”诏曰：“上天眷佑……叹注良深。”录全文。

本文作于天祐元年（904）九月。

复排廊飡诏（P971 下）

《册府》卷一百八载，昭宗（天复）三年十一月，文武两班官员每遇一、五、九朝日，元帅朱全忠请排廊餐。诏曰，云云，即本文。《旧书》卷二十下《哀帝本纪》亦节录此文，亦订作时为天祐三年十二月己丑。《册府》卷一百八十七载：“天祐三年十二月乙丑，帝（朱全忠）以文武常参官每月一、五、九日赴朝，奏请备廊飧餐，诏从之。”《册府》卷一百八误。

本文作于天祐三年（906）十二月。

诛孙秘诏（P971 下）

《册府》卷九百二十五载，昭宗天祐三年，诏曰：“秘是故崖州司户参军孙乘亲弟……仍委御史台差人所在赐自尽。”录全文。《旧书》卷二十下《哀帝本纪》载，天祐三年闰十二月乙亥，贬兴唐府少尹孙秘长流爱州，寻赐死。

本文作于天祐三年（906）闰十二月。

禅位梁王诏（P971 下）

《旧书》卷二十下《哀帝本纪》载，天祐四年三月甲辰，敕：“宰臣文武百辟……宜体朕怀。”录全文。《旧五代史》卷三《梁书三》载：“（开平元年）四月，唐帝御札敕宰臣张文蔚等备法驾奉迎梁朝。”《通鉴》卷二百六十六载：“开平元年三月甲辰，唐昭宣帝降御札禅位于梁。”按，开平元年即天祐四年。今从《旧纪》和《通鉴》。

本文作于天祐四年（907）三月。

发内库银充文武常参官救接敕（P972 上）

《旧书》卷二十下《哀帝本纪》载，天祐元年八月丙辰，敕：“朕奉太后慈旨……委御史台依品秩分俵。”录全文。《册府》卷五百八载，哀帝天祐元年八月，四镇节度使朱全忠进汴、滑监军，使俸料绢四千匹，充百官八月九月俸钱。九月，敕，云云，即本文。从文中“旦夕霜冷”句推断，“九月”较“八月”更合理，今姑从《册府》。

本文作于天祐元年（904）九月。

停嘉会节敕（P972 上）

《旧书》卷二十下《哀帝本纪》载，天祐元年八月辛酉，敕云云，即本文。

本文作于天祐元年（904）八月。

封屈原敕（P972 上）

《册府》卷一百四十载，哀帝天祐元年十月，郢州节度使雷彦恭奏："楚大夫屈原庙在当道，请赐封崇。"敕云云，即本文。

本文作于天祐元年（904）十月。

诛李彦威等敕（P972 下）

《旧书》卷二十下《哀帝本纪》载，天祐元年十月甲午，敕检校太保、左龙武统军朱友恭可复本姓名李彦威，贬崖州司户同正。检校司徒、右龙武统军氏叔琮可贬贝州司户同正。又敕："彦威等主典禁兵……仍令所在赐自尽。"录全文。《通鉴》卷二百六十五载："天祐元年十月甲午，全忠奏朱友恭、氏叔琮不戢士卒，侵扰市肆。友恭贬崖州司户，复姓名李彦威。叔琮贬白州司户。寻皆赐自尽。"今按，敕云"谪掾遐方，安能塞责"。贝州近在河北，不得云遐方，当作白州为是。

本文作于天祐元年（904）十月。

皇太后册礼改期敕（P972 下）

《旧书》卷二十下《哀帝本纪》载，天祐元年十一月乙酉，敕云云，即本文。《会要》卷三载："天祐元年九月，册昭宗皇后何氏为皇太后。中书门下奏请太后宫，请以积善为名，从之。"天祐元年八月十二日，昭宗遇弑，二年二月己酉，葬于和陵。从文中"以山陵未毕，哀感方缠"可知，此文作于天祐元年八月至二年二月之间。文中又有"据太常礼院奏，于十二月内择日册太后者"句，可知《会要》元年九月册皇太后误，今从《旧纪》。

本文作于天祐元年（904）十一月。

亲送山陵敕（P972 下）

本文又见载于《大诏令》卷七十六，题为《亲至华陵诏》，文末明署作时为天祐二年三月。《旧书》卷二十下《哀帝本纪》载，天祐二年正月辛未，敕云云，录全文，只与本文末句有异。今按，《旧书》卷二十上《昭宗本纪》载：天祐元年八月壬寅，朱全忠弑昭宗于椒殿，二年二月二十日，葬于和陵。本文作于昭宗葬前，《旧纪》订作时为天祐二年正月当为的论，《大诏令》订为二年三月，显误。

本文作于天祐二年（905）正月。

清编《全唐文》卷九十四
（P973—979）

均文武俸料敕（P973下）

本文又见载于《大诏令》卷一百一，题为《文武官参用诏》，文末明署作时为天祐二年四月。《旧书》卷二十下《哀帝本纪》亦录此文，但在“必期开泰”后阙“叶群情于天下，崇故事与国初”句。订作时为天祐二年四月癸巳。

本文作于天祐二年（905）四月。

皇太后册礼再改期敕（P973下）

《旧书》卷二十下《哀帝本纪》载，天祐二年四月壬寅，敕云云，即本文。

本文作于天祐二年（905）四月。

彗星见避正殿敕（P974上）

《旧书》卷二十下《哀帝本纪》载，天祐二年四月壬子，敕云云，即本文。《册府》卷一百四十五亦订此诏为天祐二年四月壬申之诏。

本文作于天祐二年（905）四月。

贬裴枢崔远敕（P974上）

《旧书》卷二十下《哀帝本纪》载，天祐二年五月壬申，敕云云，即本文。但文末改“并委御史台催促出京，所在驰骤发遣”为“便发遣出京”。本文又见载于《大诏令》卷五十八，题为《裴枢登州刺史崔远莱州刺史制》，文末明署作时为天祐二年五月。《旧书》卷一百一十三《裴枢传》载，哀帝初嗣位，柳璨用事，全忠尝奏用牙将张廷范为太常卿。诸相议，枢曰：“廷范勋臣，幸有方镇节钺之命，何藉乐卿？恐非元帅梁王之旨。”乃持之不下。俄而全忠闻枢言，谓宾佐曰：“吾常以裴十四器识真纯，不入浮薄之伍，观此议论，本态露矣。”切齿含怒。柳璨闻全忠言，寻希旨罢枢相位。和陵祔享，拜尚书左仆射。五月，责授朝散大夫、登州刺史，寻再贬陇州司户。六月十一日，行及滑州，全忠遣人杀之于白马驿，投尸于河，时年六十五。“和陵祔享”即指天祐二年二月己酉，葬昭宗于和陵。“五月”当为天祐二年五月。

本文作于天祐二年（905）五月。

妖星不见敕（P974上）

《旧书》卷二十下《哀帝本纪》载，天祐二年五月乙亥，司天奏：“旬朔已前，星文变见……至十三日夜一更三点，天色暂晴，景纬分明。妖星不见于碧虚，灾沴潜消于天汉者。”敕曰：“上天谪见……深慰诚怀。”录全文。

本文作于天祐二年（905）五月。

诛裴枢等敕（P974 上）

《旧书》卷二十下《哀帝本纪》载，天祐二年六月戊子朔，敕："责授陇州司户裴枢……委御史台差人所在州县各赐自尽。"录全文。上文《贬裴枢崔远敕》考辨中所引《旧纪》亦载全忠遣人于天祐二年六月杀裴枢。《通鉴》卷二百六十五载："天祐二年六月戊子朔，敕裴枢、独孤损、崔远、陆扆、王溥、赵崇、王赞等，并所在赐自尽。"与本文要旨合。

本文作于天祐二年（905）六月。

贬裴贽李煦敕（P974 下）

《旧书》卷二十下《哀帝本纪》载，天祐二年六月己丑，敕云云，即本文。本文又见载于《大诏令》卷五十八，题为《裴贽青州司户制》，文末明署作时为天祐二年六月。《通鉴》卷二百六十四载，天祐二年，朱全忠将篡，柳璨恃朱全忠之势，疏其素所不快者，李振亦以为，朱全忠欲图大事，裴贽等朝廷宿望必尽除之。故二年六月戊子，全忠聚裴枢等朝士贬官者三十余人于白马驿，一夕尽杀之。己丑，司空致仕裴贽贬青州司户，寻赐死。

本文作于天祐二年（905）六月。

贬敬沼敕（P974 下）

《旧书》卷二十下《哀帝本纪》载，天祐二年六月癸巳，敕："卫尉少卿敬沼，是裴贽之甥……可贬徐州萧县尉。"录全文。

本文作于天祐二年（905）六月。

停贡橄榄敕（P974 下）

《册府》卷一百六十八载，哀帝天祐二年六月，以福建每年进橄榄子，敕曰："禹别九州，秦分百郡……不要进奉橄榄子，永为常例。"录全文。《旧书》卷二十下《哀帝本纪》载，天祐二年六月丙申，敕："福建每年进橄榄子，比因阉竖出自闽中。牵于嗜好之间，遂成贡奉之典。虽嘉忠荩，伏恐烦劳。今后只供进腊面茶，其进橄榄子宜停。"与本文要旨合。

本文作于天祐二年（905）六月。

令张全义摄行太尉中书令敕（P975 上）

《旧书》卷二十下《哀帝本纪》载，天祐二年八月庚子，敕云云，即本文。

本文作于天祐二年（905）八月。

放司空图还山敕（P975 上）

《旧书》卷二十下《哀帝本纪》载，天祐二年八月壬寅，敕云云，即本文。《旧书》卷一百九十下《司空图传》载："昭宗迁洛，鼎欲归梁。柳璨希贼至，陷害旧族。诏图入朝。图惧见诛，力疾至洛阳，谒见之日，堕笏失仪，旨趣极野。璨知不可屈，诏曰，”云云，即本文。《通鉴》卷二百六十五载：“初，礼部员外郎、知制诰司空图弃官居虞乡王官谷，昭宗屡征之，不起。（天祐二年八月）柳璨以诏书征之。图惧，诣洛阳入见，阳为衰野，坠笏失仪。璨乃复下诏，略曰：‘既养高以傲代，类移山以钓名。’又曰：‘匪夷匪惠，难居公正之朝。可放还山。’”

本文作于天祐二年（905）八月。

奖朱全忠收荆襄敕（P975 下）

《旧书》卷二十下《哀帝本纪》载，天祐二年九月壬申，敕云云，即本文。

本文作于天祐二年（905）九月。

禁论认洛阳田宅敕（P975 下）

《旧书》卷二十下《哀帝本纪》载，天祐二年十月丁亥，敕：“洛城坊曲内……如荒田无主，即许识认。付河南府。”录全文。《册府》卷十四载，天祐二年十月，敕云云，即本文。

本文作于天祐二年（905）十月。

改卜郊敕（P975 下）

《旧书》卷二十下《哀帝本纪》载，天祐二年十一月庚午，敕云云，即本文。《会要》卷九下亦订为是年是时之诏。《通鉴》卷二百六十五载，时（天祐二年十一月），天子将郊祀，百官既习仪。裴迪自大梁还，言全忠怒曰：“柳璨、蒋玄晖等欲延唐祚，乃郊天也。”璨等惧。庚午敕，改用来年正月上辛。

本文作于天祐二年（905）十一月。

五日听朝敕（P975 下）

《旧书》卷二十下《哀帝本纪》载，天祐二年十二月辛丑，敕云云，即本文。《册府》卷一百八载，昭宗天复二年十一月，诏，云云，即本文。《会要》卷二十四亦节录此文，亦订作时为天祐二年十二月辛丑。本文又见载于《五礼通考》卷一百三十三《朝礼》，亦订为是年是时之诏。校诸诸书可证，《册府》误。

本文作于天祐二年（905）十二月。

禁宫人擅出内门敕（P976 上）

《旧书》卷二十下《哀帝本纪》载，天祐二年十二月辛丑，敕：“宫嫔女职，本备内任……免至纷杂。”录全文。《册府》卷一百八载，天复二年十二月，敕云云，即本文。《会要》卷三载，天祐二年十二月，敕：“宫嫔女职，本备内任。近年以来，稍失礼仪。今后每遇延英坐朝日，只令小黄门祗候引从，宫人不得擅出内。”与本文要旨合。校诸诸书可证,《册府》误。

本文作于天祐二年(905)十二月。

追戮蒋元晖敕(P976 上)

按,“蒋元晖”当为“蒋玄晖”,清人讳改。《旧书》卷二十下《哀帝本纪》载,天祐二年十二月乙巳,汴州别驾蒋伸伸决杀,玄晖季父也。又敕:“蒋玄晖身居密近……仍委河南府揭尸于都门外,聚众焚烧。”录全文。《通鉴》卷二百六十五载:“天祐二年十二月,追削蒋玄晖为凶逆百姓。令河南揭尸于都门外,聚众焚之。”与本文要旨合。

本文作于天祐二年(905)十二月。

追废皇太后何氏敕(P976 上)

《旧书》卷二十下《哀帝本纪》载,天祐二年十二月戊申,全忠令知枢密王殷害皇太后何氏于积善宫,又杀宫人阿秋、阿虔,言通导蒋玄晖。己酉,敕以太后丧,废朝三日。百官奉慰讫。又敕曰:“皇太后位承坤德……追废为庶人。宜差官告郊庙。”即本文。《通鉴》卷二百六十五载:“天祐二年十二月己酉,全忠密令殷、衡害太后于积善宫,敕追废太后为庶人。”

本文作于天祐二年(905)十二月。

停郊祀敕(P976 下)

《旧书》卷二十下《哀帝本纪》载,天祐二年十二月庚戌,敕云云,即本文。《会要》卷九下载,天祐二年十二月庚戌,敕曰:“朕以谬荷丕图……其明年上辛亲谒郊庙宜停。”《通鉴》卷二百六十五录:“天祐二年十二月辛亥,敕以宫禁内乱,罢来年正月上辛谒郊庙礼。”与本文要旨合。

本文作于天祐二年(905)十二月。

责授张廷范等敕(P976 下)

《旧书》卷二十下《哀帝本纪》载,天祐二年十二月癸丑,敕:“太常卿张廷范……并员外置。”录全文。

本文作于天祐二年(905)十二月。

诛张廷范等敕(P976 下)

《旧书》卷二十下《哀帝本纪》载,天祐二年十二月甲寅,敕:“张廷范性惟庸妄……送河南府决杀。”录全文。《通鉴》卷二百六十五载:“天祐二年十二月甲寅,斩璨于上东门外,车裂张廷范于都市。”

本文作于天祐二年(905)十二月。

赐柳璨自尽敕（P977 上）

本文又见载于《大诏令》卷一百二十七，题中“赐”在“柳璨”之后。文末明署作时为天祐二年十二月。《旧书》载，天祐二年十二月甲寅，敕：“责授登州刺史柳璨，素矜险巧，每务回邪……可贬密州司户，再贬长流崖州百姓。委御史台赐自尽。是日斩于上东门外。”与本文要旨合。《通鉴》卷二百六十五载：“天祐二年十二月甲寅，斩璨于上东门外。”

本文作于天祐二年（905）十二月。

册吴王钱镠敕（P977 上）

《册府》卷三百八十五载，钱镠以昭宗天祐二年正月十二日丙寅行册命。敕：“定乱安国功臣……宜令所司择日，备礼册命。”录全文。《旧书》卷二十下《哀帝本纪》载，天祐三年正月丙寅制：“定乱安国功臣，镇海镇东军节度……钱镠总临两镇，制抚三吴。道途阻艰，未行册命。宜令所司择日备礼。”与本文要旨合。按，天祐二年正月十二日为辛未而非丙寅。《册府》天祐“二年”当为“三年”之误。

本文作于天祐三年（906）正月。

明经科准常例送礼部敕（P977 上）

《册府》卷六百四十一载，景宗天祐三年正月，国子监奏得监生郭应图等六十人，状称：“伏睹今年六月五日敕文，应国学与诸道等明经一例解送两人者……”又河南府奏：“当府取解明经举人周定言等二十七人……先准敕诸州府解送不得过二人者，今当府除去留外，见在二十七人，考试并已及格。若只送二人，必恐互有争论，难以指挥者。敕曰”，云云，即本文。《旧书》卷二十下《哀帝本纪》载，天祐三年正月辛巳，敕旨云云，与本文要旨合。

本文作于天祐三年（906）正月。

允增贡举额数敕（P977 下）

《册府》卷六百四十一载，天祐三年二月礼部奏：“伏以朝廷累年多事，道途艰辛。在远举人并阻……臣今欲于去年数外更放三数人。伫开劝诱之门，以赞文明之运。已选今月二十一日放榜伏候进止者。”敕曰：“朝廷取士之科……宜令更添两人。”录全文。《会要》卷七十六载：“天祐三年三月敕，今年礼部所放进士，依去年人数外，更放两人。”《旧书》卷二十下《哀帝本纪》载：“天祐三年二月癸卯，敕，今年礼部所放进士，据依去年人数外，更放两人。”校诸诸书可证，《会要》天祐三年“三月”当为“二月”之误。

本文作于天祐三年（906）二月。

停戎昭军额敕（P977 下）

《旧书》卷二十下《哀帝本纪》载，天祐三年五月丙申，敕云云，即本文。《通鉴》

卷二百六十五载："（天祐三年五月）丙子，废戎昭军，并均、房隶忠义军。以武定节度使冯行袭为匡国节度使。"《旧五代史》卷十五《冯行袭传》校注中亦转录此文，但记作时为天祐三年四月丙申，此误。

本文作于天祐三年（906）五月。

停忠义军额敕（P977 下）

《旧书》卷二十下《哀帝本纪》载，天祐三年六月甲申，敕"襄州近因赵匡凝作帅……依旧为山南东道节度使。"录全文。《通鉴》卷二百六十五载："天祐三年十六月甲申，复以忠义军为山南东道。"《旧五代史》卷二十二《杨师厚传》校注中亦转录此文，订作时同。

本文作于天祐三年（906）六月。

令崇勋殿候对敕（P978 上）

《旧书》卷二十下《哀帝本纪》载，天祐三年六月壬寅，敕："文武百僚每月一度入阁于贞观殿。贞观大殿，朝廷正衙。遇正至之辰，受群臣朝贺。比来视朔，未正规仪。今后于崇勋殿入阁。付所司。"《册府》卷六十一录文、作时与《旧书》同。《册府》卷一百八亦录此文，订作时为天复三年五月。《会要》卷二十四载，天祐三年六月敕，云云，即本文。校诸诸书可证，《全唐文》录文开头阙"文武百僚每月一度入阁于贞观殿"句。《册府》卷一百八订作时误。

本文作于天祐三年（906）六月。

黜邠王震敕（P978 上）

《册府》卷二百九十七载，邠王震为宗正卿。昭宗天祐三年七月，敕曰："震就列朝行……并落下袭封。"录全文。按，此处"昭宗"当为"哀帝"。《旧书》卷二十下《哀帝本纪》载，天祐三年七月己未，检校工部尚书、守宗正卿、嗣邠王震停见任，落下袭封，以请告于外也。

本文作于天祐三年（906）七月。

停河南监牧诸司敕（P978 上）

《册府》卷六百二十一载，哀帝天祐三年十一月，敕云云，即本文。《旧书》卷二十下《哀帝本纪》载："天祐三年十一月丙子，废牛羊司。御厨肉河南府供进，所有进到牛羊，便付河南府收管。"

本文作于天祐三年（906）十一月。

奖王茂章敕（P978 上）

《册府》卷一百六十五载，哀帝天祐三年十二月，两浙奏：淮南杨行密伪署宣州都团练观察处置等使、检校司徒、前守舒州刺史王茂章云，今年正月八日，部领首下马步进投当道。其人是淮南第一都将，愤以本道凶邪，来慕大朝明盛，睹兹忠孝，合具奏闻者。敕曰："王茂章能分逆顺……宜授金紫光禄大夫、检校太保兼御史大夫。"录全文。《旧书》卷二十下《哀帝本纪》载："天祐三年十二月，淮南伪署宣歙观察使、检校司徒王茂章可金紫光禄大夫、检校太保，从钱镠奏也。茂章背杨渥，以宣州降钱镠故也。"

本文作于天祐三年（906）十二月。

禅位册文（P978 下）

《旧书》卷二十下《哀帝本纪》载，天祐四年三月甲辰，下禅位梁王诏。四月甲子行事。册曰："皇帝若曰……享兹万国，以肃膺天命。"全忠建国，奉帝为济阴王，迁于曹州处。《旧五代史》卷二十六载："（天祐四年）四月，天子禅位于汴帅，奉天子为济阴王，改元为开平，国号大梁。"

本文作于天祐四年（907）四月。